《铁路桥涵地基和基础设计规范》解读与思考

周四思　主编

中国铁道出版社有限公司

2022年·北　京

内 容 简 介

本书为《铁路桥涵地基和基础设计规范》配套参考用书。全书包括概述、总则、基础稳定性和基础沉降、地基承载力、明挖基础、桩基础、沉井基础、挖井基础、特殊地基等共十二章，基本按照桥涵地基和基础设计规范的顺序解读相关条款，重点讲述规范的演变以及制定基本思路和方法，以方便全面理解规范的内在涵义；同时提出了规范尚应继续开展研究的课题，以及对规范部分条款的不同看法和建议，与读者共同讨论。

本书可供从事铁路桥梁设计、科研以及教育等相关人员参考。

图书在版编目(CIP)数据

《铁路桥涵地基和基础设计规范》解读与思考/周四思主编. —北京：中国铁道出版社有限公司，2022.2

ISBN 978-7-113-28821-1

Ⅰ.①铁…　Ⅱ.①周…　Ⅲ.①铁路桥-桥涵工程-地基-设计规范-中国　Ⅳ.①U448.133.1-65

中国版本图书馆 CIP 数据核字(2022)第 018514 号

书　　名：《铁路桥涵地基和基础设计规范》解读与思考
作　　者：周四思

策　　划：邱金帅
责任编辑：邱金帅　　**编辑部电话：**(010)51873347
封面设计：郑春鹏
责任校对：焦桂荣
责任印制：高春晓

出版发行：中国铁道出版社有限公司(100054，北京市西城区右安门西街 8 号)
网　　址：http://www.tdpress.com
印　　刷：北京建宏印刷有限公司
版　　次：2022 年 2 月第 1 版　2022 年 2 月第 1 次印刷
开　　本：880 mm×1 230 mm 1/32　**印张：**21.625　**字数：**659 千
书　　号：ISBN 978-7-113-28821-1
定　　价：158.00 元

作者简介

周四思，教授级高工，桥梁资深专家。

1945 年 8 月生，1969 年 7 月毕业于唐山铁道学院桥梁专业，1973 年由山海关桥梁工厂调入铁道部第三设计院(今中国铁路设计集团有限公司)工作至 2017 年，现为天津宏建工程设计咨询有限公司技术顾问。

近 50 年作者始终工作在第一线，有丰富的桥梁工程建设、设计和咨询经验。工作期间主持大准铁路黄河特大桥、京九铁路卫运河特大桥、天津开发区彩虹大桥、青藏铁路拉萨河特大桥、京郑客运专线郑州黄河公铁大桥等获奖项目设计和科研工作；参加了京沪高速铁路南京大胜关长江大桥、沪苏通铁路长江公铁大桥、福平铁路海峡公铁大桥、滨北铁路松花江公铁大桥、商合杭铁路芜湖长江公铁大桥、杭绍台铁路椒江特大桥等重点铁路桥梁施工图审查工作；参加了京津、京沪、广珠、京郑、新焦、沪昆、合福、西宝、兰新、大西、云桂、青连、郑万、石济、蒙华、京沈、京张等20余条新建铁路、客运专线重点桥梁设计及施工方案专家评审工作；参加了天津、上海、南京、杭州、广州、深圳、武汉等10余座城市轨道交通项目专家评审工作。

2000年起主持或参加编写《铁路桥涵设计规范》《高速铁路设计规范（试行）》《城际铁路设计规范》《铁路桥涵极限状态法设计暂行规范》《铁路工程水文勘测设计规范》等铁路行业标准10部，参加审查《Ⅲ、Ⅳ级铁路设计规范》《地铁设计规范》《城市轨道交通桥梁设计规范》等国家及行业标准5部。

完成《中国高速铁路大桥》（统稿）、《青藏铁路拉萨河大桥》（副主编）和《高速铁路桥梁设计与实践》（副主编）等专著的编写工作。

曾荣获或担任铁道部专业技术带头人，中国铁道学会专业技术带头人、铁道部工程评审系列（教高）评审委员会委员，全国铁路优秀科技工作者、中国铁道学会桥梁委员会委员；天津市授衔铁路桥梁设计专家，天津市十名优秀中青年知识分子标兵，天津市科学技术奖励评审委员，天津市优秀科技工作者，天津土木学会、铁道学会、力学学会理事。

序

新中国成立以来，我国的铁路事业取得了举世瞩目的成就，特别是进入21世纪以来，高速铁路已经成为我们国家的名片。截至2020年，我国铁路运营里程已达14.6万公里，其中高速铁路运营里程已达3.79万公里。桥梁工程作为高速铁路基础设施的重要组成部分，对运营安全、舒适有着举足轻重的影响。

中国国家铁路集团有限公司（原铁道部）对桥梁工程给予了高度重视。新中国成立以来，先后组织相关单位编制和发布了共七版铁路桥涵设计规范。这些规范都是随着理论研究的逐步深入和科学技术的不断发展，与时俱进，加之试验检测和工程实践经验的不断积累，使得我国铁路桥涵设计规范体系日益成熟，成为我国铁路基础设施建设的重要技术支撑，为我国铁路建设事业的发展作出了重要贡献。

周四思同志数十年来，曾参与起草和编制我国多部铁路设计规范，对桥梁工程设计有着很深的认识和理解。在中国铁道出版社有限公司策划和天津宏建工程设计咨询有限公司的组织下，该同志在百忙之余，编写了铁路桥涵设计规范的解读与思考系列图书。第一册《〈铁路桥涵设计规范〉解读与思考》已于2019年初出版发行，本书《〈铁路桥涵地基和基础设计规范〉解读与思考》为第二册。该系列图书按照现行规范的顺序，由第一册的重点条文详细解读，到本册全面细致的逐条解读规范条文，侧重阐述了1951，1959，1975，1985，1999，2005，2017年版共七版规范的编制思路、方法以及演变历程。同时，本书作者在收集和参阅众多铁路桥梁科技成果的基础上，针对铁路桥涵地基和基础设计的诸多重大技术问题进行了深入的剖析，提出了精湛的分析和论述，对一些问题也提出了思考和建议。这些对铁路桥梁技术的进步和规范的进一步完善，都有着重要的价值；对当今的工程技术人员准确理解规范，合理应用规范有着重要的指导意义。

本系列图书的编制和出版发行，凝结了作者数十年从事铁路桥梁工程设计事业的心血，相信会对铁路桥梁从业人员有所帮助。

中国工程院院士

中国铁道学会理事长　卢春房

前　言

现行《铁路桥涵地基和基础设计规范》(TB 10093—2017)是在《铁路桥涵地基和基础设计规范》(TB 10002.5—2005)的基础上，全面总结我国高速铁路、城际铁路、客货共线铁路和重载铁路桥涵建设、运营的实践经验和科研成果，修订而成。

为帮助广大技术人员更好地理解规范内容和依据及编制背景，正确运用规范解决铁路桥涵地基和基础设计问题，根据作者多年参加铁路桥涵设计规范改革、编写和制定的心得、认识，编写成《〈铁路桥涵地基和基础设计规范〉解读与思考》一书。本书亦是继作者已出版的《〈铁路桥涵设计规范〉解读与思考》一书之后第二本铁路桥涵设计规范解读参考书。

全书共12章。第1章概述编制新规范的必要性、编制背景及主要修订内容；第2章总则按制定标准的目的、适用范围、共性要求和执行相关标准的要求四部分给予解读；第3章基础稳定性和基础沉降，第4章地基承载力，第5章明挖基础，第6章桩基础，第7章沉井基础，第8章挖井基础，第9章特殊地基，第10章改建既有线、增建第二线的桥涵基础，第11章土和岩石的工程分类及其性质的划分，重点讲述规范规定的演变以及制定基本思路和方法，计算公式的推导和主要的设计参数取值，以及规定应用事宜及示例，方便全面理解规范的内在含义；第12章思考提出了规范尚应继续开展的研究课题，以及对规范的不同看法和建议，与读者共同讨论。最后本书提供了与规范相关的

8个附录，为方便读者应用参考。

特别提醒，本书内容仅供参考，如有与《铁路桥涵地基和基础设计规范》(TB 10093—2017)不一致之处，以规范为准。

全书由周四思策划和统稿，并负责第1章、第2章、第3章、第4章、第12章的编写；白晓崑负责第5章、第7章、第8章、第10章的编写；周津斌负责第6章、第9章、第11章的编写；张瑞蓉、廉凯、李树铮负责编写附录和组织绘制全书插图、表格。

作者在中国铁设桥规组工作期间，承蒙国家铁路局薛吉岗，国铁集团乔健、盛黎明、辛学忠、陈良江、杨梦蛟、杨鹏建，中国铁设孙树礼，中铁设计徐升桥，中铁大桥院高宗余，铁科院胡所亭的支持和帮助，并得到桥规组同仁苏伟、杜宝军和张莉的关照；在本书编写过程中，还得到卢春房院士作序鼓励、盛黎明总工热心指导。在此，一并表示感谢。

限于作者水平，书中观点甚至错误之处在所难免，敬请广大读者批评指正。

周四思

2020年12月30日于天津

目　录

第1章　概　　述

自《铁路桥涵地基和基础设计规范》(TB 10002.5—2005)发布以来，我国铁路尤其高速铁路取得了举世瞩目的伟大成就，京沪、京广、郑西、哈大等高速铁路，宜万、太中银等客货共线铁路，山西中南部通道、浩吉(蒙华)等重载铁路，珠三角及武汉城市圈城际铁路等大批铁路项目相继建成通车，完善了路网结构，增加了铁路运输服务的有效供给。随着桥涵结构在铁路尤其高速铁路中比例不断增加，新型结构形式不断涌现，新技术、新工艺、新材料、新设备得到广泛应用，取得了良好效果，积累了较多的设计施工经验，为本规范的修订提供了强有力的技术支撑，为进一步完善铁路桥涵建设标准积累了丰富的实践经验。

为满足铁路桥涵建设和发展需要，提高铁路桥涵设计水平，保障铁路桥涵安全与质量，《铁路桥涵地基和基础设计规范》(TB 10093—2017)(以下简称《2017 年基础桥规》)在《铁路桥涵地基和基础设计规范》(TB 10002.5—2005)(以下简称《2005 年基础桥规》，其他年代简称类推)的基础上，根据国家铁路局构建铁路工程建设标准体系要求，全面总结我国高速、城际、客货共线和重载铁路桥涵建设、运营的实践经验和科研成果，认真分析总结国外成功经验和先进技术标准，并与国内相关标准相协调，在此基础上广泛征求了我国铁路设计、施工、运营、管理等方面有关专家的意见，通过反复论证研究，最后经审查定稿。

《2017 年基础桥规》贯彻落实了安全优先的原则，强化了质量安全、节约资源、保护环境以及风险防范、防灾减灾等技术要求，并结合我国国情、经济社会发展水平、环境条件等因素，合理确定了不同运输性质类型、不同速度等级铁路桥梁的主要设计标准，进一步提升了规范的科学性和技术经济合理性。

《2017 年基础桥规》其章节划分、内容组成等框架结构与《2005 年基础桥规》基本没有变化，保持了规范的连续性。

2017 年 1 月 2 日，《国家铁路局关于发布铁道行业标准的公告(工程建设标准2017年第2批）》（国铁科法〔2017〕3号）公布《铁路桥涵地基和基础设计规范》（TB 10093—2017）等4项行业标准，自2017年5月1日起实施。《2005年基础桥规》同时废止。

1.1 编制《2017年基础桥规》必要性

《2017年基础桥规》编制的必要性可从中国铁路桥涵地基和基础规范演变及中国铁路建设桥涵地基和基础发展过程两方面进行论述。

1.1.1 中国铁路基础桥规演变过程

正如《〈铁路桥涵设计规范〉解读与思考》所述，此前我国共经历六代铁路桥涵设计规范。

1.1.1.1 历代基础桥规主要修订内容

1.《59年桥规》

《59年桥规》第七章为桥涵基础，由土壤容许承压力、桩的容许承载力、墩台基底的稳定系数、计算、基础入土深度、基底式样及尺寸、基底下沉量的计算共7节组成；另有土壤分类及土壤深度为3 m时的容许承压力、土壤的计算压力、砂及砂类土壤的内摩擦角、桥墩台基础固着力的计算、涵洞管节的计算、涵洞人工基底与实体基础的选择、软弱下卧土层面应力的检算、桩的承载力计算、桩群基础的检算共9个相关附录。

《59年桥规》与《51年桥规》内容相比较，有下列主要修正：

(1)规定了基础深度大于3 m时，非岩石类的土壤容许承压力可予提高，其中包括对于基础宽度的考虑和对有关系数k_1、k_2数值的修正。

(2)修正了木桩的容许承载力（有所提高）。

(3)滑动稳定系数由1.5降为1.3；修正和补充了基础与土壤之间的摩擦系数。

(4)增加了墩台倾覆稳定系数的计算公式。

(5)补充了考虑土壤弹性固着力的条件。

(6)补充了墩台桩基计算方法。

(7)修正和补充了墩台建在土壤和桩基础上基底埋深的规定。

(8)修正了桥墩台基底合力偏心的容许值，并将岩石区分为坚质岩石和石质较差岩石两类，分别规定了容许值。

(9)增加了第七节“基底下沉量的计算”。

(10)附录Ⅷ“土壤分类及土壤深度为 3 m 时的容许承压力”作了较大的修正和补充。

(11)附录Ⅸ“土壤的计算压力”中的土壤对涵洞竖向压力及水平压力也作了修正。

(12)增加了附录Ⅻ“涵洞管节的计算”。

(13)增加了附录ⅩⅢ“涵洞人工基底与实体基础的选择”。

(14)增加了附录ⅩⅣ“软弱下卧土层面应力的检算”。

(15)增加了附录ⅩⅤ“桩的承载力计算”。

(16)增加了附录ⅩⅥ“桩群基础的检算”。

2.《75 年桥规》

《75 年桥规》第十二章为地基和基础，由一般要求(1 节)，地基容许承载力(1 节)，明挖基础(设计、施工各 1 节)，桩基础(设计、施工各 1 节)，管柱基础(设计、施工各 1 节)，沉井基础(设计、施工各 1 节)，特殊地基(湿陷性黄土地基、软土地基、多年冻土地基各 1 节)，改建既有线、增建第二线的桥涵基础(设计与施工 1 节)共 14 节组成；另有土、岩石分类及其工程性质的划分，墩台基础考虑土的弹性抗力的计算，桥涵基底下卧土层附加压应力系数 α 表，桥涵桩基当作实体基础的检算，打入桩动力公式，试桩下沉及试验办法，管柱制造的有关规定，泥浆润滑套的泥浆配合比和泥浆指标，台后路基对桥台基底附加竖向压力计算，桥涵软土地基总沉降量的计算，桥涵冻土地基切向冻胀计算共 11 个相关附录。

《75 年桥规》与《59 年桥规》内容相比较，有下列主要修正：

(1)修正、补充了墩台明挖基础和沉井基础的基底埋深规定。

(2)补充了涵洞基础底面埋深的规定。

(3)修正了墩台基底倾覆稳定检算的方法。

(4)调整了基底摩擦系数值。

(5)修正、补充了墩台基础(沉井、桩基、管柱)考虑土的弹性抗力(固着力)的计算方法(具体方法见附录十五)。

(6)变更了黏性土地基、砂类土地基、碎石类土地基、岩石地基、黄土地基、软土地基和多年冻土地基的基本承载力。

(7)变更了各类地基土的宽度、深度修正系数 k_1、k_2 值。

(8)增加了基底下软弱土层压应力的计算公式。

(9)修正了基底容许偏心距的规定。

(10)石砌结构的刚性角由 30°放宽为 35°,混凝土的刚性角由 35°放宽到 45°。

(11)增加了明挖基础施工方面的内容(第四节)。

(12)修正了打入、振动下沉和桩尖爆扩桩的容许承载力计算公式中的参数。

(13)增加了钻(挖)孔灌注桩容许承载力计算公式。

(14)增加了摩擦桩轴向受拉容许承载力计算公式。

(15)修正了桩基作为实体基础的检算方法(附录十七)。

(16)增加了桩基础施工方面的内容(第六节)。

(17)增加了管柱基础设计方面的内容(第七节)。

(18)增加了管柱基础施工方面的内容(第八节)。

(19)增加了沉井基础设计方面的内容(第九节)。

(20)增加了沉井基础施工方面的内容(第十节)。

(21)增加了湿陷性黄土地基设计和施工方面的内容(第十一节)。

(22)增加了软土地基设计和施工方面的内容(第十二节)。

(23)增加了多年冻土地基设计和施工方面的内容(第十三节)。

(24)增加了改建既有线、增建第二线桥涵基础设计和施工方面的内容(第十四节)。

(25)增加了附录四"土、岩石分类及其工程性质的划分"。

(26)附录十五"墩台基础考虑土的弹性抗力的计算"作了大量修改和补充。

(27)增加了附录十六"桥涵基底下卧土层附加压应力系数 α 表"。

(28)附录十七"桥涵桩基当作实体基础的检算"作了修正。

(29)增加了附录十八"打入桩动力公式"。

(30)增加了附录十九"试桩下沉及试验方法"。

(31)增加了附录二十"管柱制造的有规定"。

(32)增加了附录二十一"泥浆润滑套的泥浆配合比和泥浆指标"。

(33)增加了附录二十二"台后路基对桥台基底附加竖向压力计算"。

(34)增加了附录二十三“桥涵软土地基总沉降量的计算”。

(35)增加了附录二十四“桥涵冻土地基切向冻胀计算”。

3.《85 年桥规》

《85 年桥规》第十二章为地基和基础，由一般要求，地基容许承载力，明挖基础，桩基础，管柱基础，沉井基础，湿陷性黄土地基，软土地基，多年冻土地基，改建既有线、增建第二线的桥涵基础共 10 节组成；另有土和岩石的工程分类及其性质的划分、墩台基础考虑土的弹性抗力的计算、桥涵基底下卧土层附加压应力系数 α 表、桥涵桩基当作实体基础的检算、台后路基对桥台基底附加竖向压力计算、桥涵软土地基总沉降量的计算、严寒及多年冻土地区桥涵地基切向冻胀计算共 7 个相关附录。取消了《75 年桥规》所有施工方面的内容，将这一部分内容纳入《铁路桥涵施工规范》(TBJ 203—86)。

《85 年桥规》与《75 年桥规》内容相比较，有下列主要修正：

(1)修正、补充了墩台明挖基础和沉井基础基底埋深的规定。

(2)局部调整了岩石地基的基本承载力。

(3)局部调整了碎石类土地基的基本承载力。

(4)局部调整了 Q_4 冲、洪积黏性土地基的基本承载力。

(5)局部调整了 Q_3 及其以前冲、洪积黏性土地基的基本承载力。

(6)调整了新黄土(Q_4、Q_3)地基的基本承载力。

(7)调整了老黄土(Q_2、Q_1)地基的基本承载力。

(8)调整了各类地基土的宽度、深度修正系数。

(9)修正了软土地基容许承载力的计算公式。

(10)对明挖基础基底截面容许偏心距作了变动。

(11)增加了桩周土的极限摩阻力表。

(12)增加了桩尖土的极限承载力表。

(13)变更了钻孔灌注桩极限摩阻力表。

(14)变更了钻孔灌注桩桩底支承力折减系数表。

(15)补充、修正了沉井刃角检算时的计算方法。

(16)变更了沉井某些构造方面的要求。

(17)增加了多年冻土地区的钻孔桩可按地基土的阻力来确定单桩容许承载力的计算公式。

(18)增加了多年冻土地区桥涵基底埋深的规定。

(19)增加了多年冻土地区稳定融化界面与基础轴线交点处的竖向应力系数表。

(20)附录十三“土和岩石的工程分类及其性质的划分”作了修正、补充。

(21)附录十四“墩台基础考虑土的弹性抗力的计算”作了修正、补充。

(22)删除了附录“打入桩动力公式”“试桩下沉及试验办法”“管柱制造的有关规定”“泥浆润滑套的泥浆配合比和泥浆指标”。

4.《99年基础桥规》

《99年基础桥规》由总则、术语和符号、基础稳定性和基础沉降、地基承载力、明挖基础、桩基础、沉井基础、特殊地基、改建既有线及增建第二线的桥涵基础共9章组成;另有土和岩石的工程分类及其性质的划分、矩形面积上均布荷载作用下通过中心点竖线上的平均附加应力系数C、桥涵基底下卧土层附加应力系数α、墩台基础考虑土的弹性抗力的计算、桥梁桩基当作实体基础的检算、台后路基对桥台基底附加竖向压应力的计算、严寒及多年冻土地区桥涵基础切向冻胀计算共7个相关附录。

《99年基础桥规》与《85年桥规》(含1996年局部修订版)内容相比较,有下列主要修正:

(1)参照《建筑地基基础设计规范》(GBJ 7—89)增加了基础沉降计算公式。

(2)将管柱基础并入桩基础一章内。

(3)参照《铁路工程地质黄土地区勘测规则》(TB 10055—98),修订了湿陷性黄土地基的规定。

(4)参照《建筑地基基础设计规范》(GBJ 7—89)将原碎石类土、砂类土、漂石土、块石土、卵石土、碎石土、圆砾土、角砾土分别改为碎石土、砂土、漂石、块石、卵石、碎石、圆砾、角砾。

5.《2005年基础桥规》

《2005年基础桥规》由总则、术语和符号、基础稳定性和基础沉降、地基承载力、明挖基础、桩基础、沉井基础、特殊地基、改建既有线及增建第二线的桥涵基础共9章组成;另有7个附录。除附录A外,附录B、C、D、E、F、G采用原1999年规范,未作修改。

《2005年基础桥规》与《99年基础桥规》内容相比较,有下列主要修正:

(1)修订了本规范适用范围,旅客列车最高行车速度由140 km/h改为 160 km/h。

(2)修订了本规范适用铁路等级,由Ⅰ、Ⅱ、Ⅲ三级改为Ⅰ、Ⅱ两级。

(3)增加了处于天然河道上的特大、大排洪桥不宜采用明挖基础的规定。

(4)按《铁路工程特殊岩土勘察规程》(TB 10038—2001)增加一种特强冻胀土。同时,修订了冻胀土基底埋深规定。

(5)修订了多年冻土定义。

(6)修订了基础沉降的容许值。

(7)修订了岩、土的工程分类及其性质的划分。

(8)修订了岩、土地基的基本承载力。

(9)增加了墩台在长钢轨纵向水平力荷载组合作用、桥台孤立地面时,基底合力偏心距的规定。

(10)增加了对重要桥梁或地质复杂的桥梁摩擦桩的容许承载力应通过试桩确定的规定。

(11)增加了桩的承载力当主力加特殊荷载(地震力除外)时的提高值的规定。

(12)修订了承台板混凝土强度等级。

(13)增加了沉井基础的适用条件的规定。

(14)修订了湿陷性黄土地基计算累计深度,相应调整了湿陷性黄土地基湿陷等级的界限值。

(15)删去了硅化加固内容。

(16)附录 A 主要根据《铁路工程岩土分类标准》(TB 10077—2001)和《铁路工程地质勘察规范》(TB 10012—2001)进行了全面修改。

1.1.1.2 其他规范相关规定

2005 年,铁道部发布了《新建时速 200 公里客货共线铁路设计暂行规定》(铁建设函〔2005〕285 号),2007 年发布了《新建时速 200~250 公里客运专线铁路设计暂行规定》(铁建设〔2007〕40 号)、《新建时速 300~350 公里客运专线铁路设计暂行规定》(铁建设〔2007〕47 号),2009 年发布了《高速铁路设计规范(试行)》(铁建设〔2009〕209 号)等标准。此后又相继发布《高速铁路设计规范》(TB 10621—2014)、《城际铁路设计规范》(TB 10623—2014)及《重载铁路设计规范》(TB 10625—2017)等标准。但上述新发布的规范除沉降限值外,很少涉及地基和基础方面的规定。

1.1.2 中国铁路桥涵地基和基础发展

1.1.2.1 铁路常用桥梁基础

1. 明挖基础

明挖基础是典型的浅基础，俗称扩大基础，结构和施工方法都较简单，一般不需用特殊机具设备，故在无水或少水的地基上普遍采用。我国从开始修建铁路一直沿用至今，19 世纪末修建中东铁路、胶济铁路大部分桥梁基础采用扩大基础或整体联合基础；20 世纪 30～40 年代修建的朝开、叶赤、辽溪、成渝、和龙等铁路中大量采用明挖基础，一般采用大开挖抽水方法施工，如图 1-1 所示。

图 1-1 明挖基础

新中国成立后，在宝成、成昆、贵昆、内昆、湘黔、枝柳、襄渝等铁路的桥梁建设中广泛采用了扩大基础。经长期实践和不断改进，扩大基础的设计和施工方法日臻完善。20 世纪 50 年代，扩大基础各层台阶的刚性角无论何种圬工均按 30°考虑。1975 年铁道部颁布的《75 年桥规》修改为混凝土圬工按 45°、石砌圬工按 35°，增强了台阶扩大效用，减少了扩大层次和基础厚度，具有明显的经济效益。同时期还丰富和发展了推行扩大基础的关键技术，设计施工中采取针对地基情况而对基底层进行适当处理的措施，逐步形成更换或加固基底土层的系列技术。

自 1959—1999 年规范均规定只有建在特殊的软弱土上的基础或超静定结构，及其他特殊要求的桥梁基础才要求计算基础的沉降量。铁路提速以后，对沉降控制提出了严格的要求。因此，2005 年规范取消了这些规定，要求各种地基上的基础均应满足对基础沉降的控制。

例如天津地区某铁路线一座孔径 6 m 立交板涵，涵顶填土较高(3 m 以上)，其地基处理采用了约 50 cm 厚碎石垫层，未作预拱度，也无其他措施。施工期间涵顶填土时就下沉了约 20 cm，通车后继续下沉达约 50 cm，致使涵内积水、净空不足，影响了使用功能。

明挖基础虽然简便、经济，但一般埋置较浅，山区斜坡上的墩台抗推能力以及水中抵御冲刷能力较弱。因此，《2005 年基础桥规》提出：处于天然河道上的特大、大排洪桥不宜采用明挖基础。

高速铁路桥梁除非落在非常好的岩石地盘上，一般不采用明挖基础。

2. 桩基础

新中国成立前的铁路桥梁设计，为取材方便，且施工设备简单，木桩基础采用较多，修建的约 7 000 座铁路桥梁中有 800 座设计采用木桩基础。新中国成立后，在陇海线天兰段、京广复线丰郑段、津浦复线徐蚌段等也设计采用过木桩，桩径一般为 22～34 cm，桩长为 6～13 m。20 世纪 50 年代后期，由于木桩承载能力较低，耐久性差，且木材资源有限，钢筋混凝土预制桩逐渐发展，桥梁设计已不再采用木桩。

我国早期铁路大桥深基础设计就有采用钢筋混凝土桩。1909 年开工的津浦线泺口黄河桥除 10 号墩外，其余 12 个墩台设计均采用五角形钢筋混凝土桩基础或沉箱加桩基础，桩长 15～17 m。1934 年开工的粤汉线耒河桥 6～11 号墩和两个桥台、渌水河桥 1～3 号墩和北桥台采用了正方形钢筋混凝土桩，桩长 12 m。此后的铁路桥梁设计中，钢筋混凝土桩也经常根据地质条件而被采用。新中国成立之初，陇海、宝成线的设计多为整根式钢筋混凝土实心方桩。由于实心方桩自重大，费圬工，施工中切割或接长困难，设计改用钢筋混凝土空心管桩代替。钢筋混凝土管桩外径有 400 mm 和 550 mm 两种，桩壁厚度为 80 mm，武汉长江大桥、肖穿铁路余姚江大桥和奉化江大桥、南京长江大桥、南同浦陇海联络线潼关黄河大桥采用了直径 550 mm 的钢筋混凝土管桩，京广铁路第二线滹沱河大桥、包兰铁路三盛公黄河大桥采用了直径 400 mm 的钢筋混凝土管桩。普通钢筋混凝土管桩的抗裂能力不太高，尤其在沉桩过程中，桩身防止横向裂缝的能力稍差。1966 年丰台桥梁厂研制先张法预应力混凝土管桩成功后，1970 年正式批量投产，逐渐取代了普通钢筋混凝土管桩。

桩直径仍然为 400 mm 与 550 mm 两种，标准节长为 8 m 及 10 m，可分节拼接接长，最长接长可以达到 40～50 m，京山、石德等铁路线上桥梁以及风陵渡黄河大桥均采用了预应力混凝土管桩。

铁路桥基础钻孔灌注桩设计起于 20 世纪 60 年代。1965 年西南铁路建设工地指挥部为加快成昆铁路建设专门成立钻孔桩基础战斗组，先后在黑井镇龙川江顺河桥、嘎立村牛日河 9 号桥进行试验，取得设计数据，制订了施工操作细则。60 年代设计建设的成昆、盘西、京原、沈山、津浦等线，共施工钻孔灌注桩近 4.7 万延米。1970—1982 年在襄渝、皖赣、通古、津浦复线、阳安、枝柳、三茂、合浔等线，共设计施工钻孔灌注桩近 13.5 万延米，桩径由最初的 ϕ60 cm 扩大至 ϕ250 cm，桩长由最初的 10 m 左右延伸至 50～60 m。自 80 年代起，随着钻孔机械的发展，钻孔灌注桩的设计领域更加宽广，如图 1-2 所示。

(a)钢 筋 笼　　(b)桩顶伸出钢筋

图 1-2　钻孔灌注桩基础

1996 年初，在成昆线轸溪桥 2 号墩采用人工开挖的挖孔灌注桩基础，截面为 1.3 m×1.3 m 和 1.3 m×1.5 m，桩长 4.2～9.6 m，取得成功，减少大量土石方开挖。包括轸溪桥在内，成昆线上有 70 座桥梁采用挖孔灌注桩。1971 年建成的宁苛线五寨附近有几座中桥，桥墩采用 2 根通天桩的形式，桩身为挖孔灌注桩，桩身地下部分 10～15 m 作为基础，地上部分 4～5 m 作为墩身，桩径 1.2～1.5 m，由于地质为老黄土具有良好的直立性，人工开挖未做护壁。1974 年建成的太焦线白灰沟 4 号桥墩，采用 5 根直径 1.5 m、长 26 m 的挖孔灌注桩，穿过断层破碎带，嵌入下盘砂岩 3 m 深，基础稳固。1981 年建成的邯长线磁山—长治北段，位于黄土地区，且无地下水，该段有 39 座大中桥采用大挖孔桩近 300 根。

挖孔灌注桩主要靠人工挖孔，设备简单，操作容易，不受机具和地形条件的限制，适用于无地下水的稳定土层。桩截面有圆形、方形、矩形，以圆形居多，桩径不小于 1.2 m，一般孔深 10～20 m，不超过 30 m，并采用混凝土护壁，如图 1-3 所示。

图 1-3　人工挖孔桩施工现场

对于高速铁路桥梁来说，除满足地基强度和稳定的要求外，最主要的是由于轨道平顺性要求，控制地基的工后沉降比较严格，如京津城际铁路和郑西、京广、京沪高速铁路，一般桥梁基础在非岩石地基往往采用较明挖基础易于控制沉降的桩基础型式。

截至 2020 年底，全国铁路运营里程达 14.6 万 km 以上，其中高速铁路 3.79 万 km。据统计，我国高速铁路桥梁占线路长度的 45%左右；桥梁上部结构和下部结构投资各占 50%左右，桩基占下部结构投资的 80%～90%，墩高不同所占比例有所不同；桩基占桥梁总投资中的比重非常大，基本占到整个桥梁投资的 40%左右。由此可见，桩基础在高速铁路桥梁工程的重要地位。

高速铁路常用跨度桥梁桩基础，桩径大多采用 1.0 m、1.25 m 和 1.5 m。一般情况下，简支梁桩基础选用 8ϕ1.25 m 钻孔灌注桩，连续梁桩基础选用 8ϕ1.5 m 钻孔灌注桩，承载力控制时通过加桩处理。

1.1.2.2　铁路桥梁深水基础

深水基础以其施工难度大、安全风险高、施工周期长等特点成为大跨度桥梁建设的关键环节。深水基础的施工，直接受深水环境的影响，并且随着水深的增加，未知及可变的技术因素也相应增加，其施工技术的难度也急剧增加。我国桥梁深水基础技术从 1892 年京山线滦河桥开始使用沉箱，1957 年武汉长江大桥首次开发管柱基础，能够克服水深 40 m 的施工困难，自此，深水基础在我国得到了广泛的应用，其发展大致经历了以下五个阶段。

第一阶段沉箱基础：19 世纪末，京山线滦河桥开始使用沉箱。

第二阶段管柱基础：20 世纪 50 年代，因修建武汉长江大桥的需要，首创直径 1.55 m 管柱基础，此后管柱直径发展到 3.0 m、3.6 m、5.8 m。

第三阶段沉井和钻孔桩基础：20 世纪 60 年代后，因修建南京长江大桥的需要，由于施工水位深 30.5 m，覆盖层最大厚度达 54.87 m，发展了重型沉井、深水浮运沉井和沉井套管柱基础；20 世纪 70 年代，由于修建九江长江大桥的需要，首创双壁钢箱围堰钻孔桩基础。

第四阶段复合基础和特殊基础：20 世纪 80 年代后，在修建肇庆西江大桥时开始采用双承台钢管柱基础，在修建广州江村南北桥时采用了钢筋混凝土沉井加冲孔灌注桩基础。

第五阶段群桩基础：近年来国内桥梁深水基础广泛采用大直径群桩基础，随之发展而来的相应有多种围堰施工技术；超大型浮运沉井的出现又带动水上大型运架设备的进步。

目前我国铁路在桥梁深水基础技术方面，已进入世界先进行列并与世界同步发展的新阶段。

1. 沉箱基础

气压沉箱是一个无底箱形结构，顶上有双门通廊，以便人和材料进入。沉箱下沉至水底后，注入压缩空气以阻止水进入。人在其内开挖地基，使沉箱继续下沉至设计标高。气压沉箱基础在施工过程中，可处理下沉的障碍物，直接观察到地基原形，也不用灌注水下混凝土，质量比较可靠。但施工者需要在高压空气中工作，不但效率不高，而且对身体有害。

1892 年开工修建的京山线滦县滦河桥(图 1-4)，是我国最早使用沉箱基础的铁路桥，全桥共 18 个墩台，16 个桥墩均为钢筋混凝土沉箱基础，基底置于深约 21 m 的岩盘上。1907 年津浦线济南泺口黄河桥等，沉箱下沉深度均在 20 m 左右，只有 1937 年修建的钱塘江大桥(图 1-5)正桥基础气压沉箱下沉深度接近 30 m，仅这三座桥的水中墩基础就有 31 个采用的是沉箱基础。

从 1901—1943 年，共有津浦、浙赣、肖穿、成渝、陇海、京广、京山、沈丹、长图、绥佳、滨洲、滨北、平齐等线 19 座桥修建沉箱 163 个，新中国成立后从1954—1959年共有黎湛、丰沙、鹰厦线漳州支线、三茂、包兰线白宝支线等线5座桥梁修建沉箱11个。沉箱基础，工作人员必须在高压空气中施工，有很大的危险性，必须建立严格的安全操作工艺，这种基础型式在我国铁路桥梁上已不再采用。

图1-4　滦河桥

图1-5　钱塘江大桥

2. 管柱基础

1954年初，武汉长江大桥经过进一步地质勘探，发现多个桥墩施工水深超过35 m，接近40 m，已是沉箱施工的极限深度。根据相关沉箱施工安全规则，水深35～40 m，一个沉箱工人每天只能工作2 h。在高压气室内工作仅有24 min，静坐在气闸内减压要求60 min，再出气闸，劳动生产效率极低。武汉长江大桥需配置多套气闸和数十个沉箱工班。空气压缩机、医疗气闸、高压水泵等数量也很惊人，工期大受限制。同时桥址7号墩处又发现断层，炭质页岩夹燧石，软硬相间，断层挤压破碎，允许承载力仅0.9 MPa，沉箱尺寸需加大，下沉更深。炭质页岩还可能伴有有害气体，造成沉箱工人中毒。沉箱施工方法，面临极大困难。苏联专家西林被邀请来中国担任武汉长江大桥建设专家组组长，他提出一个大胆的创议，摒弃气压沉箱法，采用管柱深基础。

武汉长江大桥首创ϕ1.55 m钢筋混凝土管柱基础；南京长江大桥时，将钢筋混凝土管柱改为预应力钢筋混凝土管柱，直径发展到ϕ3.6 m；南昌赣江大桥，直径进一步发展到ϕ5.8 m；九江长江大桥又成功地将低承台管柱基础的钢板桩围堰改成了双壁钢围堰，这样不仅使低承台的适应水深得以加深，还能加快施工进度；西江大桥又成功地利用双承台减少管柱的自由长度而将管柱承台修出水面；武汉长江二桥又开发了钢管柱基础。

管柱基础在水上作业，不受季节水位影响，机械化程度和工作效率高。但电能消耗大，专用设备费用高，不是一般桥梁施工单位所能担负的。自1973年底开工修建至1994年10月通车的九江长江大桥采用双壁钢围堰钻孔基础获得成功后，管柱基础逐渐被其取代。

3. 沉井基础

沉井基础是我国铁路桥梁中较早使用的基础型式(图1-6)，从新中国成立前到20世纪五六十年代得到广泛采用。1898年修建的滨洲线哈尔滨松花江桥，10～18号墩采用了双孔八角形木沉井基础，入土深度约11 m。1925年修建的平齐线东辽河桥，15个墩台均为圆端形钢筋混凝土沉井基础。1942年开工修建的沈山线巨流河辽河桥，44个桥墩均为圆形混凝土沉井基础。1956年开工修建的湘桂线南宁邕江桥，其中1～4号墩采用了圆端形竹筋混凝土沉井基础。1958年开工修建的向九线赣江南、北两桥采用竹筋混凝土沉井基础15个。1959年开工修建的南京长江大桥1号桥墩采用矩形混凝土沉井，入土深度为55 m，是当时全路最大的重型沉井。1965年焦枝线枝城长江大桥4～8号桥墩采用浮运钢沉井。

(a)混凝土沉井

(b)钢 沉 井

图1-6 沉井基础

沉井施工分为就地或筑岛制造下沉法和在岸边制造而后浮运就位下沉法。沉井下沉是靠沉井在自重作用下克服井壁侧面摩阻力而下沉的，因此要求井壁厚、自重大。20世纪60年代开始研究采用触变泥浆套、空气幕等技术措施减少下沉时的阻力，从而减薄井壁厚度，出现了薄壁钢筋混凝土沉井基础的型式。采用薄壁钢筋混凝土沉井基础的有通让线大赉嫩江桥、京广复线捞刀河耒河桥、焦枝线枝城长江桥、南同蒲陇海联络线潼关黄河桥、京沪线济南曹家圈黄河桥、合浔线九江长江大桥等。20世纪70年代以后由于钻孔灌注桩的推广应用，采用传统沉井基础的桥梁有所减少。

在深水常采用浮运法下沉沉井，即把沉井做成空体结构，或采取其他措施（如装上钢气筒或临时性井底等），使之能在水中漂浮，沉井就位后，在井中灌水下沉。1936 年美国建造的旧金山奥克兰海湾悬索桥锚固墩的沉井基础首次使用充气浮运、放气下沉的圆盖沉井，平面尺寸为 60 m×28 m，有井筒 55 个。中国南京长江大桥、枝城长江大桥等也采用过这种重型沉井基础，南京长江大桥的沉井下沉深度达 54.87 m。

沪苏通长江公铁大桥主塔采用重型浮运沉井，矩形沉井井身平面尺寸为 86.9 m×58.7 m，沉井壁厚 1.6 m，隔墙厚 1.1 m，为方便吸泥取土下沉，沉井平面布置为 24 个 13 m×13 m 井孔。沉井持力层选用密实（中）粗砂层，为防止船舶撞击塔墩，沉井顶面露出最高通航水位以上，并富余一定高度。

沪苏通长江公铁大桥 28 号墩沉井高 105 m，29 号墩沉井高 115 m。考虑水上浮运及接高下沉需要，沉井下部 28 号墩 44 m（浮运重量 10 519 t）、29 号墩 56 m（浮运重量 11 257 t）高的范围为钢沉井，其余为钢筋混凝土沉井，底节及顶节高 8 m，其余每节高约 6 m。刃脚高 2 m，刃脚踏面宽 0.2 m，内隔墙底面距外刃脚底面 0.5 m。沉井基础按自身承受船撞力设计，其周边根据需要设置防撞设施。为防止船撞坏井壁，沉井顶部海轮船舶吃水深度最低撞击点以上范围井壁向内加厚至 3.0 m。沉井封底混凝土厚 14 m，承台顶板厚 9 m。图 1-7 为 28 号墩沉井浮运和接高。

(a)钢沉井浮运

(b)钢沉井接高

图 1-7　28 号墩浮运沉井

4. 大直径钻孔桩基础

自 20 世纪 70 年代以来，大直径（大于或等于 2.5 m）钻孔灌注桩逐渐受到偏爱，其主要优点是设备简单、操作方便、变水下作业为陆上作业，因而可简化施工过程，降低造价，且可增加工点，缩短工期。纵观国内外深水桥梁大直径钻孔灌注桩施工实例，不论是跨海还是跨越江河湖泊，核心的问题是如何解决基础工程的施工问题，而基础工程的难点则是水中施工问题，要解决这一问题，无外乎是围堰法或水上工作平台法。

1972年在九江长江大桥正桥的基础设计中，陈新院士提出并完成了双壁钢围堰大直径钻孔基础设计，创造了深水基础更安全、更简便、更快速地新施工方案。由于双壁钢围堰大直径钻孔基础在设计方面具有构造简单、设计快、制造方便和施工时工序简便、安全可靠的特点，因而很快在全国推广。围堰法在水深30 m以下、流速在5 m/s以下的河流或湖泊中，常被广大的施工单位所采用，不失为一种经济、简便的深水桥梁施工方法。

水上工作平台法是利用水上平台进行下部工程的施工(桩、承台、墩身等)，近年来建成的有武汉天兴洲长江大桥、南京大胜关长江大桥、平潭海峡公铁大桥等，水上工作平台法需要大吨位的驳船及相应马力的牵引装置和水上配套设施。

武汉天兴洲长江大桥2号、3号墩为两主塔墩，2号墩基础采用32根ϕ3.4 m钻孔灌注桩，桩长60.0 m；3号墩基础采用40根ϕ3.40 m钻孔灌注桩，桩长84.0 m，如图1-8所示。

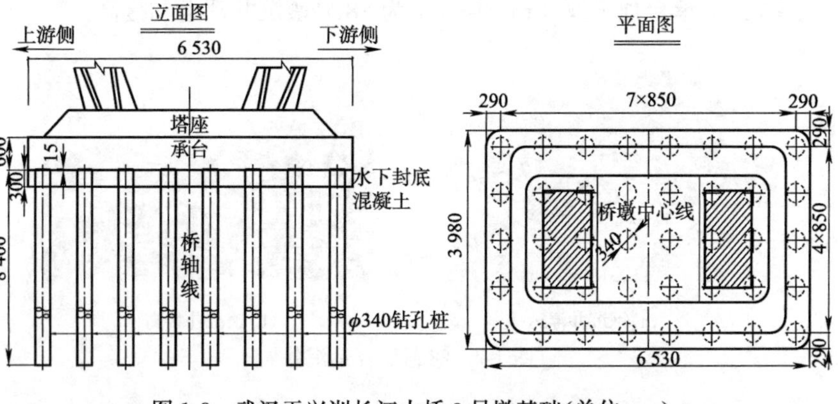

图1-8　武汉天兴洲长江大桥3号墩基础(单位:cm)

南京大胜关长江大桥6～8号墩是钢桁拱连续梁主桥的三个主墩，主墩基础均采用46根ϕ2.8 m的群桩基础，钻孔桩成纵向5排、横向10排行列式布置，如图 1-9 所示。圆端形承台平面尺寸为 34 m×76 m，厚度 6.0 m，墩座厚 4.0 m。6 号和 7 号墩桩长为 107 m，8 号墩桩长 112 m。

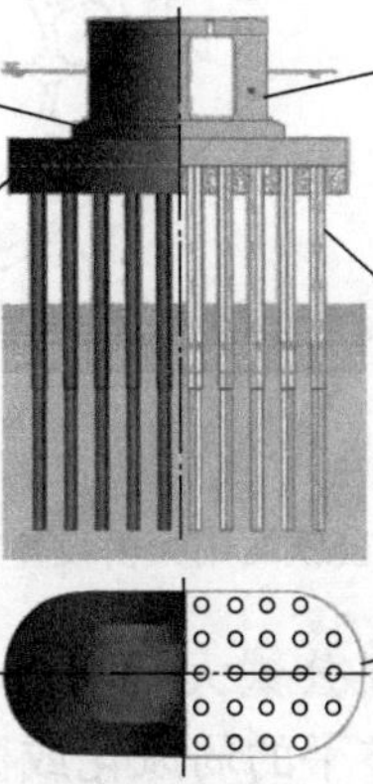

图 1-9　南京大胜关长江大桥 6～8 号墩基础

5. 设置基础

许多大江大河及跨越海峡的大桥所处的地址水深、潮急、航运繁忙，在这种条件下修建基础特别困难。为了尽可能减少上述因素对施工的干扰，目前世界上已有多座桥梁采用了在陆地预制基础构件，然后在深水中直接设置的方法进行施工，这样将大量的水上工作改为在岸上工厂中预制，成功完成桥梁修建工作。采用这种基础型式必须调查清楚地质条件，如果岩面不平整，可采用海底钻孔爆破及清底整平等措施；如有承载力不足的覆盖层，应分别开挖清除、加固处理或桩基提高承载力等办法加以改善。

甬舟铁路西堠门公铁两用大桥主桥采用主跨 1 488 m 斜拉—悬索协作体系桥方案。金塘侧桥塔基础位于深水裸岩区，建设环境复杂。从结构受力、施工、经济性等方面对钻孔桩基础方案、圆形设置沉井基础方案进行比选，圆形设置沉井基础刚度大、整体性和稳定性好，施工方便、经济性好，可以较好地适应裸岩区、水深大、水流急、荷载大等复杂建设环境，推荐采用圆形设置沉井基础(图 1-10)。沉井总高 36 m，沉井直径为 58.0 m，分为 16 个井孔。沉井上接 6.3 m 高的双壁钢围堰，以方便承台及桥塔底部在无水状态下施工。基础施工前先水下爆破、开挖基坑，钢沉井浮运就位后定位锚固，浇筑封底、井壁、填充混凝土，最后施工承台。

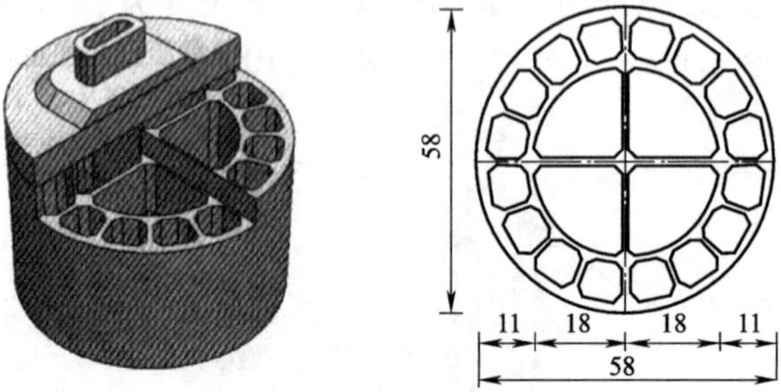

(a)三维视图　　　　(b)平　面

图 1-10　甬舟铁路西堠门公铁两用大桥设置沉井基础(单位:m)

商合杭高速铁路芜湖长江公铁大桥主塔墩采用浮运设置式基础(图 1-11),沉井设置在经爆破整平的弱风化或微风化闪长玢岩中。3 号主塔墩设置钢沉井基础采用圆端形结构形式,基底尺寸为 65 m×35 m,基底置于弱、微风化闪长玢岩中,沉井高 19.5 m,沉井平面分为 21 个井孔。

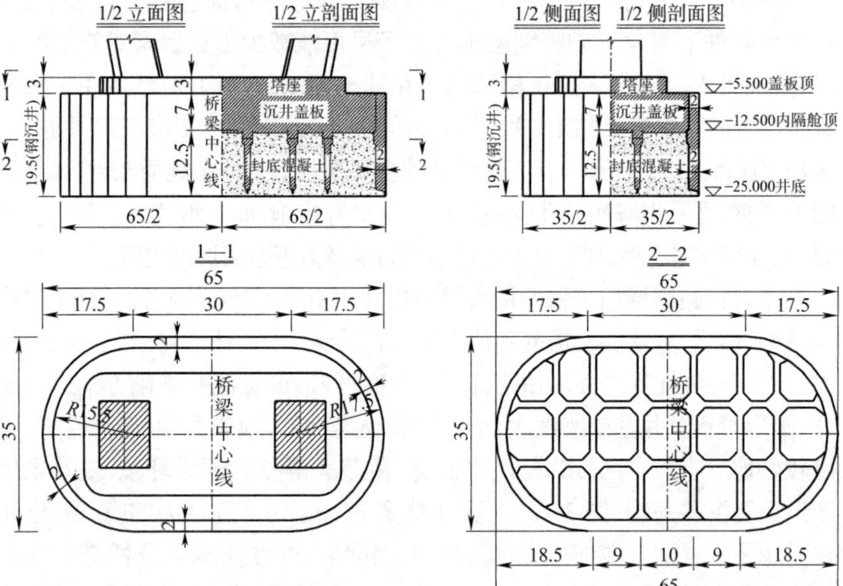

图 1-11　商合杭高速铁路芜湖长江公铁大桥设置沉井基础(单位:m)

1.1.2.3　深水桥梁基础施工大型设施

1. 大直径钻机

(1)第一阶段:2～3 m 直径钻机

本阶段国产动力头扭矩为 360 kN · m 的旋挖钻机,以其成孔的大深度、大直径和超强的入岩能力,成为大型铁路、高速公路桥梁特大型桥桩施工的“宠儿”。因其应用前景广、技术含量高,技术成熟稳定,也成为各大旋挖钻机生产商进行角逐的主力,见表 1-1 和图 1-12。

表 1-1　5 款旋挖钻机主要性能

型　　号	ZR360A	SWDM36	SR360Ⅲ	TR360D	BG38A
发动机额定功率(kW)	298	403	305	305	380
最大孔深/孔径(m)	98.0/2.8	96.0/2.5	96.0/2.5	95.0/2.5	54/3.0 69/2.5 92/2.0
主卷扬最大提升力(kN)	300	360	425	315	355

(a)ZR360A 型

(b)BG38A 型

图 1-12　大直径旋挖钻机

此外国内使用的 BDMW 型钻机可在 70～100 MPa 岩层内钻直径 2 m的孔;CZY-3000 型反循环钻机可在 30～60 MPa 岩层内钻径为 3 m;BRM4A 型旋转钻机在 80～100 MPa 岩盘上钻孔直径 1.5～3.0 m,深 40～80 m;武桥重工 20 世纪 90 年代中期成功研制出 3000 型全液压转盘钻机和 3000A 型动力头钻机。

蒙西华中铁路汉江特大桥(图 1-13)桩基础 2.5 m 主桩 24 根,深 95 m;2 m 桩 20 根,深 79 m,地层以砂岩为主,采用 TR400Ⅱ型旋挖钻机进行桩孔施工。TR400Ⅱ型钻机设计最大输出扭矩 420 kN·m;最大钻孔直径 3 m,最大深度 110 m。

渝黔铁路新白沙沱长江大桥桥梁设计 3.2 m 孔径的 32 根桩,桩深 60 m 左右,采用了扭矩最大可达 390 kN·m 的 XRS1050 型旋挖钻机。结合当地地质情况,采用大护筒套小护筒的双套管施工工艺,以破碎面积较小的筒钻进行钻进为主,双底板捞砂斗清理钻渣为辅,最终完成了 3.2 m 大直径桩孔的施工钻进,并将施工时间由原来的 5 天一根桩提高到 3 天一根桩,如图 1-14 所示。

图 1-13　汉江特大桥桩钻孔施工

图 1-14　新白沙沱长江大桥桩钻孔施工

广州南沙港铁路西江特大桥主桥采用钢箱混合双主梁等高塔斜拉桥,第 156 号、157 号为斜拉桥的主桥墩。由于主桥墩为超大超深钻孔桩且地质极为复杂,基岩硬度高达 70 MPa,选择了 XR550D 型旋挖钻机。旋挖钻机配置五节机锁钻杆,最大钻孔直径 3.5 m,最大钻深超 100 m,如图 1-15 所示。

(2)第二阶段:4 m 及以上直径钻机

海上桥梁的基础施工设备方面,随着基础施工工法的进步,对大口径钻机的需求也在逐年增长,在特大桥梁将以 4 m 及以上直径的钻机为主。

武汉天兴洲长江大桥设计采用 3.4 m 直径的钻孔桩,采用 3000 型钻机施工。后来又开始研制 4000 型钻机的扭矩确定在 30 t/m,比现有 3000 型钻机提高了 50%,2004 年 10 月,4000 型钻机投入武汉天兴洲长江大桥主塔墩基桩施工,快速优质地完成了两个主塔墩的钻孔桩施工任务。随后在铜陵长江大桥试制成功 KPY4000 型全液压钻机，可在 80 MPa的岩层内，钻孔直径 4.0 m，深 120 m。

目前国内最大钻孔直径 4.5 m KTY5000 型钻机是专为平潭海峡公铁大桥大直径基础钻孔桩施工而量身打造的。钻机动力系统采用模块化、集成化设计，操作系统采用可视化、交互性好、更贴合操作习惯的人机界面，并有远程监控和数据管理功能。钻具采用与 KTY4000 型钻机相同的钻头法兰接口，提高钻具与钻头的适用范围，如图 1-16 所示。

图 1-15　西江特大桥桩钻孔施工

图 1-16　KTY5000 型动力头钻机

2. 防水围堰

围堰是修筑地下和水中建筑物时所做的临时性围护结构，就是在基坑四周筑一道围护建筑物，隔水以便在围护建筑物内进行基坑开挖和基础砌筑的工程。除沉井、沉箱基础本身具有防水功能外，管柱、桩基础的施工，常需配以防水围堰。另外，在桥梁深水基础中，有时即便采用沉井、沉箱基础，为把基础修在水面以下，仍需在沉井、沉箱之上设临时性防水围堰，以便进行沉井、沉箱以上和水面以下的部分建筑施工。所以，防水围堰虽是临时结构，但在桥梁深水基础施工中所占的地位是很重要的。

在水深流急的大江大河或潮涌浪高的近、浅海中采用围堰法修建大型桥梁深水基础时，由于桥渡处的水文、地质、气象、航道等条件的不同，不可能有一种适合于所有桥梁基础修建的围堰结构形式和施工方法。目前铁路桥梁深水基础修建中采用最多的防水围堰有双壁钢围堰、钢吊箱围堰和钢套箱围堰。

(1)双壁钢围堰

双壁钢围堰壁厚一般 1.2～2.0 m，以利加工制造及满足结构受力要求。岩面倾斜的地质条件下，可采用高低刃脚双壁钢围堰或采用水下爆破清平河床的方法施工。根据水文、航道、设备情况选用滑移下水、导向船或吊船起吊下水。双壁钢围堰具有自浮功能，可以采用拖运的方法就位。由于承台在河床面以下材料不能回收、可回收部分再利用率低，因此双壁钢围堰的成本相对较高。一般采用先定位下沉围堰再插打护筒的工艺。

(2)吊箱围堰

吊箱围堰广泛应用于高桩承台基础施工。单臂吊箱围堰抽水水位差一般在 10 m 以内，否则需要强大的支撑结构。双壁围堰可根据需要设计，目前单个围堰重量达到 5 500 t。吊箱围堰一般采用先施工钻孔桩再安装吊箱的施工工艺；也可以采用围堰就位、插打定位护筒固定围堰再钻孔的施工工艺。在吊箱围堰中设置底板，进入水位以下的吊箱底板一般情况下不回收。

武汉天兴洲长江大桥 2 号墩主塔基础采用双壁钢吊箱围堰法施工，围堰于工厂制造成型、下河、水上接高、整体浮运至墩位，如图 1-17 所示。围堰初定位后，调整双壁钢吊箱围堰侧板隔舱内水头，使围堰顶面高程符合设计要求，重新调整锚墩上预应力钢绞线的锚固索力，实现围堰精确定位。以围堰内支架作导向，利用 APE400B 型振动打桩机插打钢护筒之后将围堰挂于插打到位的钢护筒上，开始钻孔桩施工。

(a)吊箱围堰气囊法滑移下水　　(b)吊箱围堰提升就位

图 1-17　武汉天兴洲长江大桥钢吊箱围堰

平潭海峡公铁大桥也采用双壁钢吊箱围堰，图 1-18 为深水裸岩区首个钢吊箱在 B54 号墩顺利吊放到位。

图 1-18　平潭海峡公铁大桥钢吊箱围堰吊装

(3)套箱围堰

双壁套箱围堰具有下沉能力，根据下沉深度的需要进行结构设计，双壁套箱围堰结构与双壁钢围堰基本相似。双壁钢围堰采用先下沉到位，封底再钻孔的工艺；套箱围堰采用先钻孔，再下沉围堰、封底的施工工艺。围堰就位、下放或下沉方式可参考吊箱围堰施工。

3. 水上施工平台

(1)移动式平台

水上移动式平台浮运就位后，利用支腿内顶升装置使平台提升出水面，平台荷载通过支腿直接传递到河床支撑面(图 1-19)。活动平台具有水下炸礁、钻孔桩施工等功能。利用水上移动平台可实现钢护筒的精确定位、插打以及钻孔作业等，待钻孔桩施工完毕后平台可迅速移位、准确定位。

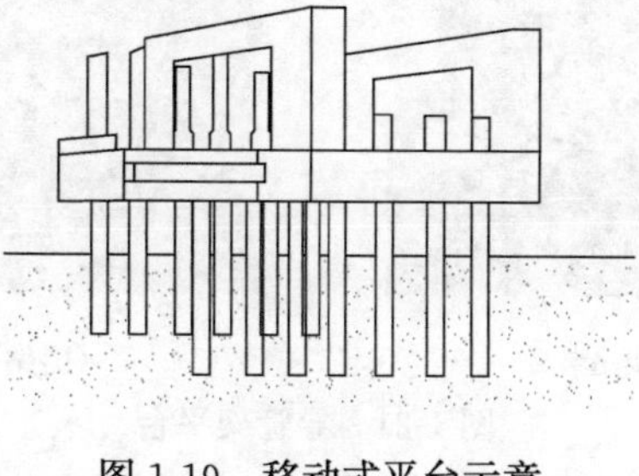

图 1-19　移动式平台示意

(2)栈桥平台

栈桥施工平台主要用以满足人员交通、材料运输、施工的平台，平潭海峡公铁大桥施工栈桥如图 1-20 所示。

(a)栈桥施工

(b)栈桥平台

图 1-20　平潭海峡公铁大桥施工栈桥

(3)导管架平台

导管架平台具有工厂化加工、制造精度高、整体下放速度快、安装快捷等特点。针对风高浪急、施工条件恶劣的海域,可缩短施工工期,特别适用于无覆盖层裸岩海床或浅覆盖层海床的钻孔桩基础施工,如图 1-21 所示。整体吊装平台制造完成后,采用大型起重船起吊、浮运平台至施工墩位处。采用 GPS 定位系统指导浮吊的定位、抛锚,整体平台四角处的定位桩应与整体平台临时固定,随平台一起下沉。整体平台下放后,解开定位桩,立即进行定位桩插打及平台调平。在整体平台的四个角点处各抛设锚碇保持平台的稳定。

(a)导管架吊装

(b)钻孔作业

图 1-21　导管架平台

4. 大型起重船

起重船是用于水上起重作业的工程船舶,又称浮吊、浮式起重机,多为非自航式,也有自航式。船上起重设备有旋转式和固定式,自航旋转式起重船用于调迁频繁的工地，一般配有副钩，吊杆可以变幅；固定式起重船一般用于吊重大件货物，配有副钩，起升高度和幅度依作业需要而定。有的吊杆可以放倒，便于拖带。船舶移位时用绞机移动船体。起重船一般分成两大类，一类是起重臂能够360°回转的，另一类是吊臂固定在船上的一个方向，整个船靠拖轮拖带转向，或是靠船向各个方向抛锚，通过牵拉不同方向的锚链，实施重物回转。

早期的起重船一般采用扒杆式驳船，吨位较小，起重能力较差，主要用于内河、码头、港口等浅水区域，功能主要为货物过驳、结构件安装等。后来，为满足工程适用性的要求，小型全回转吊机逐步得到应用，建造了一大批起重能力为30～300 t的全回转起重船。大型的固定扒杆吊，起重能力达到上千吨。国内20世纪50年代开始建造此类型船舶，在基础建设、港口建设、水下清障打捞等工程中发挥着重要作用。大型全回转起重船，起重能力可达数千吨，现正运营并且有代表性的船舶主要有以下几型。

20世纪80年代建成的“南天龙”号，起重能力为900 t。上海打捞局的“大力”号起重船，全长100 m，满载排水量1 856 t，起重能力为2 500 t，如图1-22所示。

2002年建成的“蓝疆”号，是一艘非自航无限航区作业的大型起重铺管船，主吊起重能力3 800 t，可全回转作业。船体总长157.5 m，型宽48 m。满载排水量58 000 t，可在150 m水深实施起重和铺管作业，如图1-23所示。

图1-22 “大力”号起重船

图1-23 “蓝疆”号起重铺管船

2002年以来，我国建造了东海大桥、杭州湾大桥、胶州湾大桥、泉州湾跨海大桥、厦漳跨海大桥等世界著名跨海大桥。在施工中，研制的起吊

2 500 t“小天鹅”号海上运架一体船(图 1-24)、起吊 3 000 t“天一”号起重船(图 1-25)及海上桥墩运输船等为跨海大桥建设奠定了装备基础。

图 1-24 “小天鹅”号起重船

图 1-25 “天一”号起重船

2007 年建成的“华天龙”号,船体总长 174.85 m,型宽 48 m,设计最大起重能力 4 000 t,全回转起重能力 2 000 t(图 1-26)。已在吊运“南海一号”宋朝沉船时崭露头角。

2008 年建成交船的“蓝鲸”号全回转起重船,全长 241 m,宽 50 m,型深 20.4 m;总吨 64 110 t,起重吊梁高 98.1 m,最大起重能力 7 500 t,如图 1-27 所示。“蓝鲸”号顶点最高 130 m,最高起重高度可达 110 m。

图 1-26 “华天龙”号起重船

图 1-27 “蓝鲸”号起重船

平潭海峡公铁大桥 80 m 和 88 m 钢桁梁的整孔吊装架设,需要起重量 3 200 t以上、吊高 110 m 的起重船,使用周期约 24 个月。为满足整孔钢梁架设及大型构件的海上吊装需要,设计建造了“大桥海鸥”号起重船,长 118.9 m,宽 48 m,吃水 4.8 m,起重量 3 600 t,主钩最高起升高度距水面以上 110 m,是国内起重量最大、起升高度最高的双臂架起重船,如图 1-28 所示。

2011 年开始启动世界最大的 12 000 t 级“振华”号全回转起重船，起重船空船总重 44 000 t，船体长 320 m，宽 58 m，转台直径达 45 m，船体巨大，可抗大风浪涌，并具备自航能力，以 11～13 节速度航行，也可以利用动力定位系统做短时航速达到 15～16 节或更大。该船可在浅海(400 m 以下)、深海(400～1 500 m)和超深海(1 500 m 以上)进行各种起重、勘探、打捞任务，还可以处理 3 000 m 或更深的重型打捞，与水下机器人配合完成前人无法完成的深海作业，如图 1-29 所示。

图 1-28 “大桥海鸥”号起重船

图 1-29 “振华”号起重船

在总结铁路桥涵地基和基础标准及建设取得丰硕成果的同时，我们必须清醒认识到，当前铁路桥涵设计标准中还存在不少与大规模铁路建设需求不平衡和不充分的问题，铁路桥涵地基和基础设计规范远远滞后于当前建设发展现象，应奋起直追。在充分吸纳既有规范发布以来铁路桥涵工程建设的实践经验及有关科研成果的基础上，按我国铁路建设的需要，努力为铁路桥涵设计编制简明、适用、先进的设计规范是十分必要的，稳步地将我国铁路桥涵设计规范保持在世界先进水平中。

从规范历史演变来看，现阶段无论铁路地基和基础的类型、计算方法以及限值标准均有很大的变化，每隔 10～15 年，后继者对现行规范修订一次，也是规范发展的需要，即能与时俱进，这也是编制《2017 年基础桥规》的初衷。

1.2 编制背景

1.2.1 任务来源和编制依据

1. 任务来源

《2017 年基础桥规》是根据国家铁路局科技与法制司的安排，为贯彻落实铁路发展的要求，在《2005 年基础桥规》基础上，对该规范进行全面修订。

2. 编制依据

(1)根据原铁道部《关于印发 2011 年铁路工程建设标准编制计划的通知》(铁建设函〔2011〕10 号)的要求，对《2005 年基础桥规》进行全面修订。

(2)根据国家铁路局科技与法制司的安排，在原修编内容的基础上，增加高速铁路、城际铁路、重载铁路相关设计内容。

1.2.2 编制原则和审批程序

1. 编制原则

(1)贯彻国家有关法律、法规及铁路主要技术政策，保护环境、保障铁路桥涵建设质量与安全。

(2)保证铁路行业规范体系的系统性、统一性要求，整合现行高速铁路、城际铁路、重载铁路和客货共线铁路有关标准，以满足铁路桥涵设计要求。

(3)充分吸纳原规范发布以来铁路桥涵工程建设的实践经验及有关科研成果，总结近年铁路桥涵建设和运营实践经验，注重标准的技术先进性和经济合理性，使规范具有更强的指导性、实用性和可操作性。

(4)注重与国家现行相关标准、铁路行业其他相关标准的协调一致性，章节编排体现系统性和设计人员使用方便性，体现新形势下铁路行业标准编制的特点和被替代规范的连续性。

(5)考虑到目前铁路桥涵极限状态法设计尚在试设计阶段，本规范编制仍采用容许应力法设计，暂不纳入极限状态法设计的相关规定。

2. 审批程序

在全面总结了我国新建时速 200 km 及以下客货共线铁路、高速铁路、城际铁路和重载铁路桥涵建设、运营的实践经验及科研成果基础上，按照上述原则对《2005 年基础桥规》进行全面修订。按编制大纲、征求意见稿、送审稿和报批稿四个阶段的工作程序，经过多次征求意见、讨论审查、修改定稿后报国家铁路局审批、发布施行。

1.3 主要修订内容

1.3.1 目录框架

目录是资料性概述要素，并且是一个可选要素。目录是标准内容基本划分单元的索引，具有了解标准的结构框架、引导阅读和方便检索等功能。

本次规范修订整合了高速铁路、城际铁路、重载铁路及新建时速200 km以上客货共线铁路桥涵的设计标准，使原规范内容有较大扩充。其中，新增"挖井基础"一章，内容包括一般规定、计算两节。新增"岩溶地区地基"一节。

《2017 年基础桥规》基本上维持着《2005 年基础桥规》的章节架构，新增"挖井基础"1 章，由原规范 9 章变更为 10 章，主要内容包括总则，术语和符号(2 节)，基础稳定性和基础沉降(2 节)，地基承载力(2 节)，明挖基础(3 节)，桩基础(3 节)、沉井基础(3 节)，挖井基础(2 节)，特殊地基(4 节)，改建既有线、增建第二线的桥涵基础；另有 7 个附录。编排目录如下所述。

1 总　　则

2 术语和符号

  2.1 术　　语

  2.2 符　　号

3 基础稳定性和基础沉降

  3.1 基础倾覆稳定和滑动稳定

  3.2 基础沉降

4 地基承载力

  4.1 地基承载力

  4.2 地基承载力的提高

5 明挖基础

  5.1 一般规定

  5.2 计　　算

5.3 构　　造

6 桩基础

6.1 一般规定

6.2 计　　算

6.3 构　　造

7 沉井基础

7.1 一般规定

7.2 计　　算

7.3 构　　造

8 挖井基础

8.1 一般规定

8.2 计　　算

9 特殊地基

9.1 湿陷性黄土地基

9.2 软土地基

9.3 多年冻土地基

9.4 岩溶地区地基

10 改建既有线、增建第二线的桥涵基础

附录 A 土和岩石的工程分类及其性质的划分

附录 B 矩形面积上均布荷载作用下通过中心点竖线上的平均附加应力系数 C

附录 C 桥涵基底下卧土层附加应力系数 α

附录 D 墩台基础考虑土的弹性抗力的计算

附录 E 桥梁桩基当作实体基础的检算

附录 F 台后路基对桥台基底附加竖向压应力的计算

附录 G 严寒及多年冻土地区桥涵基础切向冻胀计算

1.3.2 章节内容

1. 总则

(1)修订了规范适用范围。《2005 年基础桥规》仅适用于客货列车共线运行、旅客列车设计行车速度等于或小于 160 km/h、货物列车设计行车速度等于或小于 120 km/h(转 8A 货车 80 km/h)的Ⅰ、Ⅱ级标准轨距铁路，修改后适用于高速铁路、城际铁路、客货共线铁路和重载铁路桥涵结构设计。

(2)增加了位于路桥(涵)过渡段范围内桥台(涵洞)基坑填料的规定。

2. 术语和符号

以沿用既有术语为主，同时参照《铁路工程基本术语标准》(GB/T 50262—2013)中术语解释，增加地基容许承载力、地基基本承载力、挖井基础、工后沉降、总沉降、湿陷系数、自重湿陷系数、多年冻土天然上限、多年冻土人为上限、季节融化层等 10 个术语词条。

3. 基础稳定性和基础沉降

(1)整合修订了高速铁路、城际铁路、客货共线铁路和重载铁路梁式桥静定结构按设计速度分级的墩台基础沉降限值规定。

(2)明确了涵洞工后沉降限值按是否在过渡段范围内作不同要求。

4. 地基承载力

补充多年冻土含盐量和泥炭化程度限值范围。修订参考了《冻土地区建筑地基基础设计规范》(JGJ 118—2011)及《铁路工程地质勘察规范》(TB 10012—2007)的相关规定，对《2005 年基础桥规》相关内容进行了更新。

5. 明挖基础

补充了明挖基础襟边尺寸规定的示意图。《2005 年基础桥规》对单、双向受力的明挖基础襟边尺寸的若干规定，文字表述不易理解，本次修订时在条文说明中补充了各种情况下的襟边尺寸示意图。

6. 桩基础

(1)修改摩擦桩试桩范围。《2005 年基础桥规》规定对重要桥梁或地质复杂的桥梁应通过试桩确定容许承载力，本次修订认为，根据近年来大量铁路建设工程经验，仅对于地质复杂的重要桥梁采用试桩方式确定摩擦桩容许承载力，这样缩小试桩的适用范围，更注重经济性。

(2)修改有关成孔桩径的规定。规范修订时，参考其他行业规范的相关规定，将原成孔桩径一律改为设计桩径，这样做统一了工程数量计算的标准，更注重经济性。

(3)修改钢筋最小锚固长度规定。本次规范修订，参照《铁路工程混凝土结构高强钢筋设计规定》(铁总建设〔2015〕343 号)的规定,修改了 HPB300、HRB400、HRB500 钢筋最小锚固长度。

7. 沉井基础

(1)新增沉井井壁与土体间的摩阻力取值。规范修订参考了相关行业的取值规定,调研了铁路行业多年来在沉井基础设计方面的经验,认为当缺乏上述资料时,可根据土的性质、施工措施确定沉井井壁与土体间的摩阻力取值,并将其纳入规范中,统一了取值标准,方便了设计者采用。

(2)新增浮式沉井井壁和内隔墙设计检算应考虑计入内外水头差作用的规定。根据工程实践经验认为,内外水头差过大对沉井结构本身受力及下沉均有不良影响,设计时应引起特别重视。

(3)删除浮式沉井基础中气筒的相关内容。气筒在近年来浮式沉井设计中极少采用。

8. 挖井基础

新增“挖井基础”一章,规定了挖井基础的适用范围、设计原则及施工注意事项,内容包括一般规定、计算两节。近年来,铁路建设中常采用挖井这种基础形式,挖井基础指用人工或机械按照设计文件开挖基坑(井)后再浇筑的基础,是明挖基础的延伸。该章在总结工程实践经验的基础上,对挖井设计做了一般规定,并归纳总结了挖井基础计算的基本要求。

9. 特殊基础

(1)修改湿陷性黄土地区桥涵建筑物的分类办法及地基处理措施。将《2005 年基础桥规》根据桥涵建筑物重要性、结构特点及受水浸湿后的危害程度和修复难易程度由甲、乙、丙、丁四类修改为 A、B、C、D 四类,湿陷性黄土地区地基处理的措施也做了相应修改。

(2)新增湿陷性黄土地区采用桩基础、挖井基础等相关要求,补充了桩侧极限负摩阻力等设计参数取值。由于近年来大量的铁路桥梁工程穿越湿陷性黄土地区,桩基以其适用性最具优势而被广泛采用,并取得了良好的经济技术效果。本次规范修订参考《湿陷性黄土地区建筑规范》(GB 50025—2004)的相关规定编制。

(3)新增桩侧极限负摩阻力计算取值表。对桩侧负摩阻力进行现场试验确有困难时,之前往往是设计人员根据设计经验自行取值计算,为统一设计标准,规范修订时参考了《湿陷性黄土地区建筑规范》(GB 50025—

2004)相关规定,确定了桩侧负摩擦力取值,该规定有待于今后通过不断积累资料逐步完善。

(4)删除砂井的相关内容。根据近年来工程经验,铁路采用砂井处理桥涵的软土地基,不先行预压,难以达到预期效果。基于砂井预压效果较难控制,现在已很少采用这种地基处理方式,故规范取消关于砂井的相关规定。

(5)补充了多年冻土地基桥涵基础埋置深度计算办法、涵洞基础设计原则、附属工程基础埋深及沉降缝设置要求。

通过青藏线调研了解到《2005 年基础桥规》条文规定不能满足实际工程要求。本次规范修订,根据青藏线的科研和设计经验,总结归纳出多年冻土地区桥涵基础按保持冻结原则进行设计时基础埋置深度的计算办法,以便于设计者借鉴采用。

多年冻土地区涵洞基础设计原则,明确提出涵洞中心的预拱度要求。根据青藏线的设计经验,总结归纳出多年冻土涵洞基础设计原则,以及根据地基冻土类型确定的涵洞上拱度取值。

多年冻土地区附属工程的基础埋深及沉降缝设置要求。根据青藏线的设计经验,附属工程的基础可置于季节融化层或多年冻土中,埋深可根据非多年冻土地区的有关规定确定。当季节融化层为冻胀土或强冻胀土时,每隔 2～5 m 设一道沉降缝。

(6)新增"岩溶地区地基"一节。对岩溶地区桥涵基础设计及施工处理措施作了原则规定。本节内容参照现行《建筑地基基础设计规范》(GB 50007—2011)、《铁路工程地质勘察规范》(TB 10012—2007)等相关内容,并结合近年来铁路工程建设的经验成果编制而成。

10. 改建既有线、增建第二线的桥涵基础

新增改建既有线和增建第二线铁路桥涵基础设计应符合营业线施工安全的规定要求,重视运营安全要求。

第2章 总　　则

2.1 制定标准的目的

2.1.1 基础桥规规定

1.0.1条规定：

为贯彻国家有关法规和铁路技术政策，统一铁路桥涵设计技术标准，使铁路桥涵设计符合安全可靠、先进成熟、经济适用、保护环境的要求，制定本规范。

2.1.2 条文解读

按照《工程建设标准编写规定》（建标〔2008〕182号）要求，总则的第一条是制定标准的目的，该条应概括地阐明制定该标准的理由和依据。

为满足铁路桥涵建设和发展需要，在《2005年基础桥规》基础上，根据国家铁路局构建铁路工程建设标准体系要求，全面总结我国高速铁路、城际铁路、客货共线铁路和重载铁路桥涵地基基础实践经验和科研成果。同时，强化了质量安全、节约资源、保护环境以及风险防范、防灾减灾等技术要求，并结合我国国情、经济社会发展水平、环境条件等因素，合理确定了铁路桥涵地基基础的主要设计标准，进一步提升了规范的科学性和技术经济合理性，制定了本规范。

2.2 适用范围

2.2.1 基础桥规规定

1.0.2条规定：

本规范适用于新建和改建标准轨距的客货共线铁路、高速铁路、城际铁路、重载铁路桥涵的设计。

2.2.2 条文解读

适用范围是标准的规范性一般要素，同时也是标准的一个必备要素。每一项标准都应有适用范围，并且应位于每项标准正文的起始位置，也就是标准的“1 总则”中的第2条。标准中一切规范性内容，都是在“规范”所界定的适用范围内起作用的，超出了标准的“范围”，这些规定就不合适。

《2005年基础桥规》仅适用于客货列车共线运行、旅客列车设计行车速度等于或小于160 km/h、货物列车设计行车速度等于或小于120 km/h（转8A货车80 km/h）的Ⅰ、Ⅱ级标准轨距铁路。《2017年基础桥规》根据铁路建设发展的需求，拓宽后适用于高速铁路、城际铁路、客货共线铁路、重载铁路桥涵地基和基础设计。本条规定与《2017年桥规》适用范围的规定是一致的。

至于各类铁路的定义详见《〈铁路桥涵设计规范〉解读与思考》书中的叙述。

2.3 共性要求

2.3.1 原则要求

2.3.1.1 基础桥规规定

1.0.4条规定：

桥涵地基基础应具有足够的强度、刚度、稳定性、耐久性并满足沉降限值的要求。桥涵地基基础设计使用年限应为100年。

2.3.1.2 条文解读

铁路桥涵地基基础由两部分组成，第一部分为地基，第二部分为基础。

基础下面承受建筑物全部荷载的土体或岩体称为地基。地基不属于桥涵结构的组成部分，但它对保证建筑物的坚固耐久具有非常重要的作用，是地球的一部分。建筑物对地基的要求是满足强度、变形和稳定的要求，这要求除考虑地基土本身的强度和变形特性外，还应考虑周围的地质和水文条件、气候和环境条件及其变化对建筑物施工阶段和使用期间的影响。地基强度由地基承载力控制，地基承载力是指由地基土载荷试验测定的地基土压力变形曲线上规定的变形所对应的应力值，或由土的抗剪强度确定。地基变形是指建筑物的整体沉降量、倾斜值和差异沉降，其限值要满足建筑物的功能和使用要求。地基稳定是要保证建筑物承载能力极限状态下的安全性，防止整体倾覆和滑移。

建筑物在地面以下并将上部结构自重和所承担的荷载传递到地基上的构件或部分结构即为建筑物的基础，基础是属于桥涵结构的一部分。基础是直接与地基土接触的结构部分，与地基土的关系比以上结构密切得多。在设计中，除考虑桥涵上部结构及墩台传下的荷载、基础的材料和结构形式外，还必须考虑地基土的强度和变形特性，早年的桥涵上部结构及墩台设计往往不考虑后者。

地基和基础的设计不能截然划分，正确的基础设计必须建立在合理的地基评价基础上。对于基础设计，还要满足结构强度（抗弯、抗剪、抗冲切验算）和变形要求。

由于地基的不均匀变形，基础之间产生差异沉降，发生挠曲或倾斜，上部结构受到影响，也会产生倾斜、扭转、挠曲，并可能造成结构的损坏。不仅影响桥涵建筑物的正常使用功能，有时还危及行车的安全。无砟轨道具有高平顺性、少维修养护和维修天窗短时性的特点，在国外高速铁路得到越来越广泛的应用。高平顺性的无砟轨道由于桥上扣件调整量的制约，其沉降量有着比有砟轨道更为严格的限值要求。

国内外大量桥梁的使用经验说明，结构的耐久性对桥梁的安全使用和经济性起着决定性作用。因此，在铁路桥梁结构设计中应十分重视结构物的耐久性设计，统一考虑合理的结构布局和结构细节，强调要使结构易于检查维修以保证桥梁的安全使用。地基基础的设计使用年限应等同上部结构满足的设计使用年限要求。大量工程实践证明，地基在长期荷载作用下承载力有所提高，基础材料应根据其工作环境满足耐久性设计要求，还应严格控制基础沉降，以按满足 100 年正常使用要求设计的规定。

2.3.2　桥涵基础类型选用

2.3.2.1　基础桥规规定

1.0.5 条规定：

桥涵基础类型应根据水文、地质、地形、沉降控制要求、上部结构、荷载、材料供应和施工条件等合理选用。

2.3.2.2 条文解读

1. 基础类型选择因素

基础类型的选择，必须结合每座桥的具体情况，全面深入地进行研究、分析和比较来确定。选择基础类型时，应考虑水文、地质、地形、沉降控制要求、上部结构、荷载、材料供应和施工条件等条件。

基础是置于地层中将荷载传到地层的建筑物，地质条件对基础类型的选择有着决定性的意义。因而设计时必须尽可能确切地查明桥址处的地质情况，如各层地基土的物理力学性质及其承载能力、土的透水性、基岩层面的倾斜情况等。

基础施工时有水无水、渗水量大小、水位高低、流速大小、通航与否以及河床冲刷和河床变化等情况，对基础类型的选择有着密切的关系，设计时应详加考虑。

施工机具设备及施工期限等对基础类型的选择有着很大的影响，因此，设计前应对这些情况了解清楚。

其他如材料供应、上部结构的类型及其对不均匀沉落的敏感程度，荷载大小，地形陡缓，以及邻近既有建筑物的状况等对基础类型的选择也有着一定的影响，设计时亦应考虑。

2. 常用基础适用范围

铁路桥梁常用基础类型有明挖基础、桩基础、管柱基础、沉井基础及挖井基础等。

(1)明挖基础

明挖基础适用基础埋置深度较浅，平时干旱无水，或有水但能防护后抽水无困难，且开挖后不致影响其他建筑物的场地。

(2)桩基础

桩基础具有适用范围较广、材料用量少、开挖工作量不大等优点，但要求施工机具多，技术要求高。各种桩适用条件如下：

①打入桩一般适用于中密、稍松砂类土和可塑黏性土。

②振动下沉桩一般适用于砂类土、黏性土和碎石类土。

③桩尖爆扩桩宜用于硬塑黏性土以及中密、密实的砂类土。

④钻孔灌注桩可用于各类土层、岩层，但用于软土、淤泥和可能发生

缩孔或流砂的土层时，应先做施工工艺试验。

⑤挖孔灌注桩一般用于无地下水或少量地下水的土层。

(3)管柱基础

一般深水、有覆盖层或无覆盖层，基岩层面不平整的条件，以及在其他一些不宜采用别的基础类型的情况下，可采用管柱基础。管柱基础可支承于较密实的土或新鲜岩层内，其缺点是需用的机具设备较多、耗电量大且较为复杂。

(4)沉井基础

当基础入土较深，河流为常年流水或地下水位较高，排水抽水困难时，可采用沉井基础。有时为了缩小开挖范围，减免对既有建筑物的影响，也可采用沉井以代替明挖基础。

在抽水困难的条件下，沉井最好筑在没有旧桩木、旧木墩、大石块或其他大体积坚硬埋藏物的土壤上，以免妨害沉井下沉。

在拟建沉井轮廓边缘的土壤破坏棱体范围内有其他建筑物时，禁止修建沉井。在岩层倾斜且抽水困难的地基上，或者在地下水位较高的粉、细砂地层排水下沉可能引起涌沙时，不宜采用沉井基础。

(5)挖井基础

除明挖基础外，挖井基础施工简便，若地质与水文条件允许(如黄土地区)，可优先采用。

2.3.3 地质勘探资料要求

2.3.3.1 基础桥规规定

1.0.6 条规定：

地质勘探资料应能反映地质构造、地基岩土的物理力学性质、地下水的状态以及影响桥涵稳定和施工中可能发生的不良地质现象等因素。桥址存在断层或岩溶、不均匀地层内埋藏有局部软弱土层，以及在起伏不平或倾斜岩层的地基上修建基础时，应加强工程地质勘探工作。土和岩石的工程分类及其性质的划分应符合附录 A 的规定。

2.3.3.2 条文解读

1. 地质勘探资料

岩土工程勘察是桥梁地基基础设计的重要依据，本规范 1.0.6 条规定了桥址地基基础设计岩土工程勘察应满足的最基本要求。

地质勘探资料应能反映地质构造、地基岩土的物理力学性质、地下水的状态以及影响桥涵稳定和施工中可能发生的不良地质现象等因素。

(1)地质资料不准

由于地质资料主要原因造成桥梁病害比较典型案例有蓝烟复线孔家河大桥。孔家河大桥桥式采用4-32 m预应力混凝土梁,双线桥,线间距4.0 m,错线(分为两个单线桥)布置,采用单圆柱墩,T形桥台,明挖基础,错线两圆柱墩顺水流方向设置。原设计桥墩高度在13.5～15.0 m之间,桥墩为双层基础,基底嵌入600 kPa岩层0.5～1.7 m。然而该桥建成开通仅半年,10个墩台中就有8个倾斜。

该桥区域地质调绘不细,对地层认识分析不够,表现为对钻探岩芯判释不准,仅凭4个钻孔岩芯就判定地层简单,推断桥址地层岩性;虽然基岩层面、承载力相差不大,但是未能揭示出可溶性大理岩的存在,导致大桥墩台布孔偏少;对大桥2号、3号墩地质情况,片面地认为在扩大基础施工过程中能够弥补勘探中的不足,未采取辅助勘探或加深勘探措施,以进一步核对地层岩性。

从复钻核查资料情况来看,基岩面、承载力没有较大变化时,岩性变化是不会导致桥墩倾斜的,导致桥墩倾斜的主要原因是基底软硬不均,产生不均匀沉降。

(2)不良地质现象

桥址存在断层或岩溶、不均匀地层内埋藏有局部软弱土层,以及在起伏不平或倾斜岩层的地基上修建基础时,应加强工程地质勘探工作。

岩溶地区应加强地质调绘及勘测工作,因为岩溶一般独立性强,在地面上不容易看清地貌,所以应加强调绘。如贵昆线天生桥跨越暗河,又处于断层破碎带上,溶蚀剧烈、溶洞发育、地质极为复杂。1958年开始勘测期间,做了大量的勘测方案比较和地质调查测绘工作,钻探近20孔,并采用了电探等手段,查明了溶洞的空洞大小,陷穴漏斗、竖井位置及分布,覆盖层的厚度,暗河大小、高程及方向,并做了水文观测,测出暗河进出口流速、流量。在掌握地质、水文情况下,结合线路选线,桥位选出了较好的位置,桥墩台采用轻型结构浅基础,至今未发现问题。

起伏不平或倾斜岩层的地基上修建基础时,应加强工程地质勘探工作。如宝中铁路宝安段共有大中桥71座，特大桥1座，小桥涵四百余座。沿线地形地质现象复杂，部分地段山高谷深，不良地质及特殊地质现象有滑坡、错落、坍滑、泥石流、膨胀岩、小煤窑采空、湿陷性黄土等分布。本段桥涵经过施工单位核实，小桥涵有22座因其地质原因进行了变更，大中桥、特大桥共计490个墩台因其地层岩性突变或资料不准变更了35个墩台，约占7.1%。

(3)铁路工程地质勘察规范要求

《铁路工程地质勘察规范》(TB 10012—2007)对大中桥、高桥、特大桥工程地质勘察也有以下规定：

①查明桥址地段地形地貌、地层岩性、地质构造及岸坡稳定性，对深峡谷及陡坡地区，必要时应进行岸坡稳定性评价；查明断层破碎带的分布、断层活动情况及破碎带的胶结程度和含水情况；查明墩台范围内有无软弱夹层，提出地基稳定性评价及处理意见。

②查明土的成因类型、物质成分、性质、结构特征、厚度、密实度、潮湿程度及下伏基岩面的形态等；查明基岩的风化程度及分带情况。

③查明不良地质、特殊岩土的性质和分布范围及对墩台稳定性的影响，提出工程措施意见。

④查明墩台及调节水流建筑物等基底岩土的物理力学性质，确定地基承载力。

⑤查明桥渡区水文地质特征，分析判明基坑可能涌水、流砂等情况。

铁路桥涵工程地质勘察工作内容及深度要求详见本书附录A。

跨越深切峡谷、沟谷的岸坡稳定性问题是山区铁路经常遇到的工程地质问题。在岸坡陡立地段如何设置桥墩台关系到工程的安危，进行岸坡稳定性评价是该类地段工程地质调绘的重点之一。黄土地区陡立岸坡地段通常采用桥基设置在稳定坡角线以下以保障工程安全；基岩地区陡立岸坡地段也应根据地层岩性、结构面特征、水文地质特征及水文条件等进行工程地质条件的综合分析，作出岸坡稳定性评价，为工程基础设置提供依据。

土的结构特征是指土层中特殊的结构状态，如夹杂物或包含物、垂直节理、网状裂隙及其他较大或较长的裂隙、软弱夹层、透镜体等。

水文地质特征，除地下水水位及其变化幅度、水化学特征外，尚需查明渗透系数等，为估算基坑可能涌水、流砂等情况提供依据，并据以考虑施工排水设施、基坑开挖防护措施及施工方法等。

另外，既有桥涵工程地质病害调查的内容，地质勘察应该充分考虑。

2. 土和岩石的工程分类及其性质的划分

《2017 年基础桥规》附录 A 土和岩石的工程分类及其性质的划分共有 12 条，其中土的工程分类及其性质 4 条（A. 0. 1～A. 0. 4）；岩石的工程分类及其性质 5 条（A. 0. 5～A. 0. 9）；季节性冻土和多年冻土 2 条（A. 0. 10、A. 0. 11）；岩土施工工程分级 1 条（A. 0. 12）。

2. 3. 4 基础设置要求

2. 3. 4. 1 基础桥规规定

1. 0. 7 条规定：

基础设置应符合下列规定：

1 基础不宜设在软硬不均的地基上。

2 墩台位置应避开活动断层、滑坡，宜避开挤压破碎带、石灰岩溶洞、人为坑洞、黄土陷穴与暗洞等不良地质。

3 墩台位于陡坡上时，应注意岩体的稳定性。

4 靠近陡峭岩壁下的河槽边墩，应避免将基础置于河床的落石堆积层上。

5 在岩面倾斜且抽水困难的地基上，不宜采用明挖和沉（挖）井基础。

2. 3. 4. 2 条文解读

一个好的基础必须具有能支承其上面的上部结构，又能将荷载分散传递到下面地基中的功能。一个好的荷载分布，指的是在基础下面的地基中，不会产生过大的应力，也不会因局部过大应力而造成地基不均匀下沉，进而使结构物开裂和发生其他损伤。基础是很重要的，因此本条规定了基础设置应避开以下所述的不利环境条件。

1. 软硬不均地基上基础

当同一基础下存在物理力学性质和压缩性差异悬殊的地基时，容易引起基础不均匀下沉。这种软硬不匀土层是由于河床冲刷和沉积反复交替以及风化不均匀等原因所形成。当地基存在软硬不匀时，不宜将基础放置在这些土层的相交处。

某高速铁路特大桥的一个明挖基础(图 2-1),基底地层风化不均匀,左侧为弱风化玄武岩(W_2),右侧 0～5 m 为强风化玄武岩(W_3),下部为弱风化玄武岩(W_2),表 2-1 为地基与基础的物理力学参数,但地基承载力均满足设计值要求。

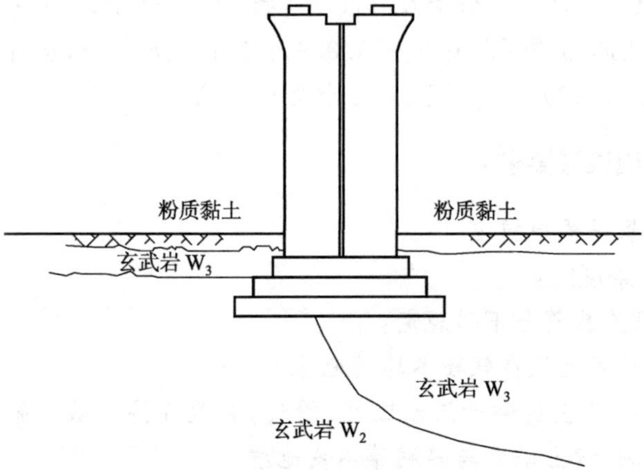

图 2-1　某高速铁路特大桥明挖基础

表 2-1　地基与基础的物理力学参数

岩　性	容重 γ (kN/m³)	变形模量 E (kPa)	泊松比 μ	抗剪强度	
				c(MPa)	φ(°)
弱风化玄武岩	27.0	38 000	0.26	0.460	56.0
强风化玄武岩	25.0	6 100	0.33	0.260	30.0
粉质黏土	19.7	2 680	0.35	0.043	17.3
C40 混凝土	24.0	32 500	0.15	5.200	58.0
C15 混凝土	23.0	22 000	0.20	1.780	50.7

该桥对强风化岩石地基的发育深度,按照设定的 8 种不同深度强风化岩石,在此条件下建立模型,进行数值计算分析。分析结论表明:

(1)不均匀地基明挖基础会发生差异沉降及水平位移差,地基强度低的一侧变形值较大。

(2)基础沉降量函数、差异沉降量函数、水平位移量函数为对数形式,水平位移差函数为常数。

(3)基础顶部位置沉降量、差异沉降量、水平位移量、水平位移差值最大,向下逐渐减小。

(4)随着地基不均匀深度的增加,基础沉降量、差异沉降量、水平位移量呈对数函数形式增长,增幅逐渐减小,但水平位移差值不随地基不均匀深度的变化而变化,其值为常数。

(5)基底部分地基强度越高,应力水平越高,地基中软硬分界面应力集中,易成破坏区。

因此当地基软硬不均时,桥梁明挖基础变形随着不均匀深度的增大而呈增长趋势;地基中强度较高岩土体及靠近地基强度较低一侧的桥墩部分为偏压区域,应充分验算其安全可靠度。

2. 不良地质上基础

墩台位置应避开活动断层、滑坡,宜避开挤压破碎带、石灰岩溶洞、人为坑洞、黄土陷穴与暗洞等不良地质。

(1)活动断层及挤压破碎带

断层及挤压破碎带系因地层的动力作用,顺岩层构造薄弱处产生相对移位致使上下岩盘间的岩石因挤压而成破碎带,对于墩台稳定不利,当墩台置于此地带,特别是置于破碎带与完整岩层接触处时,由于软硬不均,将给基础处理造成困难,故应尽量避开。所谓避开是指避免将墩台直接置于断裂带上,尤其是软硬岩层的接触带上。避开的办法可采用:调整线路平面位置至在断裂带最窄处通过,或用调整墩台位置的办法,不使墩台基础直接置于此带上;若断裂带较宽,应设法使最少量的墩台置于其上等。地质工作主要是查清断层破碎带的产状、规模、性质及其工程地质条件,并据以提出相应的工程措施。

京原线 10 号大桥位于几条断层交叉点,桥位选择极困难,多次改变设计方案,桥跨由 16 m 改为 23 m,又改为 43 m,最后以 33.7 m 跨越断层带,如图 2-2 所示。

对于不活动的断层,墩台必须设在断层上时,应根据具体情况采用相应的处理措施:

①桥高在 30 m 以下,断层破碎带通过桥基中部,宽度在 0.2 m 以上,又有断层泥等充填物时,应沿断层带挖除充填物,灌注混凝土或嵌补

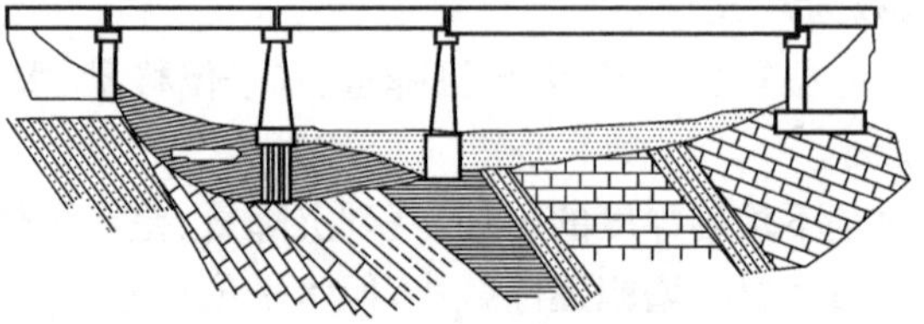

图 2-2　桥梁墩台避开断层破碎带

钢筋网，以增加基础强度及稳定性。

②断层带宽度不足 0.2 m，两旁均为坚硬岩石时，一般可不作处理。

③断层带分布于基础一角时，应将基础扩大加深，再以钢筋混凝土补角加强，增加其整体性。

④当基底大部分为断层破碎带，仅局部为坚硬岩层，构成软硬不均地基时，在墩台位置无法调整的情况下，可炸除坚硬岩层，加深并换填与破碎带强度相当的土层，扩大基础，使应力均衡，以防止因不均匀沉陷而使墩台倾斜破坏。

⑤桥高超过 30 m，且基底断层破碎带的范围较大时，一般采用钻孔桩或挖孔桩嵌入下盘，使基底应力传递到下盘坚硬岩层上。

铁路选线时，应尽量避开大断裂带，线路不应沿断裂带走向延伸，在条件不允许，必须穿过断裂带时，应大角度或垂直穿过断裂带。

青藏铁路 DK1202＋668 大桥位于青藏公路 85 道班南侧、青藏公路西侧，设计桥长 120 m，横跨近东西走向的乌丽盆北活动断裂。大桥东、西两侧，沿断层谷地夏季发育线性分布泉水，泉水含一定浓度的 H_2S，属来源深度大于 100 m 的低温温泉，冬季发育斜列冰丘群。在大桥施工以前，断层谷地夏季温泉和冬季冰丘均偏离设计桥墩，对桥梁安全影响不明显。但由于铁路大桥中部桥墩建于断裂破碎带，中部桥墩的桩基施工深度达 37 m，打通了断裂破碎带低温温泉通道，2002 年冬季曾形成较大移动冰丘。2003 年 7—8 月，随桥梁基础施工进展，在墩台下方诱发更大流量上涌泉水，形成较大面积的泉坑和大量新泉眼，冬季冻结将形成严重灾害隐患，如图 2-3 所示。

(2)滑坡

滑坡是斜坡土体在外力作用下失去原有的稳定状态，沿着斜坡内滑

图 2-3　断裂破碎带桥基施工形成冰丘

动面整体向下滑动的现象，滑坡形成主要有以下条件。

①地形与地貌条件：易汇集地表水和地下水的洼地斜坡地段；易受流水冲刷和淘蚀的山区河流凹岸缓坡地段；由堆积土组成的上陡下缓、下伏基岩面向坡外倾斜的斜坡地段；黄土塬边及黄土地区高阶地前缘的缓坡地段等。

②地层条件：具备贮水构造、聚水条件和下部地层有隔水软弱面时下列地层易形成滑坡，易于风化或遇水易软化的软质岩层；虽为硬质岩，但夹有软弱夹层；上部松散，下部致密的黏性土、膨胀土地层或各种成因的堆积黏性土地层。

③地质构造条件：当存在倾向斜坡，倾斜度较陡的断层面、岩层层理面、不整合面，连通性较好的节理面、褶曲两翼的倾斜面及其他软弱结构面时，易沿这些结构面形成滑坡。

④自然因素：气候、水、地震等作用。

⑤人为因素等。

由于受持续暴雨影响山体滑坡，仅 2019 年 7—8 月成昆铁路 3 次中断，损失严重，如图 2-4 和图 2-5 所示。

(3)岩溶

水(地表水、地下水)对岩石(碳酸盐岩、硫酸盐岩、卤素岩等)的化学作用(溶蚀、沉淀)和机械作用(流水侵蚀和沉积、重力崩塌和堆积)等，以及这些地质作用所产生的水文现象、地貌现象的总和称为岩溶，也就是说岩溶包括石灰岩、白云岩、石膏、岩盐等可溶性岩体，它是可溶性岩层的总称。在研究岩溶时，不仅要描述岩溶的形态、特征、地理分布等岩溶现象，而且还应研究岩溶的形成过程，阐明岩溶的成因、发育规律与水文地质作用的关系等。

图 2-4 山体滑坡掩埋铁路隧道口

图 2-5 凉红至埃岱站间山体滑坡

岩溶在我国是一种相当普遍的不良地质作用，在一定条件下可能发生地质灾害，严重威胁工程安全。岩溶发育可使周围作为基础持力层的岩体强度及稳定性大为降低，引起基础失效乃至上部结构破坏。桥址岩溶覆盖层为黏性土及砂土，基岩面附近土体粘结强度易受岩溶水破坏，土颗粒亦随地下水搬运而流失，形成土洞，当土洞发育至一定规模时，或在机械振动和真空吸蚀作用下，容易引发地面塌陷。

广西黎湛线玉林附近，因天旱抽水，一夜之间稻田里发生上百个坍陷；四川宜拱支线塘坝桥，因洞穴和覆盖层不稳，河床地表坍陷，地面牵动范围直径达 66 m，造成桥墩台倾斜下沉，坍陷对铁路建筑物危害很大。根据坍陷的成因，经地质测探和调查分析，预测地表坍陷是可能的，而且是重要的。因此对于地表积水、排水特性，天然或人为改变地下水位的情况，以及覆盖土层、洞穴和顶板岩层是否稳定，是岩溶坍陷区桥位选择值得注意的问题。

桥梁的设计与施工，均应考虑上述因素所产生的不利影响。

(4)人为坑洞

人为坑洞是指人工开凿的各种坑道和洞穴。对铁路工程影响较大的人为坑洞主要为开采各类固体矿藏形成的采空区。各类矿区根据开采历史可分为古老采空区、现代采空区和未来采空区。

古老采空区：建筑物兴建时，历史上已经开采过的场地。一般指开采年代距今 40～50 年以前，开采手段较落后，巷道狭窄，开采范围较小，回采率低，因年代久远，无资料可查，地面痕迹较少的采空区。

现代采空区：建筑物兴建时，地下正在采掘或采掘时间不长的场地。一般指开采年代在近 40～50 年内，开采手段较先进，巷道纵横交错，开采范围较大，回采率高，一般有资料可查的采空区。

未来采空区：建筑物兴建时，地下赋存有价值的矿体，目前尚未开采，而规划中要开采的场地。根据采空程度可分为大型采空区和小型采空区。

其他人为坑洞可根据其开挖目的分为采煤巷道、掏煤洞、掏沙洞、掏金洞、坎儿井及地下工程等。

地下矿体大面积采空后，矿层上部失去支撑，平衡条件被破坏，采空区上方岩体随之产生变形，从而形成地面变形或塌陷，这种由于地下开采矿体产生的不良地质现象称为采空塌陷，如图 2-6 所示。

图 2-6　采空塌陷直径 30～50 m 深坑

采空塌陷主要出现于 20 世纪 70 年代以后，尤其是 90 年代以来，随着我国采矿业的快速发展和开采范围的不断扩大，使得采空塌陷在各地不断发生。采空塌陷广泛分布于我国各地的矿山及其周围地区，其中以煤矿采空塌陷最为突出，采的越多，塌的程度就越严重、塌坑越多。采空塌陷主要是强采、盲采和滥采造成的，可诱发地面塌陷、地裂缝以及其他次生地质灾害，损坏地表建筑物、破坏土地资源、疏干和污染地下水，甚至造成大面积顶板塌陷。

由地下采煤引起大型采空的地表变形分为 2 种移动和 3 种变形，即地表的下沉、水平移动和倾斜、弯曲、水平变形。

人为坑洞对铁路建筑物的危害极大，因其变形常突然发生，严重时会造成列车颠覆，一旦发生，又难以维修养护，往往中断行车。如内昆线

2002年5月11日交付临管运营，11月15日下午15:50工务部门发现二道桥大桥上线路异常，5号墩梁缝挤死，故中断行车23 h;12月19日再次中断行车。经调查，二道桥大桥下有地方小煤窑穿过，11月15日在距4号墩桩基下约35 m处发生了塌方及大量涌水，引起地基基础变形，导致4号桥墩下沉和5号墩梁缝挤死。因此铁路通过采空区需采取绕避方案。

(5)黄土陷穴和暗洞

黄土陷穴在黄土地区是一种普遍的不良地质现象，主要分布于黄土台塬的边缘地带、沟谷岸坡、沟床底部等地形陡峻处，如坡顶附近、边坡、路堤的基底等。原因是黄土的结构疏松，以粉粒为主的颗粒组成，在水流作用下形成的。在台塬边缘或地面横坡较大路堤修筑后上游侧形成积水等情况下，便可能发生陷穴。当陷穴形成后，水流渗入陷穴，顺着倾向沟谷方向经过土层渗流溶解和侵蚀形成暗洞，通至附近沟谷内。黄土陷穴有的可达到很大的规模(数方，甚至数十方)，通道很长，位于线路下面会造成很大隐患。黄土陷穴的另一个特征是，它是不断变化的，小的可以发展成大的，没有的在条件具备时会新产生。同时比较隐蔽，有的口小，下面大，有的有进口，但找不到出口，有时真正大的陷穴在距进口很远处。建于沟谷岸坡上的墩台应尽量避开陷穴和暗洞，为防止陷穴和暗洞的扩展，应做好截流、防渗、堵漏等工作。如因沟谷地形控制桥跨布置，墩台位置无法避开陷穴和暗洞时，应对陷穴和浅埋的暗洞采取填土夯实，但这样做往往有很多困难，设计时应全面考虑。

3. 陡峭山坡上基础

在陡峭山坡上修建墩台时，应注意桥基岩体的稳定。岩体的稳定和岩面、节理、断层面有关，也有因岩质山坡坡脚受河流滚石常年撞击使山坡失去坡脚支承的情况发生，应该加以注意。

宜万铁路地形陡峻，许多河谷深切100～200 m，甚至更大，自然坡度达60°～80°，少数甚至直立，线路多以大跨度桥梁跨越这些峡谷，桥梁墩台多设置在峡谷的高陡岸坡上，如图2-7所示，其关键是基础高陡岸坡稳定性评价。

对于特定的岩质高边坡，由于其岩性、岩体结构、不连续面、水文条件、施工条件等诸多不确定因素的影响，其变形破坏机理十分复杂，稳定性评价难度较大。桥梁建在斜坡上,不仅斜坡要满足承载力的要求,而且要考虑埋深不够时基础从斜坡上剪切破坏的可能性。设计时应进行岩坡稳定专项论证,保证基础安全可靠。

图 2-7　宜万铁路落步溪大桥

位于陡立谷坡上的基础工程,要求地质勘探点的深度应穿过该谷坡稳定坡角线并达持力层下。

4. 陡峭岩壁下河槽边墩基础

在地形陡峻(坡度常大于 55°,高度大于 30 m)、岩层裂隙发育的地区,特别是在脆硬岩石地段、软硬岩互层地段、岩体结构面倾角较陡其走向大致平行河流的陡坡或峡谷地段及卸荷裂隙发育地段,都具有产生危岩、崩塌和落石现象可能。靠近陡峭岩壁下河槽处的桥墩,应尽量避免基础穿经水下河床的山坡落石堆积层。因为在这种地层中,采用明挖基础将会增大抽水的难度,致使施工进展缓慢,工程造价昂贵。采用沉井基础,特别是位于地下水位以下水量较大、沉井较深的基础,当基岩面不平整(包括基岩斜坡)或遇大的漂石、块石等时,会造成沉井下沉困难,甚至使沉井歪斜,应特别注意。采用钻孔灌注桩,虽然不需要抽水,但因山坡落石石质坚硬,钻进效率很低,并易引起孔壁坍落和卡钻等事故。

5. 倾斜岩面上沉井基础

桥梁墩台位于倾斜岩面上采用沉井基础,而沉井下沉抽不干水时,则需要在潜水条件下进行凿石,整平基面,这样不仅工作困难,也不能持久,并且严重损害潜水人员的身体健康。在充分掌握岩层倾斜情况时,虽然也可采用高低刃脚的沉井,但技术比较复杂,因此在渗水量很大,无把握抽干水时,一般不在倾斜岩层上修建沉井基础,对于明挖基础来说也是如此。

2.3.5 地基土冻胀性要求

2.3.5.1 基础桥规规定

1.0.8 条规定：

桥涵基础的设计应考虑地基土的冻胀性。季节性冻土的冻胀等级与多年冻土的分类见附录A。

2.3.5.2 条文解读

1. 地基土的冻胀性

土在冻结和解冻时，其结构性质发生变化。冻结时土隆起，冻胀力量甚大，而解冻时土沉陷，致使建于其上的结构物遭到破坏，这就是通常所说的土的冻胀现象。一般冻胀的形成取决于土质、地下水、温度三个因素。

(1)土质：与冻胀关系最密切的是含水量。

(2)地下水：引起冻胀的主要因素是必须有水的补给。因而，土中的毛细水、含水量、透水性的大小，对冻胀的起因具有重要的意义。

(3)温度：土中冰晶的分离发生在0 ℃左右，当温度继续降低时，直到冻结而停止。此时，在冻结表面，如地下所散的热与从下层传来的热相平衡时，则冰晶继续发展。

可以认为土中存在水分以及毛细管作用是形成冻胀现象的重要条件。对于颗粒较大的土来说，没有毛细管作用，所以不存在冻胀现象；对颗粒较小、毛细作用显著的土，则冻胀现象严重。土中含水率的多少和地下水位的高低对土的冻胀作用也有重要影响。含水量多则放出的热量大，冻结的速度变慢，使得冻结深度变浅；当下层得不到充分的补给水时，冰晶就会向下层部分的深处发展。

冻结线即当地最大冻结深度线。根据严寒地区桥梁冻害调查统计资料，原齐齐哈尔铁路局嫩林线通车初期只有1座桥有冻害，后来发展到7座桥有冻害；原哈尔滨铁路局有8座桥有冻害；原呼和浩特铁路局有15座有冻害。这些冻害桥梁的冻起高度一般均大于50 mm，最大者达150 mm，有的墩身拔断，直接影响行车安全，给维修养护工作造成困难，因此对位于冻胀土中的桥梁基础应按《2017年基础桥规》附录G进行冻胀稳定检算，以确保建筑物的安全。国内外大量试验资料表明：土的冻胀性与土的颗粒组成、含水率和冻土温度有着密切的关系。各类土的冻胀力均有随含水率的增加、土温的降低而增大的规律性，当土层含水率或冻土温度达到某一临界值时，冻胀力将出现极值，随后则逐渐降低。有时从土的颗粒组成来看，虽属冻胀性土，但由于含水率很小而地下水位又很低，毛细管上升高度达不到冻结锋面，形不成冻胀条件者，也不会产生冻胀。所以土层含水率不同、土温高低不同时，其冻胀程度也不一样。如黏性土当含水率达到50%左右，而土温在−8 ℃左右时，冻胀力达到极值。当含水率等于或小于起始冻胀含水率时，则不产生冻胀，反而会出现冻缩现象，这已被大量的观测所证实。

因此，桥涵基础的设计必须考虑地基土的冻胀性。

2. 季节性冻土的冻胀等级与多年冻土的分类

季节性冻土的冻胀等级与多年冻土的分类见《2017年基础桥规》附录A.0.10条和A.0.11条有关规定。

2.3.6 基底埋置深度要求

2.3.6.1 基础桥规规定

1.0.9条规定：

墩台明挖、沉(挖)井基础的基底埋置深度应符合下列规定：

1 冻胀、强冻胀和特强冻胀土，应在冻结线以下不小于0.25 m，同时满足冻胀力计算的要求；弱冻胀土不应小于冻结深度；基底埋置深度不满足要求，但无基础冻害出现时，可暂缓处理。

2 无冲刷处或设有铺砌时，不应小于地面以下2.0 m。

3 有冲刷处，在墩台附近最大冲刷线以下不应小于表1.0.9所列安全值。

表1.0.9 基底埋置安全值

冲刷总深度(m)			0	5	10	15	20
安全值(m)	一般桥梁		2.0	2.5	3.0	3.5	4.0
	技术复杂、修复困难或重要的特大桥	设计流量	3.0	3.5	4.0	4.5	5.0
		检算流量	1.5	1.8	2.0	2.3	2.5

注：冲刷总深度为自河床面算起的一般冲刷深度与局部冲刷深度之和。

4 对于不易冲刷磨损的岩石，墩台基础应嵌入基本岩层不小于0.25 m～0.5 m(视岩层抗冲性能而定)。嵌入风化、破碎、易冲刷磨损岩层应按未嵌入岩层计。

5 新建或改建位于河道非岩石地基上的桥跨不应采用明挖基础。

2.3.6.2 条文解读

基底埋置深度是指基础底面至设计地面的距离。基础埋置深度的确定涉及选择合适的地基持力层，保证桥梁建筑物在满足地基承载力、地基稳定和变形条件下尽量浅埋以合理节约工程造价等问题。

1. 基础埋深考虑地基土的冻胀影响

季节性冻土是冬季冻结、天暖解冻的土层，土体中的水冻结后将发生体积膨胀而产生冻胀。当冻土融化后，土含水量增加，地基土强度降低并引起沉陷，称为融陷。无论是冻胀还是融陷，一般都是不均匀的，往往会造成桥涵建筑物的变形甚至开裂。因此，在季节性冻土地区确定基础埋置深度时应考虑地基土的冻融影响。至于土在冻结和解冻时，其结构性质发生变化的原理在本章 2.3.5 节中已经介绍，在此不再赘述。

另外根据东北大庆地区四十多个野外冻土站的观测资料分析表明，地面冻胀量具有随整个冻深的增大而增加的规律性，但冻胀量沿冻深的分布是不均匀的，而且沿冻深逐渐减少。当冻深达到某一深度时，冻胀量等于零，其下有一层冻土往往只冻结而不冻胀，因这层冻土往往出现脱水现象，没有冰构，所以属于非冻胀区。强冻胀区一般出现在冻深 1/3 以上。对于弱冻胀土来说，全部冻胀量在整个冻深的 75%以上，因此桥涵基础埋深按冻深考虑是安全的，不会出现基底法向冻胀力，但在设计时对小型建筑物应注意切向冻胀力的影响。

土的冻结深度是指从地表往下测量，被冻土层的厚度。标准冻结深度为：在地面平坦、裸露、城市之外的空旷场地中不少于 10 年的实测最大冻结深度的平均值。测量冻土深度的一般方法是将灌满蒸馏水、两端密封的塑胶管，垂直放在埋入土中的管筒中。

《2017 年基础桥规》规定冻胀、强冻胀和特强冻胀土，墩台基础埋深应在冻结线以下不小于 0.25 m，同时满足冻胀力计算的要求；弱冻胀土不应小于冻结深度。这样就保证了结构不受冻胀现象的破坏。

岩石土壤不受冻胀作用的影响，故不考虑冻结深度。建于岩石墩台基础深度决定于土壤的状况，应将其上部风化层全部凿除，并下挖0.15～0.25 m 的安全界限，以避免岩质不良破碎而影响桥梁建筑物变形。也有岩质风化部分甚厚，难以全部清除者，只可作为特殊的例外情况，按风化岩的容许承载压力来进行设计。此时应做经济比较，即作深而小、放在坚固岩层上的基础与较浅但扩大的放在风化岩层上的基础，何者较为经济。有条件时基础四周应不立模板，而将基坑全部灌满，使混凝土与岩层连成整体。

2. 无冲刷处或河床设有铺砌防冲时基础埋深

无冲刷处或河床设有铺砌防冲时，土质地基中基础的最小埋深由于离地面较近范围内的土，随着气温和湿度的变化，其体积产生较显著的膨胀和收缩，且有些地下动物多在此范围内活动，土的结构易受外界扰动。另外，为防止基础承受横向力时地基土被挤出，均要求基础具有一定的埋置深度。为了满足这些要求，规范规定一般情况下基础最小埋置深度为2.0 m。

3. 基础埋深考虑冲刷的影响

桥梁墩台必须在建成后长期运营中能经得起洪水冲刷的考验。墩台基础的埋置深度必须全面地考虑洪水冲刷的影响，基底应在最大冲刷线以下留有一定的富余量，以保证墩台的安全。

设置在可冲刷河床上的桥梁墩台基础，在最大冲刷线以下的最小埋置深度的数值，《59 年桥规》定为 2.5 m。1975 年改规中对此问题进行了调查，听取了铁路、公路系统 15 个设计、运营等单位对基础埋深方面的意见。这些意见大致为：最小埋深值不应为一个定值，而应根据河流类型、河床地质的抗冲能力、计算设计频率流量的可靠性、选用计算冲刷深度的方法、桥梁的重要性以及修复难易等因素来确定。依照上述意见，提出用净冲刷深度作为选定最小埋深值的主要依据，用我国冲刷公式(64-Ⅰ)和公式(65-Ⅰ)以及公式(65-Ⅱ)作为计算净冲刷深度的方法，使用了 30 余座运营桥和 20 余座水毁桥的资料进行计算。根据计算结果，参照实践经验，制定出规范条文中表 1.0.9 内所列的数值。

对于一般桥梁，安全值为 2 m 加冲刷总深度的 10%；对于特大桥(或大桥)，属于技术复杂、修复困难或重要者，安全值为 3 m 加冲刷总深度的 10%。

关于影响最小埋深值各因素的分析意见，概述如下：

(1)河流类型及河床地质的抗冲能力

有些单位对《59 年桥规》规定的基础最小埋深值提出不少意见，归纳起来主要是该规定抛开了应该考虑的河流类型、土的抗冲能力大小、冲刷严重与否等因素。如河床稳定，冲刷不大（或河网化地区），基础总的埋深只有 4～5 m；而河床冲刷特别严重（或特大桥），基础总的埋深可达 20 m 以上。但两者最小埋深值都是 2.5 m，显然不甚合理。所以，建议按河流类型、河床地质抗冲能力等因素制定最小埋深值，而这些因素都可概括地用净冲刷深度作为综合指标来集中反映。如果土的抗冲能力强或河床稳定，净冲刷深度就小，冲刷深度可能的变化也小；如果土的抗冲能力弱或河床演变剧烈，净冲刷深度就大，冲刷深度可能的变化也大。所以，以河床的净冲刷深度作为制定规范中表 1.0.9 之值的主要依据。

根据资料分析，按各种净冲刷深度，一般桥梁的最小埋深值是 2～4 m。

(2)设计频率流量的可靠性

就目前情况来看，设计频率流量的可靠性与实测流量年代的长短，实测流量的连续性和代表性，以及调查所得历史洪水的可靠性等有关。它在一定程度上影响基础的安全。如计算的设计频率流量相差 30%，则冲刷深度相差 20%。所以，由于设计频率流量的偏小，造成墩台冲毁的事实确有存在。该问题主要应从加强调查研究、提高设计频率流量计算的可靠性来加以解决。如在资料非常缺乏、计算流量确实无把握的个别情况下，可以对规范条文中表 1.0.9 规定的最小埋置深度酌情增加。

(3)选用的计算方法

在制定规范条文中表 1.0.9 时，选用我国冲刷公式(64-Ⅰ)、公式(64-Ⅱ)及公式(65-Ⅱ)计算与实测资料进行比较。除极个别桥外，所有搜集到的运营的桥和水毁的桥的资料经过验证都在规范条文中表 1.0.9 所列最小埋深值的范围内。对国外的个别公式也作了比较，如用包氏公式，计算值与实测值偏差较大，有时计算的净冲刷深度为 5 m 而实际发生的却达 10 m 之深。因此，在运用国外公式进行冲刷计算时，采用规范条文中表 1.0.9 所列的最小埋深值，必须对此予以注意。

(4)技术复杂、修复困难的特大桥及其他重要大桥

这类桥梁如因基础埋深不够，一旦遭受破坏，损失较大，修复困难，影响面广。因此，在设计频率流量时基础的最小埋深应较一般桥梁增加 1 m。

这类大桥采用检算洪水频率流量检算墩台基础埋深时，其最小埋深

值采用设计频率流量时的 1/2,即用检算频率流量计算的最大冲刷线以下再加设计频率流量时的最小埋深值的 1/2 作为基础埋深高程,并与设计频率流量所确定的基底高程进行比较,取其较低者作为控制标准。

4. 岩石桥基埋深冲刷影响

岩石基底没有冻胀也不易冲刷,所以仅要求墩台基础嵌入不易磨损的基本岩层不少于 0.25～0.50 m 的安全值。

金温铁路大溪特大桥为单线铁路桥,采用跨度为 32 m 的简支梁,全桥共 18 个墩台,该桥在运营状况下,位于水中的 13 号、14 号、15 号桥墩均出现了不同程度的病害。经检测发现明显质量缺陷,决定在线路运营状况下采取措施予以处理以保证大桥的安全使用。该桥 14 号桥墩设计为圆端形墩身,高承台桩基础,6 根 ϕ1.0 m 钢筋混凝土钻孔灌注桩,设计要求桩底嵌入弱风化凝灰岩新鲜岩面以下 1.0 m。2000 年 11 月对该桥墩进行勘探发现,13 号桥墩结构同 14 号桥墩所检测的 4 根桩嵌入弱风化岩层深度皆不超过 1.0 m,桩底沉渣厚度为 0.2～0.6 m,部分桩身混凝土松散,原施工围堰封底混凝土下的卵石土大部分已被冲刷掏空,赖以支承的卵石土已很有限,桥墩失稳随时可能发生。桩身混凝土均存在多处混凝土胶结质量差等缺陷,其中 3 号桩和 6 号桩可能属于断桩。15 号墩现场变更设计为明挖基础,要求基底嵌岩 1.0 m,进入弱风化岩层至少 0.5 m,经检查发现基础未全部落至基岩。

对于抗冲性能较差的岩石,应根据冲刷的具体情况确定基底埋置深度。如果明挖、沉(挖)井基础位于开挖或爆破后的岩石上,应注意开挖或爆破的影响。爆破具有高度抵抗力的岩石可能导致岩石的崩塌或断裂,裂痕可能会延伸到基础的埋置深度以下。在崩塌或断裂区域内,爆破可能会降低土对冲刷的抵抗力。

5. 明挖基础问题

新建或改建位于河道非岩石地基上的桥跨,不应采用明挖基础,《铁路桥隧建筑物修理规则》(铁运〔2010〕38 号)2.5.1 条第 5 款也作了专门规定。

在我国早期修建的铁路中,有许多桥梁采用木桩基础,在季节性河流中,木桩处于干湿交替的环境下,其腐朽从桩头及桩周表皮开始。桩头的腐朽使桩与承台的连接减弱,桩与承台的刚性连接转变为铰接;桩周表皮的腐朽使桩基的摩阻力不断减小,甚至失去作用;河道也处于不断演变之中。一些河道因冲刷而下切，而河道的下切则会导致墩台基础的埋深不断减小。根据原铁道部运输局基础部的统计，2002 年全路尚有木桩基础墩台 2 000 多个，大多数存在不同程度的病害，很多已成为浅基。浅基桥梁不但威胁汛期行车安全，而且严重的还可能造成桥梁水毁事故，中断行车。因此，此类桥梁应因地制宜地采取防护加固措施。图 2-8 为老京广铁路郑州黄河大桥，为确保黄河大桥的度汛安全，围绕各个桥墩抛大块石的铅丝网石笼，以减轻河水对铁路大桥桥墩的冲刷。

此外在既有铁路桥梁中，由于改建和增建第二线的影响，造成河床平衡状态的破坏，冲刷加剧，河床断面不断下降，还有一些桥梁因河道挖沙、取土等因素的影响，使墩台基础的埋置深度在不断地减小，因此变为浅基桥梁。另外随着时间的推移，一些墩台出现不同程度的病害，诸如下沉、倾斜等，而列车轴重不断增加、速度不断提高以及洪水的威胁势必会加剧这些病害的发展。在桥梁的日常维护中，往往注意的是其上部的结构；对墩台基础来说，只要其承载力没有什么问题，浅基问题往往重视不够。基础埋置深度减小一方面削弱了墩台的稳定性，另一方面造成部分墩台的承载力不足，发生墩顶横向振动幅值超限或晃动。桥梁安全度的降低，会影响到其正常的使用，成为运输生产的隐患。

陇海线灞河桥木桩基础，桩长为 7.5～8.5 m。2001 年 6 月 9 日 5 个桥墩被洪水冲毁，造成线路中断，如图 2-9 所示。

图 2-8　抛铅丝网石笼护桥墩

图 2-9　陇海线灞河桥垮塌

为了防止以上事故的发生，《铁路桥隧建筑物修理规则》(铁运〔2010〕38 号)作出了新建或改建位于河道非岩石地基上的桥跨，不应采用明挖基础的规定。

6. 基础埋深其他因素影响

易膨胀的黏土层，由于季节性水分变化，基础埋深不应小于下层土明显体积变化的区域厚度。基础应该位于扰动浅层土、不受控制的填土、易垮塌土壤和有机土的下方。对于埋置在地下水位线以下的基础，设计时应评估渗透力和水压梯度。开挖层底部的向上渗透力可能导致土的流失、基础的隆起或基础底部稳定性的减小。利用井点降水可能导致附近地面或建筑物发生沉降，如果这种沉降会破坏邻近的建筑物，有必要采取防渗透的措施。对于埋置在地下水位线以上的基础，要注意地下水在地基持力层中上升，将使黏性土软化，增大压缩性；湿陷性黄土则产生严重湿陷；膨胀土地基吸水膨胀，将基础顶起。反之，如地下水位在地基持力层中大幅度下降，则将使建筑物产生附加沉降。当存在相邻建筑物时，新建筑物的基础埋深应考虑其对原有建筑的不利影响。靠近城市的桥梁，桥下游捞取工业用砂，使桥下河床降低，又如上游不合标准的水库溃坝等。

总而言之，桥墩台基础埋置深度的合理与否，不仅涉及结构本身与水文、地质的关系，有时还涉及其他很多情况，这些都对基础造成威胁，但这些因素不可能全部考虑到规范条文中表 1.0.9 所列数值之内，设计时应结合具体情况加强调查分析。

2.3.7 冻胀地基土涵洞基础要求

2.3.7.1 基础桥规规定

1.0.10 条规定：

涵洞基础设置在冻胀地基土上时应符合下列规定：

1 涵洞出入口和自两端洞口向内各 2 m 范围内的涵身基底埋深，冻胀、强冻胀和特强冻胀土应在冻结线以下 0.25 m，弱冻胀土应不小于冻结深度。

2 涵洞中间部分的基底埋深可根据地区经验确定。

3 严寒地区，当涵洞中间部分的埋深与洞口埋深相差较大时，其连接处应设置过渡段。

4 冻结较深的地区，可将基底至冻结线下 0.25 m 的地基土进行处理。

2.3.7.2　条文解读

一般情况在覆土 2 m 左右，冰冻影响较小，所以涵洞两端自洞口各向内 2 m 范围的基础(包括出入口基础和涵身基础)深度应考虑地基土的冻结线深度。洞身中间部分，因严寒地区的养护部门通常多在冬季将洞口堵塞，防止寒冷空气自由流通，另外洞身受到路基填土的保护，因此其基础埋深可根据土的冻胀程度较出入口减少。严寒地区，涵洞两端基础埋置较深，中间涵身基础埋置深度可能与出入口两端埋深相差悬殊，据有的养护单位的实践经验，在不同埋深的连接处往往有冻坏现象，因此规范规定，在这种情况下应于连接处将基础埋深设成过渡段。至于冻结较深的地区，可将基底至冻结线下 0.25 m 处的地基土换填为粗颗粒土，粗颗粒土包括碎石类土、砾砂、粗砂、中砂，但其中粉黏粒含量应小于或等于 15%，或粒径小于 0.1 mm 的颗粒应小于或等于 25%。

1973 年，青藏公路格拉段多年冻土地区开始第二次改扩建，涵洞工程按保持冻结原则设计。涵身中间段基础埋深为天然上限的 0.75 倍，为防止冻胀与冻拔力，在基础下换填 60 cm 厚的砂砾，台背涂 10 mm 厚的沥青，在进出口 2.0 m 范围内的涵身基础加深 40 cm。为研究涵洞建成后冻土上限上升或下降规律以及洞内外地温状况，对 7 座重点涵洞进行了钻孔测温，得出以下成果：

(1)涵洞地面下 0.5 m 深处洞口地温最高时，比洞身中部涵底下 0.5 m 深处的最高地温高 4～5 ℃，而地面下 2.0 m 深处地温相差只有 1 ℃左右。

(2)洞口比洞身融化、冻结晚。大气对洞口比洞身的影响大，大气对浅层的影响比深层的影响大。

(3)涵洞中部多年冻土上限上升，而涵端和洞口多年冻土上限由于自然和人为因素的影响而下移。洞口地基上限比洞身中部上限深 1.0 m 左右。

研究认为设计涵洞基础埋置深度一律采用天然上限深度的 0.75 倍，是不太合理的，应视具体条件，选择合理的埋置深度。

在以上研究成果的基础上，青藏铁路涵洞基础埋深根据多年冻土地区涵洞人为上限与涵洞结构类型、地基工程地质和水文条件、涵洞的水流情况，不同的融沉性和稳定的天然上限，以及涵洞结构对地基变形的适应性等因素综合考虑，对保持“冻结原则”的暖季小径流涵洞，由于此类涵洞基底冻土上限多呈上升状态，出入口段涵洞基础埋深则普遍下移，故此涵洞明挖基础埋深中间段采用 0.7$H_{天}$（$H_{天}$ 指天然上限深度），过渡段采用 0.8$H_{天}$，出入口段采用 1.2$H_{天}$，涵洞各部位基础埋深如图 2-10 所示。对于径流期长、流量大和间歇性径流的涵洞，基础埋深应适当进行增减。按容许融化原则设计时，涵洞基础埋深为(0.7～0.8)$H_{天}$。

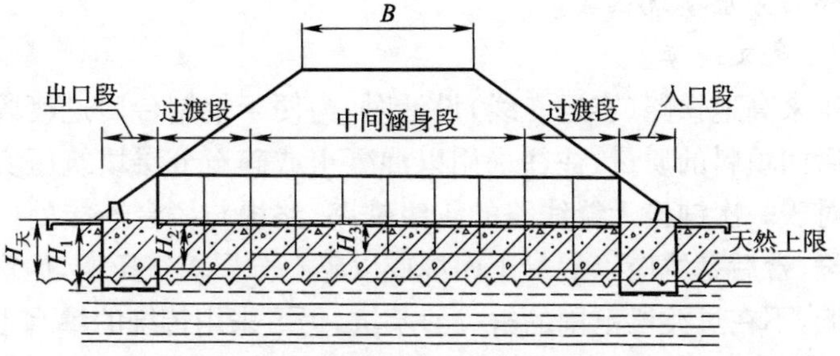

图 2-10　涵洞各部位基础埋深

2.3.8　沉(挖)井、桩基计算要求

2.3.8.1　基础桥规规定

1.0.11 条规定：

沉(挖)井、桩基的计算可参照附录 D 考虑土的弹性抗力。考虑沉(挖)井、桩基承台侧面土的弹性抗力时，沉(挖)井、桩基承台应与侧面原状土密贴。

2.3.8.2　条文解读

沉(挖)井、桩在水平荷载作用下的工作情况较轴向受力时要复杂些，但仍然是从保证桩身材料和地基强度、稳定性以及沉(挖)井、桩顶面水平位移满足使用要求来分析和确定其所受的水平荷载。沉(挖)井、桩侧承台在水平荷载作用下，产生横向位移或挠曲，并与其侧面土体协调变形，对土产生侧向压力，同时其侧面土反作用于沉(挖)井、桩，产生侧向土抗力，沉(挖)井或桩与土共同作用，相互影响。因此，沉(挖)井、桩基的计算可参照《2017 年基础桥规》附录 D 考虑土的弹性抗力。考虑沉(挖)井、桩基承台侧面土的弹性抗力时，沉(挖)井、桩基承台应与侧面原状土密贴。

2.3.9 路桥(涵)过渡段基坑回填要求

2.3.9.1 基础桥规规定

1.0.12 条规定：

位于路桥(涵)过渡段范围内的桥台(涵洞)的基坑，宜采用混凝土回填或以碎石分层填筑压实。

2.3.9.2 条文解读

近年来高速铁路(客运专线)设计时，为便于控制台后过渡段以及开挖基坑后回填料的质量，往往采用以混凝土或碎石分层填筑压实的回填方式。对于一次铺设无缝线路的Ⅰ级铁路，路堤与桥台连接处应设置路桥过渡段，台后基坑应以混凝土回填或以碎石分层填筑压实，但对于设计标准较低，不在过渡段范围的桥(涵)基坑，仍可采用传统的渗水土回填并分层夯实的方式，必须保证基坑不得存水。

《铁路路基设计规范》(TB 10001—2016)9.1.5 条规定：桥台背及横向结构物两侧设置的过渡段，需挖除硬质岩时，宜结合铁路等级、挖方高度等进行特殊设计，可采用回填混凝土措施处理。该条规定是考虑近年在设计施工中，部分工程过渡段的设置地段，自然地形陡峻、基岩出露，为设置过渡段，出现大量开挖山体，采用 A、B 组填料或级配碎石回填的情况，不仅施工难度大、工程投资高，且对工程质量的提高无实际意义，现场常常采用对结构物与自然岩石边坡间的三角区回填混凝土的措施，效果较好，故增加此条规定。

《铁路路基设计规范》(TB 10001—2016)9.2.6 条规定：高速铁路、无砟轨道及设计速度 200 km/h 的有砟轨道城际铁路过渡段桥台基坑应以混凝土回填或以碎石、改良土分层填筑，其他铁路的过渡段桥台基坑应以碎石、改良土分层填筑。混凝土应满足设计强度要求，碎石、改良土填筑应满足 $E_{vd} \geqslant 30$ MPa。该条规定是考虑过渡段桥台基坑一般较为狭窄，大型压路机械无法进入，采用混凝土、碎石或灰土回填，有利于回填质量控制。回填混凝土时要保证混凝土的强度等级；碎石或灰土回填时采用小型机具压实，压实控制指标我国客运专线原来采用 $K_{30} \geqslant 60$ MPa/m，受场地所限，检测较为困难，《铁路路基设计规范》(TB 10001—2016)编制采用了操作方便快捷的 E_{vd} 检测，在指标的控制上遵循有利于质量控制且不低于原标准的原则,在基床底层相关技术要求的基础上适当降低,确定为 30 MPa。

根据路基要求,《2017 年基础桥规》规定:位于路桥(涵)过渡段范围内的桥台(涵洞)的基坑,宜采用混凝土回填或以碎石分层填筑压实。

2.4 执行相关标准的要求

2.4.1 铁路规范要求

2.4.1.1 基础桥规规定

1.0.3 条规定:

采用本规范设计应符合现行《铁路桥涵设计规范》TB 10002 的规定;基础结构设计应符合现行《铁路桥涵混凝土结构设计规范》TB 10092 等标准的规定。

2.4.1.2 条文解读

地基和基础的基本设计原则,如桥涵布置、设计荷载等应符合现行《2017 年桥规》的规定;基础材料、计算方法、构造措施等应符合《铁路桥涵混凝土结构设计规范》(TB 10092—2017)的规定。另外尚应符合《铁路工程抗震设计规范》(GB 50111—2006)及《铁路混凝土结构耐久性设计规范》(TB 10005—2010)等标准的有关规定。

相关铁路规范有关地基和基础的主要规定详见本书附录 B。

2.4.2 强制性标准要求

2.4.2.1 基础桥规规定

1.0.13 条规定:

铁路桥涵地基和基础设计除应符合本规范外,尚应符合国家、铁路行业现行的有关强制性标准的规定。

2.4.2.2 条文解读

国家和行业现行有关标准是指现行的工程建设国家标准和行业标准,但不包括地方标准。执行国家标准时,尚应注意有关标准的适用范围和使用条件,以及标准所涉及的主体结构与铁路桥涵地基和基础工程的差异性。

为了进一步贯彻落实国务院《建设工程质量管理条例》,确保铁路工程的质量和安全，满足建设和管理的需要，原铁道部组织有关单位对2000年版《工程建设标准强制性条文（铁道工程部分）》（建标〔2000〕235号）进行了修订，完成了2013年版《工程建设标准强制性条文（铁道工程部分）》的编制，由住房和城乡建设部发布（建标〔2013〕34号）。

强制性条文包括铁路工程建设中直接涉及人民生命财产安全、人身健康、环境保护和公众利益等必须严格执行的内容，考虑提高经济效益和社会效益等政策性要求，体现铁路工程建设标准的系统性、协调性和稳定性。

建标〔2013〕34号文件涉及《2005年基础桥规》中的强制性条文有3.2.1条（规范3.2.1条）、5.1.2条（规范5.1.2条第1句）、5.2.2条（规范5.2.2条第1款）、8.1.10条（规范9.1.12条最后1句）、8.2.3条（规范9.2.4）共5条。《2017年基础桥规》强制性条文目前尚未更新。

第3章　基础稳定性和基础沉降

3.1　基础倾覆稳定和滑动稳定

3.1.1　基础倾覆稳定

3.1.1.1　基础桥规规定

3.1.1条规定：

基础的倾覆稳定系数应按式(3.1.1)计算(计算图如图3.1.1所示)且不应小于1.5，施工荷载作用下不应小于1.2。

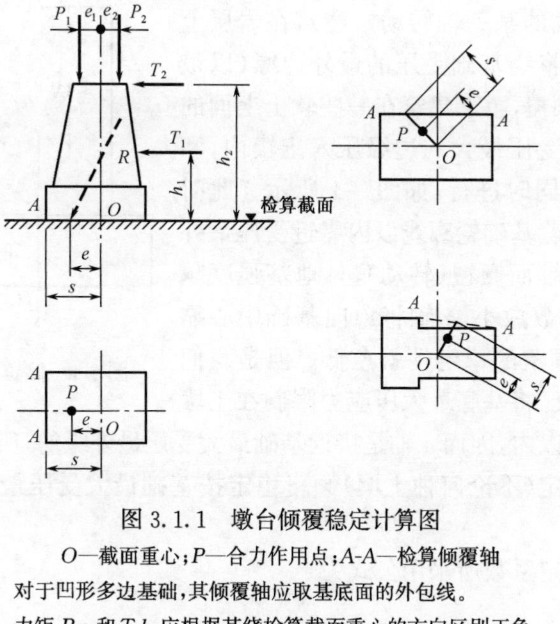

图3.1.1　墩台倾覆稳定计算图

O—截面重心；P—合力作用点；A-A—检算倾覆轴

注：1　对于凹形多边基础，其倾覆轴应取基底面的外包线。

2　力矩 P_ie_i 和 T_ih_i 应根据其绕检算截面重心的方向区别正负。

$$K_0=\frac{s\sum P_i}{\sum P_ie_i+\sum T_ih_i}=\frac{s}{e} \tag{3.1.1}$$

式中　K_0——基础的倾覆稳定系数；

P_i——各竖直力(kN)；

e_i——各竖直力 P_i 对检算截面重心的力臂(m)；

T_i——各水平力(kN)；

h_i——各水平力 T_i 对检算截面的力臂(m)；

s——在沿截面重心与合力作用点的连接线上，自截面重心至检算倾覆轴的距离(m)；

e——所有外力合力 R 的作用点至截面重心的距离(m)。

3.1.1.2　条文解读

关于倾覆稳定系数，《75 年桥规》修订时曾作过研究，当时认为倾覆稳定系数存在两种不同的概念。

一种是《59 年桥规》的概念。检算基底倾覆稳定是要保证建筑物基础不致向一侧倾倒(即绕基底的某一轴转动)，建筑在岩层上基础倾倒时将绕基础受压的最外边缘(以最外边为轴)倾覆，至于建筑在一些软土上面的基础会使得受压最大的边缘压入土壤内，和倾覆(转动)同时进行，如图 3-1 所示。此时基础将要绕着基础轮廓线以内靠近受压最外边的某一 α 轴而倾覆(转动)，且地基强度越低其基床系数愈小，α 轴将愈向基础中心靠近，基础对倾覆的稳定性就愈低。但是我们设计基础时已将基底最大压应力限制在土壤容许压应力以内，因而 α 轴是接近基础最大受压最外缘的，所以在实际计算中规范规定(不论何种土壤)倾覆稳定按基础最大受压最外边缘进行检算。

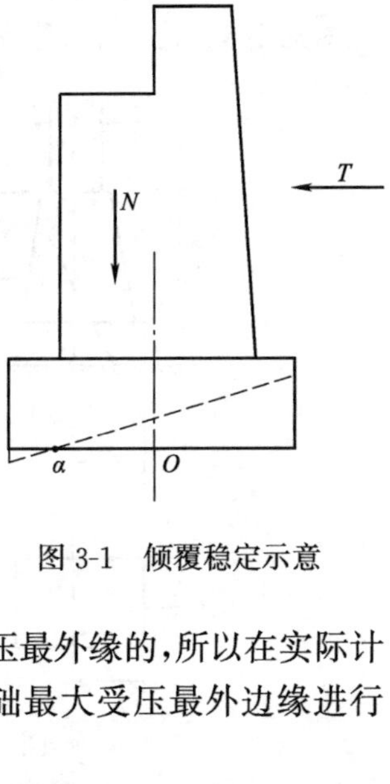

图 3-1　倾覆稳定示意

倾覆稳定系数所采用公式为

$$K_0=\frac{M_y}{M_0} \tag{3-1}$$

式中　M_y——将全部竖向外力移至截面重心处对截面边缘的抵抗倾覆力矩；

M_0——全部外力对截面重心的倾覆力矩。

以图 3-2 说明：

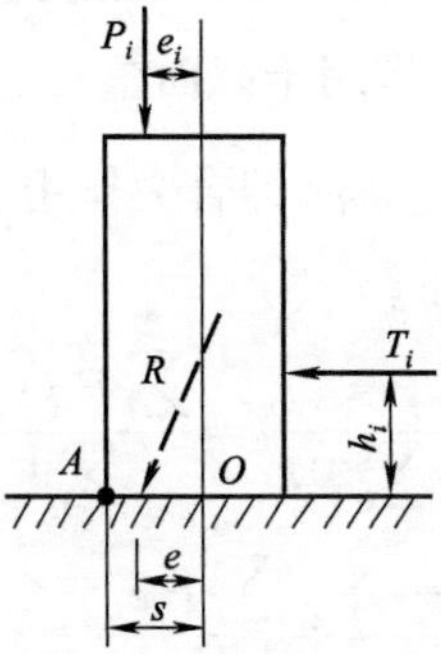

图 3-2　倾覆稳定计算图式

$$M_y = s\sum P_i \tag{3-2}$$

$$M_0 = \sum P_i e_i + \sum T_i h_i \tag{3-3}$$

因此可得：$K_0 = \dfrac{s\sum P_i}{\sum P_i e_i + \sum T_i h_i} = \dfrac{s}{\dfrac{\sum P_i e_i + \sum T_i h_i}{\sum P_i}} = \dfrac{s}{e}$　　(3-4)

另一种是我国挡土墙计算中常用的计算方法，即

$$K'_0 = \frac{M'_y}{M'_0} \tag{3-5}$$

式中　M'_y——绕基底外缘倾覆轴保持结构稳定的稳定力矩；

　　　M'_0——绕基底外缘倾覆轴使结构发生倾覆的倾覆力矩。

由图 3-2，则有

$$K'_0 = \frac{\sum P_i (s - e_i)}{\sum T_i h_i} \tag{3-6}$$

按上面两种概念计算所得的倾覆安全系数，通常是不相等的。什么情况下这两种概念计算所得的倾覆安全系数才相等呢？

令 $K_0 = K'_0$，即

$$\frac{s\sum P_i}{\sum P_i e_i + \sum T_i h_i} = \frac{\sum P_i (s - e_i)}{\sum T_i h_i}$$

得 $$\sum P_ie_i(\sum P_is-\sum T_ih_i-\sum P_ie_i)=0$$

因此，只有当下面两种情况，二者才相等：

(1)$\sum P_ie_i=0$，即合力作用于截面重心上时；

(2)$\sum P_i(s-e_i)=\sum T_ih_i$，即合力作用于 A 点处时。

这两种定义的关系如下：

$$K_0=\frac{s\sum P_i}{\sum P_ie_i+\sum T_ih_i}=\frac{\sum P_i(s-e_i)+\sum P_ie_i}{\sum P_ie_i+\sum T_ih_i}$$

$$=\frac{\dfrac{\sum P_i(s-e_i)}{\sum T_ih_i}+\dfrac{\sum P_ie_i}{\sum T_ih_i}}{1+\dfrac{\sum P_ie_i}{\sum T_ih_i}}=\frac{K_0'+a}{1+a} \tag{3-7}$$

其中 $$a=\frac{\sum P_ie_i}{\sum T_ih_i} \tag{3-8}$$

则 $$K_0'=K_0+a(K_0-1) \tag{3-9}$$

一般 $K_0>1$，故当 $a>0$，即 $\sum P_ie_i$ 与 $\sum T_ih_i$ 同方向时，$K_0'>K_0$。

当 $a<0$，即 $\sum P_ie_i$ 与 $\sum T_ih_i$ 反方向时，$K_0'<K_0$。就图 3-2 来说，也就是当竖向合力作用于重心 O 的左边时，$K_0'>K_0$，采用第一种概念是偏于安全的；反之，当竖向合力作用于 O 的右边时，$K_0'<K_0$，采用第二种概念是偏于安全的。

然而第二种概念是有缺点的，它不能反映结构物对于倾覆的确定安全度，并且意义含糊，以致在实际使用中产生很多矛盾。例如图 3-3 中三个结构物，仅有竖直力，没有水平力，倘若按第二种概念则都是 $K_0'=\infty$，其实它们的安全度是不相同的，左边图式(a)很安全，右边图式(b)就不太安全。

因此，规范规定采用了第一种概念。如果采用下面形式来表示，则更明了。

$$K_0=\frac{s}{e}=\frac{\text{最大(极限)容许偏心值}}{\text{基底实际发生的偏心值}} \tag{3-10}$$

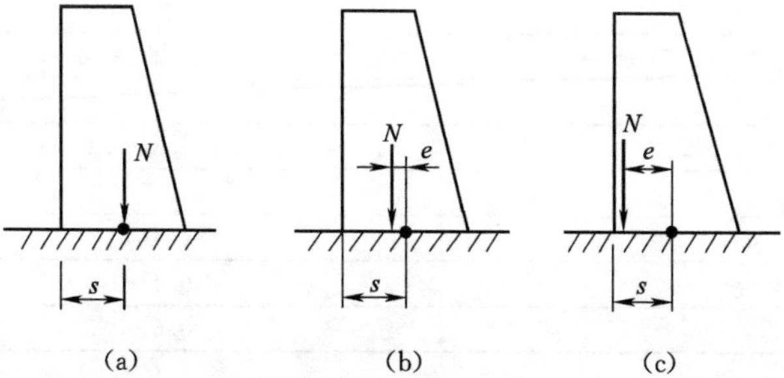

图 3-3 倾覆稳定计算图式(没有水平力)

这个概念不仅适用于对称截面,也适用于非对称截面和斜挠曲。

《51 年桥规》和《59 年桥规》规定墩台所有计算荷载最不利组合作用下,倾覆稳定系数不得小于 1.5。《75 年桥规》维持墩台基础的倾覆稳定系数不得小于 1.5,同时增加了施工荷载作用下不得小于 1.2 的规定。此后,历代桥涵规范对倾覆稳定系数取值没有变化。

3.1.2 基础滑动稳定

3.1.2.1 基础桥规规定

3.1.2 条规定:

基础的滑动稳定系数应按式(3.1.2)计算且不应小于 1.3,施工荷载作用下不应小于 1.2。墩台位于较陡的土坡上,或桥台建于软土上且台后填土较高时,还应检算墩台连同土坡或路基沿滑动弧面滑动的稳定性。

$$K_c=\frac{f\sum P_i}{\sum T_i} \tag{3.1.2}$$

式中 K_c——基础滑动稳定系数;

P_i,T_i——意义同第 3.1.1 条;

f——基础底面与地基土间的摩擦系数,当缺乏实际资料时,可采用表 3.1.2 中的数值。

表 3.1.2 基底摩擦系数

地基土石分类	摩擦系数
软塑的黏性土	0.25

续上表

地基土石分类	摩擦系数
硬塑的黏性土	0.3
粉土、坚硬的黏性土	0.3～0.4
砂类土	0.4
碎石类土	0.5
软质岩	0.4～0.6
硬质岩	0.6～0.7

3.1.2.2 条文解读

基础滑动有两种可能，一种为水平推力克服土壤和基底之间的摩阻力而沿基底滑动；一种为克服土体内部摩擦力使建筑物与地基土壤一起滑动。但是后者在一般铁路桥墩台来说是安全的，因为铁路桥墩台基础埋置较深，而且基底容许应力已有一定的安全系数，从而保证了基底土壤不产生局部极限平衡状态或者即使产生局部极限平衡状态，它的极限平衡区(塑性变形区)也较小，基底土壤不会发生塑性流动。因而一般只检算外力克服基底和土壤之间的摩擦阻力而沿基底的滑动。

作用于基底面上外力的水平分力由基础底面与地基之间的摩擦力来抵抗，基底摩擦力等于基底外力的竖直分力 $\sum P_i$ 乘以基础与地基之间的摩擦系数 f，因而基础滑动稳定系数为基底摩擦力与基底外力的水平分力 $\sum T_i$ 之比，即

$$K_0=\frac{f\sum P_i}{\sum T_i} \tag{3-11}$$

《51 年桥规》规定墩台基底滑动稳定系数不得小于 1.5，因而桥台设计往往为滑动稳定性所控制。为了满足滑动稳定性的要求，不得不加大桥台尺寸或采取一些特殊的措施。实际上，外力计算方面是存在一定有利因素的，如桥台侧面土的摩擦力可以使实际滑动稳定系数增大。因此经过实践，《59 年桥规》改小为 1.3。

曾经有一种意见，认为季节性河流最高洪水发生的时间较短，其桥梁墩台安全度应与常年有水河床的墩台有所区别，对于季节性河流考虑最高洪水位的浮力时墩台滑动稳定系数可再减小到 1.2。但因为《75 年桥

规》修订的台后土压力计算有了改变，其他荷载在组合时采用的数值也有所减小，这些都会使墩台滑动稳定系数计算值变大，因此《75 年桥规》滑动稳定系数仍规定为 1.3。

《59 年桥规》黏土及有滑腻表面的岩质土壤（泥质石灰岩，泥质岩页）基础与土壤之间的摩擦系数采用以下数值。

潮湿的	0.25
干燥的	0.30
砂黏土，黏砂土	0.30
砂	0.40
砾石及卵石	0.50
表面不滑腻的岩石	0.60

《59 年桥规》中所列基底与土壤之间的摩擦系数和苏联《标准轨距铁路桥涵设计规程》(ТУПМ—56)第 475 条之规定完全相同。摩擦系数之数值系根据试验而得到的平均偏小值，某试验资料与规范比较结果见表 3-1。

表 3-1　试验资料与《59 年桥规》摩擦系数比较

<table>
<tr><td colspan="3">试验资料</td><td colspan="2">《59 年桥规》规定数值</td></tr>
<tr><td rowspan="2">材料及土壤种类</td><td colspan="2">f</td><td rowspan="2">基底土壤种类</td><td rowspan="2">f</td></tr>
<tr><td>干　态</td><td>在水中</td></tr>
<tr><td>砖石与砌体</td><td>0.70～0.80</td><td>0.60～0.65</td><td rowspan="2">表面不滑腻的岩石</td><td rowspan="2">0.60</td></tr>
<tr><td>砖石砌体与混凝土</td><td>0.70～0.76</td><td>0.60</td></tr>
<tr><td>砖石和混凝土砌体与锥石体</td><td>0.70～0.80</td><td>0.50～0.60</td><td>砾石及卵石</td><td>0.50</td></tr>
<tr><td rowspan="3">砖石和混凝土砌体与黏土</td><td rowspan="3"></td><td rowspan="3">0.30～0.33</td><td>潮湿的黏土</td><td>0.25</td></tr>
<tr><td>干燥的黏土</td><td>0.30</td></tr>
<tr><td>砂黏土，黏砂土</td><td>0.30</td></tr>
<tr><td>砖石和混凝土砌体与砂</td><td>0.50～0.70</td><td>0.40～0.50</td><td>砂</td><td>0.40</td></tr>
</table>

《75 年桥规》修订时条文中摩擦系数 f 的土质部分之值与《59 年桥规》基本相同，石质部分之值是根据我国水电部门的实测资料修订，比《59 年桥规》提高了一些。《59 年桥规》规定表面不滑腻的岩石摩擦系数 f 为 0.6，《75 年桥规》岩石分类更为明确，软质岩摩擦系数 f 为 0.4～0.6，硬质岩摩擦系数 f 为 0.6～0.7。

此后，历代桥涵规范对滑动稳定系数及摩擦系数 f 取值没有变化。

桥梁沿山坡设置时，如果山坡的底层为倾斜岩层，则山坡往往沿此倾斜岩面向下滑动，滑动的山坡对桥梁墩台作用滑动推力，如图 3-4 所示。于是，规范规定山区桥梁墩台位于较陡的土质斜坡上时，还须检算圆柱体滑动面的滑动稳定性。

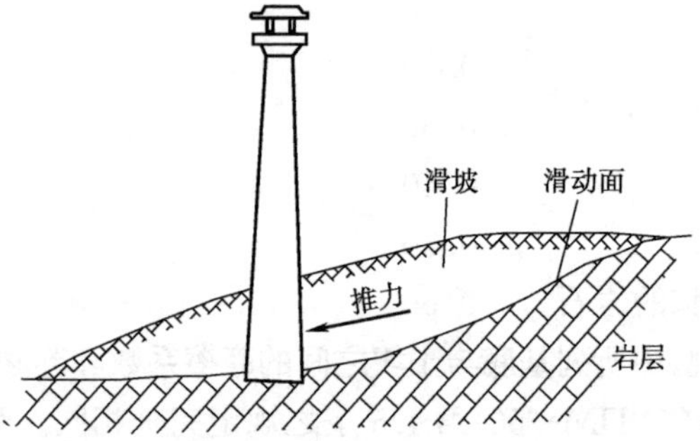

图 3-4　桥梁墩台位于较陡的土质斜坡状态

位于软土地基上较高的桥台，可能与台后路堤一道发生弧形滑动，造成桥台失稳，影响桥梁安全（图 3-5）。规范规定也应检算桥台连同台后路基沿圆柱体滑动面的滑动稳定性。

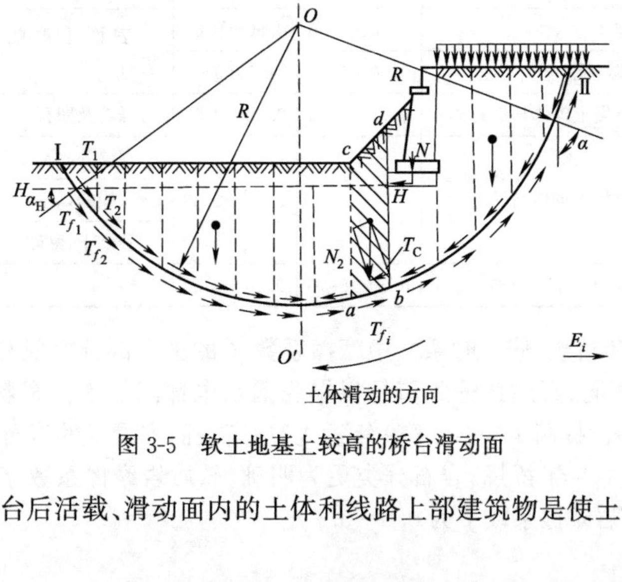

图 3-5　软土地基上较高的桥台滑动面

桥台台后活载、滑动面内的土体和线路上部建筑物是使土体滑动的力，而滑动面上的凝聚力和摩阻力则为抵抗土体滑动的力，其土体滑动稳定系数可用这些力对滑动面圆心的抗滑力矩与滑动力矩之比来确定，即

$$K_{\mathrm{f}}=\frac{M_{抗}}{M_{滑}}\geqslant 1.3 \tag{3-12}$$

以上两种情况滑动稳定计算方法详见《铁路工程设计技术手册　桥涵地基和基础》(铁道第三勘察设计院编)第四章。

3.1.3　拱桥基础稳定和容许承载力

3.1.3.1　基础桥规规定

3.1.3条规定：

拱桥桥墩基础应按施工过程中可能产生的单侧横推力进行检算，倾覆和滑动稳定系数不应小于1.2，地基容许承载力可较计算主力时的容许承载力提高40%。

3.1.3.2　条文解读

拱桥建成后，墩台承受两侧拱圈传来的竖直力、水平力和弯矩。对于两侧等跨和不等跨拱桥，桥墩承受的两跨作用力可互相平衡或部分平衡，但在拱桥建造过程中有时因为工作条件的限制不能把两孔拱圈的拱架同时拆除。需要拆除一孔拱圈的拱架时，就必须计算所拆除的那孔拱肋或拱圈(无拱上建筑时)的重量产生水平推力对桥墩的影响，规范规定这种情况必须检算。有时拱上建筑物先在一孔上建筑，而此孔之拱架又先拆除，此时作用在桥墩单向横推力除拱肋或拱圈的重量产生水平推力外，尚有由拱上建筑物所产生的单向横推力，这种情况对桥墩更为不利，但此种情况可以在设计时对施工提出要求尽量避免。虽然如此，设计时要考虑这种情况。另外，还有一种情况就是两孔拱圈之拱架同时拆除之后，一孔之拱上建筑物先建成，此时有拱上建筑物之拱圈对桥墩之水平推力较无拱上建筑物的拱圈对桥墩水平推力为大，因而在设计中也需要考虑这种情况。但此种情况和前述两种情况相比较往往不控制设计。

上述种种情况均为施工过程中的暂时情况，因而检算这些情况对稳定系数可降低为1.2。同样的道理，施工过程地基容许承载力在主力时也可以提高，《59年桥规》规定为提高50%，至《99年基础桥规》提高系数没有变化；为了增加安全储备，《2005年基础桥规》改为提高40%，和该规

范 4.2.2 条地基容许承载力提高系数最高值 1.4 保持一致。《2017 年基础桥规》沿用了《2005 年基础桥规》的规定。

3.2 基础沉降

3.2.1 基础沉降限值

3.2.1.1 基础桥规规定

3.2.1 条规定：

基础沉降应按恒载计算，其工后沉降量不应超过表 3.2.1—1、表 3.2.1—2 规定的限值。超静定结构相邻墩台沉降量之差除应满足表 3.2.1—1、表 3.2.1—2 的规定外，尚应根据沉降差对结构产生的附加应力的影响确定。基础沉降计算值不含区域沉降。

表 3.2.1—1 有砟轨道静定结构墩台基础工后沉降限值

设计速度	沉降类型	限值(mm)
250 km/h 及以上	墩台均匀沉降	30
	相邻墩台沉降差	15
200 km/h	墩台均匀沉降	50
	相邻墩台沉降差	20
160 km/h 及以下	墩台均匀沉降	80
	相邻墩台沉降差	40

表 3.2.1—2 无砟轨道静定结构墩台基础工后沉降限值

设计速度	沉降类型	限值(mm)
250 km/h 及以上	墩台均匀沉降	20
	相邻墩台沉降差	5
200 km/h 及以下	墩台均匀沉降	20
	相邻墩台沉降差	10

3.2.1.2 条文解读

该条规定与《2017 年桥规》5.4.6 条完全相同。

1. 墩台基础工后沉降限值

在列车活载作用下，墩台、基础及地基的变形、变位共同引起桥上轨道的变位。对于基础沉降量的限制，是为了减小桥上轨道的变位量，保证线路平顺，不致影响行车的安全性和舒适性。即使要进行线路高程调整，其调整工作量不致太大。有砟铁路不会引起梁上道砟槽边墙改建和桥梁结构加固；无砟铁路调整应在扣件容许的范围内进行。

《2005年基础桥规》参考有关资料，同时考虑台后过渡段的沉降要求，有砟桥面墩台均匀总沉降量限定值取70～80 mm。相邻墩台均匀沉降量之差的限定值，沿用《99年基础桥规》的取值办法，可不大于墩台均匀沉降量的一半，取35～40 mm。对于超静定结构，仍按《99年基础桥规》规定，其相邻墩台均匀沉降量之差的容许值，根据沉降时结构产生的附加应力的影响而定。

明桥面工后沉降量调整比较困难，其工后沉降控制应该更加严格，故此明桥面墩台均匀总沉降量及相邻墩台均匀沉降量之差的限定值取有砟桥面的一半。

桥梁由于活载作用下的沉降变形是瞬时的、弹性的，一般可以恢复，所以规定墩台基础的沉降量仅按恒载计算。恒载产生的部分沉降对桥梁高程的影响可在施工过程中进行调整，因此仅规定墩台基础的工后沉降量。该条恒载指结构自重＋二期恒载，桥梁墩台基础工后沉降限值主要为满足列车运营安全和舒适要求。

对于墩台基础均匀沉降，有砟轨道桥梁沉降限值参考了路基的沉降控制标准，无砟轨道桥梁沉降限值考虑了桥上扣件容许的调整量。对于调高量为30 mm的扣件，扣除施工误差＋6 mm/－4 mm，仅有20 mm可用于调整运营期间基础沉降、梁体徐变变形产生的轨道状态变化。考虑到基础发生均匀沉降时可通过圆顺线路满足运营要求，对于行车影响相对较小。

因此，《2017年基础桥规》对于160 km/h客货共线墩台基础工后沉降限值仍采用《2005年基础桥规》相关规定。对于200 km/h客货共线有砟轨道桥梁墩台基础工后沉降限值，参考《新建时速200公里客货共线铁路设计暂行规定》(铁建设函〔2005〕285号)分别按照50 mm和20 mm取值；无砟轨道桥梁沉降限值，参考《客运专线无砟轨道铁路设计指南》(铁建设函〔2005〕754号)分别按照20 mm和10 mm取值。

墩台基础不均匀沉降将在墩台位置产生变坡点，即出现明显的折角，直接影响行车的安全和舒适。铁科院在"客运专线铁路墩台基础沉降限值标准研究"中，采用车—桥耦合动力模型，分析了不同桥跨（20 m、24 m、32 m 和 40 m 等跨布置简支梁）、不同沉降类型（单墩沉降、单墩相对上抬、两相邻墩沉降和两非相邻墩沉降）和不同沉降量（5 mm、10 mm、15 mm、20 mm、25 mm 和 30 mm）对高速行车安全和舒适的影响，分析结果表明：不同沉降限值对于梁体动力效应影响较小，而主要影响车辆动力效应；列车轮重减载率随不均匀沉降值的增大而增大；车体竖向加速度、列车车体平稳性指标除与车体自身动力性能具有一定的关系外，也随不均匀沉降量增加呈增大的趋势；200 km/h 无砟轨道桥梁均匀沉降 20 mm 和不均匀沉降 10 mm 限值能满足列车运营安全和乘坐舒适要求。

《城际铁路设计规范》（TB 10623—2014）、《重载铁路设计规范》（TB 10625—2017）墩台基础的沉降量均是参照《高速铁路设计规范》（TB 10621—2014）、《铁路桥涵设计基本规范》（TB 10002.1—2005）和《新建时速 200 公里客货共线铁路设计暂行规定》（铁建设函〔2005〕285 号），研究后提出的静定桥梁墩台工后沉降量限值。本规范不按铁路类型，而是有砟铁路按 250 km/h 及以上、200 km/h 和 160 km/h 及以下三级，无砟铁路按 250 km/h 及以上、200 km/h 及以下两级规定了静定桥梁墩台工后沉降量限值。

桥梁由于恒载作用下的沉降变形，有些在施工期间已经产生，桥梁的高度可以在施工中得到调整，因此仅计竣工后的沉降。由于活载作用下的沉降变形是瞬时的、弹性的，一般可以恢复，所以墩台的沉降仅按恒载计算。

2. 超静定结构沉降限值

基础的沉降对于超静定结构（连续梁、推力拱、刚构等）除影响桥上线路坡度外，更重要的是会引起结构的附加内力。因此规范规定对于超静定结构相邻墩台不均匀沉降限值还应考虑对结构产生的附加应力影响。至于超静定结构的基础沉降限值，应根据其沉降值对结构内力影响的大小而定。

某高速铁路采用了（80＋128＋80）m 大跨度预应力混凝土连续梁，设计活载为 ZK 活载，设计速度 300 km/h，设计时支点不均匀沉降差按 20 mm 考虑。由于受到周边工厂内打井抽水影响，该桥在运营三年后主墩与边墩不均匀沉降达到 43 mm，远超出现行规范 5 mm 的限值。现以该桥边墩 1 为基准，主墩 1 与主墩 2 之间发生 7 mm 不均匀沉降，主墩 2 与边墩 2 发生了不均匀沉降 43 mm，在此工况下采用桥梁结构分析系统 BSAS V4.26 和原设计模型对梁部结构进行了分析计算，计算精度与原设计相同。沉降发生后工况下，沉降值及检算成果见表 3-2 和表 3-3。

表 3-2　现状不均匀沉降值(mm)

墩　号	边墩 1	主墩 1	主墩 2	边墩 2
不均匀沉降值	0	−1.0	−8.0	−51.0

表 3-3　现状主要控制指标

工况组合	最大剪应力(MPa)	最大主应力(MPa)	最小主应力(MPa)	抗裂安全系数	强度安全系数
主力	3.21	14.27	−2.24	1.36	2.26
主力＋附加力	3.21	14.47	−2.72	1.28	2.16

按照检算时发生的不均匀沉降情况，主墩 2 墩顶附近及边跨梁体上缘压应力减小，主墩 2 支点附近主拉应力增大，边跨梁体抗弯强度安全系数有所降低。该不均匀沉降引起梁体主应力增加 0.4 MPa 左右，在主力和主力＋附加力组合情况下，主梁截面正应力、剪应力、主应力及强度、抗裂安全系数均能满足规范要求。

从上述分析结果看出：高速铁路桥梁出现较大的不均匀沉降时，首先影响桥上轨道的平顺性，进而影响桥梁结构的强度。但超静定结构只要满足规范 3.2.1 条不均匀沉降限值标准，附加应力对大跨度超静定结构的影响一般来说是比较小的。

3. 区域沉降

规范规定墩台基础沉降计算值不含区域沉降，因为区域沉降涉及原因较多，其沉降计算值量化困难，但区域沉降对桥梁正常行车的影响不能不考虑。

从区域沉降原因来说，一般是指由于常年抽吸地下水引起水位或水压下降而造成的地面沉降；它往往具有沉降速率大，年沉降量达到几十至几百毫米和持续时间长(一般持续几年到几十年)的特征。

京津城际铁路所经的东郊八里庄—大郊亭沉降中心是北京平原主要

沉降中心区之一，该地区地面沉降最早出现于20世纪60年代，主要由超量开采地下水引起。1955—2012年累计沉降量达1 215 mm，2012年该沉降区的中心沉降速率为142.4 mm/年。而距离京津城际铁路较近的台湖周边是目前北京地面沉降发展最为迅速的地区之一，该地区位于永定河、温榆河联合冲洪积平原的中下部，第四系沉积物颗粒较细，沉积厚度在200～400 m，第四系孔隙含水层的特点是层次多，既有颗粒较粗、富水性好的沙砾石层，也有颗粒较细、压缩性较高的黏性土层。在这种地质条件下，地下水过度开采极易诱发地面沉降的发生发展。

对京津城际铁路北京段沿线两侧各3 km区域内开展了地下水利用调查，地下水开采井共2 395眼。按照井深划分，50～100 m水井1 867眼；100～150 m水井126眼；150～200 m水井126眼；深度200 m以上的水井145眼；无法调查到井深的共131眼。其中朝阳区和通州区100 m以上的地下水开采主要用于生活用水，尤其是通州区150 m以上的生活开采井数量较多，而农业用水主要集中在较浅地层。

抽取地下水引起的区域地面沉降大大超过高速铁路无砟轨道工后沉降容许值。因此，桥梁设计中沉降计算只是考虑桥梁本身由于恒载引起的沉降，对于区域地面下沉引起的桥梁沉降在桥梁设计中是无法考虑的。

区域地面沉降主要对策及工程措施如下所述。

(1)控制地下水开采：在一些集中开采区域及抽水井附近，由于开采地下水造成局部的水位快速下降会引起局部地面下沉，对上部桥梁结构及轨道平顺性产生较大影响。因此，工程沿线应严格限制地下水开采，严格遵守合理布井、取水，有计划地关闭线路附近的原有机井，已有水源地不能盲目扩大开采。禁止在线路两侧集中抽取地下水及在铁路附近增加新的水源地和新的开采井。在地面沉降控制中，应以可持续利用战略确定合理的控制开采量，各开采区域及层位优化配置，保证地下水位不持续下降，有条件时恢复至临界水位之上。

(2)合理选址，优化结构布局：在京沪高速铁路北京至济南段选线中，已经成功避开了天津武清杨村、西青杨柳青及河北沧州等沉降严重的沉降漏斗中心区域，使线位总体走行在沉降相对均匀的区域内。在确定特殊结构桥梁位置及结构形式时要综合考虑段内的地面沉降情况。在地面沉降区内，桥梁应优先采用以32 m梁为主的简支结构。在沉降速率相对较大的地段慎重采用跨度较大的连续梁及特殊结构桥梁，若采用也要经过严格的检算，并采取适宜的结构加强措施。有必要进行长期的沉降观测，一方面检查沉降是否有突变，另一方面检查相邻桥墩的沉降差是否满足轨道平顺性要求和结构受力要求。

(3)工程适应性措施：为了增加结构对沉降的适应能力，支座采用可调高支座。目前，可调高支座的设计坡度最大可达20%。通过采用可调高支座，在发生问题时，可以减小不均匀沉降对线路造成的影响。为最大限度地减小不均匀沉降对线路造成的影响，应研制调高量更大的扣件系统。我国研制的无砟轨道扣件最大调高量为30 mm，而德国、日本无砟轨道扣件通过更换铁垫板等措施，最大调高能力可达50 mm。

(4)加强地面沉降监测及灾害预警预报：在铁路建设和运营后结合桥梁及线路的精密测量，系统地开展铁路沿线的地面沉降监测。尤其对连续梁要进行长期的沉降观测，一方面检查沉降是否有突变，另一方面检查相邻桥墩的沉降差是否满足轨道平顺要求和结构受力要求。

3.2.2 路涵过渡段范围的涵洞工后沉降限值

3.2.2.1 基础桥规规定

3.2.2条规定：

位于路涵过渡段范围的涵洞涵身工后沉降限值应与相邻过渡段工后沉降限值一致，不在过渡段范围内的涵洞涵身工后沉降限值不应大于100 mm。

3.2.2.2 条文解读

为保证高速铁路、城际铁路轨道平顺性，控制路基与涵洞间的不均匀沉降，条文规定路涵过渡段范围的涵洞涵身沉降控制标准，应采用与相邻路基控制相同的标准，地基处理方式宜一致。

《2005年桥规》5.4.18条对涵洞基础沉降量的规定，是根据《铁路路基设计规范》(TB 10001—2005)“一般地段路基的工后沉降量不应大于200 mm，桥台台尾过渡段路基工后沉降量不应大于100 mm”的规定，要求涵洞基础沉降量按台尾过渡段要求控制，即不应大于100 mm。本次规范修订时，保留了上述按台尾过渡段要求控制的规定。

《铁路路基设计规范》(TB 10001—2016)3.3.6条规定的工后沉降控制限值见表3-4。

表 3-4　路基工后沉降控制限值

铁路类别				一般地段工后沉降(mm)	桥台台尾过渡段工后沉降(差异沉)(mm)	沉降速率(mm/年)
有砟轨道	客货共线铁路	200 km/h		≤150	≤80	≤40
		200 km/h 以下	Ⅰ级	≤200	≤100	≤50
			Ⅱ级	≤300	≤150	≤60
	高速铁路	300 km/h、350 km/h		≤50	≤30	≤20
		250 km/h		≤100	≤50	≤30
	城际铁路	200 km/h		≤150	≤80	≤40
		160 km/h、120 km/h		≤200	≤100	≤50
	重载铁路			≤200	≤100	≤50
无砟轨道				≤15	5	—

注:(1)无砟轨道铁路不仅应满足差异沉降要求,还应满足不均匀沉降造成的折角不应大于1/1 000的规定。

(2)无砟轨道路基沉降比较均匀且调整轨面高程后的竖曲线半径大于 $0.4v^2$ 时(v 为设计速度),工后沉降控制限值为 30 mm。

由于桥台与台后路基的工后沉降不同会造成静态的轨道不平顺,这对列车的平稳运行非常不利,同时使该处的轨道结构不易保持稳定,维修工作量大增,速度越高,其不利影响越明显。因此对台后过渡段的路基,表 3-4 中的允许工后沉降值比一般地段的严。

3.2.3　总沉降量计算

3.2.3.1　基础桥规规定

3.2.3 条规定:

基础由于其底面以下受压土层 z_n 压缩产生的总沉降量 S 可按式(3.2.3)计算。

$$S = m_s \sum_{i=1}^{n} \Delta S_i = m_s \sum_{i=1}^{n} \frac{\sigma_{z(0)}}{E_{si}}(z_i C_i - z_{i-1} C_{i-1}) \qquad (3.2.3)$$

式中 S——基础的总沉降量(m);

n——基底以下地基沉降计算深度范围内按压缩模量划分的土层分层数目;

$\sigma_{z(0)}$——基础底面处的附加压应力(kPa),$\sigma_{z(0)}=\sigma_h-\gamma h$;

σ_h——基底压应力(kPa):当 $z/b>1$ 时,σ_h采用基底平均压应力;当

$z/b \leqslant 1$ 时，σ_h 采用基底压应力图形中距最大应力点 $b/4 \sim b/3$ 处的压应力；

b——基础的宽度(m)；

γ——土的容重(kN/m^3)；

h——基底埋置深度(m)：当基础受水流冲刷时，由一般冲刷线算起；当不受水流冲刷时，由天然地面算起，如位于挖方内，则由开挖后地面算起；

z——基底至计算土层顶面的距离(m)；

z_i, z_{i-1}——基底至第 i 和第 $i-1$ 层底面的距离(m)，地基沉降计算总深度 z_n 的确定应符合下列要求：$\Delta S_n \leqslant 0.025\sum_{i=1}^{n}\Delta S_i$，当计算土层下部仍有较软土层时，应继续计算；

ΔS_i——计算深度范围内第 i 层土的沉降量；

ΔS_n——深度 z_n 处向上取厚度为 Δz(见表 3.2.3—1)的土层沉降值；

表 3.2.3—1　Δz 取值

基底宽度 b(m)	$b \leqslant 2$	$2 < b \leqslant 4$	$4 < b \leqslant 8$	$b > 8$
Δz(m)	0.3	0.6	0.8	1.0

E_{si}——基础底面以下受压土层内第 i 层的压缩模量(kPa)，根据压缩曲线按实际应力范围取值；

C_i, C_{i-1}——基础底面至第 i 层底面范围内和至第 $i-1$ 层底面范围内的平均附加应力系数(计算图如图 3.2.3 所示)，可按附录 B 查得；

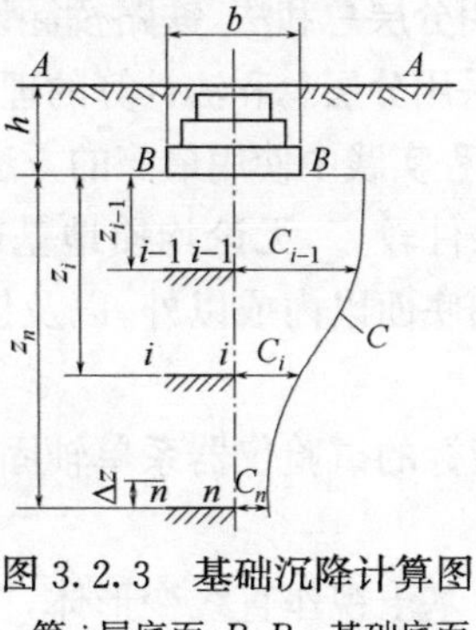

图 3.2.3　基础沉降计算图

A-A—天然地面；i-i—第 i 层底面；B-B—基础底面；n-n—第 n 层底面；
$(i-1)$-$(i-1)$—第 $i-1$ 层底面；C—平均附加应力系数曲线

m_s——沉降经验修正系数,根据地区沉降观测资料及经验确定,无地区经验时按表 3.2.3—2 采用,对于软土地基,m_s不应小于 1.3。

表 3.2.3—2 沉降经验修正系数 m_s

地基压缩模量当量值 $\overline{E}_s$(kPa) / 基础底面处附加压应力 $\sigma_{z(0)}$(kPa)	2 500	4 000	7 000	15 000	20 000
$\sigma_{z(0)} \geqslant \sigma_0$	1.4	1.3	1.0	0.4	0.2
$\sigma_{z(0)} \leqslant 0.75\sigma_0$	1.1	1.0	0.7	0.4	0.2

注:1 $\overline{E}_s$ 为沉降计算总深度 z_n 内地基压缩模量的当量值,可按下式确定:

$$\overline{E}_s = \frac{\sum A_i}{\sum \frac{A_i}{E_{si}}}$$

式中 A_i——第 i 层土平均附加应力系数沿该土层厚度的积分值,即第 i 层土的平均附加应力系数面积。

2 $\sigma_{z(0)}$为基础底面处的附加压应力,$\sigma_{z(0)}=\sigma_h-rh$,$\sigma_h$为基底压应力,近似地取基底压应力图形中距最大压应力为$\frac{b}{4}\sim\frac{b}{3}$处的压应力。

3 σ_0为基底处地基基本承载力。

3.2.3.2 条文解读

1. 采用分层总和法缘由

《建筑地基基础设计规范》(GB 50007)、《公路桥涵地基与基础设计规范》(JTG 3363)、《港口工程地基规范》(JTS 147-1)等国家及行业标准的地基总沉降量计算都是采用分层总和法,铁路桥涵设计规范也采用了分层总和法。地基最终沉降量采用分层总和法计算的理由:

(1)此法为国内外工程实践中使用最广的方法,因而积累的经验较多。

(2)此方法适用的条件较广,无论均质地基或成层地基,小基础或大基础,沉降计算点在基础底面以内或以外,以及任何的荷载分布情况都可使用。

(3)用来测定计算指标的试验仪器系单轴固结仪,为目前我国所有土工试验室所具备。

(4)分层总和法把地基土视作直线变形体,在外荷载作用下的变形只发生有限厚度 z 的范围内(即压缩层),将压缩层厚度分层,分别求出各分层的应力,然后用土的应力—应变关系式求出各分层的变形量,再总和起来即为地基的最终沉降量。理论计算最终沉降量与实测沉降推算最终沉降量相比,由于推算值基于实测沉降,推算结果相对较为可靠。因此,对于施工过程有实测沉降资料的工程,其最终沉降量先采用根据实测沉降资料推算的最终沉降量。

分层总和法是基础工程沉降理论计算的常用方法,并在使用过程中形成了大量经验,所以将其作为规范规定的沉降理论计算方法。

2. 分层总和法适用范围

地基沉降的原因通常认为地基土层在自重作用下压缩稳定,因此地基沉降的外因主要是建筑物荷载在地基中产生的附加应力,其内因是土由三向组成,具有碎散性,在附加应力作用下土层的空隙发生压缩变形,引起地基沉降。

一般来说,建于砂类土上的墩台基础在施工期间几乎完成全部沉降量(即总沉降量),这种沉降又可称为瞬时沉降,即在土承受压力后“即时地”发生的沉降;而建于黏性土上的基础在施工期间只完成总沉降量的一部分,黏性土的沉降主要属于固结沉降,随时间变化逐渐产生,根据其形成的受压过程,黏性土有正常固结黏性土、超固结黏性土和欠固结黏性土之分。如果在形成过程中承受的最大压力等于现有覆盖土重的黏性土,则该土层的压缩变形已达到固结稳定,且与现有覆盖土重作用下的压缩变形相等或接近相等,通常称这类黏性土为正常固结黏性土。如果在形成过程的前期曾经承受过大于现有覆盖土层厚度的土重压力作用,后因外界影响(譬如流水冲刷或冰川的剥蚀作用)而使土层厚度减小了,因此该土层不仅早已固结稳定,而且达到了过固结的程度,所以按通常采用的沉降分层总和法,以现有覆盖土层进行求算的沉降量是可能偏大的,通常称这类黏性土为超固结黏性土。如果在形成过程中承受的压力小于现有覆盖土层的土重,譬如在土层上堆填了沉积时间较短的新近沉积黏性土、人工填土,该新近沉积土和人工填土没有达到固结稳定或者说还是欠固结的,则采用沉降分层总和法,以现有覆盖土层进行求算的沉降量是偏小了,通常称这类黏性土为欠固结黏性土。计算沉降的分层总和法只适用于固结稳定的黏性土,也就是只适用于正常固结黏性土。

目前在众多的总沉降计算方法中应用最广泛的仍是分层总和法。另外，还发展了考虑不同变形特性的分阶段地基变形计算方法以及考虑了应力历史影响的沉降计算法。《99年基础桥规》参考《建筑地基基础设计规范》(GBJ 7—89)增加基础分层总和法沉降计算公式，直至《2017年基础桥规》沉降计算公式基本上没有变化。

本规范沉降计算相关条文的计算办法制定，是一种简化了的分层总和法，适用于明挖基础。对于桩基础的总沉降量计算可将桩基视作实体基础。

3. 分层总和法原理

分层总和法是假定地基土为直线变形体，在外荷载作用下的变形只发生在有限厚度的范围内(即压缩层)，将压缩层厚度内的地基土分层，分别求出各分层的应力，然后用土的应力—应变关系式求出各分层的变形量总加起来即为地基的沉降量。

分层总和法又有单向应力和三向应力之分。单向应力分层总和法只需求出竖向应力 σ_z，然后用室内压缩曲线，或相应的压缩性指标 α、E_s 分层求算变形量再总加起来；三向应力分层总和法则需知三向应力和，用广义虎克定律或三向应力条件下的压缩曲线分层计算竖向变形量再总加起来。

(1)分层总和法计算所需的基本资料：

①基础(即荷载面积)的形状、尺寸大小以及埋置深度。

②来自上部结构传给基础以至地基的荷载包括静载和活载，但沉降计算只考虑全部静载而不考虑活载对地基沉降的影响。根据总的静荷载(包括基础重力和基础台阶上土的重力，需要时还要加上相邻基础的影响荷载值)计算作用于基底的压力。

③地基土层剖面(包括地下水位)和各土层的物理力学指标以及压缩曲线。

(2)沉降分层总和法的基本假定有：

①地基压缩时，只产生竖向变形而无侧向膨胀，以便接近桥梁基底处常见附加压应力 $\sigma_{z(0)}$ 作用下地基的变形，并与试验室土样压缩试验的变形条件取得一致。

②根据基础下各点处因基础底面处作用的附加压应力 $\sigma_{z(0)}$［该处 $\sigma_{z(0)}=\sigma_h-\gamma\times h$，因在未作基础前，就先挖掉了单位面积高为 h 的土体，结

果相当于在基础底面高程处单位面积加上了反向（向上）的均布荷载 $\gamma\times h$需要减去]。σ_h 为基底产生的压应力，当 σ_h 均匀分布或非均匀分布时，σ_h 可视具体情况近似地取基底压应力图形中距最大压应力为 $b/4\sim b/3$ 处的压应力。

③基础最终沉降量等于基础底面以下压缩土层范围内各薄层压缩量之总和。在划分各薄层时，将天然土层的层面和地下水位面作为各薄层的分层面，计算时按图 3-6 所示进行，图中以 $\sigma_{z(i)}$ 为第 i 薄层一半高度处的附加压应力，$\sigma_{c(i)}$ 为第 i 层平均高度处的土重压应力。

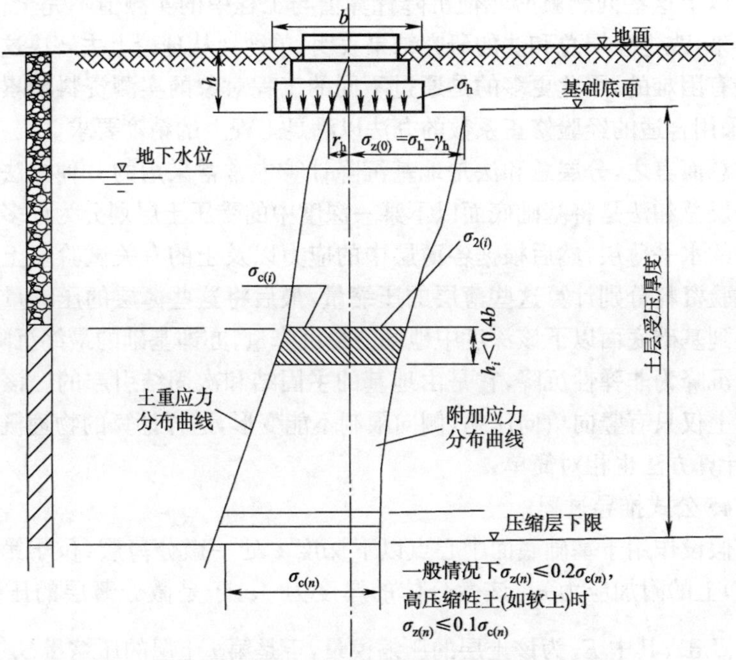

图 3-6　沉降计算示意

(3)分层总和法计算沉降的优点是概念比较明确，计算过程及变形指标的选取比较简便，易于掌握，它还适于结合地基土层的不同变化给以分层分别计算。虽然实用上只以计算基础中点沉降代表基础的沉降，但对于基础形状和计算点位置并无限制条件，而只根据应力计算的可能性决定。

分层总和法存在的问题可从附加应力的计算与分布、指标选择以及压缩层厚度确定等方面来考察。分层总和是用弹性理论求算地基中的竖向应力 σ_z，用单向压缩的 $e—p$ 曲线求变形，这与实际地基受力情况有出入；对于变形指标，其试验条件决定了指标的结果，而使用中的选择又影响到计算结果，如有的地基设计规范规定用参数计算沉降，这就会得到更为粗略的结果。

同时，压缩层厚度确定方法没有严格的理论依据，是半经验性的方法，其正确性只能从工程实测得到验证。

以上这些问题就必然使沉降计算值与工程中的实测值不完全相符。多年来，改进分层总和法的研究结果表明，单纯地从理论上去解决这些问题是有困难的，因此更多的是通过不同的工程对象的实测资料积累和对比，采用合适的经验修正系数的办法以满足工程上的精度要求。

总而言之，分层总和法是地基沉降计算中常常采用的一种方法。沉降分层总和法是将基础底面以下某一深度中的受压土层划分为许多性质相同的水平薄层，然后根据各薄层中的应力以及土的有关试验室土样压缩试验资料分别计算这些薄层的压缩量，最后将这些薄层的压缩量加起来得到基础底面以下该深度中地基的总沉降量，亦即基础的最终沉降量，这种沉降为非弹性沉降，它是由地基的主固结和次固结引起的。该方法假设上仅只有竖向单向压缩，侧向限制不能变形，这样计算的物理概念清楚，计算方法也相对简单。

4. 公式推导过程

假设作用于基础底面中心点以下深度 z 处一微分薄层（位于第 i 土层中）上的附加应力 σ_z，该微分体的厚度为 $\mathrm{d}z$，于是微分薄层的压缩量 $\mathrm{d}s=\dfrac{\sigma_z}{E_{si}}\mathrm{d}z$，其中 E_{si} 为该土层的压缩模量，于是第 i 土层的压缩量 S_i 为

$$S_i=\int \mathrm{d}s=\int_{z_{i-1}}^{z_i}\frac{\sigma_z}{E_{si}}\mathrm{d}z=\frac{1}{E_{si}}\int_{z_{i-1}}^{z_i}\frac{\sigma_z}{E_{si}}\sigma_z\mathrm{d}z \tag{3-13}$$

式中，$\int_{z_{i-1}}^{z_i}\sigma_z\mathrm{d}z$ 等于图 3-7 中附加压应力分布图形 $abcd$ 的面积，以 A_i 表示，即

$$A_i=\int_{z_{i-1}}^{z_i}\sigma_z\mathrm{d}z=\int_0^{z}\sigma_z\mathrm{d}z-\int_0^{z_{i-1}}\sigma_z\mathrm{d}z \tag{3-14}$$

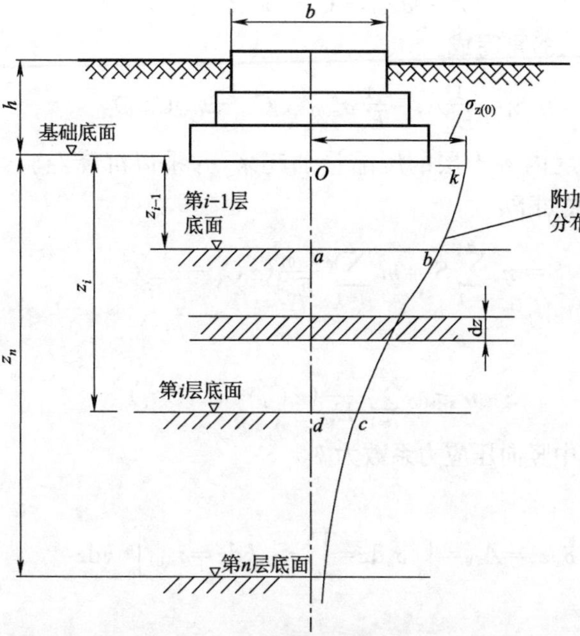

图 3-7　基础沉降计算示意图

其中，$\int_0^z \sigma_z \mathrm{d}z$ 为附加压应力分布图形 $Okcd$ 的面积，以 $A_{O(i)}$ 表示；$\int_0^{z_{i-1}} \sigma_z \mathrm{d}z$ 为附加应力图形 $Okba$ 的面积，以 $A_{O(i-1)}$ 表示，则

$$A_i = A_{O(i)} - A_{O(i-1)} \tag{3-15}$$

$$A_{O(i)} = \bar{\sigma}_{z(i)} \int_0^{z_i} \mathrm{d}z = \bar{\sigma}_{z(i)} z_i \tag{3-16}$$

$$A_{O(i-1)} = \bar{\sigma}_{z(i-1)} \int_0^{z_{i-1}} \mathrm{d}z = \bar{\sigma}_{z(i-1)} z_{i-1} \tag{3-17}$$

式中，$\bar{\sigma}_{z(i)}$ 和 $\bar{\sigma}_{z(i-1)}$ 分别为从基础底面至第 i 土层底面和第 $i-1$ 土层底面的等代附加压应力的平均值。

令　　$\bar{\sigma}_{z(i)} = C_i \sigma_{z(0)}$　　$\bar{\sigma}_{z(i-1)} = C_{i-1} \sigma_{z(0)}$

式中，C_i 和 C_{i-1} 为系数，于是

$$A_{O(i)} = C_i \sigma_{z(0)} z_i \qquad A_{O(i-1)} = C_{i-1} \sigma_{z(0)} z_{i-1} \tag{3-18}$$

将式(3-18)代入式(3-15)，得

$$A_i=\sigma_{z(0)}(z_iC_i-z_{i-1}C_{i-1}) \tag{3-19}$$

所以式(3-13)可写成：

$$S_i=\frac{1}{E_{si}}A_i=\frac{1}{E_{si}}\sigma_{z(0)}(z_iC_i-z_{i-1}C_{i-1}) \tag{3-20}$$

将压缩深度内各土层的压缩量加起来，并乘以沉降经验修正系数 m_s，便得到公式如下：

$$S=m_s\sum_{i=1}^{n}S_i=m_s\sum_{i=1}^{n}\frac{\sigma_{z(0)}}{E_{si}}(z_iC_i-z_{i-1}C_{i-1}) \tag{3-21}$$

或

$$S=m_s\sigma_{z(0)}\sum_{i=1}^{n}\frac{1}{E_{si}}(z_iC_i-z_{i-1}C_{i-1}) \tag{3-22}$$

假设土层中竖向压应力系数为 k，

由于

$$\bar{\sigma}_{zi}z_i=A_{0i}=\int_0^{z_i}\sigma_z\mathrm{d}z=\int_0^{z_i}\sigma_{z(0)}k\mathrm{d}z=\sigma_{z(0)}\int_0^{z_i}k\mathrm{d}z$$

所以

$$\bar{\sigma}_{zi}=\frac{\sigma_{z(0)}}{z_i}\int_0^{z_i}k\mathrm{d}z$$

则

$$C_i=\frac{\bar{\sigma}_{z(i)}}{\sigma_{z(0)}}=\frac{1}{z_i}\int_0^{z_i}k\mathrm{d}z$$

改用总和计算公式为

$$C_i=\frac{1}{z_i}\sum\bar{k}\Delta z=\frac{1}{z_i}\left(\frac{k_0+k_1}{2}\Delta z+\frac{k_1+k_2}{2}\Delta z+\cdots+\frac{k_{i-1}+k_i}{2}\Delta z\right) \tag{3-23}$$

式中，$\bar{k}$为 z_i 深度中各 Δz 范围内的竖向压力系数 k 的平均值，$\bar{k}$ 可由《铁路工程设计技术手册　桥涵地基和基础》表 2-5～表 2-9 求得。

5. 土的压缩性指标

土的压缩性指标有压缩系数 $a_{0.1\sim0.2}$、压缩模量 E_s、变形模量 E_0 和弹性模量 E，对土的压缩性反映不同的物理力学特征。土的压缩性指标是通过压缩试验获得的，侧限压缩试验常简称为压缩试验，又称固结试验。

(1)压缩系数 $a_{0.1\sim0.2}$

室内压缩试验时，土样在压力作用下，受到试验仪器的侧向限制，只可能产生竖向压缩。试验时，施加压力(单位面积上的压力)分级进行，在各级压力作用下测定土样压缩后的高度 h_i，求出其相应缩小高度值。假设土样原来高度为 h，土样中土粒部分的高度 h_s 为

$$h_s = \frac{W_s}{A\gamma_s} \tag{3-24}$$

式中 W_s——土样的土粒重量，由试验后的土样烘干称得；

γ_s——土粒容重；

A——土样的横截面面积。

在压力 σ_i 作用下，土样的相应孔隙比 e_i 变为

$$e_i = \frac{h_i - h_s}{h_s} = \frac{h_i}{h_s} - 1 \tag{3-25}$$

根据各级 p_i 和其相应的值，绘成图 3-8 所示曲线图，该图称为土的压缩曲线或 $e—p$ 曲线。

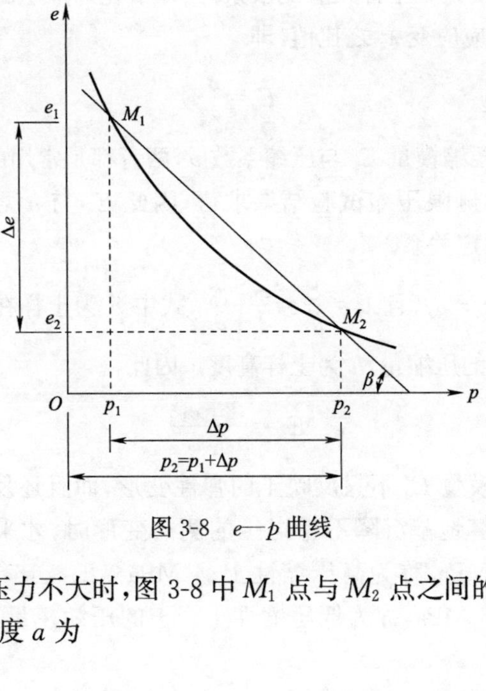

图 3-8 $e—p$ 曲线

当施加的压力不大时，图 3-8 中 M_1 点与 M_2 点之间的连接线接近直线，该直线的坡度 a 为

$$a=\tan\beta=\frac{\Delta e}{\Delta p}=\frac{e_1-e_2}{p_2-p_1} \tag{3-26}$$

a 称为该土样的压缩系数，是表示土的压缩性的指标，其计量单位为每兆帕(MPa^{-1})。从图 3-8 看出，a 值即 $\tan\beta$，与 M_1M_2 直线的位置有关，若 M_1M_2 直线向右移动，随着压力 p 的增大，$\tan\beta$ 将减小，即 a 值减小。反之，如 M_1M_2 直线向左移动，则压力 p 减小，$\tan\beta$ 将增大，即 a 值增大。简而言之，a 值越大，e—p 曲线越陡，表明在同一压力增量下土的压缩量(孔隙比减小)越多，则土的压缩性越大，反之压缩性越小。因此，压缩系数 a 非定值而是一个变量。

为了便于各地区各单位相互比较应用，《建筑地基基础设计规范》(GB 50007)规定：取压力 $p_1=0.1$ MPa 和 $p_2=0.2$ MPa 这段压缩曲线的斜率作为判别土的压缩性高低的标准，用 $a_{0.1\sim0.2}$表示。根据 $a_{0.1\sim0.2}$的大小，黏性土可分为高压缩性的、中压缩性的和低压缩性的。

(2)压缩模量 E_s

土的压缩模量是土样在有侧限条件(即不允许产生侧向变形)下竖向压应力 σ_z 与相应应变 λ_z 之比值，即

$$E_s=\frac{\sigma_z}{\lambda_z} \tag{3-27}$$

土的侧限压缩模量 E_s 与压缩系数 a，两者都是常用的地基土压缩性指标，两者都由侧限压缩试验结果求得，因此 E_s 与 a 之间并非相互独立，而是具有一定关系。

因为 $\sigma_z=\sigma_2-\sigma_1$，且 $\lambda_z=\frac{S}{h}=\frac{e_1-e_2}{1+e_1}$，式中 S 为土样在压力从 σ_1 增大到 σ_2 后所产生的压缩量，h 为土样高度。因此，

$$E_s=\frac{1+e_1}{a_{0.1\sim0.2}} \tag{3-28}$$

土的压缩模量 E_s 不只反映土的弹性变形，而且还反映土的塑性变形。但仅当计算地基沉降不考虑土的侧向变形时，才采用土的压缩模量 E_s。$E_s<4$ MPa，称为高压缩性土；4 MPa$\leqslant E_s\leqslant$15 MPa，称为中压缩性土；$E_s>15$ MPa，称为低压缩性土。土的压缩模量 E_s 一般范围参考值见表 3-5。

表 3-5　土的压缩模量一般范围 E_s 值(MPa)

土的名称		压缩模量 E_s
卵石土		54～65
碎石土		29～65
砾石土		14～42
粗　砂		36(中实)～48(密实)
中　砂		31(中实)～42(密实)
细　砂	稍　湿	25(中实)～36(密实)
	潮湿及饱和	19(中实)～31(密实)
粉砂(淤泥)	稍　湿	17(中实)～21(密实)
	潮　湿	14(中实)～17.5(密实)
	饱　和	9(中实)～14(密实)
砂黏土($7<I_p\leqslant 7$)	半干硬	16(中实)～39(密实)
	可　塑	4(中实)～16(密实)
黏土($I_p>17$)	半干硬	16(中实)～59(密实)
	可　塑	4(中实)～16(密实)

压缩模量 E_s 的取值，考虑到地基变形的非线性性质，一律采用固定压力段下的 E_s 值必然会引起沉降计算的误差，因此应当采用实际压力下的 E_s 值，即

$$E_s=\frac{1+e_0}{a} \tag{3-29}$$

式中　e_0——土自重压力下的孔隙比；

a——从土自重压力至土的自重压力与附加压力之和压力段的压缩系数。

实际工程中大多数勘察报告仅在物理力学性质表中提供 0.1～0.2 MPa压力区间的压缩模量 $E_{s0.1\sim0.2}$ 及综合压缩试验(固结试验)成果 e—p 曲线，有些勘察报告甚至于连 e—p 曲线都不提供。直接将 $E_{s0.1\sim0.2}$ 用于变形验算，将使计算结果严重偏大。其实正确获得参数应该是设计者从 e—p 曲线中获取各压力段的压缩模量，或者由勘察单位直接提供某压力段的压缩模量。

例如新建商合杭铁路商丘至阜阳段有关地层，在 33 个验证孔和静力

触探成果的基础上，确定了深度 40 m 土层不同压力段的压缩模量分布区间。地质专业在定测土工试验报告提供 40 m 以下黏性土压缩模量 E_s 的最低值，见表 3-6。

表 3-6　商合杭铁路压缩模量 E_s 最低值(MPa)

起讫里程	压力区间	
	0.4～0.8 MPa	0.8～1.2 MPa
DK1+617.18～DK35+750	13.0	17.0
DK35+750～DK38+780	16.0	21.0
DK38+780～DK46+253	13.0	17.0
DK46+253～DK48+152	16.0	20.6
DK48+152～DK49+936.13	13.0	17.0
DK49+936.13～DK51+980	16.0	20.6
DK51+980～DK75+287.38	14.0	17.5
DK75+287.38～DK89+300	15.0	18.5
DK89+300～DK97+500	17.0	22.0
DK97+500～DK193+890	15.0	18.5
DK193+890～DK270+200	15.0	18.0

压缩系数或压缩模量选取有效自重压力至有效自重压力与附加压力之和的压力段，可以使计算结果更接近工程实际情况。

(3)变形模量 E_0

土的变形模量是土在室外试验中无侧限条件(即允许产生侧向变形)下，p—s 曲线上竖向压应力 p 与竖向沉降 s 呈线性关系或接近线性关系区段内，压应力 σ_z 与相应应变 λ_z 之比值，即

$$E_0=\omega(1-\mu^2)\frac{p}{sb} \tag{3-30}$$

式中　p——作用于荷载板上的总荷载；

s——与荷载 p 相对应的沉降量；

b——载荷板的宽度或直径；

ω——系数，刚性方形载荷板 $\omega=0.89$，刚性圆形载荷板 $\omega=0.79$；

μ——土的泊松比。

基础设计中，变形模量 E_0 经常采用的参考值见表 3-7。

表 3-7　变形模量 E_0 经常采用的参考值

地基土的种类		孔隙比 e	天然含水量 ω_n(%)	塑限 ω_p(%)	变形模量 E_0(MPa)
砂土	粗　砂	0.4～0.5	15～18	—	46
		0.5～0.6	19～22	—	40
		0.6～0.7	23～25	—	33
	中　砂	0.4～0.5	15～18	—	46
		0.5～0.6	19～22	—	40
		0.6～0.7	23～25	—	33
	细　砂	0.4～0.5	15～18	—	37
		0.5～0.6	19～22	—	28
		0.6～0.7	23～25	—	24
	粉　砂	0.5～0.6	15～18	—	14
		0.6～0.7	19～22	—	12
		0.7～0.8	23～25	—	10
黏性土	黏砂土	0.4～0.5	15～18	9.5～12.4	23
		0.5～0.6	19～22	9.5～12.4	16
		0.6～0.7	23～25	9.5～12.4	13
	砂黏土	0.4～0.5	15～18	12.5～15.4	45
		0.5～0.6	19～22	12.5～15.4	21
		0.6～0.7	23～25	12.5～15.4	15
		0.7～0.8	26～29	12.5～15.4	12
		0.5～0.6	19～22	15.5～18.4	39
		0.6～0.7	23～25	15.5～18.4	18
		0.7～0.8	26～29	15.5～18.4	15
		0.8～0.9	30～34	15.5～18.4	13
		0.9～1.0	35～40	15.5～18.4	8
		0.6～0.7	23～25	18.5～22.4	33
黏性土	砂黏土	0.7～0.8	26～29	18.5～22.4	19
		0.8～0.9	30～34	18.5～22.4	13
		0.9～1.0	35～40	18.5～22.4	9
	黏　土	0.7～0.8	26～29	22.5～26.4	28
		0.8～0.9	30～34	22.5～26.4	16
		0.9～1.0	35～40	22.5～26.4	11
		0.8～0.9	30～34	26.5～30.4	24
		0.9～1.0	35～40	26.5～30.4	14

注:表中粗砂和中砂的 E_0 值为不均匀系数 $k=\dfrac{d_{60}}{d_{10}}\leqslant 3$ 者;当 $k\leqslant 5$ 时,表中所列值应减去2/3;k 为中间值时,E_0 值按内插确定。这里 d_{60} 是指某一土粒直径,比该直径小的土粒重占土粒总重量的 60%;d_{10} 是指某一土粒直径,比该直径小的土粒重占土粒总重量的 10%。

变形模量 E_0 的确定方法一般有以下三种：

①由现场载荷试验确定；

②由旁压试验；

③由标准贯入试验或触探资料间接推算。

影响变形模量准确测定的因素较多，目前只能通过精心操作减少误差，离精确测定尚有一段距离。

由于室外荷载试验确定很困难，又不经济，所以通常由试验室所得的 E_s 求算出 E_0。E_s 与 E_0 关系为 $E_0/E_s=\beta$，这里 $\beta=1-\frac{2\mu^2}{1-\mu_s}$，其中 μ 为土的泊松比。但该公式只是理论计算式，很多试验因素无法考虑，在实践中往往此关系式很难准确反映 E_s 与 E_0 的真实比值。根据统计资料，E_0 值可能是 βE_s 的几倍，一般来说，土越坚硬倍数越大，而软土的 E_0 值和 βE_s 值比较接近。

苏联 1962 版《铁路、公路、城市道路桥涵设计规范》墩台基础下地基的总沉降值 Δ(以 cm 计)按式(3-31)确定。

$$\Delta=0.8\sum_{i=1}^{i=n}\frac{\sigma_i h_i}{E_i} \tag{3-31}$$

式中 σ_i——在 i 层范围内由基础传给附加于天然压力的平均压力；

h_i——在分成 n 层的压缩层 z 范围内的 i 层土的厚度 cm；

E_i——i 层土的变形模量(kg/cm^2)。

总括符号($\sum$)包括所有 n 层，每层应当具有均匀的压缩性，且每层厚度不大于 0.4b，其中 b 为矩形基础的短边或圆形基础的直径。0.8 即为 $E_0/E_s=\beta$ 的 β 值。

(4)弹性模量 E

土的弹性模量 E 可以由三轴压缩试验的应力—应变曲线确定。因为岩土材料的弹性范围是非常小的，但一定范围内的土体变形可以认为是小变形状态。因此，土的弹性模量 E 与土的压缩模量 E_s 和变形模量 E_0 是不同的。土的弹性模量 E 为土的竖向压应力与其相应竖向弹性应变之比值，不包括塑性应变影响，其值远远大于 E_s 和 E_0。通常，计算活载和附加荷载(如列车、风荷载、制动力等)作用下桥梁墩台基础底面地基的弹性变形、墩台顶面侧移时，可用土的弹性模量 E。土的弹性模量的参考值见表 3-8。

表 3-8　土的弹性模量 E 的参考值(MPa)

土的种类	E	土的种类	E
砾石,碎石,卵石	40～56	硬塑砂黏土	32～40
细　砂	40～48	可塑砂黏土	8～16
中　砂	32～46	坚硬的黏土	80～160
干的细砂	24～32	硬塑的黏土	40～56
饱和细砂	8～10	可塑的黏土	8～16

(5)规范公式采用的压缩性指标

土的弹性模量 E 为土的竖向压应力与其相应竖向弹性应变之比值,不符合土求算基础沉降的压缩变形特点;而压缩系数 $a_{0.1\sim0.2}$、压缩模量 E_s、变形模量 E_0 三者之间存在着换算关系,压缩模量 E_s 便于量测且和变形模量 E_0 在理论上其受力和变形相关更为明确,往往国内外规范在应用公式求算基础沉降时采用压缩模量 E_s。《2017 年基础桥规》3.2.3 条,在应用公式求算基础沉降时,采用地基的压缩模量 E_s,而不采用地基的变形模量 E_0,理由是:

①地基压缩模量 E_s 为有侧限状态下,地基仅产生竖向变形时的地基模量,它与试验室有侧限试验是一致的。

②地基变形模量 E_0 为无侧限状态下,地基在产生竖向变形的同时还产生侧向变形的地基模量;一般来说,地基在桥涵基底附加压应力作用下,产生的侧向变形是不大的,可以忽略不计;同时地基变形模量无法在室内进行无侧限试验,即使可在室外进行荷载板试验,也困难很大,而且测得的变形模量值通常是不准确的。

③基础沉降计算公式中已含有沉降经验修正系数 m_s,该系数是根据按公式计算的沉降量与实测的沉降进行对比而得的,采用 m_s 后可以使沉降量的计算值与实测值接近。m_s 随基底以下地基压缩总深度 z_n 内地基压缩模量的当量值 $\overline{E}_s$ 和基底处的附加压应力 $\sigma_{z(0)}$ 而定,见规范表 3.2.3—2。

6. 附加应力系数 C_i

公式采用基础底面至各地基层底面范围内的平均附加应力系数 C_i,应注意此系数 C_i 虽与检算基底以下下卧层应力时采用的附加应力系数

α(见规范附录 C)有关,但二者是不同的,平均附加应力系数 C_i 系指基础底面计算点至第 i 层底面全部土层的平均附加压力除以基底处的附加压力,而非第 i 层本身的平均附加应力系数,不可混淆。

矩形面积上均布荷载作用下通过中心点竖线上的平均附加应力系数 C 见表 3-9。

表 3-9　矩形面积上均布荷载作用下通过中心点竖线上的平均附加应力系数 C

z/b	a/b												
	1	1.2	1.4	1.6	1.8	2	2.4	2.8	3.2	3.6	4	5	≥10
0	1.000	1.000	1.000	1.000	1.000	1.000	1.000	1.000	1.000	1.000	1.000	1.000	1.000
0.1	0.997	0.998	0.998	0.998	0.998	0.998	0.998	0.998	0.998	0.998	0.998	0.998	0.998
0.2	0.997	0.990	0.991	0.992	0.992	0.992	0.993	0.993	0.993	0.993	0.993	0.993	0.993
0.3	0.967	0.973	0.976	0.978	0.979	0.979	0.980	0.980	0.981	0.981	0.981	0.981	0.981
0.4	0.936	0.947	0.953	0.956	0.958	0.965	0.961	0.962	0.962	0.963	0.963	0.963	0.963
0.5	0.900	0.915	0.924	0.929	0.933	0.935	0.937	0.939	0.939	0.940	0.940	0.940	0.940
0.6	0.858	0.878	0.890	0.898	0.903	0.906	0.910	0.912	0.913	0.914	0.914	0.915	0.915
0.7	0.816	0.840	0.855	0.865	0.871	0.876	0.881	0.884	0.885	0.886	0.887	0.887	0.888
0.8	0.775	0.801	0.819	0.831	0.839	0.844	0.851	0.855	0.857	0.858	0.859	0.860	0.860
0.9	0.735	0.764	0.784	0.797	0.806	0.813	0.821	0.826	0.829	0.830	0.831	0.832	0.836
1.0	0.698	0.728	0.749	0.764	0.775	0.783	0.792	0.798	0.801	0.803	0.804	0.806	0.807
1.1	0.663	0.694	0.717	0.733	0.744	0.753	0.764	0.771	0.775	0.777	0.779	0.780	0.782
1.2	0.631	0.663	0.686	0.703	0.715	0.725	0.737	0.744	0.749	0.752	0.754	0.756	0.758
1.3	0.601	0.633	0.657	0.674	0.688	0.698	0.711	0.719	0.725	0.728	0.730	0.733	0.735
1.4	0.573	0.605	0.629	0.648	0.661	0.672	0.687	0.696	0.701	0.705	0.708	0.711	0.714
1.5	0.548	0.580	0.604	0.622	0.637	0.648	0.664	0.673	0.679	0.683	0.686	0.690	0.693
1.6	0.524	0.556	0.580	0.599	0.613	0.625	0.641	0.651	0.658	0.663	0.666	0.670	0.675
1.7	0.502	0.533	0.558	0.577	0.591	0.603	0.620	0.631	0.638	0.643	0.646	0.651	0.656
1.8	0.482	0.513	0.537	0.556	0.571	0.588	0.600	0.611	0.619	0.624	0.629	0.633	0.638
1.9	0.463	0.493	0.517	0.536	0.551	0.563	0.581	0.593	0.601	0.606	0.610	0.616	0.622
2.0	0.446	0.475	0.499	0.518	0.533	0.545	0.563	0.575	0.584	0.590	0.594	0.600	0.606
2.1	0.429	0.459	0.482	0.500	0.515	0.528	0.546	0.559	0.567	0.574	0.578	0.585	0.591
2.2	0.414	0.443	0.466	0.484	0.499	0.511	0.530	0.543	0.552	0.558	0.563	0.570	0.577
2.3	0.400	0.428	0.451	0.469	0.484	0.496	0.515	0.528	0.537	0.544	0.548	0.554	0.564
2.4	0.387	0.414	0.436	0.454	0.469	0.481	0.500	0.513	0.523	0.530	0.535	0.543	0.551
2.5	0.374	0.401	0.423	0.441	0.455	0.468	0.486	0.500	0.509	0.516	0.522	0.530	0.539
2.6	0.362	0.389	0.410	0.428	0.442	0.473	0.473	0.487	0.496	0.504	0.509	0.518	0.528
2.7	0.351	0.377	0.398	0.416	0.430	0.461	0.461	0.474	0.484	0.492	0.497	0.506	0.517
2.8	0.341	0.366	0.387	0.404	0.418	0.449	0.449	0.463	0.472	0.480	0.486	0.495	0.506
2.9	0.331	0.356	0.377	0.393	0.407	0.438	0.438	0.451	0.461	0.469	0.475	0.485	0.496

续上表

z/b	a/b												
	1	1.2	1.4	1.6	1.8	2	2.4	2.8	3.2	3.6	4	5	≥10
3.0	0.322	0.346	0.366	0.383	0.397	0.409	0.429	0.441	0.451	0.459	0.465	0.474	0.487
3.1	0.313	0.337	0.357	0.373	0.387	0.398	0.417	0.430	0.440	0.448	0.454	0.464	0.477
3.2	0.305	0.328	0.348	0.364	0.377	0.389	0.407	0.420	0.431	0.439	0.445	0.455	0.468
3.3	0.297	0.320	0.339	0.355	0.368	0.379	0.397	0.411	0.421	0.429	0.436	0.446	0.460
3.4	0.289	0.312	0.331	0.346	0.359	0.371	0.388	0.402	0.412	0.420	0.427	0.437	0.452
3.5	0.282	0.304	0.323	0.338	0.351	0.362	0.380	0.393	0.403	0.412	0.418	0.429	0.444
3.6	0.276	0.297	0.315	0.330	0.343	0.354	0.372	0.385	0.395	0.403	0.410	0.421	0.436
3.7	0.269	0.290	0.308	0.323	0.335	0.346	0.364	0.377	0.387	0.395	0.402	0.413	0.429
3.8	0.263	0.284	0.301	0.316	0.328	0.339	0.356	0.369	0.379	0.388	0.394	0.405	0.422
3.9	0.257	0.277	0.294	0.309	0.321	0.332	0.349	0.362	0.372	0.380	0.387	0.398	0.415
4.0	0.251	0.271	0.288	0.302	0.311	0.325	0.342	0.355	0.365	0.373	0.379	0.391	0.408
4.1	0.246	0.265	0.282	0.296	0.308	0.318	0.335	0.348	0.358	0.366	0.372	0.384	0.402
4.2	0.241	0.260	0.276	0.290	0.302	0.312	0.328	0.341	0.352	0.359	0.366	0.377	0.396
4.3	0.236	0.255	0.270	0.284	0.296	0.306	0.322	0.335	0.345	0.353	0.359	0.371	0.390
4.4	0.231	0.250	0.265	0.278	0.290	0.300	0.316	0.329	0.339	0.347	0.353	0.365	0.384
4.5	0.226	0.245	0.260	0.273	0.285	0.294	0.310	0.323	0.333	0.341	0.347	0.359	0.378
4.6	0.222	0.240	0.255	0.268	0.279	0.289	0.305	0.317	0.327	0.335	0.341	0.353	0.373
4.7	0.218	0.235	0.250	0.263	0.274	0.284	0.299	0.312	0.321	0.329	0.336	0.347	0.367
4.8	0.214	0.231	0.245	0.258	0.269	0.279	0.294	0.306	0.316	0.324	0.330	0.342	0.362
4.9	0.210	0.227	0.241	0.253	0.265	0.274	0.289	0.301	0.311	0.319	0.325	0.337	0.357
5.0	0.206	0.223	0.237	0.249	0.260	0.269	0.284	0.296	0.306	0.313	0.320	0.332	0.352

注：表中 a,b 分别为矩形面积的长边和短边；z 为从基础底面算起的土层深度。

当采用公式求算总沉降时，如果基础底面处附加应力以 $\sigma_{z(0)}$ 的分布为梯形体积图形，则可将该梯形体积划分为若干个矩形体积和三角形体积，分别求得它们对同一深度处产生的沉降，然后总加起来。例如图 3-9 所示基础底面处梯形应力体积划分为矩形体积和三角形体积后，求出基础底面 1 点和 2 点以下深度 z 处 $1'$点和$2'$点的沉降，此时公式中的 $\sigma_{z(0)}$ 为梯形应力体积或三角形应力体积中相应于 1 点处和 2 点处的应力值。这样所得 $1'$点处和 $2'$点处的沉降值自然是不相等的，也就是其沉降是不均匀的。设计超静定桥梁时，除应计算相邻墩台基础中心处的沉降外，还应考虑墩台基础底面处产生的这种不均匀沉降对桥梁结构受力的影响。

上述求算基础沉降的方法虽说是可行的，但应注意到基础的沉降与土中应力的分布状态是密切相关的，上述方法中的平均附加压应力系数 C_i 是由弹性力学直接导得，没有与土的特性联系起来，应该说对于不同的土类，甚至同一土类当其密实度不同时，土中应力的分布是不同的，C_i 的值也就不相同，所以严格地说，上述求算基础沉降的方法只能说是近似的。

7. 沉降经验修正系数 m_s

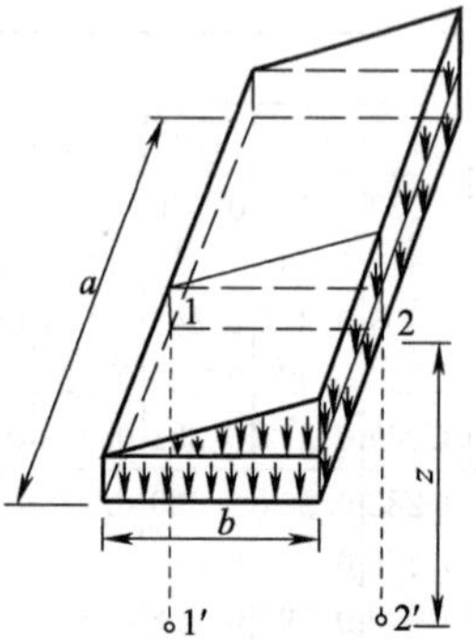

图 3-9 基础底面处梯形应力分布

土是由颗粒、水和空气组成的，土的压缩主要是空隙缩小。土是天然堆积而成的，均质土在多年自重压力作用下，下部密实，上部疏松，变形模量自上而下直线增加。土壤沉积又多是粗颗粒在下细颗粒在上，多层土组成的地基变化更复杂。根据力学原理，地基变形应该用无侧限的压缩模量 E_0 计算，而规范计算公式(3.2.3)中却用的由试验室测得的有侧限的压缩模量 E_s，二者的换算关系为

$$E_0=E_s\left(1-\frac{2\mu^2}{1-\mu}\right) \tag{3-32}$$

很显然，只要土的泊松比 $\mu>0$，总是 $E_0<E_s$，所以算得的下沉量值必须修正。

因为影响土壤下沉的因素很多，如公式算得的是基础中心点的下沉量，基础非绝对刚性，又非绝对柔性，边缘的压缩深度远小于中心的压缩深度，又当地基由双层或多层土组成时，上层软，下层硬，下传的应力集中；上层硬下层软时，压应力扩散，这时的压缩层厚度发生变化。另外，试验室土工试验与原状土的受力情况不同，试样取土、装模、加载速率、稳定时间等与现场地基工作条件不同，所以要想用一个公式涵盖很多因素是困难的。由于上述简化措施必将引起一些偏差，再加上分层总和法本身理论上的偏差，使计算结果与实际情况有出入。

大量的沉降观测资料表明：当地基土层较密实时，计算沉降值偏大；当土层较弱时，计算沉降值偏小。为此，规范引入经验系数 m_s 予以修正。m_s 从大量的工程实际沉降观测资料中，经数理统计分析得出，它综合反映了许多因素的影响，如侧限条件的假设、计算附加压力时对地基土

均质的假设与地基土层实际成层的不一致对附加压力的影响、不同压缩性的地基土沉降计算值与实测值的差异等。

规范计算公式(3.2.3)中沉降经验修正系数 m_s 与地基压缩层范围内压缩模量当量值$\overline{E}_s$ 存在因果关系,压缩模量当量值$\overline{E}_s$ 即加权平均值。设

$$\frac{\sum A_i}{E_s}=\frac{A_1}{E_{s1}}+\frac{A_2}{E_{s2}}+\frac{A_3}{E_{s3}}+\cdots=\sum\frac{A_i}{E_{si}}$$

则

$$\overline{E}_s=\frac{\sum A_i}{\sum\frac{A_i}{E_{si}}} \tag{3-33}$$

式中 $\overline{E}_s$——压缩层内加权平均的 E_s 值(MPa);

E_{si}——压缩层内第 i 层土的 E_s(MPa);

A_i——压缩层内第 i 层土的附加应力面积(m^2)。

显然,应用式(3-33)进行计算能够充分体现各分层土的 E_s 值在整个沉降计算中的作用,使在沉降计算中完全等效于分层的 E_s。

通过对武广、郑西、京沪、福厦、温福、胶济 6 条铁路 74 个断面的沉降分析表明,沉降实测值与计算值的比值为 0.1～1.5,基本与《2005 年基础桥规》表 3.2.3—2 推荐的取值一致,《2017 年基础桥规》没做改动。

8. 地基沉降计算深度 z_n

只要地基面受到荷载,则土中任何点不管多深都将受到附加压力,因此用分层总和法计算沉降时,到底要算到多深,是需要解决的一个问题。如果在离基底不深处有岩层,由于岩层的变形小,故只需计算基础和岩层间土层的沉降,但如岩层埋得很深,则应考虑受压层的计算深度。一般情况自重压力是随深度在增加,但附加压力却相反,它是随深度增加而递减,故越到深处,其变形越小,甚至小到可以忽略不计,也就是说在计算沉降时,一般可以只算到基底以下一定深度为止,该深度称之为地基沉降计算深度 z_n。对于如较厚的坚硬黏性土层,其 $e<0.5$,$E_s>50$ MPa,或密实的砂卵石层土,其 $E_s>80$ MPa,则压缩层就只计算到上述这些土层的顶面为止。

分层总和法确定地基沉降计算深度 z_n 有两种办法,一是以地基附加压应力与自重压应力之比为 0.2 或 0.1 作为控制标准(简称为压力比法)。

《铁路工程地基处理技术规程》(TB 10106—2010)3.4.1 条规定，地基压缩层计算深度应考虑路堤高度、地层结构及地基土特性等因素按下列要求综合确定。

(1)高速铁路地基压缩层的计算深度应满足式(3-34)要求：

$$\sigma_z=0.1\sigma_t \quad (3\text{-}34)$$

(2)其他铁路地基压缩层的计算深度应满足式(3-35)要求：

$$\sigma_z=0.2\sigma_t \quad (3\text{-}35)$$

式中 σ_z——沉降计算深度 z 处的地基垂直附加应力(kPa)；

σ_t——沉降计算深度 z 处的地基自重应力(kPa)。

二是以相对变形作为控制标准(简称为变形比法)。对于地基沉降计算深度，诸如铁路桥涵规范因为压力比法没有考虑土层的构造与性质，过于强调荷载对压缩层影响，而对基础大小这一更重要因素重视不足，具有局限性，因而采用以相对变形作为控制标准，即 $\Delta S_n \leqslant 0.025\sum_{i=1}^{n}\Delta S_i$，此时 ΔS_n 为深度 z_n 处向上取厚度为 Δz 的土层沉降值。《99 年基础桥规》Δz 取值见表 3-10。当计算土层下部仍有较软土层时，应继续计算直至满足 ΔS_n 控制标准。

表 3-10 Δz 取值(m)

基底宽度 b	$b\leqslant 2$	$2<b\leqslant 4$	$4<b\leqslant 8$	$8<b\leqslant 15$	$15<b\leqslant 30$	$b>30$
Δz	0.3	0.6	0.8	1.0	1.2	1.5

《99 年基础桥规》沉降计算是新增加的内容，它是引自《建筑地基基础设计规范》(GBJ 7—89)5.2.5 条规定。

早期变形比法规定向上取计算层厚度为 1.0 m 的计算变形值，对于不同的宽度，其计算精度不等。从与实测资料的对比分析可知，用变形比法计算独立基础、条形基础时，其值偏大，但对于 $b=10\sim50$ m 的大基础，其值却与实测值相近。为使变形比法在计算小基础时，其计算 z_n 值也不至过于偏大，经过反复试算，提出采用 $0.3(1+\ln b)$ 代替上述 1.0 m 的规定(简称为修正变形比法)，取得较为满意的结果。《2017 年基础桥规》表 3.2.3—1 就是根据 $0.3(1+\ln b)$ 的关系，以更粗的分格给出向上计算层 Δz 的值。

3.2.4　摩擦桩基础的总沉降量

3.2.4.1　基础桥规规定

3.2.4 条规定：

摩擦桩基础的总沉降量计算可将桩基视作实体基础按本规范第 3.2.3 条计算，附加压应力应取桩底平面处的附加压应力，实体基础的底面积可按附录 E 计算。

3.2.4.2　条文解读

1.《59 年桥规》

(1)《59 年桥规》第 361 条规定，超静定桥墩台基桩的总下沉量，当符合下列情形之一时，假定其等于在同样土壤中经静载试验所得单根基桩的下沉量：

①桩的作用为柱桩；

②在桩下端平面内桩的中心距大于桩直径的 6 倍；

③桩数少于 5 根；

④桩的纵向行列不大于 3，而在桩下端平面内桩基长宽尺寸比大于 5。

符合上列情形的静定式桥墩台的基础，可不计算其下沉量。

在其他情形下对于任何式样的桥（静定式或超静定式），摩擦桩群下沉量的计算，相当于天然基底上整体基础的下沉量。基础的轮廓按该规范附录（XVI）对桩群的规定办理。

(2)其条文解释如下：

超静定桥墩台基桩，如单根分开起作用，即非整体作用的桩群则每根桩的下沉量是很小的，因为要求桩基承载力达到设计要求时，单根桩就必须达到停止下沉的阶段方为有效。与整体作用的摩擦桩柱群形同假想的整体基础有桩尖水平面以上的土体和基桩群共同产生附加压力的情况是不同的。考虑到超静定桥墩台稍有下沉不均易引起结构变形发生次应力，桩群如符合下列情形之一者始可假定其等于在同样土壤中经静载试验所得单根基桩的下沉量，略而不计。

①桩的作用为柱桩，一般桩尖处地基为硬层，承载力较高，每根桩都是单独作用。

②在桩下端平面内桩的中心距大于桩直径的 6 倍，各桩尖下的压力

图形已不相互干扰。

③桩数少于 5 根,形同栈桥桩柱。

④桩的纵向行列不大于 3,而在桩下端平面内桩基长度尺寸比大于 5。

在其他情形下对任何式样的桥(静定式或超静定式)采用摩擦桩群时均应计算下沉量。

摩擦桩群下沉量的计算,相当于天然基底上整体基础的下沉量,此项基础轮廓按附录ⅩⅥ对桩群的规定办理。计算方法类似圬工基础,桩尖水平面即为此圬工基础之底平面。附加压力求法也和前述一样,即假定基底压力是按 φ 角向下扩散,φ 角随土层而变,如图 3-10 所示。自重压力 q_i 等于 5 倍附加压力 p_i 处($q_i=5p_i$)即作为压缩限界,有了自重压力和附加压力后即可按照前述公式求算下沉量。

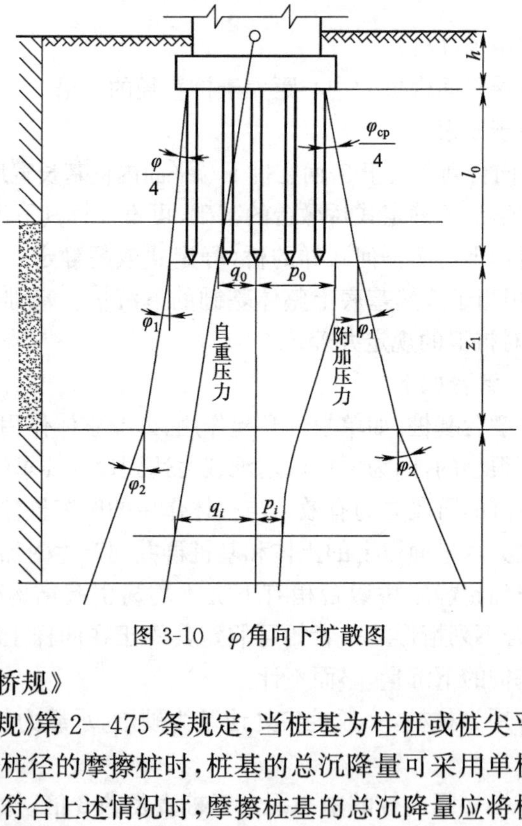

图 3-10 φ 角向下扩散图

2.《75 年桥规》

《75 年桥规》第 2—475 条规定,当桩基为柱桩或桩尖平面处桩的中心距大于 6 倍桩径的摩擦桩时,桩基的总沉降量可采用单桩静载试验的沉降量。当不符合上述情况时,摩擦桩基的总沉降量应将桩基视作实体基础参考附录二十三计算。

软上地基总沉降量 S(cm)按式(3-36)计算。

$$S=S_c+S_d \tag{3-36}$$

式中　S_c——地基土因固结压密而产生的沉降量(cm),

$$S_c=\sum\frac{e_1-e_2}{1+e_1}h_i \tag{3-37}$$

其中　e_1——在自重压力下土的孔隙比,

e_2——在自重压力和附加压力下土的孔隙比,

h_i——土的各分层厚度(cm);

S_d——地基土在弹性阶段因侧向变形而产生的沉降量(cm),

(1)矩形基础

$$S_d=\sum_{i=1}^{i=n}\frac{1.5}{E}(\sigma_z-\sigma_m)h_i \tag{3-38}$$

其中　σ_z——地基中某一土层的竖向平均附加应力(kg/cm^2),

σ_m——地基中某一土层的三向平均附加应力(kg/cm^2),

$$\sigma_m=\frac{1}{3}(\sigma_x+\sigma_y+\sigma_z) \tag{3-39}$$

其中　σ_x,σ_y——为地基中某一土层的两侧向附加应力(kg/cm^2),

(2)条形基础在梯形荷载下

$$S_d=\frac{PB}{E}F \tag{3-40}$$

其中　F——中心线的沉降系数,见表 3-11,

B——梯形断面平均宽度之半(cm),

P——基础底面中心处的计算压应力(kg/cm^2)。

表 3-11　中心线的沉降系数 F 值

μ	b/B	z/B										
		0	0.4	0.8	1.2	1.6	2.0	2.4	2.8	3.2	3.6	4.0
0.45	0.2	0	0.13	0.31	0.50	0.68	0.84	0.98	1.11	1.23	1.33	1.43
	0.4	0	0.12	0.32	0.52	0.70	0.87	1.02	1.15	1.27	1.37	1.48
	0.6	0	0.12	0.32	0.56	0.72	0.89	1.04	1.17	1.29	1.40	1.51

续上表

μ	b/B	z/B										
		0	0.4	0.8	1.2	1.6	2.0	2.4	2.8	3.2	3.6	4.0
0.50	0.2	0	0.08	0.24	0.40	0.56	0.71	0.84	0.96	1.07	1.17	1.26
	0.4	0	0.08	0.24	0.42	0.59	0.74	0.88	1.00	1.11	1.21	1.30
	0.6	0	0.07	0.24	0.42	0.60	0.76	0.90	1.02	1.14	1.24	1.33

注：(1)b 为梯形断面顶宽之半；

(2)z 为梯形断面底至计算层的深度。

3.《2005 年基础桥规》

《85 年桥规》和《99 年基础桥规》对于摩擦桩基础的总沉降量计算均没有作出相关的规定，直至《2005 年基础桥规》3.2.3 条重新规定摩擦桩基础的总沉降量计算法。3.2.3 条主要参考《建筑地基基础设计规范》(GB 50007—2002)附录 R 桩基础最终沉降量计算办法制定。《2017 年基础桥规》维持了《2005 年基础桥规》的规定。

《建筑地基基础设计规范》(GB 50007—2002)采用实体深基础计算桩基础最终沉降量，相关规定如下：采用实体深基础计算桩基础最终沉降量时，采用单向压缩分层总和法，其最终变形量可按式(3-41)进行计算。

$$s=\psi_s s'=\psi_s\sum_{i=1}^{n}\frac{p_0}{E_{si}}(z_i\,\overline{\alpha}_i-z_{i-1}\,\overline{\alpha}_{i-1})\tag{3-41}$$

式中 s——地基最终变形量(mm)；

s'——按分层总和法计算出的地基变形量(mm)；

ψ_s——沉降计算经验系数，根据地区沉降观测资料及经验确定，无地区经验时可采用表 3-12 数值；

n——地基变形计算深度范围内所划分的土层数；

p_0——对应于荷载效应准永久组合时的基础底面处的附加压力(kPa)；

E_{si}——基础底面下第 i 层土的压缩模量(MPa)，应取土的自重压力至土的自重压力与附加压力之和的压力段计算；

z_i,z_{i-1}——基础底面至第 i 层土、第 $i-1$ 层土底面的距离(m)；

$\overline{\alpha}_i,\overline{\alpha}_{i-1}$——基础底面计算点至第 i 层土、第 $i-1$ 层土底面范围内平均附加应力系数。

表 3-12 沉降计算经验系数

基底附加压力	$\overline{E}_s$(MPa)				
	2.5	4.0	7.0	15.0	20.0
$p_0 \geqslant f_{ak}$	1.4	1.3	1.0	0.4	0.2
$p_0 \leqslant 0.75 f_{ak}$	1.1	1.0	0.7	0.4	0.2

本规范规定摩擦桩基础的总沉降量计算可将桩基视作实体基础按规范 3.2.3 条计算，附加压应力应取桩底平面处的附加压应力，实体基础的底面积可按附录 E 计算。由于规范 3.2.3 条中的公式适用于明挖基础，当用于桩基础时应将基础底面处的附加压应力与基底以下的土层情况用桩底平面处的附加压应力与桩底平面以下的土层情况代替。

$\overline{\varphi}$为桩基所穿过土层的加权平均内摩擦角：

$$\overline{\varphi}=\frac{\varphi_1 l_1+\varphi_2 l_2+\cdots+\varphi_n l_n}{l_0} \tag{3-42}$$

式中，$\varphi_1,\varphi_2,\cdots,\varphi_n$ 为厚度 $l_1,l_2,\cdots,l_n$ 各土层的内摩擦角；l_0 为桩位于土中的深度。

本规范采用实体深基础计算桩基础最终沉降量的计算假设、方法和原理与《建筑地基基础设计规范》(GB 50007—2002)是一样的，只是在桩底计算面积和桩基础沉降经验修正系数略有不同。

考虑到建筑桩基与铁路桥梁桩基情况不尽相同，本规范未予采用《建筑地基基础设计规范》(GB 50007—2002)即表 3-12 桩基础沉降经验修正系数，仍维持铁路规范 3.2.3 条中表 3.2.3—2 的规定沉降经验修正系数。

第4章　地基承载力

4.1　地基容许承载力

4.1.1　地基容许承载力确定原则

4.1.1.1　基础桥规规定

4.1.1条规定：

地基容许承载力[σ]应按下列原则确定：

1　基础宽度不大于2 m、埋置深度不大于3 m时的地基容许承载力可采用地基基本承载力σ_0，按第4.1.2条确定。

2　基础宽度大于2 m或埋置深度大于3 m时的地基容许承载力可按第4.1.3条确定。

3　软土地基容许承载力可按第4.1.4条确定。

4　对重要或地质复杂的桥梁，应采用载荷试验及其他原位测试方法等综合确定。

4.1.1.2　条文解读

1. 地基容许承载力和基本承载力

(1)容许承载力[σ]

容许承载力是地基基础设计中的关键性数据，是指能够同时满足地基强度要求和地基基础变形要求这两个条件时土体单位面积的承载力。可见容许承载力的确定不仅要考虑地基土本身的特性，而且涉及桥梁建筑物容许变形值的问题，后者与桥梁建筑物的结构构造情况和使用要求等一系列因素有关，其复杂性是显而易见的。目前确定容许承载力的方法有：

①搜集已有的测试资料，通过统计分析，总结出各种特性的土在某种条件下适用的容许承载力数值，各相关规范中提供的承载力表，基本上属于这一类。

②根据土体强度理论，计算出能保证地基强度安全的容许承载力，然

后针对具体的建筑物进行地基变形方面的验算，即要求预估的变形值不超过建筑物的容许变形值，其中变形值按理论计算确定，而容许变形值仍是经验统计数据。

③通过现场载荷试验或静力触探试验，个别地确定测试地点的地基容许承载力。

④按塑性区开展深度确定地基容许承载力。当地基土体中某一点的剪应力达到该土体的抗剪强度时，这一点就处于极限平衡状态；若该土体中某一区域内各点都达到了极限平衡状态，这一区域就称为极限平衡区，也称为塑性区。在现场载荷试验中，地基土体进入局部剪损阶段时，变形的速率随着上部荷载的增加而增大，在地基土体的局部区域内发生了剪切破坏，形成了塑性区，随着上部荷载的不断增加，塑性区的范围逐渐增大，向整体剪切破坏发展。在理论上可按塑性区开展深度确定地基容许承载力，即将地基土体中的剪切破坏区按照经验限制在某一允许范围内，此时的上部荷载即为地基容许承载力。

(2)基本承载力 σ_0

地基基本承载力 σ_0 是指根据土体的室内试验或原位测试所得的物理力学指标计算出的平均值，可按相应经验公式计算或查规范中的相应经验表格得到，相当于基础宽度和深度在一定标准范围内的地基容许承载力。

《铁路工程地质勘察规范》(TB 10012—2007)定义：基本承载力表示岩土体在比例界限以内，以弹性变形为主，地基稳定且满足沉降要求，并且基础埋置深度不大于 3 m、基础宽度不大于 2 m 时的地基承载能力；容许承载力是指设计阶段根据基本承载力值进行深、宽修正，并满足稳定及沉降要求后的地基承载力值。两者是有区别的，同时也有关联。

本规范 4.1.2 条制定的岩土地基基本承载力 σ_0 表和《铁路工程地质勘察规范》(TB 10012—2007)附录 D 的规定是一致的，是根据荷载试验与土的物理力学性质指标的对比资料及国内外规范综合考虑编制的。由于地基的地区差别，岩土岩性差别和岩土本身的不均匀性，承载力值千差万别。地基承载力表尽管分类列出了各类岩土的地基承载力，但远不能将自然界情况包罗进去，仅适用于没有实测资料的一般工程。因此在个别工点如做了专门研究，或当地已有经验，确定基本承载力时可不受表列数值的限制。至于重要桥梁或地质复杂的桥梁更不能单纯查表确定基本承载力，均应按现场载荷试验、理论公式计算及采用其他原位测试方法综合分析后确定。

由于高速铁路和时速 200 km 客货共线铁路桥梁对沉降有特殊要求，基本承载力 σ_0 的概念在这里有所变化。所谓满足沉降要求已不是一般意义的要求，所以对于客运专线铁路和时速 200 km 客货共线铁路工程地基的承载力应慎重研究确定。一般应采用多种勘察手段，参考工程实例，并结合工程实际情况确定。

2. 地基容许承载力宽深修正

地基承载力称为土的工程特性指标并不完全准确，因为地基承载力的取值，不仅与土的工程特性有关，还与基础的埋置深度、基础的形状和尺寸、基础和上部结构的刚度、荷载的性质和分布、结构对地基变形的敏感性等许多因素有关，地基承载力实质上是一个设计问题。规范规定基础宽度大于 2 m 或埋置深度大于 3 m 时的地基容许承载力可按规范 4.1.3 条进行宽深修正确定。因此，用土的抗剪强度指标计算而得的地基承载力特征值，以及经过深宽修正的地基承载力特征值均不是土的工程特性指标。

3. 软土地基容许承载力

软土一般是指天然含水量大，有机质含量多，压缩性高，孔隙比大，渗透性差，承载能力低的一种软塑到液塑状态的黏性土。软土天然孔隙比大于或等于 1.0，天然含水量大于液限，具有高缩性、低强度、高灵敏度、低透水性和高流变性等特点。由于软土工程地质特性复杂，故此规定软土地基容许承载力可按规范 4.1.4 条的公式计算确定。

4. 载荷试验及其原位测试

由于地基承载力表仅适用于没有实测资料的一般工程，规范规定重要桥梁或地质复杂的桥梁更不能单纯查表确定基本承载力，均应按现场载荷试验、理论公式计算及采用其他原位测试方法综合分析后确定。

4.1.2 基本承载力 σ_0 表

4.1.2.1 基础桥规规定

4.1.2 条规定：

地基基本承载力 σ_0 可根据岩土类别、状态及其物理力学特征指标按表 4.1.2—1～表 4.1.2—10 选用。

1 一般岩石地基可根据岩石类别、节理发育程度按表 4.1.2—1 确定基本承载力 σ_0。对于复杂的岩层（如溶洞、断层、软弱夹层、易溶岩石、软化岩石等），应按各项因素综合确定。

表 4.1.2—1 岩石地基的基本承载力 σ_0（kPa）

节理发育程度 / 节理间距(mm) / 岩石类别	节理很发育	节理发育	节理不发育
	20～200	200～400	>400
硬质岩	1 500～2 000	2 000～3 000	>3 000
较软岩	800～1 000	1 000～1 500	1 500～3 000
软　岩	500～800	700～1 000	900～1 200
极软岩	200～300	300～400	400～500

注：裂隙张开或有泥质充填时应取低值。

2 碎石类土地基可根据其类别和密实程度按表 4.1.2—2 确定基本承载力 σ_0。

表 4.1.2—2 碎石类土地基的基本承载力 σ_0（kPa）

密实程度 / 土名	松散	稍密	中密	密实
卵石土、粗圆砾土	300～500	500～650	650～1 000	1 000～1 200
碎石土、粗角砾土	200～400	400～550	550～800	800～1 000
细圆砾土	200～300	300～400	400～600	600～850
细角砾土	200～300	300～400	400～500	500～700

注：1 半胶结的碎石类土可按密实的同类土的 σ_0 值提高 10%～30%。
2 由硬质岩块组成，充填砂类土时用高值；由软质岩块组成，充填黏性土时用低值。
3 自然界中很少见松散的碎石类土，其密实程度判定为松散时应慎重。
4 漂石土、块石土的基本承载力值可参照卵石土、碎石土的 σ_0 值适当提高。

3 砂类土地基可根据土的密实程度和潮湿程度按表 4.1.2—3 确定基本承载力 σ_0。

表 4.1.2—3 砂类土地基的基本承载力 σ_0（kPa）

土名	密实程度 / 湿度	松散	稍密	中密	密实
砾砂、粗砂	与湿度无关	200	370	430	550

续上表

土名 \ 湿度 \ 密实程度		松散	稍密	中密	密实
中砂	与湿度无关	150	330	370	450
细砂	稍湿或潮湿	100	230	270	350
	饱和	—	190	210	300
粉砂	稍湿或潮湿	—	190	210	300
	饱和	—	90	110	200

4 粉土地基可根据土的天然孔隙比 e 和天然含水量 w 按表4.1.2—4确定基本承载力 σ_0。

表 4.1.2—4 粉土地基的基本承载力 σ_0(kPa)

天然孔隙比 e \ 天然含水率 w(%)	10	15	20	25	30	35	40
0.5	400	380	(355)	—	—	—	—
0.6	300	290	280	(270)	—	—	—
0.7	250	235	225	215	(205)	—	—
0.8	200	190	180	170	165	—	—
0.9	160	150	145	140	130	(125)	—
1.0	130	125	120	115	110	105	(100)

注:1 表中括号内数值用于内插取值。

2 在湖、塘、沟、谷与河漫滩地段以及新近沉积的粉土,应根据当地经验取值。

5 Q_4 冲、洪积黏性土地基可根据液性指数 I_L 和天然孔隙比 e 按表4.1.2—5确定基本承载力 σ_0。

表 4.1.2—5 Q_4 冲、洪积黏性土地基的基本承载力 σ_0(kPa)

天然孔隙比 e \ 塑性指数 I_L	0	0.1	0.2	0.3	0.4	0.5	0.6	0.7	0.8	0.9	1.0	1.1	1.2
0.5	450	440	430	420	400	380	350	310	270	240	220	—	—
0.6	420	410	400	380	360	340	310	280	250	220	200	180	—
0.7	400	370	350	330	310	290	270	240	220	190	170	160	150
0.8	380	330	300	280	260	240	230	210	180	160	150	140	130

续上表

塑性指数 I_L / 天然孔隙比 e	0	0.1	0.2	0.3	0.4	0.5	0.6	0.7	0.8	0.9	1.0	1.1	1.2
0.9	320	280	260	240	220	210	190	180	160	140	130	120	100
1.0	250	230	220	210	190	170	160	150	140	120	110	—	—
1.1	—	—	160	150	140	130	120	110	100	90	—	—	—

注：土中含有粒径大于 2 mm 的颗粒且按质量计占全部质量的 30%以上时，σ_0 可酌情提高。

6 Q_3 及其以前冲、洪积黏性土地基可根据压缩模量按表 4.1.2—6 确定基本承载力 σ_0。

表 4.1.2—6 Q_3 及其以前冲、洪积黏性土地基的基本承载力 σ_0 (kPa)

压缩模量 E_s (MPa)	10	15	20	25	30	35	40
基本承载力 σ_0 (kPa)	380	430	470	510	550	580	620

注：1 压缩模量为对应于 0.1 MPa～0.2 MPa 压力段的压缩模量。

2 当压缩模量小于 10 MPa 时，其基本承载力可按表 4.1.2—5 确定。

7 残积黏性土地基可根据压缩模量按表 4.1.2—7 确定基本承载力 σ_0。

表 4.1.2—7 残积黏性土地基的基本承载力 σ_0 (kPa)

压缩模量 E_s (MPa)	4	6	8	10	12	14	16	18	20
基本承载力 σ_0 (kPa)	190	220	250	270	290	310	320	330	340

注：本表适用于西南地区碳酸盐类岩层的残积红土，其他地区可参照使用。

8 黄土地基可根据天然孔隙比 e、天然含水率 w 及液限 w_L 按表 4.1.2—8～表 4.1.2—9 确定基本承载力 σ_0。

表 4.1.2—8 新黄土(Q_4、Q_3)地基的基本承载力 σ_0 (kPa)

液限 w_L	孔隙比 e / 天然含水率 w	5	10	15	20	25	30	35
24	0.7	—	230	190	150	110	—	—
	0.9	240	200	160	125	85	(50)	—
	1.1	210	170	130	100	60	(20)	—
	1.3	180	140	100	70	40	—	—

续上表

液限 w_L \ 孔隙比 e \ 天然含水率 w		5	10	15	20	25	30	35
28	0.7	280	260	230	190	150	110	—
	0.9	260	240	200	160	125	85	—
	1.1	240	210	170	140	100	60	—
	1.3	220	180	140	110	70	40	—
32	0.7	—	280	260	230	180	150	—
	0.9	—	260	240	200	150	125	—
	1.1	—	240	210	170	130	100	60
	1.3	—	220	180	140	100	70	40

注:1 非饱和 Q_3 新黄土,当 $0.85<e<0.95$ 时,σ_0 值可提高 10%。

2 本表不适用于坡积、崩积和人工堆积等黄土。

3 表中括号内数值用于内插取值。

4 液限含水率试验采用圆锥仪法,圆锥仪总质量 76 g,入土深度 10 mm。

表 4.1.2—9 老黄土(Q_2、Q_1)地基的基本承载力 σ_0(kPa)

w/w_L \ e	$e<0.7$	$0.7\leqslant e<0.8$	$0.8\leqslant e<0.9$	$e>0.9$
<0.6	700	600	500	400
0.6~0.8	500	400	300	250
>0.8	400	300	250	200

注:1 老黄土黏聚力小于 50 kPa,内摩擦角小于 25°,σ_0 应降低 20%左右。

2 液限含水率试验采用圆锥仪法,圆锥仪总质量 76 g,入土深度 10 mm。

9 多年冻土地基可根据基础底面的月平均最高土温按表 4.1.2—10 确定基本承载力 σ_0。

表 4.1.2—10 多年冻土地基的基本承载力 σ_0(kPa)

序号	土名 \ 基础底面的月平均最高土温(℃)	−0.5	−1.0	−1.5	−2.0	−2.5	−3.5
1	块石土、卵石土、碎石土、粗圆砾土、粗角砾土	800	950	1 100	1 250	1 380	1 650
2	细圆砾土、细角砾土、砾砂、粗砂、中砂	600	750	900	1 050	1 180	1 450

续上表

序号	基础底面的月平均最高土温(℃) 土名	−0.5	−1.0	−1.5	−2.0	−2.5	−3.5
3	细砂、粉砂	450	550	650	750	830	1 000
4	粉土	400	450	550	650	710	850
5	粉质黏土、黏土	350	400	450	500	560	700
6	饱冰冻土	250	300	350	400	450	550

注:1 表列数值不适用于含盐量和泥炭化程度超过表 4.1.2—11 及表 4.1.2—12 中数值的多年冻土。

2 本表序号 1～5 类的地基承载力适用于少冰冻土、多冰冻土,当地基为富冰冻土时,表列数值应降低 20%。

3 含土冰层的承载力应实测确定。

4 基础置于饱冰冻土的土层上时,基础底面应敷设厚度不小于 0.20 m～0.30 m 的砂垫层。

表 4.1.2—11 盐渍化冻土的盐渍程度界限值

土类	碎石类土、砂类土	粉土	粉质黏土	黏土
盐渍程度(%)	0.10	0.15	0.20	0.25

表 4.1.2—12 泥炭化冻土的泥炭化程度界限值

土类	碎石类土、砂类土	黏土、粉土
泥炭化程度(%)	≥3	≥5

4.1.2.2 条文解读

1. 岩石地基承载力

(1)岩石地基承载力主要影响因素

决定岩石地基承载力的主要因素在《75 年桥规》改规时就做过系统研究。岩石地基承载力与岩石矿物成分、成因、年代、岩体构造、裂隙发育程度、水对岩体的影响等因素有关。各种因素影响的轻重程度视具体情况而异,然而这些因素作用的结果,可以归纳为岩块强度和岩体破碎程度两方面。对于地基承载力来说,新鲜完整的岩体主要取决于岩块强度;受构造作用和风化作用的岩体,岩块强度降低,破碎程度增加,则其承载力不仅与强度有关,而且与破碎程度有关;在不同条件下两者影响的程度有所不同。因此,作为地基岩石按强度分类,又以岩体破碎程度分级,既明确，又能反映客观实际。

过去工程上岩石多按强度分类，按岩体的风化程度分级，亦即将许多因素归纳为坚固性和风化程度两个特征，据以给定基本承载力。虽然在一定程度上也能反映客观实际，但存在一些问题。首先岩石按风化程度分级不一致，有的分三级，有的分四级、五级，分级名称混乱，又没有一个量度指标，难以掌握。其次判别风化程度是以次生矿物的产生与否和机械破碎程度为标准，即认为一定的风化程度对应着一定的化学风化和物理风化，事实上有时并非如此，有的块状结构泥质岩类（泥质砂岩、泥岩等）和花岗岩，在某些情况下岩体显著风化了，并没有明显的风化裂隙；反过来有的岩石因构造作用产生了许多构造节理，岩体并未风化或只轻微风化。对于岩石风化程度和矿物变质的关系也是这样，许多化学性质稳定的造岩矿物，并不因岩石风化而发生矿物成分和化学成分的变化，即使有些岩石的矿物成分发生了变化，在野外也难于判别。

归纳起来，岩石风化可以有两种情况：

①不形成（或很少）裂隙的风化；

②形成裂隙的风化。

如用风化程度分级，究竟是岩石破碎，还是强度降低是不明确的，这两种风化情况对承载力的影响是大不相同的。因此不采用风化程度作为分级的指标。

岩石的极限抗压强度变化幅度很大（从几兆帕至几百兆帕）。过去对硬质（强度较高，一般能满足使用要求）岩石地基分得过细，而经常遇到、问题较多的软质岩石（尤其是极软岩）却没有细分，这就给使用单位造成困难。为此，《75 年桥规》在附录四按强度分为两大类（硬质岩石、软质岩石），硬质岩石划分为极硬岩和硬质岩两类，软质岩石划分为软质岩和极软岩两类。岩石地基的承载力制表时，由于明挖基础与沉井基础对极硬岩和硬质岩的强度要求差别不大，故未加区分。

为了统一试验标准，一般均取饱和状态下岩块单轴极限抗压强度为分类的强度。当地基为软质岩石时，在确保不浸水的条件下，可用天然湿度的极限抗压强度分类。对易软化岩石（软化系数小于 0.75）地基应视其浸水的可能性，考虑用饱和状态或天然湿度的强度查表。凡表层岩石已风化成土、砂、砾状者统称为风化残积物，它的性质与一般土相似，故不划为岩石类。

由于 30 MPa 过去是划分能否作为石料的界限,5 MPa 是区分岩质岩和半岩质岩的界限,沿用已久,野外鉴定比较容易,故在一般情况下,可不做强度试验。

(2)岩石基本承载力数值

《75 年桥规》改规共收集荷载试验资料 103 份,其中可用的 72 份,以荷载试验的比例界限定为基本承载力值(极个别情况沉降量比较大者,确定基本承载力的原则与黏性土相同)。确定各类岩石基本承载力时,主要是参考上述荷载试验资料、国内外有关规范和建筑经验提出的。

当时由于资料不足,水对岩石承载力的影响不能给出准确数值。现场遇到这种情况,需个别研究确定。当利用易软化的岩石地基时,应特别注意施工后水文地质条件可能发生的变化、岩石的水理性能、风化速度等,适当选取基本承载力 σ_0,必要时应通过荷载试验确定。

《75 年桥规》岩石地基的基本承载力是以岩石类别和节理发育程度这两个指标制表,见表 4-1。

表 4-1 岩石地基基本承载力 σ_0(kPa)

岩石类别	节理发育程度和节理间距		
	节理不发育或较发育	节理发育	节理很发育
	大于 40 cm	20～40 cm	2～20 cm
硬质岩	大于 4 000	2 000～3 000	1 500～2 000
软质岩	1 500～3 000	1 000～1 500	800～1 200
极软岩	800～1 200	600～1 000	400～800

注:表中数值视岩块强度、节理发育程度等因素适当选取。

《85 年桥规》把节理不发育或较发育的硬质岩由原来大于 4 000 kPa 调整为大于 3 000 kPa,其他仍采用了《75 年桥规》的取值。《99 年基础桥规》没有变化;对裂隙性质、方向及充填物等因素的影响,在附注中给出。

《2005 年基础桥规》根据《铁路工程岩土分类标准》(TB 10077—2001)将岩石按硬质岩(极硬岩、硬岩)、较软岩、软岩、极软岩分类制表。硬质岩地基承载力不控制工程设计,故不再细分。根据《工程岩体分级标准》(GB 50218—94),极软岩的承载力基本值小于 500 kPa,同样铁路工程勘测中遇到的成岩程度极差(半成岩)及风化成土状、砂砾状等极软岩的承载力都小于 500 kPa。因此,《2005 年基础桥规》在修订岩石按新的分类标准调整的同时,对各类岩石地基承载力也作了调整和修正。《2017 年基础桥规》没有变化。

2. 碎石类土地基承载力

碎石类土,《59 年桥规》称之为大块碎石类土,其地基基本承载力 σ_0 见表 4-2,该表大块碎石类土名称及取值参考了苏联《标准轨距铁路桥涵设计规程》(ТУПМ—56)的规定。

表 4-2　大块碎石类土地基基本承载力 σ_0(kPa)

土壤名称	σ_0
碎石(卵石)孔隙由砂填满	600
由结晶岩组成的角砾(圆砾)	500
由沉积岩组成的角砾(圆砾)	300

苏联规程规定大于 10 mm 颗粒的重量共计超过 50%的碎石(卵石圆颗粒占多数)和大于 2 mm 颗粒的重量共计超过 50%的角砾(砾石圆颗粒占多数)为大块碎石类土。

《75 年桥规》改称碎石类土,并加列漂石土、块石土,卵石土和碎石土的粒径界限由 10 mm 改为 20 mm,与工业和民用建筑物地基规范一致。《75 年桥规》与《99 年基础桥规》碎石类土地基基本承载力 σ_0 见表 4-3 和表 4-4。

表 4-3　《75 年桥规》碎石类土地基基本承载力 σ_0(kPa)

土　名	密实度		
	密　实	中　密	松　散
卵石土	1 000～1 200	600～1 000	300～500
碎石土	800～1 000	500～800	200～400
砾石土	700～900	400～700	200～300
角砾土	500～700	300～500	200～300

注:(1)半胶结的碎石类土可按密实的同类土 σ_0 值提高 10%～30%;

(2)由硬质岩块组成,充填砂类土时用高值;由软质岩块组成,充填黏性土时用低值;

(3)松散的碎石类土在天然河道中很少遇到,需特别注意鉴定;

(4)密实程度的划分参照《75 年桥规》附录四鉴定。

表 4-4 《99 年基础桥规》碎石类土地基基本承载力 σ_0(kPa)

土 名	密实度		
	松 散	中 密	密 实
卵 石	300～500	600～1 000	1 000～1 200
碎 石	200～400	500～800	800～1 000
圆 砾	200～300	400～700	700～900
角 砾	200～300	300～500	500～700

注:(1)半胶结的碎石类土可按密实的同类土 σ_0 值提高 10%～30%;
(2)由硬质岩块组成,充填砂类土时用高值;由软质岩块组成,充填黏性土时用低值;
(3)松散的碎石类土在天然河道中很少遇到,需特别注意鉴定;
(4)漂石、块石的 σ_0 值,可参照卵石、碎石土适当提高。

《75 年桥规》和《99 年基础桥规》关于碎石类土地基基本承载力 σ_0 的数值基本上没有变化。σ_0 表主要是基于以下几方面编制的。

(1)基本原则和方法

碎石类土基本承载力的确定,以荷载试验资料为主要依据。由于大部分碎石类土压缩性较低,基础沉降量小,完成沉降过程快,因此变形不是主要控制因素,故其基本承载力是按比例界限或破坏荷载的 1/3 取值。

(2)因素选择

影响碎石类土承载力的因素很多,主要有颗粒大小、含量、密实程度、成因、岩性和充填物性质等。如颗粒的粒径大,含量高,承载力就大;冲积成因的多为砂类土充填,石质较坚硬;坡洪积的则充填物多以黏性土为主,石质成分较单一,其坚固件既有坚硬的,也有较软的,二者承载力必有明显差异,不同时期的碎石土,其密实程度、石质坚固性也不同,一般年代越老的越密实,因而承载力也有差异。碎石类土系根据颗粒大小和含量而定名。另据试验资料的统计分析,在影响碎石类土承载力的诸因素中,密实程度是一个具有共性的指标。因此,根据土的名称,按密实程度单项指标,制定碎石类土的 σ_0 表比较简练、准确。考虑到在某些情况下,充填物或岩性的变化(如黏性土充填的卵石土),故在条文所列表的附注中加以说明,作为选择数值的次一级因素。为了区别老地层与较新地层的承载力,把半胶结的单独注明,给以较高数值(半胶结资料主要是西北戈壁地区的卵石)。

漂石土、块石土的 σ_0 值，由于缺乏试验资料，未予列入，可参照卵石土、碎石土的承载力，酌情提高。

表中松散一栏的数值是根据个别地区(四川德阳、甘肃白银等地)的荷载试验资料提出的。由于资料较多，且 σ_0 能满足一般小桥涵设计的要求，故作为一栏列出数值。

(3)承载力确定

表列 σ_0 的范围是根据 196 份荷载试验资料，选用其中内容较全的 151 份，经归纳、分析、对比后制定的。在现有试验资料中，碎石土与圆砾土的承载力很接近，而与卵石土有较大差异。考虑到按粒径大小及含量区分，则圆砾土和角砾土一致，碎石土与卵石土彼此之间承载力的变化应该是协调的，而出现上述反常现象主要是由于碎石土荷载试验资料的代表性不够全面所造成。

因而参照回归分析结果，对数值进行了个别调整，并补充了尚缺试验资料的密实圆砾土的承载力。表列 σ_0 是根据地面荷载试验资料编制而成，未加宽度、深度修正。

自 1972 年以来，铁二院在卵石中进行了 49 组荷载试验，最大压力达 6 300 kPa，比例界限和破坏荷载均较高，经有关科研、教学、生产单位研究，一致认为卵石土承载力可以比《59 年桥规》有所提高。

本规范中密状态的碎石土、卵石土平均 σ_0 值比《59 年桥规》提高 20%左右，圆砾土、角砾土提高 13%左右。

(4)密实程度划分

碎石类土密实程度的划分，由于缺乏试验资料，目前暂以野外鉴定作为过渡。本规范附录表 A.0.2—1“碎石类土密实程度划分”是根据多年来野外工作人员的实践试验，以从简为原则，综合整理后编定的。

《2005 年基础桥规》修订相对《99 年基础桥规》主要是由于其密实度分级发生变化而进行的。由于《铁路工程岩土分类标准》(TB 10077—2001)将碎石土的密实度由原来的“密实、中密、松散”三级调整为“密实、中密、稍密、松散”四级，将原来的中密划分为中密和稍密，该两类没有定量界定标准，其承载力值也无法界定，只能根据所在承载力范围中间分开。由于是仅从数值内调整，应注意在使用中积累资料补充完善承载力表。

《2017 年基础桥规》沿用了《2005 年基础桥规》的规定。

3. 砂类土地基承载力

《75 年桥规》第 2—425 条砂类土基本承载力的编制，本应以各地荷载试验资料为依据，进行统计分析，但 80 余份资料的质量很不理想，绝大部分试验没有做到极限荷载，资料中很大一部分的地区特殊性强，一般代表性差（如中砂、粗砂资料，德阳地区特殊性影响大），有一部分湿度与密实度资料不全，确定分类确属困难。

尽管如此，还是勉强地从 73 份荷载试验资料中定出了承载力，进行了统计计算，然后加上深宽修正项 $k_1\gamma_1 b+k_2\gamma_2 h$，得出 σ_0 值见表 4-5。

表 4-5　荷载试验 σ_0 值(kPa)

砂类土名称	密实度		
	密　实	中　密	稍　松
砾砂、粗砂	570	510	330
中　砂	490	430	260
细　砂	420	370	200
粉　砂	370	310	170

从表 4-5 可以看出砂类土 σ_0 随颗粒粗细的变化不是十分明显，但其一般规律还可识别。此外，粉砂、细砂层当水位抬高至基底以上时，其 σ_0 应有所降低，这是荷载试验资料根本无法反映出来的。

根据当时国内各地区砂类土承载力经验数值，结合铁路二十多年实践经验，并查阅国外规范与理论公式进行分析对比，适当考虑表 4-5 数值，《75 年桥规》表 2—62 列出砂类土 σ_0 表（见表 4-6），比《59 年桥规》表六十五（见表 4-7）约提高 29%。

表 4-6　《75 年桥规》砂类土地基基本承载力 σ_0(kPa)

土　名	湿　度	密实程度		
		密　实	中　密	稍　松
砾砂、粗砂	与湿度无关	550	400	200
中　砂	与湿度无关	450	350	150
细　砂	水　上	350	250	100
	水　下	300	200	—

续上表

土　名	湿　度	密实程度		
		密　实	中　密	稍　松
粉　砂	水　上	300	200	—
	水　下	200	100	—

表 4-7　《59 年桥规》砂类土地基基本承载力 σ_0(kPa)

土壤名称		密 实 的	中 密 的
砾砂和细砂,与湿度无关		450	350
中　砂	稍湿的	300	400
	潮湿的	250	350
细　砂	稍湿的	200	300
	潮湿的	350	250
粉　砂	稍湿的	200	250
	潮湿的	150	200
	饱和的	100	150

表 4-6 中稍松一项数值《59 年桥规》未给出,考虑桥涵基础的下卧层有可能遇到稍松砂层,故《75 年桥规》予以列出。

表 4-6 中密实度划分仍沿用《59 年桥规》,只将原来的松散的按 0.33>D_r(相对密度)>0.2 定为稍松。密实度的确定方法并列了相对密度和标准贯入两种。

《85 年桥规》表 12.2.3—3、《99 年基础桥规》表 4.1.2—3 的砂类土地基基本承载力 σ_0 表和《75 年桥规》基本没有变化。

《2005 年基础桥规》修订相对《99 年基础桥规》主要是由于其密实度分级发生变化而进行的。由于资料中确定其密实度的标准贯入试验资料不足,依赖静力触探资料确定其密实度,而后把其承载力平均值与现规范中的数值进行对比分析,最后确定修订后的稍密和中密砂类土承载力。

《2017 年基础桥规》沿用了《2005 年基础桥规》的规定。

4. 粉土地基承载力

《99 年桥规》及以前,粉土属于黏性土。由于粉土低塑性土性质特殊,《铁路工程岩土分类标准》(TB 10077—2001)根据《建筑地基基础设计规范》(GBJ 7—89)也将粉土单独划出,作为一种独立的土类。因而《2005 年基础桥规》修订时编制了粉土的地基基本承载力 σ_0 规范表 4.1.2—4。

编表资料主要来源于铁路桥梁地基可靠度规改原始资料中的黏性土部分,即从大量的黏性土原始资料中将 I_p 小于或等于 10 的粉土单分出来,独立编制粉土地基的基本承载力表。总计筛选出 38 组可以利用的数据。

通过分析资料,发现粉土的基本承载力与其天然孔隙比和天然含水率有密切的关系,因此可以把粉土的承载力与其天然孔隙比和天然含水率作二元回归分析,分析结果如下:

(1)二元线性回归分析

通过对 38 组承载力与天然孔隙比和天然含水率的线性回归分析,得到二元线性回归方程为

$$f=594.68-339.55e-6.99\omega \tag{4-1}$$

式中 f——基本承载力(kPa);

e——天然孔隙比;

ω——天然含水率。

此回归方程的复相关系数为 0.819,剩余方差为 39.36。对其进行 F 检验,结果为高度显著性。

(2)二元自然对数线性回归分析

同样对 38 组承载力与天然孔隙比和天然含水率的二元自然对数线性回归分析,得到其回归方程为

$$\ln f=6.41-1.56\ln e-0.54\ln\omega \tag{4-2}$$

此回归方程的复相关系数为 0.841,剩余方差为 0.182。对其进行 F 检验,结果为高度显著性。

通过以上分析,考虑剩余方差的误差,对表中数值进行了调整,得出粉土的地基基本承载力。

《2017 年基础桥规》沿用了《2005 年基础桥规》的规定。

5. Q_4 冲、洪积黏性土地基承载力

Q_4 冲、洪积黏性土地基承载力表主要取自《75 年桥规》改规的研究成果。

(1)资料选择

《75年桥规》改规中收集黏性土荷载试验资料达数百份，来自全国各省的建筑工地，已将试验成果用于实践。首先从土力学观点出发，对所有资料进行了分类，决定把流塑黏性土、半干硬黏性土和残积土等与 Q_4 冲（洪）积黏性土分开，将荷载板为 600 cm^2 的以及地质情况不均匀的舍弃不用，共采用了342份资料。

(2)基本承载力选定

基本承载力的选定需满足强度和变形要求两个基本条件。《59年桥规》对黏性土基本承载力采用值偏低，据已设计的桥涵尚未发现沉降过大的情况。本次采用的荷载试验中，荷载板面积大小不一，且其试验目的在于决定工点地基承载力，一般荷载—沉降曲线较短，未做到极限荷载，故不能采用试验容许压力的方法。同时各建筑物实际采用的承载力与沉降观测资料，难以收集。因此参考国内外经验取用相对沉降 $S/b=0.2$ 时的压力，作为地基土基本承载力。在少数资料中沉降量 S 未达到 $0.02b$ 前，P—S 曲线上出现了明显的拐点，即以拐点压力作为基本承载力。

(3)物性指标选定

做统计时采用了物性指标，其理由有三点：

①物性指标试验简单，便于应用。

②能够表达这种土的承载力的特性。

③荷载试验资料物性指标齐全，且较可靠。

(4)统计分析

考虑了天然含水率（ω）、孔隙比（e）、液限（ω_L）、塑限（ω_p）、塑性指数（I_p）、液性指数（I_L）等指标。首先进行了四组三个自变量（如 I_p、I_L 和 e 组，ω_L、ω 和 e 组）的线性回归分析，保证率为95%，并得出如下结论：

①I_p 不能作为决定 σ_0 的因素，因计算表明它对 σ_0 无显著影响。

②若要用三个物性指标，只有 I_p、I_L 和 e 通过统计检验是能成立的。

③所有指标中 I_L 对 σ_0 的影响最显著。在 I_p、I_L 和 e 的方案中，去掉 I_p 后（以 I_L 和 e 两指标为自变量）线性回归分析结果，从统计检验或与实际资料对比都是比较好的。再把 I_L 和 e 方案同上述 ω_L、ω 和 e 方案对比，发现前者能更充分、正确地反映出试验资料的趋向和特点，所以采用这一方案。

考虑到线性回归方程不一定能很好地符合实际资料情况，而多变量方程应采用哪种曲面为宜又无法猜测，最后又进行了对 I_L 和 e 分区的回归分析，即把 $I_L \leqslant 0.10$、$e<0.95$ 和 $I_L \leqslant 0.9$、$e<0.7$ 承载力较高的资料与其他部分划分开，然后进行分区线性回归计算，而且对两区衔接处也进行了统计检验，这样得出的结果和不分区者相差不大，但较为合理。

《75 年桥规》表 2—59 是在上述分区线性回归方程基础上加了深度修正和调整了个别值后制成的。

同时还进行以相对含水量 $D_\omega=\omega/\omega_L$ 和天然孔隙比 e 两指标为自变量的回归分析，结果同 I_L 和 e 者不相上下，但引用 D_ω 而抛弃 I_L 将牵涉其他根本性问题，故没有采用这一方案。

《85 年桥规》表 12.2.3—4 液性指数 I_L 由 1.0 延伸 1.1 和 1.2 进行了局部修订，其他没有调整。此后《99 年基础桥规》没有修订。《2005 年基础桥规》修订时，首先把剔除了粉土后的资料进行了统计分析，考虑到粉土只占原黏性土中的一小部分，并且粉土的承载力一般比同条件的黏性土低，另外现规范中黏性土承载力表已经过了多年的使用验证，剔除 I_p 小于或等于 10 的粉土后，承载力表总体偏于安全，所以没有修订黏性土的基本承载力表。希望在使用过程中注意积累资料，完善黏性土承载力表。《2017 年基础桥规》也没再做进一步修订。

6. Q_3 及其以前冲、洪积黏性土地基承载力

《75 年桥规》把半干硬黏性土和 Q_3 及其以前冲、洪积黏性土归为一类。从荷载试验资料中这两类土在试验加压范围内沉降量很小，σ_0 值很高。如用物性指标以确定 σ_0，则很不合理。在力学指标中 φ、c 资料不全，又未注明剪切试验方法，无法利用。于是按室内压缩模量 E_s 进行统计，经绘制散点图，认为用指数型方程式比较合适。采用 53 份资料统计（武汉、包头地区资料所占比例较大），得回归方程如下：

$$\sigma_0=9.07E_s^{0.296} \quad (\text{相关系数 } r=0.51) \tag{4-3}$$

《75 年桥规》中半干硬黏性土和 Q_3 及其以前冲、洪积黏性土地基基本承载力 σ_0 见表 4-8。

表 4-8　半干硬黏性土和 Q_3 及其以前冲、洪积黏性土地基基本承载力 σ_0

E_s(MPa)	10	15	20	25	30	35	40
σ_0(kPa)	380	460	520	550	580	610	630

《75 年桥规》制表时，E_s=10 MPa 和 15 MPa 两项取 σ_0 的下限值，其余取平均值，再加上 1.5 m 的深度修正（k_2=2.5、γ_2=1.5）。由于没有 E_s 值很高的资料，故表内 σ_0 只给到 E_s=40 MPa 为止。当 E_s>40 MPa 时，需用其他测试方法确定 σ_0。

《85 年桥规》对《75 年桥规》进行调整，《85 年桥规》中 Q_3 及其以前冲、洪积黏性土地基基本承载力 σ_0 见表 4-9。

表 4-9　Q_3 及其以前冲、洪积黏性土地基基本承载力 σ_0

E_s(MPa)	10	15	20	25	30	35	40
σ_0(kPa)	380	430	470	510	550	580	620

表 4-9 是按室内压缩模量 E_s，采用 53 份资料统计，得下列方程求得。

$$\sigma_0 = 308.9 + 0.79E_s \quad (\text{相关系数 } r = 0.52) \tag{4-4}$$

对于 E_s<10 MPa 的老黏性土，因缺少资料，式(4-4)不适用，建议仍按 Q_4 冲、洪黏性土予以考虑。

《85 年桥规》资料统计方程相关性好，总体偏于安全。此后《99 年基础桥规》《2005 年基础桥规》《2017 年基础桥规》沿用了此规定。

7. 残积黏性土地基承载力

残积黏性土在山区分布很广，《75 年桥规》编制的荷载试验资料主要是西南地区的“红土”（这部分资料比例较大，该土系碳酸盐类岩石风化而成），东北地区的花岗岩残积土，江西的页岩、砂岩残积土等，其承载力值都比较高，因而用 E_s 做统计较为合理，统计时共采用 58 份资料。

《75 年桥规》回归方程为

$$\sigma_0 = 3.413E_s^{0.44} \quad (\text{相关系数 } r = 0.58) \tag{4-5}$$

《75 年桥规》表 2—61 残积黏性土地基基本承载力 σ_0 见表 4-10。

表 4-10　残积黏性土地基基本承载力 σ_0

E_s(MPa)	4	6	8	10	12	14	16	18	20
σ_0(kPa)	190	220	250	270	290	310	320	330	340

注：本表适用于西南地区碳酸盐类岩层的残积红土，其他地区可参照使用。

《85 年桥规》回归方程为

$$\sigma_0 = 85.73E_s^{0.4} \quad (\text{相关系数 } r = 0.76) \tag{4-6}$$

《85年桥规》表12.2.3—6仍然是《75年桥规》原表数值。《2017年基础桥规》也是《75年桥规》的数值。

8. 黄土地基承载力

(1)《75年桥规》

《59年桥规》中黄土不分类，二十余年我国工程实践经验证明：不同年代黄土的地质特征、物性指标和强度均有明显的差别，故《75年桥规》按新黄土（Q_4、Q_3）、老黄土（Q_2、Q_1）定名，并根据西北、华北地区荷载试验资料分别统计，制定新、老黄土基本承载力表。

《75年桥规》收集到的176份Q_4黄土、80份Q_3黄土、27份老黄土荷载试验资料，物性指标较齐全，部分资料中力学指标不齐全，各试验单位的试验方法不一致，出现同一情况下指标有差异，故决定用物性指标。经选择天然含水量(ω)、液限(ω_L)、天然孔隙比(e)、饱和度(S_r)、液性指数(I_L)等主要指标及其不同组合，分别进行线性回归分析，得到如下的结论：

①Q_4黄土主要影响因素为ω_L、ω，与e的关系不密切；

②Q_3黄土主要影响因素为ω_L、ω、e，尤以e的影响为突出；

③老黄土主要影响因素为ω_L、e，e的影响较大。

从荷载(P)—沉降(S)曲线定σ_0时均用比例界限。制表时考虑Q_4、Q_3黄土按ω_L、ω、e三个物性指标，分别列出σ_0，其中$e=1.3$一项，如ω_L、ω相同，则σ_0基本相同。《75年桥规》表2—65数值适用于湿陷性和非湿陷性的新黄土。

由于老黄土荷载试验资料份数较少，又多属于半干硬状态，故编制表2—66时按ω_L、e各分三挡，提出σ_0的范围和数值。因《75年桥规》σ_0表数值比《59年桥规》所给值提高较多，对较高墩台及重要建筑物宜另做荷载试验，尤其是硬塑状态的老黄土更需要做。

我国黄土地区极为辽阔，目前收集到的资料很难具有广泛的代表性，如Q_4黄土有102份来自陕西关中和豫西地区，所以要求使用人员注意收集所在地区资料，或采用其他测试方法作补充验证。

(2)《85年桥规》

黄土地基基本承载力仍是分别按Q_4、Q_3及Q_2、Q_1进行归类分析的，但和《75年桥规》所推荐的基本承载力有较大的改动。

①新黄土(Q_4、Q_3)地基基本承载力

新黄土(Q_4、Q_3)包括湿陷性和非湿陷性黄土,但不包括坡积、崩积和人工堆积层。荷载试验 σ_0 的确定,采用比例界限(P_1)值,或以下沉量S≈0.06b(b 为荷载板宽度)对应压力作为极限荷载(P_2),再除以 2 倍安全系数确定;其 σ_0 对应的 S 平均值为 0.007 5b,大于 0.01b 者仅占 13.4%,最大为 0.02b,故强度、沉降均能满足要求。

新黄土实测对比资料 305 组,来源于甘、青、宁、陕北、晋西北(共 164 组),以及关中、豫、晋东南、冀、鲁等地区,其中 Q_4 黄土 158 组,Q_3 黄土 147 组。通过各种组合回归分析,择优选取了不分地区的(Q_4、Q_3)混合统计的公式为

$$\sigma_0(\mathrm{tf/m^2})=16.73-14.69e-0.793\omega+1.026\omega_L$$

(相关系数 r=0.616,剩余标准差 S=5.68) (4-7)

根据对 305 组实测对比数据 σ_0 值验证,并考虑了埋深 1.5 m 的深度修正约为 30 kPa (3 tf/m²),对回归公式计算的 σ_0 值作了局部调整,编制出新黄土地基基本承载力表。

《85 年桥规》σ_0 值与《75 年桥规》新黄土地基基本承载力表的 Q_4 黄土 σ_0 值基本相同。根据对 Q_3 黄土实测资料的反复验证和工程建筑的实践检验,当 $0.85<e<0.95$ 时,σ_0 值确比 Q_4 黄土为高,故《85 年桥规》在附注中作了提高 10%的规定,比《75 年桥规》更符合实际。

②老黄土(Q_2、Q_1)地基基本承载力

老黄土对比资料共 36 组,来源于甘、宁、陕、晋、鲁等地区。荷载试验 σ_0 值多以比例界限或小于比例界限值确定,其 S/d 平均值为 0.006,最大为 0.016。择优选取回归公式为

$$\sigma_0(\mathrm{tf/m^2})=195-132.4e-35.2\omega/\omega_L$$

(相关系数 r=0.69,剩余标准差 S=19.1) (4-8)

将实测 σ_0 幅度值、平均值与回归值进行比较,提出偏于安全的推荐值,最高 σ_0 值控制在 700 kPa(70 tf/m²)以内,已用于桥涵基础的设计和施工,效果良好。考虑到山东地区的老黄土工程性质稍差,一般比表中 σ_0 值偏低 100~200 kPa,故《85 年桥规》在附注中作了相应规定。

《99 年基础桥规》与《85 年桥规》比较,黄土地基承载力没有变化。《2005 年基础桥规》除对新黄土(Q_4、Q_3)地基基本承载力进行了局部调整外,直至《2017 年基础桥规》黄土地基承载力基本没有变化。

9. 多年冻土地基承载力

确定多年冻土地基承载力的因素主要有颗粒成分、含水率和地温。在相同地温和含水率状况下，一般是碎石类土的承载力最大，砂类土次之，黏性土最小。冻土的强度一般是随着含水率增大而提高，至饱和状态时达到最大值，往后则随着含水率的增大而减弱，直至接近于冰的强度。但是随着含水率的增大，冻土的流变性迅速增大，使其持久强度迅速减小。当冻土中有冰夹层时，则其强度往往表现出冰的性质。表中规定的基本承载力，只适用于少冰冻土和多冰冻土。反之，对干燥的碎石类土和砂类土或含水率小于10%的黏性土，不论负地温高低，其基本承载力可按非冻土确定。试验和工程实践表明，冻土的承载力是随着地温降低而增大的，故《75年桥规》表2—68按负地温给定承载力。《75年桥规》月平均最高土温−2 ℃～−3.5 ℃间隔，《99年基础桥规》没有修订。《2005年基础桥规》修订时认为间隔太大，于是调整了多年冻土地温分挡，由于没有资料只能从数值上内插，希望在使用过程中积累资料完善承载力表。《2017年基础桥规》沿用了上述规定。

国外各种地基规范对冻土的承载力表达方式不尽一致，有的采用基本承载力，有的采用极限强度。《2005年基础桥规》根据我国实际情况，结合理论计算和室内试验资料，进行了综合分析，按照多年冻土的分类分别给出其基本承载力值。表4.1.2—10中数值约为冻土瞬时的单轴极限抗压强度的1/8～1/6，有一部分土的承载力值是根据球模试验仪测定的长期黏着系数C确定的。

根据冻土强度指标的显著差异，《冻土地区建筑地基基础设计规范》(JGJ 118—2001)将多年冻土又分出盐渍化冻土与冻结泥炭化土。由于地下水和土中的水即使含有很少量的易溶盐类(尤其是氯盐类)，也会大大地改变一般冻土的力学性质，并随着含量的增加而强度急剧降低，这对基础工程是至关重要的。对未冻地基土来说，当易溶盐的含量不超过0.5%时，土的物理力学性质仍决定于土本身的颗粒组成等，即所含盐分并不影响土的性质；当土中含盐量大于0.5%时，土的物理力学性质才受盐分的影响而改变。在冻土地区却不然，由于地基中的盐类被水分所溶解变成不同浓度的溶液，降低了土的起始冻结温度，在同一负温条件下与一般冻土比较，未冻水含量大很多；孔隙水溶液浓度越大，未冻水含量越多，在其他条件相同时，其强度越小。因此，冻土划分盐渍度的指标界限应与未冻土有所区别，盐渍化冻土强度降低的对比见表4-11。

表 4-11　不同盐渍度冻土强度指标的降低

强度类别	基侧土冻结强度(kPa)												桩端阻力*(kPa)											
盐渍度 ζ(%)	0.2				0.5				1.0				0.2				0.5				1.0			
土温(℃)	−1		−2		−1		−2		−1		−2		−1		−2		−1		−2		−1		−2	
土类 砂类土	50	—	80	—	—	—	50	—	—	—	—	—	350	—	250	—	—	—	—	—	—	—	—	—
土类 粉质黏土	—	60	—	100	—	30	—	50	—	20	—	40	—	450	—	700	—	150	—	350	—	—	—	150
盐渍化冻土/一般冻土	0.38	0.60	0.40	0.67	—	0.30	0.25	0.33	—	0.20	—	0.27	0.11	0.53	0.15	0.64	—	0.18	—	0.32	—	—	—	0.14
一般冻土 土温(℃)	−1						−2						−1						−2					
一般冻土 砂类土	130						200						1 400						1 700					
一般冻土 粉质黏土	100						150						850						1 100					

注：* 3～5 m 深处桩端。

表 4-12　不同泥炭化程度冻土强度指标的降低

强度类别	基侧土冻结强度(kPa)												桩端阻力*(kPa)											
泥炭化程度 ξ(%)	0.03<ξ≤0.10				0.10<ξ≤0.25				0.25<ξ≤0.60				0.03<ξ≤0.10				0.1<ξ≤0.25				0.25<ξ≤0.60			
土温(℃)	−1		−2		−1		−2		−1		−2		−1		−2		−1		−2		−1		−2	
土类 砂类土	90	—	130	—	50	—	90	—	35	—	70	—	250	—	550	—	190	—	430	—	130	—	310	—
土类 粉质黏土	—	60	—	100	—	35	—	60	—	25	—	50	—	200	—	480	—	150	—	350	—	100	—	280
冻结泥炭化土/一般冻土	0.69	0.60	0.65	0.67	0.38	0.35	0.45	0.40	0.27	0.25	0.18	0.33	0.18	0.24	0.32	0.44	0.14	0.18	0.25	0.32	0.09	0.12	0.18	0.25
一般冻土 土温(℃)	−1						−2						−1						−2					
一般冻土 砂类土	130						200						1 400						1 700					
一般冻土 粉质黏土	100						150						850						1 100					

注：* 3～5 m 深处桩端。

由表4-11可知，当盐渍度为0.5%时，单独基础承载力与桩端阻力降低到1/5～1/3，基础侧表面的冻结强度降低到1/4～1/3，这样大的强度变化在工程设计时是绝对不可忽视的。因此，盐渍化冻土的界限定为0.1%～0.25%。如多年冻土以融化状态用作地基，则按未冻土的规定执行(0.5%)。

冻结泥炭化土的泥炭化程度同样剧烈地影响着冻土的工程性质，见表4-12，设计时要充分考虑、慎重对待。

《铁路工程特殊岩土勘察规程》(TB 10038—2012)参考了《岩土工程勘察规范》(GB 50021—2001)以及《冻土地区建筑地基基础设计规范》(JGJ 118—2001)的相关规定，补充了多年冻土含盐量和泥炭化程度限值范围，《2017年基础桥规》随之修订。

4.1.3 地基容许承载力

4.1.3.1 基础桥规规定

4.1.3条规定：

地基容许承载力可按式(4.1.3)确定。

$$[\sigma]=\sigma_0+k_1\gamma_1(b-2)+k_2\gamma_2(h-3) \qquad (4.1.3)$$

式中 $[\sigma]$——地基容许承载力(kPa)；

σ_0——地基基本承载力(kPa)；

b——基础底面的最小边宽度(m)：当 b 小于2 m时，b 取2.0 m；当 b 大于10 m时，b 取10 m；圆形或正多边形基础为$\sqrt{F}$，F 为基础的底面积；

h——基础底面的埋置深度(m)，自天然地面起算，有水流冲刷时自一般冲刷线起算；位于挖方内，由开挖后地面算起；h 小于3 m时取 h 等于3 m，h/b 大于4时 h 取 $4b$；

γ_1——基底持力层土的天然容重(kN/m^3)，若持力层在水面以下且透水时应采用浮重；

γ_2——基底以上土层的加权平均容重(kN/m^3)，换算时若持力层在水面以下且不透水时，不论基底以上土的透水性如何，均取饱和容重；透水时水中部分土层应取浮重；

k_1,k_2——宽度、深度修正系数，根据基底持力层土的类别按表4.1.3确定。

表 4.1.3　宽度、深度修正系数

土类 / 修正系数	黏性土				粉土	黄土		砂类土								碎石类土			
	q_4 的冲、洪积土		q_3 及其以前的冲、洪积土	残积土		新黄土	老黄土	粉砂		细砂		中砂		砾砂粗砂		碎石圆砾角砾		卵石	
	$I_L<0.5$	$I_L\geqslant0.5$						稍、中密	密实	稍、中密	密实	稍、中密	密实	稍、中密	密实	稍、中密	密实	稍、中密	密实
k_1	0	0	0	0	0	0	0	1	1.2	1.5	2	2	3	3	4	3	4	3	4
k_2	2.5	1.5	2.5	1.5	1.5	1.5	1.5	2	2.5	3	4	4	5.5	5	6	5	6	6	10

注：1　节理不发育或较发育的岩石不作宽深修正；节理发育或很发育的岩石，k_1、k_2 可采用碎类石土的系数；对已风化成砂、土状的岩石，则按砂类土、黏性土的系数。

2　稍松状态的砂类土和松散状态的碎石类土，k_1、k_2 值可采用表列稍、中密值的 50%。

3　冻土的 k_1、k_2 均取 0。

4.1.3.2　条文解读

1. 公式形式的演变

《59 年桥规》规定，当基础短边宽度超过 2 m，或基础埋深大于 3 m 时，按式(4-9)从基本承载力求算容许承载力。

$$[\sigma]=\sigma_0[1+k_1(b-2)]+k_2\gamma(h-3) \tag{4-9}$$

在《75 年桥规》改规时认为，《59 年桥规》公式显著缺点是量纲紊乱，例如 h 和 b 的单位是米(m)，γ 的单位是千牛每立方米(kN/m³)，但$[\sigma]$和 σ_0 的单位则是千克力每立方厘米(kgf/cm²)，这样容易出错。此外 σ_0 和宽度修正混在一起而和深度修正相分离，这也没有什么道理。考虑上述缺点，《75 年桥规》改为按式(4-10)求算。

$$[\sigma]=\sigma_0+k_1\gamma_1(b-2)+k_2\gamma_2(h-3) \tag{4-10}$$

式(4-10)是由浅基础的地基强度理论概念建立起来的，把宽度、深度修正和 σ_0 分离开来，在力学概念上比较清楚。$[\sigma]$、σ_0 均以千帕(kPa)计，量纲也是统一的；k_1 和 k_2 是无量纲系数，在使用时不会出错。该式直至《2017 年基础桥规》仍然沿用。

2. 各类土宽度、深度修正系数的确定

(1)基础宽度修正

规范对各种黏性土(包括黄土)的容许承载力$[\sigma]$均不考虑基础宽度修正，即 $k_1=0$。这是因为地基受压后，黏性土后期沉降值较大，基础愈宽，沉降也愈大，这对桥涵正常使用是不利的。从荷载沉降曲线上确定

σ_0 时，大多数是根据荷载板相对下沉 2%确定的。也就是说，在决定 σ_0 时，已经考虑了基础宽度的影响，故在计算容许承载力时不再考虑。

新、老黄土的 σ_0 一般由荷载沉降曲线的比例界限决定，且荷载试验加载较大时，均能稳定。考虑黄土是一种特殊土、孔隙大，按一般土深宽修正求算容许承载力时，暂不考虑宽度修正一项。

对于砂类土、碎石类土地基，在施工期间沉降已基本完成，后期沉降很小，所以基础宽度加大，可提高地基的强度，应该进行宽度修正。《59 年桥规》中规定，当基础宽度大于 6 m 时，仍采用 6 m，这是考虑到基础过宽会加大沉降的不利因素，但对砂类土、碎石类土地基来说，由于后期沉降很小，对黏性土又不作宽度修正，所以参照德国规范，《75 年桥规》放宽至 10 m。

《75 年桥规》宽度修正系数 k_1 的决定尚缺乏不同宽度的实测资料，系根据理论计算来拟定。对于砂类土拟通过计算比较，再选定 k_1 值，江苏省水利厅水利勘测队所收集到的各类砂类土（未分密实度）的平均 φ 值：砾砂、粗砂为 38.50°，中砂为 35.5°，细砂为 31.0°，粉砂为 27.0°。由于缺乏碎石类土的 φ 值，假定其平均值为 40°。把上述 φ 值按日本规范和德国规范，算出各类砂类土和碎石类土的 k_1 值，再换算出《59 年桥规》的 k_1 值，一并列于表 4-13 进行比较，再选用适当的数值。

表 4-13　k_1 系数对比

土　名	《59 年桥规》	日本规范	德国规范	《75 年桥规》
碎石土、卵石土、砾石土	2.0～4.0	15.0	7.8	4.0
砾砂、粗砂	2.7	6.4	6.3	3.0
中　砂	2.2	2.6	4.3	2.0
细　砂	1.2	1.0	2.5	1.5
粉　砂	0.7	0.6	1.5	—

《75 年桥规》采用值是在《59 年桥规》的基础上调整的，其低值较两个国外规范者相近，但高值却较后者为低，这是由于缺少试验数据，不宜提得过高。

以上系数仅适用于砂类土、碎石类土的密实和中密情况，稍松的砂类土和松散的碎石类土，暂采用数值的一半。

(2)基础深度修正

进行修正的有效深度，仍沿用$(h-3)$，主要是考虑一般桥梁基础埋置较深，尤其是水中基础，当等于或小于 3 m，则不计深度修正，以简化计算内容，黏性土和黄土 σ_0 值中已考虑 1.5 m 的深度修正，采用$(h-3)$对计算的容许承载力无多大影响。

深度修正系数是参考浅基础这个前提确定的，所以只适用于浅基础。一般地，当 h/b 在 3～4 范围以内时，k_2 值可用。根据现有的国内外试验资料，当 h/b 继续增大时，深度的影响还是存在的，h/b 达到 10～20 时，埋深就对 h 没有影响了。为安全计，对于相对埋深超过 10 的基础，就不再加以深度修正。根据试验当 $4<h/b<10$ 时，值应予递减，由于资料不足，未能定出具体数值。

深度修正系数 k_2，按土的类别分述于下：

①冲(洪)积黏性土

根据东北地区第四纪冲积层中深孔荷载试验资料(荷载板面积 $F=600\ cm^2$)，按黏性土的类别，统计分析了土的 σ_0 随深度的变化规律。考虑 $h=10$ m 时，$h/b=36.2$ 太大，钻孔深度等于或大于 10 m 者不列入统计。剩余的资料计有：黏土 10 个、砂黏土 36 个、黏砂土 1 个，因此只能分析黏土和砂黏土的。经过统计回归分析，求得两类土的承载力随深度增大的增长率 b，如果要换算成深度修正系数 k_2，$k_2=b/\gamma$，由于观测资料很少注明地下水的情况，土的容重 γ 可近似地采用平均值 15 kN/m^3，则其 k_2 值：黏土为 1.37，砂黏土为 2.75。

1959 年在制定黏性土地基的 σ_0 表时，是按土的液性指数 I_L 划分的。在拟定 k_2 时也按“稠度状态”确定，可以 2.75 为上限、1.37 为下限，取 2.5 和 1.5 两值，《75 年桥规》采用值与《59 年桥规》数值和统计值一并列入表 4-14。

表 4-14　K_2 系数对比

土　名		《59 年桥规》	东北地区统计值	《75 年桥规》
黏砂土		2.0	—	硬塑状态 2.5($0\leqslant I_L<0.5$) 软塑状态 1.5($0.5\leqslant I_L<1$)
砂黏土	坚硬状态	2.0	2.75	
	塑性状态	1.5		
黏　土	坚硬状态	2.0	1.37	
	塑性状态	1.5		

②Q_3 及其以前的黏性土

Q_3 及其以前的黏性土 σ_0 表用 E_s 指标，当 $E_s=10$ MPa 时，σ_0 约为 300 kPa，相当于《75 年桥规》表 2—59 中的硬塑状态，鉴于目前资料不多，故按 $E_s\geqslant10$ MPa 者，$k_2=2.5$；$E_s<10$ MPa 者，$k_2=1.50$。半干硬黏性土和残积黏性土分别按此给出 k_1 和 k_2。

③砂类土及碎石类土

由于缺乏资料，只好通过计算对比来决定 k_2 值。根据上述砂类土 φ 值和假定的碎石类土 φ 值，代入日本规范和德国规范算出 k_2 值，再与《59 年桥规》中的数值（经过换算）进行对比，选择合适的数值见表 4-15。

表 4-15　k_2 系数对比

土　名	《59 年桥规》	日本规范	德国规范	《75 年桥规》
碎石土、砾石土	3.0	27.0	17.0	6
砾砂、粗砂	3.0	17.0	15.2	5
中　砂	3.0	9.0	11.4	4
细　砂	2.5	3.3	7.5	3
粉　砂	2.0	2.2	5.5	2
卵石土	3.0	114.0	119.5	10

1972—1973 年，铁二院做了系统的荷载试验，求出按极限荷载的 k_2 平均值为 83.33，按比例界限的 k_2 平均值为 33.65。又根据现场剪切试验 $c=0$、$\varphi=42°30'$，按太沙基公式和德国 DIN 4017 公式计算并除以 3 后，$k_2=38.0$ 和 40，因此将卵石土的 k_2 采用 10，从试验和理论上都偏于安全。

在《75 年桥规》中，砂土和碎石土中密与密实的 k_1 和 k_2 采用相同值。根据工程地质手册，对砂类土采用上述 φ 值，相当中密状态，对密实砂土显得偏于保守；碎石类土假定 φ 角为 40°，属密实状态，对中密碎石土有时显得偏高。20 世纪 70 年代，铁路地基承载力协作组进行了比较系统的试验研究，经统计分别建立了 k_1 和 k_2 的计算公式，建议采用 φ 角的平均值：粗砾砂为 40°；中砂为 38°；细砂为 35°；粉砂为 32°，据此得出 k_1 和 k_2 的统计值和建议值（详见《地基承载力试验研究文集》，铁道部科学研究院，1978 年）。《85 年桥规》修订将中密和密实的修正系数分开，仅提高了密实砂土、碎石土的 k_1 和 k_2 值。由表 4-16 可以看出，这些系数在理论和试验上都是偏于安全的。

表 4-16　系数 k_1 和 k_2

土名	系数	《59 年桥规》	日本规范	德国规范	《75 年桥规》（密实、中密）	试验统计值（安全系数为 3）			《85 年桥规》		
卵石	k_1	2.0～4.0	15.0	7.8	4.0	松散	中密	密实	松散	中密	密实
						4.5	7.5	10.6	1.5	3.0	4.0
	k_2	3.0	114.0	119.5	10.0	松散	中密	密实	松散	中密	密实
						5.3	7.7	10.1	3.0	6.0	10.0
砾砂粗砂	k_1	2.7	6.4	6.3	3.0	—	—	6.81	稍松	中密	密实
									1.5	3.0	4.0
	k_2	3.0	17.0	15.2	5.0	—	—	24.3	2.5	5.0	6.0
中砂	k_1	2.2	2.6	4.3	2.0	—	—	4.78	1.0	2.0	3.0
	k_2	3.0	9.0	11.4	4.0	—	—	18.4	2.0	4.0	5.5
细砂	k_1	1.2	1.0	2.5	1.5	—	—	2.84	0.75	1.5	2.0
	k_2	2.5	3.3	7.5	3.0	—	—	12.5	1.5	3.0	4.0
粉砂	k_1	0.7	0.6	1.5	1.0	—	—	1.77	0.5	1.0	1.2
	k_2	2.0	2.2	5.5	2.0			8.77	1.0	2.0	2.5

注：碎石土、圆砾土、角砾土资料少，未列入表中。

《2005 年基础桥规》仅将“中密”的碎石类土与砂类土按《铁路工程岩土分类标准》（TB 10077—2001）改为“稍、中密”的碎石类土与砂类土。

④黄土

《75 年桥规》修订时，黄土地基的 k_2 值同样缺乏试验资料，只好利用荷载试验资料中 φ 值，用太沙基局部剪切公式进行计算（安全系数为 3）再进行比较。

Q_4 新黄土：半干硬 $\varphi=26°$，$k_2=2.0$；“可塑”$\varphi=22.3°$，$k_2=1.5$；“流态”$\varphi=22.3°$，$k_2=1.5$；平均 $k_2=1.7$。

Q_3 新黄土：半干硬 $\varphi=24.7°$，$k_2=1.8$；“可塑”$\varphi=18.3°$，$k_2=1.1$；平均 $k_2=1.5$。

老黄土：半干硬 $\varphi=26.1°$，$k_2=2.1$；“可塑”$\varphi=20.7°$，$k_2=1.3$；平均 $k_2=1.7$。

各类黄土 k_2 值差别不大，可一律采用 1.5。《85 年桥规》依据原铁道科学研究院西北研究所现场实测不同埋置深度（承压板直径 $b=0.356$ m，埋深分别为 0、b、$2b$、$3b$、$4b$ 和 $5b$）、不同软硬土层（静探阻力 P_s 分别为 35 和 45）的 σ_0 值比较验证，其 k_2 为 1.8、2.0 和 2.6，说明采用 1.5 是安全的，考虑到是小压板埋深对比试验，故规范仍采用 1.5。

关于深度修正系数的适用范围，由于深度修正系数是根据同样宽度但埋深不同的载荷板试验得出随埋深加大，面承载力增长的规律确定的。但由于载荷板试验的埋深不可能太大，得到的规律也只能在有限深度范围内适用。有些根据直径为 200～300 mm 小载荷板所做的试验结果证明：同样存在着一个约为 4 倍直径的临界深度。超过此值时，承载力的增长规律不明显。由于牵涉尺寸效应问题，这一结论不能直接套用于大小相比悬殊的实体基础，但与平板载荷试验的结果同样有一个临界深度问题，则是可以接受的事实。

前面已经说到，条文中的公式只适用于 $h/b\leqslant4$ 的浅基础。根据现有的国内外试验资料，当 h/b 继续增大时，深度的影响还是存在的；h/b 超过 10～20 时埋深对$[\sigma]$就没有影响了。为安全计，对于相对埋深超过 10 的基础就不再加深度修正了。

有些地区在确定大直径灌注桩的承载力时，套用天然地基承载力再加上深度修正的办法得出桩的端承力，对此必须慎重对待，务必不超过当地经验所能接受的数值，并应加强施工完成后的工程桩竖向承载力检验。

3. 粉土、冻土、水中土、岩石的宽度、深度修正问题

(1)粉土：《2005 年基础桥规》修订时考虑到粉土是具有一定塑性，但又同时具有某些砂类土特性的土，其宽度修正系数比照黏性土取 $k_1=0$ 是安全的。粉土的颗粒比粉砂细，深度修正系数应比粉砂小，比照黏性土取 $k_2=1.5$。

(2)冻土：冻土地基基本承载力的宽度、深度修正问题目前尚未解决，暂取 $k_1=0$，$k_2=0$。初步实践认为冻土地基的基本承载力应进行深度修正，但有待进一步研究。

(3)水中土：当地基位于水位以下时，公式(4.1.3)中的容量 γ_1 和 γ_2

可按以下原则取值，γ_1 是基底持力层的容重，当持力层透水时，γ_1 取浮重，反之取饱和容量。γ_2 一般是当作作用在基底以上的超载来考虑的，当持力层透水时，在持力层面上的土不论其本身是否透水，都是受到浮力作用，所以 γ_2 取浮重；如果持力层不透水，则作用在持力层面的力，不仅有土颗粒重量，而且有孔隙中水的重量，故不论土层是否透水，水中部分土的 γ_2 应为饱和容量。如果持力层为半透水的，则按实际条件选择受浮力作用或不受浮力作用的 γ_1 和 γ_2 值。饱和容量 γ_s、浮重(即浮容重)γ_b 分别按下述公式计算。

$$\gamma_s=\frac{\gamma_0+e\gamma_w}{1+e} \tag{4-11}$$

$$\gamma_b=\gamma_s-\gamma_w \text{ 或 } \gamma_b=\gamma_0-\frac{\gamma_\omega}{(1+e)} \tag{4-12}$$

式中 γ_0——颗粒容重，在数值上等于比重(kN/m^3)；

γ_w——水的容重，一般 $\gamma_w \approx 10\ kN/m^3$；

e——孔隙比。

(4)岩石：岩石地基总是存在断裂和节理面的，应用土力学中地基极限承载力理论公式确定岩石地基容许承载力，目前认为是可取的。岩石地基的基本承载力原则上可以进行宽深修正，但如何修正则是个较复杂的问题。由于目前缺少试验资料，暂按风化破碎程度与土类比的近似办法，即节理不发育、节理较发育的岩石不做宽、深修正，其他岩石的 k_1、k_2 根据其风化破碎程度，参照碎石类土的系数确定，至于岩体已风化成土、砂状者，比照黏性土、砂类土的系数确定。

4.1.4 软土地基容许承载力

4.1.4.1 基础桥规规定

4.1.4 条规定：

软土地基的基础应满足稳定和变形的要求，修正后地基的容许承载力应符合下列规定：

1 修正后地基承载力可按式(4.1.4—1)确定。

$$[\sigma]=5.14C_u\frac{1}{m'}+\gamma_2 h \tag{4.1.4—1}$$

2 对于小桥和涵洞基础，也可按式(4.1.4—2)确定。

$$[\sigma]=\sigma_0+\gamma_2(h-3) \qquad (4.1.4\text{—}2)$$

式中 $[\sigma]$——地基容许承载力(kPa)；

m'——安全系数，可根据软土灵敏度及建筑物对变形的要求等因素选1.5～2.5；

C_u——不排水剪切强度(kPa)；

γ_2，h——意义同第4.1.3条；

σ_0——地基基本承载力(kPa)，按表4.1.4确定。

表4.1.4 软土地基的基本承载力 σ_0

天然含水率 w(%)	36	40	45	50	55	65	75
σ_0(kPa)	100	90	80	70	60	50	40

4.1.4.2 条文解读

为了保证铁路桥涵的安全和正常使用，地基设计应同时满足稳定与变形两方面的要求。地基的容许承载力是反映这两个基本条件的综合指标。

天然地基的承载力可用平板载荷试验确定，也可以用理论公式计算，还可以用经验的方法确定等。用公式计算地基承载力的方法有两大类，一类称为临塑荷载公式，另一类称为极限荷载公式。

1. 临塑荷载公式

(1)地基的临塑荷载 p_{cr} 公式

将容许承载力定义为，当基础底面平均压力使地基中即将出现塑性区或刚刚出现了有限的塑性区，亦即地基土的大部分还处在弹性状态，这就保证了地基土不会产生稳定性的丧失。根据这一安全准则，可以用相应的理论公式或经验修正后的公式进行计算。

地基的临塑荷载 p_{cr} 按式(4-13)计算。

$$p_{cr}=\frac{\pi(\gamma d+c\cdot\cot\varphi)}{\cot\varphi-\frac{\pi}{2}+\varphi}+\gamma d=N_d\gamma d+N_c c \qquad (4\text{-}13)$$

式中 p_{cr}——地基的临塑荷载(kPa)；

γ——基础埋深范围内土的容重(kN/m³)；

d——基础埋深(m)；

c——基础底面下土的黏聚力(kPa)；

φ——基础底面下土的内摩擦角(°)；

N_d，N_c——承载力系数，可根据 φ 值按式(4-14)和式(4-15)计算。

$$N_d=\frac{\cot\varphi+\varphi+\frac{\pi}{2}}{\cot\varphi+\varphi-\frac{\pi}{2}} \tag{4-14}$$

$$N_c=\frac{\pi\cot\varphi}{\cot\varphi+\varphi-\frac{\pi}{2}} \tag{4-15}$$

(2)《75 年桥规》容许承载力计算公式

《75 年桥规》软土地基容许承载力计算就是按临塑荷载公式编制的。

《75 年桥规》第 2—429 条：软土地基的容许承载力[σ](kPa)可按式(4-16)计算，但应检算沉降量并符合有关规定。

$$[\sigma]=Ah\gamma+BC_u \tag{4-16}$$

式中 h——基础底面的埋置深度(m)：受水流冲刷的，由冲刷线算起；不受水流冲刷者，由天然地面算起；

γ——基底以上土的天然容重(kN/m³)，地下水位以下为浮容重；

C_u——用快剪法测得的地基土黏聚力(kPa)；

A，B——承压力系数，见表 4-17。

表 4-17 系数 *A* 和 *B*

φ_u	0°	1°	2°	3°	4°	5°	6°
A	1.0	1.05	1.1	1.15	1.2	1.3	1.4
B	3.0	3.15	3.3	3.4	3.5	3.6	3.7

注：φ_u——用快剪法测得的地基土内摩擦角。

《75 年桥规》容许承载力[σ]公式用 A、B 承压力系数代替临塑荷载公式 p_u 中的 N_d、N_c，A、B 系数可用式(4-17)和式(4-18)求得。

$$A=1+\frac{\pi}{\cot\varphi_u+\varphi_u-\frac{\pi}{2}} \tag{4-17}$$

$$B=\frac{\pi}{\tan\varphi_u\left(\cot\varphi_u+\varphi_u-\frac{\pi}{2}\right)} \tag{4-18}$$

临塑荷载公式是按条形荷载导出的，属于平面问题的解答，但也可以近似地用于矩形或正方形的局部荷载作用下的情况，并偏于安全。

利用上述公式确定地基承载力时，对于 c、φ 值的可靠程度要求是比较高的，因此试验的方法必须和地基土的工作状态相适应。

对于饱和软土，除非采用控制施工速率或加速固结措施，否则不应采用固结快剪值。一般用 $\varphi=0°$ 分析法，则上面公式变为

$$[\sigma]=\pi c+\gamma h \tag{4-19}$$

软土地基容许承压力是限制塑性开展区深度接近零而定的。在华东沿海曾用该公式计算软土地基的强度，比较接近实际，但软土地基的沉降量较大，往往成为设计的控制因素，应予检算。

2. 极限荷载公式

(1)软土地基极限荷载公式

地基的极限荷载特指地基在外荷作用下产生的应力达到极限平衡时的荷载，这也是地基承载力理论计算的一类方法，作用在地基上的荷载较小时，地基处于压密状态，随着荷载的增大，地基中产生局部剪切破坏的塑性区也越来越大，将发展为连续贯通的滑动面，地基丧失整体稳定而破坏。

常用的极限荷载计算公式有太沙基公式（Terzaghi）、普朗德尔(Prandtl)和斯凯普顿（Skempton）公式、汉森公式（Hansen）。太沙基公式适用于条形基础、方形基础和圆形基础；普朗德尔和斯凯普顿公式适用于饱和软土地基，内摩擦角 $\varphi=0°$ 的浅基础；汉森公式适用于倾斜荷载的情况。

软土地基极限荷载公式($\varphi=0°$)的极限荷载 p_u，按式(4-20)计算。

$$p_u=5.14c+\gamma_0 d \tag{4-20}$$

式中 p_u——地基的极限荷载(kPa)；

γ_0——基础埋置深度 d 范围内土的容重(kN/m^3)；

d——基础埋深(m)；

c——基础底面下土的黏聚力(kPa)。

(2)《85 年桥规》软土地基容许承载力公式

《85 年桥规》软土地基容许承载力没有采用《75 年桥规》临塑荷载公式，而是按极限荷载公式编制的。用上述公式计算的极限承载力值除以

安全系数(选取安全系数 $m=1.5\sim2.5$),即为容许承载力。

《85年桥规》12.2.5条规定,软土地基的容许承载力,必须同时满足稳定和变形两方面的要求,可按下列方法确定,但应同时检算基础的沉降量,并符合有关规定。

$$[\sigma]=5.14C_u\frac{1}{m}+\gamma_2 h \tag{4-21}$$

对于小桥和涵洞基础,也可由式(4-22)确定软土地基容许承载力。

$$[\sigma]=\sigma_0+\gamma_2(h-3) \tag{4-22}$$

式中 m——安全系数,可视软土灵敏度及建筑物对变形的要求等因素选1.5~2.5;

C_u——不排水剪切强度(kPa);

γ_2——基底以上土的天然容重平均值(kN/m^3);如持力层在水面以下,且为透水者,水中部分应采用浮重;如为不透水者,不论基底以上水中部分土的透水性质如何,均应采用饱和容重;

h——基础底面的埋置深度(m),对于一般受水流冲刷的墩台,由一般冲刷线算起;不受水流冲刷者,由天然地面算起;位于挖方内,由开挖后地面算起;

σ_0——由表4-18确定。

表4-18 软土地基的基本承载力 σ_0

天然含水率 ω_n(%)	36	40	45	50	55	65	75
σ_0(MPa)	100	90	80	70	60	50	40

规范引用的公式是条形基础的极限荷载公式,对于正方形、圆形或矩形基础,其承载量系数 $N_c=5.14$ 可以提高,而对于灵敏度较高的软土,C_u 值又应适当降低。结合国内大量工程实践的经验,安全系数采用1.5~2.5是适宜的。当建筑物对变形的要求严格时,应选用较大的安全系数。

常用灵敏度 S_t 按式(4-23)计算。

$$S_t=q_n/q_n' \tag{4-23}$$

式中 q_n——天然状态下的无侧限抗压强度;

q'_n——保持含水量不变而结构破坏后的无侧限抗压强度。

灵敏度划分界线见表 4-19。

表 4-19 灵敏度划分界线

灵敏度 S_t	1	1～2	2～4	4～8	8～16	>16
灵敏程度	非灵敏土	低灵敏土	中灵敏土	高灵敏土	特别灵敏土	流动土

一般情况下，地基承载能力取决于软土的不排水抗剪强度 C_u，软土的抗剪强度很低。不排水剪切时，$\varphi=0°$，C_u 一般小于 20 kPa；排水固结条件下，$\varphi=10°\sim50°$，$C_u=20$ kPa 左右。不排水抗剪强度 C_u 可用直剪仪、三轴仪、十字板剪切仪或无侧限抗压试验测得。

饱和软黏土的天然含水率与强度存在唯一的关系。土的颗粒比重在 2.7 左右，因此含水率为 36%时孔隙比接近 1.0；而当含水率为 75%时孔隙比约为 2.0。

《85 年桥规》表 12.2.5 首次纳入软土的基本承载力，该表系引自《工业与民用建筑地基基础设计规范》(TJ 7—74)，对于小桥涵地基承载力的确定，是简捷实用的。

由于内陆和沿海地区软土物理性能指标比较近，参照基本承载力表取值是适宜的，但对于山区的软土，往往是由于其特殊的生成条件，则不能直接利用该基本承载力表，其承载力应通过试验确定。

实际上，软土地基上的桥涵建筑物，常常受地基变形控制。因此，本条在强调强度计算的同时，还要检算基础的沉降量，并应符合有关条文的规定。

《85 年桥规》软土地基的容许承载力计算方法一直沿用至今。

4.2 地基承载力的提高

4.2.1 基础桥规规定

4.2.1 条规定：

主力加附加力(不含长钢轨纵向力)时，地基容许承载力[σ]可提高 20%。主力加特殊荷载(地震力除外)时，地基容许承载力[σ]可按表 4.2.1 提高。

表 4.2.1 地基容许承载力[σ]的提高系数

地 基 情 况	提 高 系 数
σ_0＞500 kPa 的岩石和土	1.4
150 kPa＜σ_0≤500 kPa 的岩石和土	1.3
100 kPa＜σ_0≤150 kPa 的土	1.2

4.2.2 条规定：

既有墩台地基基本承载力可根据压密程度予以提高，但提高值不应超过 25%。

4.2.3 条规定：

基础位于水中不透水地层上时，常水位高出一般冲刷线每高 1 m，容许承载力可增加 10 kPa。

4.2.2 条文解读

1. 主力加附加力(或特殊荷载)

一般墩台设计时，在主力作用下，基底土的压应力分布接近于矩形。主力中有的是恒定不变的(如恒载、土压力)，有的出现的机会较多，而活载的附加力作用于基底的机会则相对要少得多，虽然这时基底压力为梯形分布(即一侧边缘有超过主力作用下的增大值)，但这对整个地基来说，只是局部的、暂时的现象，不至于影响到安全使用。况且附加力的方向大多数是可逆的，也就是超载的边缘也是互换的。为了防止出现过大的不均匀压力分布，4.2.1 条规定主力加附加力时，地基容许承载力[σ]较主力情况提高的值不超过 20%，这与《59 年桥规》是相同的。

主力加特殊荷载出现的概率很小，对于短暂荷载，土质好的地基动强度较静强度为高，但土质越软，动强度与静强度之比越低，因此按土质不同规定了主力加特殊荷载(地震力除外)时地基容许承载力的提高系数，见规范表 4.2.1 所列，即提高系数为 1.2～1.4。地震力也属特殊荷载，应执行《铁路工程抗震设计规范》(GB 50111)的规定。

2. 既有墩台

《59 年桥规》第 337 条规定："对于正式修复的实体墩台，具有使用 20 年以上而无缺陷的旧基础，因土已被压实，其容许承压力可采用现行实际荷载所产生的压力另加 25%。上述压力的提高同样适用于桩基。”

《75 年桥规》改规认为此项规定有以下缺点：

(1)在长期压力下各种土固结压密的程度有所不同，且与地下水位的关系密切。地下水位以上的碎石土和砂土的 σ_0 提高得快，潮湿、饱和的黏性土则提高得慢，硬性规定 20 年是欠妥的，因此改为“多年”，可根据土的种类与运营时期长短以及行车密度等因素具体考虑。

(2)关于提高容许承载力或基本承载力问题，因容许承载力包含着宽度、深度修正，如基础不加改建，这两个因素没有改变，故改用基本承载力，以求符合实际。

(3)《59 年桥规》规定容许承载力提高 25%，未考虑土本身的承载力大小。根据 1972 年广州铁路局在旧桥的超压密地基上的试验，虽经过长期运营压实，但从土的物性指标看，并没有改变。对这类土用物性指标去衡量，也未尽适宜，所以仅规定一个上限 25%，使用时根据具体情况确定。

(4)2004 年版《铁路桥梁检定规范》8.1.7 条规定：“经过长期运营，沉降已基本终止的桩基检定竖向承载力，可按原设计值提高 20%。”本规范规定既有墩台地基基本承载力可根据压密程度予以提高，但提高值不应超过 25%。

3. 水中基础

《59 年桥规》第 335 条规定：“基础建在水中时，平均常水位至河底每高 1 m，土壤容许承压力增加 10 kPa。”《59 年桥规》规定水深由地面算至平均常水位，而深度修正高度习惯上由一般冲刷线至基底，因此地面至一般冲刷线的高度范围内既不算水柱重，又不计土的超载，显然是不合理的；《2005 年基础桥规》改为水位高算至一般冲刷线。这样做在发生冲刷时，因不考虑高水位至常水位的静水压力，偏于安全。不发生冲刷时，地面到一般冲刷线按静水压力计，以代替该段高度内土的饱和容重，也偏于安全。

地基不透水时，可考虑基底不受浮力作用，把水柱压力当作超载看待；地基土透水时，一般基底受浮力作用，故不应考虑此水柱的超载作用。这样做可使计算方法简单明确，但对于深水基础和土层复杂者，由于持力层和覆盖层透水性难于稳定，应个别研究。

第5章　明挖基础

5.1　一般规定

5.1.1　基础顶面高程

5.1.1.1　基础桥规规定

5.1.1条规定：

明挖基础顶面不宜高出最低水位。地面高于最低水位且不受冲刷时，基础顶面不宜高出地面。

5.1.1.2　条文解读

《85年桥规》12.1.7条最早提出明挖基础顶面不宜高出最低水位；地面高于最低水位且不受冲刷时，基础顶面不宜高出地面的规定。究其原因是为了保护明挖基础顶面不受到破坏。

近年来此条规定也有不同看法，如《公路桥涵地基与基础设计规范》(JTG D63—2007)修订时4.1.2条改为"墩台基础顶面标高宜根据桥位情况、施工难易程度、美观与整体协调综合确定"。认为桥梁除考虑安全经济外，还须考虑整体美观，应与当地的地形、环境相配合，使其各部的线形互相协调，尽可能做到美观。对原《公路桥涵地基与基础设计规范》(JTJ 024—85)规范要求基础顶面不宜高出最低水位，也不宜高出地面的标高不再作此类硬性规定，以便设计者可根据实际情况灵活应用。

5.1.2　基底压应力

5.1.2.1　基础桥规规定

5.1.2条规定：

基底压应力不应大于地基的容许承载力。设置在基岩上的基底承受偏心荷载，其基底合力偏心距超过截面核心半径时，可仅按受压区计算基底最大压应力(不考虑基底承受拉应力)。

5.1.2.2　条文解读

通常在计算明挖基础底面压应力 σ 时，不考虑基础侧面地基的弹性抗力作用，对于非岩石地基按式(5-1)和式(5-2)进行计算。

$$\sigma_{max}=\frac{N}{A}+\frac{M}{W}<[\sigma] \tag{5-1}$$

$$\sigma_{max}=\frac{N}{A}-\frac{M}{W}\geqslant 0 \tag{5-2}$$

式中　σ_{max}——基础底面边缘最大压应力(kPa)；

σ_{min}——基础底面边缘最小压应力(kPa)；

N——作用于基础底面重心处的竖向外力(kN)；

M——作用于基础底面对通过基础底面重心 O 的轴的力矩(kN · m)：$M=N\cdot e$，e 为竖向外力 N 对基础底面重心 O 的偏心距(m)，如图 5-1 所示；

A——基础底面面积(m^2)；

W——基础底面抵抗矩(m^3)：$W=I/C$，I 为基础底面积对通过基础底面重心 O 的惯性矩，C 为基础底面重心 O 至求算应力的边缘的距离(m)；

$[\sigma]$——基础下面地基的容许承载力(kPa)。

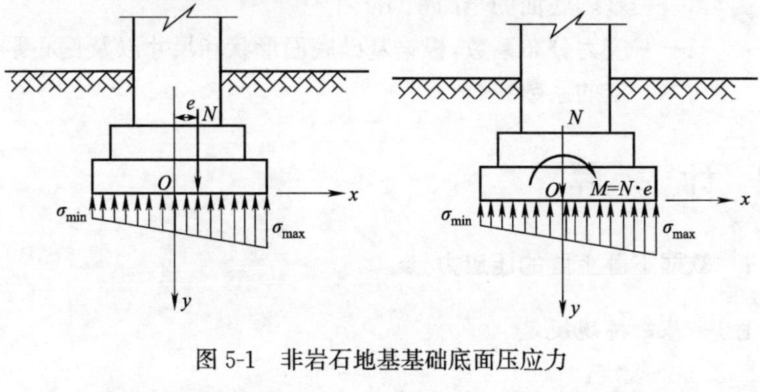

图 5-1　非岩石地基基础底面压应力

式(5-2)表示置于非岩石地基上的基础，不容许其基础底面产生拉应力，亦即要求基础底面积全部产生压应力。

当基础下面为岩石地基时，基础底面的压应力仍按式(5-1)和式(5-2)求算，但当 $\sigma_{min}<0$ 时，允许基础底面积中一部分产生压应力，如

图 5-2 所示，于是规范就规定设置在基岩上的基底承受偏心荷载，其基底合力偏心距超过截面核心半径时，可仅按受压区计算基底最大压应力，不考虑基础与岩石地基之间承受拉应力。

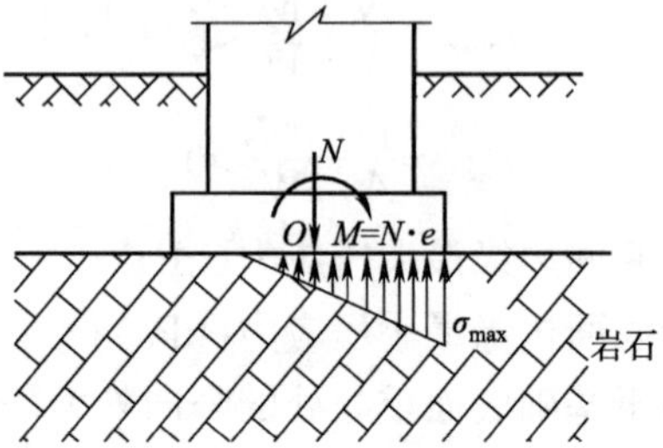

图 5-2　岩石地基基础底面压应力

此时，基础底面最大压应力 σ_{max} 按式(5-3)求算，通常称这种方法为应力重分布法。

$$\sigma_{max}=\frac{N}{A}\cdot\lambda\leqslant[\sigma] \tag{5-3}$$

式中　σ_{max}——基础底面的竖向最大压应力(kPa)；

N——作用于基础底面重心处的竖向外力(kN)；

A——基础底面的全面积(m^2)；

λ——应力分布系数，根据基础底面形状和尺寸以及偏心距 e 而定的系数。

5.2 计　　算

5.2.1　软弱下卧土层的压应力

5.2.1.1　基础桥规规定

5.2.1 条规定：

当基底以下有软弱下卧土层时，应按式(5.2.1)检算软弱下卧土层的压应力。

$$\gamma(h+z)+\alpha(\sigma_h-\gamma h)\leqslant[\sigma] \tag{5.2.1}$$

式中　σ_h——基底压应力(kPa)：当 $z/b>1$(或 $z/d>1$)时，σ_h 采用基底平

均压应力；当 $z/b \leqslant 1$（或 $z/d \leqslant 1$）时，σ_h 按基底压应力图形采用距最大应力点 $b/4 \sim b/3$（或 $d/4 \sim d/3$）处的压应力（对于梯形图形前后端压应力差值较大时，可采用上述 $b/4$ 点处的压应力值，反之，则采用上述 $d/3$ 点处的压应力值），其中 b 为矩形基础的短边宽度(m)，d 为基础的直径(m)；

γ——土的容重(kN/m^3)；

h——基底埋置深度(m)：当基础受水流冲刷时，由一般冲刷线算起；当不受水流冲刷时，由天然地面算起；当位于挖方内，由开挖后地面算起；

z——自基底至软弱下卧土层顶面的距离(m)；

α——基底下卧土层附加应力系数，见附录 C；

$[\sigma]$——软弱下卧土层经深度修正后的容许承载力(kPa)。

5.2.1.2　条文解读

1. 检算软弱下卧土层的压应力公式

当基础底面以下某一深度处存在比基础底面处的地基土较为软弱的土层时，往往除了检算基础底面处的竖向接触应力外，还需要检算该下卧软弱土层的竖向应力。

基础底面以下任一深度 z 处的竖向应力，等于外荷载所产生基础底面处接触应力 σ_h 使该深度产生的竖向应力与基础底面至该深度处地基土重使该深度产生的竖向应力（或称为附加压应力）之和（图 5-3）。《59 年桥规》

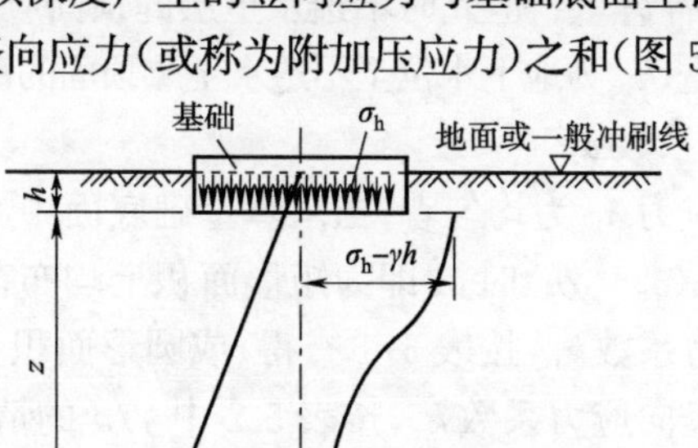

图 5-3　基底深度 z 处压应力 σ_z

附录XIV和《75年桥规》第2—463条均近似按公式 $\gamma(h+z)+\alpha(\sigma_h-\gamma h)\leqslant[\sigma]$ 求算 σ_z。

2. 公式中参数说明

(1)基底压应力 σ_h

《75年桥规》中的计算方法与《59年桥规》相同，但考虑到桥涵基底压应力 σ_h 通常不是矩形分布，而是三角形或梯形分布，因此 σ_h 不应一律采用平均压应力，而应根据计算应力分布图形采用不同数值。

根据土力学分析，在深度与基础宽度之比 $z/b>1$ 处，应力分布近于均匀，因此在这种情况下，σ_h 可采用基底平均压应力，而在 $z/b\leqslant1$ 处应按基底压应力图形，σ_h 采用距最大应力点 $b/3\sim b/4$ 处的应力值；对于三角形和前后端应力差较大的梯形图形，可采用上述 $b/4$ 点处的应力值；对于前后端应力差较小的梯形图形，则采用上述 $b/3$ 点处的应力值。

(2)土的容重 γ

当深度 $(h+z)$ 范围内为多层土层并存在不透水土层，且该范围内存在地下水时，则该深度范围内不透水土层以上位于地下水位以下的土层中透水土层和不透水土层均采用饱和容重，而不透水土层底面以下至深度 z 处的透水土层有水时采用浮容重；或者不透水土层以上位于地下水位以下的透水土层采用浮容重，不透水土层采用饱和容重，不透水土层底面以下深度 z 处的透水土层有水时采用浮容重。但此时不透水土层的顶面应加上水产生的应力 $\gamma_\omega h_\omega$，γ_ω 为水的容重，h_ω 为地下水位至不透水土层顶面的深度。

(3)附加应力系数 α

如果基底压应力 σ_h 为均匀者，当求算基础底面中心点以下任一深度处的附加压应力 $\alpha(\sigma_h-\gamma h)$ 时，α 即为矩形面积上均布荷载作用中心处深度 z 点的竖向应力系数 k_0，按表5-1查得；或圆形面积上均布荷载作用中心处深度 z 点的竖向应力系数 k_c，按表5-2中 γ/a 的情况查得；或条形面积上均布荷载作用中心处深度点的竖向应力系数 k_z，按表5-3中 $x/b=0$ 的情况查得。为了方便，现将这些系数汇总列于表5-4中(即基础桥规附录C)。当然，α 亦可采取表5-5中的 k_α。

如果基底压应力 σ_h 为非均匀者，可采取表5-6中的 k_{T1} 和 k_{T2} 以及表5-7中的 k'_{T1} 和 k'_{T2}，从而求得基础底面中心点以下(或非中心点以下深度 z 的附加压应力 $\alpha(\sigma_h-\gamma h)$。

表 5-1　矩形面积上竖向均布荷载作用下通过中点的竖线上竖向应力的应力系数 k_0

z/b	a/b											
	1	1.2	1.4	1.6	1.8	2	2.4	2.8	3.2	4	5	≥10
0	1	1	1	1	1	1	1	1	1	1	1	1
0.1	0.980	0.984	0.986	0.987	0.987	0.988	0.988	0.988	0.989	0.989	0.989	0.989
0.2	0.960	0.968	0.972	0.974	0.975	0.976	0.976	0.977	0.977	0.977	0.977	0.977
0.3	0.880	0.899	0.910	0.917	0.920	0.923	0.925	0.928	0.928	0.929	0.929	0.929
0.4	0.800	0.830	0.848	0.859	0.866	0.870	0.875	0.878	0.879	0.880	0.881	0.881
0.5	0.703	0.741	0.765	0.781	0.791	0.799	0.809	0.812	0.814	0.817	0.818	0.819
0.6	0.606	0.651	0.682	0.703	0.717	0.727	0.740	0.746	0.749	0.753	0.755	0.755
0.7	0.527	0.574	0.607	0.630	0.646	0.660	0.674	0.685	0.690	0.694	0.697	0.698
0.8	0.449	0.496	0.532	0.558	0.579	0.593	0.612	0.623	0.630	0.636	0.639	0.642
0.9	0.392	0.437	0.473	0.499	0.518	0.536	0.559	0.572	0.579	0.588	0.592	0.596
1.0	0.334	0.378	0.414	0.441	0.463	0.481	0.505	0.520	0.529	0.540	0.545	0.550
1.1	0.295	0.335	0.369	0.396	0.418	0.436	0.462	0.479	0.488	0.501	0.508	0.513
1.2	0.257	0.294	0.325	0.352	0.374	0.392	0.419	0.437	0.447	0.462	0.470	0.477
1.3	0.229	0.263	0.292	0.318	0.339	0.357	0.384	0.403	0.426	0.431	0.440	0.448
1.4	0.201	0.232	0.260	0.284	0.304	0.321	0.350	0.369	0.383	0.400	0.410	0.420
1.5	0.180	0.209	0.235	0.258	0.277	0.294	0.322	0.341	0.356	0.374	0.385	0.397
1.6	0.160	0.187	0.210	0.232	0.251	0.267	0.294	0.314	0.329	0.348	0.360	0.374
1.7	0.145	0.170	0.191	0.212	0.230	0.245	0.272	0.292	0.307	0.326	0.340	0.355
1.8	0.130	0.153	0.173	0.192	0.209	0.224	0.250	0.270	0.285	0.305	0.320	0.337
1.9	0.119	0.140	0.159	0.177	0.192	0.207	0.233	0.251	0.263	0.320	0.303	0.320
2.0	0.108	0.127	0.145	0.161	0.176	0.189	0.214	0.233	0.241	0.270	0.285	0.304

续上表

z/b	a/b											
	1	1.2	1.4	1.6	1.8	2	2.4	2.8	3.2	4	5	≥10
2.1	0.099	0.116	0.133	0.148	0.163	0.176	0.199	0.220	0.230	0.255	0.270	0.292
2.2	0.090	0.107	0.122	0.137	0.150	0.163	0.185	0.208	0.218	0.239	0.256	0.280
2.3	0.083	0.099	0.113	0.127	0.139	0.151	0.173	0.193	0.205	0.226	0.243	0.269
2.4	0.077	0.092	0.105	0.118	0.130	0.141	0.161	0.178	0.192	0.213	0.230	0.258
2.5	0.072	0.085	0.097	0.109	0.121	0.131	0.151	0.167	0.181	0.202	0.219	0.249
2.6	0.066	0.079	0.091	0.102	0.112	0.123	0.141	0.157	0.170	0.191	0.208	0.239
2.7	0.062	0.073	0.084	0.095	0.105	0.115	0.132	0.148	0.161	0.182	0.199	0.234
2.8	0.058	0.069	0.079	0.089	0.099	0.108	0.124	0.139	0.152	0.172	0.189	0.228
2.9	0.054	0.064	0.074	0.083	0.093	0.101	0.117	0.132	0.144	0.163	0.180	0.218
3.0	0.051	0.060	0.070	0.078	0.087	0.095	0.110	0.124	0.136	0.155	0.172	0.208
3.2	0.045	0.053	0.062	0.070	0.077	0.085	0.098	0.111	0.122	0.141	0.158	0.190
3.4	0.040	0.048	0.055	0.062	0.069	0.076	0.088	0.100	0.110	0.128	0.144	0.184
3.6	0.036	0.042	0.049	0.056	0.062	0.068	0.080	0.090	0.100	0.117	0.133	0.175
3.8	0.032	0.038	0.044	0.050	0.056	0.062	0.072	0.082	0.091	0.107	0.123	0.166
4.0	0.029	0.035	0.040	0.046	0.051	0.056	0.066	0.075	0.084	0.095	0.113	0.158
4.2	0.026	0.031	0.037	0.042	0.048	0.051	0.060	0.069	0.077	0.091	0.105	0.150
4.4	0.024	0.029	0.034	0.038	0.042	0.047	0.055	0.063	0.070	0.084	0.098	0.144
4.6	0.022	0.026	0.031	0.035	0.039	0.043	0.051	0.058	0.065	0.078	0.091	0.137
4.8	0.020	0.024	0.028	0.032	0.036	0.040	0.047	0.054	0.060	0.072	0.085	0.132
5.0	0.019	0.022	0.026	0.030	0.033	0.037	0.044	0.050	0.056	0.067	0.079	0.126

注：a 为长边；b 为短边。

表 5-2　圆形面积上竖向均布荷载作用下地基土中竖向应力系数 k_c

z/a	r/a										
	0.0	0.2	0.4	0.6	0.8	1.0	1.2	1.4	1.6	1.8	2.0
0.0	1.000	1.000	1.000	1.000	1.000	0.500	0.000	0.000	0.000	0.000	0.000
0.2	0.993	0.991	0.987	0.970	0.890	0.468	0.077	0.015	0.005	0.002	0.001
0.4	0.949	0.943	0.922	0.860	0.712	0.435	0.181	0.065	0.026	0.012	0.006
0.6	0.864	0.852	0.813	0.733	0.591	0.400	0.224	0.113	0.056	0.029	0.016
0.8	0.756	0.742	0.699	0.619	0.504	0.366	0.237	0.142	0.083	0.048	0.029
1.0	0.646	0.633	0.593	0.525	0.434	0.332	0.235	0.157	0.102	0.065	0.042
1.2	0.547	0.535	0.502	0.447	0.337	0.300	0.226	0.162	0.113	0.078	0.053
1.4	0.461	0.452	0.425	0.383	0.329	0.270	0.212	0.161	0.118	0.086	0.062
1.6	0.390	0.383	0.362	0.330	0.288	0.243	0.197	0.156	0.120	0.090	0.068
1.8	0.332	0.327	0.311	0.285	0.254	0.218	0.182	0.148	0.118	0.092	0.072
2.0	0.285	0.280	0.268	0.248	0.224	0.196	0.167	0.140	0.114	0.092	0.074
2.2	0.246	0.342	0.233	0.218	0.198	0.176	0.153	0.131	0.109	0.090	0.074
2.4	0.214	0.211	0.203	0.192	0.176	0.159	0.140	0.122	0.104	0.087	0.073
2.6	0.187	0.185	0.179	0.170	0.158	0.144	0.129	0.113	0.098	0.084	0.071
2.8	0.165	0.163	0.153	0.150	0.141	0.130	0.118	0.105	0.092	0.080	0.069
3.0	0.146	0.145	0.141	0.135	0.127	0.118	0.108	0.097	0.087	0.077	0.067
3.4	0.117	0.116	0.114	0.110	0.105	0.098	0.091	0.084	0.076	0.068	0.061
3.8	0.096	0.095	0.093	0.091	0.087	0.083	0.078	0.073	0.067	0.061	0.055
4.2	0.079	0.079	0.078	0.076	0.073	0.070	0.067	0.063	0.059	0.054	0.050
4.6	0.067	0.067	0.066	0.064	0.063	0.060	0.058	0.055	0.052	0.048	0.045
5.0	0.057	0.057	0.056	0.055	0.054	0.052	0.050	0.048	0.046	0.043	0.041
5.5	0.048	0.048	0.047	0.045	0.045	0.044	0.043	0.041	0.039	0.033	0.036
6.0	0.040	0.040	0.040	0.039	0.039	0.038	0.037	0.036	0.034	0.033	0.031

注：a 为圆形截面半径；r 为竖向应力距圆心竖向轴线距离。

表 5-3　应力系数 k_x，k_z，k_{zx}

x/b	0.00			0.25			0.50			1.00			1.50			2.00		
z/b	k_x	k_z	k_{zx}	k_x	k_z	k_{zx}	k_x	k_z	k_{zx}	k_x	k_z	k_{zx}	k_x	k_z	k_{zx}	k_x	k_z	k_{zx}
0.00	1.00	1.00	0	1.00	1.00	0	0.50	0.50	0.32	0	0	0	0	0	0	0	0	0
0.25	0.45	0.96	0	0.39	0.90	0.13	0.35	0.50	0.30	0.17	0.02	0.05	0.07	0	0.01	0.04	0	0
0.50	0.18	0.82	0	0.19	0.74	0.16	0.23	0.48	0.26	0.21	0.08	0.13	0.12	0.02	0.04	0.07	0	0.02
0.75	0.08	0.67	0	0.10	0.61	0.13	0.14	0.45	0.20	0.22	0.15	0.16	0.14	0.04	0.07	0.10	0.02	0.04
1.00	0.04	0.55	0	0.05	0.50	0.10	0.09	0.41	0.16	0.15	0.19	0.16	0.14	0.07	0.10	0.13	0.03	0.05
1.25	0.02	0.46	0	0.03	0.44	0.07	0.06	0.37	0.12	0.11	0.20	0.14	0.12	0.10	0.10	0.11	0.04	0.07
1.50	0.01	0.40	0	0.02	0.38	0.06	0.04	0.33	0.10	0.08	0.21	0.13	0.10	0.11	0.10	0.10	0.06	0.07
1.75	—	0.35	0	0.01	0.34	0.04	0.03	0.30	0.08	0.06	0.21	0.11	0.09	0.13	0.10	0.09	0.07	0.08
2.00	—	0.31	0	—	0.31	0.03	0.02	0.28	0.06	0.05	0.20	0.10	0.07	0.13	0.10	0.08	0.08	0.08
3.00	—	0.21	0	—	0.21	0.02	0.01	0.20	0.03	0.02	0.17	0.06	0.03	0.14	0.07	0.04	0.10	0.07
4.00	—	0.16	0	—	0.16	0.01	—	0.15	0.02	0.01	0.14	0.03	0.02	0.12	0.05	0.03	0.10	0.05
5.00	—	0.13	0	—	0.13	—	—	0.12	—	—	0.12	—	—	0.11	—	—	0.09	—
6.00	—	0.11	0	—	0.10	—	—	0.10	—	—	0.10	—	—	0.10	—	—	—	—

表 5-4　桥涵基底中心点以下下卧层附加压应力系数 α

$\frac{z}{b}$或$\frac{z}{d}$	圆形	矩形基础长宽比 a/b										$a/b \geqslant 10$ 条形基础
		1	1.2	1.4	1.6	1.8	2	2.4	2.8	3.2	4	5	
0	1	1	1	1	1	1	1	1	1	1	1	1	1
0.1	0.974	0.980	0.984	0.986	0.987	0.987	0.988	0.988	0.989	0.989	0.989	0.989	0.989
0.2	0.949	0.960	0.968	0.972	0.974	0.975	0.976	0.976	0.977	0.977	0.977	0.977	0.977
0.3	0.864	0.880	0.899	0.910	0.917	0.920	0.923	0.925	0.928	0.928	0.929	0.929	0.929

续上表

$\frac{z}{b}$或$\frac{z}{d}$	圆形	矩形基础长宽比 a/b											$a/b\geqslant10$
		1	1.2	1.4	1.6	1.8	2	2.4	2.8	3.2	4	5	条形基础
0.4	0.756	0.800	0.830	0.848	0.859	0.866	0.870	0.875	0.878	0.879	0.880	0.881	0.881
0.5	0.646	0.703	0.741	0.765	0.781	0.791	0.799	0.809	0.812	0.814	0.817	0.818	0.819
0.6	0.547	0.606	0.651	0.682	0.703	0.717	0.727	0.740	0.746	0.749	0.753	0.754	0.755
0.7	0.461	0.527	0.574	0.607	0.630	0.646	0.660	0.674	0.685	0.690	0.694	0.697	0.698
0.9	0.390	0.449	0.496	0.532	0.559	0.579	0.593	0.612	0.623	0.630	0.636	0.639	0.642
0.9	0.332	0.392	0.437	0.473	0.499	0.518	0.536	0.559	0.572	0.579	0.588	0.592	0.596
1.0	0.285	0.334	0.378	0.414	0.441	0.463	0.481	0.505	0.520	0.529	0.540	0.545	0.550
1.1	0.246	0.295	0.335	0.369	0.396	0.418	0.436	0.462	0.479	0.486	0.501	0.508	0.513
1.2	0.214	0.257	0.294	0.325	0.352	0.374	0.392	0.419	0.437	0.447	0.462	0.470	0.477
1.3	0.187	0.229	0.263	0.292	0.318	0.339	0.357	0.384	0.403	0.426	0.431	0.440	0.448
1.4	0.165	0.201	0.232	0.260	0.284	0.304	0.321	0.350	0.369	0.383	0.400	0.410	0.420
1.5	0.146	0.180	0.209	0.235	0.258	0.277	0.294	0.322	0.341	0.356	0.374	0.385	0.397
1.6	0.130	0.160	0.187	0.210	0.232	0.251	0.267	0.294	0.314	0.329	0.348	0.360	0.374
1.7	0.117	0.145	0.170	0.191	0.212	0.230	0.245	0.272	0.292	0.307	0.326	0.340	0.355
1.8	0.106	0.130	0.153	0.173	0.192	0.209	0.224	0.250	0.270	0.285	0.305	0.320	0.337
1.9	0.095	0.119	0.140	0.159	0.177	0.192	0.207	0.233	0.251	0.263	0.288	0.303	0.320
2.0	0.087	0.108	0.127	0.145	0.161	0.176	0.189	0.214	0.233	0.241	0.270	0.285	0.304
2.1	0.079	0.099	0.116	0.133	0.148	0.163	0.176	0.199	0.220	0.230	0.255	0.270	0.292
2.2	0.073	0.090	0.107	0.122	0.137	0.150	0.163	0.185	0.208	0.218	0.239	0.256	0.280

续上表

$\frac{z}{b}$或$\frac{z}{d}$	圆形	矩形基础长宽比 a/b											$a/b \geq 10$ 条形基础
		1	1.2	1.4	1.6	1.8	2	2.4	2.8	3.2	4	5	
2.3	0.067	0.083	0.099	0.113	0.127	0.139	0.151	0.173	0.193	0.205	0.226	0.243	0.269
2.4	0.062	0.077	0.092	0.105	0.118	0.130	0.141	0.161	0.178	0.192	0.213	0.230	0.258
2.5	0.057	0.072	0.085	0.097	0.109	0.121	0.131	0.151	0.167	0.181	0.202	0.219	0.249
2.6	0.053	0.066	0.079	0.091	0.102	0.112	0.123	0.141	0.157	0.170	0.191	0.208	0.239
2.7	0.049	0.062	0.073	0.084	0.095	0.105	0.115	0.132	0.148	0.161	0.182	0.199	0.234
2.8	0.046	0.058	0.069	0.079	0.089	0.099	0.108	0.124	0.139	0.152	0.172	0.189	0.228
2.9	0.043	0.054	0.064	0.074	0.083	0.093	0.101	0.117	0.132	0.144	0.163	0.180	0.218
3.0	0.040	0.051	0.060	0.070	0.078	0.087	0.095	0.110	0.124	0.136	0.155	0.172	0.208
3.2	0.036	0.045	0.053	0.062	0.070	0.077	0.085	0.098	0.111	0.122	0.141	0.158	0.190
3.4	0.033	0.040	0.048	0.055	0.062	0.069	0.076	0.088	0.100	0.110	0.128	0.144	0.184
3.6	0.030	0.036	0.042	0.049	0.056	0.062	0.068	0.080	0.090	0.100	0.117	0.133	0.175
3.8	0.027	0.032	0.038	0.044	0.050	0.056	0.062	0.072	0.082	0.091	0.107	0.123	0.166
4.0	0.025	0.029	0.035	0.040	0.046	0.051	0.056	0.066	0.075	0.084	0.095	0.113	0.158
4.2	0.023	0.026	0.031	0.037	0.042	0.048	0.051	0.060	0.069	0.077	0.091	0.105	0.150
4.4	0.021	0.024	0.029	0.034	0.038	0.042	0.047	0.055	0.063	0.070	0.084	0.098	0.144
4.6	0.019	0.022	0.026	0.031	0.035	0.039	0.043	0.051	0.058	0.065	0.078	0.091	0.137
4.9	0.018	0.020	0.024	0.028	0.032	0.036	0.040	0.047	0.054	0.060	0.072	0.085	0.132
5.0	0.017	0.019	0.022	0.026	0.030	0.033	0.037	0.044	0.050	0.056	0.067	0.079	0.126

注：表中 a 为矩形基础基底的长边(m)；b 为矩形基础基底的短边(m)；d 为圆形基础的基底直径(m)；z 为基底至下卧土层面的距离(m)。

表 5-5　矩形面积上竖向均布荷载角点下竖向应力的应力系数k_a

z/b	a/b																
	1.0	1.1	1.2	1.3	1.4	1.5	1.6	1.7	1.8	1.9	2.0	2.1	2.2	2.3	2.4	2.5	2.6
0.0	0.250 0	0.250 0	0.250 0	0.250 0	0.250 0	0.250 0	0.250 0	0.250 0	0.250 0	0.250 0	0.250 0	0.250 0	0.250 0	0.250 0	0.250 0	0.250 0	0.250 0
0.2	0.248 6	0.248 8	0.248 9	0.249 0	0.249 0	0.249 1	0.249 1	0.249 1	0.249 1	0.249 1	0.249 1	0.249 1	0.249 1	0.249 1	0.249 2	0.249 2	0.249 2
0.4	0.240 1	0.241 1	0.242 0	0.242 5	0.242 9	0.243 2	0.243 4	0.243 6	0.243 7	0.243 8	0.243 9	0.244 0	0.244 0	0.244 0	0.244 1	0.244 2	0.244 2
0.6	0.222 9	0.225 2	0.227 5	0.228 8	0.230 0	0.230 8	0.231 5	0.232 0	0.232 4	0.232 7	0.232 9	0.233 1	0.233 3	0.233 4	0.233 5	0.233 6	0.233 7
0.8	0.199 9	0.203 7	0.207 5	0.209 8	0.212 0	0.213 4	0.214 7	0.215 6	0.216 5	0.217 1	0.217 6	0.218 0	0.218 3	0.218 6	0.218 8	0.219 0	0.216 2
1.0	0.175 2	0.180 2	0.185 1	0.188 1	0.191 1	0.193 3	0.195 5	0.196 8	0.198 1	0.199 0	0.199 9	0.200 6	0.201 2	0.201 6	0.202 0	0.202 3	0.202 6
1.2	0.151 6	0.157 1	0.162 6	0.166 6	0.170 5	0.173 2	0.175 8	0.177 6	0.179 3	0.180 6	0.181 8	0.182 7	0.183 6	0.184 3	0.184 9	0.185 4	0.185 8
1.4	0.130 8	0.136 6	0.142 3	0.146 6	0.150 8	0.153 9	0.156 9	0.159 1	0.161 3	0.162 9	0.164 4	0.165 6	0.166 7	0.167 6	0.168 5	0.169 1	0.169 6
1.6	0.112 3	0.118 2	0.124 1	0.128 5	0.132 9	0.136 3	0.139 6	0.142 1	0.144 5	0.146 4	0.148 2	0.149 6	0.150 9	0.152 0	0.153 0	0.153 8	0.154 5
1.8	0.096 9	0.102 6	0.108 3	0.112 8	0.117 2	0.120 7	0.124 1	0.126 8	0.129 4	0.131 4	0.133 4	0.135 0	0.136 5	0.137 7	0.138 9	0.139 9	0.140 8
2.0	0.084 0	0.089 4	0.094 7	0.099 1	0.103 4	0.106 9	0.110 3	0.113 1	0.115 8	0.118 0	0.120 2	0.121 9	0.123 6	0.125 0	0.126 3	0.127 4	0.128 4
2.2	0.073 2	0.078 2	0.083 2	0.087 5	0.091 7	0.095 1	0.098 4	0.101 2	0.103 9	0.106 2	0.108 4	0.110 2	0.112 0	0.113 5	0.114 9	0.116 1	0.117 2
2.4	0.064 2	0.068 8	0.073 4	0.077 4	0.081 3	0.084 6	0.087 9	0.090 7	0.093 4	0.095 7	0.097 9	0.099 8	0.101 6	0.103 2	0.104 7	0.105 9	0.107 1
2.6	0.056 6	0.060 9	0.065 1	0.068 8	0.072 5	0.075 7	0.078 8	0.081 5	0.084 2	0.086 5	0.088 7	0.090 6	0.092 4	0.094 0	0.095 5	0.096 8	0.098 1
2.8	0.050 2	0.054 1	0.058 0	0.061 5	0.064 9	0.067 9	0.070 9	0.073 5	0.076 1	0.078 3	0.080 5	0.082 4	0.084 2	0.085 9	0.087 5	0.088 8	0.090 0
3.0	0.044 7	0.048 3	0.051 9	0.055 1	0.058 3	0.061 2	0.064 0	0.066 5	0.069 0	0.071 1	0.073 2	0.075 1	0.076 9	0.078 5	0.080 1	0.081 5	0.082 8
3.2	0.040 1	0.043 4	0.046 7	0.049 7	0.052 6	0.055 3	0.058 0	0.060 4	0.062 7	0.064 8	0.066 8	0.068 6	0.070 4	0.072 0	0.073 5	0.074 9	0.076 2
3.4	0.036 1	0.039 1	0.042 1	0.044 9	0.047 7	0.050 2	0.052 7	0.054 9	0.057 1	0.059 1	0.061 1	0.062 9	0.064 6	0.066 2	0.067 7	0.069 1	0.070 4
3.6	0.032 6	0.035 4	0.038 2	0.040 8	0.043 3	0.045 7	0.048 0	0.050 2	0.052 3	0.054 2	0.056 1	0.057 8	0.059 4	0.060 9	0.062 4	0.063 8	0.065 1
3.8	0.029 6	0.032 2	0.034 8	0.037 2	0.039 5	0.041 7	0.043 9	0.045 9	0.047 9	0.049 8	0.051 6	0.053 2	0.054 8	0.056 3	0.057 7	0.059 0	0.060 3
4.0	0.027 0	0.029 4	0.031 8	0.034 0	0.036 2	0.038 3	0.040 3	0.042 2	0.044 1	0.045 8	0.047 4	0.049 1	0.050 7	0.052 1	0.053 5	0.054 8	0.058 0
4.2	0.024 7	0.026 9	0.029 1	0.031 2	0.033 3	0.035 2	0.037 1	0.038 9	0.040 7	0.042 3	0.043 9	0.045 4	0.046 9	0.048 3	0.049 6	0.050 9	0.052 1
4.4	0.022 7	0.024 8	0.026 8	0.028 7	0.030 6	0.032 5	0.034 3	0.036 0	0.037 6	0.039 2	0.040 7	0.042 2	0.043 6	0.044 9	0.046 2	0.047 4	0.048 5
4.6	0.020 9	0.022 8	0.024 7	0.026 5	0.028 3	0.030 0	0.031 7	0.033 3	0.034 8	0.036 3	0.037 8	0.039 2	0.040 5	0.041 8	0.043 0	0.044 2	0.045 3
4.8	0.019 3	0.021 1	0.022 9	0.024 6	0.026 2	0.027 8	0.029 4	0.030 9	0.032 4	0.033 8	0.035 2	0.036 5	0.037 8	0.039 0	0.040 2	0.041 3	0.042 4

续上表

z/b	a/b																
	1.0	1.1	1.2	1.3	1.4	1.5	1.6	1.7	1.8	1.9	2.0	2.1	2.2	2.3	2.4	2.5	2.6
5.0	0.017 9	0.019 6	0.021 2	0.022 8	0.024 3	0.025 9	0.027 4	0.028 8	0.030 2	0.031 5	0.032 8	0.034 3	0.035 8	0.036 7	0.037 6	0.038 7	0.039 7
6.0	0.012 7	0.013 9	0.015 1	0.016 3	0.017 4	0.018 5	0.019 6	0.020 7	0.021 8	0.022 8	0.023 8	0.024 8	0.025 7	0.026 7	0.027 6	0.028 5	0.029 3
7.0	0.009 4	0.010 3	0.011 2	0.012 1	0.013 0	0.0J3 9	0.014 7	0.015 6	0.016 4	0.017 2	0.018 0	0.018 8	0.019 5	0.020 3	0.021 0	0.021 7	0.022 4
8.0	0.007 3	0.008 0	0.008 7	0.009 4	0.010 1	0.010 8	0.011 4	0.012 1	0.012 7	0.013 4	0.014 0	0.014 7	0.015 3	0.015 9	0.016 5	0.017 1	0.017 6
9.0	0.005 8	0.006 4	0.006 9	0.007 5	0.008 0	0.008 6	0.009 1	0.009 7	0.010 2	0.010 7	0.011 2	0.011 7	0.012 2	0.012 7	0.013 2	0.013 7	0.014 2
10.0	0.004 7	0.005 2	0.005 6	0.006 1	0.006 5	0.007 0	0.007 4	0.007 9	0.008 3	0.008 8	0.009 2	0.009 6	0.010 0	0.010 4	0.010 8	0.011 2	0.011 6
12.0	0.003 7	0.004 1	0.004 4	0.004 8	0.005 1	0.005 5	0.005 8	0.006 2	0.006 5	0.006 9	0.007 2	0.007 5	0.007 8	0.008 2	0.008 5	0.008 8	0.009 1
14.0	0.002 6	0.002 9	0.003 1	0.003 4	0.003 6	0.003 9	0.004 2	0.004 5	0.004 7	0.005 0	0.005 2	0.005 4	0.005 7	0.005 9	0.006 1	0.006 4	0.006 6
15.0	0.002 1	0.002 3	0.002 5	0.002 7	0.002 9	0.003 2	0.003 4	0.003 6	0.003 8	0.004 0	0.004 2	0.004 4	0.004 6	0.004 8	0.005 0	0.005 2	0.005 3
16.0	0.001 9	0.002 1	0.002 3	0.002 5	0.002 7	0.002 9	0.003 1	0.003 3	0.003 5	0.003 7	0.003 8	0.004 0	0.004 2	0.004 3	0.004 5	0.004 7	0.004 9
18.0	0.001 6	0.001 7	0.001 8	0.002 0	0.002 2	0.002 4	0.002 5	0.002 7	0.002 8	0.003 0	0.003 1	0.003 2	0.003 4	0.003 5	0.003 7	0.003 8	0.003 9
20.0	0.001 2	0.001 3	0.001 4	0.001 6	0.001 7	0.001 8	0.001 9	0.002 0	0.002 1	0.002 3	0.002 4	0.002 5	0.002 6	0.002 7	0.002 8	0.003 0	0.003 1

z/b	a/b																
	2.7	2.8	2.9	3.0	3.1	3.2	3.3	3.4	3.5	3.6	3.7	3.8	3.9	4.0	4.2	4.4	4.6
0.0	0.250 0	0.250 0	0.250 0	0.250 0	0.250 0	0.250 0	0.250 0	0.250 0	0.250 0	0.250 0	0.250 0	0.250 0	0.250 0	0.250 0	0.250 0	0.250 0	0.250 0
0.2	0.249 2	0.249 2	0.249 2	0.249 2	0.249 2	0.249 2	0.249 2	0.249 2	0.249 2	0.249 2	0.249 2	0.249 2	0.249 2	0.249 2	0.249 2	0.249 2	0.249 2
0.4	0.244 2	0.244 2	0.244 2	0.244 2	0.244 3	0.244 3	0.244 3	0.244 3	0.244 3	0.244 3	0.244 3	0.244 3	0.244 3	0.244 3	0.244 3	0.244 3	0.244 3
0.6	0.233 8	0.233 8	0.233 9	0.233 9	0.234 0	0.234 0	0.234 0	0.234 0	0.234 1	0.234 1	0.234 1	0.234 1	0.234 1	0.234 1	0.234 1	0.234 1	0.234 2
0.8	0.219 3	0.219 4	0.219 5	0.219 6	0.219 7	0.219 8	0.219 9	0.219 9	0.219 9	0.219 9	0.220 0	0.220 0	0.220 0	0.220 0	0.220 0	0.220 1	0.220 1
1.0	0.202 9	0.203 1	0.203 3	0.203 4	0.203 6	0.203 7	0.203 8	0.203 9	0.204 0	0.204 0	0.204 1	0.204 1	0.204 1	0.204 2	0.204 2	0.204 3	0.204 3
1.2	0.186 2	0.186 5	0.186 8	0.187 0	0.187 2	0.187 3	0.187 5	0.187 6	0.187 7	0.187 8	0.187 9	0.188 0	0.188 1	0.188 2	0.183 3	0.188 3	0.188 4
1.4	0.170 1	0.170 5	0.170 9	0.171 2	0.171 5	0.171 8	0.172 0	0.172 2	0.172 4	0.172 5	0.172 7	0.172 8	0.172 9	0.173 u	0.173 1	0.173 2	0.173 3
1.6	0.156 1	0.155 7	0.156 2	0.156 7	0.157 1	0.157 4	0.157 7	0.158 0	0.158 2	0.158 4	0.158 6	0.158 7	0.158 9	0.159 0	0.159 2	0.159 3	0.159 3
1.8	0.141 6	0.142 3	0.142 9	0.143 4	0.143 9	0.144 3	0.144 7	0.145 0	0.145 3	0.145 5	0.145 8	0.146 0	0.146 2	0.146 3	0.146 5	0.146 7	0.147 0

续上表

z/b	a/b																
	2.7	2.8	2.9	3.0	3.1	3.2	3.3	3.4	3.5	3.6	3.7	3.8	3.9	4.0	4.2	4.4	4.6
2.0	0.129 2	0.130 0	0.130 7	0.131 4	0.131 9	0.132 4	0.132 8	0.133 2	0.133 6	0.133 9	0.134 2	0.134 5	0.134 8	0.135 0	0.135 3	0.135 5	0.135 8
2.2	0.118 2	0.119 1	0.119 8	0.120 5	0.121 2	0.121 8	0.122 3	0.122 7	0.123 1	0.123 5	0.123 9	0.124 2	0.124 5	0.124 8	0.125 1	0.125 4	0.125 8
2.4	0.108 2	0.109 2	0.110 0	0.110 8	0.111 5	0.112 2	0.112 8	0.113 3	0.113 8	0.114 2	0.114 6	0.115 0	0.115 3	0.115 6	0.116 0	0.116 4	0.116 7
2.6	0.099 2	0.100 3	0.101 2	0.102 0	0.102 8	0.103 5	0.104 1	0.104 7	0.105 3	0.105 8	0.106 2	0.106 6	0.107 0	0.107 3	0.107 7	0.108 2	0.108 6
2.8	0.091 2	0.092 3	0.093 3	0.094 2	0.095 0	0.095 7	0.096 4	0.097 0	0.097 6	0.098 2	0.098 7	0.099 1	0.099 5	0.099 9	0.100 4	0.100 9	0.101 4
3.0	0.084 0	0.085 1	0.086 2	0.087 0	0.087 9	0.088 7	0.089 1	0.090 1	0.090 7	0.091 3	0.091 8	0.092 3	0.092 7	0.093 1	0.093 7	0.094 2	0.094 8
3.2	0.077 4	0.078 6	0.079 6	0.080 6	0.081 5	0.082 3	0.083 1	0.083 8	0.084 4	0.085 0	0.085 6	0.086 1	0.086 6	0.087 0	0.087 6	0.088 2	0.088 8
3.4	0.071 6	0.072 7	0.073 7	0.074 7	0.075 6	0.076 5	0.077 3	0.078 0	0.078 7	0.079 3	0.079 9	0.080 4	0.080 9	0.081 4	0.082 1	0.082 7	0.083 4
3.6	0.066 3	0.067 4	0.068 4	0.069 4	0.070 3	0.071 2	0.072 0	0.072 8	0.073 5	0.074 1	0.074 7	0.075 3	0.075 8	0.076 3	0.077 0	0.077 7	0.078 5
3.8	0.061 5	0.062 6	0.063 6	0.064 6	0.065 5	0.066 4	0.067 2	0.068 0	0.068 7	0.069 4	0.070 0	0.070 6	0.071 2	0.071 7	0.072 4	0.073 1	0.073 9
4.0	0.057 4	0.058 8	0.059 6	0.060 3	0.061 2	0.062 0	0.062 8	0.063 6	0.064 3	0.065 0	0.065 7	0.066 3	0.066 9	0.067 4	0.068 2	0.068 9	0.069 7
4.2	0.053 2	0.054 3	0.055 3	0.056 3	0.057 2	0.058 1	0.058 9	0.059 6	0.060 3	0.061 0	0.061 7	0.062 3	0.062 9	0.063 4	0.064 2	0.065 0	0.065 8
4.4	0.049 6	0.050 7	0.051 7	0.052 7	0.053 6	0.054 4	0.055 2	0.056 6	0.056 7	0.057 4	0.058 0	0.058 6	0.059 2	0.059 7	0.060 5	0.061 4	0.062 2
4.6	0.046 4	0.047 4	0.048 4	0.049 3	0.050 2	0.051 0	0.051 8	0.052 6	0.053 3	0.054 0	0.054 7	0.055 3	0.055 9	0.056 4	0.057 2	0.058 1	0.058 9
4.8	0.043 4	0.044 4	0.045 4	0.046 3	0.047 2	0.048 0	0.048 8	0.049 5	0.050 2	0.050 9	0.051 6	0.052 2	0.052 8	0.053 3	0.054 2	0.055 0	0.055 9
5.0	0.040 7	0.041 7	0.042 6	0.043 5	0.044 3	0.045 1	0.045 9	0.046 6	0.047 3	0.048 0	0.048 7	0.049 3	0.049 9	0.050 4	0.051 3	0.052 1	0.053 0
6.0	0.030 2	0.031 0	0.031 8	0.032 5	0.033 3	0.034 0	0.034 7	0.035 3	0.036 0	0.036 6	0.037 2	0.037 7	0.038 3	0.038 8	0.039 7	0.040 5	0.041 4
7.0	0.023 1	0.023 8	0.024 5	0.025 1	0.025 7	0.026 3	0.026 9	0.027 5	0.028 1	0.028 6	0.029 1	0.029 6	0.030 1	0.030 6	0.031 4	0.032 2	0.033 0
8.0	0.018 2	0.018 7	0.019 3	0.019 8	0.020 4	0.020 9	0.021 4	0.021 9	0.022 4	0.022 8	0.023 3	0.023 7	0.024 2	0.024 6	0.025 3	0.026 1	0.026 8
9.0	0.014 7	0.015 2	0.015 7	0.016 1	0.016 5	0.016 9	0.017 4	0.017 8	0.018 2	0.018 6	0.019 0	0.019 4	0.019 8	0.020 2	0.020 9	0.021 5	0.022 2
10.0	0.012 0	0.012 4	0.012 8	0.013 2	0.013 6	0.014 0	0.014 3	0.014 7	0.015 1	0.015 4	0.015 8	0.016 2	0.016 5	0.016 7	0.017 3	0.017 9	0.018 6
12.0	0.009 4	0.009 8	0.010 1	0.010 4	0.010 7	0.011 0	0.011 2	0.011 5	0.011 8	0.012 1	0.012 4	0.012 6	0.012 9	0.013 2	0.013 7	0.014 1	0.014 6
14.0	0.006 8	0.007 0	0.007 3	0.007 5	0.007 7	0.007 9	0.008 2	0.008 4	0.008 6	0.008 8	0.009 0	0.009 3	0.009 5	0.009 7	0.010 1	0.010 4	0.010 8
15.0	0.005 5	0.005 7	0.005 9	0.006 1	0.006 3	0.006 5	0.006 7	0.006 9	0.007 1	0.007 2	0.007 4	0.007 6	0.007 8	0.008 0	0.008 3	0.008 6	0.009 0
16.0	0.005 1	0.005 2	0.005 4	0.005 6	0.005 8	0.006 0	0.006 1	0.006 3	0.006 5	0.006 7	0.006 8	0.007 0	0.007 1	0.007 3	0.007 6	0.007 9	0.008 2
18.0	0.004 1	0.004 2	0.004 4	0.004 5	0.004 7	0.004 8	0.005 0	0.005 1	0.005 3	0.005 4	0.005 6	0.005 7	0.005 9	0.006 0	0.006 3	0.006 5	0.006 8
20.0	0.003 2	0.003 3	0.003 4	0.003 5	0.003 6	0.003 7	0.003 8	0.003 9	0.004 1	0.004 2	0.004 3	0.004 4	0.004 5	0.004 6	0.004 8	0.005 0	0.005 2

续上表

z/b	a/b															
	4.8	5.0	5.2	5.4	5.6	5.8	6.0	6.5	7.0	7.5	8.0	8.5	9.0	9.5	10.0	≥10
0.0	0.250 0	0.250 0	0.250 0	0.250 0	0.250 0	0.250 0	0.250 0	0.250 0	0.250 0	0.250 0	0.250 0	0.250 0	0.250 0	0.250 0	0.250 0	0.250 0
0.2	0.249 2	0.249 2	0.249 2	0.249 2	0.249 2	0.249 2	0.249 2	0.249 2	0.249 2	0.249 2	0.249 2	0.249 2	0.249 2	0.249 2	0.249 2	0.249 2
0.4	0.244 3	0.244 3	0.244 3	0.244 3	0.244 3	0.244 3	0.244 3	0.244 3	0.244 3	0.244 3	0.244 3	0.244 3	0.244 3	0.244 3	0.244 3	0.244 3
0.6	0.234 2	0.234 2	0.234 2	0.234 2	0.234 2	0.234 2	0.234 2	0.234 2	0.234 2	0.234 2	0.234 2	0.234 2	0.234 2	0.234 2	0.234 2	0.234 2
0.8	0.220 2	0.220 2	0.220 2	0.220 2	0.220 2	0.220 2	0.220 2	0.220 2	0.220 2	0.220 2	0.220 2	0.220 2	0.220 2	0.220 2	0.220 2	0.220 3
1.0	0.204 4	0.204 4	0.204 4	0.204 4	0.204 5	0.204 5	0.204 5	0.204 5	0.204 5	0.204 6	0.204 6	0.204 6	0.204 6	0.204 6	0.204 6	0.204 6
1.2	0.188 4	0.188 5	0.188 5	0.188 6	0.188 6	0.188 7	0.188 7	0.188 8	0.188 8	0.188 8	0.188 8	0.188 8	0.188 8	0.188 8	0.188 8	0.188 9
1.4	0.173 4	0.173 5	0.173 6	0.173 6	0.173 7	0.173 7	0.173 8	0.173 9	0.173 9	0.173 9	0.173 9	0.173 9	0.173 9	0.174 0	0.174 0	0.174 0
1.6	0.159 6	0.159 8	0.159 9	0.159 9	0.160 0	0.160 0	0.160 1	0.160 2	0.160 2	0.160 3	0.160 3	0.160 4	0.160 4	0.160 4	0.160 4	0.160 5
1.8	0.147 2	0.147 4	0.147 5	0.147 6	0.147 6	0.147 7	0.147 8	0.147 9	0.148 0	0.148 1	0.148 1	0.148 2	0.148 2	0.148 2	0.148 2	0.148 3
2.0	0.136 0	0.136 3	0.136 4	0.136 5	0.136 6	0.136 7	0.136 8	0.137 0	0.137 1	0.137 2	0.137 2	0.137 3	0.137 3	0.137 4	0.137 4	0.137 5
2.2	0.126 1	0.126 4	0.126 5	0.126 7	0.126 8	0.127 0	0.127 1	0.127 3	0.127 4	0.127 5	0.127 6	0.127 7	0.127 7	0.127 7	0.127 7	0.127 9
2.4	0.117 1	0.117 5	0.117 7	0.117 9	0.118 0	0.118 2	0.118 4	0.118 6	0.118 8	0.118 9	0.119 0	0.119 1	0.119 1	0.119 2	0.119 2	0.119 4
2.6	0.109 1	0.109 5	0.109 7	0.109 9	0.110 2	0.110 4	0.110 6	0.110 9	0.111 1	0.111 2	0.111 3	0.111 4	0.111 5	0.111 6	0.111 6	0.111 8
2.8	0.101 9	0.102 4	0.102 6	0.102 9	0.103 1	0.103 4	0.103 6	0.103 9	0.104 0	0.104 3	0.104 5	0.104 6	0.104 7	0.104 8	0.104 8	0.105 0
3.0	0.095 3	0.095 9	0.096 2	0.096 5	0.096 7	0.097 0	0.097 3	0.097 7	0.098 0	0.098 2	0.098 3	0.098 5	0.098 6	0.098 7	0.098 7	0.099 0
3.2	0.089 4	0.090 0	0.090 3	0.090 6	0.091 0	0.091 3	0.091 6	0.092 0	0.092 3	0.092 6	0.092 8	0.092 9	0.093 0	0.093 2	0.093 3	0.093 5
3.4	0.0840	0.084 7	0.085 0	0.085 4	0.085 7	0.086 1	0.086 4	0.086 9	0.087 3	0.087 5	0.087 7	0.087 9	0.088 0	0.088 1	0.088 2	0.088 6
3.6	0.0792	0.079 9	0.080 2	0.080 6	0.080 9	0.081 3	0.081 6	0.082 1	0.082 6	0.082 9	0.083 2	0.083 4	0.083 5	0.083 6	0.083 7	0.084 2
3.8	0.0746	0.075 3	0.075 7	0.076 1	0.076 5	0.076 9	0.077 3	0.077 9	0.078 4	0.078 7	0.079 0	0.079 2	0.079 4	0.079 5	0.079 6	0.080 2
4.0	0.070 4	0.071 2	0.071 6	0.072 0	0.072 5	0.072 9	0.073 3	0.073 9	0.074 5	0.074 9	0.075 2	0.075 4	0.075 6	0.075 7	0.075 8	0.076 5
4.2	0.066 6	0.067 4	0.067 8	0.068 3	0.068 7	0.069 2	0.069 6	0.070 3	0.070 9	0.071 3	0.071 6	0.071 9	0.072 1	0.072 3	0.072 4	0.073 1
4.4	0.063 1	0.063 9	0.064 4	0.064 8	0.065 3	0.065 7	0.066 2	0.066 9	0.067 6	0.068 0	0.068 4	0.068 7	0.068 9	0.069 1	0.069 2	0.070 0
4.6	0.059 8	0.060 6	0.061 1	0.061 6	0.062 0	0.062 5	0.063 0	0.063 7	0.064 4	0.064 9	0.065 4	0.065 7	0.065 9	0.066 1	0.056 3	0.067 1
4.8	0.056 7	0.057 6	0.058 1	0.058 6	0.059 1	0.059 6	0.060 1	0.060 9	0.061 6	0.062 1	0.062 6	0.062 9	0.063 1	0.063 3	0.053 5	0.064 5

z/b	a/b 4.8	5.0	5.2	5.4	5.6	5.8	6.0	6.5	7.0	7.5	8.0	8.5	9.0	9.5	10.0	≥10
5.0	0.053 8	0.054 7	0.055 2	0.055 7	0.056 3	0.056 8	0.057 3	0.058 1	0.058 9	0.059 4	0.059 9	0.060 3	0.060 6	0.060 8	0.061 0	0.062 0
6.0	0.042 2	0.043 1	0.043 7	0.044 3	0.044 8	0.045 4	0.046 0	0.047 0	0.047 9	0.048 5	0.049 1	0.049 6	0.050 0	0.050 3	0.050 6	0.052 1
7.0	0.033 8	0.034 6	0.035 2	0.035 8	0.036 4	0.037 0	0.037 6	0.038 6	0.039 6	0.040 4	0.041 1	0.041 6	0.042 1	0.042 5	0.042 8	0.044 9
8.0	0.027 6	0.028 3	0.028 9	0.029 4	0.030 0	0.030 5	0.031 1	0.032 2	0.033 2	0.034 0	0.034 8	0.035 4	0.035 9	0.036 3	0.036 7	0.039 4
9.0	0.022 8	0.023 5	0.024 0	0.024 6	0.025 1	0.025 7	0.026 2	0.027 2	0.028 2	0.029 0	0.029 8	0.030 4	0.031 0	0.031 5	0.031 9	0.035 1
10.0	0.019 2	0.019 8	0.020 3	0.020 8	0.021 2	0.021 7	0.022 2	0.023 2	0.024 2	0.025 0	0.025 8	0.026 4	0.027 0	0.027 5	0.028 0	0.031 6
12.0	0.015 0	0.015 5	0.016 0	0.016 4	0.016 9	0.017 3	0.017 8	0.018 6	0.019 4	0.020 2	0.021 0	0.021 5	0.022 1	0.022 6	0.023 1	0.026 6
14.0	0.011 2	0.011 6	0.011 9	0.012 3	0.012 7	0.013 0	0.013 4	0.014 1	0.014 8	0.015 5	0.016 2	0.016 7	0.017 2	0.017 7	0.018 2	0.021 8
15.0	0.009 3	0.009 6	0.009 9	0.010 2	0.010 6	0.010 9	0.011 2	0.011 9	0.012 5	0.013 2	0.013 8	0.014 3	0.014 8	0.015 3	0.015 8	0.019 8
16.0	0.008 5	0.008 8	0.009 1	0.009 4	0.009 7	0.010 0	0.010 3	0.010 9	0.011 5	0.012 1	0.012 7	0.013 2	0.013 7	0.014 1	0.014 6	0.018 0
18.0	0.007 0	0.007 3	0.007 5	0.007 8	0.008 0	0.008 3	0.008 5	0.009 0	0.009 6	0.010 1	0.010 6	0.011 0	0.011 5	0.011 9	0.012 3	0.017 4
20.0	0.005 4	0.005 7	0.005 9	0.006 1	0.006 3	0.006 5	0.006 7	0.007 1	0.007 6	0.008 0	0.008 4	0.008 8	0.009 2	0.009 6	0.009 9	0.015 9

注:a 为长边;b 为短边。

表 5-6　矩形面积上竖向三角形分布荷载作用下深度 z 处竖向应力分布系数 k_{T1} 与 k_{T2}

a/b	0.2		0.4		0.6		0.8		1.0		1.2		1.4		1.6
z/b	k_{T1}	k_{T2}	k_{T1}	k_{T2}	k_{T1}	k_{T2}	k_{T1}	k_{T2}	k_{T1}	k_{T2}	k_{T1}	k_{T2}	k_{T1}	k_{T2}	k_{T1}
0.0	0.000 0	0.250 0	0.000 0	0.250 0	0.000 0	0.250 0	0.000 0	0.250 0	0.000 0	0.250 0	0.000 0	0.250 0	0.000 0	0.250 0	0.000 0
0.2	0.022 3	0.182 1	0.028 0	0.211 5	0.029 6	0.216 5	0.030 1	0.217 8	0.030 4	0.218 2	0.030 5	0.218 4	0.030 5	0.218 5	0.030 6
0.4	0.026 9	0.109 4	0.042 0	0.160 4	0.048 7	0.178 1	0.051 7	0.184 4	0.053 1	0.187 0	0.053 9	0.188 1	0.054 3	0.218 6	0.054 5
0.6	0.025 9	0.070 0	0.044 8	0.116 5	0.056 0	0.140 5	0.062 1	0.152 0	0.065 4	0.157 5	0.067 3	0.160 2	0.068 4	0.161 6	0.069 0
0.8	0.023 2	0.048 0	0.042 1	0.085 3	0.055 3	0.109 3	0.063 7	0.123 2	0.068 8	0.131 1	0.072 0	0.135 5	0.073 9	0.138 1	0.075 1

续上表

a/b	0.2		0.4		0.6		0.8		1.0		1.2		1.4		1.6
z/b	k_{T1}	k_{T2}	k_{T1}	k_{T2}	k_{T1}	k_{T2}	k_{T1}	k_{T2}	k_{T1}	k_{T2}	k_{T1}	k_{T2}	k_{T1}	k_{T2}	k_{T1}
1.0	0.020 1	0.034 1	0.037 5	0.063 8	0.050 8	0.085 2	0.060 2	0.099 6	0.066 6	0.106 8	0.070 8	0.114 3	0.093 5	0.117 6	0.075 3
1.2	0.017 1	0.026 0	0.032 4	0.049 1	0.045 0	0.067 3	0.054 6	0.080 7	0.061 5	0.090 1	0.066 4	0.096 2	0.069 8	0.100 7	0.072 1
1.4	0.014 5	0.020 2	0.029 8	0.038 6	0.039 2	0.054 0	0.048 3	0.066 1	0.055 1	0.075 1	0.080 6	0.081 7	0.064 4	0.086 4	0.067 2
1.6	0.012 3	0.016 0	0.023 8	0.031 0	0.033 9	0.044 0	0.042 4	0.054 7	0.049 2	0.062 8	0.054 5	0.069 6	0.058 6	0.074 3	0.061 6
1.8	0.010 5	0.013 0	0.020 4	0.025 4	0.029 4	0.036 3	0.037 1	0.045 7	0.043 5	0.053 4	0.048 7	0.059 6	0.052 8	0.064 4	0.056 0
2.0	0.009 0	0.010 8	0.017 6	0.021 1	0.025 5	0.030 4	0.032 4	0.038 7	0.038 4	0.045 6	0.043 4	0.051 3	0.047 4	0.056 0	0.050 7
2.5	0.006 3	0.007 2	0.012 5	0.014 0	0.018 3	0.020 5	0.023 6	0.026 5	0.028 4	0.031 8	0.032 6	0.036 5	0.036 2	0.040 5	0.039 3
3.0	0.004 6	0.005 1	0.009 2	0.010 0	0.013 5	0.014 8	0.017 6	0.019 2	0.021 4	0.023 3	0.024 9	0.027 0	0.028 0	0.030 3	0.030 7
5.0	0.001 8	0.001 9	0.003 6	0.003 8	0.005 4	0.005 6	0.007 1	0.007 4	0.008 8	0.009 1	0.010 4	0.010 8	0.012 0	0.012 3	0.013 5
7.0	0.000 9	0.001 0	0.001 9	0.001 9	0.002 8	0.002 9	0.003 8	0.003 8	0.004 7	0.004 7	0.005 6	0.005 6	0.006 4	0.006 6	0.007 3
10.0	0.000 5	0.000 4	0.000 9	0.001 0	0.001 4	0.001 4	0.001 9	0.001 9	0.002 3	0.002 4	0.002 8	0.002 8	0.003 3	0.003 2	0.003 7

a/b	1.6	1.8		2.0		3.0		4.0		6.0		8.0		10.0	
z/b	k_{T2}	k_{T1}	k_{T2}	k_{T1}	k_{T2}	k_{T1}	k_{T2}	k_{T1}	k_{T2}	k_{T1}	k_{T2}	k_{T1}	k_{T2}	k_{T1}	k_{T2}
0.0	0.250 0	0.000 0	0.250 0	0.000 0	0.250 0	0.000 0	0.250 0	0.000 0	0.250 0	0.000 0	0.250 0	0.000 0	0.250 0	0.000 0	0.250 0
0.2	0.218 5	0.030 6	0.218 5	0.030 6	0.218 5	0.030 6	0.218 6	0.030 6	0.218 6	0.030 6	0.218 6	0.030 6	0.218 6	0.030 6	0.218 6
0.4	0.188 9	0.054 6	0.189 1	0.054 7	0.189 2	0.054 8	0.189 2	0.054 9	0.189 4	0.0549	0.189 4	0.054 9	0.189 4	0.051 9	0.189 4
0.6	0.162 5	0.069 4	0.163 0	0.069 6	0.163 3	0.070 1	0.163 8	0.070 2	0.163 9	0.070 2	0.164 0	0.070 2	0.164 0	0.070 2	0.164 0
0.8	0.139 6	0.075 9	0.140 5	0.076 4	0.141 2	0.077 3	0.142 3	0.077 6	0.142 4	0.077 6	0.142 6	0.077 6	0.142 6	0.077 6	0.142 6
1.0	0.120 2	0.076 6	0.121 5	0.077 4	0.122 5	0.079 0	0.124 4	0.079 4	0.124 8	0.079 5	0.125 0	0.079 6	0.125 0	0.079 6	0.125 0
1.2	0.103 7	0.073 8	0.105 5	0.074 9	0.106 9	0.077 4	0.170 6	0.077 9	0.110 3	0.078 2	0.110 5	0.078 3	0.110 5	0.078 3	0.110 5
1.4	0.089 7	0.069 2	0.092 1	0.070 7	0.093 7	0.073 9	0.097 3	0.074 8	0.098 2	0.075 2	0.098 6	0.075 2	0.098 7	0.075 3	0.098 7
1.6	0.078 0	0.063 9	0.080 6	0.065 6	0.082 6	0.069 1	0.087 0	0.070 8	0.088 2	0.071 4	0.088 7	0.071 5	0.088 8	0.071 5	0.088 9
1.8	0.068 1	0.058 5	0.070 9	0.060 4	0.073 0	0.065 2	0.078 2	0.066 6	0.079 7	0.067 3	0.080 5	0.067 5	0.080 6	0.067 5	0.080 8

续上表

a/b	1.6		1.8		2.0		3.0		4.0		6.0		8.0		10.0
z/b	k_{T2}	k_{T1}	k_{T2}	k_{T1}	k_{T2}	k_{T1}	k_{T2}	k_{T1}	k_{T2}	k_{T1}	k_{T2}	k_{T1}	k_{T2}	k_{T1}	k_{T2}
2.0	0.059 6	0.053 3	0.062 5	0.055 3	0.064 9	0.060 7	0.070 7	0.062 4	0.072 6	0.063 4	0.073 4	0.063 6	0.073 6	0.063 6	0.073 8
2.5	0.044 0	0.041 9	0.046 9	0.044 0	0.049 1	0.054 4	0.055 9	0.052 9	0.058 5	0.054 3	0.060 1	0.054 7	0.060 4	0.054 8	0.060 5
3.0	0.033 3	0.033 1	0.035 9	0.035 2	0.038 0	0.041 9	0.045 1	0.044 9	0.048 2	0.046 9	0.050 4	0.047 4	0.050 9	0.047 6	0.051 1
5.0	0.013 9	0.014 8	0.015 4	0.016 1	0.016 7	0.021 4	0.022 1	0.024 8	0.025 6	0.02B 3	0.029 0	0.029 6	0.030 3	0.030 1	0.030 9
7.0	0.007 4	0.008 1	0.008 3	0.008 9	0.009 1	0.012 4	0.012 6	0.015 2	0.015 4	0.018 6	0.019 0	0.020 4	0.020 7	0.021 2	0.021 6
10.0	0.003 7	0.004 1	0.004 2	0.004 6	0.004 6	0.006 6	0.006 6	0.008 4	0.008 3	0.011 1	0.011 1	0.012 8	0.013 0	0.013 9	0.014 1

注：a 为长边；b 为短边。

表 5-7　圆形面积上竖向三角形分布荷载作用下深度 z 处应力系数 k'_{T1} 和 k'_{T2}

z/r	k'_{T1}	k'_{T2}	z/r	k'_{T1}	k'_{T2}	z/r	k'_{T1}	k'_{T2}	z/r	k'_{T1}	k'_{T2}
0.0	0.000	0.500	1.2	0.093	0.205	2.4	0.067	0.091	3.6	0.041	0.051
0.1	0.016	0.465	1.3	0.092	0.190	2.5	0.064	0.086	3.7	0.040	0.048
0.2	0.031	0.433	1.4	0.091	0.177	2.6	0.062	0.081	3.8	0.038	0.046
0.3	0.044	0.403	1.5	0.089	0.165	2.7	0.059	0.078	3.9	0.037	0.043
0.4	0.054	0.376	1.6	0.087	0.154	2.8	0.057	0.074	4.0	0.036	0.041
0.5	0.063	0.349	1.7	0.085	0.144	2.9	0.055	0.070	4.2	0.033	0.038
0.6	0.071	0.324	1.8	0.083	0.134	3.0	0.052	0.067	4.4	0.031	0.034
0.7	0.078	0.300	1.9	0.080	0.126	3.1	0.050	0.064	4.6	0.029	0.031
0.8	0.083	0.279	2.0	0.078	0.117	3.2	0.048	0.061	4.8	0.027	0.029
0.9	0.088	0.258	2.1	0.075	0.110	3.3	0.046	0.059	5.0	0.025	0.027
1.0	0.091	0.238	2.2	0.072	0.104	3.4	0.045	0.055			
1.1	0.092	0.221	2.3	0.070	0.097	3.5	0.043	0.053			

(4)软弱土层容许承载力[σ]

软弱土层容许承载力[σ],《59年桥规》规定应进行深、宽修正,而在《75年桥规》和《85年桥规》没有明确。《铁路工程设计技术手册·桥梁地基和基础》(1991年修订版)提出[σ]为深度 z 处经深度和宽度修正后的软弱地基土容许承载力,但是在求算深度 z 处的[σ]时,宽度修正只按基础底面处的宽度 b 考虑。其后《99年基础桥规》首次明确[σ]仅为经深度修正后的软弱土层容许承载力。然而《铁路工程设计技术手册·桥梁地基和基础》(2002年版)解释为由于考虑基础底面不是直接置放在软弱下卧地基土上,与《99年基础桥规》4.1.3条地基深宽修正公式求算基础底面处普通地基土的容许承载力的情况不相同。基础底面宽度对深度 z 处下卧地基土的基本承载力是否有影响,如何考虑基础底面宽度的影响对基底以下深度 z 处下卧地基土的基本承载力的修正,目前尚有争议,因此通常不考虑这项修正,这样处理是偏于安全的。

[σ]为不考虑宽度修正,仅经深度修正后的软弱土层容许承载力,从《99年基础桥规》沿用至《2017年基础桥规》。

5.2.2 基底合力偏心距

5.2.2.1 基础桥规规定

5.2.2条规定:

墩台应验算作用于基底的合力偏心距,并符合下列规定:

1 墩台基底的合力偏心距限值应符合表5.2.2的规定。

表5.2.2 合力偏心距 e 的限值

地基及荷载情况			e 的限值
仅承受恒载作用	非岩石地基	合力的作用点应接近基础底面的重心	
①主力+附加力 ②主力+附加力+长钢轨伸缩力(或挠曲力)	非岩石地基上的桥台(包括土状的风化岩层)	土的基本承载力 $\sigma_0>200$ kPa	1.0ρ
		土的基本承载力 $\sigma_0\leqslant200$ kPa	0.8ρ
	岩石地基	硬质岩	1.5ρ
		其他岩石	1.2ρ
主力+长钢轨伸缩力或挠曲力(桥上无车)	非岩石地基	土的基本承载力 $\sigma_0>200$ kPa	0.8ρ
		土的基本承载力 $\sigma_0\leqslant200$ kPa	0.6ρ
	岩石地基	硬质岩	1.25ρ
		其他岩石	1.0ρ

续上表

地基及荷载情况			e 的限值
主力+特殊荷载（地震力除外）	非岩石地基	土的基本承载力 σ_0>200 kPa	1.2ρ
		土的基本承载力 σ_0≤200 kPa	1.0ρ
	岩石地基	硬质岩	2.0ρ
		其他岩石	1.5ρ

注：表中②指当长钢轨纵向力参与组合时，计入长钢轨纵向力的桥上线路应按无车考虑。

2 基底以上外力作用点对基底重心轴的偏心距 e_0 可按式(5.2.2—1)计算。

$$e_0=\frac{M}{N} \tag{5.2.2—1}$$

式中 N,M——作用于基底的竖向力和所有外力(竖向力、水平力)对基底截面重心的弯矩。

3 基底承受单向或双向偏心受压的基底截面核心半径 ρ 值可按式(5.2.2—2)计算。

$$\frac{e_0}{\rho}=1-\frac{\sigma_{\min}}{\frac{N}{A}} \tag{5.2.2—2}$$

其中

$$\sigma_{\min}=\frac{N}{A}-\frac{M_y}{W_y}-\frac{M_x}{W_x} \tag{5.2.2—3}$$

式中 A——基底面积(m^2)；

$\sigma_{\min}$——基底最小压应力(kPa)，当为负值时表示拉应力；

M_x,M_y——作用于基底的水平力和竖向力绕 x 轴、y 轴的对基底的弯矩(kN·m)；

W_x,W_y——基底底面偏心方向边缘绕 x 轴、y 轴的面积抵抗矩(m^3)。

4 桥台尚应检算孤立状态时基底截面的合力偏心情况。

5.2.2.2 条文解读

1. 基底容许偏心限值确定

(1)《51 年桥规》

《51 年桥规》对允许偏心距作了如下规定：

①在设计桥墩时，应尽可能使所有恒载的合力穿过基底中心；当主力与附加力并计时，若持力层不是岩层，则其合力应不超出基底面的核心；若

持力层为岩层，则其合力偏离基底重心应不大于$b/5$（b为基础之宽度）。

②在设计桥台时，当仅计恒载时则应使桥台前端在最大主动土压力作用下（用填土的内摩擦角可能最小值30°）所产生的最大前端压力尽量等于后端在最小主动土压力作用下（用填土的内摩擦角可能最大值40°）所产生的最大后端压力；当主力与附加力并计时，若持力层不是岩层，则应使基底下的最大边端压力与最小边端压力之比不超过3。若持力层为岩层，则不应使其合力超出基底核心。

上述规定来源于苏联《铁路桥涵设计规程》（ТУПМ—47），其推导如下：

偏心受荷基础下的压力图形示于图5-4。研究一下处于轴向力N和力矩M作用下，在作用力平面内长度为b的基础，N及M被以偏心距$e_0=\dfrac{M}{N}$施加的力N代替。

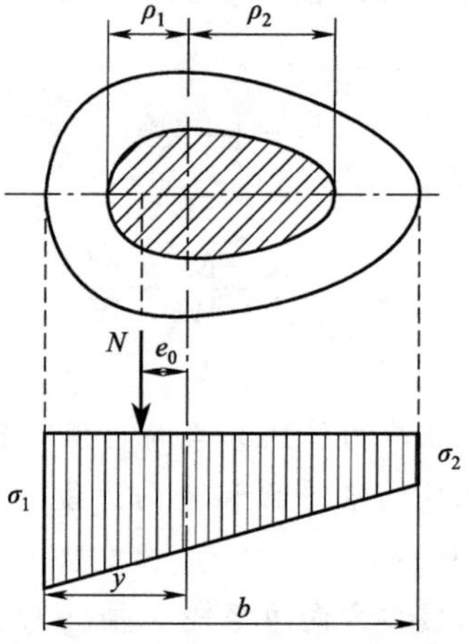

图5-4　基础偏心受荷下压力图形

在前边缘（受荷较大）下面的压力（应力）σ_1和后边缘下面的压力（应力）σ_2借助于截面核心半径ρ_1和ρ_2方便的表示为

$$\sigma_1=\frac{N}{A}+\frac{M}{W}=\frac{N}{A}\left(1+\frac{e_0}{\rho_2}\right) \tag{5-4}$$

$$\sigma_2=\frac{N}{A}-\frac{M}{W}=\frac{N}{A}\left(1-\frac{e_0}{\rho_2}\right) \tag{5-5}$$

截面核心半径可以通过截面模量 W、惯性矩 I 或回转半径 $r=\sqrt{\frac{I}{A}}$ 确定：

$$\rho_1=\frac{W_2}{A}=\frac{I}{(b-y)A}=\frac{r^2}{b-y} \tag{5-6}$$

$$\rho_2=\frac{W_1}{A}=\frac{I}{yA}=\frac{r^2}{y} \tag{5-7}$$

从已给出的 σ 和 ρ 的方程式容易得到下列比例，并根据边缘压力比例 α 以式(5-8)和式(5-9)确定力 N 施力点的相对偏心距。

$$\frac{e_0}{\rho_1}=\frac{\alpha-1}{\alpha+\beta} \tag{5-8}$$

$$\frac{e_0}{\rho_2}=\beta-\frac{e_0}{\rho_1} \tag{5-9}$$

偏心距和应力间的关系图示于图 5-5 上。

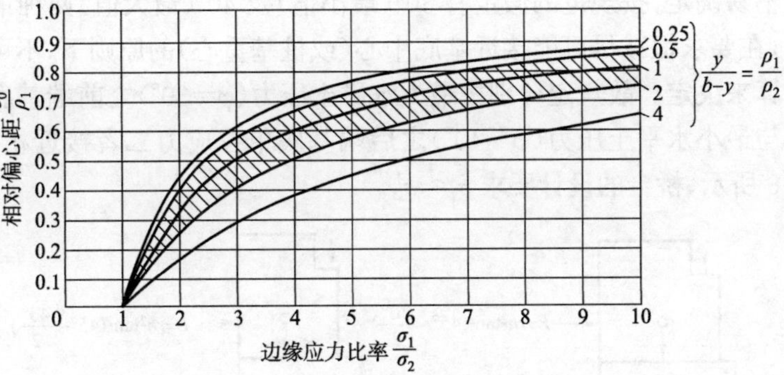

图 5-5　偏心距和应力间关系

《铁路桥涵设计规程》(ТУПМ—47)第 356 节中有关于基底最大压力对最小压力比率的规定，照例，该比率不应当超过 3。从图 5-5 可知，这种要求等于根据截面的不对称以值 0.4～0.6 限制相对偏心距 $\frac{e_0}{\rho_1}$。对于对称截面 $\left(\frac{\rho_1}{\rho_2}=1\right)$ 比率 $\frac{\sigma_1}{\sigma_2}=3$ 适合于条件：

$$\frac{e_0}{\rho_1}=\frac{e_0}{\rho_2}=\frac{3-1}{3+1}=0.5$$

(2)《59 年桥规》

《59 年桥规》第 356 条对允许偏心距作了如下规定：

①当墩台仅受恒载作用时，其合力的偏心 $e \leqslant 0.15\rho$。在各式桥台中应检算土壤水平压力为最大（$\varphi=30°$）及最小（$\varphi=40°$）两种情况。

②当所有外力组合作用时（在适当情形下并计算土壤弹性固着力），合力的偏心对桥墩 $e \leqslant \rho$；对桥台 $e \leqslant 0.8\rho$。

③如墩台基础建在坚质的岩石上时，合力的偏心 $e \leqslant 1.5\rho$。

④如墩台基础建在石质较差的岩石（限指不能用作墩台圬工石料的岩石）上时，合力的偏心对桥墩 $e \leqslant \rho$；对桥台 $e \leqslant 1.2\rho$。

因为墩台基础的下沉仅考虑由于恒载所产生的，故在桥墩设计中，为了使建筑物得到均匀的沉落，应使所有恒载的合力接近基底中心或桩基重心。

在设计桥台时，恒载中的水平土压力一项因土壤内摩擦角 φ 的实际数值不易确定，按规范的假定有 30°（最小值）及 40°（最大值）两种最不利情况，在要求恒载尽可能接近基底中心（或桩基重心）的原则下，不可由一次计算来决定。故规定分别按最大水平土压力（$\varphi=30°$）之前端基底单位应力与最小水平土压力（$\varphi=40°$）之后端基底单位应力二者接近相等，如图 5-6 所示，桥台的设计要求 $\sigma_1 \approx \sigma_2'$。

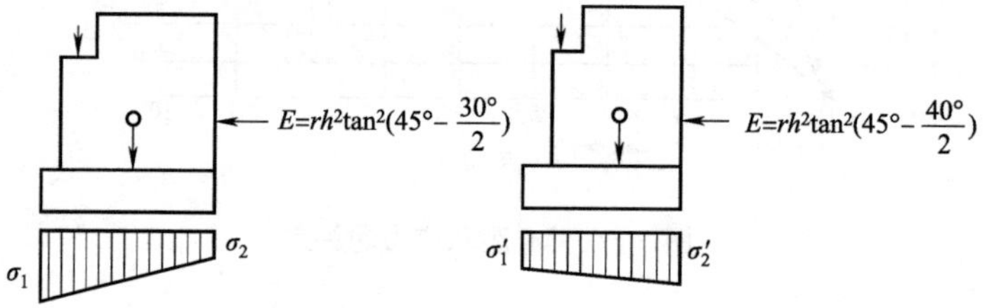

图 5-6　桥台基底应力

对于承受水平土压力的桥墩，根据相关要求亦应符合本条规定，即在恒载下 $\varphi=30°$之前端基底应力与 $\varphi=40°$之后端基底应力应接近相等。

在所有外力组合作用，包括一切主力与纵横向任一方向附加力相加组合情况下（在适当情况可考虑固着力），合力的偏心应符合一定的要求。

在图 5-7 所示的情况，

最大应力

$$\sigma_1=\frac{N}{F}+\frac{M}{W_1} \qquad (5\text{-}10)$$

最小应力

$$\sigma_2=\frac{N}{F}-\frac{M}{W_2} \qquad (5\text{-}11)$$

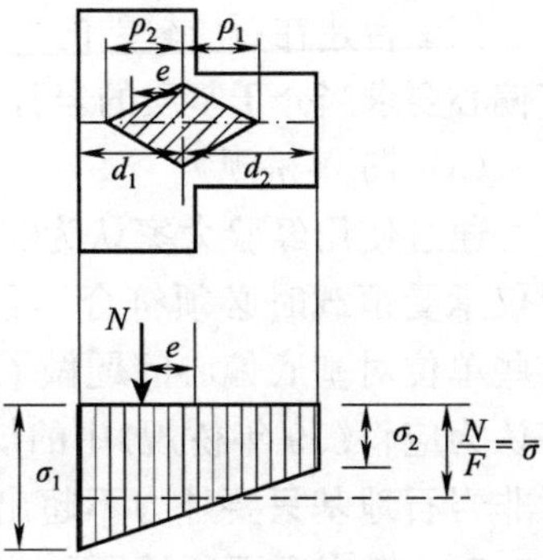

图 5-7 基底应力

式中 N——所有外力的垂直合力；

e——合力偏心；

M——所有外力矩；

$M=N\cdot e$

W_1——为相应应力较大的截面模量；

W_2——为相应应力较小的截面模量。

由式(5-11)可演变为

$$\sigma_2=\frac{N}{F}-\frac{Ne}{F\rho_2}=\frac{N}{F}\left(1-\frac{e}{\rho_2}\right) \qquad (5\text{-}12)$$

令$\frac{e}{\rho_2}=K$，则

$$\sigma_2=\frac{N}{F}(1-K) \qquad (5\text{-}13)$$

式中，$\rho_2=W_2/F$(相应于应力较小边的核心半径，图 5-7 中为左侧)，当基底不发生拉力时，$\sigma_2=0$，此时 $K=1$，$e=\rho_2$，合力偏心位于截面核心边界上。

规范对于不同情况规定了不同的 e/ρ_2 限制值。

对于桥墩，因为列车荷载的方向是往返进行的，最大应力有时发生于这一边，有时发生于另一边，因此两边发生不均匀沉降的机会是相等的。故只规定不发生拉应力为限度便可以了，规定了 $K\leqslant1$，即 $e\leqslant\rho$(ρ 指 W_2/F)。

对于桥台，由于水平土压力的数值不易确定，前端控制最大应力与后端控制最大应力不是接近相等，为了提高设计质量防止倾向一方的不均匀沉降，因而 $K\leqslant0.8$，即 $e\leqslant0.8\rho$。

如墩台建于坚质的岩石上，则基底的偏心要求与在墩台身中任何其他截面的偏心要求是无大区别的，规定 $K\leqslant1.5$，即 $e\leqslant1.5\rho$。这数值对

矩形截面而言，即为 $e \leqslant 0.25h$。

如墩台建在石质较差的岩石(指不能用作墩台圬工石料的岩石)上，其偏心要求当介于坚质的岩石与一般土质之间，对于桥墩$e \leqslant 1.2\rho$。

(3)《75 年桥规》

通过使用经验大家认为《59 年桥规》规定要求过高，特别是要求桥台仅承受恒载时必须符合 $e \leqslant 0.15\rho$ 的规定，几乎在设计中无法办到。有些单位对基底偏心问题做了一些研究，对既有铁路桥梁做了调查，大多认为应将《59 年桥规》中的规定放宽。从国外规范来看，日本和美国对非岩石地基只要外力不超出基底截面核心就可以了。苏联曾要求 $e \leqslant 0.5\rho$。考虑上面所述既希望基底压应力接近均匀分布，但又不要过严要求，因而采取了合力的作用点应接近基础底面重心的规定。当结构同时承受主力和附加力作用时，考虑附加力作用时间短暂，且发生最大值的概率较小，可较恒载时的容许偏心放宽，但要注意到桥梁荷载有往返作用的特点。为避免由于基础底面与土脱离导致地基破坏，规定主力与附加力同时作用下非岩石基底偏心以不超出底面面积的核心为宜。但考虑建在较松软地基上的桥台容易产生不均匀下沉，故规定当桥台的地基基本承载力小于或等于 200 kPa时，仍应限制为 $e \leqslant 0.8\rho$。

假设图 5-8 为两个方向均不对称的截面，x 和 y 为其主轴，外力作用于主轴之外，产生斜向挠曲。

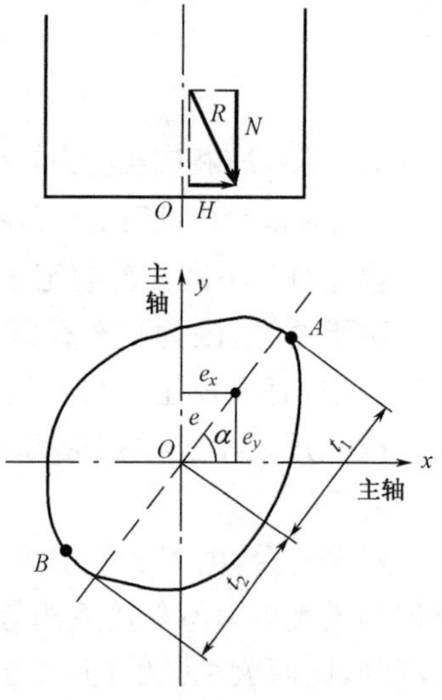

图 5-8　两个方向均不对称的截面

假设 A 点为最大应力点：

$$\sigma_A = \sigma_{max} = \frac{N}{A} + \frac{Ne_x}{W_y} + \frac{Ne_y}{W_x} \quad (5\text{-}14)$$

令

$$\sigma_A = \frac{N}{A} + \frac{Ne}{W_1} \quad (5\text{-}15)$$

由式(5-14)等于式(5-15)，得

$$W_1 = \frac{e}{\dfrac{e_x}{W_y} + \dfrac{e_y}{W_x}} = \frac{1}{\dfrac{\cos\alpha}{W_y} + \dfrac{\sin\alpha}{W_x}} \quad (5\text{-}16)$$

又假定 B 点为最小应力点：

$$\sigma_B=\sigma_{min}=\frac{N}{A}-\left(\frac{Ne_x}{W'_y}+\frac{Ne_y}{W'_x}\right) \tag{5-17}$$

令

$$\sigma_B=\frac{N}{A}-\frac{Ne}{W_2} \tag{5-18}$$

由式(5-17)等于式(5-18)，得

$$W_2=\frac{1}{\frac{\cos\alpha}{W'_y}+\frac{\sin\alpha}{W'_x}} \tag{5-19}$$

上面诸式中，N 为竖向外力，e 为外力的偏心；e_x 和 e_y 分别为 e 在 x 轴和 y 轴上的投影；A 为基底面积；W_y 和 W_x 为基底截面对 A 点而言，绕 x 轴和 y 轴的截面抵抗矩；W'_y 和 W'_x 为基底截面对 B 点而言，绕 y 轴和 x 轴的截面抵抗矩；W_1 和 W_2 分别为对 A 点和 B 点的假想截面抵抗矩。

对于一般土质地基，当 $e=\rho$，即 $e=\frac{W_2}{A}$ 时，按式(5-15)有 $\sigma_A=\sigma_{max}=\frac{N}{A}+\frac{N}{A}\cdot\frac{W_2}{W_1}=\frac{N}{A}\left(1+\frac{W_2}{W_1}\right)$ 及按式(5-18)有 $\sigma_B=\sigma_{min}=\frac{N}{A}-\frac{N}{A}=0$ 可以看出，只要满足 $e\leqslant\rho$ 的规定，对于任何形状的截面，不论外力 N 是否作用在主轴上，σ_{min} 均等于或大于零。

桥台承受主力加附加力作用，当土的基本承载力小于或等于 200 kPa 时，$e\leqslant 0.8\rho$。当 $e=0.8\rho$，且基础两个方向不对称，外力 N 又不作用在主轴上时，有

$$\sigma_{max}=\frac{N}{A}\left(1+0.8\,\frac{W_2}{W_1}\right) \tag{5-20}$$

$$\sigma_{min}=0.2\,\frac{N}{A} \tag{5-21}$$

如基础两个方向对称，如矩形、圆形和圆端形基础，无论外力 N 是否作用于对称轴上，均得

$$\sigma_{max}=1.8\,\frac{N}{A} \tag{5-22}$$

$$\sigma_{min}=0.2\,\frac{N}{A} \tag{5-23}$$

$$\frac{\sigma_{max}}{\sigma_{min}}=\frac{9}{1}$$

对于仅一个方向对称的基础，如 T 形基础，倘外力 N 作用于对称轴上，并且 $W_2=2W_1$ 时，得

$$\frac{\sigma_{\max}}{\sigma_{\min}}=\frac{13}{1}$$

从上面所述可以看出：当 $e\leqslant 0.8\rho$ 时，基底最大压应力与最小压应力之比不会太大。

岩石地基采取控制偏心值是保证基底发生的拉应力区不致过长，或者说保证参与工作的受压区不致过短，以使基底压应力比较合理地分布。但是要对受拉区长度的控制作出精确的规定是有困难的，因为受拉区的精确长度应按无拉应力计算（惯称“应力重分布计算”）来确定，然而这种计算不仅与截面的形状有关，而且与荷载作用的对称性有牵连。为了对各种形状的截面和对各种荷载作用（外力作用于主轴上或作用于主轴之外）采取统一的办法，大致地控制受拉区的长度，可规定：对于节理不发育、较发育和节理发育的硬质岩地基，$e\leqslant 1.5\rho$；对于其他岩石地基，$e\leqslant 1.2\rho$。

当 $e=1.2\rho$ 时，根据前面的式(5-15)和式(5-18)，$e=1.2\rho=1.2\dfrac{W_2}{A}$，$\sigma_A=\sigma_{\max}=\dfrac{N}{A}\left(1+1.2\dfrac{W_2}{W_1}\right)$，$\sigma_B=\sigma_{\min}=-0.2\dfrac{N}{A}$。从图 5-9 可以看出受拉区的长度 x 为

$$\frac{x}{0.2\dfrac{N}{A}}=\frac{t_2-x}{\dfrac{N}{A}}$$

故

$$x=\frac{1}{6}t_2$$

对于任何形状的截面，无论外力 N 是否作用于主轴上，其 x 值都等于 $t_2/6$。对于矩形、圆形和圆端形等两个方向均对称的截面，因为 $t_1=t_2$，所以 $x=a/12$。对于矩形截面，当外力 N 作用于对称轴上（图 5-10），$e=1.2\rho$ 时按无拉应力计算求得的受拉区精确长度为 $a/10$，此值很接近 $a/12$。其他形状截面按无拉应力计算的受拉区长度也很接近 $a/12$。

当 $e=1.5\rho$，$e=1.5\rho=1.5W_2/A$，则 $x=t_2/3$，对于矩形、圆形等两个方向对称的截面，由于 $t_1=t_2$，所以 $x=a/6$；对于矩形截面，当外力位于对称轴上时，按无拉应力计算的受拉区精确长度 $x=a/4$。

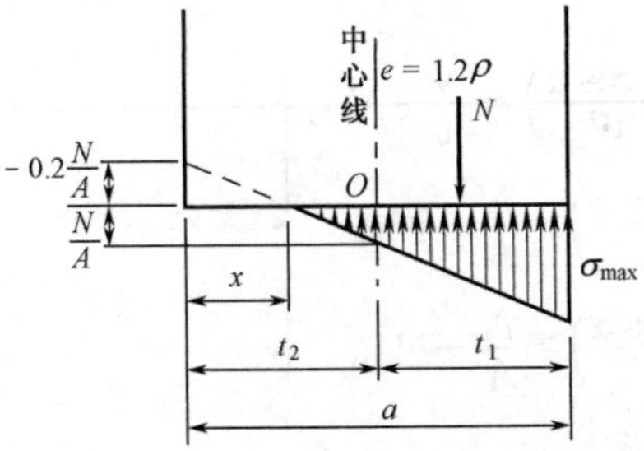

图 5-9　受拉区的长度 x 计算图式①

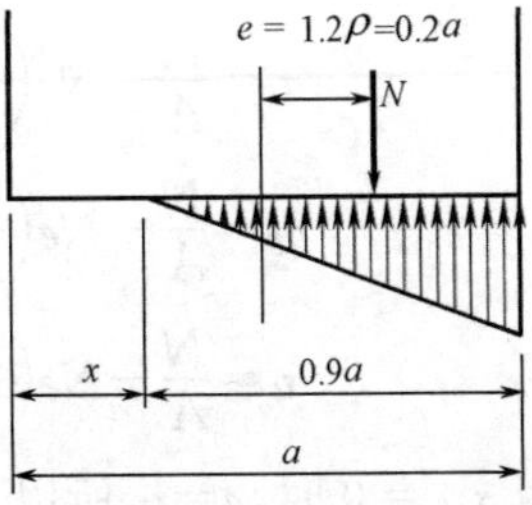

图 5-10　受拉区的长度 x 计算图式②

过去工业和民用建筑物基础设计中有与上述相类似的规定,并直接指明控制受拉区的长度。例如,对矩形基础,规定受拉区长度不得大于基础边长的 1/4,与上述所求当 $e=1.5\rho$ 时矩形基础受拉区的精确长度相等。

规范提出了一个简捷检算 e/ρ 值的公式,因为对于斜向挠曲,特别又当为不对称截面时要求计算截面核心 ρ 是相当麻烦的,如果先求出基底最小应力 $\sigma_{\min}$,则可按式(5-24)直接求得 e/ρ 值。

$$\frac{e}{\rho}=1-\frac{\sigma_{\min}}{\dfrac{N}{A}} \tag{5-24}$$

公式推导如下:

为了便于说明,假设竖向合力 N 作用于图 5-11 中第一象限的 A 点上,则

$$M_x=N\cdot e_y=N\cdot e\sin\alpha$$

$$M_y=N\cdot e_x=N\cdot e\cos\alpha$$

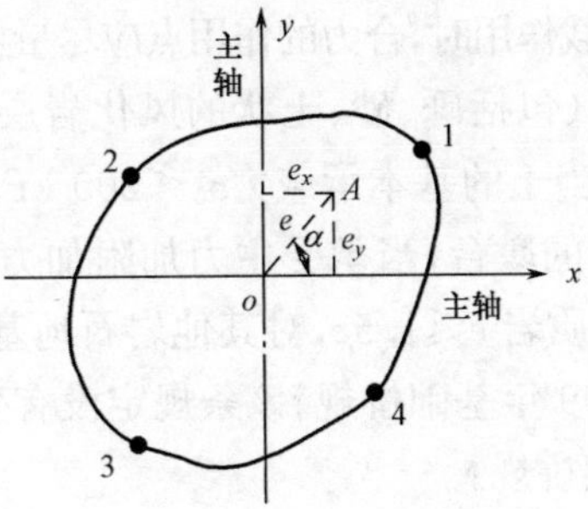

图 5-11　竖向合力 N 作用点

得

$$\left.\begin{aligned}\sigma_2&=\frac{N}{A}-Ne\left(-\frac{\sin\alpha}{W_{2x}}+\frac{\cos\alpha}{W_{2y}}\right)=\frac{N}{A}-Ne\lambda_2\\\sigma_3&=\frac{N}{A}-Ne\left(\frac{\sin\alpha}{W_{3x}}+\frac{\cos\alpha}{W_{3y}}\right)=\frac{N}{A}-Ne\lambda_3\\\sigma_4&=\frac{N}{A}-Ne\left(\frac{\sin\alpha}{W_{4x}}-\frac{\cos\alpha}{W_{4y}}\right)=\frac{N}{A}-Ne\lambda_4\end{aligned}\right\}$$

当 $\sigma_{\min}=0$ 时，$e=\rho$，所以

$$\rho=\frac{1}{A\lambda_{\max}} \tag{5-25}$$

$\lambda_{\max}$ 为 λ_2、λ_3 和 λ_4 中的最大者。

由于 $\sigma_{\min}=\dfrac{N}{A}-Ne\lambda_{\max}$，将 $e=C\rho=\dfrac{C}{A\lambda_{\max}}$ 代入式(5-25)，则

$$\sigma_{\min}=\frac{N}{A}-N\frac{C}{A\lambda_{\max}}\cdot\lambda_{\max}=\frac{N}{A}(1-C) \tag{5-26}$$

故得

$$C=1-\frac{\sigma_{\min}}{\dfrac{N}{A}} \tag{5-27}$$

即

$$\frac{e}{\rho}=1-\frac{\sigma_{\min}}{\dfrac{N}{A}}$$

《75 年桥规》第 2—437 条，外力对基底截面重心的偏心距应符合下列规定：

①墩台仅承受恒载作用时，合力的作用点应尽量接近基础底面的重心。

②在非岩石地基（包括砾、砂、土状的风化岩层）上的墩台，当承受主力加附加力时，$e\leqslant\rho$；当土的基本承载力 $\sigma_0<200$ kPa 时，对桥台 $e\leqslant 0.8\rho$。

③在岩石地基上的墩台，当承受主力加附加力时，对节理不发育、较发育和节理发育的硬质岩 $e\leqslant 1.5\rho$，对其他岩石地基 $e\leqslant 1.2\rho$。

《85 年桥规》和《99 年基础桥规》该条规定没有变化。

(4)《2005 年基础桥规》

《2005 年基础桥规》增列了长钢轨纵向水平力和桥台孤立地面时对墩台基底合力偏心距的规定。长钢轨伸缩力、挠曲力属于主力，但与持续

作用的恒载不同，其对基底合力偏心距的要求可比恒载有较大的放宽，而比主力加附加力应较严格一些。至于长钢轨的断轨力属于特殊荷载，本次修订增列了主力加特殊荷载(地震力除外)时对墩台基底合力偏心距的规定。特殊荷载发生的概率很小，基底合力偏心距的要求，可在保证倾覆稳定安全性和限制基底受拉区的条件下比照主力加附加力时适当放宽。主力加附加力时，非岩石地基的偏心距容许值规定为 $0.8\rho \sim 1.0\rho$，主力加特殊荷载时可采用 $1.0\rho \sim 1.2\rho$；主力加附加力时，岩石地基的偏心距容许值规定为 $1.2\rho \sim 1.5\rho$，主力加特殊荷载时可采用 $1.5\rho \sim 2.0\rho$。地震力执行《铁路工程抗震设计规范》(GB 50111)。对于一般土地基，当 $e \leqslant 1.2\rho$ 时，矩形基础受拉区长度仅为基础边长的 1/12。对于承载力较小的土地基，$e \leqslant 1.0\rho$ 基底不出现受拉区，避免边缘压应力过大，导致倾倒。对于岩石地基，硬质岩 $e \leqslant 2.0\rho$ 时，矩形基础受拉区长度为基础边长的 1/2，但倾覆稳定安全系数仍有 1.5。对于其他岩石，$e \leqslant 1.5\rho$ 时，矩形基础受拉区长度为基础边长的 1/4，倾覆稳定安全系数为 2.0。

桥台孤立地面时属临时性状态，可比照主力加特殊荷载情况确定基底合力偏心距 e 的容许值。

(5)《2017 年基础桥规》

《2005 年基础桥规》修订时，增加了长钢轨纵向水平力组合的墩台基底合力偏心距的规定。由于原规范将长钢轨纵向水平力(伸缩力和挠曲力)归类于主力活载，实际工程设计时，设计者由于对规范理解的偏差，往往认为长钢轨纵向水平力(伸缩力和挠曲力)与其他的主力活载一样，在进行荷载组合时，将其与其他常用荷载进行任意组合，这不但与《铁路无缝线路设计规范》(TB 10015—2012)规定的组合原则不符，更造成不必要地提高了设计标准。《2017 年基础桥规》修订时，明确了桥上无缝线路长钢轨纵向力不参与常规组合的规定，并规定其与其他荷载的组合按《2017 年桥规》4.3.13 条的相关规定，即表 5-8 执行。

表 5-8　增加的长钢轨纵向作用力组合

墩台类型	组合情况	桥上行车状况	纵向力组合	容许值提高系数参照
单线墩台	1	无车	恒载＋两股钢轨伸缩力或挠曲力(取较大值)	主力
	2	无车	恒载＋一股钢轨伸缩力＋另一股钢轨断轨力	主力＋特殊荷载

续上表

墩台类型	组合情况	桥上行车状况	纵向力组合	容许值提高系数参照
双线墩台	3	双线无车	恒载＋四股钢轨伸缩力或挠曲力(取较大值)	主力
	4	一线有车另一线无车	恒载＋一线活载＋一线列车制动力或牵引力＋另一线两股钢轨伸缩力或挠曲力(取较大值)＋其他纵向附加力	主力＋纵向附加力
	5	双线无车	恒载＋一股钢轨断轨力＋另一股钢轨伸缩力＋另一线两股钢轨伸缩力或挠曲力(取较大值)	主力＋特殊荷载
	6	一线无车另一线有车	恒载＋一线一股钢轨断轨力＋另一股钢轨伸缩力＋另一线活载(制动力或牵引力)	主力＋特殊荷载
三线及以上墩台	7	n 线无车	恒载＋$2n$ 股钢轨伸缩力或挠曲力(取较大值)	主力
	8	两线有车($n-2$)线无车	恒载＋两线活载＋两线列车制动力或牵引力＋($n-2$)×2 股钢轨伸缩力或挠曲力(取较大值)＋其他纵向附加力	主力＋纵向附加力
	9	两线有车($n-2$)线无车	恒载＋两线活载＋两线列车制动力或牵引力＋一股钢轨断轨力＋[($n-2$)×2－1]股钢轨伸缩力	主力＋特殊荷载

注：n 为桥上股道数。

2. 控制基底偏心值目的

为使基础在恒载作用下能均匀的下沉，可将基础设计成使其荷载合力通过基底重心。但对承受动态列车荷载和水平荷载的桥梁墩台来说，如还要设计成使其合力通过基底中心，是不可能的。从上述各版规范条文说明可以看出：对于非岩石地基上基底偏心的规定，是从控制基底前后端应力比出发的，使基底不出现拉应力，而基底最大压应力与最小压应力之比值要求不太大；对于岩石地基，采取控制偏心值是保证基底发生的拉应力区不致过长，或者说保证参与工作的受压区不致过短，以使基底压应力比较合理地分布。

总而言之，控制基底偏心值目的是保证基底应力分布有一定的均匀性，基础的稳定性有一定的安全储备，基底不发生过大的不均匀沉降和倾斜。

至于基底前后端不均匀沉降发生的倾斜，《土力学地基和基础》(唐山铁道学院土力学地基和基础教研组编，1958 年)给出了以下的计算方法。

当一个明挖基础受到偏心距为 e 之偏心荷载时，该基础必向一边倾斜。只有求出了其中点的沉降值和整个基础的倾斜角后，才可据此求得基础两边缘的沉降值。其中点的沉降可按在中心荷载 P 作用下用分层总合法求得；其倾斜角则可按下列公式求得。

(1)长条形时：

$$\tan\theta=\frac{1-\mu_{\mathrm{m}}^{2}}{E_{\mathrm{m}}}\frac{4Pe}{\pi b_{1}^{2}} \tag{5-28}$$

(2)圆形时：

$$\tan\theta=\frac{1-\mu_{\mathrm{m}}^{2}}{E_{\mathrm{m}}}\frac{3Pe}{4r^{3}} \tag{5-29}$$

(3)矩形时：

沿基础长边方向之倾斜为

$$\tan\theta_{\mathrm{a}}=\frac{1-\mu_{\mathrm{m}}^{2}}{E_{\mathrm{m}}}k_{1}\frac{Pe}{\left(\frac{a}{2}\right)^{3}} \tag{5-30}$$

沿基础短边方向之倾斜为

$$\tan\theta_{\mathrm{b}}=\frac{1-\mu_{\mathrm{m}}^{2}}{E_{\mathrm{m}}}k_{2}\frac{Pe}{\left(\frac{b}{2}\right)^{3}} \tag{5-31}$$

式中 P——作用于基础上的偏心荷载(竖向)(kg)；

$\mu_{\mathrm{m}}, E_{\mathrm{m}}$——受压层范围内地基土平均泊松比和变形模量(kg/cm^4)；

b_1——条形基础半宽(cm)；

r——圆形基础半径(cm)；

a, b——分别为矩形基础长边和短边(cm)；

k_1, k_2——决定于矩形基底的长宽比 $\alpha=\frac{a}{b}$ 之无因次系数，其值可从图 5-12 查得。

墩台基础的地基变形指标一般有沉降、沉降差、倾斜三种，本规范 3.2.1 条规定了墩台均匀沉降和相邻墩台沉降差的限值标准，但对明挖基础倾斜角的计算和限值没有要求。通过我国铁路桥梁几十年实践验证，规范采用的基底偏心限值，对控制基础不发生过大的不均匀沉降和倾斜是行之有效的。

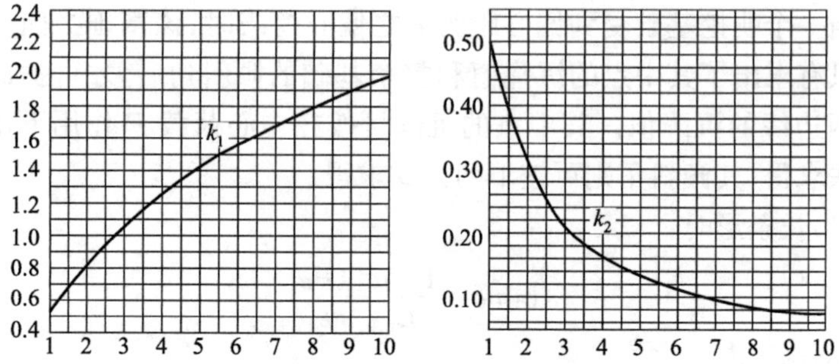

图 5-12 计算矩形基础倾斜时所需之 k_1、k_2 系数

5.3 构　　造

5.3.1 基础桥规规定

5.3.1 条规定：

明挖基础可采用单层或多层，每一层的厚度不宜小于 1.0 m。

5.3.2 条规定：

混凝土明挖基础襟边的构造尺寸应符合下列规定：

1 单向受力时(不包括单向受力圆端形桥墩采用矩形的基础)，各层台阶正交方向(顺桥轴方向和横桥轴方向)的坡线与竖直线所成的夹角不应大于 45°。

2 双向受力矩形墩台的基础以及单向和双向受力的圆端形、圆形桥墩采用矩形基础时，其最上一层基础台阶两正交方向的坡线与竖直线所成夹角不应大于 35°；需同时调整最上一层台阶两正交方向的襟边宽度时，其斜角处的坡线与竖直线所成的夹角，不应大于上述正交方向为 35°夹角时斜角处的坡线与竖直线所成的夹角；其下各层台阶正交方向的夹角不应大于 45°，否则应予切角。

5.3.2 条文解读

1. 明挖基础厚度

明挖基础厚度应根据墩台身结构形式、荷载大小、刚度要求及选用材料来确定；可采用单层或多层，每一层的厚度不宜小于 1.0 m。这样既便于施工，又能保证施工质量，还对基础受力有利。

2. 明挖基础襟边

铁路桥梁明挖基础一般采用混凝土基础，混凝土材料虽有较好的抗压性能，但抗拉、抗剪强度却不高。所以，设计要求基础的外伸宽度和基础高度的比值在一定限度内，以避免发生在基础内的拉应力和剪应力超过其材料强度设计值。在这样的限制下，基础的相对高度一般都比较大，几乎不会发生弯曲变形。

规范假定基础以上的荷载沿基顶面上建筑物的边缘按某一扩散角 θ 传递到基底。当基础伸出其顶上建筑物边缘的长度与基础厚度之比小于上述扩散角 θ 的正切值（亦即基础台阶的坡线与竖直线所成夹角小于上述扩散角 θ）时，一般认为可以不必进行基础伸出部分的挠曲应力和剪应力检算。反之，应将伸出部分视为悬臂构件，把基底竖向反力作为荷载，检算悬臂截面中的挠曲应力和剪应力。

(1)单向受力明挖基础坡线夹角的规定如图 5-13 所示。

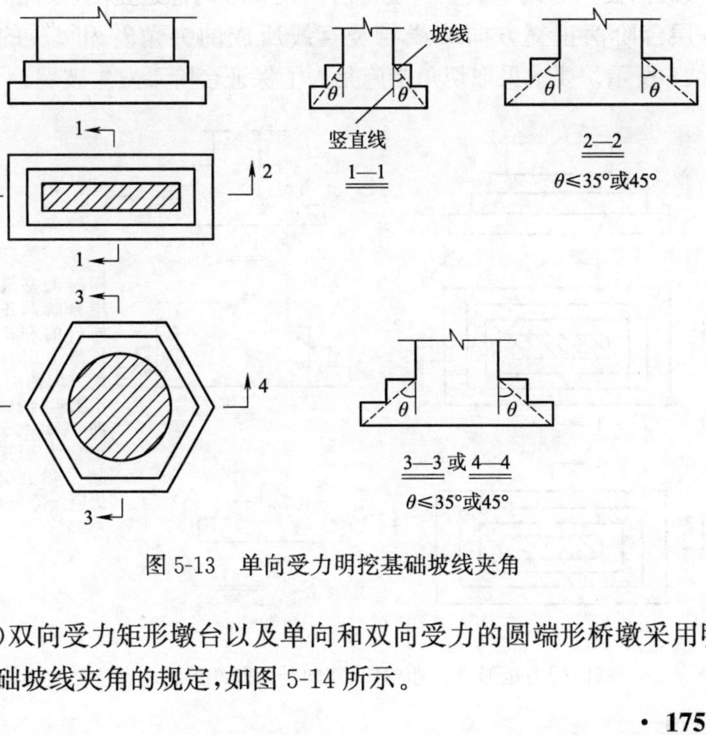

图 5-13　单向受力明挖基础坡线夹角

(2)双向受力矩形墩台以及单向和双向受力的圆端形桥墩采用明挖矩形基础坡线夹角的规定，如图 5-14 所示。

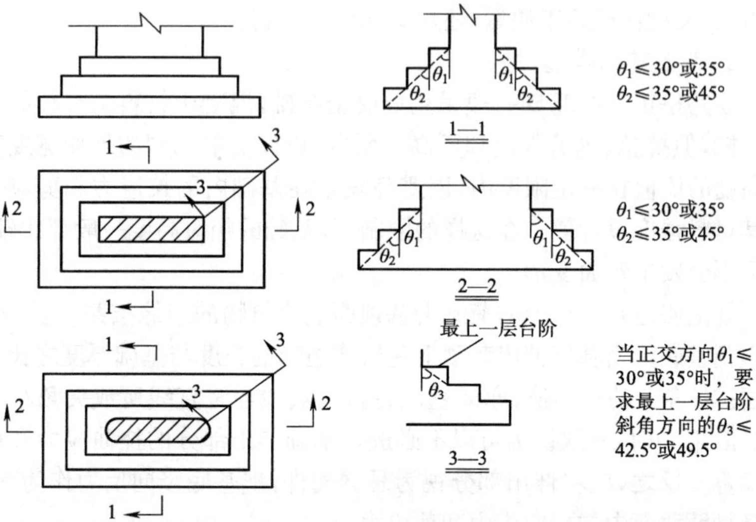

图 5-14　双向受力矩形墩台和单向、双向受力圆端形桥墩明挖基础坡线夹角

(3)需要同时调整最上一层台阶两正交方向襟边宽度(或同时调整最上一层台阶两正交方向坡线与竖直线所成的夹角θ_1'和θ_1'')的规定如图 5-15 所示。要求采取切角措施是为了保证台阶不发生破裂。

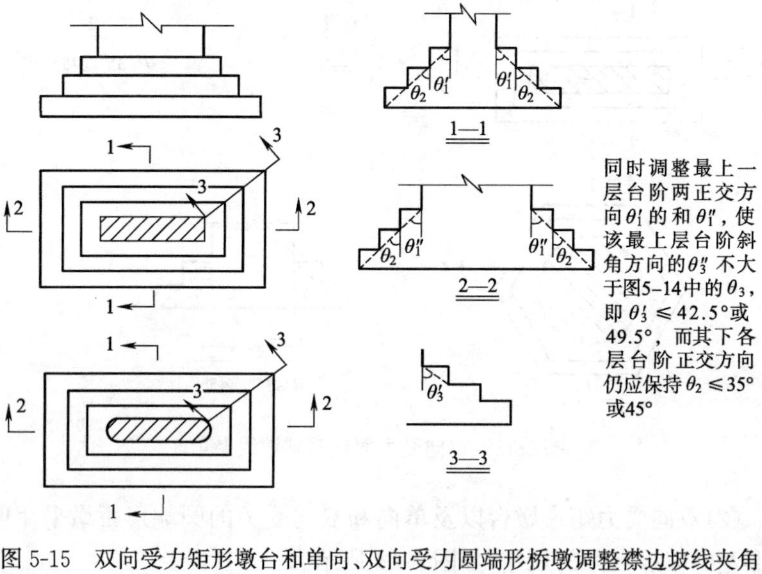

图 5-15　双向受力矩形墩台和单向、双向受力圆端形桥墩调整襟边坡线夹角

上述荷载扩散角的大小不仅随基础材料种类而异，而且与土的类别以及基底反力的大小有一定的关系，但是这些关系比较复杂，目前尚缺乏这方面的全面分析资料，规范中的 θ 角规定暂按材料的种类确定。《59 年桥规》规定 θ 角：混凝土为 35°，石砌圬工为 30°。从对京广、津浦、石太等线的旧桥基础开挖资料和公路部门的实践来看，《59 年桥规》中的规定是比较保守的。自 1966 年以来，某些新建铁路已打破这种规定，采用混凝土为 45°，石砌圬工为 35°，因而 1975 年起规范改为 45°和 35°。《2005 年基础桥规》考虑桥梁基础大多为混凝土基础，所以规范中只列出混凝土基础的扩散角不应大于 45°。同时考虑到双向受力基础和圆端形桥墩采用矩形基础的基础角点受力较大，基础易破裂，所以为偏于安全考虑，规定这些基础的最上面一层台阶正交方向的坡线与竖直线所成夹角不应大于 35°，或按需要调整最上面一层台阶两正交方向的襟边宽度，但其斜角处坡线与竖直线所成的夹角不得大于上述正交方向为 35°夹角时斜角处坡线与竖直线所成的交角，即不得大于 44.7°；其下各层台阶正交方向的夹角不大于 45°。

上述规定《2017 年基础桥规》没有变化。

第6章 桩基础

6.1 一般规定

6.1.1 桩基础类型

6.1.1.1 基础桥规规定

6.1.1条规定：

桩基础类型应根据地质、水文等条件按下列原则选定：

1 打入桩可用于稍松至中密的砂类土、粉土和流塑、软塑的黏性土，振动下沉桩可用于砂类土、粉土、黏性土和碎石类土，桩尖爆扩桩可用于硬塑黏性土以及中密、密实的砂类土和粉土。

2 钻孔灌注桩可用于各类土层、岩层。

3 挖孔灌注桩可用于无地下水或地下水量不多的土层。

4 管柱基础可用于深水、有覆盖层或无覆盖层、岩面起伏等桥址条件，可支承于较密实的土或新鲜岩层内。

6.1.1.2 条文解读

桩基础类型应根据地质、水文等条件选定，常用桩基础类型有打(沉)入桩、钻孔桩、挖孔桩和管柱等。

1. 打(沉)入桩基础

打(沉)入桩按桩的材质分为钢筋混凝土桩(方桩)、预应力混凝土管桩、钢管桩等；按沉桩工艺分为静力压桩、锤击沉桩、振动沉桩和射水辅助沉桩等，见表6-1。

表6-1 打(沉)桩机械选型

打(沉)桩机类型		适用范围
蒸汽打桩机	单作用汽锤	适宜于打各类桩
	双作用汽锤	适宜于打各类桩，且便于打斜桩；使用压缩空气时，可在水下打桩；可用于拔桩

续上表

打(沉)桩机类型		适用范围
柴油打桩机	柴油锤	轻型宜于打木桩、钢板桩;重型宜于打钢筋混凝土桩、预应力混凝土管桩、钢管桩;不适于在过硬或过软土层中打桩
振动沉拔桩机	振动锤	用于沉拔钢板桩、钢管桩、钢筋混凝土桩、预应力混凝土管桩;宜用于砂土、塑性黏土及松软砂黏土
静力压拔桩机		适用于压拔板桩、钢板桩、型钢桩和各种钢筋混凝土桩;宜用于软土基础及地下铁道明挖施工中

静力压桩适用于软黏土、淤泥质土;锤击沉桩适用于黏性土、砂土;振动沉桩适用于密实的黏性土、砾石、风化岩中锤击沉桩效果较差的地质情况;射水辅助沉桩适用于密实的砂土、碎石土、砂砾土锤击法和振动沉桩法有困难的沉桩施工。

打(沉)入桩机械包括蒸汽打桩机、柴油打桩机、振动打桩机和静力压桩机。周围环境对沉桩机械噪声有限制时,宜选用液压式静力压桩机;当采用锤击法沉桩时,应选择锤击打桩机;振动法沉桩时应选择振动沉桩机。

2. 钻孔灌注桩基础

钻孔灌注桩的成孔机械主要有冲击钻机、旋挖钻机和全套管钻机等,见表 6-2。

表 6-2　钻机选型

钻机类型	适用的地层条件	对环境的影响	
		振动及噪声	泥浆污染
正循环旋转钻机	黏性土,砂类土,含少量砾石、卵石(含量少于20%)土,软岩	低	有
反循环旋转钻机	黏性土,砂类土,含少量砾石、卵石(含量少于20%,粒径小于钻杆内径 2/3)土,软岩	中	有
冲击钻机	黏性土,砂类土,砾石,卵石,漂石,软硬岩层及各种复杂地质,但不宜在液化粉细砂地层使用	中	有
旋挖钻机	各种土质地层,砂类土,砾石,卵石	低	有
全套管钻机	黏性土层,砂类土,但不宜在地下水位下有厚于5 m 细砂层时使用	中	无
全液压动力头钻机	各种软硬岩层	中	无

在坚实岩石、卵石和漂石地质条件下钻孔时，可采用冲击式钻孔机。冲击钻孔在碎石类土、岩层中宜用十字形钻头；在砂黏土、砂和砂砾石层中宜用管形钻头。

旋挖钻机适用于砂性土、砂卵砾石层和中等硬度以下基岩的施工，施工前应根据不同的地质情况选用不同类型的钻头。旋转式钻机可适应包括各种黏性土、砂性土、胶结紧密的砂夹卵石层、基岩等各种地质，但当在卵石地层且卵石粒度大于钻杆内径 2/3 时不宜采用旋转式钻机，旋转式钻机可分为正循环旋转钻机和反循环旋转钻机，除特殊地质防塌孔外宜采用反循环旋转钻机。

套管钻机适用于砂类土和黏性土层钻孔，当地下水位以下有厚于 5 m 的细砂层时，应选用上拔力较大的钻机。套管下沉总深度，应按土层紧密情况和机械上拔力大小决定。不宜采用全套管钻机对坚硬岩石钻孔，全套管钻机不宜在表土过软或水上作业。

3. 挖孔灌注桩基础

挖孔灌注桩作为一种简单实用的施工技术，其特点是相对造价较低，不需要大型施工机具，对场地的要求不高、可控性强，凡人员能够到达的地方，就可以组织挖孔桩施工。挖孔桩在低水位非饱和土中成孔，可进行彻底清孔，直观检查持力层，因此质量稳定性较高。但施工中应特别注意人身安全保护措施，如孔口防护措施、人员上下方式、排水措施以及井壁支护措施必须到位。该施工方法因人员施工安全隐患较大以及机械化程度不断提高，新建铁路桩基设计时已很少采用。

挖孔灌注桩可用于无地下水或地下水量不多桩基，一般孔深 10～20 m 且不超过 30 m 的黏性土、黄土及人工填土地层中。若在地下水较高、含水量丰富的砂砾石地层中挖孔，大量的渗水会使孔壁浸泡流淌造成坍孔，松散的砂砾石地层会使挖孔护壁无法与围岩密贴、顶紧，形成不了强有力的支撑，井孔周围经常坍塌，危及人身安全。有的采取边挖孔边抽水，将桩侧细颗粒掏走，引起地面下沉，甚至导致护壁整体滑脱；还可能将相邻桩新灌注混凝土的水泥颗粒带走，造成离析。在流动性淤泥中实施强制性挖孔，引起大量淤泥发生侧向流动，导致土体滑移将桩体推歪、推断。一旦排水设施发生故障，井孔就会被水淹没，发生安全质量事故。

对同一墩台桩孔的开挖次序需根据现场具体情况，并结合设计地质、桩位布置、桩间距等综合进行确定，施工过程中应遵循“对角、跳孔、中孔超前”的原则。当同一墩台孔桩同时开挖时，桩孔应分为两三个批次开挖，各批次之间应错开 2～3 m 的开挖距离，并严守跳孔的原则。当地质情况与实际情况不符，出现持力层承载力不足的情况时，必须充分查清地质情况，取得可靠的试验参数。

4. 管柱基础

管柱基础一般适用于深水、有潮汐影响，有覆盖层或无覆盖层，基岩层面不平整的条件，以及在其他一些不宜采用别的基础类型的情况，但管柱基础不适用于有严重地质缺陷的地区。管柱需埋入土层一定深度，可支承于较密实的土或新鲜岩层内，其顶部的钢筋混凝土承台支托桥墩(台)及上部结构，作用在承台的全部荷载，通过管柱传递到深层的密实土或岩层上。水位的变化对管柱施工影响不大，如下沉管柱，钻岩及灌注水下混凝土可不受水位限制，全年均能施工。

如武汉长江大桥持力层在水面之下深达 40 m，而洪水期长达 8 个月，显然对采用气压沉箱不利；基岩表面不平，在同一墩位处高差达 5～6 m，也不能用沉井基础。在此情况下，管柱基础最为适宜，它不受水深限制，且下端可锚固于岩盘，无需较厚的覆盖层维持柱体稳定，而基础是由分散的柱体支承于岩面，故岩面不平也易于处理。

我国采用管柱基础最大水深近 70 m，其中覆盖层厚度为 45 m，管柱也可在没有覆盖层的岩层上或在岩面起伏的位置修建基础。管柱下沉可穿过各种土层，包括黏土、胶结卵石、孤石、溶洞以及清除金属障碍物。

管柱内钻岩可增加岩石的承载能力，增加抗滑动的稳定性，或用于冲刷较严重的地方。钻岩支承的管柱群基础是深水基础常用的结构形式，曾在一些大型桥梁中采用。另一类基础中管柱的作用类似强迫下沉的薄壁沉井，多见于双柱式桥墩，例如 1962 年建成的向(塘)九(江)铁路南昌赣江公铁两用桥，用 2 根直径 5.8 m 管柱为基础，是当时中国直径最大的管柱。

管柱基础一般情况下宜优先考虑采用预应力混凝土管柱，少量制造时也可采钢管柱。普通钢筋混凝土管柱在振动下沉时弹性变形大，且容易破裂，振动冲击能消耗在弹性变形中，增加下沉难度，甚至混凝土脱落而不能继续下沉。例如，某两座大桥采用直径 3.6 m 钢筋混凝土管柱，破损管柱占总根数的14.4%，裂缝产生时平均入土深度25.2 m，另一桥采用8∶1斜度下沉直径2.55 m钢筋混凝土管柱，破损管柱占总根数的28%，裂缝产生时平均入土深度24 m。所以，《75年桥规》第2—541条就有入土深度超过25 m时，不得采用无预应力钢筋混凝土管柱的规定。

管柱系装配式构件，管节由上、下法兰盘通过螺栓联结，管柱的最底一节下边带有刃脚，刃脚的作用是使管柱穿越覆盖层切入基岩风化层。

管柱基础是作为可以避免工人在水下作业的一种机械化施工的水下深基础，在《75年桥规》及以前是单独成章的。作为桩基础一种的管桩基础与管柱基础不同之处主要在于后者的直径通常比前者的直径要大，一般为1.5～5.0 m，而施工时需用大型振动打桩机，施工工艺也与管桩基础不同。但从其受力角度来说，管柱基础与管桩基础没有根本的区别，所以从《99年基础桥规》开始就将管柱基础列入桩基础章节之内。

为了提高基桩的承载力，有时在预制管桩时在桩底采取爆破方法，使桩尖扩大，以增大桩底的支承面积，这种基桩通常称为桩底爆扩桩，或简称爆扩桩。爆扩桩可用于砂类土、砂黏土、黏砂土、硬塑黏性土及砂夹卵石土中。对于钻、挖孔灌注桩，也可采取扩大桩底来提高桩的承载力。

6.1.2　桩基础根数

6.1.2.1　基础桥规规定

6.1.2条规定：

桩基础可设计为单根桩或多根桩形式。

6.1.2.2　条文解读

桩基础可以是单根桩（如一柱一桩的情况），也可以是单排桩或多排桩。对于双柱式桥墩单排桩基础，桩间在地面处以横系梁相连，以加强各桩的横向联系。多数情况下桩基础是由多根桩组成的群桩基础，基桩可全部或部分埋入地基土中。群桩基础中所有桩的顶部由承台连成一整体，在承台上再修筑墩身或台身。

多排桩基础稳定件好、抗弯刚度大、能承受较大的水平荷载，但承台尺寸大，施工困难，甚至影响航道；单排桩基础能较好地与柱式墩台结构形式配合，圬工量小，且施工较方便。因此，当桥跨不大、桥高较矮时，或单桩承载力较大,也可以采用单排桩基础。而对较高的桥台、拱桥桥台、制动墩和单向水平推力墩则多用多排桩基础。

6.1.3 桩基础承台底面高程

6.1.3.1 基础桥规规定

6.1.3 条规定:

桩基础承台底面高程应根据受力情况以及地质、水流、施工等条件综合考虑后确定,并应符合下列规定:

1 冻胀土地区,当承台底设置在土中时,承台底面高程应位于冻结线以下不少于 0.25 m。当承台底设置在不冻胀土层中时,承台埋深可不受冻深的限制。

2 有流冰的河流,承台底面高程应在最低冰层底面(冻结线)以下不少于 0.25 m。

3 在通航和筏运河流中,承台底面高程应考虑防洪、通航、结构受力和施工条件综合确定。

6.1.3.2 条文解读

通常桩基础由基桩和承台组成。承台底面高程的确定,应考虑桩基受力的大小。通常,当作用于桩基的水平外力和弯矩较大,或桩侧土壤较差时,为了减小桩的长度和桩身弯矩、剪力,将承台底面高程降低;反之,可将承台底面高程抬高。在没有流冰和不通航的河流上,为了节省墩台身的圬工和便于施工,往往将承台底面置于施工水位以上。对于航运繁忙和有严重流冰的河流,为避免船只和排筏直接撞击基桩以及流冰撞击基桩,前一种情况,应将承台底面适当降低,或在承台四周通航水位以下一定深度设置防撞设施;后一种情况,流冰河流应将承台底面置于最低流冰时冰层底面以下不少于 0.25 m 处。当承台底面置于土中时,为避免因土壤冻胀对承台底面产生上顶力,以致使基桩拉断,承台底面应位于冻结线以下不少于 0.25 m;对于非冻胀性土壤,如砂夹卵石、粗砂和中砂则不受此限。

对于承台底面高出最高结冰水位的高桩承台,采用管桩时,为考虑冰冻对管桩的影响,应将受到冰冻影响范围内的管桩身中填充混凝土(其下可填充砂)。

6.1.4 不同类型桩的规定

6.1.4.1 基础桥规规定

6.1.4 条规定：

同一桩基不应同时采用摩擦桩和柱桩，不宜采用不同直径、不同材料、桩端高程相差过大的摩擦桩。

6.1.4.2 条文解读

摩擦桩的沉降通常大于柱桩的沉降。在同一桩基中，同时采用摩擦桩和柱桩容易引起桩基不均匀沉降，导致墩台倾斜。同样，不同直径、不同材料、桩端高程相差过大的摩擦桩由于刚度的差异，也容易引起桩基不均匀沉降。在同一桩基中，采用不同直径、不同材料和长度相差过大的基桩，不仅设计复杂，而且施工中容易产生差错。

虽然《建筑桩基技术规范》(JGJ 94—2008) 取消了《建筑桩基技术规范》(JGJ 94—94)"同一结构单元宜避免采用不同类型的桩"的规定，但对于铁路桥梁基础，为满足高速行车严格的变形要求，强调同一桩基不应同时采用摩擦桩和柱桩，不宜采用不同直径、不同材料、桩端高程相差过大的摩擦桩是非常必要的。

桩端高程不一致大多发生在端承型桩中，当同一承台下桩端持力层起伏不大，各桩进入持力层深度不等时，桩基的承载力和变形与桩端等高的桩基的差异只要在可控的范围时，也不必苛求桩端高程非得一致。

当同一承台下桩端持力层起伏很大，或相邻承台下桩端持力层起伏很大时，桩端持力层的受力性状便复杂起来。此时应考虑桩端持力层的构造，必须验算并保证持力层的稳定性。要结合具体情况综合判断，尽量减少桩端高程差异，必要时改变桩型，加大桩端进入持力层的深度等，处理方案不宜千篇一律。《建筑桩基技术规范》(JGJ 94—94)规定"同一基础相邻桩的桩底高程差，对于非嵌岩端承型桩，不宜超过相邻桩的中心距"，力图减少桩端侧阻和端阻的叠加干扰。如这种处理方法也难以实现时，需要进一步研究。

在岩溶发育区，不得已时采用不等长桩要充分考虑邻近岩溶对桩持力层的影响；桩长差别较大时，需考虑长短桩的内力分布。

在地面坡较陡、岩面起伏较大的非岩溶地区，当桩尖位于硬质岩考虑采用不等长桩时，其不等长桩之间的桩底连线与水平线之间的夹角应不大于岩层的内摩擦角。

总之，除因地面坡较陡、岩面起伏较大的复杂山区和岩溶发育等地区外，一般不宜采用长度相差过大的桩。

6.1.5 试　　桩

6.1.5.1　基础桥规规定

6.1.5条规定：

对于地质复杂的重要桥梁，摩擦桩的容许承载力应通过试桩确定。

6.1.5.2　条文解读

何谓地质复杂，《铁路工程地质勘察规范》(TB 10012—2019)条文说明：地质复杂除指不良地质、特殊岩土发育外，一般还针对地层 、岩性、地质构造、水文地质条件复杂而言。如地层紊乱、层序层次不易判明；岩性混杂、风化严重，软、硬、松、密物质规律性差；堆积层与基岩接触面较陡；地质构造复杂、倾斜不利、断裂交错、挤压破碎严重、破碎带宽；地下水规律性差，流向、流速、流量不定，含水地层紊乱；还包括新构造运动发育地区(如青藏高原地区)、风雪危害严重地区等。

按岩土的阻力确定单桩的容许承载力，一般可按本规范 6.2.2 条计算。该条中的许多数据都是根据实测资料统计分析得来的，但用于具体工点可能会有偏差，因此在设计时宜通过试桩进行验证，打入桩可在施工时以冲击试验验证。

从全国范围来看，单桩极限承载力的确定较可靠的方法仍为桩的静载荷试验。虽然各地有用经验方法估算单桩极限承载力，如用静力触探指标估算等方法，但也都与载荷试验建立相应关系。根据经验确定桩的承载力一般比实际偏低较多，从而影响了桩基技术和经济效益的发挥而造成浪费，但也可能有不安全以致发生工程事故。故本规范推荐应以静载荷试验为主要手段进行试桩验证。

确定单桩极限承载力试桩应在施工前进行，目的是为设计选定桩型和桩端持力层、掌握桩侧桩端阻力分布并为确定基桩承载力提供依据；同时也为施工单位在新的地基条件下设定并调整施工工艺参数进行必要的验证。本条强调地质复杂的重要桥梁的摩擦桩，为避免出现过大偏差影响结构安全，必须进行试桩，通过对代表具体工点情况的实测资料统计分析，综合确定单桩的容许承载力。对缺乏地区经验的铁路桥梁工程，为获得既经济又可靠的设计施工参数，减少盲目性，前期试桩尤为重要。

桩基础试验主要包括单桩轴向承载力静载试验、单桩水平承载力静载试验和群桩水平承载力静载试验，铁路桥梁桩基础通过桩的承载力静载试验优化或验证设计。20 世纪 70 年代以前，铁路桥梁桩基础中桩的承载力试验仅限于单桩轴向承载力静载试验，而试验方法往往不完全一致。1975 年颁布的《铁路工程技术规范　第二篇：桥涵》在总结新中国成立以来相关经验基础之上，参考国外有关资料，除对桩的轴向承载力静载试验作了统一的规定外，并增加了单桩水平承载力静载试验的规定。

目前铁路桥梁试桩按《铁路工程基桩检测技术规程》（TB 10218—2019）要求进行，该规程主要是针对我国铁路工程中惯用的慢速维持荷载法进行了技术规定。

静载试验方法是确定单桩竖向承载力最可靠的方法，但由于单桩静载试验的费用、时间、人力消耗都较高，大量推广应用是不现实的。考虑铁路桥梁大吨位基桩的采用，传统的静载方法难以适应，因此一种新的静载试验方法——自平衡法应运而生。与传统的静载方法相比，不需要大型反力设备，通过在桩身下部（或底部）埋设加载箱测量压力、位移来完成静载试验。对于设计荷载大、地理环境复杂的桩，可采用自平衡法试验。目前《建筑基桩自平衡静载试验技术规程》（JGJ/T 403—2017）已经颁布，除单桩轴向承载力静载试验外，该规程对单桩抗拔静载试验、单桩水平静载试验也做了具体规定。自平衡法静载试验基桩检测方法详见附录 C。

也有学者对桩基承载力自平衡法的可靠性提出质疑，认为桩基承载力自平衡法在理论和实际应用中还是存在一定的问题，指出用此法测试的摩擦桩桩土体系极限承载力具有不确定性和不安全性。

关于桩基静载试验数量，《高速铁路桥涵工程施工质量验收标准》（TB 10725—2018）和《铁路桥涵工程施工质量验收标准》（TB 10415—2018）规定桩基静载试验数量由设计单位确定，然而在铁路设计规范中却没有具体的规定。

一个工程中应取多少根桩进行静载试验，国内相关行业标准也没有统一规定。

《建筑基桩检测技术规范(JGJ 106—2014)和《建筑桩基技术规范》(JGJ 94—2008)规定：检测数量不应少于同一条件下桩基分项工程总桩数的1%，且不少于3根；当总桩数小于50根时，检测数量不应少于2根。

《港口工程桩基规范》(JTS 167-4—2012)规定：试验桩的数量应根据地质条件、桩的材质、桩径、桩长、桩尖型式和工程总桩数等确定；总桩数在500根以下时，试桩不应少于2根；总桩数每增加500根，宜增加1根试桩。根据地质条件、桩的类型、当地经验等情况可适当增减。

《公路桥涵施工技术规范》(JTG TF50—2011)规定：勘测设计阶段的试桩数量由设计部门确认。施工阶段的试桩数量应根据设计要求和工程地质条件确定，但不宜少于2根。

《公路桥涵地基与基础设计规范》(JTG 3363—2019)规定：对于桩的入土深度远超过常用桩，地质情况复杂难以确定桩的承载力，新型桩基础或采用新工艺施工的桩基础以及有其他特殊要求的桥梁用桩的大桥、特大桥，应通过静载试验确定单桩承载力，但静载试验数量没有明确。

综合上述规范的规定及工程经验总结，静载试验数量原则上可以考虑在相同地质情况下，桩基静载试验数量不宜少于工程桩数的1%，且每个场地不少于3根；但在有一定设计经验地区，桥梁试桩工点和数量应根据实际情况选取。

京沪高速铁路桥梁桩基桩总数约32万根，按照以往桩基静载试验数量为桩基总数的1%计约3 200根。由于试桩数量大，费用高，因此参考其他客运专线的做法，提出摩擦桩试桩数量建议每公里1根；地质情况较为复杂地段，原则上每种类型的岩石建议试桩地基1根；另外，每座桥应至少有1根试桩。基于上述原则，京沪高速铁路工程试桩约1 100根，主要进行承载力是否满足设计要求的试验，施加荷载至设计值2倍。

郑西高速铁路三门峡至灵宝段桥梁采用钻孔灌注桩基础，桩数多且桩较长，基桩穿过砂质黄土、黏质黄土、砂及卵砾石层等，尤其是基桩穿过湿陷性黄土遇水后存在桩侧摩阻力折减和负摩阻力问题。为合理确定桩侧摩阻力、基桩承载力等设计取值，进行了基桩静载试验和基桩穿过湿陷性黄土浸水载荷试验。试桩位置、直径、长度及试验工作量见表6-3。

表 6-3　试桩位置、直径、长度及试验工作量

桥　　名	试桩位置	试桩直径及长度(m)		试验工作量(组)	
		直径	长度	竖向	水平
苍龙涧河特大桥	DK248＋552	0.80	54.00	2	—
陕县特大桥	DK249＋417	1.00	55.00	2	2
好阳河特大桥	DK262＋555	1.25	44.00	1	—
灵宝特大桥	DK284＋518	1.00	64.50	4	4
	DK286＋429	1.25	69.00		
阳平河特大桥	DK296＋948	1.00	45.00	2	—
高柏特大桥	DK301＋087	1.25	80.00	1	—
枣香河特大桥	DK307＋601	1.25	43.37	1	1
十二里河特大桥	DK3I4＋397	1.00	65.50	2	1
双桥河特大桥	DK332＋027	1.00	71.00	2	2

郑西高速铁路三门峡至灵宝段桥梁通过桩基静载试验，获得了实测桩周不同土层在天然状态下的单桩竖向承载力、水平承载力、地基土水平抗力系数的比例系数、桩侧摩阻力分布等数值；通过单桩穿过湿陷性黄土浸水载荷试验，获得了实测桩周湿陷性黄土在天然状态和浸水饱和状态下的单桩竖向承载力、水平承载力、地基土水平抗力系数的比例系数、桩侧正负摩阻力分布等数值。桩基试验为该段桥梁桩基优化设计提供了依据。

6.2　计　　算

6.2.1　确定单桩竖向极限承载力原则

6.2.1.1　基础桥规规定

6.2.1条规定：

单桩的轴向容许承载力应分别按桩身材料强度和岩土的阻力进行计算，取其较小值。按岩土的阻力确定桩的容许承载力时，可按本规范第6.2.2条进行计算。

6.2.1.2　条文解读

《59年桥规》规定根据土壤阻力计算桩的承载力时，取决于土壤的分类和性质、桩的入土深度、截面尺寸及施工方法（水冲法、不用水冲法、振动打桩法、深层爆炸法、螺旋法及钻孔法等）；桩的承载力应为桩尖阻力及桩身摩擦力之和，并按《59年桥规》附录ⅩⅤ计算；但在施工时应以试验确定。同时规定了根据材料强度计算桩的承载力方法。

（1）不同种类的土壤，有不同的内摩擦角、孔隙比及塑性指数，这都直接影响桩与土的接触阻力。如粗砂夹卵石与流态塑性的砂黏土对桩的极限摩擦力显然不同。

（2）由摩擦桩与柱桩的承载能力公式计算可以看出，当桩的入土深度与桩截面愈大，桩的承载能力也将愈大。

（3）不同的施工方法影响桩与土壤的接触关系。用水冲法沉桩，桩周围的土壤被松动，减弱了桩的承载力；振动打桩法使土壤内部结构产生了改变；深层爆炸法与螺旋法增大了桩端承压面积，加大了土壤对桩的承载力；钻孔法保持了土壤的原状。所以在决定桩的承载能力时必须考虑施工方法的影响。

由于影响土壤性质的因素甚多，土体中地质变化也极其复杂，对土体内部尚缺乏完善研究，故《59年桥规》按附录ⅩⅤ办法确定出桩的承载力尚须在施工时试桩验证。

而根据材料强度确定桩的承载力通常是按轴向受压的杆件公式计算。

《75年桥规》比《59年桥规》表达更加明确：基桩在轴向力作用下破坏的可能性有两种，一是由于桩本身材料强度不足所引起，二是由于桩侧土的摩擦力和桩尖土的阻力不够所造成。因此基桩的轴向容许承载力应分别按桩身材料强度和土的阻力（包括桩侧土的摩擦力和桩尖土的阻力）确定，取其较小者。按土的阻力确定单桩的容许承载力，一般应通过现场试桩的静载试验来求得。如无条件进行试桩试验时，可按《75年桥规》第2—472条计算，但为了使设计更符合实际，对于打入桩，在施工时应借冲击试验用动力公式进行验证，以调整计算中的有关参数。

《85年桥规》和《99年基础桥规》对这条规定没有变化。

随着桩基承载力验证资料的积累，在保证安全的基础上可适当减少试桩范围。《2005 年基础桥规》取消了《75 年桥规》按土的阻力决定桩的容许承载力，一般通过试桩确定的规定；6.2.1 条修改为按岩土的阻力决定桩的容许承载力时，可按规范的 6.2.2 条进行计算，并宜通过试桩验证；同时又新增 6.1.5 条对重要桥梁或地质复杂的桥梁，摩擦桩的容许承载力应通过试桩确定来进行补充。

《2017 年基础桥规》6.2.1 条则直接取消了《2005 年基础桥规》宜通过试桩验证、打入桩在施工时应以冲击试验验证的规定。规范 6.1.5 条修改为：对于地质复杂的重要桥梁，摩擦桩的容许承载力应通过试桩确定。从而把需要试桩的范围进一步缩小。

6.2.2 单桩的轴向容许承载力

6.2.2.1 基础桥规规定

6.2.2 条规定：

单桩容许承载力可按岩土的阻力确定，并符合下列规定：

1 打入、振动下沉和桩尖爆扩摩擦桩的轴向受压容许承载力应按式(6.2.2—1)计算。

$$[P]=\frac{1}{2}(U\sum a_i f_i l_i+\lambda ARa) \qquad (6.2.2—1)$$

式中 $[P]$——桩的容许承载力(kN)；

U——桩身截面周长(m)；

l_i——各土层厚度(m)；

A——桩底支承面积(m^2)；

a_i，a——振动沉桩对各土层桩周摩阻力和桩底承压力的影响系数(见表 6.2.2—1)，对于打入桩其值为 1.0；

λ——系数，见表 6.2.2—2；

f_i——桩周土的极限摩阻力(kPa)，可根据土的物理性质查表 6.2.2—3 确定，或采用静力触探试验测定，即 $f_i=\beta_i\bar{f}_{si}$，其中 $\bar{f}_{si}$为桩侧第 i 层土经静力触探测得的平均侧摩阻力(kPa)，当 $\bar{f}_{si}<5$ kPa 时，可采用 5 kPa；β_i 为桩侧摩阻综合修正系数，按下列判别标准选用相应的计算公式(不适用于以城市杂填土为主的短桩，β_i 用于黄土地区时

应做试桩校核)：当桩侧第 i 层土的 $\bar{q}_{ci}>2\ 000$ kPa 且 $\bar{f}_{si}/\bar{q}_{ci}\leqslant 0.014$ 时，$\beta_i=5.067\ (\bar{f}_{si})^{-0.45}$，当不满足上述 $\bar{q}_{ci}$ 和 $\bar{f}_{si}/\bar{q}_{ci}$ 条件时，$\beta_i=10.045\ (\bar{f}_{si})^{-0.55}$；$\bar{q}_{ci}$ 为相应于 $\bar{f}_{si}$ 土层中桩侧触探平均端阻；

R——桩尖土的极限承载力(kPa)，可根据土的物理性质查表6.2.2—4确定，或采用静力触探试验测定，即 $R=\beta\bar{q}_c$，其中 $\bar{q}_c$ 为桩尖(不包括桩靴)高程以上和以下各 $4d$(d 为桩的直径或边长)范围内静力触探平均端阻力 $\bar{q}_{c1}$ 和 $\bar{q}_{c2}$(均以 kPa 计)的平均值，$\bar{q}_{c1}>\bar{q}_{c2}$ 时 $\bar{q}_c$ 取 $\bar{q}_{c2}$ 的值；β 为桩端阻的综合修正系数，按下列判别标准选用相应的计算公式(不适用于以城市杂填土为主的短桩，β 用于黄土地区时应做试桩校核)：当桩底土的 $\bar{q}_{c2}>2\ 000$ kPa 且 $\bar{f}_{s2}/\bar{q}_{c2}\leqslant 0.014$ 时，$\beta=3.975\ (\bar{q}_c)^{-0.25}$，当不满足上述 $\bar{q}_{c2}$ 和 $\bar{f}_{s2}/\bar{q}_{c2}$ 条件时，$\beta=12.064\ (\bar{q}_c)^{-0.35}$；$\bar{f}_{s2}$ 为相应于 $\bar{q}_{c2}$ 土层中桩底触探平均侧阻。

表 6.2.2—1　振动下沉桩系数 a_i，a

桩径或边宽＼土的种类	砂类土	粉　土	粉质黏土	黏　土
$d\leqslant 0.8$ m	1.1	0.9	0.7	0.6
$0.8\ \text{m}<d\leqslant 2.0$ m	1.0	0.9	0.7	0.6
$d>2.0$ m	0.9	0.7	0.6	0.5

表 6.2.2—2　系数 λ

D_p/d＼桩尖爆扩体处土的种类	砂类土	粉　土	粉质黏土 $I_L=0.5$	黏　土 $I_L=0.5$
1.0	1.0	1.0	1.0	1.0
1.5	0.95	0.85	0.75	0.70
2.0	0.90	0.80	0.65	0.50
2.5	0.85	0.75	0.50	0.40
3.0	0.80	0.60	0.40	0.30

注：d 为桩身直径，D_p 为爆扩桩的爆扩体直径。

表 6.2.2—3 桩周土的极限摩阻力 f_i(kPa)

土的种类	土性状态	极限摩阻力 f_i
黏性土	$1 \leqslant I_L < 1.5$	15～30
	$0.75 \leqslant I_L < 1$	30～45
	$0.5 \leqslant I_L < 0.75$	45～60
	$0.25 \leqslant I_L < 0.5$	60～75
	$0 \leqslant I_L < 0.25$	75～85
	$I_L < 0$	85～95
粉　土	稍　密	20～35
	中　密	35～65
	密　实	65～80
粉、细砂	松　散	20～35
	稍、中密	35～65
	密　实	65～80
中　砂	稍、中密	55～75
	密　实	75～90
粗　砂	稍、中密	70～90
	密　实	90～105

表 6.2.2—4 桩尖土的极限承载力 R(kPa)

土的种类	土性状态	桩尖极限承载力		
黏性土	$1 \leqslant I_L$	1 000		
	$0.65 \leqslant I_L < 1$	1 600		
	$0.35 \leqslant I_L < 0.65$	2 200		
	$I_L < 0.35$	3 000		
		桩尖进入持力层的相对深度		
		$\frac{h'}{d} < 1$	$1 \leqslant \frac{h'}{d} < 4$	$4 \leqslant \frac{h'}{d}$
粉　土	中　密	1 700	2 000	2 300
	密　实	2 500	3 000	3 500

续上表

土的种类	土性状态	桩尖极限承载力		
粉砂	中密	2 500	3 000	3 500
粉砂	密实	5 000	6 000	7 000
		桩尖进入持力层的相对深度		
		$\frac{h'}{d}<1$	$1\leqslant\frac{h'}{d}<4$	$4\leqslant\frac{h'}{d}$
细砂	中密	3 000	3 500	4 000
细砂	密实	5 500	6 500	7 500
中、粗砂	中密	3 500	4 000	4 500
中、粗砂	密实	6 000	7 000	8 000
圆砾土	中密	4 000	4 500	5 000
圆砾土	密实	7 000	8 000	9 000

注：h'为桩尖进入持力层的深度(不包括桩靴)，d为桩的直径或边长。

2 钻(挖)孔灌注摩擦桩的轴向受压容许承载力应按式(6.2.2—2)计算。

$$[P]=\frac{1}{2}U\sum f_i l_i+m_0A[\sigma] \tag{6.2.2—2}$$

式中 $[P]$——桩的容许承载力(kN)；

U——桩身截面周长(m)，按设计桩径计算；

f_i——各土层的极限摩阻力(kPa)：按表 6.2.2—5 采用；

l_i——各土层的厚度(m)；

A——桩底支承面积(m^2)，按设计桩径计算；

$[\sigma]$——桩底地基土的容许承载力(kPa)：当 $h\leqslant 4d$ 时，$[\sigma]=\sigma_0+k_2\gamma_2(h-3)$；当 $4d<h\leqslant 10d$ 时，$[\sigma]=\sigma_0+k_2\gamma_2(4d-3)+k_2'(h-4d)$；当 $h>10d$ 时，$[\sigma]=\sigma_0+k_2\gamma_2(4d-3)+k_2'\gamma_2(6d)$，其中 σ_0、γ_2 和 h 的意义与本规范第 4.1.3 条相同；d 为桩径或桩的宽度(m)；k_2 按本规范表 4.1.3 中的数值计算；对于黏性土和黄土，k_2' 取 1.0；对于其他土，k_2' 为 $k_2/2$；

m_0——钻孔灌注桩桩底支承力折减系数，按表 6.2.2—6 采用；挖孔灌注桩桩底支承力折减系数可根据具体情况确定，一般可取 1.0。

表 6.2.2—5　钻(挖)孔灌注桩桩周极限摩阻力 f_i(kPa)

土的种类	土性状态	极限摩阻力
软　土		12～22
黏性土	流　塑	20～35
	软　塑	35～55
	硬　塑	55～75
粉　土	中　密	30～55
	密　实	55～70
粉砂、细砂	中　密	30～55
	密　实	55～70
中　砂	中　密	45～70
	密　实	70～90
粗砂、砾砂	中　密	70～90
	密　实	90～150
圆砾土、角砾土	中　密	90～150
	密　实	150～220
碎石土、卵石土	中　密	150～220
	密　实	220～420

注:漂石土、块石土极限摩阻力可采用 400 kPa～600 kPa。

表 6.2.2—6　钻(挖)孔灌注桩桩底支承力折减系数 m_0

土质及清底情况	m_0		
	$5d<h\leqslant10d$	$10d<h\leqslant25d$	$25d<h\leqslant50d$
土质较好,不易坍塌,清底良好	0.9～0.7	0.7～0.5	0.5～0.4
土质较差,易坍塌,清底稍差	0.7～0.5	0.5～0.4	0.4～0.3
土质差,难以清底	0.5～0.4	0.4～0.3	0.3～0.1

注:h 为地面线或局部冲刷线以下桩长,d 为桩的直径,均以 m 计。

3　支承于岩石层上的打入桩、振动下沉桩(包括管柱)等柱桩的轴向受压容许承载力应按式(6.2.2—3)计算。

$$[P]=CRA \qquad (6.2.2—3)$$

式中　$[P]$——桩的容许承载力(kN);

R——岩石单轴抗压强度(kPa);

C——系数,匀质无裂缝的岩石层取 0.45,有严重裂缝的、风化的或易软化的岩石层取 0.30;

A——桩底面积(m^2)。

4 支承于岩石层上与嵌入岩石层内的钻(挖)孔灌注桩、管柱等柱桩的轴向受压容许承载力应按式(6.2.2—4)计算。

$$[P]=R(C_1A+C_2Uh) \quad (6.2.2—4)$$

式中 $[P]$——桩及管柱的容许承载力(kN);

U——嵌入岩石层内的桩及管柱的钻孔周长(m);

h——自新鲜岩石面(平均高程)算起的嵌入深度(m);

C_1,C_2——系数,根据岩石层破碎程度和清底情况确定,按表 6.2.2—7 采用。

表 6.2.2—7 系数 C_1,C_2

岩石层及清底情况	C_1	C_2
良 好	0.5	0.04
一 般	0.4	0.03
较 差	0.3	0.02

注:当 $h\leqslant 0.5$ m 时,C_1应乘以 0.7,C_2为 0。

5 摩擦桩轴向受拉的容许承载力应按式(6.2.2—5)计算。

$$[P']=0.30U\sum a_i l_i f_i \quad (6.2.2—5)$$

式中 $[P']$——摩擦桩轴向受拉的容许承载力(kN);

6.2.2.2 条文解读

1. 单桩垂直承载力计算变迁过程

1950 年以前,桩和桩基础的设计及试验没有统一的方法,更无统一的规范。1950 年以后,随着中国铁路建设的蓬勃发展,要求人们不断地去研究和总结经验,制订出铁路桥梁桩基础设计、试验规范和规则,用以指导铁路桥梁的建设。20 世纪 50 年代和 60 年代初期我国有关铁路桥梁桩基础设计和试验的规范是从苏联规范翻译过来的,即《51 年桥规》和《59 年桥规》。

20 世纪 60 年代中期,我国铁路设计和科研部门开始了桩和桩基础设计、施工、试验的研究。1966 年,西南铁路建设指挥部在这些研究的基础上制订出了《铁路桥梁钻孔、挖孔灌注桩基础设计要点》和《铁路桥梁钻、挖孔灌注桩静载试验工作细则》。20 世纪 70 年代铁道部制订新的铁路桥涵设计规范时,在收集一些苏联新的打入桩试验资料和我国有关资料的基础上,对过去打入桩桩周极限摩阻力和桩底处地基土的极限承载力曲线图作了修改。同时，铁道部第二设计院和西南交通大学在收集国内已有钻、挖孔灌注桩轴向承载力试验资料的基础上进行分析，提出了支承于非岩石地基上钻、挖孔灌注桩单桩轴向承载力计算公式，列入了1975年版《铁路工程技术规范　第二篇：桥涵》中，至于支承于基岩上的钻孔灌注桩，经研究采用了铁道部大桥工程局所制订支承于基岩上管柱轴向承载力的公式。由于考虑到钻孔灌注桩直接在岩层上进行钻孔和清底，面管柱系在管柱内进行钻岩和清底，钻孔深注桩的钻孔条件不如管柱那样好，因此对钻孔灌注桩采取了较管柱要低一些的钻岩孔底承载力参数和孔侧承载力参数。1976年，铁道部根据铁路建设的需要，指定铁道部大桥工程局负责主持制订了《铁路桥梁钻孔、挖孔灌注桩基础设计、施工及试验规则》，该规则经铁道部批准，于1980年1月1日起试行。它总结了多年来的研究成果和实践经验，是我国第一本铁路桥梁桩基设计、施工和试验的专门性规范。1980年铁道部首次颁布了《静力触探使用技术暂行规定》，该规定对静力触探确定打入桩的容许承载力作了具体的规定。

1980年以后，遵照国家基本建设委员会和铁道部关于修订设计规范的要求，铁道科学研究院铁建所和西南交通大学于1981年根据打入桩承载力的静载试验分析提出了求算打入桩承载力的桩侧极限摩阻力表和桩底极限承载力表，还根据桩的静载试验分析与静力触探结果对比提出了直接由静力触探资料确定打入桩容许承载力的公式。同年，铁道部第二设计院和西南交通大学对1975年版《铁路工程技术规范　第二篇：桥涵》中支立于非岩石地基上的钻、挖孔灌注桩桩侧极限摩阻力和桩底支承力的值作了修订，并对其折减系数作了修改，该项折减系数由原来仅随土质和清底好坏确定修改成除与土质和清底好坏有关外还与入土深度有关，并列入《85年桥规》。

直至《2017年基础桥规》，单桩垂直承载力计算基本规定变化不大。

2. 打入单桩垂直承载力

(1)《51年桥规》

20世纪50年代初期，铁路桥梁打入桩的承载力一般不作较细的计算，而是按《51年桥规》确定单桩的容许承载力。后来广泛采用当时认为比较满意的巴塔列夫经验计算公式来确定由土阻力而定的单桩承载力，该公式假定桩侧土的极限摩阻力自地面至深度2 m处为三角形变化，

2 m 以下则为常数，其公式形式为

$$[p]=\frac{1}{m}fU(l-1)+A[\sigma_0+K\gamma(l-2)] \tag{6-1}$$

式中 $[P]$——桩的容许承载力(tf)；

m——安全系数(永久性桥梁，$m=2$)；

f——桩侧土的极限摩阻力(以 tf/m^2 计，当桩下沉于多层不同特征的土中时，f 按各土层的深度加权计算)；

U——桩身周长(m)；

l——桩的入土深度(m)；

A——桩底支承面积(m^2)；

σ_0——桩底土的容许承载力(tf/m^2)；

K——随土的类别而定的系数(对于砂土为 2.5，对于黏质砂土和砂质黏土为 2.0，对于黏土为 1.5)；

γ——土的容重。

(2)《59 年桥规》

《59 年桥规》根据《标准轨距铁路桥涵设计规程》(ТУПМ—56)采用经验公式(6-2)求算单桩承载力。

$$[P]=\frac{1}{2}(U\sum l_iF_i+\Omega\sigma) \tag{6-2}$$

式中 $[P]$——桩的容许承载力(tf)；

U——桩身周长(m)；

l_i——桩穿过的各土层厚度(m)；

Ω——桩的截面积(m^2)；

F_i——局部冲刷线以下桩侧各土层与桩身之间的极限摩阻力；

σ——在桩尖处土壤的极限强度。

(3)《75 年桥规》

《75 年桥规》对于打入和振动下沉摩擦桩轴向受压容许承载力的计算仍采用《59 年桥规》中的方法，但计算公式不完全相同。

$$[P]=\frac{1}{2}(U\sum a_if_il_i+\lambda ARa) \tag{6-3}$$

式中 $[P]$——桩的容许承载力(tf)；

U——桩身截面周长(m)；

l_i——各土层厚度(m);

A——桩底支承面积(m^2);

α_i,α——振动沉桩对土层桩周摩擦力和桩底承压力的影响系数,见表 6-4,对于打入桩其值均为 1.0;

f_i——各土层极限摩擦力(tf/m^2),如图 6-1 所示,在砂类土射水沉桩时(指最后 1 m 停止射水情况),f_i应减小 10%;

λ——系数,见表 6-5;

R——桩底处土的极限承载力(tf/m^2),如图 6-2 所示,对密实的砂类土,R 值可提高 30%;对碎石土、卵石土或液性指数 $I_L<0$的半干硬黏性土,R 值采用 2 000 tf/m^2。

表 6-4　振动下沉桩系数α_i和α

桩径或边宽	土的种类			
	砂类土	黏砂土	砂黏土	黏　土
$d \leqslant 0.8$ m	1.1	0.9	0.7	0.6
0.8 m$<d \leqslant 2.0$ m	1.0	0.9	0.7	0.6
$d>2.0$ m	0.9	0.7	0.6	0.5

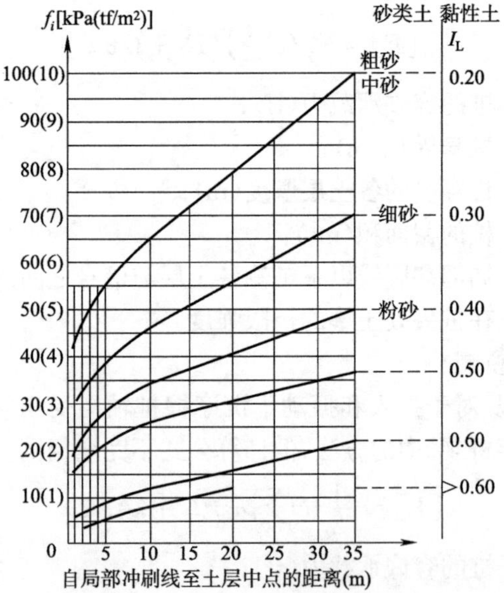

图 6-1　打入桩桩周极限摩擦力曲线

表 6-5 系数 λ

桩尖爆扩体处 D_p/d	土的种类			
	砂类土	黏砂土	砂黏土 $I_L=0.5$	黏土 $I_L=0.5$
1.0	1.0	1.0	1.0	1.0
1.5	0.95	0.85	0.75	0.70
2.0	0.90	0.80	0.65	0.50
2.5	0.85	0.75	0.50	0.40
3.0	0.80	0.60	0.40	0.30

注：d 为桩身直径，D_p 为爆扩桩的爆扩体直径。

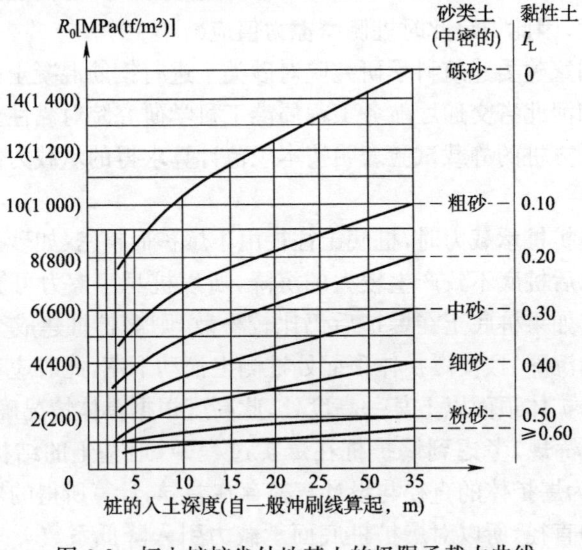

图 6-2 打入桩桩尖处地基土的极限承载力曲线

计算公式(6-3)中桩侧土极限摩擦力和桩尖极限阻力曲线图是在《59年桥规》的基础上，根据桥梁、水工、工业、民用建筑物中打入不同土内各种不同类型和不同尺寸基桩 1 200 多次静载试验资料分析结果所编制而成。

《75 年桥规》考虑到沉桩过程中振动力对于桩径较小且沉入砂类土内时对土会起到捣密作用，从而使桩侧极限摩擦力和桩尖极限阻力有所提高，但对沉入砂类土中直径较大的桩和沉入黏性土中各种直径的桩，振动力却会使土的结构遭受不同程度的破坏，致使桩侧极限摩擦力和桩尖极限阻力降低，所以计算公式中引入了考虑振动沉桩法对不同土层和不同桩径下桩周摩擦力和桩底阻力的影响系数α_i和α。

分析时曾出现同类土中，采用同样的沉桩方法，沉入同样深度，得到的数据确有相当大的离散性，甚至在同一基础中几根试桩的结果也存在离散现象。为了避免桩侧极限摩擦力值和桩尖极限阻力值在设计中选择不当出现不安全情况，最后采取了分析数据的最小值。据试验分析，打入干硬黏性土、碎石土、卵石土内 1.5～2.5 m 时，桩底极限阻力非常大，规范偏于安全采取为 2 000 tf/m^2(20 MPa)。

《75 年桥规》考虑到在砂类土中采取射水沉桩时，桩侧土会由于射水减小密实度，因此规定此时桩侧摩擦力值应减小 10%。

根据国家建委建筑科学研究院对砂类土进行钢筋混凝土打入方桩的静载试验和河北省交通厅航务工程局港工科学研究院对黏性土进行钢筋混凝土打入方桩的静载试验表明按本规范计算求得的承载力值符合实际情况。

计算爆扩桩承载力时，桩底土往往由于爆扩而挤密(如砂类土)，爆扩桩建成受力后桩底不致产生较大的沉降，所以桩身摩擦力可算至爆扩体的顶面处。如果桩底土在爆扩后仍比较松散，则爆扩桩建成受力后可能产生较大的沉降，致使爆扩体顶面处桩侧土松动下落，此时应考虑桩侧摩擦力算至爆扩体顶面以上某一高度处，此高度根据具体情况确定。

《75 年桥规》考虑到爆扩桩在爆扩过程中，地基土的结构会遭到破坏，并且认为爆扩体的直径与设计直径存在差异，计算所得的爆扩体不一定是真实的直径，所以对爆扩桩底面承载力引入降低系数 λ 来考虑这些设计中无法精确考虑到的因素。

当以试桩得的极限荷载确定基桩的容许承载力时，应采用安全系数 2.0，该规定和《59 年桥规》是一样的。

(4)《85 年桥规》

《85 年桥规》对于打入和振动下沉摩擦桩轴向受压容许承载力的计算公式仍采用《75 年桥规》中计算公式，最大的区别在于增加了桩周土的极限摩阻力表和桩尖土的极限承载力表，其他的参数没有变化。

《85 年桥规》规定：f_i 和 R 分别为桩周土的极限摩阻力(以 kPa 计)和桩尖土的极限承载力(以 kPa 计)，可根据土的物理性质查表 6-6 和表 6-7确定；或采用静力触探试验测定，此时，

$$f_i=\beta_i \overline{f}_{si}, R=\beta \overline{q}_c \tag{6-4}$$

式中 $\overline{f}_{si}$——桩侧第 i 层土经静力触探测得的平均侧摩阻力(kPa),当 $\overline{f}_{si}<5$ kPa 时,可采用 5 kPa;

$\overline{q}_c$——桩尖(不包括桩靴)高程以上和以下各 $4d$(d 为桩的直径或边长)范围内静力触探平均端阻力 $\overline{q}_{c1}$ 和 $\overline{q}_{c2}$(均以 kPa 计)的平均值,但当 $\overline{q}_{c1}>\overline{q}_{c2}$ 时,则 $\overline{q}_c$ 取 $\overline{q}_{c2}$ 的值;

β_i,β——侧摩阻和端阻的综合修正系数。

表 6-6　桩周土的极限摩擦阻力 f_i(kPa)

土　类	状　态	极限摩阻力 f_i
黏性土	$1\leqslant I_L\leqslant 1.5$	15～30
	$0.75\leqslant I_L<1$	30～45
	$0.5\leqslant I_L<0.75$	45～60
	$0.25\leqslant I_L<0.5$	60～75
	$0\leqslant I_L<0.25$	75～85
	$I_L<0$	85～95
粉　土	稍　密	20～35
	中　密	35～65
	密　实	65～80
粉、细砂	稍　松	20～35
	稍、中密	35～65
	密　实	65～80
中　砂	稍、中密	55～75
	密　实	75～90
粗　砂	稍、中密	70～90
	密　实	90～105

表 6-7　桩尖土的极限承载力 R(kPa)

土　类	状　态	桩尖极限承载力
黏性土	$1\leqslant I_L$	1 000
	$0.65\leqslant I_L<1$	1 600
	$0.35\leqslant I_L<0.65$	2 200
	$I_L<0.35$	3 000

续上表

土类	状态	桩尖极限承载力		
		桩尖进入持力层的相对深度		
		$\frac{h'}{d}<1$	$1\leqslant\frac{h'}{d}<4$	$4\leqslant\frac{h'}{d}$
粉土	中密	1 700	2 000	2 300
	密实	2 500	3 000	3 500
粉砂	中密	2 500	3 000	3 500
	密实	5 000	6 000	7 000
细砂	中密	3 000	3 500	4 000
	密实	5 500	6 500	7 500
中、粗砂	中密	3 500	4 000	4 500
	密实	6 000	7 000	8 000
圆砾土	中密	4 000	4 500	5 000
	密实	7 000	8 000	9 000

注：表中 h' 为桩尖进入持力层的深度（不包括桩靴），d 为桩的直径或边长。

当桩侧第 i 层土的 $\bar{q}_{ci}>2\ 000$ kPa，且 $\bar{f}_{si}/\bar{q}_{ci}\leqslant 0.014$ 时（$\bar{f}_{si}$ 和 $\bar{q}_{ci}$ 均以 kPa 计）：

$$\beta_i=5.067\ (\bar{f}_{si})^{-0.45} \tag{6-5}$$

当不满足上述 $\bar{q}_{ci}$ 和 $\bar{f}_{si}/\bar{q}_{ci}$ 条件时，则

$$\beta_i=10.045\ (\bar{f}_{si})^{-0.55} \tag{6-6}$$

当桩底土的 $\bar{q}_{c2}>2\ 000$ kPa，且 $\bar{f}_{s2}/\bar{q}_{c2}\leqslant 0.014$ 时（$\bar{f}_{s2}$ 和 $\bar{q}_{c2}$ 均以 kPa 计）：

$$\beta=3.975\ (\bar{q}_c)^{-0.25} \tag{6-7}$$

当不满足上述 $\bar{q}_{c2}$ 和 $\bar{f}_{s2}/\bar{q}_{c2}$ 条件时，则

$$\beta=12.064\ (\bar{q}_c)^{-0.35} \tag{6-8}$$

式中 $\bar{q}_{ci}$——相应于 $\bar{f}_{si}$ 土层中桩侧触探平均端阻；

$\bar{f}_{s2}$——相应于 $\bar{q}_{c2}$ 土层中桩底触探平均侧阻。

上列综合修正系数计算公式不适用于以城市杂填土为主的短桩。综合修正系数用于黄土地区时，应做试桩校核。

《75 年桥规》第 2—472 条中 f_i 和 R 的确定是借用了苏联规范中的

曲线。几年的实践证明，第 2—472 条中图 2—24（见图 6-1）和图 2—25（见图 6-2）曲线所给的数值偏低，应予以修订。

《85 年桥规》修订过程中，收集了沿海各省打入混凝土桩的试桩资料百余份，这些试桩的 $P—S$ 曲线都超过了极限荷载，且都有钻孔柱状图和各层土的物理性质指标。删去少许平行试验的试桩后，共取 87 根试桩进行了统计整理。

修订过程中需解决的主要技术问题之一是桩的入土深度与土的侧摩阻和端阻值是否有关。《75 年桥规》中采用的图 6-1 和图 6-2 曲线，表示土的侧摩阻和端阻都和桩的入土深度有关。国内相关行业有的规范，如工业与民用建筑地基基础设计规范却认为土的侧摩阻和端阻都与桩的入土深度无关；而港口工程技术规范认为二者有关。因而有必要做进一步分析比较。

根据古典承载力理论，认为土的承载力随覆盖压力的增加而增大。20 世纪 60 年代以来，法国在 $\phi 6.4$ m×10.4 m 的砂坑中用 $\phi 4.5$～320 mm 的桩连续压入时，观测到桩的端阻先随压入深度而增加，但当压入深度超过“临界深度”后，端阻基本保持为一常数，即所谓极限端阻，它不再随压入深度而增加。压入过程中，平均侧摩阻变化也具有与端阻相同的规律。这一现象也被美国和加拿大的试验所证实。进一步的试验还证明，若砂层上有覆盖压力时，覆盖压力增大，砂层的“临界深度”将减小，但桩的极限端阻与无覆盖压力时相同。

上述研究成果定性地说明了两个问题：首先是土层对桩端部产生的阻力有一极限值，它只决定于土的初始状态，与覆盖压力的大小无关；其次是为达到此极限端阻，桩进入该土层的深度必须超过某一“临界深度”，小于“临界深度”时，端阻随进入该土层的深度而增加。后来做的大量静力触探试验也证明上述结论是正确的。

如前所述，港口工程技术规范和《75 年桥规》是考虑桩入土深度对土的侧阻和端阻有影响的。南京大桥引桥 4 根试桩用上述规范的计算结果来分析，该 4 根试桩处于同一地貌单元，地表一层黏性土厚为 5～8.5 m，其下都是粉砂，桩在该层穿过的厚度随桩长而异，桩尖都置于细砂层顶面，桩都是 $\phi 550$ mm 的预制混凝土桩。比较计算结果列于表 6-8。

表 6-8　计算比较

编号	桩长(m)	砂层厚(m)	试桩极限荷载(tf)	估算极限荷载(tf)		误差比值	
				港口	桥规	港口	桥规
46	27.0	22.0	260	391	270	1.50	1.04
49	23.0	14.5	228	317	181	1.39	0.79
50	21.0	12.5	237	273	165	1.15	0.70
51	18.5	10.0	216	225	143	1.04	0.66

表 6-8 中的误差比值为估算极限荷载与试桩极限荷载值的比值，它随桩长而增大，随砂层厚度的增大而有规律地增大。这说明这两规范认为土的侧阻与端阻随桩入土深度而增加的假设是不恰当的，至少是夸大了这一影响的作用。港口工程技术规范的说明中也曾指出，在用逐项回归判别的分析工作中，将桩入土深度作为一个因素考虑进去，不如不考虑得到的结果好。但港口工程技术规范还是将深度影响列入了规范。

综上所述，《85 年桥规》修订中关于桩的承载力有关土阻力参数时，不应考虑桩入土深度的影响。此外，"临界深度"的存在说明，若桩进入持力层的深度小于"临界深度"，则桩的端阻与桩进入持力层的深度有关，不管持力层在地面下的深度多大。因此，在修正后，砂持力层中的端阻应考虑桩进入砂持力层的相对深度。根据国外对均匀砂的某些试验结果，"临界深度"与砂的密度有关，为桩径的 10～20 倍。当上有覆盖压力大于 100 kPa 时，"临界深度"将显著减少至 3 倍桩径。日本根据实际开口钢管桩的试桩资料整理结果，认为进入持力层深度超过 5 倍桩径时，桩的端承不再明显增加。因而在《85 年桥规》中，采用了相对埋深等于和大于 4 时，端承不再增加。

划分持力层和覆盖层主要根据岩性和密度程度。若持力层为密实的砂，其上覆盖黏性土，持力层面很易划分；若其上直接覆盖松砂，则持力层面取松砂与密砂的界面。若桩通过细砂打入粗砾砂，则持力层面为二者的界面。

经对目前国内外几十种确定试桩极限荷载的方法分析，规范选定的试桩极限荷载为：试桩 P—S 曲线可分成曲率近似的三大段，即开始的直线段、大拐弯段和近似直线的下段，用下段直线段的起点所对应的荷载作为极限荷载，此值对应的桩顶沉降为 $0.04D$～$0.05D$（D 为桩径）。在遇到 P—S 曲线没有明显拐弯段时，可以参照此相对沉降值确定极限荷载。这样定出的桩的极限荷载值，对于桩的侧摩擦力来说，已充分发挥或基本充分发挥。而桩的端部承载力尚未完全达到极限状态，或者说，桩端附近的土只有局部地方达到塑性状态。这样定出的极限荷载值一般与国内既有规范的标准接近或略低些。如何把试桩总的极限荷载划分为桩的侧摩擦力和桩的端部承载力两部分，尽管目前有些论文提出解决这一问题的方法，如切线法、回弹法、某一沉降法等，但经试算和分析，这些方法都只能满足部分地层情况。在我们收集的试桩资料中，有现场实测的资料比较少，所以不能依靠实测结果解决这个问题。但绝大部分试桩都有静力触探试验资料。在探讨用静力触探确定打入桩垂直承载力时，是以静力触探阻值估算桩侧阻和端部承载力的总和与试桩总的极限承载力之间误差为最小。两者之间的数学表达式用最小二乘法、回归分析原理，然后用电子计算机分析计算，由于在数学表达式中考虑了土的性质、桩的尺寸、触探取值方法等因素，因此所得到的最优方程，可能基本上反映了不同土层条件下桩的端阻和侧阻的分配情况。在分析建立钻孔取土试验的物理性指标与试桩极限荷载的关系时，借助于静力触探与试桩的极限荷载经验关系，即根据静力触探估算桩的端阻和侧阻的比例，划分试桩的端阻和侧阻。然后再分别考虑土的分类、状态、桩的尺寸、桩端进入持力层深度等情况，用电子计算机分析计算。最后还人为地进行适当的调整才把桩的侧阻和端阻承载力表确定下来。这里还要说明一个问题，就是用《85 年桥规》桩的承载力计算表及静力触探阻值估算桩的承载力，其中桩端位于比较密实的持力层土里时，桩的端部承载力占桩的总承载力比《75 年桥规》的计算值一般要高些。我们认为这可能比较符合实际情况。如天津新港三码头实测的钢管桩和钢筋混凝土桩试验结果表明，端部承载力占桩总的承载力都超过 40%，表 6-9 是国外桩在砂性土中一些现场实测结果，桩的端部承载力占桩总的承载力为 45%～78%。

表 6-9　国外桩在砂土中实测承载力

作　者	桩的类型	桩的尺寸(m)	内摩擦角 φ(°)	相对密度	$P_{总}$ (tf)	$P_{端}$ (tf)	$P_{侧}$ (tf)	$\frac{P_{端}}{P_{总}}$
Arkansas	钢管桩	ϕ0.381×13.41	34	0.60	242	130	112	0.54
Arkansas	钢管桩	ϕ0.432×13.46	35	0.70	272	152	120	0.56
Arkansas	混凝土桩	ϕ0.406×0.406×10.21	32	0.45	200	104	96	0.52

续上表

作　者	桩的类型	桩的尺寸(m)	内摩擦角 φ(°)	相对密度	$P_{总}$ (tf)	$P_{端}$ (tf)	$P_{侧}$ (tf)	$\frac{P_{端}}{P_{总}}$
Jonesville	混凝土桩	ϕ0.457×0.457×9.65	38	0.80	410	280	130	0.68
Low-Sill	钢管桩	ϕ0.432×13.72	38	1.00	390	260	130	0.67
Vesic	钢管桩	ϕ0.381×12.51	40	0.90	421	248	173	0.59
Gregersen	混凝土桩	0.234×0.234×6.65	30	0.05	27	21	6	0.78
Gregersen	混凝土桩	0.234×0.234×13.34	31	0.10	49	22	27	0.45

表6-10～表6-15为87根桩用土的物理性指标进行计算的结果。最后一行为估算极限承载力与试桩极限承载力的比值。表中比值在0.7～1.3之间的占总数的90%，即有90%的桩的误差在30%之内。图6-3和图6-4分别为砂性土持力层和黏性土持力层上计算结果的频数图。图6-5为整个87根桩计算结果的频数图，与图6-6(按《75年桥规》计算结果)比较，显然合理得多。

表6-10　桩尖持力层为砂土或砾石土的比较计算(一)

地区	编号	桩长(m)	$\frac{h'}{D}$	试桩 $Q_{极}$(tf)	估算值(tf)			$\frac{Q_{估}}{Q_{极}}$
					侧阻	端阻	$Q_{估}$	
上海	9	19.4	3.8	167	120.2	60.8	181.0	1.08
	10	13.45	1.1	110	69.1	60.8	129.9	1.18
	11	13.25	<1	102	67.3	50.6	117.9	1.16
	13	28.9	2	184	140.6	60.8	201.4	1.09
	66	8.21	<1	54	30.9	22.5	53.4	0.99
	67	8.81	2.4	59	33.9	27.0	60.9	1.03
	68	9.45	>4	77	38.3	31.5	69.8	0.91
南京	40	29.5	<1	246	155.7	118.7	274.2	1.11
	41	20.5	>4	228	144.9	71.1	216.0	0.95
	62	23.0	>4	232	121.7	94.8	216.5	0.93
	45	31.25	<1	235	231.0	59.3	290.3	1.23
	46	27.0	>4	260	190.3	94.8	285.1	1.09
	47	31.0	>4	280	222.7	82.9	305.6	1.09
	48	21.25	<1	208	139.6	71.1	210.7	1.01
	49	23.0	<1	228	152.7	71.1	224.4	0.98
	50	21.0	<1	237	135.4	71.1	206.5	0.87
	51	18.5	<1	216	113.7	71.1	185.4	0.86

表 6-11 桩尖持力层为砂土或砾石土的比较计算(二)

地区	编号	桩长(m)	$\frac{h'}{D}$	试桩 $Q_{极}$(tf)	估算值(tf)			$\frac{Q_{估}}{Q_{极}}$
					侧阻	端阻	$Q_{估}$	
湛江	35	22.3	<1	460	200.1	150.0	350.0	0.76
	36	16.8	<1	220	138.1	85.7	225.6	1.02
	39	16.8	2.4	370	148.5	100	248.5	0.67
新港	79	22.4	<1	520	163.4	180	343.4	0.66
	80	21.8	<1	370	131.4	125	256.4	0.69
宁波	91	17.4	<1	151	74.9	101.1	176.0	1.16
	93	17.5	<1	115	59.0	61.2	120.2	1.04
沈阳	30	6.0	3.3	95	49.2	58.5	107.7	1.13
	31	6.2	<1	135	47.9	54	101.9	0.75
唐山	65	4.0	4	115	21.8	63	84.8	0.74
齐齐哈尔	26	4.6	<1	80	13.1	43.7	56.8	0.71
	27	4.1	<1	78	25.2	43.7	68.9	0.88
	28	3.6	<1	75	22.5	43.7	66.2	0.88
	29	5.5	<1	110	38.1	85.7	123.8	1.12
山东	62	20.6	<1	320	175.2	101.3	276.5	0.86

表 6-12 桩尖持力层为砂土或砾石土的比较计算(三)

地区	编号	桩长(m)	$\frac{h'}{D}$	试桩 $Q_{极}$(tf)	估算值(tf)			$\frac{Q_{估}}{Q_{极}}$
					侧阻	端阻	$Q_{估}$	
北京	69	10.8	<1	112	64.1	63.0	127.1	1.13
	71	8.5	<1	132	63.0	63.0	126.0	0.95
	76	6.65	<1	120	46.4	40.6	87.0	0.72
石家庄	15	6.8	<1	76	37.3	37.5	74.8	0.98
	16	6.5	<1	83	48.0	18.7	66.7	0.80
	17	6.8	2	79	55.4	21.9	77.3	0.98
	18	6.0	3.3	86	35.0	34.4	69.4	0.80

表 6-13 桩尖持力层为黏性土的比较计算(一)

地区	编号	桩长(m)	试桩 $Q_{极}$(tf)	估算值(tf)			$\frac{Q_{估}}{Q_{极}}$
				侧阻	端阻	$Q_{估}$	
上海	1	24.9	159	140.0	32.4	172.4	1.08
	2	23.8	135	85.7	48.0	137.7	0.99
	3	23.7	145	94.9	48.0	142.9	0.98
	5	25.3	190	107.9	44.5	152.4	0.80
	6	24.0	250	159.8	75.0	234.8	0.94
	7	20.6	165	87.2	20.2	107.4	0.65
	8	27.4	200	121.5	32.4	153.9	0.77
	12	21.3	107	88.5	20.2	108.7	1.01
	14	24.6	150	93.6	48.0	141.6	0.94
	83	30.2	150	108.7	20.1	128.8	0.86
	84	32.5	210	164.1	37.9	202.0	0.96
	85	58.7	370	371.6	71.1	442.7	1.20
	86	60.0	480	450.0	75.0	525.0	1.09
	87	55.0	460	390.0	55.0	445.0	0.97

表 6-14 桩尖持力层为黏性土的比较计算(二)

地区	编号	桩长(m)	试桩 $Q_{极}$(tf)	估算值(tf)			$\frac{Q_{估}}{Q_{极}}$
				侧阻	端阻	$Q_{估}$	
天津	52	17.0	88	71.9	19.6	91.5	1.04
	53	14.0	78	53.3	19.6	73.1	0.94
	54	17.0	107	108.6	25.6	134.2	1.25
	55	8.0	64	36.0	25.6	61.6	0.96
南京	43	11.0	173	81.3	37.8	119.1	0.69
	44	7.5	84	54.9	27.0	81.9	0.97
湛江	34	21.5	260	175.8	40.0	215.8	0.88
	37	13.9	200	120.7	40.0	160.7	0.80
	38	6.2	75	36.0	40.0	76.0	1.01
蚌埠	19	6.0	36	33.8	27.0	60.8	1.69
	20	7.3	50	46.3	27.0	73.3	1.46
	21	9.0	82	62.6	27.0	89.6	1.09
	22	10.0	92	72.2	27.0	99.2	1.08
	23	11.0	100	81.8	27.0	108.8	1.09
	24	12.7	108	97.1	19.8	116.9	1.08
	25	14.0	112	107.6	19.8	127.4	1.14

表 6-15　桩尖持力层为黏性土的比较计算(三)

地区	编号	桩长(m)	试桩 $Q_{极}$(tf)	估算值(tf) 侧阻	端阻	$Q_{估}$	$\frac{Q_{估}}{Q_{极}}$
大港	56	26.5	280	173.9	27.9	211.8	0.76
	57	21.5	175	118.4	35.2	153.6	0.88
	58	27.5	240	183.6	37.9	221.5	0.92
	60	13.0	61	46.8	16.0	62.8	1.03
	61	19.0	165	92.6	48.0	140.6	0.85
山东	72	3.6	40	17.1	13.7	30.8	0.77
北京	73	9.55	52	36.8	9.0	45.8	0.88
	74	6.5	52	25.9	18.7	44.6	0.86
	75	6.2	27	21.7	10.0	31.7	1.17
	77	7.77	50	35.6	13.7	49.3	0.99
镇海	88	25.2	243	102.1	20.2	122.3	0.50
	89	24.5	204	88.2	16.0	104.2	0.51
宁波	90	39.4	320	218.4	44.5	262.9	0.82
杭州	95	5.3	33	13.3	10.0	23.3	0.70
	96	5.1	47	20.0	25.6	45.6	0.97
	97	31.0	142.4	121.2	25.6	146.8	1.03
	98	33.8	263	178.3	25.6	203.9	0.77
	99	33.8	307	200.6	32.4	233.0	0.76

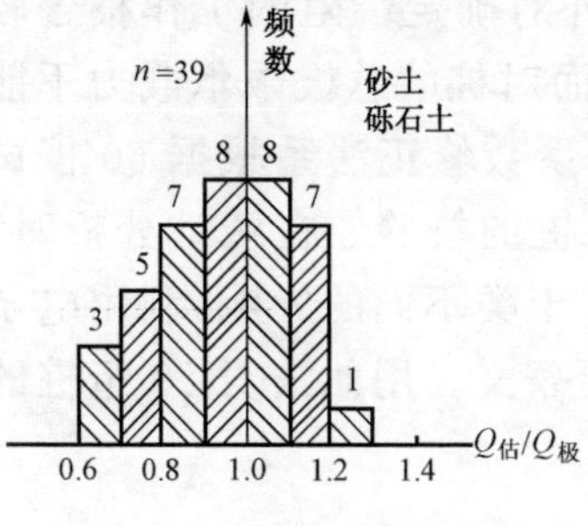

图 6-3　39 根桩计算的频数

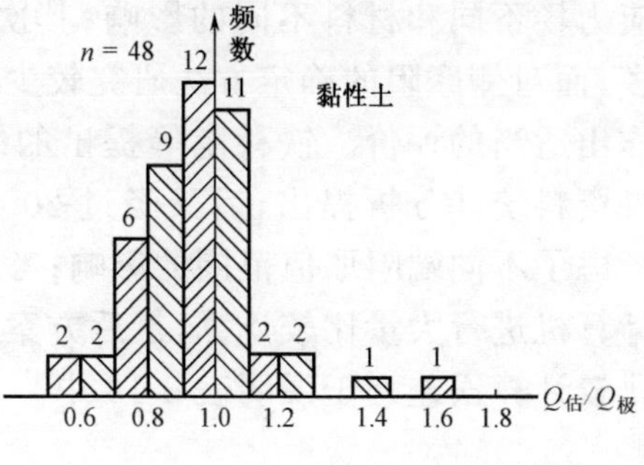

图 6-4　48 根桩计算的频数

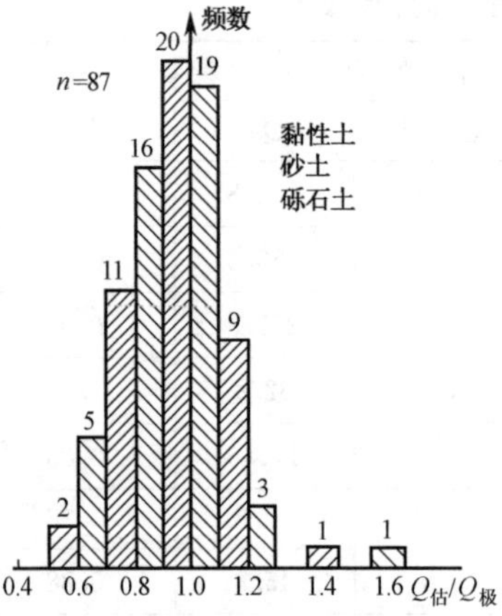

图 6-5　87 根桩计算的频数

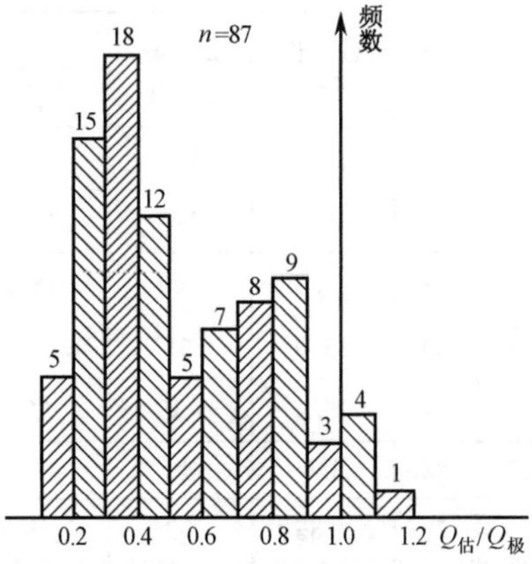

图 6-6　87 根桩计算的频数(75 年桥规)

后来收集到沈阳地区 7 根桩长 3.7～7.4 m 打入桩的资料,桩端位于持力层土为中砂、粗砂和砾砂中。用《85 年桥规》估算的极限承载力与试桩值比较,其比值为 0.60～0.99。这表明,计算值偏于安全。

在确定桩的垂直承载力方法中,《85 年桥规》还列出了用静力触探估算打入桩极限承载力的方法。国外也有许多国家使用静探估算桩承载力,如荷兰基本上全用静探确定打入桩的承载力,苏联和北欧已将静探法列入规范。各国使用的方法不完全相同。根据铁科院、原铁三院和北京局等单位的研究,国外现有方法不完全适合我国的情况。其原因在于:这些方法只着重于通过确定端阻的取值范围来解决探头和桩径间的尺寸差异的影响,而没有考虑静探与桩之间的应力场不同和材料不同的影响;其次国外对确定端阻的工作报告较多,而对侧摩阻的确定方法研究较少,因而对桩的总极限承载力不能作出适当的评价。铁科院等提出的综合系数修正法系根据 60 根试桩资料统计分析提出,后又经过 20 余根桩的校验。在统计分析时,考虑了不同端阻取值范围的影响;考虑了土类不同的影响,利用电子计算机进行大量比较计算,最后方案列于条文。用此法对 89 组桩的比较计算误差列于说明表 6-16 中。

表 6-16　计算结果的误差范围

土　类	≤±20%		≤±30%		±30%～±50%		最大误差
	个数	百分数(%)	个数	百分数(%)	个数	百分数(%)	
黏性土	34	75	40	89	5	11	+46%
砂性土	39	89	43	98	1	2	−35%
所有的土	73	82	83	93	6	7	+46%

上述计算的误差范围较之国外现用方法的误差小得多。苏联规范中的静探法，根据该著者发表的报告，误差比值为 0.52～1.44。美国 Schmertmen(1976 年)做的结果是 64%，其误差在±25%之内。荷兰法的误差比值范围为 0.5～1.5，最大的比值达 2.18。

静探估计桩承载力的公式所依据的 60 根桩的资料，是上海、南京、天津和石家庄等地黏性土和砂类土中的桩，未包括厚层的房渣土，也未包括西北的黄土。由于公式是通过统计相关得到，因而用于房渣土为主的短桩以及用于黄土地区时，应做试桩进行比较。

《99 年基础桥规》沿用了《85 年桥规》的规定。《2005 年基础桥规》修订中，参考《建筑桩基技术规范》(JGJ 94—94)，在表 6.2.2—3～表 6.2.2—4 中插入了粉土的打入桩的极限摩阻力 f_i 和桩尖极限承载力 R。粉土的极限摩阻力基本与粉、细砂相同，极限承载力比粉、细砂略低。《2017 年基础桥规》沿用了《2005 年基础桥规》的规定。

3. 钻孔灌注摩擦桩承载力

(1)《75 年桥规》

《59 年桥规》给出了打入和振动下沉摩擦桩轴向受压容许承载力的计算方法，但对于钻孔灌注摩擦桩的承载力计算并没有明确规定。《75 年桥规》提出了钻孔灌注摩擦桩的承载力计算公式，并补充了侧壁极限摩擦力和桩底承载力相应的设计参数。

钻(挖)孔灌注桩的容许承载力为

$$[P]=\frac{1}{2}U\sum f_i l_i+m_0A[\sigma] \tag{6-9}$$

式中　U——桩身截面周长(m)：按成孔桩径计算，钻孔桩的成孔桩径按钻头类型分别比设计桩径(即钻头直径)增大下列数值，旋转锥为 3～5 cm，冲击锥为 5～10 cm，冲抓锥为 10～15 cm；

f_i——各土层的极限摩擦力(t/m²),按表 6-17 采用;

U——各土层的厚度(m);

A——桩底支承面积(m²),按设计桩径计算;

m_0——桩底支承力折减系数:对挖孔灌注桩取 $m_0=1.0$,钻孔灌注桩可参照表 6-18 采用;

$[\sigma]$——桩底地基土的容许承载力(t/m²)。

表 6-17 钻孔灌注桩极限摩擦力(《75 年桥规》表 2—73)

土的名称	极限摩阻力(t/m²)	土的名称	极限摩阻力(t/m²)
流塑黏性土	2～4	中 砂	4.0～7.0
软塑黏性土	3～5	粗砂、砾砂	6.5～10.5
硬塑黏性土	5～8	砾石土、角砾土	10.0～16.0
粉砂、细砂	3.5～5.5	碎石土、卵石土	15.0～25.0

注:(1)漂石土、块石土极限摩擦力可按 40.0～60.0 t/m² 采用。
(2)砂类土可根据密实度采用其较大值或较小值。
(3)砾石土、角砾土、碎石土、卵石土、漂石土、块石土可根据密实度和填充料采用其较大值或较小值。

表 6-18 钻孔灌注桩桩底支承力折减系数 m_0 值(《75 年桥规》表 2—74)

土质及清底情况	m_0
土质较好,不易坍塌,清底良好	0.9～0.6
土质较差,易坍塌,清底稍差	0.6～0.2
无法清底	0

《75 年桥规》在总结我国二十余年在钻(挖) 孔灌注桩的设计、施工和科研成果的基础上制定出了统一的计算方法,表 6-17 所列钻孔灌注桩的黏性土、砂类土和碎石类土极限摩擦力值是由原铁道部第二设计院和西南交通大学根据我国 72 根钻孔灌注桩的试验资料,通过统计估算的方法分析编制的。漂石、块石的极限摩擦力是根据原西南铁路建设工地指挥部钻孔灌注桩战斗组的试桩成果提出的。从钻孔灌注桩与挖孔灌注桩的施工方法和受力状态分析,二者没有根本的区别,所以表 6-17 也适用于挖孔灌注桩。表 6-17 在分析时曾将桩身自重连同桩顶施工荷载一并作为外力,所以采用该表摩擦力计算桩身容许承载力时,仍须将桩身自重作为外荷考虑。钻孔灌注柱的自重应按成孔桩径计算,所谓成孔桩径是

指成孔后的平均桩径。由于钻孔灌注桩在成孔过程中，对于采用不同的钻头，桩身孔壁较钻头具有不同程度的扩大，通常将钻头直径称为设计桩径，根据一些钻孔灌注桩成孔桩径的量测资料，规范按不同钻头定出了成孔桩径较钻头直径扩大的参考数值。

钻孔灌注桩在成孔后灌注混凝土之前，随桩身孔壁坍塌情况、土质好坏以及桩内清底程度，桩底会存在不同厚度的淤泥沉淀层（或称垫层），它将影响桩底的支承力，规范引入钻孔桩桩底支承力折减系数 m_0 来考虑这种影响。对于挖孔桩，由于容易清底，故取 m_0 为 1.0。对于无水钻孔，若能将孔底清除干净，也可采用 m_0 为 1.0。

规范根据收集到的资料定出了计算钻（挖）孔灌注桩桩底土的承载力的方法：自地面起至地面以下深度小于和等于四倍桩径 b 即 $h \leqslant 4b$ 时，土的承载力随深度成直线增长；在 $4b < h \leqslant 10b$ 范围内，土的承载力虽然仍随深度增长，但增长的速度减缓；在 $h > 10b$ 范围，土的承载力则认为几乎为一常数，不再随深度增长。

(2)《85 年桥规》

1985 年修订规范时，对于钻孔灌注摩擦桩的承载力部分，是在补充搜集试桩资料的基础上，针对《75 年桥规》存在的问题进行改进的。《85 年桥规》相对《75 年桥规》而言，主要是变更了钻孔灌注桩极限摩阻力和钻孔灌注桩桩底支承力折减系数表，见表 6-19 和表 6-20。

表 6-19　钻孔灌注桩极限摩阻力 f_i［kPa(tf/m²)］

土的种类	土性状态	极限摩阻力
软　土		12～22(1.2～2.2)
黏性土	流　塑($I_L \leqslant 1.5$)	20～35(2.0～3.5)
	软　塑	35～55(3.5～5.5)
	硬　塑	55～75(5.5～7.5)
粉　土	中　密	30～55(3.0～5.5)
	密　实	55～70(5.5～7.0)
粉砂、细砂	中　密	30～55(3.0～5.5)
	密　实	55～70(5.5～7.0)
中　砂	中　密	45～70(4.5～7.0)
	密　实	70～90(7.0～9.0)

续上表

土的种类	土性状态	极限摩阻力
粗砂、砾砂	中　密	70～90(7.0～9.0)
	密　实	90～150(9.0～15.0)
圆砾土、角砾土	中　密	90～150(9.0～15.0)
	密　实	150～220(15.0～22.0)
碎石土、卵石土	中　密	150～220(15.0～22.0)
	密　实	220～420(22.0～42.0)

注：(1)漂石土、块石土极限摩阻力可按 400～600 kPa(40～60 tf/m^2)采用。

(2)挖孔灌注桩的极限摩阻力可参照本表采用。

表 6-20　钻孔灌注桩桩底支承力折减系数 m_0

土质及清底情况	m_0		
	$5d<h\leqslant10d$	$10d<h\leqslant25d$	$25d<h\leqslant50d$
土质较好，不易坍塌，清底良好	0.9～0.7	0.7～0.5	0.5～0.4
土质较差，易坍塌，清底稍差	0.7～0.5	0.5～0.4	0.4～0.3
土质差，难以清底	0.5～0.4	0.4～0.3	0.3～0.1

注：(1)挖孔灌注桩可根据具体情况确定 m_0 值，一般可取 $m_0=1.0$。

(2)h 为地面线或局部冲刷线以下桩长，d 为桩的直径，均以米(m)计。

①桩底支承力的确定

在桩的极限荷载中，桩侧摩阻力和桩底支承力的划分是分析桩承载力的重要内容。编制《75 年桥规》时，桩底支承力一律取为极限荷载的 10%，这是在当时资料太少的情况下采用的一种粗略计算办法。

《85 年桥规》修订中，采用了 91 根试桩资料作为分析计算的依据。利用其中 24 根有实测桩底支承力的试桩，建立黏性土和砂土桩底支承力所占极限荷载百分数与桩的深径比$\left(\dfrac{P_b}{P}\%—\dfrac{h}{d}\right)$的近似关系曲线，来划分桩侧摩阻力和桩底支承力。

②关于桩侧土极限摩擦力

采用统计估算法分别按 7 种土和 8 种土，4 次统计估算了桩侧土极限摩擦力。同时考虑到各种土极限摩擦力之间应有所衔接，定出了各种土的极限摩擦力，并用 91 根试桩进行验算，反复修正而得。

由于 91 根试桩中砂类土基本上是中密，摩擦力分析计算中的砂土和砾石土也是以中密状态参加统计计算的。同时参考其他有关密实卵石土和密实角砾圆砾土的摩擦力资料，确定出摩擦力表内密实状态的砂土、砾石、卵石土的极限摩擦力，以便于工程设计施工中采用。《75 年桥规》的摩擦力表虽在条文附注中说明按密实程度选用，但实际上并没有包含密实状态。

《85 年桥规》修订的摩擦力表，未将桩身自重计入试桩极限荷载参加摩擦力的计算。

③钻孔灌注桩桩底支承力折减系数 m_0 值

根据 91 根试桩，用地基上基本承载力 σ_0 计算出桩底支承力 P_b，分别按好土、较差土和差土建立 $m_0-\frac{h}{d}$ 的近似关系，结合试桩的入土深度、土质的好坏、清孔情况及桩底沉淤厚度，综合分析，验算修正而得 m_0 的数值表。

对桩底支承力的影响有多种因素。由于钻孔桩桩壁的粗糙和灌注混凝土的胶结作用，摩擦桩随着桩的入土深度的不同，会影响桩底土承载能力的发挥。桩入土越深，侧摩阻力在整个荷载中占的比例则越大，支承力占的比例则越小，所以桩底支承力与桩入土深度有关。同时，钻孔灌注桩在成孔过程中和成孔后灌注混凝土之前，随着孔壁坍塌情况、土质好坏和清孔程度，桩底会有不同程度的淤泥软层（或称垫层），这个软垫层将影响桩底土的承载力。总之，对钻孔桩桩底支承力的影响是多种因素的，规范引入钻孔桩桩底支承力折减系数 m_0 值来综合考虑这些因素的影响，对桩底支承力进行修正。根据以上情况，m_0 值的选用应按桩的入土深度、土质的好坏、孔壁是否容易坍塌和清孔情况综合考虑确定。

④综合验算情况

用 91 根试桩进行综合验算，当取钻孔灌注桩桩侧极限摩擦力相应土层的中值，桩底支承力折减系数 m_0 按《85 年桥规》查用，综合验算结果如下：相对误差 $e\leqslant\pm5\%$者 24 根，占总桩数 26％；$e\leqslant\pm10\%$者 50 根，占总桩数 55％；$e\leqslant\pm15\%$者 62 根，占总桩数 68％；$e\leqslant\pm20\%$者 77 根，占总桩数 84.6％；$e\leqslant\pm25\%$者 86 根，占总桩数 94.5％。

当桩侧极限摩擦力在上下限范围内选用时，相对误差 $e\leqslant\pm15\%$的试桩数可达 80％以上。因此《85 年桥规》基本满足使用。

无论是打入下沉、振动下沉的预制柱桩，还是就地钻、挖孔灌注的柱桩，桩侧土对桩身作用的向上摩阻力都是不容易确定的，它随桩的施工方法、施工质量、桩侧土的类别、桩底土的坚硬程度以及桩身的轴向刚度而异，为安全计，规范不考虑柱桩侧面土承受桩身轴向荷载，而将柱桩承受的全部轴向荷载考虑由桩底坚硬地层承受，柱桩侧面土对桩身作用的摩阻力仅视为安全储备，一般来说，这种安全储备是不太大的。

《85 年桥规》对于钻(挖)孔灌注桩容许承载力的计算修订了钻孔灌注桩极限摩阻力和钻孔灌注桩桩底支承力折减系数表，其他的参数没有变化。此后《99 年基础桥规》沿用了《85 年桥规》的规定。

《2005 年基础桥规》修订中，参考《建筑桩基技术规范》(JGJ 94—94)，在表 6.2.2—5 中插入了粉土的钻孔灌注桩的极限摩阻力。粉土的极限摩阻力基本与粉、细砂相同，极限承载力比粉、细砂略低。《2017 年基础桥规》沿用了《2005 年基础桥规》的规定。

4. 岩石柱桩容许承载力

《2017 年基础桥规》岩石柱桩容许承载力沿用了《75 年桥规》第 2—472 条规定。

关于岩石基础的承载力首先要考虑岩体是经受过构造运动的，存在着很多裂隙面或不连续面。岩体在基础作用受力后的变形和破坏的性质，取决于软弱结构面的力学性质，而不取决于刚性岩块的力学性质。桥墩台岩石基础一般是处于围压状态，钻孔填充混凝土更是埋入岩体之中，但若基础位于陡坎具有临空面时，应考虑岩体剪切滑动的可能性，此时不论是否存在软弱结构面，均应结合具体的工程地质考虑增大钻岩深度。所以，确定墩台基础的岩层承载力时应考虑岩体结构。

岩体力学专家建议：最好能在现场选择有代表性的岩体进行大型三轴试验，包括变形模量和强度测验。还应考虑基础岩体中裂隙发育程度及充填物的性质和试件所代表的实际情况，在设计采用试验成果时予以适当的修正。至少应采用尽量能包有各种结构面的大试件进行三轴向受压试验。

在可能条件下进行现场大型岩石试验有助于解决承载力问题，但普遍做现场大型试验很难实现，特别是在深水桥墩基础不大可能。三轴向受压试验暂时还不普及。在现阶段，仍采用岩石单轴向极限强度作为计算的因数，但必须运用岩体力学的基本概念分析岩层的受力状态。

柱桩仅考虑桩底岩层的承载力。此承载力除与支承岩层的极限抗压强度有关外，且随岩层的匀质情况和风化程度而异。为了在打入下沉和振动下沉的柱桩计算中反映出这些因素，规范在计算公式中引入了 0.45 和 0.30 的系数。

5. 岩石与嵌岩桩容许承载力

岩石与嵌岩桩容许承载力沿用了《75 年桥规》第 2—472 条和第 2—547 条规定。

(1)嵌岩桩容许垂直承载力公式的有关问题

①岩石单轴向抗压极限强度的选用

岩块试件过去规定为 20 cm 立方体，不符合钻探取样的实际可能，在这种情况下试件可采用直径 7～10 cm、高度与直径相等的尺寸，并因强度折算关系在安全系数内适当予以考虑。

岩块试件采用饱和的含水量，但某些特大桥施工也有采用天然湿度的，如施工中能保持天然湿度状态，也可采用天然湿度的试块强度。

试件的岩芯采取率、试件个数及破坏强度的离散率对于合理选用破坏强度的影响尚待研究解决。

②安全系数 C_1、C_2

主要是根据岩层的破碎情况、岩体的软弱结构面的力学性能、填充物的性质和胶结状况分为三类，而不是根据岩块强度划分。在选择摩擦力系数 C_2 时，还应适当考虑孔壁粗糙度的因素，根据冲击式钻岩的经验，坚硬的岩石和很软的岩石孔壁较中等的岩石要平滑些。

(2)本规范所用公式与以前各项公式计算结果的比较

嵌岩桩容许垂直承载力已有公式如下所述。

基点公式(引自《管柱钻孔基础岩层支承强度研究报告》，铁道科学研究院，1958 年)：

$$[P]=\pi d R_c(K_1\mu_1 h+0.25 K_2\mu_2 d) \tag{6-10}$$

山洞公式(引自《管柱基础岩石承载力试验研究》，铁道部大桥局勘测设计处，1963 年)：

$$[P]=\frac{1}{6}AR_c\left(\frac{\sigma_h}{R_c}+1.2\frac{h}{d}\right) \tag{6-11}$$

南京长江大桥所用公式(引自《桥梁建设》1972 年第一期，1972 年)：

$$[P]=0.9mKAR\left(1+0.4\frac{h}{d}\right) \tag{6-12}$$

苏联 CH 200—62 规范(1962 年):

$$[P]=mKAR_{сж}(1.5A+0.1Uh) \tag{6-13}$$

苏联《钢筋混凝土装配式管柱桥墩基础》(1966 年)书中推荐的公式:

$$[P]=KAR_{сж}\left(4.5+3.0\frac{h}{d}\right) \tag{6-14}$$

大桥局桥研所参与浦镇页岩试验的工作人员在 1969 年提出推荐的公式:

$$[P]=KAR\left(1.5+0.2\frac{h}{d}\right) \tag{6-15}$$

以上各式中,文字符号稍有变更,其代表意义及使用说明详见所述参考资料。

各公式的嵌岩桩容许垂直承载力均由底面及孔壁两部分组成。在必要的假定条件下,这些公式的表现形式也都可以化为本规范所列公式的形式,即

$$[P]=R(C_1A+C_2Uh) \tag{6-16}$$

其中说明两点:

①用苏联公式比较时,考虑苏联规范计算荷载都乘超载系数,所得容许荷载也较大,在安全度相同的条件下,应将苏联公式容许荷载大致乘以 0.9 的系数。

②试件的标准强度问题中不考虑湿度不同的因素,关于试件尺寸,基点公式、山洞公式和苏联公式都是采取 20 cm 立方体,南京长江大桥采用 ϕ10 cm×10 cm 和其他较小尺寸,而且强度没有折算。桥研所试验人员推荐的公式建议采用 ϕ7 cm×7 cm 试件。由于试件尺寸不等而产生的强度折算关系目前还缺乏成熟的资料,考虑岩石试件的离散性较大,暂假定:

$$R_{20\times20\times20}=0.8R_{\phi7\times7} \tag{6-17}$$

考虑以上两点,将各公式化为本规范所示的公式,各公式的系数及容许承载力比较见表 6-21。

表 6-21 各公式的系数及容许承载力比较(管柱)

使用公式及假定情况		系数		嵌岩桩容许垂直承载力[P]	
		C_1	C_2	$\frac{h}{d}=1$ 时	$\frac{h}{d}=3$ 时
本规范公式	良好的	0.6	0.05	0.8RA	1.20RA
	一般的	0.5	0.04	0.66RA	0.98RA
	较差的	0.4	0.03	0.52RA	0.76RA

续上表

使用公式及假定情况		系数		嵌岩桩容许垂直承载力[P]	
		C_1	C_2	$\frac{h}{d}=1$ 时	$\frac{h}{d}=3$ 时
基点公式	$h/d=1$	0.166	0.059 2	0.402*RA*	—
	$h/d=3$	0.36	0.119	—	1.79*RA*
山洞公式	$h/d=1$	0.336	0.04	0.497*RA*	—
	$h/d=3$	0.505	0.04	—	0.982*RA*
南京长江大桥公式		0.459	0.045 9	0.643*RA*	1.01*RA*
苏联 CH 200—62 公式		0.551	0.036 7	0.698*RA*	0.992*RA*
苏联《钢筋混凝土装配式管柱桥墩基础》公式		0.551	0.091 8	0.918*RA*	1.652*RA*
大桥局桥研所公式		0.75	0.025	0.85*RA*	1.05*RA*

注：假定 $R=100\ \mathrm{kg/cm^2}$，$d=3$ m。

《75 年桥规》嵌岩桩容许垂直承载力公式中的系数 C_1 是用以考虑孔底岩体匀质情况和清底程度对桩底岩层承载力的影响；系数 C_2 是用以考虑岩石孔壁均质情况和孔壁黏附泥土的清除程度以及孔壁粗糙度对孔侧壁承载力的影响。钻孔灌注桩通常直接在岩层上钻孔和清底，施工条件不如管柱，管柱是在管柱内钻岩和清底，所以对于钻孔灌注桩，C_1 和 C_2 较管柱采用低一些，其值见表 6-22。

表 6-22　系数 C_1，C_2

岩石层及清底情况	C_1		C_2	
	钻孔灌注桩	管　柱	钻孔灌注桩	管　柱
良好的	0.5	0.6	0.04	0.05
一般的	0.4	0.5	0.03	0.04
较差的	0.3	0.4	0.02	0.03

注：当 h 小于等于 0.5 m 时，C_1 应乘以 0.7，C_2 为 0。

当嵌岩深度小于 0.5 m 时，因孔底岩石三向受压作用较差，故应降低容许应力。规范规定此时 C_1 乘以 0.7，C_2 不计。

关于天然湿度下岩石单轴向极限抗压强度的试件尺寸，尽可能采用直径为 10 cm、高度等于(或稍大于)10 cm 的试件。

关于支承于岩层上与嵌入岩层内的钻(挖)孔灌注桩的容许承载力公式,详见《75 年桥规》第 2—547 条说明。

其后,《99 年基础桥规》取消了管柱基础章节,把管柱并入第 6 章桩基础,管柱 C_1 和 C_2 值改为采用钻孔灌注桩系数,直至现行《2017 年基础桥规》设有变化。

6. 受拉桩的容许承载力

由试验得知,当桩上拔时,桩四周的土能较自由地向上凸起;而桩受压时,桩四周的土互相挤压,桩下沉就比较困难。因此,两者摩阻力不同,拔桩时土对桩侧的摩阻力比桩下沉时的摩阻力要小得多。根据国内外研究,对于黏性土和粉土,拔桩时土的摩阻力等于桩受轴向压力时摩阻力的 0.6～0.8 倍;对于砂土,拔桩时土的摩阻力等于桩受轴向压力时摩阻力的 0.5～0.7 倍。为安全起见,统一取为 0.6;考虑安全系数后,取 0.3。《75 年桥规》规定受拉桩的容许承载力$[P']$为受压桩仅考虑桩侧土的摩擦力时容许承载力,即

$$[P'] = 0.30U\sum \alpha_i l_i f_i \tag{6-18}$$

式中 U——桩身周长,对于钻孔桩应按成孔桩径计算;

α_i——振动沉桩时振动力对各土层中桩周摩擦力的影响系数,对于打入桩和钻(挖)孔灌注桩,其值为 1.0;

l_i——桩侧各土层的厚度;

f_i——桩侧各土层的极限摩擦力。

在设计受拉桩时,如同受压桩一样,将桩身重量当作外力考虑,亦即作用于桩顶的轴向拉力减去桩身重量后不应大于按式(6-18)所求得桩的容许受拉承载力。只有在主力加附加力作用时,才允许桩承承受轴向拉力。

6.2.3 嵌岩桩的计算

6.2.3.1 基础桥规规定

6.2.3 条规定:

桩下端锚固在岩石内时,可假定弯矩由锚固侧壁岩石承受,锚固深度可不考虑水平剪力影响,其应嵌入基岩中的深度 h_1 的计算应符合下列规定:

1　对于圆形桩，h_1 可按式(6.2.3—1)计算。

$$h_1=\sqrt{\frac{M}{0.066K\cdot R\cdot d}} \tag{6.2.3—1}$$

2　对于矩形桩，h_1 可按式(6.2.3—2)计算。

$$h_1=\sqrt{\frac{M}{0.083K\cdot R\cdot b}} \tag{6.2.3—2}$$

式中　h_1——自桩下端锚固点算起的锚固深度(m)；

M——桩下端锚固点处的弯矩(kN·m)；

K——根据岩层构造在水平方向的岩石容许压力换算系数，取 0.5～1.0；

d——钻孔直径(m)；

b——垂直于弯矩作用平面桩的边长(m)；

R——桩尖土的极限承载力(kPa)，按本规范第 6.2.2 条确定。

6.2.3.2　条文解读

嵌入岩石层内偏心受压钻(挖)孔灌注桩容许抵抗弯矩按下面方法近似计算。

第一种方法：不考虑水平剪力 Q 的影响。假设作用于桩嵌入岩石层顶面处的弯矩 M 由岩层横向侧壁承受，而桩底不考虑抵抗弯矩，如图 6-7 所示。

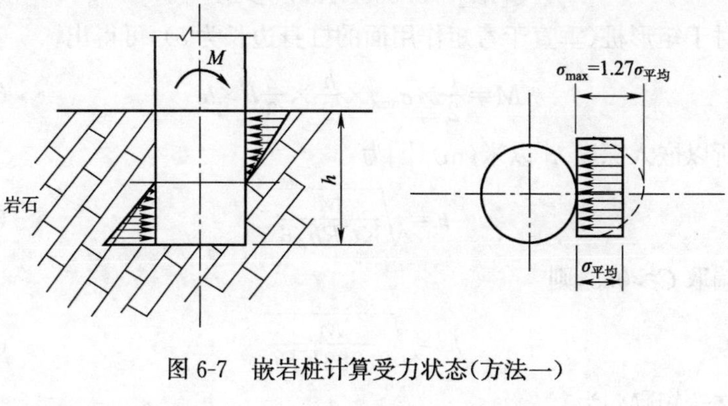

图 6-7　嵌岩桩计算受力状态(方法一)

从图 6-7 中看出：

$$M=\frac{1}{2}\times\frac{\sigma_{max}}{1.27}\times\frac{h}{2}\times\frac{2}{3}h\times d \tag{6-19}$$

所以嵌入深度 h 为

$$h=\sqrt{\frac{M}{\sigma_{max}\cdot d/(1.27\times 6)}} \tag{6-20}$$

因为$\sigma_{max}\leqslant K(C\cdot R)$，所以需要嵌入的深度 h 为

$$h=\sqrt{\frac{M}{KCRd/(1.27\times 6)}} \tag{6-21}$$

式中 M——作用于岩石层顶而处的弯矩[kN·m(tf·m)]；

C——系数：考虑岩石裂隙和不均匀性对岩石强度的折减影响，匀质无裂隙的岩石层采用 $C=0.45$；有严重裂隙的、风化的或易软化的岩石层采用 $C=0.30$；

K——水平向与竖向岩石强度之比，也就是岩层构造在水平方向的岩石容许压力换算系数，一般取 $K=0.5\sim1.0$；

R——岩石试块单轴极限抗压强度[kPa(tf/m^2)]；

d——桩径。

倘取 $C\approx0.5$，则

$$h=\sqrt{\frac{M}{0.066KRd}} \tag{6-22}$$

或容许弯矩[M][以 kN·m(tf·m)计]为

$$[M]=0.066KRdh^2\geqslant M \tag{6-23}$$

对于矩形桩(垂直于弯矩作用面的桩身边长为 b)，可得出

$$M=\frac{1}{2}\times\sigma_{max}\times\frac{h}{2}\times\frac{2}{3}h\times b \tag{6-24}$$

所以嵌入深度 h[以米(m)计]为

$$h=\sqrt{\frac{M}{KCRb/6}} \tag{6-25}$$

倘取 $C\approx0.5$，则

$$h=\sqrt{\frac{M}{0.083KRb}} \tag{6-26}$$

或容许弯矩[M]为

$$[M]=0.083KRbh^2\geqslant M \tag{6-27}$$

第二种方法：近似考虑作用于岩石面处水平剪力 Q 所引起的弯矩的影响，如图 6-8 所示。

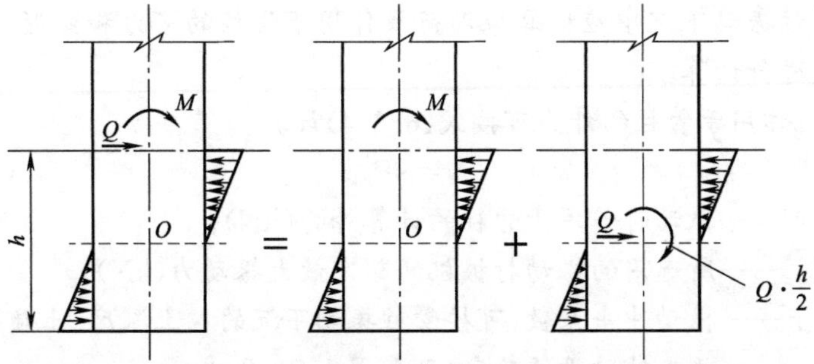

图 6-8　嵌岩桩计算受力状态(方法二)

当 M 和 Q 同时作用时,可在 $\frac{h}{2}$ 处施加一对大小相等、方向相反的水平力 Q,因此产生附加力矩 $Q\cdot\frac{h}{2}$,则总力矩为 $M+Q\cdot\frac{h}{2}$,参照第一种情况,得出圆桩需要嵌入岩层内的深度 h 为

$$h=\sqrt{M\left(1+\frac{Q}{2M}\cdot h\right)/\frac{KCRd}{1.27\times6}} \tag{6-28}$$

倘取 $C\approx0.5$,则

$$h=\sqrt{M\left(1+\frac{Q}{2M}\cdot h\right)/0.066KRd} \tag{6-29}$$

同理,矩形桩需要嵌入岩层内的深度 h 为

$$h=\sqrt{M\left(1+\frac{Q}{2M}\cdot h\right)/0.083KRb} \tag{6-30}$$

以上方法中均未考虑由于 Q 作用使桩孔侧壁竖向产生的均匀应力的影响,一般来说这种应力与岩石强度相比,是很小的,所以略去之后影响不大。另外也没有考虑桩底的抵抗作用。如果将桩底抵抗 M 和 Q 的作用同时考虑到计算中,根据静竖向反力平衡条件计算,其过程则较烦锁,并须多次试算才能得出结果,一般来说实际意义并不大。

本规范采用了第一种方法。

6.2.4　振动下沉管柱外力和变形

6.2.4.1　基础桥规规定

6.2.4 条规定:

管柱振动下沉中应检算振动荷载作用下管柱的应力和变形，可按下列规定进行计算：

1 作用于管柱的外力可按式(6.2.4)计算。

$$N=\eta P_{max} \tag{6.2.4}$$

式中 N——振动时作用于管柱的计算外力(kN)；

P_{max}——所选用的振动打桩机的额定最大振动力(kN)；

η——振动冲击系数，可按管柱振动下沉的入土深度、土质条件和施工辅助设施确定，可采用1.5～2.0。

2 振动下沉时，拉伸和压缩引起的弹性变形值应小于振动体系的振幅。

3 预应力混凝土管柱的张拉力不宜小于管柱的振动荷载。

6.2.4.2 条文解读

1. 振动下沉管柱外力

振动荷载，尤其是其拉力往往是管柱的控制荷载。最初，管柱设计强度只大于振动打桩机额定的最大上下振动力，很多管柱在振动下沉过程中发生了破裂，因此在设计时必须考虑振动荷载的作用。

影响管柱振动时应力状态的因素很多，如打桩机的额定振动力、频率、振幅及地质条件、入土深度和辅助破坏土的阻力措施等。根据某特大桥试验墩下沉管柱时用电阻应变仪测量的结果，曾建议在砂土内振动下沉直径3.0 m预应力混凝土管柱的η值见表6-23。

表6-23 振动冲击系数η值

振动打桩机类型	振动冲击系数		施工方法	最大入土深度(m)
	拉	压		
2台中-160型中速	1.7	1.6	振动加外射水，间以吸泥	20～28
2台中-250型中速	1.3	1.5	振动加外射水、带风，间以吸泥	42～50

后来在以两台中-250型振动打桩机下沉8节直径3.6 m、全长60 m的管柱时，测得断面内力分别为振动打桩机计算振动力的1.33～2.71倍(拉)和1.33～2.8倍(压)。该桥3.6 m管柱η实际采用1.8，$N=1.8\times500$ t=900 t；3.0 m管柱η采用1.5，$N=750$ t。

本规范规定η值一般采用1.5～2.0。选择η值时可考虑在砂土与软塑黏土中较低些，在卵石与硬黏土中宜高些，在有外射水时可较低些，无外射水时较高些，应在施工中根据实测资料对 η 值进行校核。

2. 振动下沉管柱变形

检算振动荷载作用时管柱变形的目的，是为了使振动能量不至于像作用在弹簧上一样地消耗在变形能中，否则管柱就无法下沉。

预应力混凝土管柱在振动荷载作用下的拉伸 Δ_l 和压缩 Δ_a 可按式(6-31)计算。

$$\Delta_l = \Delta_a = \frac{NL}{A_0 E_h} \tag{6-31}$$

式中 N——振动打桩机的最大拉伸和压缩振动荷载；

L——管柱长度；

A_0——管柱的换算截面积，

$$A_0 = A_h + nA_g \tag{6-32}$$

其中 A_h——管壁混凝土净截面积，

A_g——预应力钢筋截面积，

n——预应力钢筋弹性模量 E_g 对混凝土弹性模量 E_h 的比值。

应满足 $\Delta_l + \Delta_a$ 不大于振动打桩机的振幅。振动打桩机的振幅可先按参考资料估计或试算，并在实际下沉时观测测定。

3. 预应力混凝土管柱张拉力

条文中预应力混凝土管柱的张拉力是指千斤顶的总张拉力 P，此力不宜小于管柱的振动荷载 N，即 $P>N$。千斤顶的总张拉力扣除混凝土收缩等应力损失后才是有效张拉力 P_0，振动荷载 N 可稍大于有效张拉力 P_0，使振动时混凝土产生拉应力。为了混凝土不拉裂，检算抗裂安全系数 K_f。

$$K_f = \frac{\sigma_h R_l}{\sigma} \tag{6-33}$$

式中 σ_h——混凝土有效预应力，

$$\sigma_h = \frac{P_0}{A_0}$$

其中 P_0——扣除预应力损失后的有效拉力，

A_0——混凝土净截面积；

R_l——混凝土极限拉应力，见《铁路桥涵混凝土结构设计规范》

(TB 10092—2017)表 3.1.3；

σ——振动荷载作用下混凝土产生的正应力 $\sigma=N/A_0$。

振动下沉时可采用 K_f 不小于 1.1。

6.2.5 基桩的内力和稳定性

6.2.5.1 基础桥规规定

6.2.5 条规定：

计算基桩的内力和稳定性时，可按附录 D 考虑桩侧土弹性抗力的作用。钻孔灌注桩桩身强度、稳定性及裂缝宽度验算应符合《铁路桥涵混凝土结构设计规范》TB 10092 等相关章节的规定，桩身应采用设计桩径。

6.2.5.2 条文解读

1.《59 年桥规》

1950 年以前，桩基础设计中一般假定作用于承台座板上的水平外力由斜桩承受，因此桥梁墩和桩基础多设置斜桩，这样对于施工来说比较麻烦。1950 年以后，对承台座板底面置于地面或局部冲刷线以下一定深度的桩基础(人们称这种桩基础为低桩承台)，假定作用于承台座板上的水平外力由承台侧面土的被动土压力抵抗，面桩只承受作用于承台座板上的竖向外力和力矩所产生的轴向力，对于承台座板底面置于地面或局部冲刷线以上，或座板底面入土深度较浅的桩基础(人们称这种桩基础为高桩承台)，假定水平外力全部由桩侧的土抗力来抵抗，并根据苏联安盖尔斯基提出的假定，假设地面至桩身第一个侧移零点之间土抗力按二次抛物线变化，第一个侧移零点以下土抗力的地基系数为常数。根据这种假定求得单桩桩身弹性曲线微分方程，求解方程后分析桩身内力。

(1)低桩承台和高桩承台计算方法

《59 年桥规》规定，当承台底面位于地面以下或局部冲刷线以下深度 h 等于或大于临界深度 h_k 时，可按低桩承台计算，否则应按高桩承台计算。

临界深度 h_k 计算公式如下：

$$h_k=\tan\left(45^\circ-\frac{\varphi}{2}\right)\sqrt{\frac{H}{b\gamma}} \tag{6-34}$$

式中 H——作用于承台底面的水平外力；

b——承台底面垂直 H 作用方向的边长；

φ——承台侧面土的内摩擦角；

γ——土的容重。

①低桩承台采用下面公式：

$$P_i = \frac{N}{n} \pm \frac{My_i}{\sum y_i^2} \tag{6-35}$$

式中 P_i——第 i 根桩承受的轴向力；

N——作用于承台底面上的竖向外力；

M——对柱群重心的外力矩；

y_i——第 i 根桩至桩群重心的距离；

$\sum y_i^2$——诸桩至桩群重心距离的平方和；

n——桩的根数。

该公式推导过程如下所述：假定基桩为垂直桩基承受中心荷载或偏心荷载，设桩基内桩的根数为 n，作用在桩上的轴向力为 P_i、横向力为 H_i。

当其承受中心荷载时，各桩承受等量荷载[图 6-9(a)]，承台下地基土所分担的荷载很小，可以略去不计，故各桩所承受之荷载为

$$P_i = \frac{N}{n} \tag{6-36}$$

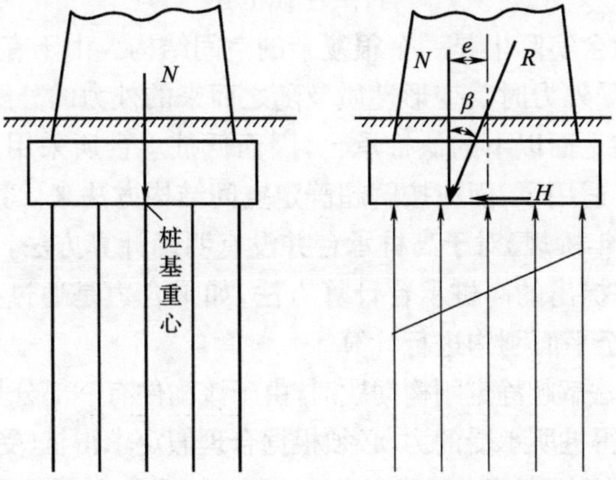

(a)承受中心荷载时　　(b)承受偏心荷载时

图 6-9　桩基受荷图式

当其承受偏心荷载 R 时[图 6-9(b)]，则传到各桩上之单位压力(略去地基上所承担之压力)，可按式(6-37)求算。

$$\sigma=\frac{N}{A}\pm\frac{My_i}{I} \tag{6-37}$$

$$M=N\cdot e$$

式中 A——桩断面的总和：$A=n\cdot F$，F 为一根桩的断面积；

N,H——R 的垂直和水平分力；

e——N 对桩群重心的偏心矩；

I—— 桩群之惯性矩，$I=\approx\sum Fy^2$；

y_i——第 i 根桩至桩群重心的距离。

用单位压力，对桩来说是不方便的，一般都是以一根桩为单位，故如将等式两边各乘以 F，则任一根桩所承受之荷载为

$$P_i=F\cdot\sigma_i=\left(\frac{N}{nF}\pm\frac{My_i}{F\sum y_i^2}\right)F \tag{6-38}$$

可得

$$P_i=N_i=\frac{N}{n}\pm\frac{My_i}{\sum y_i^2} \tag{6-39}$$

横向力按各桩承受轴向力的比例来分配，即：

$$H_i=P_i\tan\beta \tag{6-40}$$

②高桩承台实际上是一个很复杂的空间结构。由于有一大段的桩露出土面，因此受外力时其变形性质及随之而来的外力的分配规律，显然是不同于深埋在土面以下的低桩承台，因而低桩承台所采用的近似计算法在这里就不再适用了，而应按解超静定空间结构方法来计算。

由于《59 年桥规》对于高桩承台并没有明确计算方法，以往是采用苏联安盖尔斯基提出的高桩承台计算方法，如果合力是通过控制方向的对称面，则可按至平面刚构进行计算。

在用形变法解超静定刚构问题时，由于该构件有一部分是埋在土中，因此要从变形求得桩所承受的力，必须根据合理假定求得桩(受压杆件)的"受压长度"和两端的固定情况。确定出了这两个特征后，才可能解高桩承台。

a. 受压长度

由于埋入土中的桩长上各点轴向力并不相等，且小于 N，因此必须

先求得其相应的换算“受压长度”L'。

对于柱桩[图 6-10(a)],由于在其全长 L 上各点都受有相同的压力 N,故它的受压长度就是 L。变形 λ 与外加轴向压力之间的关系是

$$N=\frac{EF}{L}\lambda \tag{6-41}$$

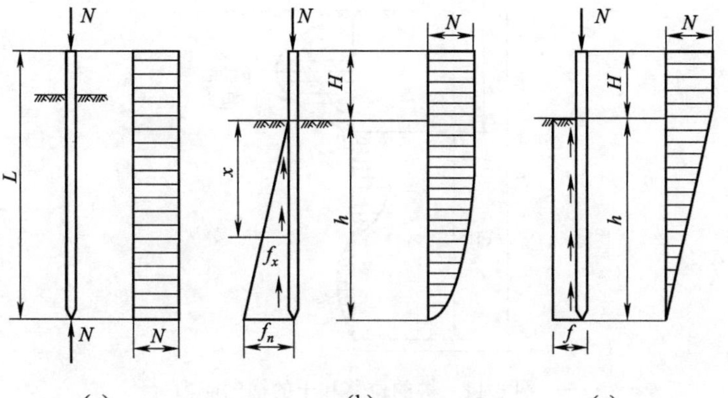

图 6-10　受压长度 L'计算

对于摩擦桩,地面以上部分各点受有压力 N,地面以下部分各点所受的压力值逐渐减少,减少的规律视摩擦力在桩身上分布情况而定[图 6-10(b)、(c)],这样就无法应用上述 N 与 λ 之间的简单关系,为此必须找出一个“相当受压长度”L'来,使假定在L'长度内都受有压力及所产生的变形与实际的一样,即 $\lambda=\frac{NL'}{EF}$。

如摩擦力是按三角形分布,则其受压长度$L'=H+\frac{2}{3}h$。

如摩擦力是均匀分布,则其受压长度$L'=H+\frac{1}{2}h$。

b. 端点固定情况

端点固定情况与桩受挠曲作用时的计算有关。现从理论上分析其端点的固定情况及其位置。当桩顶受外加横向力 P 和力矩 M 时,桩轴的弹性位移及土的阻力分布情况如图 6-11 所示。

第一个反弯点 0 位于地面下 t 深处。考虑到 0 点以下位移较小,故

可假定 0 点为桩的下端端点。t 值视上端固定情况如何可由下式用试算法近似地求出。

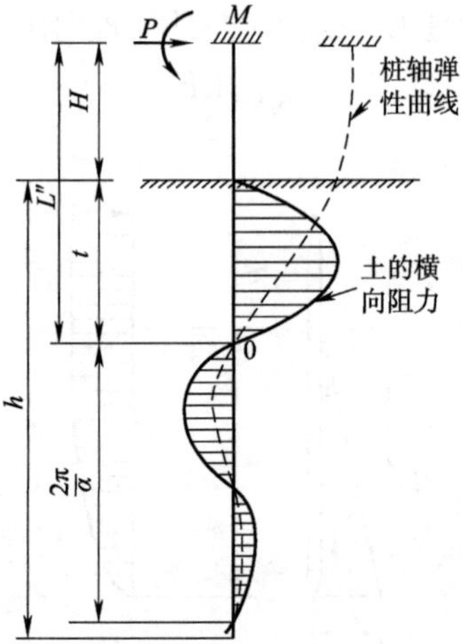

图 6-11　桩的位移和土的横向应力

如上端为固定时：

$$0.05\alpha^3 t^4+\frac{1}{6}\alpha^3 ht^3-\left(\frac{1}{2}\alpha-\frac{1}{6}\alpha^3 h^2\right)t^2-(1+\alpha h)t-\frac{1}{2}\alpha h^2-h-\frac{1}{2\alpha}=0 \tag{6-42}$$

如上端为铰接时：

$$t^3-2Ht^2-6\frac{t}{\alpha^2}-6\frac{\alpha h-1}{\alpha^3}=0 \tag{6-43}$$

式中　α——基础变形系数，

$$\alpha=\sqrt[4]{\frac{kd}{4EI}} \tag{6-44}$$

d——桩径；

k——土的弹性阻力系数，可从表 6-24 查出。

表 6-24　土的弹性阻力系数 k 值

土的类型	k(kg/cm³)
淤泥及细砂，其下为侏罗纪黏土	20～25
中等颗粒砂	20～30

续上表

土的类型	k(kg/cm³)
软砂质黏土,其上为松软的含黏土的砂	25～35
砂,其下为侏罗纪黏土	30～40
未扰动的密实的砂、黏土、砂砾	100～150

根据计算的结果,如桩的入土深度 $h>t+2\frac{\pi}{\alpha}$,则可认为桩是固定在 0 点;否则,0 点即看作是铰接。

(2)低桩承台、高桩承台计算存在的问题

如前所述,过去当我们设计桥梁墩台桩基时,往往会碰到要设计的桩基应该按低桩承台去计算还是按高桩承台去计算的问题。

当承台底面埋入地面以下或局部冲刷线以下的深度位于临界深度h_k附近时,按低桩承台计算与按高桩承台计算,不仅计算方法差别很大,前者计算简单,后者计算较繁,而且两种计算结果相差很远。分析其原因,主要是由于这种高低桩承台划分的不合理所引起的。实际上,水平外力作用对基桩与承台侧面的土是共同受力的。《59 年桥规》采取这种片面的规定,主要是由于过去对基桩与承台侧面土共同受力的计算问题没有得到解决的缘故。长期以来,国内外对这个问题有过种种探讨,当人们对桩基计算全面合理地考虑土的弹性抗力之后,问题才得到了比较合理的解决,就没有必要再像《59 年桥规》那样去人为地将桩基划分为低桩承台计算和高桩承台计算。

《59 年桥规》中除上面所述高低桩的划分方法不合理外,对于低桩承台采用公式 $P_i=\frac{N}{n}\pm\frac{My_i}{\sum y_i^2}$ 计算的规定也是不合理的。

这个公式尽管早已被人们所熟悉并广泛应用,但是它所存在的问题却一直为人们所重视。这个公式的长期存在,绝不是由于它是合理的,而只不过是因为长期以来没有比较合理的方法去取代它。我们知道,这个公式只能用来计算基桩所承受的轴向力,而且在计算轴向力时,无法考虑外力矩 M 受承台侧面土的抵抗作用,以致使计算出来的轴向力偏大。另外,按《59 年桥规》规定水平外力由承台侧面土的被动土压力来抵抗,实际上也就承认承台会发生一定的侧向位移，否则承台侧面是不会产生如计算所希望达到的被动土压力值的。承台既然发生位移，那么基桩桩顶和桩身就必然要产生横向力和弯矩，而且这种横向力值和弯矩值有时相当大。按上列公式是无法计算出承台位移值、桩顶横向力和桩顶弯矩的，也就无法计算桩身各截面上的横向力和弯矩，因而不能合理地布置桩身的受力钢筋，即使过去钻、挖孔灌注桩布置了钢筋，也只是凭设计者的“所谓”经验来置放的，这样难免不是把钢筋放多了，造成浪费，就是数量放得不够，影响基桩的寿命。

高桩承台也存在不少问题。过去计算高桩承台是采取这样一些步骤：

①先确定基桩的受挠长度 L；

②假定基桩嵌固于桩顶以下 $H+h$ 处，不考虑桩侧土壤对桩的抵抗作用，进行框架分析，求出每一根桩桩顶处的轴向力 N、力矩 M 和横向力 P；

③考虑桩侧土的横向弹性抗力，进行桩身任一截面中的弯矩、剪力和位移的计算。

在第①个步骤中，基桩的受挠长度 L 的确定是比较困难，也是长期以来，不少人尝试解决但又没有得到很好解决的问题。在第②个步骤中，将桩侧土抛开不管去进行框架分析，必然导致计算所得桩顶处的轴向力 N、力矩 M 和横向力 P 要比实际值大得多。所以，在这两个步骤中都存在问题，这些问题是比较明显的。需要进一步讨论的是第③个步骤中的问题。

在上述第③个步骤中，采用安盖尔斯基的方法。该方法只是根据假定桩基顶面嵌固、仅能水平移动不能转动，且桩顶只承受水平外力 P 的情况来考虑的。安盖尔斯基认为桩身弹性曲线随入土深度呈衰减曲线，土的横向弹性抗力系数（或称地基系数）在地面处为零，随土的深度成正比增加，至地面 t 处桩身第一个横向位移为零的 0 点处弹性抗力系数为 k，0 点以下 k 为常数。另外还粗略地规定地面下桩身下至第一个 0 点的土抗力为二次抛物线形状。根据桩身的变形情况，分别建立三部分的弹性曲线方程，从而得到一系列计算公式。

安盖尔斯基规定基桩埋于土中的深度 h 应大于 t，且不少于 $h>t+2\dfrac{\pi}{\alpha}$，在满足此条件时，认为基桩下端嵌固于深度 t 处的 0 点。后来又把这个规定发展成为，当 $t+\frac{\pi}{\alpha}<h<t+2\frac{\pi}{\alpha}$时，也可认为下端嵌固；当 $t<h<t+\frac{\pi}{\alpha}$时，按下端部分嵌固考虑。不论是安盖尔斯基原来的规定，还是上述后来所发展的规定，其基本点都是 h 必须大于 t。

为什么基桩埋入土中的长度一定要大于所谓嵌固点 0 的深度，实际上即使满足了这些条件，基桩也不等于就嵌固于 0 点，因为安盖尔斯基的推算是认为 0 点横向位移为零，但转角φ_i不为零，既然φ_i不为零，那么基桩就不是嵌固于 0 点，显然这些规定是自相矛盾的。

另外，安盖尔斯基是用 $0.05\alpha^3t^4+\frac{1}{6}\alpha^3ht^3-\left(\frac{1}{2}\alpha-\frac{1}{6}\alpha^3h^2\right)t^2-(1+\alpha h)t-\frac{1}{2}\alpha h^2-h-\frac{1}{2\alpha}=0$ 方程和$t^3-2Ht^2-6\frac{t}{\alpha^2}-6\frac{\alpha h-1}{\alpha^3}=0$ 方程求算桩身第一个水平位移零点的深度 t，从这个方程可以看出 t 只与 α 和 h 及 H 有关，α 也只与土的抗力系数 k、桩的直径 d、桩身材料有关，却与外力无关。换句话说，只要 k、d、E、H 相同，为了使桩身埋入土中的深度满足所谓嵌固深度的要求，亦即使 $h>t+2\frac{\pi}{\alpha}$，或 $t<h<t+\frac{\pi}{\alpha}$，或 $t+\frac{\pi}{\alpha}<h<t+2\frac{\pi}{\alpha}$，不论桩顶水平力 P 和力矩 M 如何变化，基桩埋于土中的深度 t 的要求都是相同，显然这是不合理的。

再者，从 $\frac{\pi}{\alpha}$或 $2\frac{\pi}{\alpha}$ 一项来看，桩径愈大，要求桩身入土愈深。因而，对于大直径桩，为了要满足上列条件，却必须将桩的入土加得比较深。

从上述诸问题来看，尽管人们在计算高桩承台中沿用上述方法已经几十年了，但绝不是由于它合理，而是因为过去对它分析不够，另外也没有比较合理的方法去取代它。

2.《75 年桥规》

20 纪世 60 年代桥梁桩基础广泛采用钻、挖孔灌注桩之后，由于钻孔斜桩难以成孔，加上钻、挖孔灌注桩的直径一般比打入桩要大，因此要求设计进一步合理地考虑桩侧土的横向抗力，改进单桩承受横向力的计算方法。

我国铁路部门进行了这方面的研究，参考国外资料，采取桩侧土抗力的地基系数随深度成直线增长的规律，用幂级数求解了桩身弹性曲线微分方程，得出了与国外许多国家广泛采用的相同的计算系数。1965 年前后，成昆铁路和京原铁路桥梁桩基础中开始采用了这种方法。当时由于缺乏我国自己的试验资料，桩侧土抗力地基系数随土质变化的比例系数(m 值)主要采用苏联有关文献中的数值。在制定 1975 年版《铁路工程技术规范　第二篇：桥涵》时，上述承受横向力单桩的分析方法被列入了该规范，铁道部第二设计院和西南交通大学根据国内试验资料分析提出了我国自己的 m 值表。m 法是国内铁路规范最早提出的桩侧土弹性抗力计算方法。此后，国内相关行业标准多数也采用 m 法计算桩侧土弹性抗力。

(1)基本假定

桩基础中，单根摩擦桩桩顶承受外荷载轴向力 N、弯矩 M 和横向力 H(垂直桩轴)作用时，其中轴向力 N 使桩身产生弹性压缩，并使桩相对于桩周土产生向下的位移，因此该轴向力仅由桩侧土的摩阻力和桩底土的支承阻力所抵抗。桩基础中单根柱桩桩顶承受外荷载轴向力 N、弯矩 M 和横向力 H 作用时，其中轴向力 N 仅考虑由桩底土的支承阻力所抵抗。土对桩的抵抗能力随桩周土的性能、桩径的大小和桩身入土的长短而定。轴向力 N 不应大于桩侧土的抵抗能力，亦不应大于桩身材料的抵抗能力。不论是单根摩擦桩还是单根柱桩，所承受的弯矩 M 和横向力 H 均应考虑由桩侧土的水平受压弹性抗力的抵抗。如何求出桩身的内力(弯矩、剪力)，从理论上分析承受水平荷载的单桩在桩侧土抗力作用下相互关联是十分必要的。

对于这种弹性桩进行内力分析和确定其弹性曲线，提出解决这个问题的办法大多还是应用弹性地基梁的计算理论，即假定桩侧土反力 p 等于土的侧向地基系数 C_y 与侧向位移 x 的乘积($p=C_yx$)，如果地基系数 C_y 值能确定，则可通过梁的挠曲微分方程得到解答，从而算出桩身的弯矩和由桩顶竖向荷载产生的轴力，进行桩的强度计算。

侧向地基系数 C_y 是反映地基侧向变形刚度性质的一个指标，它的大小和分布直接影响挠曲微分方程的求解和桩身截面内力的变化。对地基系数 C_y 的假定方法很多，常用的有 4 种，即常数法、K 法、m 法和 C 法，如图 6-12 所示。

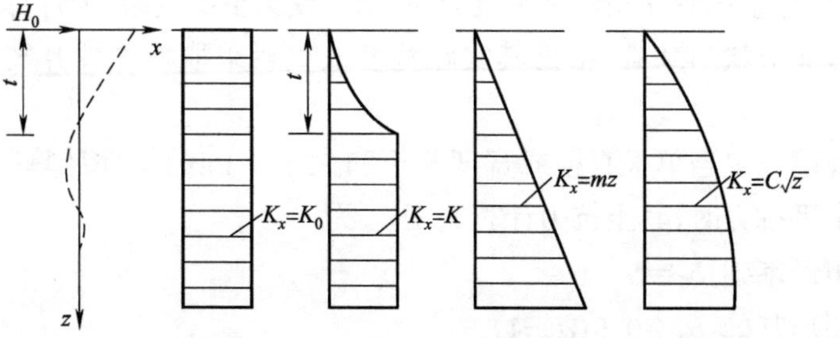

(a)常数法　(b)K 法　(c)m 法　(d)C 法

图 6-12　地基水平抗力系数分布图式

采用常数法，地基系数不随深度变化，由于地面处位移最大，因而就得出地面处土的反力为最大的结论，许多试验证明这种结论是有问题的。至于地基系数随深度增大的规律，有的认为是曲线形(C 法)，也有的认为是一直线(m 法)。研究证明，采用地基系数随深度成直线增长的变化规律，运用幂级数法去求解所得的弹性曲线微分方程，其计算结果与一般土的实际情况是比较符合的。如果地基系数随深度的变化规律采取曲线形式或者采取地面处不等于零但随深度成直线增长，在求解桩身弹性曲线微分方程方面并不存在很大的困难，困难的却是如何根据不同土确定它的地基系数是属于哪一种变化曲线形式和其地面处地基系数值。

然而，地基系数随深度成直线增长，且地面处地基系数等于零的假定，便于计算，虽然表面上看来地基系数随深度无限增大似乎不合理，但由于构件的横向变位随深度很快地减小，深度愈深，变位愈小，因此二者相乘的结果还是很小的。铁路规范采取了这种变化规律的 m 法。

本规范采用地基系数$C_y=my$，m 为地基系数的比例系数，m 值按土质而定，对同一类土为常数。m 法基本假定：

①将土视作弹性变形介质，具有随深度成正比增长的地基系数。

②计算中不考虑基础与土之间的黏着力和摩阻力。

③在水平压力和竖向压力作用下，任何深度处，土中的应力均用地基系数表示。

(2)计算参数

①计算宽度 b_0

计算基础底面应力或土的竖向抗力时，按基础底面的实际面积考虑。

但是，计算基础侧面土的水平抗力时，由于受力情况复杂，为计算简化，对各种截面形状的基础，根据其实际宽度或直径采取换算计算宽度 b_0 来计算。

规范规定当单根直径或宽度等于和大于 1 m 的构件计算基础侧面土的水平抗力时，其土抗力计算宽度 b_0 为

矩形基础：$b_0=b+1$

圆形基础：$b_0=0.9(d+1)$

圆端形基础：$b_0=\left(1-0.1\dfrac{d}{D}\right)(D+1)$

当构件直径或宽度等于和小于 1 m 时，则应采用下列公式。

对于矩形基础的单个构件：$b_0=1.5b+0.5$

对于圆形基础的单个构件：$b_0=0.9(1.5d+0.5)$

对于圆端形基础的单个构件：$b_0=\left(1-0.1\dfrac{d}{D}\right)(1.5D+0.5)$

式中，b 为矩形基础边长；d 为圆形基础直径；D 为圆端形基础长轴长度。

②m 值

m 值应根据试验确定。当无试验资料时，可根据土的种类按规范查表。此前，非岩石土 m 和 m_0 值可按表 6-25 查得，表中 m 为水平地基系数的比例系数，m_0 为竖直地基系数的比例系数。

表 6-25　非岩石土的 m 和 m_0 值

土的名称	m 和 m_0（t/m^4）	
	当地面水平位移大于 6 mm 但小于及等于 10 mm 时	当地面水平位移等于及小于 6 mm 时
流塑性的黏土及沙黏土；淤泥	100～200	300～500
软塑性的砂黏土、黏砂土及黏土；粉砂以及松散砂土	200～400	500～1 000
硬塑性的砂黏土、黏砂土及黏土；细砂和中砂	400～600*	1 000～2 000
坚硬的砂黏土、黏砂土及黏土；粗砂	600～1 000*	2 000～3 000

续上表

土的名称	m 和 m_0(t/m⁴)	
	当地面水平位移大于 6 mm 但小于及等于 10 mm 时	当地面水平位移等于及小于 6 mm 时
砾砂；角砾土、砾石土、碎石土、卵石土	1 000～2 000*	3 000～8 000

注：* 对于密实的砂和黏砂土，表中数值可提高 30%。

表中 m 和 m_0 值栏第 1 竖行的 m 值是根据直径 0.8～1.3 m 管桩在地面处承受水平荷载作用的试验结果绘制 P—S 关系曲线，从此曲线上找出相应于地面水平位移为 1 cm 的荷载值，然后反复假定 m 值，按弹性桩的计算公式计算地面处的水平位移，直至地面处水平位移等于 10 mm，则 m 值为该土采用的数值。这里考虑到过去大量墩台桩基设计经验证明地面处水平位移均不超过 10 mm，否则墩台顶面位移太大，不能满足规范的要求，所以以地面水平位移等于 10 mm 来定 m 值。该表的 m 值为大致的平均数值。但根据部分设计单位意见，认为表 6-25 中第 1 竖行的 m 值偏低，有时桩在地面处的水平位移不到10 mm，所以 m 值可以提高。根据这种意见，类似上述方法制定出了当桩在水平荷载作用下地面处水平位移为 6 mm 时的 m 值，即表 6-25 第2 竖行内所列值。

m 法是假定桩基底以上存在同一种土层进行考虑的，因此当桩基侧面为数种不同土层时，须将各土层的m_i 换算成整个深度h_m 内为一种土的 m 值。

当 h_m 深度内存在两层不同土时：

$$m=\frac{m_1h_1^2+m_2(2h_1+2h_2)h_2}{h_m^2} \tag{6-45}$$

当 h_m 深度内存在三层不同土时：

$$m=\frac{m_1h_1^2+m_2(2h_1+2h_2)h_2+m_3(2h_1+2h_2+h_3)h_3}{h_m^2} \tag{6-46}$$

式中 h_1,h_2,h_3——第 1、第 2、第 3 层土的 h 值；

m_1,m_2,m_3——第 1、第 2、第 3 层土的 m 值。

(3)桩基类别划分

m 法为了计算方便，根据桩与土的相对刚度，将桩基划分为刚性桩桩基和弹性桩桩基，通常铁路桥梁墩台的桩基多属于弹性桩桩基，但也有时属于刚性被桩基。

根据试验认为，当桩的底面置于地面以下或局部冲刷线以下的深度 $h \leqslant \frac{2.5}{\alpha}$ 时，可认为桩具有无穷大的刚度。将这种 $h \leqslant \frac{2.5}{\alpha}$ 的桩分别按刚性桩和弹性桩进行计算，证明两种计算所得桩的水平荷载承载力和桩对土壤作用的水平压力图形非常接近，但地面处桩身水平位移和转角却有所区别，若将按刚性桩计算方法所得地面处的水平位移和转角作适当的修正，还是可以的。因此，为了简化计算，对于 $h \leqslant \frac{2.5}{\alpha}$ 的桩，可将它视为具有无限大刚度，按规范的简化方法进行计算。反之，若 $h > \frac{2.5}{\alpha}$，则必须考虑桩身的实际刚度，按弹性桩桩基的计算方法进行计算。这里，α 为基础的变形系数，$\alpha = \sqrt[5]{\frac{mb_0}{EI}}$（以 1/m 计）。

(4)单桩计算

设桩基顶面承受轴向荷载 N、弯矩 M 和水平力 H，则单桩受力将分两种情况：

第一种情况为垂直于水平力方向的平面内是单排桩，设其桩数为 n，且按对称于水平力作用线布置，单排桩受力可按单桩考虑，每根单桩的桩顶荷载均为

$$\begin{cases} N_0 = \dfrac{N}{n} \\ M_0 = \dfrac{M}{n} \\ H_0 = \dfrac{H}{n} \end{cases} \tag{6-47}$$

第二种情况为多排桩和位于水平力作用平面内的单排桩，如承台刚度可作为无限大时，桩顶与承台可视为刚接而桩身弹性固定于土中，可按刚架求出每一构件顶面所承受的外力 N_i、Q_i 和 M_i。对于这种结构，还必须考虑各构件相互作用对于 m 值的影响（参见 Desai C. S.，Christian J. T. 著 *Numerical Methods in Geotechnical Engineering*），所以将 m 值乘以相

互影响系数 k，当 $L_0 \geqslant 0.6h_0$ 时，$k=1.0$；当 $L_0 < 0.6h_0$ 时，k 值小于 1，并按式(6-48)确定。

$$k=C+\frac{1-C}{0.6}\cdot\frac{L_0}{h_0} \tag{6-48}$$

式中 h_0——构件埋入局部冲刷线以下的计算深度(m)：$h_0=3(d+1)$，不得大于入土全长 h；

C——随构件数 n 而异的系数：当 $n=1$ 时，$C=1.0$；当 $n=2$ 时，$C=0.6$；当 $n=3$ 时，$C=0.5$；当 $n\geqslant 4$ 时，$C=0.45$；

L_0——两桩之间的净距离(对于钻孔桩则为两桩成孔桩径之间的净距离)。

(5)桩的挠曲微分方程求解

假定沿地面或局部冲刷线为 x 轴，沿桩(或称构件)身轴线为 y 轴，并假定桩作用于土上的横向压应力等于桩上各点横向位移 x 与该点土的侧向地基系数 C_y 的乘积，由于 C_y 随深度 y 变化，即 $C_y=my$，所以任一深度 y 处土作用于桩上的水平抗力为 $myxb_0$。当桩挠曲时桩侧土会产生平行于桩轴的土阻力，由于该阻力相当小，在分析中可以略去不计。根据材料力学，这种弹性桩的弹性曲线微分方程为

$$EI\frac{\mathrm{d}^4x}{\mathrm{d}y^4}+P_y\frac{\mathrm{d}^2x}{\mathrm{d}y^2}+myxb_0=0 \tag{6-49}$$

式中 P_y 为桩的轴向荷载。通常由于 P_y 的作用影响很小，可将 $P_y\frac{\mathrm{d}^2x}{\mathrm{d}y^2}$ 项略去不考虑(如考虑 P_y 的作用影响，上列微分的求解将较复杂)，因此该式可简化成为

$$EI\frac{\mathrm{d}^4x}{\mathrm{d}y^4}+myxb_0=0$$

或

$$\frac{\mathrm{d}^4x}{\mathrm{d}y^4}+\frac{mb_0}{EI}yx=0$$

令 $\alpha=\sqrt[5]{\frac{mb_0}{EI}}$，因此 $\frac{mb_0}{EI}=\alpha^5$，则

$$\frac{\mathrm{d}^4x}{\mathrm{d}y^4}+\alpha^5yx=0 \tag{6-50}$$

式(6-50)即为 m 法的基本微分方程。式(6-50)是一个四阶变系数微分方程，直接求解此方程没有解析解。为了求解，国内外有关专家曾提出的解法主要有差分解、有限元解及初值法的数值解，但这些解法只能就某一具体问题给出一个解答，无法得到通解。将 m 法的方程用幂级数法来求解，能得到满足精度要求的解答，使得工程设计应用 m 法成为可能。

假定基本微分方程的解为一幂级数：

$$x = a_0 + a_1 y + a_2 y^2 + \cdots = \sum_{i=0}^{\infty} a_i y^i \tag{6-51}$$

对式(6-51)求 1～4 阶导数，

$$\frac{\mathrm{d}x(y)}{\mathrm{d}y} = a_1 + 2a_2 y + 3a_3 y^2 + \cdots = \sum_{i=1}^{\infty} i a_i y^{i-1} \tag{6-52}$$

$$\frac{\mathrm{d}^2 x(y)}{\mathrm{d}y^2} = \sum_{i=2}^{\infty} i(i-1) a_i y^{i-2} \tag{6-53}$$

$$\frac{\mathrm{d}^3 x(y)}{\mathrm{d}y^3} = \sum_{i=3}^{\infty} i(i-1)(i-2) a_i y^{i-3} \tag{6-54}$$

$$\frac{\mathrm{d}^4 x(y)}{\mathrm{d}y^4} = \sum_{i=4}^{\infty} i(i-1)(i-2)(i-3) a_i y^{i-4} \tag{6-55}$$

将式(6-51)、式(6-55)代入$\frac{\mathrm{d}^4 x}{\mathrm{d}y^4} + \alpha^5 yx = 0$ 得：

$$\sum_{i=4}^{\infty} i(i-1)(i-2)(i-3) a_i y^{i-4} = \frac{y}{\alpha^5} \sum_{i=0}^{\infty} a_i y^i \tag{6-56}$$

根据式(6-56)即可确定待定系数$a_0, a_1, a_2, a_3, \cdots, a_i$，将各系数表达式代入式(6-51)，整理得：

$$x = \sum_{i=0}^{\infty} a_i y^i = a_0 + a_1 y + a_2 y^2 + a_3 y^3{}_0 + \sum_{k=1}^{\infty} a_{5k-1} y^{5k-1} + \sum_{k=1}^{\infty} a_{5k} y^{5k} + \sum_{k=1}^{\infty} a_{5k+1} y^{5k+1} + \sum_{k=1}^{\infty} a_{5k+2} y^{5k+2} + \sum_{k=1}^{\infty} a_{5k+3} y^{5k+3} \quad (k = 1,2,3,\cdots)$$

引入记号$(mk-n)!!$

$$(mk-n)!! = (mk-n)[m(k-1)-n][m(k-2)-n]\cdots\{m[k-(k-1)]-n\} \quad (m>n)$$

令

$$x_0(y)=1+\sum_{k=1}^{\infty}(-1)^k\frac{(5k-4)!!}{(5k)!}(\alpha y)^{5k}$$

$$x_1(y)=\alpha y+\sum_{k=1}^{\infty}(-1)^k\frac{(5k-3)!!}{(5k+1)!}(\alpha y)^{5k+1}$$

$$x_2(y)=\frac{1}{2}(\alpha y)^2+\sum_{k=1}^{\infty}(-1)^k\frac{(5k-2)!!}{(5k+2)!}(\alpha y)^{5k+2}$$

$$x_3(y)=\frac{1}{6}(\alpha y)^3+\sum_{k=1}^{\infty}(-1)^k\frac{(5k-1)!!}{(5k+3)!}(\alpha y)^{5k+3}$$

则得

$$x=a_0x_0(y)+a_1x_1(y)+a_2x_2(y)+a_3x_3(y) \tag{6-57}$$

式(6-57)即为微分方程幂级数解的表达式，式中的常数系数a_0，a_1，a_2，a_3由边界条件确定。

桩的位移 x、转角 φ、弯矩 M 和剪力 Q 微分关系式为

$$\begin{cases} x=x(y) \\ \varphi=\dfrac{\mathrm{d}x(y)}{\mathrm{d}y} \\ M=EI\dfrac{\mathrm{d}^2x(y)}{\mathrm{d}y^2} \\ Q=EI\dfrac{\mathrm{d}^3x(y)}{\mathrm{d}y^3} \end{cases} \tag{6-58}$$

利用幂级数积分，可得微分方程的解的表达式；通过桩的位移 x、转角 φ、弯矩 M 和剪力 Q 之间的微分关系求得所需的内力值。微分方程的解答是以级数形式表示的，其计算工作量大，手算难以实现。故此，规范为了设计使用方便将一系列级数式归纳为 $A_1\sim A_4$、$B_1\sim B_4$、$C_1\sim C_4$、$D_1\sim D_4$ 共16 个系数，这些系数级数式如下：

$$A_1=1+\sum_{k=1}^{\infty}(-1)^k\frac{(5k-4)!!}{(5k)!}(\alpha y)^{5k}$$

$$B_1=\alpha y+\sum_{k=1}^{\infty}(-1)^k\frac{(5k-3)!!}{(5k+1)!}(\alpha y)^{5k+1}$$

$$C_1=\frac{1}{2}(\alpha y)^2+\sum_{k=1}^{\infty}(-1)^k\frac{(5k-2)!!}{(5k+2)!}(\alpha y)^{5k+2}$$

$$D_1 = \frac{1}{6}(\alpha y)^3 + \sum_{k=1}^{\infty} (-1)^k \frac{(5k-1)!!}{(5k+3)!} (\alpha y)^{5k+3}$$

$$A_2 = \sum_{k=1}^{\infty} (-1)^k \frac{(5k-4)!!}{(5k-1)!} (\alpha y)^{5k-1}$$

$$B_2 = 1 + \sum_{k=1}^{\infty} (-1)^k \frac{(5k-3)!!}{(5k)!} (\alpha y)^{5k}$$

$$C_2 = \alpha y + \sum_{k=1}^{\infty} (-1)^k \frac{(5k-2)!!}{(5k+1)!} (\alpha y)^{5k+1}$$

$$D_2 = \frac{1}{2}(\alpha y)^2 + \sum_{k=1}^{\infty} (-1)^k \frac{(5k-1)!!}{(5k+2)!} (\alpha y)^{5k+2}$$

$$A_3 = \sum_{k=1}^{\infty} (-1)^k \frac{(5k-4)!!}{(5k-2)!} (\alpha y)^{5k-2}$$

$$B_3 = 1 + \sum_{k=1}^{\infty} (-1)^k \frac{(5k-3)!!}{(5k-1)!} (\alpha y)^{5k-1}$$

$$C_3 = 1 + \sum_{k=1}^{\infty} (-1)^k \frac{(5k-2)!!}{(5k)!} (\alpha y)^{5k}$$

$$D_3 = \alpha y + \sum_{k=1}^{\infty} (-1)^k \frac{(5k-1)!!}{(5k+1)!} (\alpha y)^{5k+1}$$

$$A_4 = \sum_{k=1}^{\infty} (-1)^k \frac{(5k-4)!!}{(5k-3)!} (\alpha y)^{5k-3}$$

$$B_4 = \sum_{k=1}^{\infty} (-1)^k \frac{(5k-3)!!}{(5k-2)!} (\alpha y)^{5k-2}$$

$$C_4 = \sum_{k=1}^{\infty} (-1)^k \frac{(5k-2)!!}{(5k-1)!} (\alpha y)^{5k-1}$$

$$D_4 = 1 + \sum_{k=1}^{\infty} (-1)^k \frac{(5k-1)!!}{(5k)!} (\alpha y)^{5k}$$

上述 A_1、B_1、C_1、D_1，A_2、B_2、C_2、D_2，A_3、B_3、C_3、D_3，A_4、B_4、C_4、D_4 级数式系数表达式，把换算深度($\overline{h}=\alpha y$)从 0～4 范围以 0.1、0.2、0.5 分级共 28 级代入公式进行计算，其结果以无量纲系数编制表格供设计查用，大大简化了计算工作量。

根据推导出的位移 x、转角 φ、弯矩 M 和剪力 Q 的无量纲系数计算公式，就会很容易求出桩身地面以下 y 深处各截面 x、φ、M 和 Q。

公式推导的详细过程见本规范附录 D 的条文说明。

m 法是铁路《75 年桥规》首次用来计算桩侧土弹性抗力，其后《85 年桥规》、《99 年基础桥规》、《2005 年基础桥规》乃至《2017 年基础桥规》计算桩侧土弹性抗力仍都采用 m 法，同时无量纲系数 A_1、B_1、C_1、D_1，A_2、B_2、C_2、D_2，A_3、B_3、C_3、D_3，A_4、B_4、C_4、D_4 编制的表格也没有变化。

3. m 法存在的问题

m 法假定地基反力系数随深度按线性增加，能较好地反映地基系数沿深度分布的情况。m 法仅能反映土的弹性性能，在桩身变化不大时，能很好地反映桩土相互作用。《75 年桥规》附录十五表 2 仅在注中说明本表可用于结构在地面处位移最大值不超过 6 mm。当水平荷载较大、桩在地面处发生较大位移、桩侧土体进入塑性工作状态时，用 m 法计算将会出现较大误差，并且随着水平荷载的增大，误差也随之较多地增大。

4. 关于成孔桩径和设计桩径

(1)成孔桩径

《75 年桥规》第 2—472 条：桩身截面周长(m)，按成孔桩径计算。钻孔灌注桩的成孔桩径按钻头类型分别比设计桩径(即钻头直径)增大下列数值：旋转锥为 3～5 cm；冲击锥为 5～10 cm；冲抓锥为 10～15 cm。该条规定一直沿用至《2005 年基础桥规》6.2.2 条。

所谓成孔桩径系指成孔后的平均桩径。由于钻孔灌注桩在成孔过程中，对于不同的钻头，桩身孔壁较钻头具有不同程度的扩大。通常将钻头直径称为设计桩径。根据一些钻孔灌注桩成孔桩径的量测资料，规范按不同钻头制订出了成孔桩径较钻头直径扩大的参考数值。

《2017 年基础桥规》6.2.2 条把成孔桩径修订为设计桩径，以偏于安全。

(2)设计桩径

《75 年桥规》第 2—473 条：桩身进行强度、稳定性计算时，一般考虑桩侧土的约束作用；对钻孔灌注桩进行上述计算时，一般采用设计桩径。《99 年基础桥规》6.2.5 条修订为：计算桩基中基桩的内力和稳定性时，可按规范附录 D 考虑桩侧土弹性抗力的作用；对钻孔灌注桩计算桩身强度和稳定性时，桩身采用设计桩径。《2017 年基础桥规》6.2.5 条对钻孔灌注桩计算桩身强度和稳定性时，桩身采用设计桩径的规定没有变化。

钻孔灌注桩计算桩身强度和稳定性时，桩身采用设计桩径而不采用成孔桩径呢？《75年桥规》编写组给出的理由是桩周与土接触处混凝土的质量较差，所以，为安全计，在进行桩身强度和稳定性计算时，一般采用设计桩径。另外当求钻孔桩基中每一根桩所承受的荷载及计算变形时，桩的挠曲刚度 EI 应按换算惯性矩计算。但由于在桩所承受的荷载未求出之前，无法计算换算惯性矩，所以近似采用设计桩径的全截面惯性矩，而不考虑成孔桩径，因为按成孔桩径所得的全截面惯性矩与换算惯性矩相差太远。

6.2.6 桩的计算规定

6.2.6.1 基础桥规规定

6.2.6条规定：

桩的计算应符合下列规定：

1 摩擦桩桩顶承受的轴向压力加上桩身自重与桩身入土部分同体积土重之差，不应大于本规范第6.2.2条按土的阻力计算的单桩受压容许承载力。

2 柱桩桩顶承受的轴向压力加桩身自重不应大于本规范第6.2.2条按岩石单轴抗压强度计算的单桩受压容许承载力。

3 受拉桩桩顶承受的拉力减去桩身自重不应大于本规范第6.2.2条按土的阻力计算的单桩受拉容许承载力。仅在主力作用时，桩不应承受轴向拉力。

4 主力加附加力作用时，按本规范第6.2.2条求得的桩的轴向受压容许承载力可提高20%；主力加特殊荷载(地震力除外)时，柱桩的轴向受压容许承载力可提高40%，摩擦桩可提高20%～40%。

5 桩基还应按附录E当作实体基础进行检算。桩基底面以下有软弱土层时，尚应按本规范第5.2.1条检算该土层的压应力。

6.2.6.2 条文解读

1. 桩的自重

关于桩基设计中检算摩擦桩的轴向受压承载力时如何考虑桩的自重，是长期以来有争议的问题。《75年桥规》规定在检算桩的轴向受压承载力时应考虑桩的全部自重。同年颁布的《公路桥涵设计规范》规定，对于钻、挖孔灌注桩，考虑局部冲刷线以下桩身自重的一半。此外，还有一种意见认为桩身自重可以完全不考虑。对于木桩或小直径的短的空心钢筋混凝土桩来说，按这三种不同意见计算的结果相差不会很大，但对于大直径的长的实心钢筋混凝土桩，则计算结果往往出入悬殊。规范提出下面考虑桩身自重的办法。

考虑当桩置于土中之后(不论是打入桩还是钻、挖孔灌注桩)，桩侧土和桩底土将共同承受桩身自重 P_1' 与桩身所占同体积土重 P_1'' 之差的附加外荷载 P_1($P_1=P_1'-P_1''$。当 $P_1'\leqslant P_1''$ 时，如木桩，通常认为 $P_1=0$)。当桩进行静载试验，桩顶作用外荷载 N 时，桩侧土和桩底土则共同承受外荷载 P_1+N。如果静载试验中加于桩顶的外荷载 N 逐渐增大到某一 N_{max} 值时，桩的荷载—沉降曲线(即通常所说的 P—S 曲线)出现明显拐点(陡降点)，那么 P_1+N_{max} 的前一级荷载 P_1+N_{max}'(即相应于拐点的荷载)为桩侧土和桩底土共同承受的极限荷载 P_u'，也就是桩的极限承载力。如果按习惯以 P_u 代表 N_{max}'，则桩的极限承载力 $P_u'=P_1+P_u$，式中 P_u 为静载试验中通常所说的"桩的极限承载力"，实际上它并不是桩的极限承载力，而只是当桩达到极限承载力 P_u' 时，静载试验加于桩顶的相应外荷载。事实上桩的 P—S 曲线是图 6-13中以虚线坐标轴所作的曲线图，而该图中对应于实线坐标轴的曲线只是桩的 P—S 曲线中的一部分，这一部分是由静载试验得来的。虽然图中 P_1 作用下桩的沉降 S_1 通常没有测出来，O'—O 段虚曲线绘制不出来，但对于分析并无影响，仍可根据静载试验实测的 P_u 来进行桩的轴向受压承载力的检算。

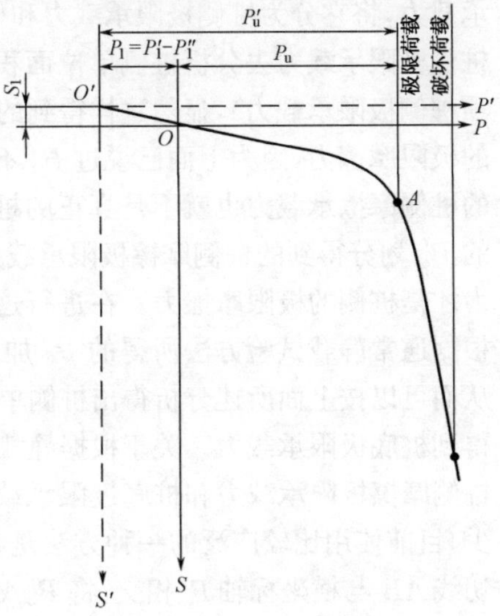

图 6-13　P—S 曲线一

假设设计中作用于桩顶的轴向受压外荷载为 N，桩的轴向受压承载力的安全系数为 K，那么只要求其 N 值满足下列要求就可认为桩的设计是安全的：

$$N+P_1 \leqslant \frac{1}{K} P'_u \quad (6\text{-}59)$$

因为 $P_1 = P'_1 - P''_1$，$P'_u + P_1 = P_u + P'_1 - P''_1$，通常主力时采用 $K=2$，于是式(6-59)可改写为

$$N+P'_1-P''_1 \leqslant \frac{1}{2}(P_u+P'_1-P''_1)$$

或写成

$$N+\frac{1}{2}(P'_1-P''_1) \leqslant \frac{1}{2} P_u \quad (6\text{-}60)$$

也就是说，如果对于一般土根据静载试验所得的 P_u 检算桩的受压承载力，只要按式(6-60)将作用于桩顶上的轴向压力荷载 N，加上桩身自重与桩身所占同体积土重之差的一半，小于或等于 $\frac{1}{2}P_u$，就可以认为满足了安全要求。当 $P'_1 \leqslant P''_1$ 时式(6-59)中的 P_1 取为零，式(6-60)中取 $P'_1-P''_1=0$。

长期以来，人们往往以图 6-13 中静载试验所得的 P_u 作为桩的极限承载力，将它分为桩侧极限承载力和桩底极限承载力，然后用按这样所得桩侧极限承载力去分析桩侧单位面积上的摩擦力(以桩侧表面积去除该项桩侧极限承载力)，显然这样得到的桩侧单位面积上的摩擦力不是桩侧的极限摩擦力，因为上面已说过 P_u 不是桩的极限承载力，由它所划分出的桩侧摩擦承载力也就不是真正的桩侧摩擦极限承载力，只有根据图中的 P'_u 划分得到的桩侧摩擦极限承载力去求出的桩侧单位面积上的摩擦力才是桩侧的极限摩擦力。在进行这种分析时并不存在什么困难，只要根据通常静载试验方法所得的 P_u 加上 P_1，就得到桩的极限承载力 P'_u，从而可以按上面所述分析得出桩侧单位面积上的极限摩擦力。同理可以得到桩底极限承载力。关于根据静载试验所得桩的极限荷载 P'_u 划分出桩侧摩擦极限承载力和桩底极限承载力的方法较多，但合理的方法却较少，目前使用比较广泛的一种方法是将相应于极限荷载 P'_u 的 A 点作一切线 AB 与横坐标轴 P' 相交，将 P'_u 划分为桩侧摩擦极限承载力 P'_{uf} 和桩底极限承载力 P'_{uf}，如图 6-14 所示。

当根据静载试验已求得图中的 OA 曲线求 P'_{uf} 和 P'_{ur} 时，近似地(这种

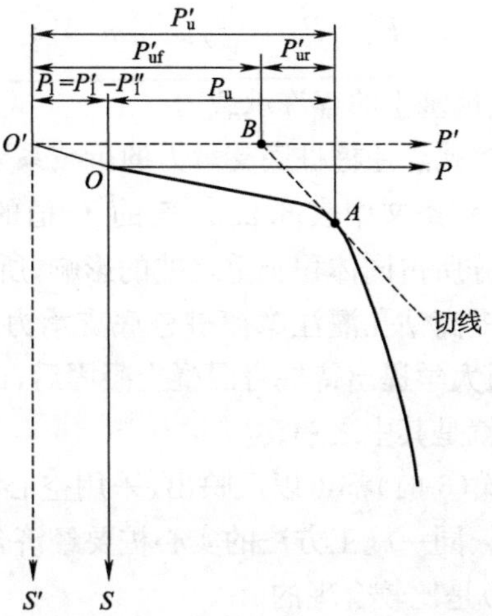

图 6-14　$P—S$ 曲线二

近似是相当接近实际情况的)将 AO 曲线中的 O 端顺该端的曲线斜坡延长到与竖坐标轴 $O'S'$ 相交于 O' 点($O'S'$ 轴与竖坐标轴 OS 的距离为 $P_1=P'_1-P''_1$,这样便可通过 O' 点作平行于横坐标轴 OP 的坐标轴 $O'P'$,从而如上述可以方便地得出 P'_{uf} 和 P'_{ur}。假设由此得到的桩侧单位面积上的极限摩擦力为 f_i(f_i 值应根据桩侧为同一种土的试桩资料求得),桩底单位面积上的极限承载力为 R,那么根据 P'_u 所分析得到的 f_i 和 R 值检算桩的受压承载力时,可从式(6-59)得到下列应该满足的条件式:

$$N+P_1\leqslant\frac{1}{K}(U\sum f_il_i+AR)$$

由于 $P_1=P'_1-P''_1$,$K=2$,所以此式对于打入桩为

$$N+P'_1-P''_1\leqslant\frac{1}{2}(U\sum f_il_i+AR) \tag{6-61}$$

式中　U——桩身周长;

　　i——桩位于土中各土层的厚度;

　　A——桩底面积。

当 $P'_1\leqslant P''_1$ 时,式(6-61)中取 $P'_1-P''_1=0$。

对于钻、挖孔灌柱桩,令 $\frac{1}{2}AR=m_0A[\sigma]$,则按式(6-61)可改为

$$N+P_1'-P_1''\leqslant\frac{1}{2}f_il_i+m_0A[\sigma] \qquad (6\text{-}62)$$

式中 $[\sigma]$——桩底地基土的容许承载力；

m_0——钻、挖孔灌注桩桩底支承力的折减系数。

但须说明，本规范条文中表 6.2.2—5 的 f_i 值的分析没有考虑桩身自重与桩身入土部分所占同体积土重之差的影响，所以该表所列的 f_i 值稍偏小。关于如何提高钻孔灌注摩擦桩桩底支承力的问题，目前有一些研究，譬如西南交通大学提出待桩身混凝土凝固后，通过桩身预埋的管道对桩底压浆的方法就是其中之一。

从式(6-60)和式(6-61)都可以反映出，采用空心桩比采用同一直径、同一长度、同一材料、同一施工方法的实心桩要经济合理。这也可以说明式(6-60)和式(6-61)是比较合理的。

2. 轴向受压承载力

对于支立于风化岩层上和嵌入岩层内轴向受压的柱桩，作用于桩顶的压力加上桩身全部自重后不应超过其容许轴向受压承载力。

对于摩擦桩或支立于风化岩层上的柱桩，可根据桩底土层或风化岩层的透水情况考虑桩身的水浮力。

3. 轴向受拉承载力

考虑基桩在长期拉力作用下容易使桩侧地面附近处的土隆起和松动，影响桩的稳定，所以规定仅在主力作用时，不允许桩承受拉力。只有作主力加附加力作用下，才允许考虑受拉。

对于轴向受拉桩(不论是预制打入桩还是钻、挖孔灌注桩)，作用于桩顶的拉力减去桩身全部自重后不应超过其容许轴向受拉承载力。桩身可如同前面所述，根据桩底土层是否为透水土层而考虑是否计入水浮力。

4. 主力＋附加力、主力＋特殊荷载(地震力除外)作用时容许承载力的提高

在桩基计算中，首先应确定经过承台传递给桩群的外荷载(包括竖向外力、水平力和力矩)，这种外荷载要根据实际可能发生的情况按最不利组合进行考虑。在荷载组合时，应按主力和主力＋附加力两种情况分别计算，因为某桩按土壤阻力和按桩身材料强度考虑桩身承载力时，主力和主力＋附加力两种情况是不同的，通常附加力的作用时间均比较短暂，而

且发生的概率较小,土壤阻力和材料强度都可较主力情况提高一些。所谓附加力是指列车的制动力和牵引力、风力、列车横向摇摆力、流水压力、冰压力等,这些力可按其性质分别作用于顺桥轴方向和垂直桥轴方向,荷载组合时此二方向的附加力不考虑同时作用。此外,计算时船只撞击力和排筏撞击力视为特殊荷载,因为它们发生的概率比上述附加力又要小得多。计算中不考虑船只撞击力和排筏撞击力与上述附加力同时组合,因为它们同时发生的可能性非常小,甚至于几乎不可能。

基于以上原因,所以规范规定主力+附加力作用时按本规范 6.2.2 条求得的桩的容许承载力可较主力作用下提高 20%。主力+特殊荷载作用的概率更小,因此除地震力外可根据岩土性质提高 20%~40%。柱桩一般建在强度高的岩石上可提高 40%,摩擦桩视土质好坏可提高 20%~40%。地震力提高执行《铁路工程抗震设计规范》(GB 50111)。

5. 桩基作实体基础和下卧层检算

设计桩基时,除须检算每一根桩的承载能力外,对于摩擦桩还应将桩群视为实体基础检算其底面处土的承载力,以免桩群底面超过了土的容许承载力。摩擦桩桩基承受的外荷系借桩尖和桩侧土的摩擦力按某一扩散角传至桩尖土上,当桩距较小时,相邻桩尖处的压应力互相重叠后大于摩擦桩单桩桩尖处的压应力,从而使地基土产生较单桩要大的沉降。通常,当摩擦桩的中心距大于 6 倍桩径时,相邻桩桩尖压应力的重叠影响较小,桩基底面土的沉降量接近单桩的沉降量。当然,相邻桩桩尖压应力的具体重叠情况,除与桩距有关外,还随桩的长度和土的性质而异。

本规范附录 E 中用以检算桩基底面土的压应力的力矩 M,近似采用承台底面以上外力对承台底面桩群重心处力矩,而不采用作用于桩基底面的力矩,因为该附录为一简化计算方法,公式中未考虑桩群侧面土的抗力作用。

详细检算内容可见本书第 3 章和第 5 章的条文及解读。

6.2.7 桩的负摩阻力

6.2.7.1 基础桥规规定

6.2.7 条规定:

位于湿陷性黄土和软土地基中的桩基础，当土壤可能出现湿陷或固结下沉时应考虑桩侧土的负摩阻力的作用。

6.2.7.2 条文解读

使用承压桩基的目的，是通过桩侧表面和桩的下端把荷载传递给地基土，因而地基土对桩的作用力可分为两部分，即土对桩侧表面的摩阻力和土对桩端的端阻力。作用于桩侧表面摩阻力的方向取决于桩与周围土之间的相对位移。如桩的下沉速率大于周围土的下沉速率时，土对桩侧表面就会产生向上作用的摩擦力，此摩擦力称为正摩擦力，它对桩起支承作用；反之，当周围土的下沉速率大于桩的下沉速率时，则土对桩侧表面就会产生向下作用的摩擦力，此摩擦力称为负摩擦力，它不但不会对桩上的荷载起支承作用，反而成为附加于桩上的荷载。

桩基负摩阻力的分布范围由桩与桩周土的相对位移确定。在桩的某一断面上，桩与土相对位移为零，该断面称为中性点，中性点是作用于桩身所有向下的力和所有向上的力的平衡点，向下的力包括桩顶荷载和负摩阻力产生的下拽荷载，向上的力包括正摩阻力和桩端反力。中性点是摩阻力、桩—土相对位移和轴向压力沿桩身变化的特征点。中性点以上土的下沉量大于桩的沉降量，桩周土对桩的作用力为向下的负值，即负摩阻力，而中性点以下为正摩阻力。中性点以上轴向压力随深度递增，中性点以下轴向压力随深度递减。

位于湿陷性黄土和软土地基中的桩基础，当土壤可能出现湿陷或固结下沉时应考虑桩侧土的负摩阻力的作用。桩侧土的负摩阻力如何考虑详见本书第 9 章特殊地基相关内容。

由于目前国内外对负摩阻力的计算方法研究尚不够完善，计算方法较多，且差异较大，而现场试验则投入大、周期长。因此，多根据有关资料按经验公式进行估算。《公路桥涵地基与基础设计规范》(JTG D63—2007)条文说明建议按以下方法计算单桩负摩阻力，可以参考借鉴。

$$N_n = u\sum_{i=1}^{n} q_{ni} l_i \tag{6-63}$$

$$q_{ni} = \beta\sigma'_{v\,i} \tag{6-64}$$

式中 N_n——单桩负摩阻力(kN)；

u——桩身周长(m)；

l_i——中性点以上各土层的厚度(m)；中性点深度l_n应按桩周土层沉降与桩沉降相等的条件计算确定，无法按计算确定的，也可参照表 6-26 确定；

q_{ni}——与 l_i 对应的各土层与桩侧负摩阻力计算值(kPa)，当计算值大于正摩阻力时，取正摩阻力值；

β——负摩阻力系数，可按表 6-27 取值；

σ'_{vi}——桩侧第 i 层土平均竖向有效应力(kPa)，$\sigma'_{vi}=p+\gamma'_i z_i$；

γ'_i——第 i 层土层底以上桩周土按厚度计算的加权平均浮容重；

z_i——自地面起算的第 i 层土中点深度；

p——地面均布荷载。

表 6-26　中性点深度l_n的确定

持力层性质	黏性土、粉土	中密以上砂	砾石、卵石	基岩
中性点深度比 l_n/l_0	0.5～0.6	0.7～0.8	0.9	1.0

注：(1)l_n、l_0 分别为中性点深度和桩周沉降变形土层下限深度。

(2)桩穿越自重湿陷性黄土层时，按表列值增大 10%(持力层为基岩除外)。

表 6-27　负摩阻力系数 β

土　类	β	土　类	β
饱和软土	0.15～0.25	砂　土	0.35～0.50
黏性土、粉土	0.25～0.40	自重湿陷性黄土	0.20～0.35

注：(1)在同类土中，对于打入桩或沉管灌注桩，取表中较大值；对于钻(冲)挖孔灌注桩，取表中较小值。

(2)填土按其组成取表中同类土的较大值。

注意：按式(6-63)计算得单桩负摩阻力值不应大于单桩所分配承受的桩周下沉土重(以桩为中心，水平方向 1/2 桩间距、竖向l_n深度范围内土体的重量)。而对于群桩的负摩阻力问题，建议按照单桩负摩阻力计算方法进行群桩中任一单桩的下拉荷载计算。

6.3　构　　造

6.3.1　桩的直径

6.3.1.1　基础桥规规定

6.3.1 条规定：

桩的直径应根据受力大小、桩基形式和施工条件确定。钻孔灌注桩的设计桩径不宜小于 0.8 m;挖孔灌注桩的直径或边宽不宜小于 1.25 m。

6.3.1.2 条文解读

桩的直径应根据受力的大小、桩基形式和施工条件而定。常用的设计桩径有 0.8 m、1.0 m、1.25 m、1.5 m,必要时可采用 2.0～3.0 m。挖孔桩的桩径或边宽,应满足人工开挖时操作净宽的要求。

在一般地质条件下,桩的直径选择,对于墩高 20 m 以下的桥墩基础,按 8ϕ1.00 m、9ϕ1.00 m、11ϕ1.00 m、12ϕ1.00 m 布置,如采用 ϕ1.25 m 桩径,则按 6ϕ1.25 m、8ϕ1.25 m、9ϕ1.25 m 布置。表 6-28 反映了陆上施工直径 ϕ1.00 m、ϕ1.25 m 钻孔桩的费用比值,在取得相同刚度的情况下,在软弱地层,ϕ1.00 m、ϕ1.25 m 钻孔桩的综合费用相当,在一般地层,小直径钻孔桩的经济性比大直径钻孔桩好。多数情况下,从分散受力的角度出发,应尽可能采用小直径钻孔桩,但是当桩长超过 50 m,由于构造的原因,应采用较大直径的钻孔桩。

表 6-28 不同桩径不同地质条件工程费用比值

项 目	6ϕ1.25 m/8ϕ1.00 m	8ϕ1.25 m/11ϕ1.00 m	9ϕ1.25 m/12ϕ1.00 m
钻软塑、黏性土	0.98	0.95	0.98
钻硬塑、黏性土	0.88	0.85	0.88
钻硬土	1.09	1.05	1.09
钻软石	1.12	1.08	1.12
钻次坚石	1.12	1.09	1.12
钻坚石	1.12	1.09	1.12
混凝土、钢筋费用	1.08	1.05	1.08

6.3.2 桩的排列

6.3.2.1 基础桥规规定

6.3.2 条规定:

桩的排列可采用行列式或梅花式的布置形式,并应符合下列规定:

1 打入桩的桩尖中心距不应小于 3 倍设计桩径。振动下沉于砂土内的桩，桩尖中心距不应小于4倍设计桩径。桩尖爆扩桩的桩尖中心距应根据施工方法确定。上述各类桩在承台底面处桩的中心距不应小于1.5倍设计桩径。

2 钻(挖)孔灌注摩擦桩的中心距不应小于2.5倍设计桩径，钻(挖)孔灌注柱桩的中心距不应小于2倍设计桩径。

3 摩擦支承管柱的中心距可采用2.5～3倍管柱外径，端承管柱的中心距可采用2倍钻孔直径。

4 各类桩的承台边缘至最外一排桩的净距，桩径不大于1 m时，净距不应小于0.5d，且不应小于0.25 m；桩径大于1 m时，净距不应小于0.3d，且不应小于0.50 m。对于钻孔灌注桩，d为设计桩径；对于矩形截面的桩，d为桩的短边宽。

6.3.2.2 条文解读

1. 历年基础桥规规定

(1)《59年桥规》第357条：基础下基桩的排列，可为行列式或梅花式，桩与桩间的中心距离在桩尖处不应小于桩直径约3倍。在基础底面不应小于桩直径的一倍半。基础边缘至最外一排桩的外侧的距离不得少于桩直径的0.7倍，且不得少于25 cm。用振动法打入砂土的桩，在其尖端处的桩的中心距不得少于直径的4倍。

(2)《75年桥规》第2—447条在《59年桥规》第357条的基础上，由于钻(挖)孔灌注桩与打入桩其施工方法不同，土体挤密程度不同，对桩中心距和基础边缘距离进行了调整，其规定如下：

基桩的排列可采用行列式或梅花式。

打入桩的桩尖中心距不应小于3倍设计桩径。振动下沉于砂土内的桩，桩尖中心距不应小于4倍设计桩径。桩尖爆扩桩的桩尖中心距应根据施工方法确定。上述各类桩在承台底面处桩的中心距不应小于1.5倍设计桩径。

钻(挖)孔灌注摩擦桩的中心距不应小于2.5倍成孔桩径，钻(挖)孔灌注柱桩的中心距不应小于2倍成孔桩径。

各类桩的承台座板边缘至最外一排桩旳净距，一般情况下当桩径$d \leqslant 1$ m时，不小于0.5d，且不得小于25 cm；当桩径$d > 1$ m时，不小于0.3d，且不得小于50 cm。

注:对于矩形截面桩,桩径为短边宽。

(3)《99年基础桥规》6.3.2条增加管柱的规定:摩擦支承管柱的中心距可采用2.5~3倍管柱外径,端承管柱的中心距可采用2倍钻孔直径。此后,《2005年基础桥规》没有变化。《2017年基础桥规》除把成孔桩径改为设计桩径外,其桩中心距和基础边缘距离的规定没有变化。

2. 进一步解读

(1)桩的排列

桩基中桩的平面布置形式有行列式和梅花式之分。如为了施工方便,宜采用行列式;倘承台底面积不大,而需要排列的桩数较多,按行列式布置不下,则宜采用梅花式排列。

图6-15给出了8ϕ1.0 m及10ϕ1.0 m两种典型承台的桩基平面布置图,图中圆端形桥墩尺寸2.0 m×6.0 m。图6-15(a)中8ϕ1.0 m承台的布置形式为行列式布置形式,承台尺寸为4.8 m×10.4 m;图6-15(b)中10ϕ1.0 m承台的布置形式为梅花形布置形式,承台尺寸为6.8 m×10.4 m。

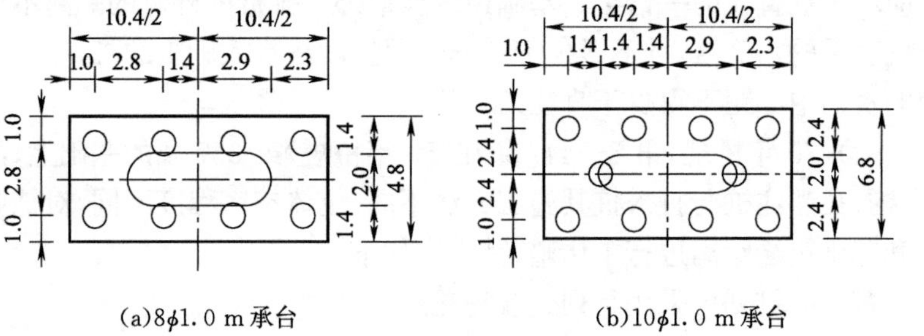

(a)8ϕ1.0 m承台　　(b)10ϕ1.0 m承台

图6-15　承台桩基平面布置图(单位:m)

(2)最小桩中心距

①沉入桩的桩中心距

为了防止土的结构破坏,并考虑施工的可能,对于打入或振动下沉的摩擦桩和柱桩,承台底面处桩的中心距均不应小于设计桩径的1.5倍。为了使桩尖平面处相邻桩作用于土上的压应力重叠不至太多,并考虑桩在打入下沉时不致因土体挤密而使桩下不去,所以根据经验规定打入摩擦桩的桩尖中心距不应小于3倍桩径。振动沉桩时土的挤压更为密实，因此规定振动下沉于砂类土内的桩，其桩尖中心距不应小于 4 倍桩径。

对于桩尖爆扩桩，其中心距应根据土质好坏、爆扩时的炸药类型和用量等具体情况确定。

②钻(挖)孔桩的桩中心距

对于钻(挖)孔灌注摩擦桩，由于其施工方法与打入桩不同，不存在施工时土体挤密的问题，所以规定钻(挖)孔竖直摩擦桩的中心距可较打入桩桩尖中心距小一些，但考虑到钻(挖)孔桩桩径沿深度不规则，特别是钻孔桩，当桩的中心距过小时，桩间土体与桩壁间的摩擦支承作用降低，所以规定钻(挖)孔竖直摩擦桩的中心距不应小于 2.5 倍桩径。

对于钻(挖)孔灌注柱桩，由于考虑相邻桩在钻孔或挖孔时，桩间土体太薄容易引起孔壁坍塌，也需要保证一定的距离。由于柱桩以端承为主的受力特点与摩擦桩不同，端承桩因桩尖处不发生压力重叠现象，只要施工许可，其中心距可比摩擦桩适当减小。支承或嵌固在基岩中的钻(挖)孔桩中，不应小于桩径的 2.0 倍。

③管柱的中心距

摩擦支承管柱的中心距可采用 2.5～3 倍管柱外径，端承管柱的中心距可采用 2 倍钻孔直径。其原因与钻(挖)孔灌注桩基本相同。

(3)最大桩中心距

本规范对于摩擦桩最大桩中心距并没有具体规定。摩擦桩的群桩中心距，从受力考虑最好是使各桩端平面处压力分布范围不相重叠，以充分发挥其承载能力。根据这一要求，经试验测定，中心距可定为 $6d$(d 为直径或边长)。但桩距如大于 $6d$ 就需要很大面积的承台，故一般桩基设计采用的群桩最大中心距均小于 $6d$。

(4)承台边缘至最外一排桩的净距

承台边缘至最外一排桩的净距，应根据桩与承台的连接构造要求和边桩受力大小确定。当此净距过小时，不是连接钢筋布置困难，就是可能使承台边缘圬工因桩顶弯矩和横向力的作用而破裂。规范所规定的承台边缘至最外一排桩的净距，系根据我国实践经验，针对目前一般采取的承台内钢筋布置方式的情况所编制的。

6.3.3 桩身的钢筋和混凝土

6.3.3.1　基础桥规规定

6.3.3条规定：

桩身的钢筋和混凝土应符合下列规定：

1　预制钢筋混凝土桩强度和配筋应满足作为基础结构的受力要求及桩在运输、沉桩时的受力要求。

2　钻(挖)孔灌注桩可按桩身内力要求分段配筋。采用束筋时每束不宜多于两根钢筋。主筋直径不宜小于14 mm，净距不宜小于120 mm，且不应小于80 mm。箍筋的直径可采用8 mm，其间距可采用200 mm，摩擦桩下部可增大至400 mm。顺钢筋笼长度每隔2.0 m～2.5 m加一道直径为16 mm～22 mm的骨架箍筋。钢筋保护层厚度按现行《铁路混凝土结构耐久性设计规范》TB 10005的要求确定。

3　按计算桩身混凝土不需配筋的桩，应在桩顶部4 m～6 m范围内设置构造连接钢筋，并伸入承台内。钢筋直径可采用14 mm，间距250 mm～350 mm。

4　桩身混凝土的强度等级不应低于C30。

6.3.3.2　条文解读

预制钢筋混凝土桩桩身钢筋用量和混凝土强度等级的确定，除应满足运营荷载下承载力的要求外，还应满足桩在吊运、吊立以及沉桩时的受力要求。为提高混凝土的耐久性，现场制造钢筋混凝土矩形桩，其混凝土等级不应低于C30，管桩采用的现场填心混凝土强度等级，一般不低于C15。

钻(挖)孔灌注桩不存在吊运、吊立和沉桩的问题，其桩身钢筋用量和混凝土强度等级由运营荷载下所要求的承载力来确定。桩身混凝土不应低于C30，按计算桩身混凝土不需配筋的桩，其混凝土强度等级可采用C25～C30。水下灌注的混凝土不应低于C20。

钻(挖)孔灌注桩可按桩身内力要求分段配筋。对于埋入地面线或局部冲刷线以下长度$h\geqslant\frac{4.0}{\alpha}$的摩擦桩，从理论计算和试验表明在$h=\frac{4.0}{\alpha}$处桩身弯矩很小(接近于零)。通常在$h=\frac{4.0}{\alpha}$以下2 m处，桩身钢筋可以截断。当单桩轴向力很大时，对 $h=\frac{4.0}{\alpha}+2$ m 处，可按混凝土桩检算桩身受压强度是否满足要求。

钻孔灌注桩在成孔过程中多采取泥浆护壁，带肋钢筋的凹槽容易附积泥浆，影响混凝土与钢筋之间的黏着作用，所以钻孔灌注桩的主筋一般采用光钢筋。挖孔灌注桩的成孔方法与钻孔灌注桩不同，可不考虑此项要求。但是钻孔桩因受力需要时，在加强清孔、清底措施，尽量减少泥浆比重的条件下，也可采用螺纹钢筋。

铁路桥梁钻(挖)孔灌注桩的截面尺寸一般都比较大，为了采取各种措施以较少的钢筋满足桩身抗裂要求，规定钻(挖)孔桩采用束筋时每束不宜多于两根钢筋。钻(挖)孔桩灌注混凝土时捣固有困难，通常依靠桩身混凝土的自重来压密。为避免主钢筋布置太密影响桩身保护层的灌注，规定主筋的净距一般不小于120 mm，任何情况下不应小于80 mm，钻(挖)孔灌注桩的孔壁凹凸不平，主筋的保护层太小时，主筋容易与土接触致使锈蚀，但保护层过大，又不能很好地发挥主筋的作用。钻(挖)孔桩箍筋直径，一般可参照桩径大小选用，但不应小于 8 mm。根据试验和理论分析，摩擦桩承受的弯矩上部较大，一定深度以下逐渐减小，因此摩擦桩下部箍筋的间距可较上部加大，由 200 mm 加大为 400 mm，至于从哪一截面开始加大，则要根据桩身内力情况确定。

钻(挖)孔灌注桩桩身钢筋笼在吊装、搬运、吊起等方面都要求具有一定的刚性。总结施工经验规定，在一般情况下，沿桩身钢筋笼每隔 2.0～2.5 m 焊接直径为 16～22 mm 加劲箍筋一道以增大钢筋笼的刚度。

钻(挖)孔桩按混凝土检算也能满足桩身受力要求时，为加强承台与桩身连接和构造需要，可按桩径大小，在桩的顶部设置 4～6 m 长直径 14 mm 的钢筋，间距为 250～350 mm，该钢筋伸入承台内的长度，可按本规范 6.3.6 条办理。

6.3.4 预制桩的分节

6.3.4.1 基础桥规规定

6.3.4 条规定：

预制桩的分节长度可按施工条件确定，但应减少接头数量。接头的强度不应低于桩身的强度。

6.3.4.2 条文解读

混凝土预制桩有很多种分类，外形分方形和圆形；截面分为实心和空心；钢筋分为预应力和非预应力；混凝土强度分为普通混凝土和高强度混凝土等。

钢筋混凝土实心桩，断面一般呈方形，桩身截面一般沿桩长不变。实心方桩截面尺寸一般为 200 mm×200 mm～600 mm×600 mm。钢筋混凝土实心桩桩身长度限于桩架高度，现场预制桩的长度一般在 25～30 m 以内。限于运输条件，工厂预制桩桩长一般不超过 12 m。钢筋混凝土实心桩的优点：长度和截面可在一定范围内根据现场实际需要选择，由于在地面上预制，制作质量容易保证，承载能力高，耐久性好。因此，工程上应用较广。

管桩按桩混凝土强度等级及壁厚分为：预应力高强混凝土管桩（代号 PHC）、预应力混凝土管桩（代号 PC）、预应力混凝土薄壁管桩（代号 PTC）。PHC 桩混凝土强度等级不低于 C80，PC 桩和 PTC 桩混凝土强度等级不高于 C80 但不低于 C60。PHC、PC 桩壁厚一般为 75～130 mm，大直径桩壁厚可达 150 mm；PTC 桩壁厚较小，一般为 55～70 mm。

混凝土管桩一般在预制厂用离心法生产。桩径有 300 mm、350 mm、400 mm、450 mm、500 mm、550 mm、600 mm、800 mm 和 1 000 mm 等规格，管桩全是工厂化生产，常用节长 12～15 m。管壁内设 ϕ12～22 mm 主筋 10～20 根，外面绕以 ϕ6 mm 螺旋箍筋。由于用离心法成型，混凝土中多余的水分由于离心力而甩出，故混凝土致密，强度高，抵抗地下水和其他腐蚀的性能好。

预制钢筋混凝土长桩，因受施工设备条件影响，使单根预制桩的制作长度受到限制时，一般分成数节，分节打入，现场接桩。预制钢筋混凝土桩的分节长度应根据施工条件及运输条件确定，接头不宜超过 2 个；预应力管桩接头数量不宜超过 4 个。桩的连接方法有钢板连接、法兰连接及硫黄胶泥锚接 3 种，前两种可用于各类土层，硫黄胶泥锚接适用于软土层。

钢板连接法接桩，钢板宜用低碳钢，焊条宜用 E43，接桩一般在距地面 1 m 左右进行，将上桩用桩架吊起，对准下节桩头，用仪器校正垂直度，上下节桩的中心线偏差不得大于 5 mm，节点弯曲矢高不得大于桩长 0.1%，且不大于 20 mm；焊接时应先将四角点焊固定，然后对称焊接，并确保焊缝质量和设计尺寸。钢板连接较法兰盘连接可节省钢材，其缺点是在下沉过程中还要电焊接缝，影响进度，也难以保证接桩质量。

硫黄胶泥锚接法又称浆锚法。制桩时，在上节桩下端伸出 4 根锚筋，下节桩上端预留 4 个锚筋孔。接桩时，首先将上节桩对准下节桩，使 4 根锚筋插入锚筋孔(孔径为锚筋直径的 2.5 倍)，下落上节桩身，使其紧密结合。然后，将其上提约 200 mm(以 4 根锚筋不脱离锚筋孔为度)，此时，安设好施工夹箍(由 4 块木板，内侧用人造草包裹 40 mm 厚的树脂海绵块而成)。将熔化的硫黄胶泥注满锚筋孔内并使其溢出桩面，然后使上节桩下落，当硫黄胶泥冷却并拆除施工夹箍后即可继续打桩或压桩。硫黄砂浆作为接桩胶结材料具有原材料易得，价格低廉，施工简便，硬化快，浇注流动性好，无须养护，浇注后很快可以使用，以及工艺正确时粘结强度可满足要求等优点；其缺点是耐湿性较差，气温在 5 ℃以下时，硫黄砂浆的粘结强度大为降低，熬制过程中硫黄蒸气有害工人健康，不利环保。

法兰法接桩主要用于离心法成型的钢筋混凝土管桩中，由法兰盘和螺栓组成。制桩时，用低碳钢制成的法兰盘与混凝土整浇在一起。接桩时，沿单位周长的接头截面与管壁截面尽量避免偏心，即在管壁剖面下法兰盘与混凝土的受力中心线在受拉或受压时尽可能重合，否则偏心下振动时容易产生管壁开裂。平面位置及垂直度检查无误后，在法兰盘的钢板中穿入螺栓，并对称地将螺帽逐步拧紧。锤击数次后，再拧紧螺帽，并用点焊焊固螺帽。法兰盘和螺栓外露部分涂上防锈油漆或防锈沥青胶泥，即可继续沉桩。法兰盘接桩速度快、质量好，但法兰盘制作工艺较复杂，用钢量大，造价高。

规范规定预制桩的分节长度可按施工条件确定，但应减少接头数量；接头的强度不应低于桩身的强度。

6.3.5 承台的厚度和配筋

6.3.5.1 基础桥规规定

6.3.5 条规定：

承台的厚度和配筋应根据受力情况确定，并应符合下列规定：

1　承台厚度不宜小于 1.5 m，混凝土强度等级不应低于 C30。

2　承台桩基布置在满足刚性角的情况下，承台底部应布置一层钢筋网。

3　桩顶主筋伸入承台联结时，钢筋网在越过桩顶处不应截断。

4　桩顶直接埋入承台内，且桩顶作用于承台的受压应力超过承台混凝土的局部承压应力时（计算此项应力时不考虑桩身与承台混凝土间的黏着力），应在每一根桩的顶面以上设置 1～2 层直径不小于 12 mm 的钢筋网，钢筋网的每边长度不应小于桩径的 2.5 倍，其网孔为 100 mm×100 mm～150 mm×150 mm。

6.3.5.2　条文解读

鉴于目前我国铁路桥梁桩基一般采用刚性承台，它与通常所说的弹性板是不同的。刚性承台受力分析比较复杂，曾建议采用有限元法进行分析，有的学者认为可按所谓深梁法进行分析，但是这些方法与实际应用还有距离。就有限元法来说，承台的材料性能参数的确定、承台中单元的合理划分等都是不容易处理好的。至于说采用深梁法，就更难了，什么叫“深梁”，迄今还没有确切、合理的定义，也没有切实可行的具体分析方法。近些年来国内建筑基桩规范、公路规范桩基承台均按“撑杆—系杆体系”或“悬臂梁”计算，受拉区按钢筋混凝土理论进行配筋并从结构耐久性上考虑采用六面配筋。结合铁路刚性承台结构特点，采用有限元分析方法结果表明，承台内的主拉应力很小，且只在局部范围内出现。因此，对刚性承台的内力，如何进行合理分析？承台是钢筋混凝土还是少筋混凝土？最小配筋率如何考虑？当前只能说是铁路桥涵规范正在积极探索解决，但还没有完全获得解决的课题。

根据过去的经验，提出了对于实体墩台（包括空心墩台），当承台底面处桩顶的外缘位于自承台顶面处墩台身外缘（空心墩台身的外缘、内缘）向下扩散 35°～45°至承台底面处的范围内时可不检算承台的强度，仅配置构造钢筋的设计方法。虽然这种方法还需作进一步研究，但是它毕竟经过了长期实践的考验，至少在现阶段可以说是一种比较安全、经济且简便、行之有效的设计方法。铁路常用桥跨桩基础，更适用于采用刚性角控制承台设计。

由于目前还没有比较成熟的用于分析承台的计算方法，承台的厚度和配筋应根据受力情况决定，是该条文的一个原则性规定。

1. 关于铁路桥梁承台的厚度

承台与其他结构不同，其所需厚度不仅要满足结构上所受外力要求，同时必须满足由上部结构传来的荷载能均匀地分配给基础。一般铁路桥梁采用实体式墩台，其承台的厚度主要取决于承台的刚度和抗剪冲能力。

(1)承台的刚度

铁路桥梁桩基础一般由承台和桩群组成，承台用于联结桩顶，需要一定的刚度将外荷传给基桩。在一般规模的桥台、桥墩中，国际通用做法是把承台视为刚体来进行讨论的，如我国铁路桥梁桩基础采用 m 法分析，m 法假定了下面的四个条件：

①设桩基结构物是二维的；

②把承台看作刚体；

③设桩头与承台是完全刚接(埋入的情况)；

④承台竖直、水平和转动刚度系数为与荷载无关的常数。

所谓刚性承台是指承台本身的材料变形远远小于承台的刚体侧移和转角，也远远小于桩的位移和转角。对于这种承台，一般看作具有无穷大的刚度。刚性承台如何界定呢？目前规范上尚未有一个明确的说法。日本学者研究认为，承台视作刚体其最小厚度，一般要求不小于其宽度的1/5，随着桩径增大，桩数增加，最小厚度也要加大。

如果承台非刚体时，荷载集中作用在作用点附近的桩上，这样就比假定承台为刚体时所求得的荷载值要大，桥规的 m 法也就不能适用，那将另行研究分析方法，如采用弹性地基梁法进行内力分析等。

(2)抗剪冲能力

新西兰学者研究认为：在梁受剪情况下算得的名义剪应力很小或为零，并不真实地代表基础的受力条件，所以整个剪力一定是以类似于深梁受剪的应力状态那样通过混凝土来传递的。图 6-16 中表示了相应的危险截面，而通过此平面传递的剪应力不得超过允许值。整个剪力同时还必须通过位于柱表面处的周边来传递。如果迫使破坏表面几乎是垂直地展开而不是与水平成 45°或更小的角展开时，所能传递的平均剪应力就将非常大，但它却不是不受限制的。

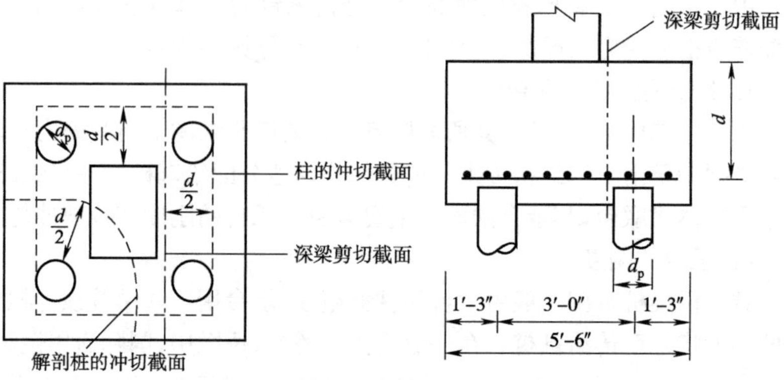

图 6-16　承台剪切危险截面

《公路钢筋混凝土及预应力混凝土桥涵设计规范》(JTG 3362—2018)和2015年版《混凝土结构设计规范》(GB 50010—2010)均有关于承台冲切承载力的计算规定。《铁路桥涵混凝土结构设计规范》(TB 10092—2017)推荐的钢筋混凝土承台强度检算方法,设计时可以参考,见本书附录D。

规范要求承台的厚度应根据计算确定,不宜小于1.5 m。常用的钻(挖)孔灌注桩,其桩径与承台一般按1.0 m桩径,承台厚度2.0 m;1.25 m桩径,承台厚度2.0 m;1.50 m桩径,承台厚度2.5 m选用。对于常用跨度采用上述规格承台厚度的铁路桥梁承台,一般都能满足承台刚体和抗剪冲的要求。

承台在最高流冰水位与最低结冰水位时冰的底面之间不宜设置台阶,因为台阶的凸角易被流冰撞坏。如果水流挟带的泥沙颗粒会磨损桩身时,应考虑采取适当的防护措施。为保证混凝土耐久性,规范要求承台混凝土强度等级不得低于C30。

2. 承台的配筋

根据以往铁路桥涵规范要求和设计经验,承台桩基布置在满足刚性角的情况下,通常在承台底部高出承台底面约15 cm处设置1层钢筋网,这种钢筋网在每米宽度内(按顺桥向和横桥向分别考虑)设置15～20 cm^2 的钢筋。当桩顶主筋深入承台板内联结时,此项钢筋网在通过桩位处不得截断。桩顶外缘位于承台板顶面处自墩台身面外缘向下扩散的 35° 刚性角范围内时，可不检算承台板襟边的强度。实体桥墩配设单层承台时，其刚性角通常都大于 35°，一般通过加厚承台的方法解决。作为比较，通过检算加强承台板底面钢筋更为经济，但放大后的刚性角不应超过 45°。当桩顶直接埋入承台与之联结，且桩顶作用于承台板的压应力超出承台板混凝土的容许局部压力时(计算此项压应力时，不考虑桩身与承台板混凝土之间的黏着力)，应在每一根桩的顶面之上设置 1～2 层直径不小于 12 mm 的钢筋网，钢筋网每边长度不小于 2.5 倍桩径，网孔为 10 cm×10 cm～15 cm×15 cm(图 6-17)。以上作为我国常规铁路桩基承台的设计原则，实践证明在普速铁路设计中应用技术、经济效果显着，《2017 年基础桥规》基本沿用以上规定。

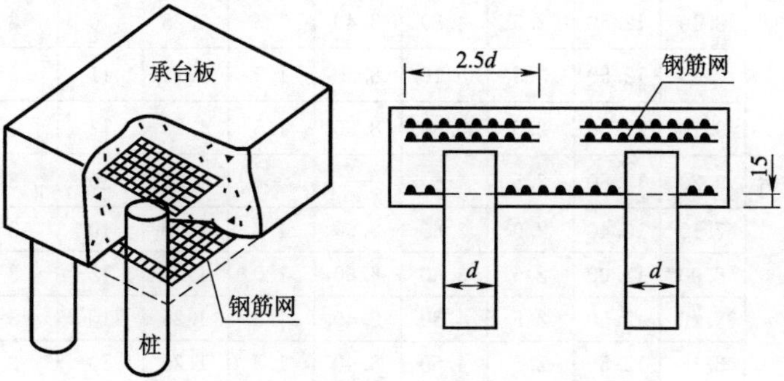

图 6-17　承台内钢筋网布置(单位：cm)

3. 高速铁路承台和桩基布置

我国高速铁路承台尺寸是根据外力条件和桩基布置、桩径等条件以及满足 45°刚性角确定的。规定如下：

(1)承台桩间距按 2.5 倍成孔桩径进行布置。

(2)承台外边缘至最外一排桩的中心距，当桩径 1.0 m 时采用 1.0 m，桩径 1.25 m 时采用 1.15 m，桩径 1.5 m 时采用 1.3 m。

(3)底层承台厚度对于简支梁为 2.0～2.5 m，连续梁 2.0～3.5 m；加台厚度简支梁 1.0～1.5 m，连续梁 1.0～2.5 m。

常用跨度承台及桩基布置亦可参考表 6-29 有关数据。

表 6-29　承台尺寸参考表

编号	类型	承台底尺寸(m)			加台尺寸(m)			桩直径(m)	桩数	桩布置	
		纵向	横向	高	纵向	横向	高			纵向	横向
1	简支梁桥墩	5.00	10.40	2.5	—	—	—	1.00	8	2	4
2		5.50	10.40	2.5	—	—	—	1.00	8	2	4
3		7.10	10.40	2.0	3.60	7.60	1.0	1.00	10	3	6
4		7.10	10.40	2.0	3.90	7.60	1.0	1.00	11	3	7
5		8.00	11.00	2.5	3.60	7.60	1.0	1.00	12	3	4
6		8.00	11.00	2.5	4.10	7.60	1.0	1.00	12	3	4
7		8.10	12.50	2.5	4.30	8.40	1.5	1.25	10	3	6
8		8.10	12.50	2.5	4.50	8.40	1.5	1.25	10	3	6
9		8.10	12.50	2.5	4.80	8.40	1.5	1.25	10	3	6
10		8.10	12.50	2.5	5.10	8.50	1.5	1.25	11	3	7
11		9.10	12.50	2.5	5.30	8.50	1.5	1.25	12	3	4
12	桥台	9.20	12.60	2.5	—	—	—	1.25	10	3	6
13	连续梁桥墩	7.10	10.40	2.0	3.60	8.60	1.0	1.00	10	3	6
14		8.00	11.00	2.5	3.60	8.60	1.0	1.00	12	3	4
15		8.10	12.50	2.5	4.30	9.40	1.5	1.25	10	3	6
16		8.10	12.50	2.5	4.50	8.40	1.5	1.25	10	3	6
17		9.10	12.50	2.5	5.30	8.50	1.5	1.25	12	3	4
18		9.10	12.50	2.5	5.30	8.50	2.0	1.25	12	3	4
19		9.10	12.50	3.0	5.30	8.50	1.5	1.25	12	3	4
20		9.10	12.50	3.0	4.80	9.40	1.5	1.25	12	3	4
21		9.10	12.50	3.0	4.90	9.40	1.5	1.25	12	3	4
22		9.10	12.50	3.0	5.40	9.40	1.5	1.25	12	3	4
23		10.60	16.60	3.0	6.60	11.00	2.0	1.50	13	5	5
24		11.00	15.20	3.0	6.80	11.00	2.5	1.50	12	3	4
25		11.00	19.40	3.5	7.40	13.00	2.5	1.50	15	3	5
26		11.00	18.60	3.0	7.60	12.20	2.5	1.50	15	3	5
27		14.60	14.60	3.0	8.60	9.00	2.5	1.50	16	4	4
28		14.60	18.60	3.0	8.60	12.80	2.5	1.50	20	4	5

6.3.6 桩基和承台的连接

6.3.6.1 基础桥规规定

桩基和承台的连接的规定共3条。

6.3.6条规定：

桩顶主筋伸入承台联结时，应符合下列规定：

1 桩身伸入承台内的长度宜为100 mm。

2 管柱伸入承台内的长度宜为150 mm～200 mm。

3 桩顶伸入承台内的主筋长度(算至弯钩切点)，应根据桩基采用的钢筋种类及混凝土等级选用适宜的钢筋锚固长度。箍筋的直径不应小于8 mm，箍筋的间距可采用150 mm～200 mm。钢筋最小锚固长度应符合表6.3.6的规定。

表6.3.6 钢筋最小锚固长度(mm)

钢筋种类		HPB300			HRB400			HRB500		
混凝土等级		C25	C30、C35	≥C40	C25	C30、C35	≥C40	C25	C30、C35	≥C40
受压钢筋(直端)		30*d*	25*d*	20*d*	35*d*	30*d*	25*d*	40*d*	35*d*	30*d*
受拉钢筋	直　端	—	—	—	45*d*	40*d*	35*d*	50*d*	45*d*	40*d*
	弯钩端	25*d*	20*d*	20*d*	30*d*	25*d*	20*d*	35*d*	30*d*	25*d*

注：1 当带肋钢筋直径大于25 mm时，其锚固长度应增加10%。

2 受弯及大偏心受压构件中的受拉钢筋截断时宜避开受拉区，表中数值仅在困难条件下采用。

3 采用环氧树脂涂层钢筋时，受拉钢筋最小锚固长度应增加25%。

4 当混凝土在凝固过程中易受扰动时，锚固长度应增加10%。

5 *d*为钢筋直径。

6.3.7条规定：

钢筋混凝土桩桩顶直接埋入承台联结时，埋入长度应符合下列规定：

1 桩径小于0.6 m时，埋入长度不应小于2倍桩径。

2 桩径为0.6 m～1.2 m时，埋入长度不应小于1.2 m。

3 桩径大于1.2 m时，埋入长度不应小于桩径。

6.3.8条规定：

承受拉力的桩与承台的联结应满足受拉强度要求。

6.3.6.2　条文解读

基桩与承台的联结有将桩顶直接埋入座板内和将桩顶主筋伸入承台内两种方式。前一种施工简便，多用于打入预应力混凝土管桩；后一种联结比较牢固，多用于钻（挖）孔灌注桩。根据经验，在采取后一种方式时，为使桩顶更好地与承台联结，桩身伸入承台内的长度可为 100～150 mm（不包括水下封底混凝土厚度），《75 年桥规》规定采用 150 mm，后来有些单位反映，为了减小承台底部所设越过桩顶布置的钢筋网至承台底面的距离，以发挥该钢筋网的作用，《99 年基础桥规》修订为 100 mm。

桩顶伸入承台的主筋长度（算至弯钩切点），本次规范修订时，参照《铁路工程混凝土结构高强钢筋设计规定》（铁总建设〔2015〕343 号）相关规定，对《2005 年基础桥规》进行了修订。

我国钢筋强度不断提高，结构形式的多样性也使锚固条件有了很大的变化，根据近年来系统试验研究及可靠度分析的结果并参考国外标准，《混凝土结构设计规范》（GB 50010—2010）给出了以简单计算确定拉压钢筋锚固长的方法，《铁路工程混凝土结构高强钢筋设计规定》（铁总建设〔2015〕343 号）参照该规范制定了钢筋最小锚固长度。具体不同条件下钢筋的锚固长度见表 6-30～表 6-32。

表 6-30　直端受拉钢筋的锚固长度（mm）

混 凝 土	C25	C30	G40	C50	C60
HPB300	$34d$	$30d$	$25d$	$23d$	$21d$
HRB400	$40(45)d$	$35(40)d$	$29(35)d$	$27d$	$25d$
HRB500	$48(50)d$	$43(45)d$	$36(40)d$	$32d$	$30d$

表 6-31　直钩端受拉钢筋的锚固长度（mm）

混 凝 土	C25	C30	C40	C50	C60
HPB300	$20(25)d$	$18(20)d$	$15(20)d$	$14d$	$13d$
HRB400	$24(30)d$	$21(25)d$	$18(20)d$	$16d$	$15d$
HRB500	$29(35)d$	$26(30)d$	$21(25)d$	$19d$	$18d$

表 6-32　直端受压钢筋的锚固长度（mm）

混 凝 土	C25	C30	C40	C50	C60
HPB300	$24(30)d$	$21(25)d$	$18(20)d$	$16d$	$15d$

续上表

混凝土	C25	C30	C40	C50	C60
HRB400	28(35)d	25(30)d	21(25)d	19d	17d
HRB500	34(40)d	30(35)d	25(30)d	23d	21d

HPB300不能采用直端受拉钢筋，其余钢筋最小锚固长度按《混凝土结构设计规范》(GB 50010—2010)8.3节计算。表6-30～表6-32中括号内的数字为最小锚固长度的取值。最终确定铁路工程混凝土结构钢筋最小锚固长度见表6-33。

表6-33　钢筋最小锚固长度(mm)

钢筋种类		HPB300			HRB400			HRB500		
混凝土等级		C25	C30	≥C40	C25	C30	≥C40	C25	C30	≥C40
受压钢筋(直端)		30d	25d	20d	35d	30d	25d	40d	35d	30d
受拉钢筋	直端	—	—	—	45d	40d	35d	50d	45d	40d
	弯钩端	25d	20d	20d	30d	25d	20d	35d	30d	25d

当基桩桩顶主钢筋伸入承台与之联结时，桩顶伸入承台的钢筋，可采取喇叭式[图6-18(a)]或竖直式[图6-18(b)]，前者对桩的受力较好，特别是对受拉桩有利；后者施工方便，特别是对临近承台边缘桩的布置有利，不致因采取喇叭式而加大桩至承台边缘的净距。规范对桩顶伸入承台内主筋采用的型式没有统一规定，可根据桩的受力情况和施工条件确定。桩基工程中采用喇叭式联结较多。

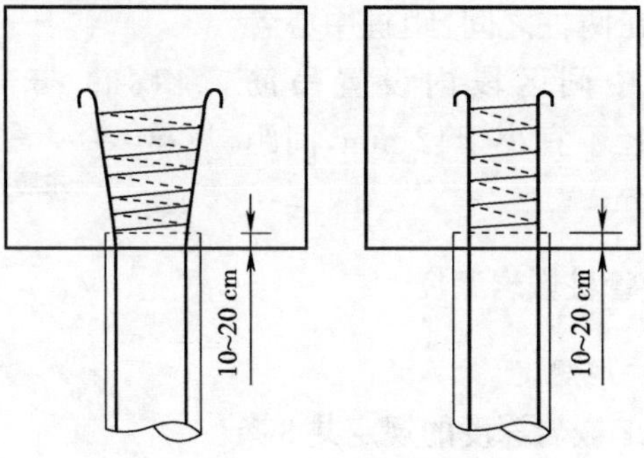

(a)喇叭式　　(b)竖直式

图6-18　承台内桩顶主筋采用型式

《铁路桥涵混凝土结构设计规范》(TB 10092—2017)关于承台构造要求摘录如下,可供设计参考。

(1)承台板的厚度和配筋应根据受力情况确定,厚度一般不宜小于2倍桩径,混凝土强度等级不得低于C30,承台板的底部应布置一层钢筋网,当桩顶主筋伸入承台板联结时,钢筋网在越过桩顶处不得截断。

(2)当桩顶直接埋入承台板内,且桩顶作用于承台板的压应力超过承台板混凝土的容许局部承压应力时(计算此项应力时不考虑桩身与承台板混凝土间的黏着力),应在每一根桩的顶面以上设置1～2层直径不小于12 mm的钢筋网,钢筋网的每边长度不小于桩径的2.5倍,其网孔为100 mm×100 mm～150 mm×150 mm。

(3)当基桩桩顶主筋伸入承台板联结时,一般桩的桩身伸入承台板内的长度为100 mm,管柱伸入承台板内的长度为150～200 mm(不包括水下混凝土厚度)。此时桩顶伸入承台板内的主筋长度(算至弯钩切点)对应光钢筋不得小于45倍主筋的直径,对于带肋钢筋不得小于35倍主筋的直径。其箍筋的直径不宜小于8 mm,箍筋的间距可采用150～200 mm。

(4)承台的桩中距等于或大于桩直径的三倍时,宜在两桩之间,距桩中心各一倍桩直径的中间区段内设置吊筋(图6-19),其直径不宜小于12 mm,间距不宜大于200 mm。

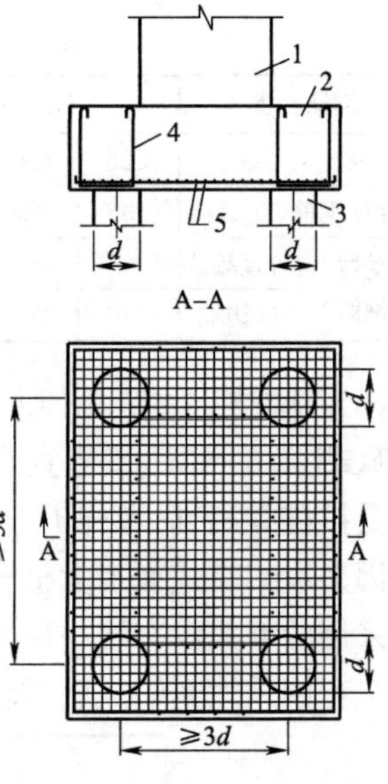

图6-19　承台吊筋布置示意

1—墩台身;2—承台;3—桩;4—吊筋;5—主筋;d—桩直径

6.3.7　灌注桩、管桩嵌岩深度

6.3.7.1　基础桥规规定

灌注桩、管桩 嵌岩深度的规定共3条。

6.3.9条规定:

嵌入新鲜岩面以下的钻(挖)孔灌注桩,其嵌入深度应根据计算确定,

且不应小于 0.5 m。

6.3.10 条规定：

河床岩层有冲刷时，支于岩层上的管柱基础应采用钻岩支承。管柱下端的位置应考虑岩层最低冲刷高程。

6.3.11 条规定：

嵌入岩层的管柱应采用外壁竖直的钢刃脚，其高度应与嵌入岩内的深度相适应，并符合下列规定：

1 需要钻岩的管柱，在钻头运动高度范围内，底节管柱内壁及刃脚内侧应采用周圈钢板防护。

2 钻岩支承的管柱，钻孔内应设置钢筋笼，并伸入管柱底部，伸入管柱底部的长度按计算确定。

3 布置钻孔中钢筋笼时，钢筋笼底面与钻孔底面的容许误差可结合具体情况在设计时规定，但不应大于 0.5 m。钢筋笼的直径宜较钻头直径小 200 mm。

6.3.7.2 条文解读

本规范 6.3.9 条～6.3.11 条引用《75 年桥规》第 2—482 条、第 2—553 条和第 2—555 条的规定。

1. 灌注桩嵌岩深度

钻(挖)孔灌注桩嵌入新鲜岩面以下的深度(不包括风化层)主要应按桩身嵌入处承受的轴向力、剪力和力矩对桩侧和桩底岩石承载力的要求来确定。通常将桩身嵌入岩层内以增大桩嵌入处的承载能力，但当嵌入深度很浅时，桩身混凝土与其侧面岩石之间的摩擦力和黏着力难以保证，因此规定嵌入深度不得小于 0.5 m。当嵌入深度小于 0.5 m 时，其嵌入部分桩身侧面承载力不应考虑。

另外，嵌入岩层的钻(挖)孔柱桩，特别是钻孔柱桩清底要求较高，桩底嵌入深度不宜太浅，否则清底时容易引起新鲜岩以上土体坍塌。

2. 岩层冲刷处的管柱基础

岩层冲刷处的管柱基础，除钻岩深度应考虑最低冲刷高程外，同时还应考虑管柱壁和钻孔壁的混凝土防止冲刷的措施。例如西南某大桥采用管柱基础钻岩支承于紫红色黏土岩上，建成 8 年后发现某墩岩石冲刷深 1.84 m，另一墩在建成 13 年后发现岩石冲刷深 1.75 m。

3. 管柱嵌岩深度

管柱采用外壁垂直的钢刃脚可清除刃脚下面的土而减小管柱下沉的尖端阻力。钢刃脚的高度应与嵌入岩层厚度相适应。当特殊需要时有的管柱采用了内壁垂直的钢刃脚，如某桥以钻岩通过溶洞的管柱钢刃脚最大高度达 8.43 m，嵌入岩层 7.75 m。其经验为采用短导向架的冲击式钻头，使冲击时摇摆扩大钻孔，以利管柱刃脚通过，管柱钢刃脚的结构设计强度应能承受钻头摇摆的撞击。

钻岩支承的管柱，钻孔内应设置钢筋笼，施工中钢筋笼有时不能放到孔底位置，因此在设计时应考虑钢筋笼底部略为提高(规范容许最大不超过 0.5 m)的影响，在布置钢筋笼时为便于放入，一般下端略呈锥形，并将长度按容许误差加长一些。

第7章　沉 井 基 础

7.1　一般规定

7.1.1　沉井基础适用条件

7.1.1.1　基础桥规规定

7.1.1条规定：

当基础需要埋置较深且地质、水文及施工等条件适宜时，可选用沉井基础。下沉可能遇到大漂石、流砂、倾斜较大的岩面、地基承载力较低等不利条件时，应慎重选用。水深较大、流速适宜时可采用浮运沉井。

7.1.1.2　条文解读

当上部荷载较大，基础需要埋置较深时，沉井基础是桥梁墩(台)常用的基础类型之一。沉井基础刚度大，能承受对基础作用较大的挠曲力矩。沉井基础有较大的承载面积，沉井可以穿过不同深度覆盖层，将基底放置在承载力较大的土层或岩面上。遇倾斜不大的岩面，在掌握岩面高差变化的情况下，可把沉井刃脚做成与岩面倾斜相适应的高低刃脚。沉井在下沉过程中，避免了很深的用来支撑坑壁的防土(水)围堰，沉井可在墩位就地筑岛制造，取土后一般是靠自重下沉。也可采用泥浆润滑套、射水或壁后压气等施工措施，减少下沉时的井壁摩擦力，以减小井壁厚度或增加下沉深度。在深水中，沉井可做成薄壁结构，在悬浮状态接高下沉。沉井下沉地点，应事先探明覆盖层内有无坚硬的障碍物(如大孤石或漂石等)，以免妨碍沉井下沉。如有少量的障碍物(如姜石层)，可考虑在施工前预先钻孔爆破。下沉至岩面的沉井，应充分掌握岩面高程，防止刃脚与岩面不合而造成沉井倾斜。水下清理基岩面是一项施工工期较长而较困难的工作，沿刃脚一定宽度内不能做到清除彻底。如在岩面以上的土层有足够的承载力，而且基础有良好的稳定性，对于抗冲刷有足够的埋置深度时，沉井基础就不一定要放在岩面上。沉井内排水下沉，可减少浮力，有助于克服井壁摩擦力。在饱和的粉砂类土中，排水取土易发生翻砂，使沉井歪倾，宜考虑不排水下沉。

沉井的优点：埋置深度可以很大，整体性强、稳定性好，有较大的承载面积，能承受较大的垂直荷载和水平荷载；沉井既是基础，又是施工时的挡土和挡土围堰结构物，施工工艺并不复杂，因此在桥梁工程中得到较广泛的应用。

沉井的缺点：施工期较长；对粉细砂类土在井内抽水易发生流砂现象，造成沉井倾斜；沉井下沉过程中遇到大孤石、树干或井底岩层表面倾斜过大，均会给施工带来一定困难。

本条说明了沉井基础的适用条件与应注意的问题。当沉井下沉遇到流砂、大漂石时，下沉会很困难；地基承载力不足时，会下沉过快，难以控制；倾斜较大的岩面使沉井稳定性差，会给设计、施工带来困难。因此遇到上述情况时，宜慎重考虑。

7.1.2　沉井下沉和井壁的摩阻力

7.1.2.1　基础桥规规定

7.1.2 条规定：

沉井下沉自重扣除水浮力作用后，应大于下沉时土对井壁的摩阻力，刃脚需嵌入风化层时应采取必要措施。土对井壁的摩阻力应根据实践经验或试验资料确定，缺乏上述资料时，可根据土的性质和施工措施按表 7.1.2 选用。

表 7.1.2　井壁与土体间的摩阻力

土的名称	土对井壁的摩阻力(kPa)	土的名称	土对井壁的摩阻力(kPa)
黏性土	25～50	砾石土	15～20
砂性土	12～25	软　土	10～12
卵石土	15～30	泥浆套	3～5

注：泥浆套为灌注在井壁外侧的油变泥浆，是一种助沉材料。

7.1.2.2　条文解读

沉井基础一般采用筑岛预制、取土下沉的重力式沉井。当河水较深、流速较小时，亦可采用钢筋混凝土薄壁浮运沉井或钢模薄壁浮运沉井。

沉井基础设计既要保证施工时井筒的顺利安全下沉，又要保证作为桥梁墩台基础后，桥梁上部结构及墩台基础具有足够的承载能力、稳定性和耐久性。同时，保证其最大沉降和位移满足桥梁结构使用的要求。

1. 沉井下沉

(1)下沉系数

规范规定沉井下沉自重扣除水浮力作用后，应大于下沉时土对井壁的摩阻力。沉井扣除浮力作用后的重量与下沉时土对井壁摩擦力之比，称为下沉系数，过去曾规定下沉系数大于1.25。在《75年桥规》改规调查中也曾有两种意见，一种意见认为需要保留过去的规定，其主要理由为实际沉井下沉时刃脚底面的土不可能清除干净，因此需要超过25%作为贮备系数。另一种意见认为土对井壁的摩擦力与井壁外形和施工方法有关，例如圆形沉井下沉时因有土拱作用，土的摩擦力就较小；吸泥下沉的沉井因井壁外侧的土受到扰动，所需的沉井重量就较轻。条文所列的摩擦力参考数值是比较粗的，过去有些沉井未满足1.25的系数也都沉下去了，所以下沉系数不宜硬性规定为大于1.25。

南京长江大桥一号墩是在浅滩上筑岛设置的重力式沉井，依赖自重克服井壁摩擦力和刃尖部分的正面土层阻力之和，在井孔内补水吸泥的措施下下沉的，下沉深度达53 m，穿过了粉砂、细砂、粗砂到达砾砂持力层高程后封底。沉井外壁厚2.0～2.2 m，内墙厚1.6 m，井孔3.2 m×3.2 m，沉井平面尺寸为20.2 m×24.9 m，总高53.5 m。下沉初期留有挖空部分，到一定深度，这些空孔填的重混凝土，用重矿石为粗骨料，以增加自重，沉井下沉总重在扣除水浮力后约250 000 kN。沉井底节高5 m为C25钢筋混凝土，以上井身灌注高度每节不大于5 m，为C17素混凝土。水下封底混凝土用C25，厚6 m，沉井下部在刃脚上15 m处，设50 cm的缩进台阶，以期降低井壁摩擦力。预期洪水期可能冲深30 m，施工时按下沉53 m计算的下沉系数低于1.25。

施工时采取沉井上加重，设水平射水管路系统，通过射水嘴向井壁外侧高压射水，用9级高压水泵加压，施工时尽量避免刃脚下过分掏空，以防翻砂。在这些措施下，基本达到预定高程。为了防止竣工后继续下沉，在墩顶支座上还考虑设计了顶高措施。这种重型沉井的刚度和强度是毋庸置疑的，但就其本身承受墩身以上的荷载需要，从结构角度来看，其截面是不需要做这样大的，其中一大部分的混凝土仅仅起到压重作用，沉井达到设计高程进行清基时，这部分混凝土的赘重起到了负面作用。

分析认为重型沉井主要以沉井自重来控制下沉是不经济的。后来设计人员在井壁周围设置泥浆套，籍以减少沉井下沉中的侧面摩擦力。使下沉平稳快速，倾斜率小，瞬时下沉量仅为 5 cm 左右，无突然下切现象，吸泥效率增高，在粉细砂中只需在中央空内吸泥，以减少翻砂事故，在黏性土中，为避免大的锅底坑，则可在边孔内吸泥，当穿过硬塑黏土时，则加用不大于 2 MPa 的高压射水，亦能取得很好的效果。

《给水排水工程钢筋混凝土沉井结构设计规程》(CECS 137—2015)是我国唯一一本沉井设计方面的专项标准，该规程规定沉井的工作特征设计系数应符合表 7-1 的规定。

表 7-1 沉井的工作特征设计系数

工作特征系数	限 值
下沉系数	$k_{st} \geqslant 1.05$
下沉稳定系数	$k_{st,s} = 0.8 \sim 0.9$
抗滑动系数	$k_s \geqslant 1.30$
抗倾覆系数	$k_{ov} \geqslant 1.50$
抗上浮系数	不计侧壁摩阻力 $k_{fw} \geqslant 1.0$，计侧壁摩阻力 $k_{fw} \geqslant 1.15$

沉井一般靠自重克服壁外侧摩阻力下沉，当自重不足时可采取配重措施助沉。CECS 137—2015 规定下沉系数不小于 1.05 时，能保证沉井顺利下沉。当为软土地基时，下沉系数不宜太大，如下沉系数过大，可能会发生超沉、突沉现象。

如果依靠自重难以满足下沉要求，可以采取如下措施：

①在井顶上架设平台，根据下沉要求加载助沉；

②一般情况下，在井壁外侧加泥浆护套减少摩阻力。当沉井特别深、摩阻力较大时，可采取空气幕法减少摩阻力。

《公路桥涵地基与基础设计规范》(JTG 3363—2019)规定沉井下沉系数可取 1.15～1.25。考虑沉井四周地表土被松动，则此部分土的摩擦力不计。可假定 5 m 范围的摩擦力按三角形分布，5 m 以下为矩形分布。

(2)空气幕下沉沉井

空气幕沉井能减少土对井壁摩阻力的机理是:喷射空气的动力作用,沿井壁内周围预埋的气管中射以高压气流,气流由喷气孔喷出,再沿沉井外壁上升,形成一圈压气层(又叫空气幕)喷出地面,使沉井下沉,这就是所谓壁后压气沉井。

壁后压气(空气幕)沉井,适宜于在地下水位较高的细、粉砂类土及黏性土层中下沉。压气时,气流沿沉井外壁上升,带动砂粒翻滚,形成液化,黏土则形成泥浆,从而使土对井壁的摩擦力减少。在卵石含量较少的砂土和黏性土中,也能产生上述效果,但效果较差,此时宜适当加大沉井重量;在卵石层,特别坚硬的黏土层及风化岩层内均不能产生上述效果,故不能采用空气幕沉井。

由于目前收集到的国内外资料中多是用重率这个指标来决定空气幕沉井的下沉重量,沉井的重率等于不扣除浮力的沉井下沉重量除以沉井入土表面积。九江长江大桥试验沉井虽然测试到一些开气时土对井壁的摩阻力值,但资料太少、代表性差,又无更多资料对比验证。因此,目前拿不出在开气时土对井壁的摩阻力比较可靠的数据。从大量的国外资料及国内试验成果中可以统计出空气幕沉井的重率资料,所以采用重率这个指标来决定沉井的下沉重量。

国内试验和已施工的空气幕沉井下沉深度为25～50 m,沉井重率采用了21.6～22.2 kPa,从施工实际情况来看该重率稍偏大。国外桥梁基础下沉深度在50 m以内的沉井,重率采用15～20 kPa,其中有些沉井由于后期部分气龛堵塞致使下沉效果较差,而采用了压重的补助手段,但计入压重在内的重率也不超过20 kPa。国外竖井施工的沉井下沉深度在80～220 m时,重率才加大到20～26 kPa。考虑到桥梁沉井基础大多数下沉深度在50 m以内,因此可将重率定为20 kPa左右,设计时可按沉井下沉深度及工艺熟练程度等具体情况选用合适的重率值。

空气幕沉井下沉效果的好坏,取决于气龛的密度、送气压力及供气量等因素。

压气管应分层分区布置,竖管可用塑料管或钢管,水平环管则采用直径25 mm的硬质聚氯乙烯管,沿井壁外缘埋设。每层水平环管可按四角分为四个区,以便分别压气,调整沉井倾斜。第一层可设在距刃脚底面

3 m左右的高度，保持下部沉井与土层有足够的接触面积，防止刃脚下的土挖空过多，压气时出现向井内涌砂的现象。下部的各层水平环管间距1.0～1.5 m，上部的每层间距约 2 m，如图 7-1(a)、(b)所示。

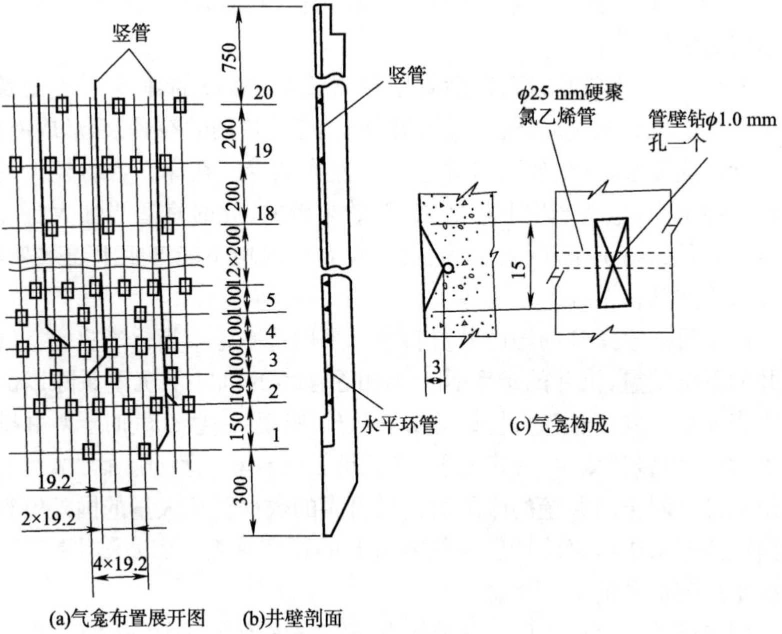

图 7-1　空气幕沉井压气管、气龛(单位：cm)

在水平环管的喷气孔位置，预留模板做成的棱锥形凹口，拆模后在凹口内钻直径 1 mm 的喷气孔，称为气龛，如图 7-1(c)所示。气龛按其所负担的摩擦面积等间距分布，上下层交错排列。据经验介绍，每个气龛所分担的摩擦面积，下部按 1.3 m^2/个、上部按 2.6 m^2/个计算。

经验资料表明，风压应为水平通气管路入土深度理论水压的 1.6～2.5 倍，风量则应根据气龛耗气量确定，一般按每个气龛耗气量 0.02～0.03 m^3/min 计，并另加一定储备风量考虑。

所需风压可按下列经验公式计算确定：

$$P_0 = P_w + P_e + 25\% P \tag{7-1}$$

式中　P_0——所需压缩空气的压力(kPa)；

P_w——水压力(kPa)；

P_e——土压力(kPa)，一般取 60～80 kPa；

P——压缩空气有效压力，为 $13H$(kPa)；

H——深度(m)。

防止喷气孔的堵塞，应在水平管的两端设置沉淀筒，并在喷气孔上外套一橡胶皮环。每次空气幕助沉的时间应根据实际沉井下沉情况而定，一般不宜超过 2 h。沉井压气时必须从上层气龛逐次向下进行，绝不可由下而上，否则可能造成气流不沿外壁向上喷，而向下穿过刃脚由井孔内溢出造成翻砂。

钢沉井也可以使用空气幕法，除气龛凹槽不同外，其余管路布置与上述相同。

壁后压气法(空气幕)与泥浆润滑套相比较：泥浆套破坏了土对沉井井壁的摩擦力，不利于考虑土的侧壁弹性抗力，当沉井置于非岩面的设计高程上，清基时必须注意防止继续下沉而超过设计高程；壁后压气(空气幕)沉井则停气后即可恢复土对井壁的摩擦力，下沉时也较易控制。

2. 沉井土对井壁的摩阻力

下沉是靠在井孔内不断取土，在沉井重力作用下克服四周井壁与土的摩阻力和刃脚底面土的阻力而实现的，所以在设计时应首先确定沉井在自身重力作用下是否有足够的重力使沉井顺利下沉。

(1)井壁的摩阻力数值

沉井下沉时土对井壁的摩阻力值与沉井入土深度、土的性质、井壁外形及施工方法等有关，此项数值应根据工程实践或试验资料确定。当缺乏上述资料时，可根据土的性质、施工措施，参考《2017 年基础桥规》表 7.1.2 选用。规范表 7.1.2 沿用了《75 年桥规》所列土对井壁的摩阻力值如下：

土的种类	土对井壁的摩阻力(kPa)
砂　土	12～25
卵石土	15～30
黏性土	25～50
软　土	10～12
泥浆套	3～5

《99 年基础桥规》正文取消了《75 年桥规》所列土对井壁的摩阻力值表，而放在条文说明中。给出的理由是当时尚不能达到定出沉井下沉时土对井壁的摩阻力值指标，因而只能原则规定土对井壁的摩阻力值与沉井入土深度、土的性质、井壁外形及施工方法等有关，此项数值应根据实践或试验资料确定。

通过多年生产实践验证，《75 年桥规》所列土对井壁的摩阻力值仍有较高的可信度，为方便设计取值，《2017 年基础桥规》在正文中恢复了《75 年桥规》所列土对井壁的摩阻力值表，同时参考《公路桥涵地基与基础设计规范》(JTG D63—2007)补充了砾石对井壁的摩阻力。《2017 年基础桥规》表 7.1.2 与《公路桥涵地基与基础设计规范》(JTG D63—2007)表 6.1.2 井壁与土体间的摩阻力完全相同。

至于规范中土对井壁的摩阻力数值的适用范围，《75 年桥规》在说明中是这样考虑的：砂类土、卵石土、黏性土的摩擦力值，原规范(注：作者在《59 年桥规》未能查到相关规定)规定仅适用于沉井入土深度小于 30 m，其来源是参照苏联规范，经到设计单位调查认为数值仍可沿用。但对 30 m 的规定有疑问，如太沙基认为土的摩擦力达到一定深度后近乎常数，一般日本相关资料入土 40 m 时固结卵石及坚实土的摩擦力仅 31 kPa，因此 30 m 这个数字就不宜具体规定。深沉井井壁摩擦力的科学测试资料不多，某些计算土的极限摩擦力的公式又不太成熟，国内深沉井设计一般仍采用了较大的摩擦力和下沉系数。

《公路桥涵地基与基础设计规范》(JTG 3363—2019)也规定：井壁与土体间的摩阻力标准值应根据实测资料或实践经验确定，当缺乏资料时，可根据土的性质、施工措施，按公路基础桥规中表 7.3.2 选用。该表摩阻力数值的适用范围并没有限定。

(2)井壁的摩阻力测试

因沉井基础具有尺寸大、承载力高等特点，所以难以利用常规的方法对其竖向承载力进行测试。近年东南大学利用自平衡测试技术，对多个大型沉井进行井壁的摩阻力测试。外径为 5.0 m、长度 12.0 m 沉井自平衡竖向静载试验示例：

场地范围内土层描述依次是②黏土：灰色、灰黑色，硬塑、局部软塑，层厚 2.85 m；④亚黏土(轻)与亚砂土互层：黄色、灰色，呈中密、密实状态，层厚 4.15 m；④$_3$ 粉砂：黄色，呈中密状态，层厚 2.45 m；④亚黏土（轻）与亚砂土互层：黄色、灰色，呈中密、密实状态，层厚 2.15 m；⑤亚黏土：黄色，硬塑，层厚 1.40 m。

测试得到了沉井基础的极限侧阻力实测值见表 7-2。

表 7-2 沉井壁分层侧摩阻力实测值

土层编号	土层名称	实测极限侧摩阻力(kPa)
②	黏　土	8.999
④	亚黏土(轻)与亚砂土互层	25.688
④$_3$	粉　砂	25.306
④	亚黏土(轻)与亚砂土互层	34.427
⑤	亚黏土	40.266

自平衡测试技术的出现，解决了沉井基础利用常规手段测试井壁摩阻力的难题。

7.1.3 沉井的材料

7.1.3.1 基础桥规规定

7.1.3 条规定：

沉井底节可采用素混凝土、钢筋混凝土、钢等材料，并应符合下列规定：

1 素混凝土沉井可用于下沉深度不大的土层。

2 钢筋混凝土沉井底节截面最小配筋率不应小于 0.5‰。

3 浮式焊接钢沉井所用钢材应保证其焊接性能。

4 沉井井孔应根据受力或稳定要求确定是否填充。在低于冻结线 0.25 m 以上的部分，应用混凝土或石砌填实。

7.1.3.2 条文解读

沉井底节可采用素混凝土、钢筋混凝土、钢等材料，底节以上的沉井也可用其他材料。

素混凝土沉井只适用于下沉深度不大的（一般 4～7 m）松软土层。素混凝土沉井一般多做成圆形，当井壁足够厚时，亦可做成圆端形或矩形。

钢筋混凝土是修建深基沉井常用的材料，它能使沉井做成具有一定刚度、材料得到合理使用的结构形式；沉井平面尺寸较大时，可做成薄壁结构，采用泥浆润滑套、壁后压气等施工辅助措施就地下沉或在深水中浮运下沉；井壁、隔墙可分段（块）预制、工地拼接，做成装配式。

《75年桥规》条文中规定沉井底节钢筋混凝土最小配筋率不应小于0.1%，根据实际设计施工中的沉井来看，通常都难于满足此项要求。按此规定配筋，一般都显得配筋较多，按断面强度计算所需的配筋率很多在0.1%以下，过去在铁路沉井基础中曾采用过0.05%的最小配筋率，使用多年，未发现问题。所以《85年桥规》修改中将底节钢筋混凝土的最小配筋率定为最小不得小于0.05%。满足此项要求的沉井，仍可按钢筋混凝土结构的计算方法和原则进行计算。这是为了使沉井结构仍符合钢筋混凝土结构的一些强度要求和有足够的安全度。

钢沉井强度和刚度都很高，拼装方便，但用钢量大，可以浮运就位下沉。钢沉井和采用钢材的浮式沉井底节、气筒，对其可焊性能须严格要求。

井孔内保持中空、灌水或用砂石、混凝土（或片石混凝土）填充，应根据受力或稳定要求而定。对严寒地区，在低于冻结线0.25 m以上部分，应用混凝土或圬工填实。

7.2 计　　算

7.2.1 材料容许应力

7.2.1.1 基础桥规规定

7.2.1条规定：

计算施工阶段荷载情况下的素混凝土、钢筋混凝土沉井截面强度时，材料容许应力可在主力加附加力的基础上提高，但提高的最大数值不应大于10%。

7.2.1.2 条文解读

《75年桥规》第2—573条规定：较高的沉井应检算产生施工容许偏差的影响，此时基底容许应力可提高10%。但对于计算施工阶段荷载情况下的素混凝土、钢筋混凝土沉井截面强度时，材料容许应力的提高并没有明确规定。

《85年桥规》修改中有些单位提出：沉井属临时结构，桥规中有关容许应力应按施工阶段略作提高。《85年桥规》考虑这方面的意见，参照《75年桥规》中条文内表2—50的各项混凝土容许应力，除纯剪应力外，在主力＋附加力时可提高30%；在主力＋施工荷载时可提高40%；《75年桥规》表2—32中1、2、8项混凝土容许应力和表2—33中钢筋容许应力，在架桥机架梁时可在主力＋附加力的基础上再提高10%，在施工阶段钢筋最大容许应力值采用在主力＋附加力的基础上再提高10%的值是可行的。但考虑到铁路桥梁沉井中有可能采用薄壁沉井，若最大容许应力在施工阶段都采用同一数值，则显然薄壁沉井与厚壁沉井所具有的实有安全度就不一样，厚壁沉井断面不考虑钢筋作用而只按纯混凝土计算的强度，本身可能就有了一定的安全度，而薄壁钢筋混凝土沉井则无这一有利条件。同时，还考虑到沉井下沉施工期长短不一，有的工期在半年以上，与一般临时结构短暂承受荷载的性质又有不同，而且沉井的整个部分既起临时结构作用又是永久结构，与一般的施工临时结构有截然的区别，还有下沉时的地质水文等情况各个地区各个工点也千差万别。

综合上述种种因素，《85年桥规》12.6.3条规定：计算施工阶段荷载情况下的素混凝土、钢筋混凝土沉井截面强度时，材料容许应力可在主力＋附加力的基础上提高，但提高的最大数值不应大于10%。

提高最大值不得大于10%的规定，设计时可根据沉井井壁厚度、沉井下沉工期长短、地质水文等情况在上述的提高幅度范围内加以采用。

7.2.2 沉井刃脚检算

7.2.2.1 基础桥规规定

7.2.2条规定：

沉井刃脚应按下列情况检算：

1 计算沉井刃脚时，应根据刃脚在水平和竖直两个方向的作用力进行荷载的分配。

2 沉井下沉过程中，可根据沉井接高等具体情况取最不利位置，按刃脚切入土中1 m，检算刃脚向外弯曲强度。此时作用在井壁上的土压力和水压力应根据下沉时的具体情况确定，作用在井壁外侧的计算摩擦力不应大于 0.5E(E 为井壁外侧所受主动土压力)。

3 沉井沉至设计高程，刃脚下的土已掏空，应检算刃脚向内弯曲强度。此时作用在井壁上的水压力应按设计和施工中的最不利水压力考虑。

7.2.2.2 条文解读

1. 刃脚在水平和竖直荷载的分配

《75 年桥规》第 2—566 条规定：沉井刃脚可用下列近似方法计算。

(1)悬臂梁方法

刃脚沿垂直方向可视为悬臂梁，其悬臂长度等于斜面部分的高度。当内隔墙的底面距刃脚底面为 0.5 m，或大于 0.5 m 而有垂直梗肋时，作用于悬臂部分所有水平荷载乘以式(7-2)求出的系数。

$$\alpha=\frac{0.1S_1^4}{h^4+0.05S_1^4}<1 \tag{7-2}$$

式中 S_1——支承于内隔墙间外壁最大计算跨度；

h——刃脚斜面部分的高度。

(2)封闭框架方法

刃脚水平方向可视为封闭框架，当刃脚悬臂的水平力乘以系数 α 时，作用于框架的水平力则乘以系数 β。

$$\beta=\frac{h^4}{h^4+0.05S_2^4} \tag{7-3}$$

式中 S_2——井壁支承于内隔墙间的最小跨度。

《75 年桥规》中对沉井刃脚外壁上的荷载分配，是考虑沉井刃脚按悬臂和水平框架共同承受外力，用变形相等原理求出 α、β 两个分配系数后，对刃脚进行荷载分配计算。

设作用于整个刃脚单位面积上的外荷载为均布荷载 q，其中分配在刃脚悬臂部分的均布荷载为q_1，分布在水平框架部分的均布荷载为q_2。

$$q=q_1+q_2 \tag{7-4}$$

刃脚高度为 h[图 7-2(a)]，则悬臂梁 $h/2$ 处在均布荷载q_1作用下的挠度为

$$\delta_{h/2}=\frac{17q_1h^4}{384EI_1} \tag{7-5}$$

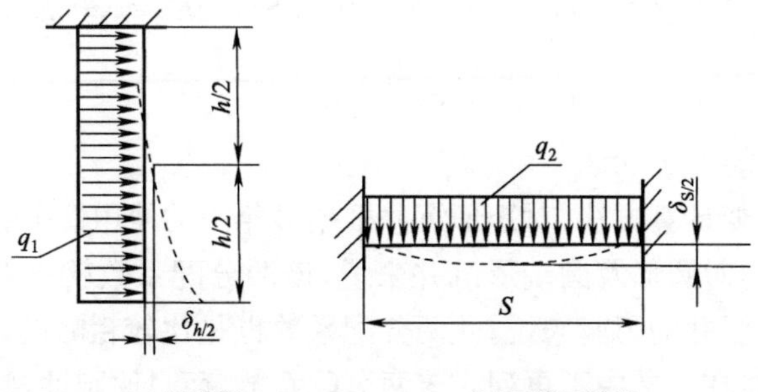

图 7-2　刃脚计算图式

水平框架的跨度为 S[图 7-2(b)]，则两端固结梁跨中处在均布荷载 q_2 作用下的挠度为

$$\delta_{S/2}=\frac{q_2S^4}{384EI_2} \tag{7-6}$$

再假定 $\delta_{h/2}=\delta_{S/2}$，$EI_1=EI_2$，导得

$$q_1=\frac{S^4}{17h^4+S^4}q=\frac{0.058\ 5S^4}{h^4+0.058\ 5S^4}q=\alpha' q \tag{7-7}$$

$$q_2=\frac{17\,h^4}{17\,h^4+S^4}q=\frac{h^4}{h^4+0.058\ 5S^4}q=\beta' q \tag{7-8}$$

为安全计，在计算 α' 时 S 取最大值 S_1，计算 β' 时 S 取最小值 S_2，考虑到水平框架并非真正两端固接，因此在计算刃脚悬臂时将 α 值增大一倍，将 α、β 取整值。

$$\alpha=\frac{0.1S_1^4}{h^4+0.05S_1^4}<1 \tag{7-9}$$

$$\beta=\frac{h^4}{h^4+0.05S_2^4} \tag{7-10}$$

至于 β 值讨论：当内隔墙的底面距刃脚底面为 0.5 m 或大于 0.55 m 而有垂直梗肋的情况，算得 $\alpha=1$ 时，刃脚是否还需要按水平框架计算？过去对这一问题有的认为 $\alpha=1$ 即所有水平力已由悬臂承受，不必再按框架计算。但是这种提法与靠近隔墙支点的刃脚受力情况不符，因该部分实际为两边支承，仅当刃脚与隔墙间垂直裂开后才可能起悬臂作用。因此仍要考虑水平框架能承受适量的负弯矩为宜，此负弯矩将小于按框架

求得的弯矩乘以 β，因为 $\alpha \geqslant 1$ 时，$h^4 \leqslant 0.05S^4$，当 $h^4 = 0.05S^4$，

$$\beta = \frac{0.05S^4}{0.05S^4 + 0.05S^4} = 0.5$$

所以 β 不可能大于 0.5。

这一近似计算方法，对矩形沉井根据多年来的使用情况看并无不可，但有局限性，对圆形及圆端形沉井来说，该两分配系数就不太完全合适。而且就矩形沉井的刃脚来说，此两分配系数也是比较粗略的，所以《85 年桥规》修改时在条文中不再列入该两分配系数，而只原则性规定计算沉井刃脚时，应根据刃脚在水平和竖直两方向的作用力进行荷载的分配。

《85 年桥规》12.6.5 条规定：计算沉井刃脚时，应根据刃脚在水平和竖直两方向的作用力进行荷载的分配。至于刃脚外壁荷载如何分配，刃脚怎样计算，设计时可根据具体情况确定，也可参照有关设计手册进行计算，桥规中不再一一列入。对于矩形沉井，如尚无更好办法时，仍可采用《75 年桥规》第 2—566 条中的办法进行计算。

2. 检算刃脚向外弯曲强度

《75 年桥规》第 2—565 条第 1 款规定：沉井沉至中途，在岛面以上已接高一节沉井，刃脚切入土中 1 m，检算刃脚向外弯曲强度，此时作用下井壁外侧的计算土压力和水压力总和不得大于静水压力的 70%，井壁外侧的计算摩擦力不得大于 0.5E（E 为井壁所受的主动压力），亦不得大于按第 2—563 条考虑的摩擦力数值。

《75 年桥规》条文中检算沉井刃脚向外弯曲强度时，应按沉井沉至中途，在岛面上已接高一节沉井等情况进行检算。其中的“中途”两字容易引起误解，有的将“中途”两字理解成了沉井下沉至一半时的下沉位置，其实并非如此，检算沉井向外弯曲强度的最不利位置不一定是沉井下沉至 1/2 处的位置，有的分节浇筑一次下沉的沉井就是刚开始挖土下沉，刃脚切入土中一定深度后（这里仍定为 1 m）为最不利位置，就是分节浇筑逐节下沉的沉井，也绝不是正好下沉至 1/2 处为其最不利位置，这与水文地质等条件有关，应视具体情况确定其最不利位置。因此《85 年桥规》条文修改中将“中途”两字改成了“过程中”三字，这样设计人员就可根据具体的水文地质情况、施工方法等进行计算确定。

《75 年桥规》条文中规定检算刃脚向外弯曲强度的荷载为：“作用于

井壁外侧的计算土压力和水压力总和不得大于静水压力的70%……”，这一条是不完善的，只讲了外侧土压力和水压力计算问题，沉井内水压力如何计算未讲，特别是有时为了防止细砂上涌，在吸泥下沉过程中沉井内水头往往要高于井外水头时，井内水压力的计算则是应加以重视的一个问题，有的单位指出：如沉井井外无水或水很浅时，按这条的规定，势必井外土压力和水压力的总和将等于零或很小，这也是很不切实际的，过于保守。因此《85年桥规》作了如条文第1款中的改动。

3. 检算刃脚向内弯曲强度

《75年桥规》第2—565条第2款规定：沉井沉至设计标高，刃脚下的土已掏空，检算刃脚向内弯曲强度。此时，井壁外侧承受土压力和水压力。

检算沉井刃脚向内弯曲强度，《85年桥规》条文中只原则性地讲了计算土压力和水压力的要求。具体的水压力计算图式可见有关设计手册或仍按《75年桥规》条文和条文说明中的假定及图式进行设计。

(1)不排水下沉时，井壁外侧水压力值按100%计算，内侧水压力值一般按50%计算，但也可按施工中可能出现的水头差计算。

《75年桥规》条文说明中曾讲到，对于下沉很深的沉井应采用图7-3(b)的水压力图式较合适。这里建议一般应按图7-4(b)图式根据施工中可能允许出现的水头差来计算水压力，仅在下沉较浅的沉井中可用图7-3(a)图式来进行比较选用。

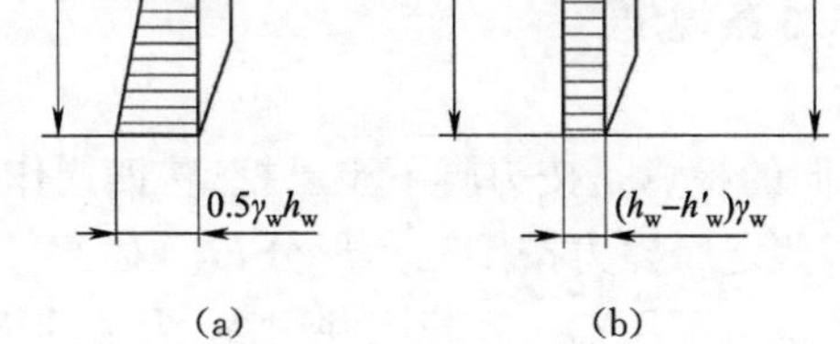

图7-3 不排水下沉

(2)排水下沉时，对于刃脚部分若是不透水性的土才能排干水，不透水性土渗透性差，孔隙水被抽干后，短时期不易补充恢复原状，故本条规定可按静水压力的70%计算，如图 7-4(a)所示。但本条如引用到井壁部分的水压力计算时，如果是在透水性土中，只要排水能力大，也可能使该部分井壁内侧没有水，此时水压力应按100%计算，如图 7-4(b)所示。

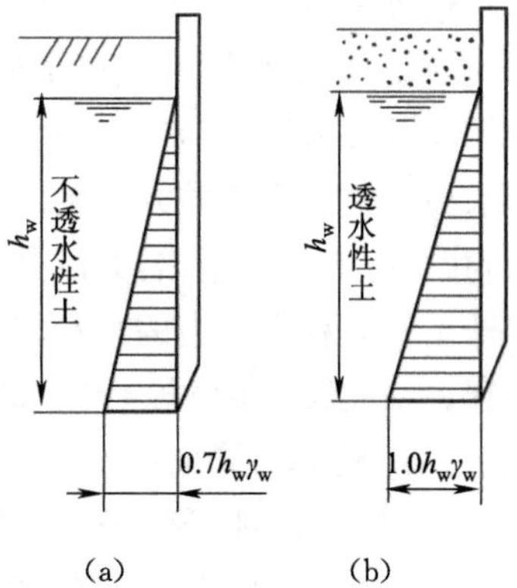

图 7-4　排水下沉

7.2.3　沉井井壁检算

7.2.3.1　基础桥规规定

7.2.3 条规定：

井壁应按竖直方向和水平方向分别进行检算，并应符合下列规定：

1　竖直方向检算时，应按刃脚下土已挖空，而外侧四周作用有摩阻力，可能把沉井箍住考虑，检算井壁垂直拉应力。素混凝土沉井接缝处拉应力由接缝钢筋承受，并检算钢筋的锚固长度。

2　水平方向检算时，应按本规范第 7.2.2 条的水平荷载，将沉井作为水平框架进行检算。检算刃脚斜面以上高度等于该处壁厚的一段井壁时，除承受该段井壁范围内的水平荷载外，还应承受由刃脚悬臂传来的水平力。

3　采用泥浆润滑套下沉的沉井，井壁外侧压力应按泥浆压力计算。

4　采用空气幕下沉的沉井，井壁压力与普通沉井的计算方法相同。

7.2.3.2　条文解读

本条文第 1、2、3 款引自《75 年桥规》第 2—567 条规定；第 4 款引自《85 年桥规》12.6.6 条规定。

1. 垂直方向

井壁垂直方向的检算是按刃脚下土已挖空，四周作用的摩擦力可能把沉井箍住，此时假定摩擦力按倒三角形分布。对于一般排水下沉高度不高的沉井，最大拉力可用 $Q/4$。若沉井很高，为节约钢料，各节的接缝钢筋可不必按 $Q/4$ 而按接缝所在位置发生的拉力设置。

(1)不排水下沉

对于在透水性土中不排水下沉的沉井，从理论上分析，因摩擦力箍住而拉断的情况是不大可能发生的，其推导如下：

设 A 为沉井截面积，γ 为沉井容重，U 为沉井外壁周长，外力作用如图 7-5 所示。

沉井自重：$Q=\gamma HA$

沉井底面垂直向上水托力：$B=(H+l)A\gamma_w$

沉井顶部水柱重：$W=lA\gamma_w$

假设 γ_w 为水的容重，沉井处于平衡状态，则

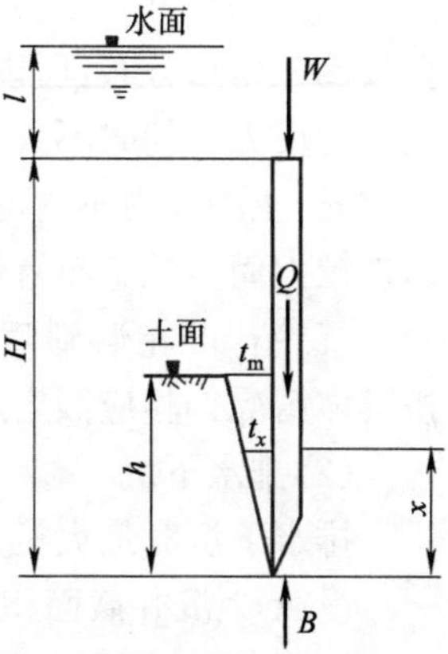

图 7-5　不排水下沉井壁外力作用

$$\frac{1}{2}t_m hU=Q+W-B=HA(\gamma-\gamma_w)$$

得
$$t_m U=\frac{2HA(\gamma-\gamma_w)}{h}$$

$$t_x U=\frac{2HA(\gamma-\gamma_w)x}{h^2}$$

计算截面处内力：

$$S_x=\gamma Ax-B-\frac{1}{2}t_x Ux=\left[\gamma x-(\gamma-\gamma_w)\frac{H}{h^2}x^2-(l+H)\gamma_w\right]A \tag{7-11}$$

设 $l=0$，$\gamma=2.4\ \text{tf/m}^3$，$\gamma_w=1.0\ \text{tf/m}^3$，代入式(7-11)，得

$$S_x=\left(2.4x-1.4\frac{Hx^2}{h^2}-H\right)A \tag{7-12}$$

$$\frac{dS_x}{dx}=\left(2.4-2.8\frac{H}{h^2}x\right)A=0$$

$$x=0.857\frac{h^2}{H}$$

代入式(7-12)，得 $S_{max}=\left(1.03\frac{h^2}{H}-H\right)A$。若 S_{max} 为拉力，则 $1.03\frac{h^2}{H}>H$，得 $h>0.99H$。

施工中沉井顶面经常保持高出土面以上，井壁土的摩擦力也未必完全按倒三角形分布，所以按一般情况推算在水中下沉有浮力作用的沉井，当土的反力均匀时不大可能出现有垂直方向的拉力。当因倾斜纠偏、土质差异、土的反力不均匀时，沉井在垂直方向可产生偏心弯矩，接缝可能出现拉力而需酌量布置钢筋。

沉井若可能遇到障碍物卡住时，应按具体情况作相应假定进行检算。

(2)排水下沉

排水下沉时最大拉力 $Q/4$ 的推求：

设 A 为沉井截面积，γ 为沉井容重，U 为沉井外壁周长，力的作用图式如图 7-6 所示。

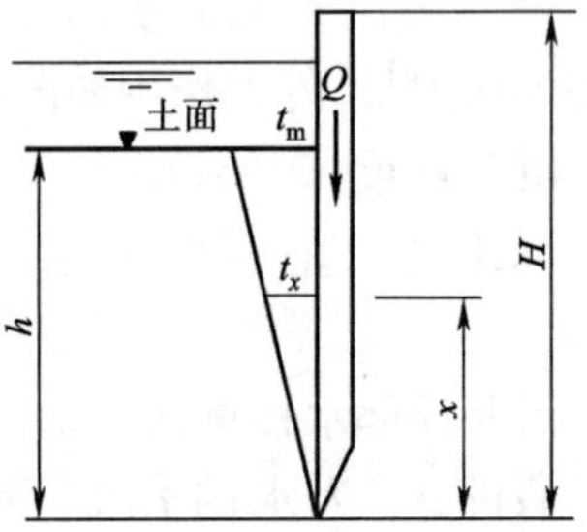

图 7-6　排水下沉井壁外力作用

沉井自重：$Q=\gamma HA$

沉井处于平衡状态，则

$$\frac{1}{2}t_mUh=Q$$

$$t_mU=\frac{2Q}{h}=\frac{2\gamma HA}{h}$$

$$t_xU=\frac{2\gamma HAx}{h^2}$$

则计算截面处拉力为

$$S_x=\gamma Ax-\frac{1}{2}t_xUx=\left(\gamma x-\frac{\gamma Hx^2}{h^2}\right)A$$

$$\frac{dS_x}{dx}=\left(\gamma-2\frac{\gamma Hx}{h^2}\right)A=0$$

$$x=\frac{h^2}{2H}$$

$$S_{max}=\frac{Ah^2}{2H}\gamma-\frac{\gamma HA}{h^2}\left(\frac{h^2}{2H}\right)^2=\left(\frac{h^2}{2H}\gamma-\frac{\gamma h^2}{4H}\right)A$$

$$=\left(\frac{2h^2\gamma-\gamma h^2}{4H}\right)A=\frac{h^2\gamma A}{4H}=\frac{h}{H}\cdot\frac{hA\gamma}{4}$$

若 $h=H$，则

$$S_{max}=\frac{\gamma AH}{4}=\frac{Q}{4}$$

沉井接缝钢筋因容许应力提高了，所以必须检算其锚固长度。

2. 水平方向

《2017 年基础桥规》规定：水平方向检算时，应按本规范 7.2.2 条的水平荷载，将沉井作为水平框架进行检算。检算刃脚斜面以上高度等于该处壁厚的一段井壁时，除承受该段井壁范围内的水平荷载外，还应承受由刃脚悬臂传来的水平力。

由于历代铁路桥规对此条规定未能有较详细的说明，为了帮助技术人员更好理解该条规定的内涵，《公路桥涵地基与基础设计规范》(JTG D63—2007)6.3.2 条条文说明中有很好的解读，特此摘录如下：

验算位于刃脚根部以上其高度等于井壁厚度 t 的一段井壁，据此设置该段的水平钢筋。因这段井壁 t 又是刃脚悬臂梁的固定端，施工阶段作用于该段的水平荷载，除本身所受的水平荷载外，还承受由刃脚传来的水平力 Q(图 7-7)。作用在该段井壁上的平均荷载 q，即：

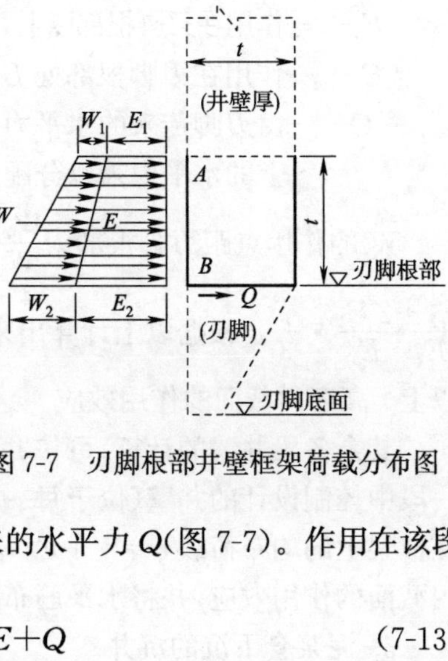

图 7-7　刃脚根部井壁框架荷载分布图

$$q=W+E+Q \tag{7-13}$$

$$W=\frac{W_1+W_2}{2}\cdot t \tag{7-14}$$

$$W_1=\lambda h_1\gamma_w \tag{7-15}$$

$$W_2=\lambda h_2\gamma_w \tag{7-16}$$

$$E=\frac{E_1+E_2}{2}\cdot t \tag{7-17}$$

式中　q——作用在井壁高度 t 段上的均布荷载(kN/m)；

W——作用在井壁高度 t 段上的水压力(kN/m)；

W_1——作用在刃脚根部以上，高度 t 范围内截面 A 上的单位水压力(kPa)；

W_2——作用在刃脚根部截面 B 的单位水压力(kPa)；

t——井壁厚度(m)；

h_1, h_2——验算截面 A 和 B 距水面的高度(m)；

γ_w——水的容重(10 kN/m^3)；

λ——折减系数，排水挖土时，井内无水压，井外水压视土质而定，砂类土 $\lambda=1.0$；黏性土 $\lambda=0.7$；不排水挖土时，井外水压以 100%计，$\lambda=1.0$，井内水压以 50%计，$\lambda=0.5$；

E——作用在 t 段井壁上的土侧压力(kPa)；

E_1——作用在刃脚根部以上，高度 t 处 A 截面的单位土侧压力(kPa)；

E_2——作用在刃脚根部处 B 截面的单位土侧压力(kPa)；

Q——由刃脚传来的水平力(kN/m)，其值等于作用在刃脚悬臂梁上的水平力乘以分配系数 α。

W 的作用点距刃脚根部为 $\frac{W_2+2W_1}{W_2+W_1}\cdot\frac{t}{3}$，$E$ 的作用点距刃脚根部为 $\frac{E_2+2E_1}{E_2+E_1}\cdot\frac{t}{3}$。根据以上计算出来的 q 值，即可按框架分析求刃脚根部以上 t 高度内截面的作用效应。

其余各段井壁的计算，可按井壁断面的变化，将井壁分成数段，取每一段中控制设计的井壁(位于每一段最下端的单位高度)进行计算。作用在框架上的均布荷载 $q=W+E$。然后用同样的计算方法，求得水平框架内截面的作用效应，并将水平筋布置在全段上。

3. 泥浆套下沉的沉井

对于用泥浆套下沉的沉井，应考虑沉井外侧泥浆压力 γH 的 100%计算，因为泥浆压力一定要大于水压力及土压力的总和，才能保证泥浆套不被破坏。

4. 空气幕下沉的沉井

采用空气幕下沉的沉井，在下沉过程中所受到的侧压力，根据国内试验沉井量测结果，压气时，气压对井壁的作用不明显，可略去不计，故仍按普通沉井的有关规定计算。

在计算空气幕沉井下沉中结构强度时，由于井壁之摩擦力在开气时减小，不开气时仍与普通沉井相同，因此应视其计算内容而按最不利情况采用。

7.2.4 沉井底节的抗弯强度

7.2.4.1 基础桥规规定

7.2.4 条规定：

沉井底节的抗弯强度应按下列情况进行检算：

1 对于矩形、圆端形沉井，不排水下沉时，可支承在矩形的四个角点、圆端的两个端点，或长边的中点；排水下沉时，可按施工中可能的支承情况检算，支承点可设在长边上，当长短边比 L/B 大于 1.5 时，两支点间距可取(0.6～0.8)L。

2 对于圆形沉井，可支承在圆形的四个等分点上。在有孤石、漂石或其他障碍物的土层中，不排水下沉时，可支承在圆形的两个等分点上。

3 沉井底节的平面尺寸较大时，应按灌注第二节沉井混凝土时的荷载，检算底节内隔墙及井壁的抗弯强度，并假定内隔墙下土已挖空，内隔墙支承于井壁上。

7.2.4.2 条文解读

沉井底节垂直方向断面较小，应按抽垫或可能遇到障碍物的情况，检算纵向挠曲时混凝土的抗拉强度。

1. 矩形和圆端形沉井支承

对于矩形和圆端形沉井考虑下面几种情况：

(1)沉井抽除支承垫木时，最后支承于长边四个固定支点上，支点可控制在最有利的位置，使支点处截面上混凝土的拉应力与跨中截面上混凝土的拉应力相等或很接近，来检算沉井纵向素混凝土的抗拉强度，如图 7-8(a)所示。当沉井两边长宽比 $L/B>1.5$ 时，支点间距大致在(0.6～0.8)L 之间选定，短边可视作支承在长边上的梁，以此来检算长短边的正负弯矩。

(2)沉井排水下沉时，可按施工中可能的支承情况进行检算。一般情况下，刃脚下挖土的位置完全可以控制，使刃脚下的最后四个支点的位置和沉井抽垫时最后的四个支点位置一致。

(3)沉井不排水下沉时，刃脚下土的支承情况很难控制，可按最不利支承情况，检算沉井纵向素混凝土的抗拉强度，即支承于短边的两端点，如图 7-8(b)所示；支承于长边的中点，如图 7-8(c)所示。

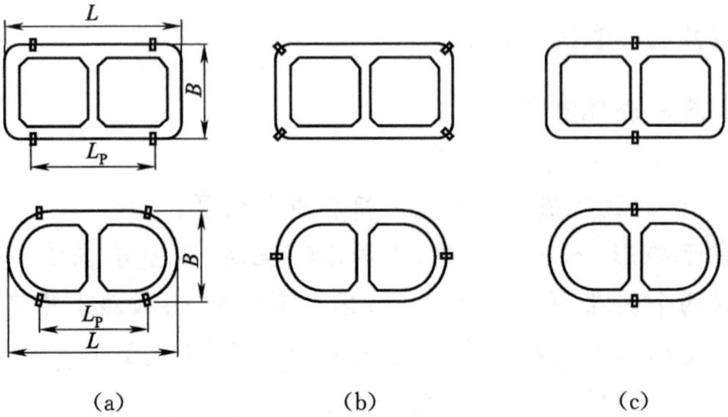

图 7-8 矩形和圆端形沉井支承形式

2. 圆形沉井支承

圆形沉井一般按支承于相互垂直的直径方向的四个支点检算，如图 7-9(a)所示。在有孤石、漂石或其他障碍物的土层中，不排水下沉时，可按支承于直径上的两个支点检算，如图 7-9(b)所示。

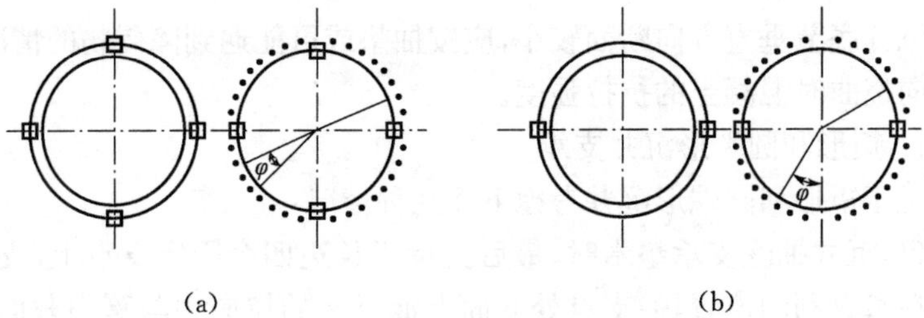

图 7-9 圆形沉井支承形式

"·"——底节沉井自重均布荷载

圆形沉井支承于 n 个支点上，在自重作用下的内力值，可按连续水平环梁进行计算。其计算公式见 1991 年版《铁路工程设计技术手册　桥涵地基和基础》。

3. 底节平面尺寸较大的沉井

底节平面尺寸较大的沉井，相应的内隔墙支承于井壁的间距就大，应按灌注第二节沉井混凝土内隔墙的荷载，检算底节沉井内隔墙混凝土的抗拉强度。

检算的最不利情况为：内隔墙下的土已挖空，隔墙按由井壁简支支承的梁来计算。作用的荷载除一、二节内隔墙自重外，尚应计入第二节隔墙模板等施工荷载。

7.2.5 沉井封底混凝土厚度

7.2.5.1 基础桥规规定

7.2.5条规定：

沉井封底混凝土厚度根据受力情况和施工方法确定。

7.2.5.2 条文解读

沉井封底混凝土厚度根据受力情况和施工方法确定。

1. 封底混凝土竖向力

作用于封底混凝土上的竖向力分两种情况：

(1)沉井水下封底后，在施工抽水时，封底混凝土需承受基底水和土的向上反力。此时若混凝土的龄期不足，应降低容许应力。

(2)井孔未用混凝土或圬工填实(井孔中空、灌水或填砂石)时，封底混凝土需承受基础设计的最大基底反力，并可计入井孔内填充物对封底混凝土的重量。

2. 封底混凝土厚度计算

封底混凝土的厚度，可按下列两种方法确定，取其控制者。

(1)抗弯计算

封底混凝土视为支承在凹槽或隔墙底面和刃脚斜面上，按周边支承的双向板(矩形或圆端形沉井)或圆板(圆形沉井)计算。

周边支承的双向板，承受均布荷载，其内力可参照表7-3计算。

表7-3 周边支承的双向板内力计算

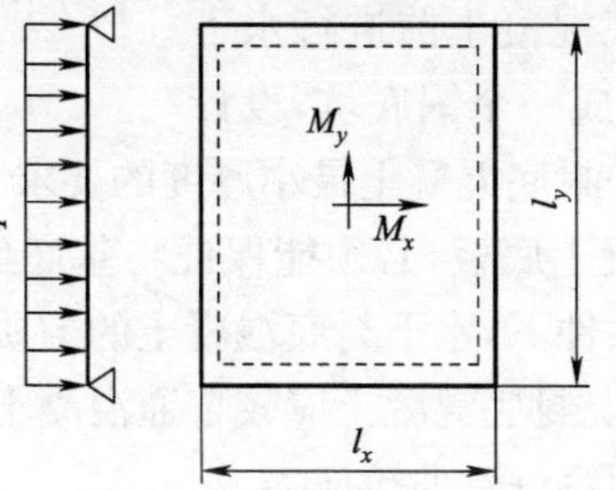

弯矩＝表中系数×ql^2，式中l取用l_x和l_y中较小者。

续上表

l_x/l_y	M_x	M_y	l_x/l_y	M_x	M_y
0.50	0.096 5	0.017 4	0.80	0.056 1	0.033 4
0.55	0.089 2	0.021 0	0.85	0.050 6	0.034 8
0.60	0.082 0	0.024 2	0.90	0.045 6	0.035 8
0.65	0.075 0	0.027 1	0.95	0.041 0	0.036 4
0.70	0.068 3	0.029 6	1.00	0.036 8	0.036 8
0.75	0.062 0	0.031 7	—	—	—

周边简支支承的圆板，承受均布荷载时，板中心的弯矩为

$$M=\frac{pa^2}{16}(3+\mu) \tag{7-18}$$

式中 p——圆板上作用的均布荷载；

a——圆板的计算半径(取自刃脚斜面一半处)；

μ——混凝土的侧向变形系数(即泊松比)，$\mu=\frac{1}{6}\sim\frac{1}{5}$。

(2)抗剪计算

封底混凝土按受剪计算，即计算井孔范围内封底混凝土承受基底反力沿刃脚斜面高度截面上产生的剪应力(图 7-10)，看其是否大于封底混凝土的抗剪强度。若剪应力超过其抗剪强度，则应考虑在井壁和隔墙内设置凹槽或其他构造措施，加大封底混凝土的抗剪面积。

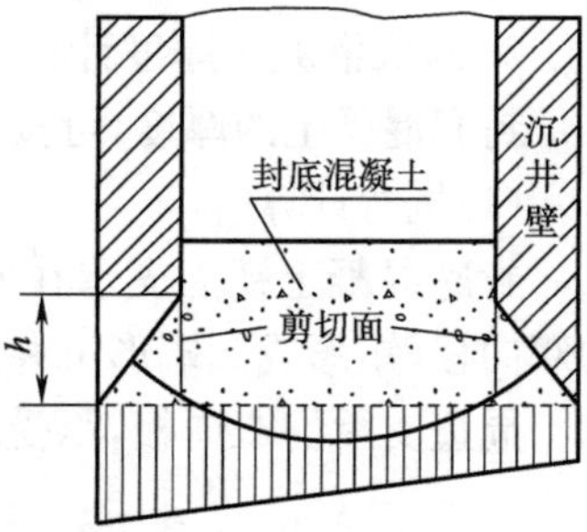

图 7-10　刃脚斜面高度剪应力

在灌注水下封底混凝土前进行水下清基，沉井底部常形成一个锅底坑，设计时应提出对剪切面处封底混凝土最小厚度的要求。

沉井的封底混凝土底板，必须能保证将基底反力传递到井壁和隔墙上。但在一般灌注条件下，水下封底混凝土的匀质性较差，又不便直观检查。因此，视具体情况封底混凝土应较普通混凝土有较大的安全度，尤其对水下封底混凝土的容许弯曲拉应力。

按上述方法计算确定的封底混凝土的理论厚度，应考虑混凝土可能

与土的掺合、夹层、离析以及顶面的浮浆等因素，可将封底混凝土的厚度适当加大(一般不少于0.20～0.50 m)。

7.2.6 浮式沉井计算

7.2.6.1 基础桥规规定

7.2.6条规定：

浮式沉井在悬浮状态下(落入河床前)应按下列规定计算：

1 浮式沉井应按施工步骤计算各阶段沉井入水深度及其稳定性。沉井浮体稳定的倾斜角可按式(7.2.6)计算。

$$\varphi=\arctan\frac{M}{\gamma_w V(\rho-a)} \tag{7.2.6}$$

式中 φ——倾斜角，不得大于6°，并应满足$\rho-a>0$；

M——外力矩(kN·m)；

V——排水体积(m^3)；

a——重心至浮心的距离(m)，重心在浮心之上时a为正，反之为负；

ρ——定倾半径(m)，即定倾中心至浮心的距离，$\rho=\frac{I}{V}$，I为浮体排水截面的惯性矩(m^4)，按沉井轮廓面积和各阶段沉井入水深度计算；

γ_w——水的容重，等于10 kN/m^3。

2 底节以上沉井应按静水压力、流水压力、内外水头差、风力、导向结构反力、锚缆拉力、填充时混凝土侧压力等分别检算井壁和内隔墙。

3 对于底节钢结构，起吊时应按承受结构自重检算。当浮于水中时，应按承受竖向荷载和底节以上的水平力分别检算井壁和内隔墙的强度。检算井壁时还应考虑沉井因倾斜而加大的静水压力，可加大7 kPa～10 kPa。

7.2.6.2 条文解读

浮式沉井的施工步骤计算是很重要的，必须准确计算各施工步骤的沉井重量、入水深度、浮体稳定性、井壁水头差、井壁出水高度及其受力部分混凝土的龄期强度，准确计算几种可能水位和河床高程时沉井落河床的相应情况，以及落河床后所控制的沉井净重和刃脚可能达到的高程。通过施工步骤计算才能得到各部位井壁可能承受的最大压力作为设计的依据。同时要合理安排施工工序，避免因等待混凝土强度而影响沉井施工进度。

1. 浮式沉井稳定检算

浮式沉井的稳定性，是沉井安全施工的必要条件。对于沉井在悬浮状态下每一个施工步骤，均需仔细地核算其稳定性。稳定性计算假定沉井处于正浮状态（水平状态），其倾斜限于小角度倾斜，由外力矩引起。浮式沉井应保证沿各个方向倾斜的稳定性，浮式沉井至少应有一个对称的竖直面。

(1)关于倾斜角 φ

沉井受倾斜力矩作用后，将绕其计算浸水线截面（本规范称排水截面，也有称吃水截面，本书习惯上仍称浸水线截面）的形心轴旋转（图 7-11），稳定性的必要条件是

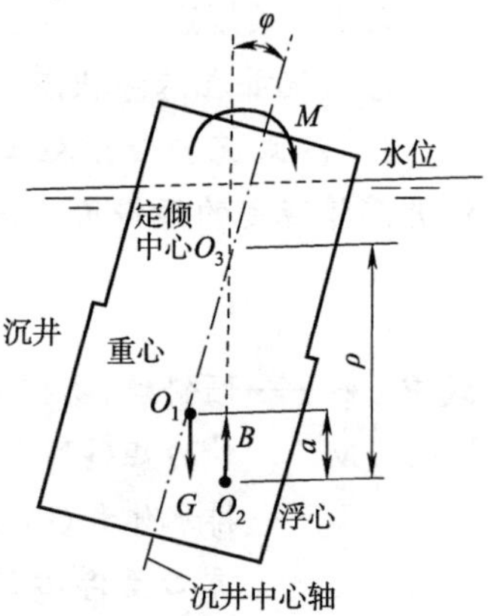

图 7-11 沉井倾斜稳定图

$$\rho - a > 0 \tag{7-19}$$

式中 ρ——浮式沉井处于正浮状态下的定倾半径，即定倾中心O_3至浮心O_2的距离(m)；

a——沉井重心O_1至浮心O_2的距离(m)，重心O_1在浮心O_2之上时为正，反之为负。

按图 7-11 所示沉井倾斜稳定下的情况，考虑所有垂直力的平衡，即B(浮力)$-G$(重力)$=0$，得 $G=B$；再考虑对定倾中心O_3的所有力矩之和等于零，即 $M-G\cdot(\rho-a)\tan\varphi=0$，因此得：

$$\tan\varphi = \frac{M}{G\cdot(\rho-a)} = \frac{M}{B\cdot(\rho-a)} \tag{7-20}$$

由于 $G=\gamma_w\cdot V$，故得到计算浮体倾角的公式：

$$\tan\varphi = \frac{M}{\gamma_w V(\rho-a)} \tag{7-21}$$

式中　M——所有力(包括风力、流水压力和偏心外力等)引起的力矩(kN·m),其中的风力力矩应考虑动力系数;

γ_w——水的容重(kN/m^3);

V——沉井的排水体积(m^3)。

规范规定浮式沉井的倾斜角 φ 不得大于 6°(约 1∶10),是因为不使施工过程中沉井倾斜过大而产生不安全感。

(2)关于定倾半径 ρ

考虑沉井从未倾斜状态转变为倾斜状态的情况(图 7-12),当沉井倾斜时,从相对于沉井未倾斜状态可以看出,位于沉井浸水线处,入水三角形水体沿直向的浮力与出水三角形水体沿直向的力构成一力偶,其力偶矩M_1(反时针方向旋转)为

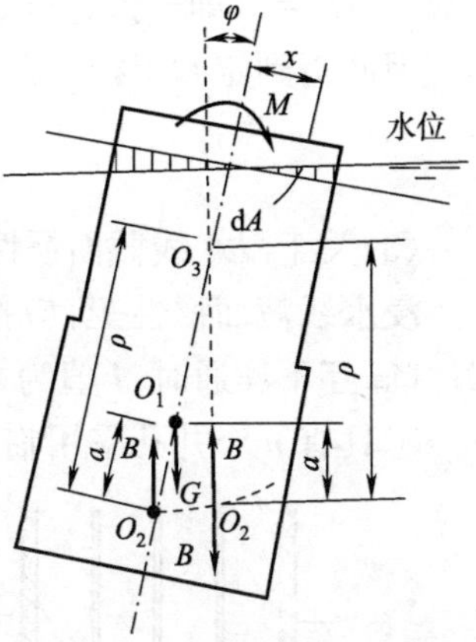

图 7-12　定倾半径 ρ 图示

$$M_1 = \int [\gamma_w (x\tan\varphi) x] \mathrm{d}A\cos\varphi \tag{7-22}$$

式(7-22)对沉井整个浸水线截面面积进行积分,由于 φ 很小,$\cos\varphi=1$,所以

$$M_1 = \gamma_w \tan\varphi \int x^2 \mathrm{d}A = \gamma_w I \tan\varphi \tag{7-23}$$

$$I = \int x^2 \mathrm{d}A \tag{7-24}$$

式中　I——沉井计算浸水线截面积对倾斜轴线(如 y—y 轴)的惯性矩(m^4)。

当沉井未倾斜时,浮力 B(垂直向上)的作用点 O_2(即浮心)与重力 G(垂直向下)的作用点 O_1(即重心)均位于沉井的同一铅直中心线上;当沉井倾斜时,浮力 B 将从沉井中心线上的 O_2 点向右平移到新的 O_2 点处,现对该新的 O_2 点处作用一对顺垂直方向大小等于浮力 B,而方向相反的力 B,因此在新的 O_2 点处除了作用有一垂直向上浮力 B 外,还作用有一力偶矩 M_2,该 $M_2 = B\cdot\rho\tan\varphi = \gamma_w V\rho\tan\varphi$(顺时针方向旋转)。

因为力偶矩在其作用面内的效应不会随其在该平面内移动而改变,所以考虑所有对定倾中心O_3的力矩(包括力偶矩)的平衡,即

$$M-G(\rho-a)\tan\varphi-M_1+M_2=0$$

由于从前文关于倾斜角 φ 的解读可知 $M-G\cdot(\rho-a)\tan\varphi=0$，所以 $-M_1+M_2=0$，即 $-\gamma_w I\tan\varphi+\gamma_w V\rho\tan\varphi=0$。

因此得到定倾半径 ρ 为

$$\rho=\frac{I}{V} \tag{7-25}$$

(3)关于浸水线截面惯性矩 I 值

浸水线截面惯性矩，应按沉井轮廓面积、气筒布置及是否连通情况(各气筒互不连通时，I 值为最大)和各阶段沉井入水深度计算。

①具有 n 个井孔采用临时性井底的浮式沉井(图 7-13)

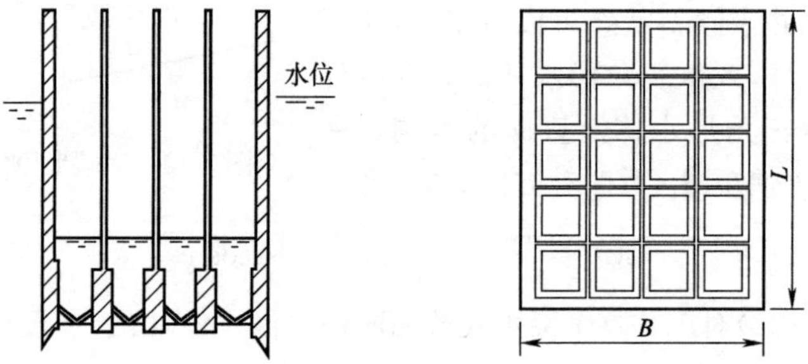

图 7-13　具有 n 个井孔临时性井底的浮式沉井

井孔内不灌水时，

$$I=I_1 \tag{7-26}$$

井孔内灌水时，

$$I=I_1-ni \tag{7-27}$$

式中　I_1——沉井外廓浸水线截面对 $y—y$ 轴的惯性矩(m^4)；

i——一个井孔浸水线截面对其平行于 $y—y$ 轴的形心轴的惯性矩(m^4)。

②具有 n 个井孔，在井孔内安装气筒，在气筒内打气排水的浮式沉井(图 7-14)

气筒已打气，全部气筒管路相互连通，或分组将对称于 $y—y$ 轴气筒连通时，

$$I=I_1-ni-I_2 \tag{7-28}$$

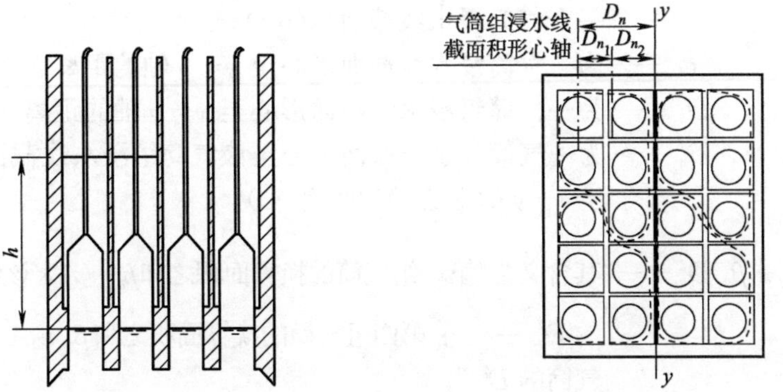

图 7-14　具有 n 个井孔安装气筒打气排水的浮式沉井

气筒已打气，全部气筒管路互不连通时，

$$I = I_1 - ni - A\sum_{1}^{n}\beta_i D_i^2 \tag{7-29}$$

气筒已打气，全部 n 个气筒分成 n_1 组，每组有 n_2 个气筒，每组的气筒管路互相连通，组与组间的气筒管路互不连通(如图 7-14 所示，$n_1=4$，而 $n_2=5$)。

$$I = I_1 - ni - I_3 - A\sum_{1}^{n_1} n_2\beta_{n_1} D_{n_1}^2 \tag{7-30}$$

式中　I_1——沉井外廓浸水线截面对 y—y 轴的惯性矩(m^4)，若为矩形截面则 $I_1=\dfrac{1}{2}LB^3$，L、B 为沉井的长度和宽度(m)；

i——一个气筒浸水线截面对其自身平行于 y—y 轴形心轴的惯性矩(m^4)，若为圆形截面 $i=0.05d^4$，d 为圆形截面直径(m)；

I_2——气筒浸水线截面积与其形心至 y—y 轴距离平方的乘积之和(m^4)，

$$I_2 = A\sum_{1}^{n} D_n^2 \tag{7-31}$$

I_3——气筒浸水线截面积与其自身形心至平行于 y—y 轴的气筒组浸水线截面积形心轴距离(D_{n_2})平方的乘积之和(m^4)，

$$I_3 = n_1 A\sum_{1}^{n_2} D_{n_2}^2 \tag{7-32}$$

A——一个气筒浸水线截面积(m^2);

D_n——为一气筒浸水线截面形心至 $y-y$ 轴的距离(m);

D_{n_1}——为一气筒组浸水线截面形心至 $y-y$ 轴的距离(m);

D_{n_2}——为一气筒浸水线截面形心至该气筒组浸水线截面平行于$y-y$ 的形心轴的距离(m);

$A\sum_{1}^{n_1} n_2\beta_{n_1} D_{n_1}^2$——其含义为"第一组气筒的换算面积之和$\beta_{n_1} n_2 A\times$该组气筒的 $D_{n_1}^2$ $+\cdots+$第四组气筒的换算面积之和$\beta_{n_1} n_2 A\times$该组气筒的 $D_{n_1}^2$";

β_i, β_{n_1}——气筒和气筒组换算截面系数,

$$\beta_i=\frac{V_i/A}{10+h_i+V_i/A} \tag{7-33}$$

$$\beta_{n_1}=\frac{V_{n_1}/A}{10+h_{n_1}+V_{n_1}/A} \tag{7-34}$$

V_i——第 i 个气筒在气筒内浸水线以上的体积(m^3);

h_i——第 i 个气筒内水面与沉井外水面的高差(m),沉井外水面高于气筒内水面时为正;

V_{n_1}——第 n_1 组气筒在气筒内浸水线以上体积的平均值(m^3),$V_{n_1}=\sum V/n_2$;

h_{n_1}——第 n_1 组气筒内水面与沉井外水面的高差(m),沉井外水面高于气筒内水面时为正。

若气筒是均匀截面,β 也可按式(7-35)求算。

$$\beta=\frac{S}{10+h+S} \tag{7-35}$$

式中 S——气筒内浸水线以上的气筒高度(m):若气筒分组连通情形对称于 $y—y$ 轴,则各种情况的 β 值是相同的;

h——沉井外浸水线平面至气筒内浸水线平面的高度(m),沉井外水面高于气筒内水面时为正。

具体公式推导详见 2002 年版《铁路工程设计技术手册　桥涵地基和基础》第八章第三节。

2. 底节以上沉井检算

在沉井继续接高下沉中,底节以上沉井部分的井壁和内隔墙应力检

算，可按下列两种情形的荷载分别考虑，再叠加其应力。

(1)静水压力、填充混凝土侧压力；

(2)流水压力、内外水头差、风力、导向结构反力、锚缆拉力、底节对底节以上结构的水平作用力。

对于浮式圆形沉井，底节以上沉井结构系由逐层接高的单壁钢壳、外圈混凝土和内圈混凝土构成。当外圈混凝土未填充时，该层单壁钢壳内的应力较大，可按最不利施工步骤求其应力。填充的外圈混凝土凝固后，与单壁钢壳共同受力，应力一般不控制。若内圈混凝土填充并凝固受力，则该层沉井部分已构成一坚固的实体。

根据施工步骤，绘出单壁钢壳在下沉落入河床前各阶段所承受的静水压力图形，可以看出单壁钢壳在不同高度承受的静水压力不同。取压力图形中最大静水压力，作为计算单壁钢壳壁板、肋骨角钢及水平桁架的荷载，偏安全地不计新灌注混凝土对单壁的侧压力。

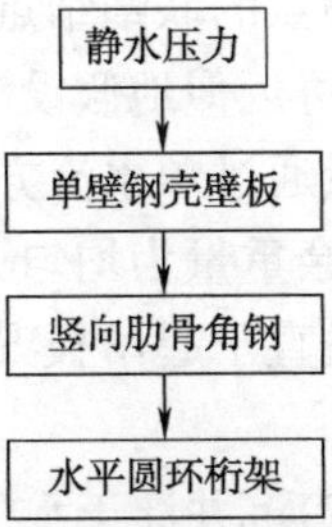

图 7-15　单壁钢壳承受静水压力时的传力途径

单壁钢壳承受静水压力时的传力途径如图 7-15 所示。

壁板、肋骨角钢及水平桁架的计算方法与底部钢结构相应部分同。

在流水压力、风力及导向结构反力、锚缆拉力等水平力作用下，处于与导向结构传递反力同平面内的单壁圆环受到挠曲，应检算当导向结构反力为最大时受力圆环的强度。

3. 底节钢结构检算

底部钢结构的设计与计算，应考虑在施工各步骤中可能出现的不同受力状态，主要有下面两种。

第一种受力状态：起吊时按承受结构自重检算。

第二种受力状态：浮于水中时，按承受竖向荷载、气压、静水压力及浮力、流水压力、锚缆拉力，底节以上对底节的水平作用力计算。根据力的叠加原理，上述荷载可以分为下列两种荷载情形计算后，再将应力叠加。

①承受竖向荷载(包括底部钢结构、气筒、单壁钢壳、沉井混凝土等的自重,灌注混凝土的脚手模板、灌注设备、人群)、静水压力(包括浮力)、气筒气压等,这些荷载对结构的作用具有对称性,且纯为静力作用。

②承受流水压力、锚缆拉力、底节以上对底节的水平作用力(如风力、船撞力等),这些力的作用是非对称性的。

(1)起吊时自重应力检算

浮式沉井底部钢结构在起吊时,位于两个主吊点之间的板梁称为起吊板梁,它将承受沉井底部钢结构的自重。此外,为了减轻主吊点的吊重,有时在沉井的上下游还设有平衡重控制吊重的辅助吊点。起吊板梁和各吊点的联结结点,设计应考虑周密。作用于起吊板梁上的荷载:矩形沉井,可近似地假设沉井重量为均匀分布;圆形沉井,可假设上下游端部的重量通过顺水流方向的两片井字板梁作为集中荷载作用在起吊板梁上,其余重量为均匀分布。

垂直于起吊板梁方向的沉井自重可按悬臂梁计算,此时应力一般不控制。

(2)沉井浮于水中应力检算

①沉井浮于水中时,底部钢结构承受竖向荷载、静水压力和气压时的应力检算:

底部钢结构由外圈井壁和内圈井字板梁(圆形沉井内圈还有扇形板梁)组成。井壁和板梁则以井壁板、肋骨、水平桁架、竖向框架组成。

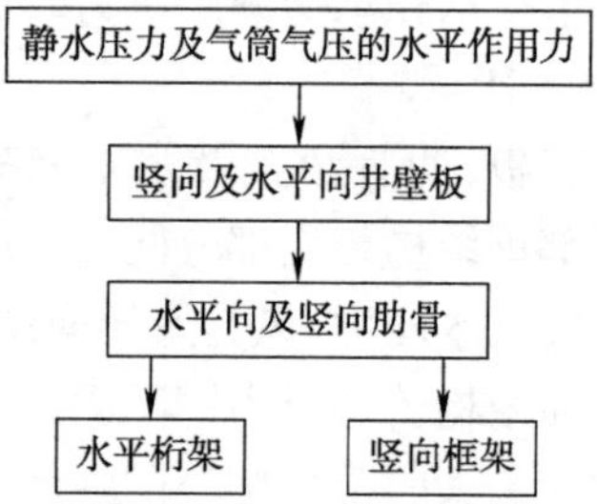

图 7-16 井壁板承受静水压力和气筒气压时的传力途径

井壁板承受静水压力和气筒气压作用时的传力方式如图 7-16 所示。井壁计算的最大静水压力和气筒气压,应根据施工步骤进行计算,另加可能出现的流水压力和沉井倾斜的附加压力。规范规定检算井壁时考虑沉井因倾斜而加大的静水压力,可加大 7～10 kPa。

②沉井浮于水中承受水平力时的应力检算:

沉井受流水压力、风力、船撞力等纵横向水平外力作用时,将借在水下的锚缆拉力和在水面的导向结构反力平衡。沉井产生竖向挠曲的应力极小，一般仅需检算这部分结构的局部受力情形。

浮式沉井钢结构的材料一般采用Q235钢，计算中心受压和偏心受压杆件的稳定性时，应考虑容许应力折减系数的影响。

7.2.7 沉井计算原则

7.2.7.1 基础桥规规定

7.2.7条规定：

沉井底面处土的容许承载力应按本规范第4章确定。沉井计算应符合下列原则：

1 置于岩面上的沉井，检算基底时，基底面积可酌情扣除水下清基时在沉井底面周围一定宽度内不可能完全清净的面积。

2 沉井基础的沉降和基底偏心距应按本规范第3.2节和第5.2节的规定计算。

3 土的弹性抗力可按附录D计算。采用泥浆润滑套施工时，仅在恢复侧面土的约束能力后，方可考虑土的弹性抗力作用。采用空气幕下沉的沉井，可考虑土的弹性抗力作用。

4 高低刃脚的沉井基础检算倾覆和滑动稳定性时，应考虑岩面倾斜的不利因素。必要时可在井孔内钻岩，设置钢筋笼以加强锚固作用。

5 沉井检算应考虑施工容许偏差的影响。

7.2.7.2 条文解读

沉井作为整体深基础设计主要是根据上部结构特点、荷载大小以及水文、地质情况，结合沉井的构造要求及施工方法，拟定的沉井和墩台的尺寸，按各种最不利荷载组合，分别检算基底和沉井侧面土的地基应力、基底合力偏心距和基础稳定性等。沉井底面处土的容许承载力应按本规范第4章确定。沉井计算应考虑下列因素：

1. 沉井基础清基

在计算基底应力中，对于基底设于岩面上的沉井，应考虑水下清理地基时刃脚下不可能完全清干净的宽度。某特大桥曾采取在基底容许应力上乘以“破碎带和清基系数”($k_0=0.7$)的方法，但是沉井底面不可能清除干净的宽度，主要是与周边长度而不是与面积大小成线性比例，因此根据具体情况定出一个清基不能彻底的宽度比较合理。根据参加过某些大桥深水沉井基础清基的工作人员（其中有多次在水下进行检查的潜水工）座谈的意见，一般认为 0.2～0.5 m 宽为不可能完全清干净的范围，这是根据岩面有风化层，刃脚能部分嵌入岩层的情况。如果岩面坚硬无风化层，高差起伏较大而河底为砂类土时，刃尖清理就更困难，不可能完全清干净的宽度，应结合覆盖层的地质条件、岩面高差、风化层状态及施工措施等因素来确定。

2. 不考虑土的弹性抗力

当不考虑土的弹性抗力，沉井基础如同明挖基础，其沉降和基底偏心距应按本规范第 3.2 节和第 5.2 节的规定计算。

3. 考虑土的弹性抗力

当沉井基础考虑土的弹性抗力时，可按本规范附录 D 中所述方法计算。对采用泥浆润滑套施工的沉井，仅在采取确保恢复侧面土的约束能力的措施后，方可考虑土的弹性抗力作用。采用空气幕下沉的沉井，可考虑土的弹性抗力作用。为了保证基础侧面土的稳定，应对基础侧面土产生的压应力 σ_x 值加以限制，使它小于某一容许值。对于 $h\leqslant\frac{2.5}{\alpha}$时，一般检算 h 和$\frac{h}{3}$深度处的 σ_x，因此规范规定基础侧面横向压应力 σ_x 应满足下列条件：

在深度 h 处：

$$\sigma_x\leqslant\eta_1\eta_2 k[\gamma h(\eta k_{\mathrm{p}}-K_a)+2c(\eta\sqrt{K_{\mathrm{p}}}+\sqrt{K_a})]$$

在 $y=\frac{h}{3}$处：

$$\sigma_x\leqslant\eta_1\eta_2 k\left[\gamma\frac{h}{3}(\eta k_{\mathrm{p}}-K_a)+2c(\eta\sqrt{K_{\mathrm{p}}}+\sqrt{K_a})\right]$$

式中符号详见本规范附录 D。

如果沉井侧面土的横向压应力满足上面条件，基底最大竖向压应力小于或等于地基容许承载力，而且墩顶水平位移也在规范限值范围时，那么可不检算基底偏心距和基础的稳定性。

4. 高低刃脚的沉井

对于高低刃脚的沉井，检算其稳定性时，应考虑岩面倾斜的不利因素。必要时可在井孔内钻岩，设置钢筋笼以加强锚固作用。

5. 施工容许偏差的影响

沉井检算应考虑施工容许偏差的影响。如高而窄的沉井，产生施工容许偏差影响时的附加力矩可参照如下计算：

沉井达到施工容许的最大偏移倾斜后，设墩台水中重量和上部荷载为W_1，承台水中重量W_2，沉井顶面以上轮廓体积内(L_2B_2h)的水重W_3和沉井重量(包括井孔内填充物)W_4，对沉井底面产生倾覆力矩。此外尚有作用于沉井两侧的不相等静水压力，对沉井底面产生稳定力矩，如图 7-17 所示。

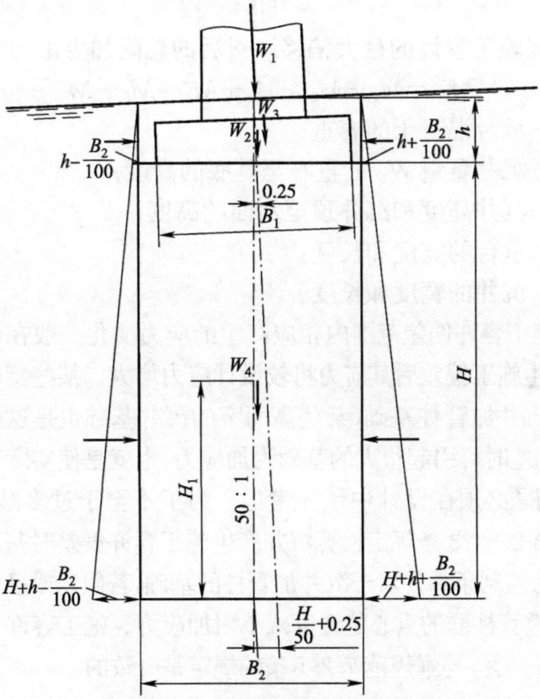

图 7-17　偏移倾斜示意(单位：m)

设承台中心与沉井顶面中心重合，其附加倾覆力矩为

$$M_1=W_1\left(\frac{H}{50}+0.25\right) \tag{7-36}$$

$$M_2=W_2\,\frac{H}{50}+\frac{1}{50}(\gamma_h-1)\frac{L_1B_1^3}{12} \tag{7-37}$$

$$M_3 = W_3 \frac{H}{50} + \frac{1}{50} \cdot \frac{L_2 B_2^3}{12} \tag{7-38}$$

$$M_4 = W_4 \frac{H_1}{50} \tag{7-39}$$

稳定力矩为

$$M_5 = -\frac{H}{50} \cdot B_2 L_2 h - \frac{H^2}{100} B_2 L_2 - \frac{h^2}{100} B_2 L_2 \tag{7-40}$$

如果基底下为透水性的土，尚有底部静水压力的稳定力矩为

$$M_6 = -\frac{H}{50} \cdot \frac{L_2 B_2^3}{12} \tag{7-41}$$

沉井达到施工容许的最大偏移倾斜后的总附加力矩为

$$M_{附} = M_1 + M_2 + M_3 + M_4 - M_5 - M_6 \tag{7-42}$$

式中　γ_h——承台混凝土的容重；

h_1——沉井重量 W_4 的重心至基底的高度；

H，h——沉井高度和沉井顶至水面的高度；

B_1，L_1——承台的宽度和长度；

B_2，L_2——沉井的宽度和长度。

基础在施工容许偏差范围内相应产生的应力变化一般在设计中不予检算，实际上产生施工偏差后其应力将较设计应力增大。某些特殊的结构如单排管柱基础、沉井加管柱基础（某些高而窄的沉井基础也是这样），当它们达到施工容许偏差时可引起很大的基础附加应力，也就是使实际安全系数减小很多。这个问题必须在设计中预先考虑。为了不至于过多减小安全系数，《75 年桥规》第 2—573 条规定检算沉井产生施工容许偏差时基底容许应力可提高 10%作为控制条件。对于沉井加管柱的基础，若假定或已知沉井倾斜方向，还可能调整管柱群的重心位置以减小附加应力。施工容许偏差时基底容许应力可提高 10%，与本规范 7.2.1 条的规定是一致的。

7.3 构　　造

7.3.1 沉井平面形状及尺寸

7.3.1.1 基础桥规规定

7.3.1 条规定：

沉井平面形状及尺寸应考虑阻水较小、受力合理、简单对称和施工方便等要求，根据墩台底面尺寸、地基承载力确定，并应符合下列规定：

1 棱角处宜用圆角或钝角。

2 顶面襟边宽度应根据沉井施工容许偏差确定。对顶部需设围堰的沉井，其襟边宽度应满足安装墩台身模板的需要。

3 井孔的布置和大小应满足取土机具所需净空和除土范围的要求，对顶部设置围堰的沉井，井孔布置应结合简化围堰支架结构统一考虑。

4 沉井外壁可做成竖直的或有台阶的，台阶的宽度可为100 mm左右。

5 沉井在松软土中下沉时，沉井底节高度不应大于沉井短边宽度的0.8倍。

7.3.1.2 条文解读

沉井平面形状、大小主要由地基容许承载力确定。同时，在水流冲刷较大的地方，应考虑阻水较小的截面形式(如做成圆端或尖端)。对于圆形沉井，从外形来说是阻水较小的，但若用于双线桥墩，可能外形做成很大的尺寸，以致反而增大挡水面积，对冲刷不利，所以宜加比较。

受力合理系指沉井在水平压力作用下，井壁尽可能成为小偏心受压构件，以减小截面和节省钢筋，例如某大桥沉井井壁做成连续拱式的井壁。

1. 沉井的棱角

棱角处做成圆角或钝角，可使沉井在平面框架受力状态下减少应力集中，同时可减少井壁摩擦面积和便于吸泥(不致形成死角)。做成圆形、圆端形后，在下沉过程中容易形成“土拱”作用，减少侧面土压力，亦即减小土对井壁摩擦力，方便下沉。

2. 沉井的襟边

沉井顶面襟边的宽度有两种情况：在沉井顶部井孔盖板上另设承台的，为承台边至沉井顶面边缘的距离；利用沉井顶盖混凝土作承台(承台顶与沉井顶齐平)，为墩(台)身底面至沉井顶面边缘的距离。沉井顶面襟边的宽度应根据沉井施工容许偏差和满足安装墩(台)身模板的需要而确定。

3. 开孔的布置

开孔的布置应与沉井中心相对称，以便均匀挖土和纠偏。井顶需设板桩围堰者，井孔的布置尚应结合简化围堰支撑结构统一考虑。

井孔的大小应满足取土机具所需净空和除土范围的要求。井孔的最小边长，采用抓泥斗抓土时，一般不宜小于 2.5～3.0 m（常用容量 0.75 m^3 抓斗，张开尺寸为 2.38 m×1.06 m；容量 1.0 m^3 者，张开尺寸为 2.65 m×1.27 m）。水下抓土时，各井孔的间距不要大于抓土机具所能及的范围。

4. 沉井的外壁

沉井外壁从主体结构的受力来考虑，最好做成垂直的，以能增强土对沉井的侧向弹性抗力作用，但有时为了顺利下沉的需要，往往又将沉井外壁做成台阶形或斜坡形，不过有些土质中采用台阶形或斜坡形外壁对减少土对井壁的摩擦力未必有效。而且有些土中由于井壁的台阶或斜坡造成土与井壁间的空隙松散状态长期不能恢复，以致影响土对沉井的侧向约束作用，对主体结构受力不利。沉井采用何种形式的外壁，应根据设计要求、地质水文情况、施工技术条件、施工方法等全面考虑确定。

5. 沉井底节高度

沉井顶面不宜高出最低水位，如地面高于最低水位，且不受冲刷时，则不宜高出地面，沉井底面高程应由冲刷深度（至少满足最小埋深要求）和地基容许承载力而定。高的沉井，应分节制造和下沉，每节高度不宜大于 5～6 m。底节沉井不宜过高，一般为 4～6 m。若底节沉井高度过大，沉井过重，会给模板、岛面处理、抽垫和下沉（易发生倾斜）带来困难。松软土中制造底节沉井，如高度过大容易发生倾斜而且难以纠偏，故一般认为不应大于沉井宽度的 0.8 倍。

7.3.2 沉井井壁和内隔墙

7.3.2.1 基础桥规规定

7.3.2 条规定：

沉井井壁和内隔墙的设计应符合下列规定：

1 井壁厚度应根据结构强度、下沉需要的重量，以及便于取土和清基确定。

2 考虑传递封底混凝土基底反力的需要时，可在井壁上设置凹槽或其他联结措施。

3 沉井内隔墙底面应高出刃脚底面不小于 0.5 m，必要时内隔墙底部可设过人孔。

4 井壁和内隔墙可按施工需要设置连通管、探测管、射水孔，使用泥浆润滑套施工时的预埋管路，以及采用空气幕施工时的气龛、管路等。

7.3.2.2 条文解读

1. 井壁厚度

沉井外壁宜做成台阶式，亦可做成倾斜式，以减小土的摩擦力。无论台阶式或倾斜式，其外侧斜度不宜太大，一般在 1/100～1/50 之内。台阶设在沉井接缝处，其宽度可为 100 mm。井壁的厚度按其强度、下沉需要的重量、便于取土和清基而定，一般为 0.7～1.5 m，厚者有达 2 m 左右。

2. 井壁凹槽

沉井凹槽的设置是为传递封底混凝土基底反力至井壁上的需要，增强封底混凝土和井壁的联结。过去为使沉井下沉遇到障碍时便于改成气压沉箱必须设置井壁凹槽，现在使用沉箱的可能性较小，所以井孔内填实的沉井均不设凹槽。但是下沉后不填实的沉井，封底混凝土需要传力到井壁上，所以以设置凹槽为好。凹槽底高应距刃脚底面 2.5 m 以上，高约 1.0 m，深 0.15～0.25 m。井孔准备用混凝土或圬土填实，可不设凹槽。有的沉井底部设置台阶，也可代替凹槽传递基底反力。

3. 沉井内隔墙

沉井隔墙将沉井分成两个或多个井孔，以缩短井壁跨度，减小挠曲力矩。隔墙厚度一般为 0.8～1.2 m。

隔墙底面距刃脚底面的高度，既要考虑支承刃脚悬臂，使刃脚悬臂和水平方向的封闭框架共同起作用，而又不使隔墙底面下的土阻碍沉井下沉。一般要求隔墙底面高出刃脚底面不小于 0.5 m。当需要提高隔墙底面时，可在隔墙底部与刃脚联结处设置梗肋。采用土模制造底节沉井时，可将隔墙底面做成抛物线形或梯形，这样不但起到了支承刃脚悬臂的作用，还可不设过人孔。

对排水下沉的沉井，宜在隔墙底部处设过人孔，以便各井孔内人员的联络和简化排水工作。过人孔的大小，一般为 1.0 m×1.2 m。

4. 井壁和内隔墙预埋管路

(1)连通管

在隔墙上，自顶部 2～3 m 以下宜预设直径 200 mm 的连通管或

0.2 m×0.2 m 的透水孔若干个，以便单孔抽水或吸泥下沉时补水，保持各井孔水位一致。

(2)探测管

在平面尺寸较大、不排水下沉深度较深的沉井中可设置探测管。一般采用直径 200～250 mm 的钢管或在井壁中预制管道。其作用是：探测刃脚和隔墙底面下的泥面高程，清基射水或破坏沉井正面土层以利下沉；沉井水下封底后，当作钻刃脚和隔墙下封底混凝土的质量检查孔。

(3)射水管

沉井在砂类土或黏砂土中下沉深度较大，预计沉井自重(不排水者扣除浮力)不足以克服井壁摩擦力时，可考虑在井壁内或外侧装设射水管组。射水管除引向沉井刃脚者外，可在井壁上布置一排或两排。射水嘴一般位置自刃脚底面起侧壁的 5～6 m 处，水平间距 2～4 m。常用射水嘴直径为 ϕ15～22 mm，射水管口径可按射水嘴口径的 2.5～3.0 倍选用。

(4)泥浆润滑套下沉压浆管

泥浆润滑套下沉压浆管的布置，根据井壁的厚度有内管法和外管法两种方式。厚壁沉井多采用内管法，即压浆管埋在井壁内(或在井壁内预制管道)，管径为 ϕ8～50 mm，间距 3～4 m，射口方向与井壁成 45°角。若压浆管堵塞，亦可采用外管法。薄壁沉井宜采用外管法，即压浆管布置在井壁内侧或外侧，视施工条件而定。沉井沉至设计高程后，为恢复土对井壁的固着作用，破坏泥浆套，排除泥浆(对排水下沉的沉井，泥浆可回收再利用)，沿井壁布置有排浆孔。

(5)空气幕下沉压气管、气龛

空气幕下沉压气管分层分区布置。竖管可用塑料管或钢管；水平环管则采用直径 25 mm 的硬质聚氯乙烯管，沿井壁外缘埋设。每层水平环管可按四角分为四个区，以便分别压气，调整沉井倾斜。第一层可设在距刃脚底面 3 m 左右的高度，保持下部沉井与土层有足够的接触面积，防止刃脚下的土挖空过多，压气时出现向井内涌砂的现象。下部的各层水平环管间距 1.0～1.5 m，上部的每层间距约 2 m。

在水平环管的喷气孔位置，预留模板做成的棱锥形凹口，拆模后在凹口内钻直径 1 mm 的喷气孔，称为气龛。气龛按其所负担的摩擦面积等间距分布,上下层交错排列。

7.3.3 沉井刃脚

7.3.3.1 基础桥规规定

7.3.3 条规定:

沉井刃脚可根据地质情况采用尖刃脚或带踏面的刃脚,并应符合下列规定:

1 带踏面的刃脚,其踏面宽度不宜大于 150 mm。

2 刃脚斜面与水平面交角不宜小于 45°。

3 需要下沉至稍有倾斜的岩面时,在掌握岩层高低差变化的情况下,可将刃脚做成与岩面倾斜度相适应的高低刃脚。

4 沉井刃脚配置钢筋时,竖直钢筋应伸入刃脚根部以上 $0.5S_1$(S_1为井壁水平框架的最大计算跨度)。

7.3.3.2 条文解读

《75 年桥规》条文中曾明确规定,沉井沉入坚硬土层和到岩层者宜采用有钢刃尖的刃脚,沉入松软土层者宜采用带踏面的刃脚,但在桥规修改过程中有的单位提出了不同的意见,认为在软弱土层中以尖刃脚为好,在坚硬土层中以带踏面的刃脚为好,也有的单位认为在坚硬土层中以尖刃脚为好,这样,沉井下沉均匀,速度快,可以切断孤石等,意见不一致。但一般说来,沉井通过坚硬土层或土层中有坚硬物体时,为了利于切入坚硬土层及切断坚硬物体,宜采用钢刃尖的刃脚,当然在松软土层中为了利于切入软土中以提高下沉速度等也可采用尖刃脚,但施工时应注意防止沉井下沉过快并做到沉井到达设计高程后不致无法控制其继续下沉。为了防止沉井下沉过快及到达设计高程后控制沉井不再继续下沉,在松软土层中还以带踏面的刃脚为好。但这些都与具体的施工方法、水文地质情况等有关,所以本基础桥规中不作具体规定,设计时可根据具体情况选用刃脚形式。

常用的刃脚式样,无论薄壁或厚壁沉井,多为图 7-18 中的(b)和(c)两种。

沉井在松软土层中下沉,宜采用带踏面的刃脚,如图 7-18(c)所示。踏面宽度 b 一般不大于 150 mm,并常以角钢或槽钢包护。对沉井不高,

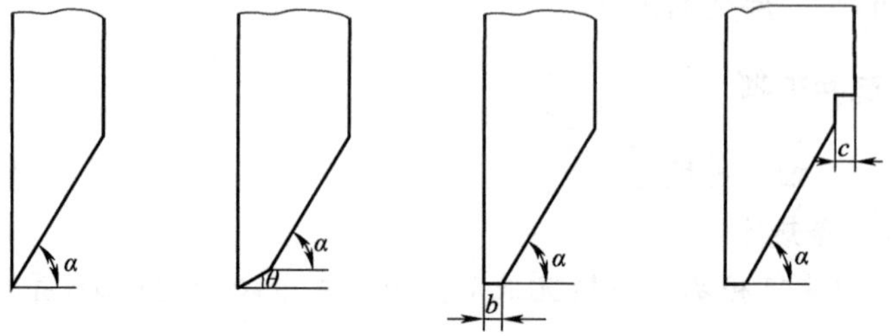

(a)　(b)　(c)　(d)

图 7-18　刃脚式样

又在松软而无障碍物的土层中下沉，按设计刃脚内不需设钢筋时，可只留角钢和焊在其上的钢筋(间距 0.5～1.0 m)，如图 7-19(a)所示；沉井通过较紧密的土层，刃脚需设置钢筋，如图 7-19(b)所示；沉井下沉较深，需沉入坚硬土层 或到岩层者，宜采用钢刃尖的刃脚，图 7-19(c)为沉井通过姜石层钢刃尖的构造实例。

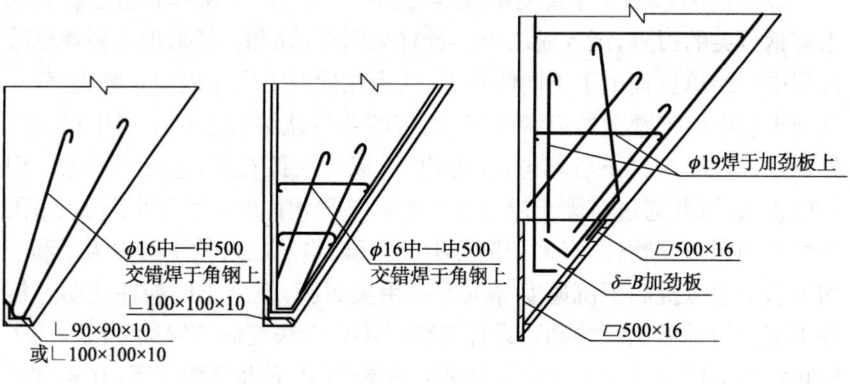

(a)　(b)　(c)

图 7-19　刃脚构造(单位:mm)

刃脚做得尖锐有利于切土和取土，故要求斜面与水平面交角应大于 45°。为了便于抽垫和除土，刃脚斜面的高度不宜小于 1.6 m(薄壁沉井可另行酌情考虑)。

沉井刃脚配置钢筋时，竖直钢筋应伸入刃脚根部以上 $0.5S_1$(S_1 为井壁水平框架的最大计算跨度)。

在倾斜的岩面上采用高低刃脚的沉井时，必须有足够的钻探资料，确切掌握岩面高低变化，使刃脚做成与岩面倾斜相适应的台阶形或斜坡形，才能使刃脚嵌入岩层，便于取土清基面不会翻砂。桥梁基础采用高低刃脚沉井已有一些经验，某大桥有几个直径 20 m 的高低刃脚沉井，高差最大的有 3.7 m，该墩为增强沉井与岩层的锚固，在井孔中进行了钻岩。

第8章　挖井基础

8.1　一般规定

8.1.1　基础桥规规定

本节一般规定共7条。

8.1.1条规定：

当基础需要埋置较深且无地下水，地基承载力较高，施工条件适宜时，可选用挖井基础。

8.1.2条规定：

挖井基础深度宜控制在15 m以内。基础形式可采用圆形、圆端形截面，截面尺寸不大时也可以选用矩形。

8.1.3条规定：

挖井基础施工时应设护壁，可采用钢筋混凝土或钢结构。钢筋混凝土护壁厚度不宜小于300 mm，必要时设井内纵、横向井壁顶撑。

8.1.4条规定：

挖井基础施工应垂直开挖，护壁及时跟进，不应放坡开挖。

8.1.5条规定：

地形陡峭的山区，挖井施工前应做好井口以外的边坡防护，确保周边岸坡稳定。

8.1.6条规定：

挖井施工时应加强排水措施，挖井施工作业平台周边应设必要的排水沟。

8.1.7条规定：

挖井混凝土灌注时不应设置模板，应满灌基础。

8.1.2 条文解读

1. 适用范围

挖井基础是介于明挖基础和挖孔桩基础之间的一种基础形式，因施工简单、快速而深受施工单位欢迎，近年来已经越来越多的应用于铁路桥梁基础工程中。当需要基础埋置较深且无地下水或涌水量不大，经防护后抽水无困难的稳定地层一般可采用挖井基础。利用黄土或软岩地层开挖时边坡能直立的特点，挖成比挖孔桩截面尺寸大得多的竖井，在井内建造空心或实心的混凝土基础，这种基础形式常用于山区深沟，需要的施工设备简单，而基础的刚度和承载能力都较大。

根据工程实践经验，当桥梁墩台基础处的河床地质、水文及施工等条件适宜时，可选用沉井基础。沉井在深基础施工中具有很多优点，如技术上比较稳妥可靠、施工操作简便等。同时，由于沉井基础埋置较深，稳定性好，能支承较大荷载。与沉井基础相比，当基础需要埋置较深且无地下水，地基承载力较好，山坡机械施工困难，为避免大量刷坡时，可选用挖井基础。从结构受力角度讲，挖井与沉井基础相同；从施工角度讲，沉井下沉是靠在井孔内不断取土，在沉井重力作用下克服四周井壁与土的摩阻力和刃脚底面土的阻力而实现的，挖井则是在基础既定位置处，直接采用人工或机械开挖后，一次或分次浇筑混凝土基础。

挖井基础应：

(1)避免在具有较多且厚的砂层透镜体地层中设计挖井基础，因为砂层是直立性、稳定性最差的地基；

(2)避免在地下水位高的土层中设计挖井基础，因为含水量越大，土层的直立性越差。

2. 基础形式及埋置深度

挖井基础截面形状可根据墩、台身的截面形式采用圆形、圆端形或矩形。但从施工角度考虑，一般较多采用圆端形或圆形，尽量不采用矩形截面。圆端形或圆形截面形状，有利于坑壁稳定。

在挖井基础的设计过程中，当承载力检算不通过时，一般是优先加大基础深度。挖井基础深度还应根据实际地质情况经过技术经济比较确定，并考虑不同土壤的稳定性。例如黄土等稳定性较好的土层可以深一些，砾石或卵石土等稳定性较差的土层就应浅一些。从经济性和施工安全角度考虑，挖井基础深度一般控制在 15 m 以内。

3. 挖井护壁

井壁坍塌与井壁侧压力有关，侧压力随井深增加而增大，为保证井壁稳定及施工安全，护壁是必要的。护壁形式分井口护壁、间隔护壁、全护壁等。护壁可采用混凝土、钢筋混凝土或钢结构，工程中一般采用钢筋混凝土护壁，所以圆端形或圆形截面对于钢筋混凝土护壁较为适宜。钢筋混凝土护壁厚度不宜小于 30 cm。遇有砂砾、卵石夹层应及时支护加固，必要时设井内纵、横向井壁顶撑。

(1)井口护壁：一般认为井壁稳定，由于施工时井口经常有人为活动及放置机具设备产生了附加荷载而采取的加固措施。护壁材料采用与基础同级混凝土，厚度 0.3～0.5 m，高 1.0～1.5 m。

(2)间隔护壁：可用于硬塑状态的 Q_3 黄土，护壁材料采用与基础同级混凝土，厚度 0.3～0.5 m，高度 1.0～1.5 m，视地质稳定情况每间隔 1.5～3.0 m 做一次护壁。

(3)全护壁：用于软塑状 Q_3 黄土或有地下水的黄土，采用与基础同级混凝土，厚度 0.3～0.5 m，一般每挖深 1.5～3.0 m 打一次护壁，当地下水较大时，应采用钢筋混凝土护壁。至于混凝土护壁的截面算不算作挖井基础一部分，目前有两种处理方法。一种认为基础开挖范围应包括护壁，和挖孔桩一样在基础检算时则不考虑护壁；另一种认为当采用混凝土护壁时，可将护壁作为基础的一部分，这样可节省基坑开挖及混凝土圬工量。具体采用何种检算方法均应根据护壁的类型、施工方法以及护壁和后浇混凝土结合程度、挖井基础完整性能确定。

根据侯月线挖井基础施工的实践，为更好地利用黄土的自稳能力，在保证施工安全的基础上降低工程造价，铁一院提出的大中桥黄土挖井基础护壁参考表(见表 8-1)，可供今后设计时参考。

表 8-1　大中桥黄土挖井基础护壁参考表

地　　层	井　深(m)	地下水	土的潮湿程度	加固措施
Q_3 黄土	≤10	无	半干硬～硬塑	井口护壁
		无	硬塑～软塑	间隔护壁

续上表

地　　层	井　深(m)	地下水	土的潮湿程度	加固措施
Q_3 黄土	10～20	无	半干硬～硬塑	间隔护壁
		无	硬塑～软塑	全护壁
Q_2 黄土	≤10	无	半干硬～硬塑	可不护壁
	10～20	无	半干硬～硬塑	井口护壁
	—	有	硬塑～软塑	全护壁

4. 开挖方式

挖井基础基顶以上的基坑可根据实际情况垂直或放坡开挖，基顶以下则应严格按照设计的挖井基础轮廓及尺寸垂直开挖。

垂直开挖范围内，土质地层、全风化及强风化岩层范围应设护壁，施工时护壁及时跟进，岩石挖井的弱风化岩层范围可不设护壁。基础施工完成后，护壁可不拆除。

5. 位于陡坡上挖井基础

地形陡峭的山区，挖井基础位于陡坡上时，由于斜坡上桥墩将承受山体的土压力，设计中一般采用对桥墩上坡侧土体进行开挖刷坡的方式减小土压力对桥墩及基础的影响。这样可大大减小桥墩及基础承受的土压力，提高基础倾覆及滑动稳定系数，减小基底压应力。刷坡的开挖坡率应拟据地质专业提供的开挖坡率进行开挖，刷坡高度较高时一般每隔 8 m 高设置一道 2 m 宽平台。刷坡后应根据地质情况对坡面采用合理的防护措施，并设置排水沟，以确保边坡稳定。

陡峭山坡上的挖井基础还应注意基底前缘距山坡坡面的稳定。边坡线应有足够的水平安全距离，根据设计经验，当基础持力层为砂土、碎石土(包括 W_4 全风化岩层)、W_3 强风化岩层时，安全距离一般不小于4 m。当基础持力层为 W_2 弱风化岩层时，安全距离一般不小于 3 m。

在斜坡上挖井施工时，严禁在靠河一侧开挖马口出土，以保障井壁的摩阻力。

当基底为全风化或强风化岩层时，宽深修正后的地基基本承载力不应大于相应岩层的弱风化岩基本承载力。当基底为弱风化岩层内时，一般不做宽深修正。

6. 排水措施

挖井基础施工时应加强排水措施，挖井施工作业平台周边应设必要的排水沟，以防止周围雨水汇入井内。

挖井遇有地下水时，应连续抽水，以防积水浸泡基坑，软化土层致使井壁坍塌。

7. 灌注混凝土

挖井基础是大体积混凝土结构，一般要求一次性整体浇筑，浇筑后，水泥因水化引起水化热，由于混凝土体积大，聚集在内部的水泥水化热不容易散发，混凝土内部温度将显著升高，而混凝土表面则散热较快，形成较大的温度差，使混凝土内部产生压应力，表面产生拉应力。此时，混凝土龄期短，抗拉强度很低。当温差产生的表面抗拉应力超过混凝土极限抗拉强度，则会在混凝土表面产生裂缝。

为避免混凝土产生大量水化热造成桥墩挖井基础开裂影响工程质量，从原材料选用、配合比设计、混凝土浇筑及养护等方面采取有效的控制措施，保证大体积混凝土施工质量和工程的预期效益。

混凝土浇筑可采取全面分层技术，每层厚度 0.5 m，在充分振捣密实后，间隔 0.5 h 后继续浇筑上一层，一方面保证浇筑的混凝土充分散热，另一方面保证第二层混凝土能在第一层混凝土初凝前浇筑完毕。

满坑灌注混凝土，不得放坡开挖基坑或使用模板灌注混凝土。

8. 工程应用

1989 年底开工的侯月线浍河特大桥首次在铁路上采用挖井基础（在井内建筑底板、井壁、井盖形成空心的混凝土基础），节省了大量的投资。侯月铁路西段通过黄土地区，桥梁设计中有 29 座大中桥 94 个墩台采用了挖井基础，挖井深度一般为 10～15 m，最深 22 m。断面呈长方形，少数为椭圆形，双线最大断面 7.34 m×11.74 m。

2001 年初修建的渝怀线涪陵乌江大桥，主跨为（66＋128＋66）m 预应力混凝土连续刚构，5 号墩高 72 m 采用挖井基础。基础平面尺寸为顺桥宽 9 m、横桥宽 16.7 m，井深为 11 m，穿过白云岩，埋入石灰岩；井内设钢筋混凝土底板厚 3.0 m，井壁厚 1.5 m，井盖厚 2.0 m，形成钢筋混凝土空心箱形基础，中空部分用 C15 片石混凝土填充。

石太客运专线和太中银铁路山谷内的桥梁采用了不少挖井基础。如太中银铁路叶家坪大理河特大桥，有 13 个桥墩采用挖井基础，设计井深为 5～6 m，穿过泥岩埋入砂岩，平面尺寸为 7 m×7 m、7.5 m×7.5 m(施工设护壁时加护壁厚度)，为 C30 混凝土实心基础。

8.2 计　算

8.2.1 基础桥规规定

本节计算规定共 4 条。

8.2.1 条规定：

挖井基础基底承载力应按本规范第 4、5 章有关明挖基础的规定计算，可计入侧壁土的弹性抗力。弹性抗力可按附录 D 计算。

8.2.2 条规定：

偏心距检算时应按本规范第 4、7 章有关沉井的规定计算，可不计井壁的摩阻力。

8.2.3 条规定：

挖井基础承载力计算时，井壁与土体间的摩阻力应根据实践经验或实测资料确定。当缺乏上述资料时，可根据土的性质、施工措施按表 8.2.3 选用。

表 8.2.3　井壁与土体间的摩阻力

土的种类	土性状态	极限摩阻力(kPa)
软　土		6～12
黏性土	流　塑	10～17.5
	软　塑	17.5～22.5
	硬　塑	22.5～37.5
粉　土	中　密	15～22.5
	密　实	22.5～35
粉砂、细砂	中　密	15～22.5
	密　实	22.5～35
中　砂	中　密	22.5～35
	密　实	35～45

续上表

土的种类	土性状态	极限摩阻力(kPa)
粗砂、砾砂	中密	35～45
	密实	45～75
圆砾土、角砾土	中密	45～75
	密实	75～110
碎石土、卵石土	中密	75～110
	密实	110～210

注：漂石土、块石土极限摩阻力可采用 200 kPa～300 kPa。

8.2.4 条规定：

挖井基础的沉降可按本规范第 3.2 节的规定计算。

8.2.2 条文解读

挖井基础本身不进行强度检算，也不配钢筋。挖井基础根据不同的地质情况分为非岩石挖井和岩石挖井两种类型。

挖井基础计算合力偏心矩时不计侧壁摩阻力，这是考虑到基础偏心达到一定程度后，基础受拉一侧井壁摩阻力方向与另一侧相反，可部分相互抵消，故简化考虑不予计入。

而挖井基础基底应力计算时，岩石挖井和非岩石挖井有所区别。岩石挖井计算基底应力时不计侧壁摩阻力，非岩石挖井则应计入侧壁摩阻力，但由于受拉侧和受压侧部分相互抵消，摩阻力应进行折减。设计中一般可取土层设计摩阻力的 1/2 进行计算。经过大量工程实践证明，如此取值进行设计的挖井基础是安全经济的。

需要注意的是，不管是检算偏心还是承载力均应考虑挖井侧壁土的弹性抗力。与沉井基础一样，挖井基础沉降应按本规范第 3.2 节的规定计算。

第9章 特殊地基

9.1 湿陷性黄土地基

9.1.1 黄土湿陷性的判定

9.1.1.1 基础桥规规定

本章关于黄土湿陷性判定的规定有9.1.1条、9.1.2条、9.1.3条和9.1.5条共4条。

9.1.1条规定：

黄土地区建筑场地的湿陷性类型应按自重湿陷量Δ_{zs}判定：

1 Δ_{zs}小于或等于70 mm时，应判定为非自重湿陷性黄土场地；Δ_{zs}大于70 mm时，应判定为自重湿陷性黄土场地。

2 湿陷性黄土的自重湿陷量应按式(9.1.1)计算。

$$\Delta_{zs}=\beta_0\sum_{i=1}^{n}\delta_{zsi}\cdot h_i \tag{9.1.1}$$

式中 Δ_{zs}——自重湿陷量(mm)；

δ_{zsi}——第i层土在上覆土的饱和(土的饱和度$S_r\geqslant0.85$)自重压力下的自重湿陷系数；

h_i——第i层土的厚度(mm)；

β_0——因地区土质而异的修正系数，在缺乏实测资料时，陇西地区可取1.5，陇东—陕北—晋西地区可取1.2，关中地区可取0.9，其他地区可取0.5。

3 自重湿陷量的累计自天然地面算起(当挖、填方的厚度和面积较大时，自设计地面算起)，至其下全部湿陷性黄土层的底面为止，其中自重湿陷系数δ_{zs}小于0.015的土层可不计。

9.1.2条规定：

自重湿陷系数δ_{zs}可按式(9.1.2)计算。

$$\delta_{zs}=\frac{h_z-h_z'}{h_0} \tag{9.1.2}$$

式中 h_z——保持天然湿度和天然结构的土样，加压至土的饱和自重压力时，下沉稳定后的高度(mm)；

h_z'——上述加压稳定后的土样，在浸水作用下，下沉稳定后的高度(mm)；

h_0——土样的原始高度(mm)。

9.1.3 条规定：

黄土的湿陷性应按湿陷系数 δ_s 判定。当 δ_s 大于或等于 0.015 时为湿陷性黄土。δ_s 应在规定的压力作用下由室内压缩试验测定，并按式(9.1.3)计算。

$$\delta_s=\frac{h_p-h_p'}{h_0} \tag{9.1.3}$$

式中 h_p——保持天然湿度和天然结构的土样，加压至规定压力时，下沉稳定后的高度(mm)；

h_p'——上述加压稳定后的土样，在浸水作用下，下沉稳定后的高度(mm)；

h_0——土样的原始高度(mm)。

9.1.5 条规定：

湿陷性黄土地基的湿陷等级应根据自重湿陷量 Δ_{zs} 和基底以下地基湿陷量 Δ_s 的数值按表 9.1.5 判定。

表 9.1.5 湿陷性黄土地基的湿陷等级

湿陷性类型		非自重湿陷性场地	自重湿陷性场地	
自重湿陷量 Δ_{zs}(mm)		$\Delta_{zs}\leqslant 70$	$70<\Delta_{zs}\leqslant 350$	$\Delta_{zs}>350$
基底以下地基的湿陷量 Δ_s(mm)	$\Delta_s\leqslant 300$	Ⅰ(轻微)	Ⅱ(中等)	—
	$300<\Delta_s\leqslant 700$	Ⅱ(中等)	Ⅱ(中等)或Ⅲ(严重)	Ⅲ(严重)
	$\Delta_s>700$	Ⅱ(中等)	Ⅲ(严重)	Ⅳ(很严重)

注：当 Δ_s 计算值大于 600 mm、Δ_{zs} 计算值大于 300 mm 时，可判定为Ⅲ级，其他情况可判定为Ⅱ级。

9.1.1.2 条文解读

1. 黄土湿陷性判定依据

黄土在天然含水量时往往具有较高的强度和较小的压缩性，但遇水浸湿后，有的即使在其自重作用下也会发生剧烈而大量的变形，强度也随着迅速降低，而有的却并不发生湿陷。凡天然黄土在上覆土的自重应力作用下，或在上覆土的自重应力与附加应力共同作用下，受水浸湿后土的结构迅速破坏而发生的急剧、显著的下沉，称为黄土的湿陷性。凡具有此特性的黄土，称为湿陷性黄土。否则，就叫非湿陷性黄土。非湿陷性黄土作为建筑物地基时可按一般黏性土地基进行设计和施工。湿陷性黄土又分为自重湿陷性黄土和非自重湿陷性黄土。因此，当黄土作为建筑物地基时，为了恰当考虑湿陷对建筑物的影响，从而采取相应的措施，首先就要判别它是湿陷性的，还是非湿陷性的。如果是湿陷性的，还要进一步判别它是自重湿陷性的，还是非自重湿陷性的。于是，在黄土地区勘察中，湿陷性评价正确与否，直接影响设计措施的采取。

本规范黄土湿陷性判定主要根据《铁路工程特殊岩土勘察规程》(TB 10038—2012)以及《湿陷性黄土地区建筑规范》(GB 50025—2004)的规定。

《铁路工程特殊岩土勘察规程》(TB 10038—2012)4.1.6 条和 4.1.7 条特别规定：高墩大跨桥梁、大型站房或水塔地基，以及设计荷载较大或沉降限量要求高的其他重要建筑、构筑物，应对老黄土地基进行湿陷性评价。湿陷性黄土场地上对沉降量限制特别严的重要建筑、构筑物地基，必要时应采用现场浸水试验实测自重湿陷量，评价工程场地的湿陷类型。

黄土根据堆积时代和堆积环境分为老黄土和新黄土，黄土地层的堆积时代与特征划分见表 9-1。

表 9-1　黄土地层的堆积时代与特征划分

<table>
<tr><th colspan="3">地层时代</th><th colspan="2">地层名称</th><th>岩土名称</th><th>湿陷性及其他特征</th></tr>
<tr><td rowspan="5">第四系Q</td><td rowspan="2">全新世 $Q_h(Q_4)$</td><td>近期 $Q_4^2(Q_h^2)$</td><td rowspan="3">新黄土</td><td>新近堆积黄土状土</td><td rowspan="3">黏质新黄土
砂质新黄土</td><td rowspan="3">一般为自重或非自重湿陷性黄土地基，常具有高压缩性</td></tr>
<tr><td>早期 $Q_4^1(Q_h^1)$</td><td>黄土状土</td></tr>
<tr><td rowspan="3">更新世 $Q_p(Q_{1-3})$</td><td>晚更新世$Q_3(Q_p^3)$</td><td>马兰黄土</td></tr>
<tr><td>中更新世$Q_2(Q_p^2)$</td><td rowspan="2">老黄土</td><td>离石黄土</td><td rowspan="2">黏质老黄土
砂质老黄土</td><td>部分土层上部具有湿陷性</td></tr>
<tr><td>早更新世$Q_1(Q_p^1)$</td><td>午城黄土</td><td>不具湿陷性</td></tr>
</table>

落座在湿陷性黄土场地上的桥涵构筑物，由于其承载力和沉降控制要求，必须判定黄土的湿陷性能否满足设计要求。

《铁路工程特殊岩土勘察规程》(TB 10038—2012)4.1.5 条和 4.5.2 条规定:黄土场地的湿陷类型,应根据室内试验指标计算自重湿陷量或现场实测自重湿陷量,采用单指标判定。黄土场地的湿陷等级,应根据湿陷量计算值、自重湿陷量计算值或实测值,采用双指标综合评价。黄土的湿陷性评价及湿陷性黄土场地的分类,应按室内压缩试验取得的湿陷系数、自重湿陷量计算值或现场自重湿陷量实测值进行判定,并符合表 9-2(规程表 4.5.2—1)、表 9-3(规程表 4.5.2—2)的规定。该规程评价的内容和指标与《湿陷性黄土地区建筑规范》(GB 50025—2004)评价的内容和指标基本一致。

表 9-2　黄土的湿陷性分类及湿陷程度分级

湿陷性评价		评价指标湿陷系数
湿陷性分类	非湿陷性黄土	$\delta_s<0.015$
	湿陷性黄土	$\delta_s\geqslant0.015$
湿陷程度分级	轻微湿陷性黄土	$0.015\leqslant\delta_s\leqslant0.03$
	中等湿陷性黄土	$0.03<\delta_s\leqslant0.07$
	强烈湿陷性黄土	$\delta_s>0.07$

表 9-3　湿陷性黄土场地分类

湿陷性场地类型	自重湿陷量计算值或自重湿陷量实测值(cm)
非自重湿陷性黄土场地	$\Delta_{zs}\leqslant7$ 或 $\Delta'_{zs}\leqslant7$
自重湿陷性黄土场地	$\Delta_{zs}>7$ 或 $\Delta'_{zs}>7$

2. 黄土湿陷性评价

黄土的湿陷性计算与评价,按一般的工作次序其内容主要有:

①判别湿陷性与非湿陷性黄土;

②判别自重与非自重湿陷性黄土;

③判别湿陷性黄土场地的湿陷类型;

④判定湿陷等级;

⑤确定湿陷起始压力等。

(1)湿陷性与非湿陷黄土的判别

湿陷系数是判别黄土湿陷性与非湿陷最为重要的指标,湿陷系数是单位高度土样在规定的压力作用下受水浸湿后所产生的湿陷量，它通过室内侧限浸水压缩试验确定，按公式计算得到的。

①按照《湿陷性黄土地区建筑规范》(GB 50025—2004)，黄土的湿陷性试验是在室内的固结仪内进行的，其方法是：分级加荷至试样的规定压力，下沉稳定后，试样浸水饱和，附加下沉稳定，试验终止。在 0～200 kPa 压力以内，每级增量宜为 50 kPa；大于 200 kPa 压力，每级增量宜为 100 kPa。

其湿陷系数 δ_s 的计算式同《2017 年基础桥规》式(9.1.3)。

测定湿陷系数 δ_s 的试验压力，应自基础底面(如基底高程不确定时，自地面下 1.5 m)算起：

a. 基底下 10 m 以内的土层应用 200 kPa，10 m 以下至非湿陷性黄土层顶面，应用其上覆土的饱和自重压力(当大于 300 kPa 压力时，仍应用 300 kPa)；

b. 当基底压力大于 300 kPa 时，宜用实际压力；

c. 对压缩性较高的新近堆积黄土，基底下 5 m 以内的土层宜用 100～150 kPa 压力，5～10 m 和 10 m 以下至非湿陷性黄土层顶面，应分别用 200 kPa 和上覆土的饱和自重压力。

②《铁路工程特殊岩土勘察规程》(TB 10038—2012)4.4.8 条对黄土湿陷系数的试验压力做了如下规定：

a. 一般建筑物的地基自基础底面(初测时，自地面下 1.5 m)算起，10 m 以内的土层采用 200 kPa，10 m 以下至非湿陷性土层的顶面，采用其上覆土层的饱和自重压力，试验压力大于 300 kPa 时仍采用 300 kPa；基底压力大于 300 kPa 的桥梁及其他重要建筑物的湿陷系数试验压力，应按实际压力采用双线法测定。

b. 新近堆积黄土湿陷系数的试验压力，基底以下 5 m 内采用 100～150 kPa；5 ～10 m 采用 200 kPa；10 m 以下至非湿陷性黄土层顶面，采用上覆土的饱和自重压力。

c. 高速铁路(含客运专线)路基地段压缩试验的试验压力，应根据黄土的地区性特征专门研究确定。

利用式(9.1.3)计算的 δ_s 值，可判定黄土是否有湿陷性。当 $\delta_s <$ 0.015 时，为非湿陷性黄土；$\delta_s >$ 0.015 时，为湿陷性黄土。

关于划分湿陷性与非湿陷性黄土的湿陷系数界限值，从《湿陷性黄土地区建筑规范》(TJ 25—78)就把原湿陷性黄土地区建筑规范的0.02改定为0.015,这是鉴于从四百多份实测的$p—\delta_s$曲线来看,湿陷性黄土湿陷变形的起始点摆动在0.005～0.02之间,可见过去把界限值定为0.02不但与土的实际性状不符,而且显得过高。实践也表明:在自重湿陷性黄土地区,虽然$\delta_s<0.02$,但它在受水浸湿时,却表现出一定的湿陷量,这些都表明原界限值0.02定得较高,把原属湿陷性错定为非湿陷性的了。因此界限值改定为0.015较为合理。同时,这样也把湿陷与非湿陷、湿陷起始压力、自重湿陷与非自重湿陷二者的判定标准基本统一起来了。

《铁路工程技术规范　第二篇:桥涵》(1975年版)增加了湿陷性黄土地基设计和施工方面的内容(第十一节),其划分湿陷性与非湿陷性黄土的湿陷系数界限值定为0.02。《99年基础桥规》调整为0.015。

(2)自重湿陷与非自重湿陷性黄土的判别

湿陷性黄土分为自重湿陷和非自重湿陷性两类。当某一深度处的黄土层被水浸湿后,仅在其上覆土层的饱和自重压力(饱和度$S_r\%=85$)下产生湿陷变形的,称为自重湿陷性黄土,其按式(9.1.2)求得的湿陷系数称之为自重湿陷系数δ_{zs}。某一深度处的黄土层浸水后,除上覆土的饱和自重外,尚需有一定的附加荷载(压力)才发生湿陷的,称为非自重湿陷性黄土。对代表某一深度的土样,测定其是否属于自重湿陷性黄土的试验也是在室内固结仪上进行,即分级加荷至上覆土层的饱和自重压力,当下沉稳定后,使土样浸水湿陷达到稳定为止。

测定自重湿陷系数的压力,为自天然地面(当挖、填方厚度和面积较大时,自设计地面)算起,至该土样顶面为止的上覆土层的饱和自重压力。当饱和自重压力大于300 kPa时,仍用300 kPa。

当$\delta_s<0.015$时,定为非自重湿陷性黄土;$\delta_s>0.015$时,定为自重湿陷性黄土。湿陷系数的大小反映了黄土对水的湿陷敏感程度。湿陷系数越大,表示土受水浸湿后的湿陷性越强烈;否则反之。

《湿陷性黄土地区建筑规范》(GB 50025—2004)规定:$0.015\leqslant\delta_s\leqslant0.03$,为弱湿陷性的;$0.03<\delta_s\leqslant0.07$,为中等湿陷性的;$\delta_s>0.07$,为强湿陷性的。湿陷系数≤0.03的湿陷性黄土,湿陷起始压力值较大,地基受水浸湿时,湿陷性轻微;$0.03<\delta_s\leqslant0.07$的湿陷性黄土,湿陷性中等或较强烈,湿陷起始压力值小的具有自重湿陷性,地基受水浸湿时,下沉速

度较快，附加下沉量较大；$\delta_s>0.07$ 的湿陷性黄土，湿陷起始压力值小的具有自重湿陷性，地基受水浸湿时，湿陷性强烈，下沉速度快，附加下沉量大。规定这一内容，便于设计、施工，尤其地基处理，可根据上述湿陷系数的湿陷特点，采取措施区别对待。

(3)湿陷性黄土场地类别的判定

前文所述仅仅是对单个土样所代表厚度范围内某湿陷性黄土层是否具有自重湿陷性的判别，还不能说明场地本身是否就属于自重湿陷性类型。按《湿陷性黄土地区建筑规范》(GB 50025—2004)，确定场地究竟属于自重湿陷性类型，还是非自重湿陷性类型，要在考虑多种因素的基础上进行综合判定。这些因素主要是整个湿陷性黄土层的自重湿陷量、场地地貌、地质条件和当地建筑经验等。必要时，可以在现场进行大面积试坑浸水试验，实测其自重湿陷量。规范规定湿陷性黄土场地的湿陷类型，应按自重湿陷量的实测值 Δ'_{zs} 或计算值 Δ_{zs} 判定。

自重湿陷量的计算值 Δ_{zs}［同《2017 年基础桥规》式(9.1.1)］，应自天然地面(当挖、填方的厚度和面积较大时，应自设计地面)算起，至其下非湿陷性黄土层的顶面止，其中自重湿陷系数 δ_{zs} 值小于 0.015 的土层不累计。

自重湿陷性黄土场地的取样深度，根据铁路建设在豫西三门峡和晋南侯月线遇到的自重湿陷土层深达 13～16 m，因此《铁路工程特殊岩土勘察规程》(TB 10038—2012)提出了一般建筑地基在自重湿陷性黄土场地的勘探取样深度至基础底面不小于 15 m 的要求。郑西高速铁路、宝兰高速铁路在自重湿陷性黄土地区的勘探孔深度 45～80 m，局部地区湿陷土层的厚度达到 25～33 m，路基计算沉降层的深度达到 40 m；由于自重湿陷性黄土地基考虑负摩擦力影响，桥梁桩基的持力层主要是桩端以下地层，所以勘探深度需达到桩端以下 15 m。

当按计算自重湿陷量 Δ_{zs}、场地地貌、地质条件和当地建筑经验尚不能判明场地湿陷类型时，可以用实测自重湿陷量的方法进行判定。其方法是在圆形($D>10$ m)或方型($B>10$ m)试坑中进行，坑深一般为 50 cm，坑底铺设 5～10 cm 厚的砂或石子，坑内保持 30 cm 的水头，以保证水及时渗入土中。坑内外均须按图 9-1 设置地面标和不同深度的深标。试坑浸水后，即用水准仪观测各标点的下沉量，并观测耗水量、浸湿范围和地面裂缝扩展情况。当最后五日之内的平均日下沉量小于 1 mm

时，认为湿陷作用已稳定，试验即可终止。

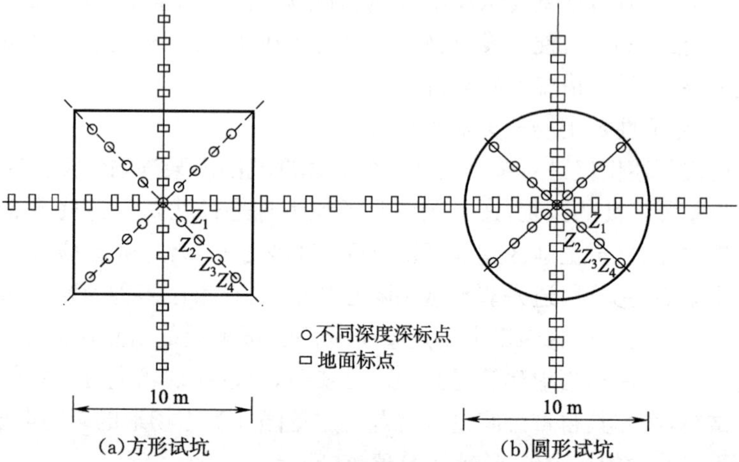

图 9-1　自重浸水试坑观测标点的布置

(4)湿陷等级的判定

在对湿陷性黄土场地进行了上述(1)、(2)、(3)三个方面的试验判别后，对其评价尚不能算完整，还要利用在式(9.1.3)中所取得的对每层土的湿陷系数δ_s的试验测定结果，计算湿陷性黄土地基的湿陷量。湿陷性黄土地基的湿陷等级，应根据湿陷量的计算值和自重湿陷量的计算值等因素，按表 9.1.5 判定。这是因为建筑设计的措施选择不但取决于湿陷类型，还取决于湿陷等级。根据《湿陷性黄土地区建筑规范》(GB 50025—2004)，湿陷性黄土地基受水浸湿饱和，其湿陷量的计算值 Δ_s应按式(9-1)计算。

$$\Delta_s = \sum_{i=1}^{n} \beta \delta_{si} h_i \tag{9-1}$$

式中　δ_{si}——第 i 层土的湿陷系数；

h_i——第 i 层土的厚度(mm)；

β——考虑基底下地基土的受水浸湿可能性和侧向挤出等因素的修正系数，在缺乏实测资料时，可按下列规定取值：基底下 0～5 m 深度内，取 β=1.50；基底下 5～10 m 深度内，取 β=1；基底下 10 m 以下至非湿陷性黄土层顶面，在自重湿陷性黄土场地，可取工程所在地区的 β_0值。

式(9-1)规定湿陷量计算值 Δ_s 的计算深度，应自基础底面(如基底高程不确定时，自地面下 1.50 m)算起；在非自重湿陷性黄土场地，累计至基底下 10 m(或地基压缩层)深度止；在自重湿陷性黄土场地，累计至非湿陷黄土层的顶面止。其中湿陷系数 δ_s(10 m 以下为 δ_{zs})小于 0.015 的土层不累计。

湿陷性黄土地基的湿陷等级越高，地基浸水后的湿陷量和自重湿陷量越大，其对建筑的危害性也越大，所以设计措施的要求也应越高。

经过上述(1)～(4)工作之后，我们已经判定了场地的湿陷类型，确定了其湿陷等级。这样设计人员就可以按这个评价结果和建筑物的类别选择所需采取的包括地基处理、防水措施和结构措施在内的综合性措施，以防止建筑物地基发生浸水湿陷事故，导致建筑物的损坏。

我国 1966 年、1978 年和 1990 年颁布的《湿陷性黄土地区建筑规范》不分自重湿陷性还是非自重湿陷性场地，对其分级湿陷量的评价深度均定为基础底面下 5 m。多年来的实践证明，对非自重湿陷性黄土场地，这个规定是基本合适的。这主要是因为对绝大多数工业与民用建筑物来说，自基础底面下 5 m 再往深处，由基础传来的附加压力已不大，而愈往深处土层的湿陷起始压力一般又有所增加。如果深部土层进水浸湿，土的自重压力与附加压力两者的和还不足以使其发生湿陷或发生较大量的湿陷下沉。建筑物事故的调查结果也证明了这一点。但这样的规定与自重湿陷性黄土场地的实际情况却不相适应。自重湿陷性黄土场地上的建筑物地基，一旦遭水浸湿，除了基底下 5 m 范围内的土层在附加压力和自重压力的共同作用下会产生大量湿陷外，其下土层在上覆饱和土自重压力作用下所产生的自重湿陷量亦不容忽视。这方面的实例教训颇多。

(5)湿陷起始压力的确定

图 9-2 是由室内试验测得的浸水压力 p 和湿陷系数 δ_s 的关系曲线。由图可知湿陷变形(这里以 δ_s 表示)是随压力增加而增大的。p—δ_s 曲线的斜率在 M 点以前较小，在 M 点以后斜率随压力 p 的增加而急剧增大。这说明当压力小于与 M 点相对应的压力 p_s 值时，土样

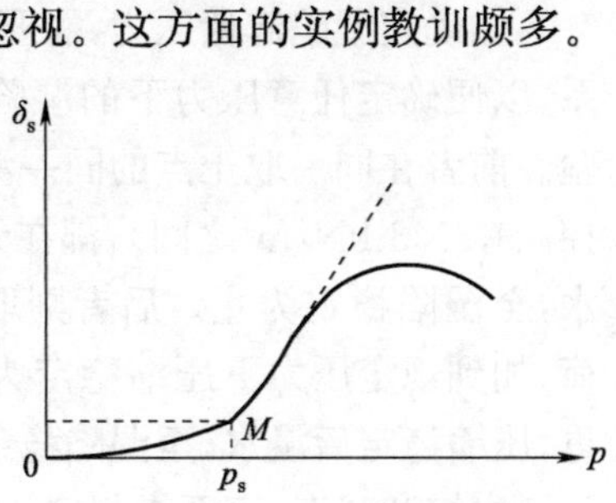

图 9-2　p—δ_s 的关系曲线

处于结构未破坏状态，它在压力下所发生的变形基本上是压缩变形，具有线性变形性质，而当压力大于 p_s 值时，土样结构开始急剧破坏，这时土样的变形是湿陷变形，因此我们称 M 点所对应的压力 p_s 值为湿陷起始压力。

湿陷起始压力又称土的结构强度，或更准确地说，土在浸水状态下的结构强度；在有的国家亦称残余结构强度。湿陷性黄土的湿陷起始压力与土的成因、堆积年代、地理位置、地貌特征和气候条件等有关，因此各地黄土的湿陷起始压力值也不相同。同一地区，它一般随天然含水量、黏粒含量和埋藏深度的增加而增大，随孔隙比的减小而增大，随湿陷系数的增加而减小。

湿陷起始压力不但是反映黄土湿陷性的一个重要特征指标，在非自重湿陷性黄土地基设计中还具有重要的实际意义。

一是对于荷载较小的工业与民用建筑物，设计时如使基底压力小于或等于土的湿陷起始压力，就可以根除湿陷的发生，并按一般黏性土地基来考虑。如西安地区有些建在Ⅰ、Ⅱ级非自重湿陷性地基上，由于控制基底压力小于土的湿陷起始压力(80～100 kPa)，即使地基以后长期浸水，也未曾发生湿陷事故。

二是确定地基处理(如土垫层)的厚度，就是把地基处理深度底面高程处土的自重应力与附加应力之和控制在湿陷起始压应力以内。

三是用来判定湿陷性黄土场地的湿陷类别，当基础底面下各土层湿陷起始压力值都大于上覆土的饱和自重压力时，即为非自重湿陷性黄土场地；否则为自重湿陷性黄土场地。

如确定湿陷起始压力，需要找出压力 p 与湿陷系数 δ_s 之间的变化关系，以便确定任意压力下的湿陷系数，可以采用单线法或双线法压缩试验。前者在同一取土点的同一深度处至少取 5 个试样(其容重的差值应控制在 0.3 kN/m^3 之间)，都在天然含水量下分级加荷，待压缩稳定后浸水，至湿陷稳定为止。后者则取两个试样，一个在天然含水量下分级加荷，加到规定压力下压缩稳定为止；另一个在天然含水量下加第一级荷重，压缩稳定后浸水，至湿陷稳定，再分级加荷，在加荷过程中试样一直处于浸水饱和状态，直至在规定压力下下沉稳定为止。按规范式(9.1.3)求得各级压力下相应的湿陷系数值，并绘制 p—δ_s 关系曲线，如图 9-3 所示。

这两种试验方法由于浸水和加荷程序不同，湿陷的产生和发展过程也有差别，湿陷系数值也不一样，单线法是直接得出，而双线法则是间接得出。单线法土样的受力和湿陷过程比较符合实际，但由于土的不均匀性，在同一试件中至少要取 5 个环刀试样，它们容重的差值要控制在 0.3 kN/m^3 以内，有时难以办到，试验结果缺乏规律性。所以，从试验质量上看，双线法较单线法可靠；此外，双线法所需土样的数量少，可以节省勘察和试验工作量。

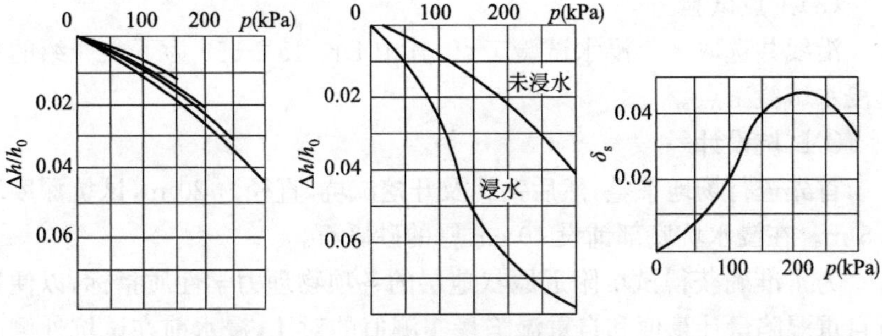

(a)单线法压缩曲线　(b)双线法压缩曲线　(c)p—δ_s关系曲线

图 9-3　浸水压缩试验曲线

Δh—某一级荷重下土样压缩量；h_0—土样的原始高度

3. 郑西高速铁路黄土湿陷性评价试坑浸水试验

(1)试验目的

①准确查明试验场地的湿陷类型，确定自重湿陷性土层的下限深度、自重湿陷敏感性及变化规律。

②通过对比分析不同试验场地自重湿陷量的实测值与取样试验计算值，找出郑西高速铁路不同路段自重湿陷量的修正系数 β_0。

③查明大面积浸水的影响范围，为地基处理和防排水设计提供试验资料。

④利用现场试验取得的结果，对沿线代表性黄土湿陷性进行进一步评价。

⑤为沿线湿陷性黄土地基处理方案进一步优化提供资料。

(2)试验内容

根据规范要求，本次湿陷性黄土现场场地试坑浸水试验的内容主要包括：

①测定浸水坑内不同位置的湿陷变形；

②测定场地湿陷性土层分层湿陷变形；

③对浸水坑外因地层湿陷引起的地面变形进行观测；

④对浸水量、浸水范围及土层含水量变化情况进行观测；

⑤采用探井取样，进行室内试验，对比研究“取样试验计算法”与“现场实测法”的内在联系及规律。

(3)工点试验

沿线共选取8个浸水试验工点，其中DK315＋650为下文介绍的典型浸水试验工点。

①试坑设计

首先进行场地平整，然后钻孔及开挖试坑，直径为20 m，试坑深度取0.5 m。在浸水坑底部铺设10 cm厚的砂砾石。

为了准确获得试坑附近原状地层的各项物理力学性质指标，以便进行自重湿陷量计算值和自重湿陷量实测值的对比，浸水前在试坑外侧开挖一口探井，距坑边不小于20 m，探井深度22 m。在探井内每1 m间隔采取原状土样2件。在靠近试坑中心部位的一个钻孔中每1 m间隔采取Ⅰ级土样2件。所有土样均进行室内常规土工试验、自重湿陷性试验及湿陷起始压力试验，并对探井进行详细的地层描述，确定各层土的分层深度。

②沉降观测标点平面布置

在试坑底部，由中心向坑边3个方向放射状布置观测坑内地面湿陷变形量的浅标点，坑内浅标点间距为1.5 m；在坑外沿3个同前方向20 m范围内设置观测地面变形的浅标点，自坑边向外，0～5 m为1 m布设5个浅标点，5～11 m为2 m布设3个浅标点，15 m和20 m位置处分别布置1个浅标点。

在坑内设置观测不同深度土层自重湿陷量的深标点，深标点设置深度原则为10 m以上间距为2 m，10 m以下间距为1 m，每一深度设置2个深标点。此外，在22 m深度处布置2个深标点兼渗水孔。为加快地基土层的浸水饱和，在浸水坑内布置4个渗水孔，布置位置在每个扇区内均匀分布，深度为20 m，渗水孔内充填砂砾石。浅标点、深标点、渗水孔的分布示意如图 9-4 所示，试验点标点设置现场如图 9-5 所示。

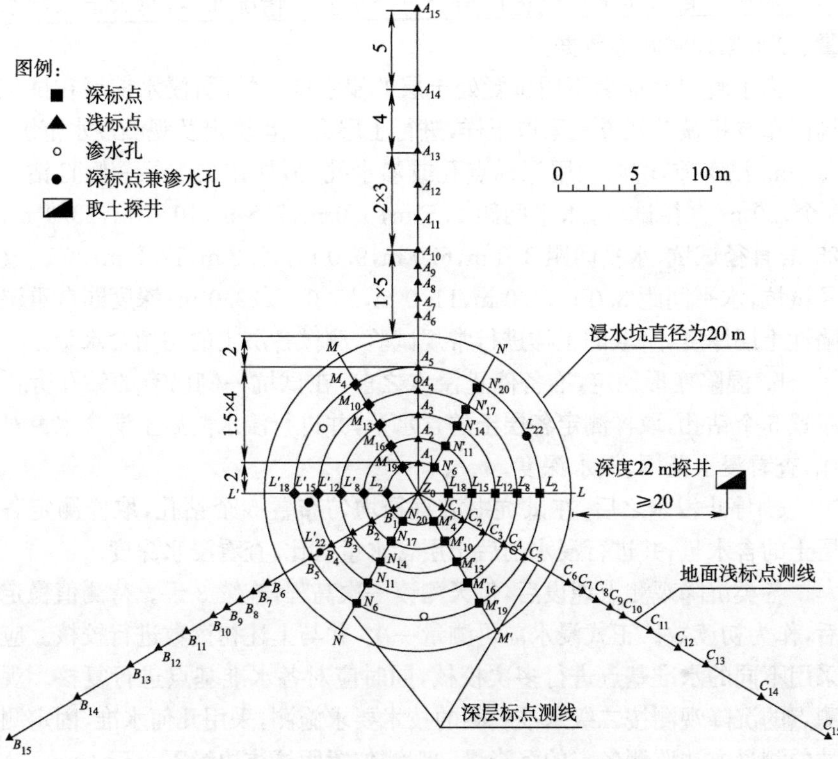

图 9-4　浸水试坑观测标点分布示意(单位:m)

图 9-5　试验点标点设置现场

③浸水测试

浸水时间与注水量测记可结合每个试验点情况而定，每天记录浸水量、浸水累计时间等数据。

为了解浸水前后不同位置处土层的浸水饱和情况，浸水前后在试坑周围布置机械钻孔方式采取土样，进行土层含水量测定及观测浸水范围。

a. 浸水前，坑内利用深标点孔或渗水孔，另外在试坑外一侧打钻孔5个，20 m直径试坑，水平间距2.5 m，5.0 m，7.5 m，10.0 m，13.0 m；25 m直径试坑，水平间距3.0 m，6.0 m，9.0 m，12.0 m，17.0 m；30 m直径试坑，水平间距3.0 m，7.0 m，11.0 m，15.0 m，20.0 m；深度同自重湿陷性土层厚度，采取的土样进行常规试验，测试各层土的初始含水量。

b. 湿陷变形稳定，准备停止浸水之前，在试坑一侧已有的钻孔旁再布置5个钻孔，取样测定各层土的含水量，并进行浸水前后土层含水量对比，查看浸水范围、浸水深度。

c. 停止浸水之后，在试坑中沿直径均匀布置5个钻孔，取样测定各层土的含水量，并进行浸水前后土层含水量对比，查看浸水深度。

各类沉降观测点埋设后，每天测读一次高程，连续3天。待测值稳定后，作为初读数。正式浸水前再测量一次，并与上述初读数进行校核。应采用不同的水准基点进行多次校核，同时应对各水准基点进行复核。观测点的沉降观测按二级水准观测的技术要求施测，采用几何水准，固定测站的测量方法监测各点的沉降量。观测位置距试坑边缘不小于10 m。

在检查无误后，可以向试坑进行浸水，浸水过程中每天固定时间对各标点进行观测，每点每天观测一次，前期若变形发展较快应适当加密观测。

每次观测时，应保持观测方法、观测线路、测站数不变，使用同一仪器和设备，严格按要求进行观测，保证测量精度。

每期观测结束后，对观测资料、观测结果及时进行统计、计算，了解、掌握沉降趋势及沉降规律，为浸水场地试验提供必要的测量数据。

④试验终止

a. 湿陷稳定标准

浸水过程中试坑内的水头高度应保持在30 cm左右，至土层湿陷稳定后可以停水，湿陷稳定标准为最后5日的平均湿陷量小于1 mm/d。

b. 停水后终止观测条件

试坑内停止浸水后，应继续观测不少于 10 日，当出现连续 5 日的平均下沉量不大于 1 mm/d 时，试验可以终止。

浸水过程中，对浸水坑四周地面裂缝的出现与发展应进行监测，记录地面裂缝的出现时间、扩展延伸情况，并测量裂缝宽度、裂缝间距、阶梯状地形的错落高差及其距浸水坑边的距离等。

试坑浸水期内，应密切注意坑内是否存在孔洞等造成过快漏水的异常现象，当出现时应尽早及时有效处置。

(4)试验结论

郑西高速铁路沿线试坑浸水试验结果见表 9-4。

表 9-4　试坑浸水试验结果

试验工点里程	地貌单元	室内试验结果		现场实测结果		反算 β_0	场地湿陷类别	湿陷等级
		自重湿陷计算值(mm)	自重湿陷下限深度(m)	自重湿陷量(mm)	下限深度(m)			
DK58+320	黄土丘陵	48	16				非自重	Ⅱ
DK92+200	伊、洛河Ⅱ级阶地	44	12				非自重	Ⅱ
DK246+500	黄土塬	588	25	172	10	0.26	自重	Ⅲ
DK287+000	黄河Ⅱ级阶地	343	29	97	10	0.26	自重	Ⅱ
DK300+800	黄河Ⅱ级阶地	509	32	456	19	0.81	自重	Ⅳ
DK315+650	黄河Ⅱ级阶地	380	19	549	16	1.30	自重	Ⅳ
DK346+950	渭河Ⅲ级阶地	570	32	314	14	0.47	自重	Ⅲ
DK354+150	渭河Ⅱ级阶地	450	22	1 459	24.5	2.86	自重	Ⅳ

注：表中湿陷等级Ⅰ、Ⅱ、Ⅲ、Ⅳ对应本规范湿陷等级 A、B、C、D。

①郑州—渑池，自重湿陷下限深度为 12～16 m，自重湿陷量 44～48 mm，场地湿陷类型为Ⅱ级(中等)非自重湿陷性场地，浸水最大影响范围约 15 m。

②渑池—灵宝，自重湿陷下限深度为 19～29 m，自重湿陷量 97～549 mm，场地湿陷类型为Ⅱ级～Ⅳ级自重湿陷场地，自重湿陷量修正系数 β_0 为 0.26～1.30，浸水最大影响范围约 20 m。

③灵宝—西安，自重湿陷下限深度为 22～32 m，自重湿陷量 314～1 459 mm，场地湿陷类型为Ⅲ级～Ⅳ级自重湿陷场地，自重湿陷量修正系数 β_0 为 0.47～2.86，浸水最大影响范围约 30 m。

9.1.2 湿陷性黄土地区桥涵建筑物设计措施

9.1.2.1 基础桥规规定

本章关于湿陷性黄土场地设计措施的规定共有 2 条。

9.1.4 条规定：

湿陷性黄土地区的桥涵可根据其重要性、结构特点、受水浸湿后的危害程度和修复难易程度分为 A、B、C、D 四类。A 类为 20 m 及以上高墩台和超静定桥梁；B 类为一般桥梁基础，拱涵；C 类为涵洞和倒虹吸；D 类为桥涵附属工程。

9.1.6 条规定：

湿陷性黄土地区的桥涵应根据湿陷性黄土的等级、结构物分类和水流特征，采取相应的设计措施和处理方案以满足沉降控制的要求。湿陷性黄土地区地基处理的措施可参考表 9.1.6 采用。

表 9.1.6 湿陷性黄土地区地基处理的措施

<table>
<tr><th colspan="2">水流特征及湿陷等级</th><th colspan="4">经常性流水(或浸湿可能性较大)</th><th colspan="4">季节性流水(或浸湿可能性较小)</th></tr>
<tr><th colspan="2">类型及措施</th><th>Ⅰ</th><th>Ⅱ</th><th>Ⅲ</th><th>Ⅳ</th><th>Ⅰ</th><th>Ⅱ</th><th>Ⅲ</th><th>Ⅳ</th></tr>
<tr><td>A</td><td>措 施</td><td colspan="4">①</td><td colspan="4">①</td></tr>
<tr><td rowspan="2">B</td><td>措 施</td><td>②、③</td><td>②、③</td><td>①、②</td><td>①、②</td><td colspan="2">③</td><td>②、③</td><td>②</td></tr>
<tr><td>处理深度(m)</td><td>2.0～3.0</td><td>3.0～5.0</td><td>4.0～6.0</td><td>6.0</td><td>0.8～1.0</td><td>1.0～2.0</td><td>2.0～3.0</td><td>5.0</td></tr>
<tr><td rowspan="2">C</td><td>措 施</td><td colspan="3">③</td><td>②</td><td colspan="4">③</td></tr>
<tr><td>处理深度(m)</td><td>0.8～1.0</td><td>1.0～1.5</td><td>1.5～2.0</td><td>3.0</td><td>0.5～0.8</td><td>0.8～1.2</td><td>1.2～2.0</td><td>2.0</td></tr>
<tr><td>D</td><td>措 施</td><td colspan="4">④</td><td colspan="4">④</td></tr>
</table>

注：表中各编号所代表的处理措施：①墩台基础采用明挖、沉井或桩基，置于非湿陷性土层中；②采用强夯法或挤密桩法，并采取防水和结构措施；③采用重锤夯实或换填灰土夯实，并采取防水和结构措施；④地基表层夯实。

9.1.2.2 条文解读

1. 桥涵建筑物分类

湿陷性黄土地基的设计原则与一般地基相同,但又具有湿陷性这一个特点,因此在设计和施工中必须予以充分注意,才能使设计措施得当,使设计和施工方案经济而合理。在湿陷性黄土地区进行建筑物设计时,应根据建筑类型、场地湿陷类别、地基湿陷等级、地基处理后的剩余湿陷量,并结合当地建筑经验和施工条件等因素来进行分类,规范采取设计措施,以保证建筑物的安全可靠和正常使用。

湿陷性黄土地区桥涵建筑物根据其重要性、结构特点和受水浸湿后的危害程度,将其分为A、B、C、D四类。

(1)施工实践证明,湿陷性黄土地基虽进行了处理,但仍不能完全清除湿陷性,施工完后仍可能产生部分沉降或不均匀下沉。考虑到较高墩台如基底产生沉降,将造成墩台上部较大偏移而影响使用;超静定桥梁结构,对于沉降更为敏感,所以两者列为A类。为了划分湿陷性对建筑物的危害,《99年基础桥规》曾建议台身高12 m及以上,墩身高20 m及以上为较高墩台。对于无砟轨道桥梁,其对沉降敏感度不亚于超静定桥梁结构,故此也应列入A类。

(2)一般大、中、小桥基础沉降不太大时,对有砟桥面简支梁一般不会影响使用;拱涵较一般涵管对沉降要为敏感,所以两者列为B类。

(3)圆涵、矩形涵、盖板涵和倒虹吸的适应沉降可以更大一些,因此列为C类。但对出入口端墙、翼墙部分的基础处理,应与主体工程相同。

(4)桥涵附属工程,不直接受活荷载影响,如产生较大沉降或变形也不至影响运营,并且维修加固比较容易,因此列为D类。

2. 湿陷性黄土地区设计措施

(1)水流特性

规范要求湿陷性黄土地区的桥涵,应根据湿陷性黄土的等级、结构物分类和水流特征,采取相应的设计措施和处理方案以满足沉降控制的要求。湿陷性黄土的等级、结构物分类前文已做了介绍,湿陷性黄土地区的桥涵建筑物,受水浸湿时会产生较大的沉降,从而带来危害,水流可分两种情况:

①季节性水流

一般排洪桥涵或立交桥多属此类，如果基底处理不好，往往因渗水、漏水而产生较大的沉降变形，如陇海铁路上行线位于三门峡市的三座立交桥及兰新线 K0＋930 处 2-6 m 拱涵（在兰州枢纽范围内，为市内立交桥）。

②经常性水流（包括灌溉渠）

经常性水流对基础沉陷的影响比季节性水流更为严重，如陇海铁路零口至渭南间某涵洞经多年使用情况良好，但当农民修建灌溉渠，利用该涵过水后，便产生沉降和裂缝。兰州枢纽站内狼沟桥原用于排洪，后来兼排上游新建工厂废水，成为经常性水流，致使沉降加剧。

在经常性水流的河渠上，有的渠道弯曲，桥涵不能全部设计在原有沟床处；两岸桥台和有的桥墩基础，未经过水流浸湿，则应考虑建筑物建成后的水文条件变化予以处理。

(2)设计措施

湿陷性黄土地区地基设计措施可参考规范表 9.1.6。从规范表 9.1.6 可知，湿陷性黄土地基上的桥涵建筑物的设计措施可分为三大类：地基处理措施、防水措施、结构措施。

地基处理措施是采用各种不同的处理地基土的方法，全部或部分消除地基土的湿陷性，它是消除地基土湿陷隐患，即湿陷内因的可靠措施；防水措施是以减小水浸入地基的概率和数量的途径，消除产生湿陷的外因，从而防止地基土湿陷的重要措施；结构措施是使桥涵建筑物在其地基一旦遭受局部浸水的情况下适应或减少不均匀沉降，是设计中必须采用的辅助措施。

①地基处理措施

地基处理、防水措施和结构措施是相互影响、相辅相成的。大量建筑实践表明：未处理或未经彻底消除湿陷性的黄土地基，如所采取的防水措施一旦失效，则地基就有可能受水浸湿而发生湿陷。强调了应根据湿陷性黄土的特点和工程要求，因地制宜采取以地基处理为主的综合措施，才能防止地基湿陷，保证建筑物的安全和正常使用。

A 类建筑应消除湿陷性黄土地基的全部湿陷量，或采用桩基穿透全部湿陷性黄土层，或将基础设置在非湿陷性土层上；对于大厚度的自重湿陷性黄土场地，当消除全部湿陷性确有困难时，应采用专门措施；一般浅层处理将基础直接置于非湿陷性土层中，深层采用沉井或桩基；桩基不一定能消除黄土的全部湿陷性，所以置入非湿陷性土层的深度：对黏性土不应小于 1 m，对砂土及碎石土不应小于 0.5 m；桩基的侧面摩阻力，仅考虑置入非湿陷性土层的深度。

B类建筑应消除地基的部分湿陷量，地基处理有强夯法、挤密桩法、重锤夯实或换填灰土夯实等方法；当需要将基础置于非湿陷性土层时，其深度同A类。

C类建筑应消除地基的部分湿陷量，地基处理方法同B类。

D类建筑地基表层夯实可不做其他地基处理；地基表层夯实一般采用铁夯或石夯，夯重应大于 0.5 kN，至少夯打 3 遍。根据具体条件，也可用压路机或其他夯压机械。

②防水措施

防水措施和结构措施一般用于地基不处理或用于消除地基的部分湿陷性，以弥补地基处理的不足。

A类建筑按一般地区设计防水措施。《湿陷性黄土地区建筑规范》(GB 50025—2004)5.1.3 条规定：

a. 地基湿陷量的计算值小于或等于 50 mm；

b. 在非自重湿陷性黄土场地，地基内各土层的湿陷起始压力值，均大于其附加压力与上覆土的饱和自重压力之和。

各类建筑物的地基符合 a、b 任一款，均可认定为一般地区。

B、D类建筑因为只消除了地基的部分湿陷性，故还应按地基处理后的剩余湿陷量分别采取相应的防水措施，以防止或减少未处理的湿陷性黄土层浸水的危害。

湿陷性黄土地基上的桥涵，因地表水引起地基湿陷，导致桥涵结构破坏，危及行车安全。防水问题在设计、施工中应特别注意。

对可能被水浸湿的桥涵地基，沟床表面宜用浆砌片石铺砌，铺砌范围比一般地区同类桥涵适当加大，垂裙适当加深。

桥涵基底土质表层在设计中未要求夯填处理者，仍应在施工基础之前用质量不小于 50 kg 的夯锤，至少夯打三遍。

桥涵位置应避开水库回水区，涵前积水不宜过深。明挖基础的基坑要用原土回填，并分层夯实至干容重不小于 15.5 kN/m³。禁止使用砂、石等透水材料回填。回填至稍高于附近地面，以利排水。涵洞出入口和桥墩台附近有积水洼地、深坑以及陷穴等时，对于平坦地区，在 25 m 以内者均需用不透水土夯填整平。

若由于季节水文及水文地质环境变化影响，地下水可能上升至基底附近，则应在勘测期间查明影响程度，设计提出处理方案。

施工中做好基坑防水和避免地表径流进入基坑。如必须在雨季施工，要做好专门防洪排水设备。明挖基础不允许基坑长期暴露，距基坑 20 m 内禁止修建施工蓄水池；位于此范围内的灌渠要适当改移并加固，防止渠水渗入地下，引起病害。圬工养生水应注意水量，勿使水流浸泡基坑。

在深沟地段如需并沟设涵时，应采用泄水洞。沉降缝宜用柔性材料填塞密实，严防漏水，缝的周围应用不透水土封闭。

③结构措施

对沉降敏感性较小的结构，采取某些结构措施，以适应基底黄土的湿陷影响，避免严重变形和破坏。

桥梁形式尽量采用简支梁，避免采用连续梁和悬臂梁，不得采用拱桥。涵洞应尽量先采用钢筋混凝土涵洞或盖板涵，基础要采用整体式。不得采用无基圆涵。

在Ⅱ级及以上湿陷性黄土地基上，尽量避免采用双孔拱涵和孔径较大的单孔拱涵。桥涵基底不得采用砂石换填。设计墩台时，应尽量减小基底压应力。

流水沟槽内的桥涵基础，必须采用摩擦桩时，对承台座板以下评价深度内的湿陷性黄土层不得计算桩周的摩阻力。桩侧的摩阻力，仅考虑置于非湿陷性土层的深度。

在自重湿陷性黄土场地，桩的纵向钢筋长度应沿桩身通长配置；为提高桩基的竖向承载力，可采取减小桩侧负摩阻力的措施。

3. 地基处理方法

根据规范表 9.1.6，湿陷性黄土地区桥涵应根据类别不同采用相应的地基处理措施。湿陷性黄土地基处理的目的，主要在于改善土的物理力学性质，消除或减少地基因偶然浸水而引起的湿陷变形，它与其他类土的地基处理的目的是有所不同的。当然，湿陷性黄土地基经过处理后，它的压缩性也往往有所减小，承载能力也有所提高。湿陷性黄土地基的处理范围和处理厚度应根据场地的湿陷类型、地基湿陷等级和建筑类别等参考规范表 9.1.6 选定。湿陷性黄土地基可采用重锤夯实法、强夯法、灰土挤密桩法、垫层法(换填法)等方法进行处理。选择地基处理方案时，应经过技术经济比较，选用加强上部结构、基础和处理地基相结合的方案。

(1)重锤夯实法

重锤夯实是将重锤提到一定高度后，自由下落，重复夯打，使土的密度增大，改善土的物理力学性质，以减少或消除土的湿陷性。采取重锤表层夯实处理建筑物基础的方法沿用已久，一般适用于清除 1～1.5 m 厚土层的湿陷性，锤重一般为 10 kN 左右，锤底面积约 1 m^2。强夯法即为重锤表层夯实基础上发展起来的。当表层土的饱和度大于 0.6 时，不宜选用重锤夯实。地基容许承载力可较处理前适当提高，但不应超过 30%，并应对夯实层下的土层进行检算；夯实土的干容重以不小于 15.5 kN/m^3 为准。

在进行正式夯打前，通过对基坑旁的试坑试夯，以取得每夯打一遍后基坑底面下沉量和达到极限下沉量时所需夯打次数以及总下沉量，据以选择落锤高度和预留夯实土层厚度。

基坑地基表层重锤夯实开挖基坑时，在设计基底以上要预留一定的土层厚度，一般可按试夯中获得的下沉量加 5～10 cm，作为该预留土层厚度。如未作试夯时，此厚度可按相关的公式进行计算。

重锤夯实质量要同时满足极限下沉量和 90%总下沉量两项指标。

(2)强夯法

强夯法为强力夯实的简称，1970 年法国首创，已在许多国家中广泛应用，博得了好评。我国 1978 年底至 1980 年对强夯法已进行研究与应用。强夯法是将很重的夯锤(一般 80～400 kN)从高处(一般 5～30 m)自由落下，利用其冲击能对土进行强力夯实，以提高地基承载力与降低土的压缩性。每一击的夯击能一般取 500～8 000 kN·m，特殊情况下用 10 000～20 000 kN·m。当前世界上最大的夯锤重为 2 000 kN，落距为 25 m，加固土层厚达 40 m。强夯法适用加固软土地基、砂土地基、杂填土地基、湿陷性黄土地基等。

《铁路工程地基处理技术规程》(TB 10106—2017)规定强夯法施工前需先进行试夯,强夯的有效加固深度应根据现场试夯或当地经验确定。在缺少试验资料或经验时也可通过计算确定。根据原铁道部第一设计院采用强夯法处理桥涵湿陷性黄土地基的试验与应用的经验,由于土质、含水率、密度等的不同,强夯效果有一定差异,湿陷性黄土强夯后全部消除湿陷性的深度(有效夯实深度)与影响深度的求算初步归纳为下列公式:

$$H_1 = K_1 \sqrt{M \cdot h} \tag{9-2}$$

式中 H_1——夯后全部消除湿陷性的深度,称为有效夯实深度(m);

M——夯锤重(tf);

h——落距(m);

K_1——与夯击能、土的天然含水率、湿陷系数有关的系数。

$$H_2 = K_2 \sqrt{M \cdot h} \tag{9-3}$$

式中 H_2——夯后某一深度内土的物理力学性质起变化的深度,称为影响深度(m);

K_2——与夯击能、土的天然含水率、湿陷性系数有关的系数。

现将系数 K_1 与 K_2 的值列入表 9-5,以供参考。

表 9-5 K_1 与 K_2 系数

夯前地基土的性质		总夯击能	系数	
天然含水率(%)	湿陷系数(浸水荷重 300 kPa)	锤重(tf)×落距(m)×夯击数次	K_1	K_2
9～13	0.07～0.12	10×10×15	0.25～0.3	0.45～0.55
9～13	0.07～0.12	10×15×20	0.4～0.55	0.55
13～14	0.05～0.09	10×10×15	0.4～0.5	0.6
15～19	0.04～0.07	10×15×20	0.5～0.6	0.7

注:采用夯锤底面积系 2 m×2 m 方形。

考虑到设计人员选择地基处理方法的需要,强夯预估有效加固深度可参考表 9-6,数据来源于《建筑地基处理技术规范》(JGJ 79—2012),系根据大量工程实测资料的归纳和工程经验的总结制定的。

表 9-6　强夯的有效加固深度(m)

单击夯击能 E(kN·m)	粉土、粉质黏土、湿陷性黄土等细颗粒土	单击夯击能 E(kN·m)	粉土、粉质黏土、湿陷性黄土等细颗粒土
1 000	3.0～4.0	6 000	7.5～8.0
2 000	4.0～5.0	8 000	8.0～8.5
3 000	5.0～6.0	10 000	8.5～9.0
4 000	6.0～7.0	12 000	9.0～10.0
5 000	7.0～7.5		

注:强夯法的有效加固深度应从最初起夯面算起;单击夯击能 E 大于 12 000 kN·m 时,强夯的有效加固深度应通过试验确定。

强夯法设备和工艺简单,进度快,节省三材,费用低,是加固桥涵基础值得推广的方法。

(3)挤密桩法

打入桩机的吨位一般为 0.5～2.5 t,其相应沉管直径为 0.3～0.6 m,适用于清除 5～15 m 厚度内地基土的湿陷性。用打入桩成孔,然后用灰土或最佳含水率的素土分层夯填桩孔。其挤密范围土的干容重与爆扩桩孔相同。打入桩挤密度可按式(9-4)计算:

$$\Omega=\frac{e_m}{1+e} \tag{9-4}$$

式中　Ω——每平方米挤密地基所需土桩面积(m^2);

e_m——土最大的大孔隙系数,可由同一高度的两个原状土样(一个浸水,另一个不浸水)的室内压缩曲线 $e—p$,按压力为 300 kPa 时,这两条曲线上的纵坐标差直接求得,然后取全部被挤密土层的加权平均值;

e——土的天然孔隙比。

湿陷性黄土地基采用挤密桩法,石灰和土的比例可取 2∶8～3∶7。石灰宜采用新鲜消石灰,其颗粒不应大于 5 mm。灰土填料中的土料宜选蒙脱石、高岭石、伊利石等矿物成分的黏土,且不应含有有机物;土料 pH 值不宜小于 7,且土颗粒不应大于 15 mm。

(4)换填灰土夯实

换填分层夯实为先挖除基底以下一定厚度的湿陷性土层,再以灰土分层回填夯实，不允许换填渗水土。处理厚度一般不大于 3 m。

在湿陷性黄土地基上设置的垫层，可采用灰土垫层、素土垫层和砂砾垫层。灰土垫层应用最广；素土垫层主要用于灰土垫层下面挖出的湿土的回填处理；砂砾垫层则仅适用于地下水位较高及黄土层下卧卵砾石或岩石出露地段。

灰土具有地下水不大或土的含量大时能保持稳定的特点，一般采用换填 3∶7 灰土(白灰与黄土体积比)。对灰土的质量要求可根据试验决定，一般不能小于最佳密度的 90%，也可根据载荷试验或当地建筑经验确定，在设计与施工中应符合下列要求：

①采用优质石灰，与土料拌和均匀，加水至最佳含水量后充分闷料。

②灰土垫层应分层压实或夯实，分层厚度不大于 150 mm，按重型击实标准的压实度不小于 95%。

③灰土垫层总厚度。对于非自重湿陷性黄土地基，垫层总厚度不宜小于 1.0 m，并使其下面各天然土层所受的压力小于湿陷起始压力；对于自重湿陷黄土地基，垫层总厚度不宜小于 2.0 m，并应保证其下卧层顶面的承载力不小于下卧层顶面的总压力(附加压力与土自重压力之和)。

④灰土垫层每边超出基础边缘外的宽度不应小于其厚度，且不宜小于 1.5 m。灰土垫以下宜设置一层 1.0～1.5 m 厚的素土垫层，其基底应夯实。

9.1.3 湿陷性黄土地区桩基础设计

9.1.3.1 基础桥规规定

本章关于湿陷性黄土场地桩基础设计的规定共有 3 条。

9.1.7 条规定：

湿陷性黄土地区采用桩基础时，桩基应穿透湿陷性黄土层，并应符合下列规定：

1 在非自重湿陷性黄土场地，桩端应支撑在较低的非湿陷性黄土层中。

2 在自重湿陷性黄土场地，桩端应支撑在可靠的岩(土)层中。

9.1.8 条规定：

在湿陷性黄土场地，应根据工程要求、场地湿陷类型、湿陷性黄土层厚度、桩端持力层的土质情况、施工条件和场地周围环境等因素确定适用的桩基类型，可采用钻(挖)孔灌注桩、打入桩。

9.1.9 条规定：

在非自重湿陷性黄土场地，单桩竖向承载力的计算值应计入湿陷性黄土层内的桩长按饱和状态下的正侧阻力；在自重湿陷性黄土场地，除不计自重湿陷性黄土层内的桩长按饱和状态下的正侧阻力外，尚应扣除桩侧的负摩阻力。对桩侧负摩阻力进行现场试验确有困难时，可参考表 9.1.9 中的数值取值。

表 9.1.9　桩侧极限负摩阻力 f_i(kPa)

自重湿陷量的计算值(mm)	钻、挖孔灌注桩	打　入　桩
70～200	10	15
＞200	15	20

9.1.3.2　条文解读

针对湿陷性黄土的特点，条文进一步明确了在湿陷性黄土场地采用桩基础的设计和计算等原则。

1. 湿陷性黄土地区桩基础桩端持力层

由于近年来大量的铁路桥梁工程穿越湿陷性黄土地区，桩基这种基础形式以其适用性最具优势而被广泛采用。自 20 世纪 70 年代以来，陕西、甘肃、山西等湿陷性黄土地区大量采用了桩基础，取得了良好的经济技术效果。

在湿陷性黄土场地桩周浸水后，桩身尚有一定的正摩擦力，在充分发挥并利用桩周正摩擦力的前提下，要求桩端支承在压缩性较低的非湿陷性黄土层中。自重湿陷性黄土场地建筑物地基浸水后，桩周土可能产生负摩擦力，为了避免由此产生下拉力，使桩的轴向力加大而产生较大沉降，桩端必须支承在可靠的持力层中。桩底端应坐落在基岩上，采用端承桩；或桩底端坐落在卵石、密实的砂类土和饱和状态下液性指数 $I_L<0$ 的硬黏性土层上，采用以端承力为主的摩擦端承桩。

除此之外，对于混凝土灌注桩纵向受力钢筋的配置长度，虽然在规范中没有提出明确要求，但在设计中应有所考虑。对于在非自重湿陷性黄土层中的桩，虽然不会产生较大的负摩擦力，但一经浸水桩周土可能变软或产生一定量的负摩擦力，对桩产生不利影响。因此，建议桩的纵向钢筋除应自桩顶按 1/3 桩长配置外，配筋长度尚应超过湿陷性黄土层的厚度；

对于在自重湿陷性黄土层中的端承桩，由于桩侧可能承受较大的负摩擦力，中性点截面处的轴向压力往往大于桩顶，全桩长的轴向压力均较大。因此，建议桩身纵向钢筋应通长配置。

2. 湿陷性黄土地区桩基类型

在湿陷性黄土地区，采用的桩型从受力特征可分为摩擦桩和柱桩；从施工分类有钻、挖孔(扩底)灌注桩，沉管灌注桩，静压桩和打入式钢筋混凝土预制桩等。选用桩型时，应根据工程要求、场地湿陷类型、地基湿陷等级、岩土工程地质条件、施工条件及场地周围环境等综合因素确定。如在非自重湿陷性黄土场地，可采用钻、挖孔(扩底)灌注桩。近年来，陕西关中地区普遍采用钻、挖成孔的灌注桩施工工艺，获得较好的经济技术效果；在地基湿陷性等级较高的自重湿陷性黄土场地，宜采用干作业成孔(扩底)灌注桩；还可充分利用黄土能够维持较大直立边坡的特性，采用人工挖孔(扩底)灌注桩；在可能条件下，可采用钢筋混凝土预制桩，沉桩工艺有静力压桩法和打入法两种。但打入法因噪声大和污染严重，不宜在城市中采用。

3. 自重湿陷性黄土场地桩侧负摩阻力

(1)桩侧负摩擦力数值估算

湿陷性黄土地区沟壑纵横，形态复杂，沟槽发育速度快，普遍存在的不良地质现象有错落、滑坡、陷穴、坡面溜塌及不稳定斜坡等。以上不良地质的出现，均对铁路桥梁工程造成极大的危害。桩基础因其具有承载力高、稳定性好、沉降量小且均匀、施工简单而被广泛采用。桩基础的承载力由桩侧土的摩阻力和桩底阻力两部分组成。一般情况下，桩受轴向荷载作用后，桩侧土对桩产生向上的正摩阻力。但是，当桩周土体因某种原因发生下沉，其沉降速率大于桩的下沉时，桩侧土对桩可能产生向下的负摩阻力，这部分负摩阻力不仅不能成为桩基承载力的一部分，而且成为施加在桩上的外荷载。应该说，桩的负摩阻力是一个比较复杂的问题，这主要是因为影响负摩阻力大小的因素很多。然而，由于不同地区湿陷性特性不一，使得湿陷性黄土地基中桩的负摩阻力问题变得尤为复杂。

研究桩与桩周土复杂的共同作用，探求解决这些问题的方法和措施，以优化设计，指导施工、促进科学养护工作，可以通过桩基工程的负摩阻力现场试验，采用三维弹性非线性有限元法对试验的工程实例进行模拟。

通过实地测定及模拟单桩、群桩及桩周土体在恒载、活载作用下的应力变化、中性点位置、极限摩阻力值，提出黄土地区确定桩基负摩擦力大小和深度范围以及减小负摩擦力的方法，得出极限摩阻力值的确定方法。研究黄土地区群桩沉降机理及沉降计算方法，分析如何确定单桩、群桩承载力和负摩擦力分布，推导出黄土地区桩基承载力的计算公式，从而提出消减负摩阻力和避免发生负摩阻力的技术措施。

由于桩侧负摩擦力应通过现场浸水试验确定，一般情况下不容易做到。因此，鉴于目前铁路桥梁自重湿陷性黄土场地桩侧负摩擦力的试验资料不多，本规范 9.1.9 条是参考了《湿陷性黄土地区建筑规范》(GB 50025—2004)5.7.5 条编制的。对有关桩侧负摩擦力计算的规定，有待于今后通过不断积累资料逐步完善。

《湿陷性黄土地区建筑规范》(GB 50025—2004)5.7.5 条规定：在非自重湿陷性黄土场地，当自重湿陷量的计算值小于 50 mm 时，单桩竖向承载力的计算应计入湿陷性黄土层内的桩长按饱和状态下的正侧阻力。在自重湿陷性黄土场地，除不计湿陷性黄土层内的桩长按饱和状态下的正侧阻力外，尚应扣除桩侧的负摩擦力。对桩侧负摩擦力进行现场试验确有困难时，可按表 9-7 中的数值估算。

表 9-7　桩侧平均负摩擦力特征值(kPa)

自重湿陷量的计算值(mm)	钻、挖孔灌注桩	预 制 桩
70～200	10	15
≥200	15	20

(2)负摩擦力的影响因素

自 20 世纪 70 年代开始，我国有关单位根据设计要求，在青海大通、甘肃兰州和陕西西安等地，采用悬吊法实测桩侧负摩擦力，其结果见表 9-8。

表 9-8　用悬吊法实测的桩周负摩阻力

桩的类型	试验地点(mm)	自重湿陷量的实测值(mm)	桩侧平均负摩擦力(kPa)
挖孔灌注桩	兰州	754	16.30
	大通	60	15.00
预制桩	兰州	754	27.40
	西安	90	14.20

试验结果表明：预制桩的侧表面虽比灌注桩平滑，但其单位面积上的负摩擦力却比灌注桩为大。这主要是由于预制桩在打桩过程中将桩周土挤密，挤密土在桩周形成一层硬壳，牢固地黏附在桩侧表面上。桩周土体发生自重湿陷时不是沿桩身而是沿硬壳层滑移，增加了桩的侧表面面积，负摩擦力也随之增大。因此，对于具有挤密作用的预制桩与无挤密作用的钻、挖孔灌注桩，其桩侧负摩擦力应分别给出不同的数值。以上说明桩的类型对负摩擦力是有影响的。

兰州钢厂两次负摩擦力的测试结果表明，经过多年之后，由于地下水位上升，地基土的含水量提高以及地面堆载的影响，场地土的湿陷性降低，负摩擦力值也明显减小，钻孔灌注桩两次的测试结果见表 9-9。

表 9-9　兰州钢厂钻孔灌注桩负摩擦力的测试结果

时　间	自重湿陷量的实测值(mm)	桩身平均负摩擦力(kPa)
1975 年	754	16.30
1988 年	100	10.80

试验结果表明：桩侧负摩擦力与自重湿陷量的大小有关，土的自重湿陷性愈强，地面的沉降速度愈大，桩侧负摩擦力值也愈大。因此，对自重湿陷量 $\Delta_{zs}<200$ mm 的弱自重湿陷性黄土与 $\Delta_{zs}\geqslant200$ mm 的较强自重湿陷性黄土，桩侧负摩擦力的数值差异较大。

1990 年 11 月—1991 年 1 月进行蒲城电厂扩底灌注桩试验，试验场地位于陕西省渭北黄土高原上。负摩阻力测试成果见表 9-10。

表 9-10　蒲城电厂负摩阻力试验主要成果

桩号	桩径		桩长(m)	浸水过程中桩顶荷载(kN)	浸水前沉降(mm)	浸水过程中附加沉降(mm)	中性点位置(m)	负摩阻力平均值(kPa)	饱和极限承载力(kN)
	桩身 d_s(m)	扩大端 d_b(m)							
A_1	1.2	2.5	40	6 000	4.01	15.46	17.5	27.4	11 000
A_2			40	—	—	3.00	25.0	43.6	11 000
B_1	1.0	2.2	32	4 800	4.09	37.72	12.0	27.3	7 200
B_2			32	—	—	12.00	21.0	44.9	6 400

试验结果表明：浸水期间湿陷性黄土中桩的沉降与桩顶有无垂直荷载有关，也与桩端持力层性质有关，桩顶施加垂直荷载，桩的沉降量要比无垂直荷载时要大得多；有良好持力层的桩，桩端的沉降量要比持力层差的桩小。在地面沉降相同的情况下，桩沉降越大，负摩阻力越小，中性点位置越高；试验场地虽属于非自重湿陷性黄土场地，但发生过的负摩阻力仍是很大的，说明对于非自重湿陷性黄土也应考虑其负摩阻力问题。分析表明试验场地中大直径扩底灌注桩属于端承摩擦桩性质，对于其浸水后发生的摩阻力问题，首先应考虑的是附加沉降问题，其次才是承载力问题。

1993 年 8 月—12 月进行宝鸡第二发电厂灌注桩试验，场地位于关中平原西部千河Ⅱ级阶地上试坑内，分别布置有钻孔压浆桩(甲型桩)和干作业成孔灌注桩(乙型桩)各 4 组，采用滑动测微计进行测试。$甲_1$、$甲_3$、$乙_1$、$乙_3$ 的测试成果见表 9-11。

表 9-11　宝鸡第二发电厂负摩阻力试验主要成果

桩号	桩径		桩长(m)	浸水过程中桩顶荷载(kN)	浸水前沉降(mm)	浸水过程中附加沉降(mm)	中性点位置(m)	负摩阻力平均值(kPa)
	桩身 d_s(m)	扩大端 d_b(m)						
$甲_3$	0.6	0.8	23	1 700	4.526	11.0	12	23.0
$乙_1$	0.8	1.2	22.85	2 100	2.670	9.5	11	37.9
$甲_1$	0.6	0.8	23	—	—	4.0	17	49.0
$乙_3$	0.8	1.2	22.85	—	—	3.0	15	37.4

结合大直径桩的破坏模式，可以认为在保证桩身强度的前提下，只要控制桩的沉降，即可保证桩基的正常工作，负摩阻力的影响可以通过对桩顶沉降的影响以及在桩身强度验算中得以解决。

9.1.4　湿陷性黄土地区设计其他要求

9.1.4.1　基础桥规规定

本章关于湿陷性黄土场地设计其他要求的规定共有 5 条。

9.1.10 条规定：

湿陷性黄土地区的桥涵铺砌范围应比非湿陷地区同类的桥涵适当加

大，垂裙适当加深，涵洞沉降缝应密不透水。

9.1.11 条规定：

桥涵附近的陷穴、坑洞等应填平夯实，不得积水。山区及丘陵地区应加强疏导，避免潜蚀或严重冲刷影响桥涵基础稳定。

9.1.12 条规定：

湿陷性黄土地区的桥涵基础宜设置在原有沟床上，并宜采用适应较大沉降的结构。涵洞不应采用分离式基础。

9.1.13 条规定：

湿陷性黄土场地进行钻(挖)孔及护底施工过程中，应严防雨水和地表水流入桩孔内，保证基坑不受水浸泡。

9.1.14 条规定：

基坑开挖时应在基坑底面以上预留 50～100 mm 土层，夯实至设计高程。基础筑出地面后，基坑应及时用不透水土或原土分层回填夯实至稍高于附近地面。换填土和桩孔填土不应采用渗水土。

9.1.4.2　条文解读

9.1.10 条、9.1.11 条、9.1.13 条、9.1.14 条属于湿陷性黄土地区设计措施中的防水措施，9.1.12 条属于结构措施。

水是引起黄土湿陷的根本原因，桥涵基底受水浸湿的原因有二：一是地表水下渗；二是地下水上升。

防止地表水下渗除整平河床、地面顺坡、保证水流畅通外，一般采取在桥涵附近加强铺砌，扩大铺砌范围，避免地表水从远处渗入，影响基础稳定。

黄土地区的涵洞，常因沉降缝防水不好而渗水、漏水；中部因荷载较大常塌腰积水，使涵洞开裂。这样恶性循环，致使涵洞严重破坏，因此沉降缝防渗漏是很重要的。

由于季节性水文及水文地质影响地下水可能上升至基础持力层以内，设计时一般皆予以考虑。有的由于新建水库、灌渠或厂矿排水增加使地下水位上升，在勘测阶段要调查清楚，设计时考虑处理。但在湿陷性黄土地区的已建成铁路，由于以上情况地下水位上升，桥涵建筑物基础未作深层处理，有变形可能性，可采用矽化或电矽化加固，以增加基础强度和整体性。黄土地区地下水上升一般比较缓慢、均匀，所以处理是可能的。

陷穴、溶洞、古墓、古井、掏砂坑等在黄土地区比较普遍，多数埋于地下呈暗洞形式。这引起病害造成沉陷、坍塌后使地面开裂，破坏附近建筑物。它们在桥涵上游比下游危害大。由于地下水活动可能在桥涵下或桥涵附近穿洞，造成桥涵、路堤塌陷。

病害处理范围，由于洞穴大小、地形、埋藏深度等差异较大，处理宽度一般上游 25～50 m，下游 10～20 m，地形高差大时，上游适当加宽。

桥涵上游不允许积水，如上游地势较陡时，加固处理范围要加宽。根据距离、高差、渗透系数求出渗透沉降曲线，选择处理方案。

位于湿陷性黄土上的桥涵地基，虽采取了处理措施，仍会产生沉降，有的沉降延续时间较长，因此应尽量采用能适应较大沉降的结构形式。在调整线路高程方面，有砟桥面梁较无砟桥面梁要方便。为避免桥墩台下沉时发生裂纹损坏，简支梁较连续梁、悬臂梁、拱桥等为好。

涵洞用分离式基础不仅会渗水、漏水，而且地基容许承载力常常达不到设计应力要求，在湿陷性黄土地区不应使用。有压涵洞也不宜采用。如必须使用时，则须采取有效措施，防止渗水、漏水。

泄水洞是解决深沟排水的好方式，由于泄水洞穿越山体，压力较路堤小，基底压力相应减少，且基底土经过长期压密，不致产生下沉。在施工过程中又可避免与路基填方干扰，很受施工和养护单位的欢迎。根据陇海铁路、南同蒲至陇海铁路联络线、焦枝铁路北段、西韩线等线的调查情况，泄水洞很少发生沉降变形，并且最小跨度可用至 0.6 m(咸铜铁路 K115+058 为 1～0.6 m 泄水洞，高 1 m)，所以在地形许可时宜于采用。

施工时应全面合理地安排施工程序和做好施工的准备工作。基础施工宜在旱季进行。如必须在雨季施工时应做好防洪、排水的安排，以免基坑泡水，同时在基坑中设置集水井，即使有少量水浸入亦可及时抽排，不致使基坑长期泡水而产生大量湿陷。混凝土养生要控制水量，增加浇水次数，勿使养生水浸泡基坑。

在湿陷性黄土场地进行钻、挖孔及护底施工过程中，应严防雨水和地表水流入桩孔内。当采用泥浆护壁钻孔施工时，应防止泥浆水对周围环境的不利影响。

基坑完工后需及时回填，并使回填面稍高于附近地面，这是一种保证基坑不受水浸泡的措施。对回填土和桩孔填土规定采用不透水土(如黄土、黏性土)，分层夯填，要保证质量，以免水从回填土的缝隙渗入。

9.2 软土地基

9.2.1 软土地基沉降控制规定

9.2.1.1 基础桥规规定

本章关于软土地基沉降控制规定共有4条。

9.2.1条规定：

软土地基上的桥涵设计应考虑沉降的影响，合理选择结构形式，适当预留净空余量。

9.2.2条规定：

软土地基上桥涵基础的工后沉降量应符合第3.2.1条的规定。

9.2.3条规定：

建于软土上且台后填土高大于等于5 m的桥台，在计算地基应力和沉降时，可按附录F考虑台后路基对基底产生的附加竖向压应力。建于软土地基上的墩台基础周围有不平衡荷载时，应考虑软土对基础产生的附加水平力。

9.2.4条规定：

桥涵基础的计算沉降量超过容许值，或地基土的容许承载力不足时，应采取工程措施或地基加固措施。

9.2.1.1 条文解读

1. 软土特点

(1)软土的定义

软土一般是指天然含水量大，有机质含量多，压缩性高，孔隙比大，渗透性差，承载能力低的一种软塑到液塑状态的黏性土，如淤泥、淤泥质土、泥炭以及其他高压缩性饱和黏性土。软土是在静水或缓慢水流环境下，经生物化学作用形成的以细粒土为主的近代沉积物。

《软土地区岩土工程勘察规程》(JGJ 83—2011)中软土定义为：天然孔隙比大于或等于1.0，天然含水量大于液限，具有高缩性、低强度、高灵敏度、低透水性和高流变性，且在较大地震力作用下可能出现震陷的细粒土，包括淤泥、淤泥质土、泥泥炭质土等。

(2)软土的工程性质

①天然含水量

软土的天然含水量一般大于液限，呈软塑或半流塑状态。液限一般在40%～60%，天然含水量大于35%，饱和度大于95%。

软土的天然含水量虽然大于液限，但只要不被破坏扰动，仍可处于软塑状态。而一经扰动土的结构受到破坏，将立即变成流塑状态。

②孔隙比大

软土的孔隙比大于1.0，一般介于1～2，最大可超过2，山区的软土可能还要大些。

③透水性能低

软土黏粒含量高，透水性能很低，渗透系数一般为$1\times10^{-6}\sim1\times10^{-8}$ cm/s，垂直方向的渗透系数通常比平行土层方向的渗透系数要小一些。在荷载作用下，排水固结缓慢，常使建筑物沉降延续时间加长；同时，在加载初期，地基土中常出现较高的孔隙水压力，影响地基的强度。

④压缩性高

土体在压力作用下，其体积会减小，这是特为土的压缩性现象。土的压缩性是形成地基沉陷的根本原因。软土属高压缩性土，压缩系数一般大于0.5 MPa^{-1}，且其压缩变形大部分发生在垂直压力为0.1 MPa左右时；对工程的直接影响是建筑地基沉降量大。

⑤具触变性

土经扰动由可塑状态转变为流动(流塑)状态的特性称为触变性。软土一经扰动，其强度将被削弱、降低(但在静置一段时间后，土粒与水分子等重新排列，恢复絮凝结构，强度又可得到恢复)。

其触变性的大小，常用灵敏度S_t表示，见式(4-23)和表4-19。

软土的S_t一般在3～4之间，个别可达8～9。为此当软土地基受振动荷载后，易产生侧向滑动、沉降及基底面两侧挤出等现象。我国软土的灵敏度多数在3～12之间。

⑥具流变性(蠕变性)

软土在荷载持续作用下，压缩变形有随时间延长而增长的特性叫流变性。一般流变速度很小，每年只移动几厘米，但持续时间很长，有的持续达数十年。在剪切力作用下，土体长期出现缓慢的剪切变形，这对建筑物地基的沉降有较大影响。

在荷载不变的条件下，变形随时间而变化（即使是不排水）的情况称为蠕变。变形速率随时间而减小，称为减速蠕变，这在工程中，是可以容许的。但当应力达到某一数值时，蠕变速率随时间持续不变甚至增大，称为恒速蠕变和增速蠕变，与此同时，强度亦随之衰减，这对地基稳定也会产生严重影响。由于软土强度低、变形大，因而地基的设计应力，必须注意到软土蠕变的特性，慎重地加以控制。

⑦具不均匀性

由于沉积环境的变化，软土层中常局部夹有厚薄不等黏土层，使平面和垂直方向上具有明显差异，作为建筑物地基极易产生差异沉降。

⑧低强度

一般情况下，地基承载能力取决于软土的不排水抗剪强度 C_u，软土的抗剪强度很低。不排水剪切时，$\varphi=0$，C_u一般小于 20 kPa；排水固结条件下，$\varphi=10°\sim50°$，$C_u=20$ kPa 左右。

2. 结构措施

软土地基桥涵的设计除应着重于地基加固外，尚需从建筑物本身的结构上采取如下的措施，以适应总沉降量较大和不均匀沉降的情况。

(1)轻型结构

采用轻型结构，以减轻其对地基的附加荷载。如甬台温铁路渔金特大桥位于深层软土地区，一般地段均采用(10.45＋2×10.8＋10.45)m 四孔一联连续刚构（图 9-6），代替原方案2 个双孔 10 m 框架结构。当桩长超过一定长度后，采用小跨连续刚构，荷载通过桩身扩散到桩底持力层的附加应力较小，对于桩底比较均质的土层来说（土层的厚度、力学性质基本相近），沉降更接近于均匀沉降。而且，板式刚构梁的刚度相对较小，对不均匀沉降的敏感性小，只要将桩底置于较好的持力层，并在设计中考虑一定的不均匀沉降量，结构的安全是可以确保的。通过对比可知，对于深层软土地段的桥梁，从工程的合理性和经济性来看，采用小跨度连续刚构桥方案比框架桥方案具有明显的优越性。

(2)基础型式

我国在软土地基上修建的铁路桥梁，20 世纪 50 年代以前，多采用木桩基础。这种基础对于荷载不大、软土层不厚、桩尖能打到硬层的尚有一

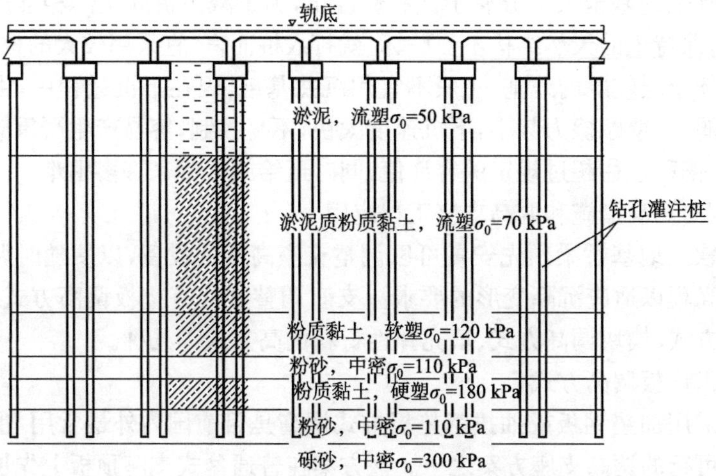

图 9-6　小跨度板式连续刚构布置示意

定的优点，而软土较厚、桩未打入硬层的，至今仍有不少存在下沉现象。随着铁路载重等级的提高，在较厚的软土地基上木桩基础更难胜任。20 世纪 50 年代以后，对软土地基除少数采用沉井基础外，大量采用了钢筋混凝土管桩基础和钻孔灌注桩基础。例如：1960 年开工修建的长杭线湖州桥，位于软土地基的长兴端桥台和 1 号、2 号墩，采用钢筋混凝土管桩基础，通车至今情况良好。

随着钻孔灌注桩设备能力的提高及施工工艺的成熟，近年来修建在软土地基的客运专线等铁路工程均优先选用钻孔灌注桩群桩基础。如京沪高速铁路北京至济南段软土、松软土主要分布于 DK25＋700～DK420＋280 之间，在该段范围内松软及软土地基占该段线路总长度的 100％，全部采用群桩基础。

群桩基础水平抗推刚度较大，抵抗水平荷载的能力较强，在软土地质上被广泛采用，效果较好。软土地基由于强度低、易变形，各种不可预见不利因素对桩基的影响较突出，桩基的最大弯矩点和弯矩零点也可能因受到各种不可预见因素的影响而变化。桩基设计除了在承载力上留有余地外，桩基受弯剪的范围也应考虑留有更大的余地，一般在软土层内不减少桩基配筋量，更不能在该区段设置素混凝土桩。

软土地基土大部分属于饱和黏性土，为了减少桩间土的相互影响和干扰，保持土的天然结构不受破坏，就打入桩而言，宜采用较大的桩距。

软土层较厚的地基，一般不宜用沉井基础，因在下沉过程中，由于土质软弱，井壁摩擦力甚小，下沉速度太快，不易控制，容易产生严重倾斜和位移，偏移往往超过规定的容许值，同时还给施工带来许多困难。

(3)调高措施和调高支座工程应用

软土地基桥梁预先安置可以调整支座高度的设备，以便随时调整支座的高程以适应沉降变形的要求。支座调整方式有垫板调高方式、螺旋调高方式、楔块调高方式、填充弹性材料调高方式等几种。

①垫板调高方式

采用加垫钢板或抽拔钢垫板方式调高是目前国内外最常用，也是最简便可行的调高支座方案之一。该方案在普通盆式支座顶板上先加垫一块 20 mm 的钢板，在支座需要调高时，先用千斤顶顶梁，然后抽换所需厚度的钢垫板，以实现调高。

此种调高支座构造简单、成本低、实施操作方便，可根据需要增加或降低支座高度。缺点是调高时必须用千斤顶顶梁。

②螺旋调高方式

这种支座是在一般盆式橡胶支座上设有梯形螺纹的高度调节器，通过旋转螺纹部件调节支座高度。根据此种调节高度的原理，铁科院铁建所在 20 世纪 80 年代针对工程需要研制了螺旋调高支座。这种构造适用承载力小、调高量不大的支座，调高时也必须用千斤顶顶梁。

③楔块调高方式

此种方式在支座顶部，加设一组钢楔块，利用楔块坡面调高。铁科院曾在上海磁悬浮铁路轨道梁支座方案设计中采用过这种方式，它也可用于盆式橡胶支座。采用楔块可实现无级调高，但在调高后，必须采取可靠的措施，防止楔块在荷载作用下滑动，因此楔块调高支座结构复杂、成本高，调高时也需顶梁。

④填充弹性材料调高方式

国外还有一种在安装后通过压注硅橡胶或其他弹性材料来调整支座高度的盆式橡胶支座。该支座的底板上设有压浆管道，在需要调整支座高度时，可通过高压泵向钢盆内压注硅橡胶或其他填充弹性材料，使盆式橡胶支座内承压橡胶板的厚度增加，从而调整支座的高度。

此方案构思新颖，可实现一次性无级调高，且无需千斤顶起梁，缺点是不能降低支座高度。

我国高速铁路桥梁上加钢垫板调高、楔块调高、填充弹性材料调高方式均有应用，调高量可根据具体工程要求设计。

⑤调高支座工程应用

为了有效解决京津城际铁路一旦发生桥梁不均匀沉降问题，铁三院自行开发了高速铁路 TGPZ 型调高盆式橡胶支座，支座分为 TGPZ-T 和 TGPZ-P 两种类型：

TGPZ-T 型是自带油腔、调高时自顶升的调高支座，借助于油泵的油表可进行测力（需进行测力标定），适用于软土地区、无砟轨道等对支点不均匀沉降要求严格的桥梁以及需要对支座反力进行调整的桥梁。

TGPZ-P 型是不带油腔的盆式橡胶支座，支座螺栓预留了调高条件，借助于千斤顶顶梁后可调整支座高度，沉降区和非沉降区均可采用。

a. TGPZ-T 型调高工艺

TGPZ-T 型调高盆式橡胶支座承压橡胶板中的油腔可取代千斤顶实现自顶升。当运营使用中发生基础不均匀沉降、需要对梁进行调高时，在通过维修检测确定调高量后，可按下述步骤进行：

(a)在需要调高的支座旁，将临时刚性支撑布置好，为减轻单件重量，可采用砂箱加楔形块或工字钢加楔形块的形式（图 9-7～图 9-9）。

(b)将梁底螺栓（或地脚螺栓）旋出（锚栓螺纹段已预留调高长度），可不抽出。

(c)将放在梁顶或桥下油泵的油管与支座油腔的外露油嘴连通，如图 9-10 所示。

(d)通过油泵加压把油压入支座的油腔，将支座顶起。

(e)当支座顶升到某一额定值（最大 8 mm）时，停止加压，调高临时刚性支撑将梁顶紧。

(f)油泵回油，拧紧支座上、下座板的联结螺栓将油腔内的硅脂油压出，用（或调换）临时钢垫板（平面上分 4 块均匀布置）插入上座板顶与梁底之间（或下座板底与垫石之间，优先选择在上支座板顶与梁底之间填塞钢板）的间隙，拧松支座联结螺栓。

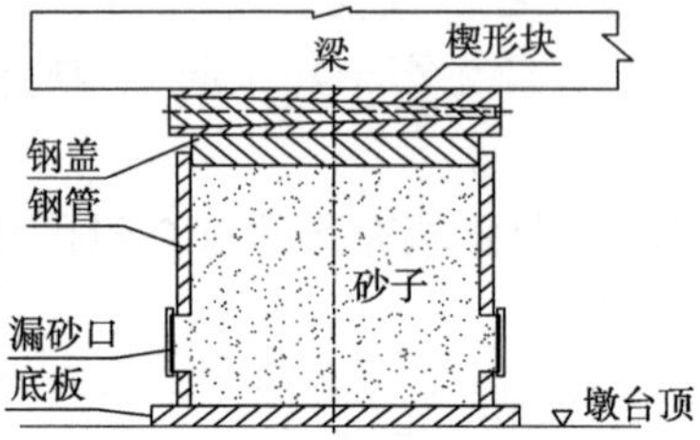

图 9-7　砂箱临时支撑示意

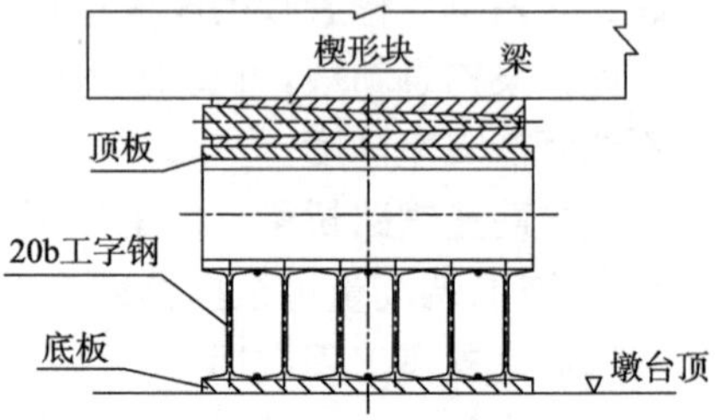

图 9-8　工字钢组合临时支撑示意

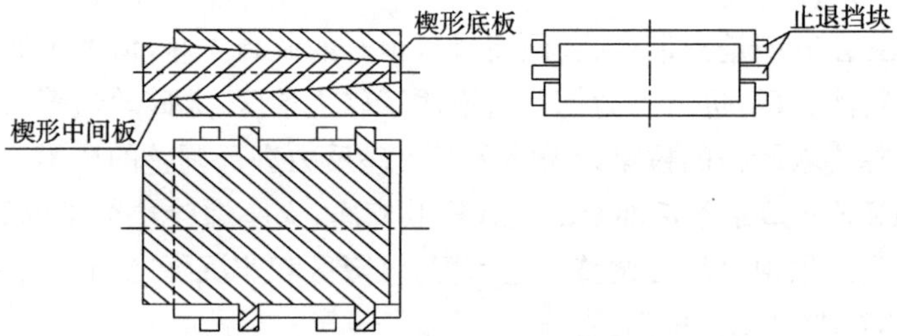

图 9-9　楔形块示意

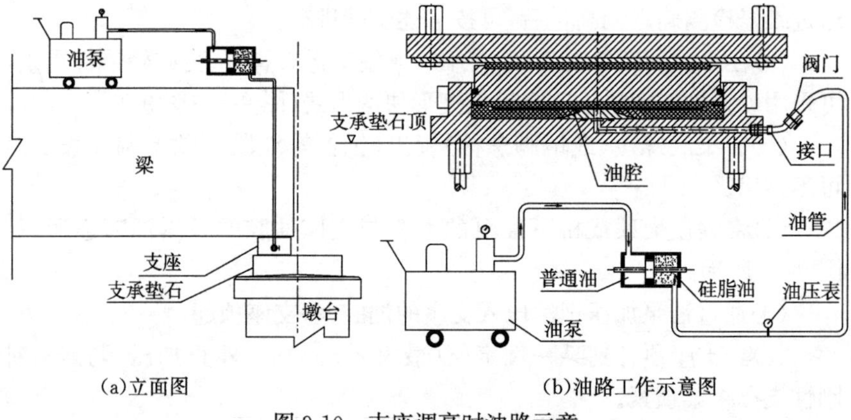

图 9-10　支座调高时油路示意

(g)重复步骤(d)～(f),直到顶升到需要调整的高度为止。

(h)用刚性支撑将梁临时撑住,拧紧支座上、下座板的联结螺栓将油腔内的硅脂油压出,用预先准备好的与支座调高量相同的永久钢垫板(为精确调高,厚度按照 1 mm 分级),插入上座板顶与梁底之间(或下座板底与垫石之间),油泵再次加压将梁稍稍顶起,拆除刚性临时支撑,油泵回油后,拧紧支座梁底螺栓(或地脚螺栓),即可达到支座调高的目的。

b. TGPZ-P 型调高工艺

TGPZ-P 型系列盆式橡胶支座需要借助千斤顶顶升,其调高工艺如下:

(a)在发生基础不均匀沉陷时,先经测量确定支座调高量,并制定调高时的顶梁千斤顶布置方案以及梁体允许起顶量。

(b)本系列支座采取加垫钢板的方式调高(可在上座板顶与梁底之间或下座板底与垫石之间加垫钢垫板,优先选择上座板顶与梁底之间加垫钢垫板)。

(c)根据支座尺寸和所需调高量,加工调高用钢垫板。

(d)在需要调高的支座的墩台顶布设临时支撑或测力千斤顶,并连接油路。

(e)拧出支座上锚栓(在上座板顶与梁底之间加调高垫板时)或支座下锚栓(在下座板底与垫石顶之间加调高垫板时)。

(f)顶梁至高出所需调高量 1~3 mm,插入调高钢垫板(在支座下座板底与垫石顶之间加垫板时,需用支座连接钢板和联结螺栓提升下支座板),拧上支座锚螺栓,但不拧紧。

(g)油泵回油,使支座承压,拧紧支座锚螺栓,拆除千斤顶,调高完成。

(h)检查支座就位状态,对支座与钢垫板之间的缝隙进行封堵,并油漆进行防护。

上述调高过程中,薄型液压缸或测力千斤顶若采用手动加压,则同一梁端的两个支点的起顶反力差应控制在 5%以内,同一梁端的两个支点的薄型液压缸或测力千斤顶油路应连通。对于简支梁,梁体顺桥向两端不能同时起顶,以确保安全。

3. 软土地区台后路基影响

软土地基上的墩台基础在计算地基应力和沉降时,应考虑台后路基对基底产生的附加竖向压应力;当墩台基础周围有不平衡荷载时,应同时考虑软土对基础产生的附加水平力。

1959 年开工修建的京广线二道河桥,设计时引用附近地质资料事先未在桥址钻孔，路堤填土 6 m，墩台基础采用 ϕ40 cm 管桩；广州岸桥台后填土时，填至半高路堤开始发生裂缝，填土后桥头路堤急剧下沉，裂缝宽达 10 余 cm，桥台向河中心滑移 1.41 m，台身后仰（台前、后端分别下沉 13.6 cm 和 28.8 cm），台后地面裂缝成半圆形包围桥台；邻近桥台的 7 号墩亦向河中心移动 6 cm，下沉 0.8 cm；经开挖检查，台尾的三排基桩向河中心歪斜，坡度达 4∶1，离台底 30～44 cm 间的混凝土压碎剥落，最大裂缝宽 2.5 cm；重新钻采后，发现基底以下是厚达 17 m 的流塑淤泥质黏土及砂黏土。通过这些经验教训，在软土地区建桥，必须充分研究地质，桥台位置不能单纯按水文要求与河宽来决定，必须结合路堤填土通过滑弧稳定分析，适当加长引桥，使桥台置于稳定土内。桥台基桩必须考虑由填土引起的土的附加水平力及软土沉降产生的负摩擦力。在深层软土中，基桩不能到硬层时，桥台应检算群桩底的应力与沉降，必要时应对软土进行处理，采取加固或预留沉降量等措施。

(1)台后路基对桥台基底附加竖向压应力的计算方法

①《59 年桥规》第 361 条规定：填方高度大于 12 公尺的桥台，计算其竖向下沉量时，须考虑邻近填方自重对桥台基底的附加荷载。至于填方自重对桥台基底的附加荷载如何计算，在《59 年桥规》正文中没有规定。不过在条文说明中，给出了按路基填土作为条形荷载对基底沿端部方向所分布的土中附加应力公式，并进行了公式推导。

填方高度大于 12 公尺的桥台，根据经验，台后路基填土对于桥台基底应力和下沉均有直接影响，计算竖向下沉量时须考虑填土自重对桥台基底的附加压力。

路基填土对桥台基底的附加压力如图 9-11 所示，系将路基填土假定为条形荷载，其宽度仅取桥台基底的最大宽度为计算值，以外部分影响甚微可以忽略不计，据此荷载沿宽度方向 p 如同长度方向都是均匀分布的条形荷载以简化计算，土中应力按布辛内斯克公式推导后结果如下。

$$\sigma_z = K_0 \cdot p \tag{9-5}$$

式中 σ_z——路基填土对桥台基底的附加压力（t/m^2）；

p——填土压力强度（t/m^2），等于填土单位体积重量与填土高度的乘积；

K_0——压力分布系数，可按式(9-6)计算或从表 9-12 取值，

$$K_0=\frac{b}{2\pi z}(2-2\sin\alpha-\sin\alpha\cos^2\alpha) \tag{9-6}$$

其中 z——天然地面算起的计算土壤的深度(m),

b——桥台基底最大宽度,亦取路基填土计算宽度(m),

α——桥台基底下任何一点的垂线与该点至基础后端与路基接触点连线的交角,

$$\alpha=\tan^{-1}\frac{x_1}{z} \tag{9-7}$$

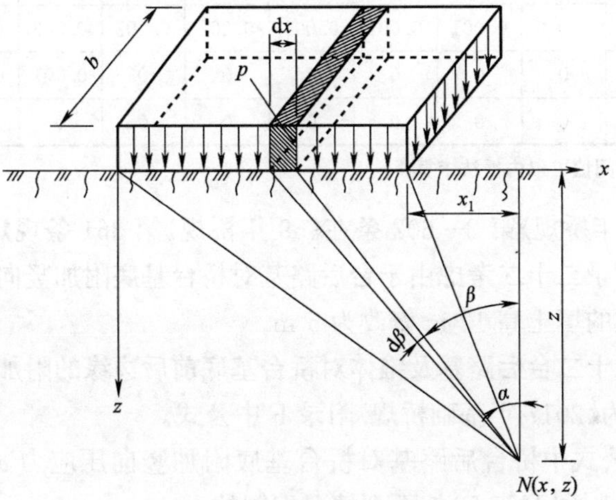

图 9-11　条形荷载作用下的应力

表 9-12　K_0分布系数

x_1/z	b/z									
	0.2	0.4	0.6	0.8	1.0	1.5	2.0	3.0	4.0	5.0
0	0.064	0.127	0.191	0.255	0.318	0.477	0.636	0.955	1.272	1.591
0.1	0.054	0.108	0.163	0.217	0.271	0.406	0.541	0.812	1.083	1.354
0.2	0.045	0.090	0.136	0.181	0.226	0.339	0.452	0.678	0.904	1.130
0.3	0.037	0.074	0.111	0.148	0.185	0.277	0.369	0.554	0.739	0.924
0.4	0.030	0.060	0.089	0.119	0.149	0.224	0.298	0.447	0.596	0.745
0.6	0.019	0.038	0.059	0.076	0.094	0.142	0.189	0.283	0.377	0.472

续上表

x_1/z	b/z									
	0.2	0.4	0.6	0.8	1.0	1.5	2.0	3.0	4.0	5.0
0.8	0.012	0.024	0.035	0.047	0.059	0.089	0.118	0.177	0.236	0.295
1.0	0.007	0.015	0.022	0.030	0.037	0.055	0.074	0.111	0.148	0.185
1.5	0.003	0.005	0.008	0.010	0.013	0.019	0.025	0.038	0.051	0.063
2.0	0.001	0.002	0.003	0.004	0.005	0.008	0.011	0.016	0.022	0.027
2.5	0	0.001	0.001	0.002	0.002	0.004	0.005	0.007	0.009	0.012
3.0	0	0	0.001	0.001	0.001	0.002	0.002	0.003	0.005	0.006
5.0	0	0	0	0	0	0	0	0.001	0.001	0.001
10.0	0	0	0	0	0	0	0	0	0	0

注:表中中间值可以内插法求算。

②《75年桥规》第2—602条在《59年桥规》第361条规定基础上,增加了可按附录二十二考虑由于台后路基对桥台基底附加竖向压应力。同时把原条文的填土高12 m修改为5 m。

附录二十二台后路基及锥体对桥台基底前后边缘的附加竖向压应力计算式,即为《2017年基础桥规》附录F中公式。

其中,公式中桥台后路基对桥台基底附加竖向压应力 α 系数表(同《2017年基础桥规》表F)按下列情况编制的:

a. α 值由台后路基及锥体分别计算然后叠加,台后路基按无限长的条形荷载计算。锥体按集中荷载计算,埋式桥台前侧锥体按矩形面积上的三角形分布荷载计算。

b. 桥台锥体的尺寸按台后填土高 H 及《75年桥规》第2—46条所规定的锥体边坡换算。

《75年桥规》第2—46条桥台与路基连接处规定:

(a)台尾上部伸入路肩最少0.75 m;

(b)锥体坡面距支承垫石顶面后缘不少于0.3 m;

(c)埋式桥台锥体坡面与台身前缘相交处高出设计水位不少于0.25 m;

(d)锥体顺线路方向的坡度,路肩下0~6 m不陡于1∶1;6~12 m不陡于 1∶1.25；大于 12 m，不陡于 1∶1.5；如用大于 25 cm（指石块最小边尺寸）的石块分层适当码砌时，全坡可采用不陡于 1∶1 的坡度；

(e)钢筋混凝土刚架桥和桩排架桥的锥体坡面的坡度，不陡于 1∶1.5。

c. 基础长度与台后路基填土高 H 相配合，计算了几种长度，应用时可以内插。

d. 非岩石地基单线桥基础的宽度一般在 6.7 m 以内，为简化计算，取与路肩宽度一致，即均为 6.7 m，因此系数 α 适用于单线桥。

e. 锥体表面为折线形。为简化计算按直线坡面考虑，锥体及台后路堤的坡脚均假定在同一平面上。

f. 台后各种填料对计算影响不大，均可采用。

自《75 年桥规》附录二十二至现行《2017 年基础桥规》附录 F，台后路基对桥台基底附加竖向压应力的计算方法及系数 α 取值没有变化。

(2)台后填土高度

①临界高度

在软土天然地基上，快速填土使地基不产生固结，并且不考虑列车荷载影响的路堤所能填筑的最大高度，称为填筑临界高度；对于考虑列车荷载影响，地基不需加固的最大路堤高度，则称为设计临界高度。它除了与地基、填料的性质有关外，还与列车荷载等级和分布有关，设计临界高度也是控制线路纵断面设计的重要依据。

②以桥代路

当软土地基难以采取有效加固措施，使其满足路基工后沉降条件时，应以桥代路。一般软土地基采用常规措施加固后的地基承载力通常为软土承载力的 2～3 倍，在 200 kPa 左右。为有效控制软土路堤工后沉降，软土路堤高度一般宜控制在 8 m 以下。受施工机械和施工工艺限制，软土有效加固深度一般不超过 15 m，对厚度大于 15 m 的深厚软土，应优先选择以桥代路。软土路基工程造价受路堤高度、软土地层深度及填料来源影响较大。就目前工程造价体系，路基工程造价一般比桥便宜。综合考虑施工工期、路基工程后期养护维修、土地资源占用、环境保护等因素，当软土路基工程造价较高，与桥接近时，一般宜以桥代路。《京沪高速铁路设计暂行规定》（铁建设〔2003〕13 号）3.3.7 条量化了路、桥分界高度的规定:路、桥分界高度应根据路堤地基条件、填料性质及来源、当地土地资源、城镇交通要求等,通过技术经济比较综合确定。一般地段路桥分界高度可采用 7～8 m,在城镇近郊可采用 5 m 左右;软土地基地段,应根据软土类型、软土层厚度、加固工程大小及路堤工后沉降量等因素确定,一般路桥分界高度可采用 4～6 m。

西南交通大学对高速铁路典型软土地区路基工后沉降对路桥分界高度的影响进行了研究,其主要结论有:

a. 若不对天然软土地基进行加固,软土厚度 3 m 时,仅填方高 2 m 才能勉强达到Ⅰ级铁路(时速 160 km 以下)工后沉降不大于 30 cm 的要求。

b. 计算结果表明在一定的预压期(本次计算取 6 个月)内,为控制工后沉降,采用砂井处理软土地基(处理深度为 15 m)时,最大填方高度应控制在 4～6 m。

c. 当软土层厚度 14 m 以内且全部加固的条件下,在填方高度不超过 4 m,能达到高速铁路板式无砟轨道沉降要求(3 cm);软土层厚度在 16 m 内,能够满足高速铁路(时速 350 km)工后沉降的要求(5 cm);软土层厚度超过 15 m,填方超过 4 m 时,为控制工后沉降,不宜采取常规路堤通过,建议以桥代路。

根据我国软土地区的路堤高度研究成果及设计经验,本条规定建议软土上且台后填土高大于等于 5 m 的桥台,在计算地基应力和沉降时,可按本规范附录 F 考虑台后路基对基底产生的附加竖向压应力。

考虑路基和锥体重量引起的桥台基底附加压力(竖直、水平方向)对地基强度、沉降、滑动稳定的影响,计算基底压应力时,应将上述附加应力与其他荷载引起的应力相加起来。

4. 软土地区地基处理

软土地基的特点是容许承载力小、沉降量大、沉降延续时间长,而且对不均匀荷载的反应相当灵敏。过去在软土地区修建桥涵,虽积累了一些经验,但存在的问题仍不少,特别是不均匀沉降的持续发展往往导致建筑物不能正常使用。因而,在综合考虑条文所列诸因素确定地基加固措施或基础设计方案时,应将建筑物与软土地基视为一个整体,着重研究能否减免因地基变形给上部结构物造成的危害。

过去在软土地区修建铁路桥涵，多采用桩基、沉井等深基础，后来换填和砂垫层处理软土层不厚的地基成功实例很多，还有用砂井、砂桩加固一些涵洞、箱形桥及小跨度梁式桥的软土地基的实例，基本上也取得成功，但存在着若不先行预压而直接采取预抬高措施时，难以控制结构物不均匀沉降的问题。以上几种加固处理地基的方法，技术上可行，经济上合理，施工简便，并能节约大量三材，有条件时应推广应用，但要注意地基变形的影响问题。在采用桩基、沉井等深基础时，也应考虑因地基失稳或变形产生的基础破坏或墩台位移等问题，特别是在新开河道上更应注意这一点。

换填和砂垫层是处理浅层软土最基本方法。深层软土地段可采用水泥搅拌桩、水泥粉煤灰碎石桩(CFG)和素混凝土桩等复合地基法加固地基，加固深度应穿透软土层至硬层。深层软土地段如采用以上处理方法效果不明显或难以施工时则应改为桩基础。

(1)水泥土搅拌桩加固软土地基

水泥土搅拌桩可用于处理正常固结的淤泥、淤泥质土、粉土、饱和黄土、素填土、黏性土以及无流动地下水的饱和松散砂土等地基。对泥炭土、有机质含量高的淤泥质土、塑性指数大于 25 的黏性土，以及夹有块石、较大粒径碎石、卵石的地基，应通过现场试验确定其适用性。

水泥土搅拌桩按加固材料状态不同可分为浆体搅拌桩(水泥浆搅拌桩、水泥砂浆搅拌桩)和粉体搅拌桩，按施工机械叶片搅拌方向不同又可分为单向水泥土搅拌桩和多向水泥土搅拌桩。处理深度较大、地基承载力要求较高时，宜采用多向水泥土搅拌桩或多向水泥砂浆搅拌桩。

水泥土搅拌桩用于处理泥炭土、有机质土、塑性指数较大的黏土以及无工程经验的地区，必须通过现场试验确定其适用性。地基土天然含水量小于 30%(黄土含水量小于 25%)时，不宜采用粉体搅拌桩。

水泥土搅拌桩桩位宜采用正三角形、正方形或矩形布置，桩径宜采用 50 cm。桩间距应根据计算确定，宜为 2.5 倍桩径，不大于 3 倍桩径。如桩径采用 50 cm，桩间距可采用 1.25 m，最大不超过 1.5 m。

竖向承载搅拌桩的长度应根据上部结构对承载力、稳定和变形的要求确定，并宜穿透软弱土层到达承载力相对较高的土层。浆体搅拌桩桩长不宜大于 18 m，粉体搅拌桩桩长不宜大于 15 m。

水泥土搅拌桩宜选用强度等级为 42.5 级及以上的普通硅酸盐水泥，

水泥掺量可用被加固软土质量的12%～20%，水灰比宜为0.45～0.55。

水泥土搅拌桩复合地基应在桩顶设置加筋垫层，厚度宜为30～60 cm。

单桩竖向承载力宜通过现场载荷试验确定，设计时可按式(9-8)和式(9-9)计算，并取其较小值：

$$[P]=\eta P_f A_p \tag{9-8}$$

$$[P]=u_p\sum_{i=1}^{n} q_i l_i+\alpha A_p q_p \tag{9-9}$$

式中 $[P]$——单桩容许承载力(kN)；

P_f——与搅拌桩桩身水泥土配比相同的室内加固土试块(边长70.7 mm立方体，也可采用边长50 mm立方体)在标准养护条件下90 d龄期的立方体抗压强度平均值(kPa)；

η——桩身强度折减系数：粉体搅拌桩可取0.20～0.30，浆体搅拌桩可取0.25～0.33；

A_p——桩身截面积(m^2)；

u_p——桩身周长(m)；

q_i——桩周第i层土的容许摩阻力(kPa)；

l_i——桩周第i层土的厚度(m)；

q_p——桩端地基土容许承载力(kPa)；

α——桩底地基上容许承载力折减系数，可取0.4～0.6，承载力高时取低值。

水泥土搅拌桩复合地基的竖向承载力宜通过现场单桩或多桩复合地基荷载试验确定，设计时可按式(9-10)计算：

$$\sigma_{sp}=m\frac{[P]}{A_p}+(1-m)\sigma_0\beta \tag{9-10}$$

$$m=\frac{A_p}{A} \tag{9-11}$$

式中 σ_{sp}——复合地基容许承载力(kPa)；

σ_0——桩间土天然地基容许承载力(kPa)；

β——桩间土承载力折减系数：当桩底为软弱土层时，可取0.5～1.0；桩底为硬土层时，可取0.1～0.4；

m——置换率，一般可取 10%～20%；

A——桩所承担的复合地基面积(m^2)。

(2)水泥粉煤灰碎石桩(CFG)和素混凝土桩加固软土地基

水泥粉煤灰碎石桩是由水泥、粉煤灰、碎石、石屑或砂加水拌和形成的混凝土桩(简称 CFG 桩)，桩、桩间土和垫层一起构成复合地基。水泥粉煤灰碎石桩和素混凝土桩可用于处理黏性土、粉土、砂土和已自重固结的素填土等地基，不适用于淤泥和泥炭土地基。

水泥粉煤灰碎石桩复合地基具有承载力提高幅度大、地基变形小等特点，并具有较大的适用范围，既可适用于铁路路基，也可用于各种结构物基础，而在地基的适宜性方面，已成功应用于黏土、粉土、砂土和正常固结的素填土等地基。对淤泥质土等尚待积累经验，应通过现场试验确定其适用性。近年来沿海铁路工程诸多实践表明，对于海相沉积淤泥层，CFG 桩的成桩质量较差，难以满足工程要求。

水泥粉煤灰碎石桩桩体本身具有较高的强度，设计时将桩端落在相对好的地层上，可以很好地发挥桩端阻力，提高单桩承载力，同时可有效控制沉降。

水泥粉煤灰碎石桩和素混凝土桩宜采用正三角形、正方形或矩形布置，桩间距宜为 3～5 倍桩径。水泥粉煤灰碎石桩和素混凝土桩桩径宜为 40～60 cm。

水泥粉煤灰碎石桩和素混凝土桩固化剂宜选用强度等级为 42.5 级及以上的普通硅酸盐水泥。

水泥粉煤灰碎石桩和素混凝土桩桩顶宜设置扩大桩头(或桩帽)和加筋垫层，垫层厚度宜取 30～60 cm，垫层材料宜采用砂砾石、碎石等，最大粒径不宜大于 30 mm。

水泥粉煤灰碎石桩和素混凝土桩复合地基承载力宜通过现场复合地基载荷试验确定。设计时可按式(9-12)计算：

$$\sigma_{sp}=m\frac{[P]}{A_p}+\beta(1-m)\sigma_s \tag{9-12}$$

式中 $[P]$——单桩竖向容许承载力(kN)；

β——桩间土承载力折减系数，宜按地区经验取值，如无经验时可取 0.75～0.95，天然地基承载力较高时取大值；

σ_s——处理后桩间土容许承载力(kPa),宜按当地经验取值,如无经验时,可取天然地基容许承载力。

水泥粉煤灰碎石桩和素混凝土桩单桩竖向容许承载力[P]的取值,采用单桩载荷试验时,应将单桩竖向极限承载力除以安全系数 2;根据土的物理指标与承载力参数之间的经验关系确定单桩容许承载力时,可按式(9-13)计算,q_i、q_p取值应考虑施工方法的影响。

$$[P]=U\sum_{i=1}^{n} q_i l_i + A_p q_p \qquad (9\text{-}13)$$

式中 U——桩身截面周长(m)。

水泥粉煤灰碎石桩和素混凝土桩桩体试块抗压强度平均值应满足式(9-14)要求:

$$P_f \geqslant 3\frac{[P]}{A_p} \qquad (9\text{-}14)$$

式中 P_f——桩体混合料试块(边长 150 mm 立方体)标准养护 28 d 立方体抗压强度平均值。

水泥搅拌桩、水泥粉煤灰碎石桩(CFG)和素混凝土桩等复合地基的沉降可按《铁路工程地基处理技术规程》(TB 10106—2010)第 3.4 节的有关规定计算。

9.2.2 软土地基换填处理方法

9.2.2.1 基础桥规规定

本章关于软土地基换填处理方法规定共有 2 条。

9.2.5 条规定:

当基底下软土层厚度不大时,可将软土层全部挖除,换填为中砂、粗砂、砾砂、碎石、卵石,并分层夯填。换填的顶面尺寸应为基底每边加宽不小于 300 mm,底面尺寸由基底边缘按 35°～45°扩散角确定。

9.2.6 条规定:

砂垫层的顶面尺寸应为基底每边加宽不小于 500 mm,底面宽度不小于 $b+2h\tan 35°$,其中 b 为基础宽度,砂垫层的厚度 h 应按下卧软土层的容许承载力确定,可取 1～3 m。砂垫层本身的沉降量可忽略不计。

9.2.2.2 条文解读

1. 地基换填

当软土层不太厚且位于表层时，采用换填法最为简单、有效。在这种局部的换填处理，保持地基整体变形均匀是换填应遵循的最基本原则。挖基坑后，利用分层回填夯压，也可处理较深的软弱土层。

垫层设计应满足地基的承载力和沉降要求。首先，垫层能换除基础下直接承受上部荷载的软弱土层，代之以能满足承载力要求的垫层；其次，荷载通过垫层的应力扩散，使下卧层顶面受到的压力满足小于或等于下卧层承载能力的条件；再者，基础持力层被低压缩性的垫层代换，能大大减少地基的沉降。因此，合理确定垫层厚度是垫层设计的主要内容。通常根据土层情况确定需要换填的深度，对于浅层软弱土厚度不大的工程，应置换掉全部软弱土。对需换填的软弱土层，首先应根据垫层的承载力确定基础的宽度和基底压力，再根据垫层下卧层的承载力，确定垫层的厚度。

确定垫层宽度时，除应满足应力扩散的要求外，还应考虑垫层应有足够的宽度及侧面土的强度条件，防止垫层材料向侧边挤出而增大竖向变形。最常用的方法依然是按扩散角法计算垫层宽度，或根据当地经验取值。

按照《铁路工程地基处理技术规程》(TB 10106—2010)规定，垫层厚度应根据需置换软弱土(层)的深度或下卧土层的承载力确定，即应满足

$$p_z + p_{cz} \leqslant k[\sigma] \tag{9-15}$$

式中 $[\sigma]$——垫层底面处经深度修正后的地基土容许承载力(kPa)；

k——修正系数，桥涵工程 $k=1.0$；

p_{cz}——垫层底面处土的自重压力值(kPa)；

p_z——垫层底面处的附加压力值(kPa)，工程中常按压力扩散角计算。

条形基础：

$$p_z = \frac{b(p_k - p_c)}{b + 2z\tan\theta} \tag{9-16}$$

矩形基础：

$$p_z = \frac{bl(p_k - p_c)}{(b + 2z\tan\theta)(l + 2z\tan\theta)} \tag{9-17}$$

式中 b——矩形基础或条形基础底面的宽度(m);

l——矩形基础底面的长度(m);

p_k——基础底面处的平均压力(kPa);

p_c——基础底面处土的自重压力(kPa);

z——垫层的厚度(m);

θ——垫层的压力扩散角(°),宜通过试验确定,无试验资料时,可按表 9-13 选用。

表 9-13 压力扩散角 θ(°)

z/b	换填材料	
	中砂、粗砂、砾砂、圆砾、角砾、卵石、碎石	灰土、水泥土
0.25	20	28
≥0.50	30	28

注:当 $z/b<0.25$ 时,除灰土取 $\theta=28°$外,其他材料均取 $\theta=0°$,必要时宜由试验确定;$0.25<z/b<0.5$ 时,θ 值可以内插求得。

按照《铁路工程地基处理技术规程》(TB 10106—2010)规定,垫层底面的宽度应满足基础底面应力扩散的要求,可按式(9-18)确定。

$$b'\geqslant(b+2z\tan\theta) \tag{9-18}$$

式中 b'——垫层底面宽度(m);

θ——压力扩散角,按表 9-13 取值;当 $z/b<0.25$ 时,仍按表 9-13 中 $z/b=0.25$ 取值。

同时要求垫层顶面每边超出基础底边缘不应小于 300 mm,且从垫层底面两侧向上,按当地基坑开挖的经验及要求放坡。

本规范规定换填的顶面尺寸应为基底每边加宽不小于 300 mm(砂垫层不小于 500 mm),底面尺寸由基底边缘按 35°～45°扩散角确定,严于《铁路工程地基处理技术规程》(TB 10106—2010)的规定。

换填砂垫层材料应采用砾砂、粗砂、中砂;换填碎石垫层材料应采用级配良好且未风化的砾石或碎石,其最大直径不宜大于 50 mm。垫层材料应不含植物残体、垃圾等杂质;碎石垫层细粒含量不得大于 10%。工程要求垫层具有排水功能时,垫层材料应具有良好的透水性。

但在软土地区，基坑开挖过深，常因地下水位高，需要采用降水措施；坑壁放坡占地面积大或边坡需要支护，常常发生坑壁坍塌、坑底隆起等现象，易引起邻近地面、管网等的沉降变形破坏。由于施工土方量大、弃土多等因素，常使工程费用增高、工期拖长、对环境的影响增大。因此，换垫处理深度通常控制在 3 m 以内较为经济合理。

对于存在软弱下卧层的垫层，应针对不同施工机械设备的重量、碾压强度、动力等因素，确定垫层底层的铺填厚度，使之既能满足该层的压密条件，又能防止破坏及扰动下卧软弱土的结构。

2. 砂垫层

砂垫层的作用主要有以下三点：

(1)以变形模量较大的砂置换一定厚度的软土层，从而减少了地基的沉降量。

(2)将基底应力较均匀地扩散到下卧软土层，从而降低软土层中的附加压应力。

(3)设置一个排水面，从而使地基在荷重作用下加速渗透固结，以便提高强度、加快沉降。

根据以往的经验，砂垫层地基的承载力可达 100～200 kPa，为天然地基的 1.5～2.0 倍。适宜用砂垫层处理的软土层厚度，一般不应大于 7 m。

为了扩散基底应力和减少侧向变形，砂垫层底面必须按规范要求保证足够的宽度，砂垫层顶面可酌予放宽，将垫层断面设计成矩形或倒梯形，垫层之上应回填透水性土，以利排水畅通。

砂垫层地基的固结度按单向固结理论计算，竖向固结度 U_z 为竖向时间因素 T_v 的函数，而 T_v 又为时间 t(s)的函数，按式(9-19)计算。

$$T_v=\frac{C_v \cdot t}{H^2} \tag{9-19}$$

式中 C_v——竖向固结系数(由室内固结试验求得，cm^2/s)；

H——土层的排水距离(cm)，双向排水时 H 为土层厚度的一半，单向排水时则为土层的厚度。

求出 T_v 后，从表 9-14 查得相应的固结度 U_z。若压缩层的土不是均匀的，则时间因数 T_v 用式(9-20)计算。

$$T_v=\frac{t}{\sum m_{vi}h_i\cdot\sum\frac{h_i}{m_{vi}C_{vi}}} \tag{9-20}$$

式中 m_{vi}——各层土的体积压缩系数，

$$m_{vi}=\frac{a}{1+e_1} \tag{9-21}$$

a——压缩系数(cm^2/kgf)；

e_1——自重压力下土的孔隙比；

h_i——土的分层厚度(m)；

C_{vi}——各层土的竖向固结系数。

表 9-14 各种边界条件下竖向固结度与时间因素的关系

Q	U_z								
	0.1	0.2	0.3	0.4	0.5	0.6	0.7	0.8	0.9
0	0.029	0.100	0.154	0.217	0.29	0.38	0.50	0.66	0.95
0.2	0.027	0.073	0.126	0.186	0.26	0.35	0.46	0.63	0.92
0.4	0.016	0.056	0.106	0.164	0.21	0.33	0.44	0.60	0.90
0.6	0.012	0.042	0.092	0.148	0.22	0.31	0.42	0.58	0.88
0.8	0.010	0.036	0.079	0.134	0.20	0.29	0.41	0.57	0.86
1.0	0.008	0.031	0.071	0.126	0.20	0.29	0.40	0.56	0.85
1.5	0.006	0.024	0.058	0.107	0.17	0.26	0.38	0.54	0.83
2	0.005	0.019	0.050	0.095	0.16	0.24	0.36	0.52	0.81
3	0.004	0.016	0.041	0.062	0.14	0.22	0.34	0.50	0.79
4	0.004	0.014	0.040	0.080	0.13	0.21	0.33	0.49	0.78
5	0.003	0.013	0.034	0.069	0.12	0.20	0.32	0.48	0.77
7	0.003	0.012	0.030	0.065	0.12	0.19	0.31	0.47	0.76
10	0.003	0.011	0.028	0.060	0.11	0.18	0.30	0.46	0.75
20	0.003	0.010	0.026	0.060	0.11	0.17	0.29	0.45	0.74
∞	0.002	0.009	0.024	0.048	0.09	0.16	0.23	0.44	0.73

注:表中 Q 为排水面压力与不排水面压力之比。

粗粒换填材料的垫层在施工期间垫层本身的压缩变形已基本完成，且量值很小。因而对于碎石、卵石、砾石及砂垫层，在地基变形计算中，可以忽略垫层自身部分的变形值。但对于细粒材料特别是换填厚度较大时，应计入垫层自身的变形。

9.3 多年冻土地基

9.3.1 冻土的分类和分级

9.3.1.1 基础桥规规定

本章关于冻土的分类和分级1条。

9.3.1条规定：

多年冻土按照冻土融化时的下沉特征可分为不融沉、弱融沉、融沉、强融沉和融陷五类，多年冻土的分类和融沉性分级见附录A。

附录A关于冻土的分类和分级共2条。

A.0.10条规定：

多年冻土的季节融化土层具有夏季融化下沉、秋冬季再次冻结时体积膨胀的特性，其冻胀性分级应符合表A.0.10的规定。

表A.0.10 多年冻土季节融化土层的冻胀性分级划分表

<table>
<tr><th>土的类别</th><th>冻前天然含水率 w(%)</th><th>冻结期间地下水位距冻结面的最小距离 h_w(m)</th><th>平均冻胀率 η(%)</th><th>冻胀等级</th><th>冻胀类别</th></tr>
<tr><td>粉黏粒质量不大于15%的粗颗粒土，粉黏粒质量不大于10%的细砂</td><td>不考虑</td><td>不考虑</td><td rowspan="5">$\eta \leqslant 1$</td><td rowspan="5">I</td><td rowspan="5">不冻胀</td></tr>
<tr><td>粉黏粒质量大于15%的碎石、砂类土，粉黏粒质量大于10%的细砂</td><td>$w \leqslant 12$</td><td>>1.0</td></tr>
<tr><td>粉砂</td><td>$w \leqslant 14$</td><td>>1.0</td></tr>
<tr><td>粉土</td><td>$w \leqslant 19$</td><td>>1.5</td></tr>
<tr><td>黏性土</td><td>$w \leqslant w_p + 2$</td><td>>2.0</td></tr>
</table>

续上表

土的类别	冻前天然含水率 w(%)	冻结期间地下水位距冻结面的最小距离 h_w(m)	平均冻胀率 η(%)	冻胀等级	冻胀类别
粉黏粒质量大于15%的颗粒土，粉黏粒质量大于10%的细砂	$w \leqslant 12$	≤1.0	$1 < \eta \leqslant 3.5$	Ⅱ	弱冻胀
	$12 < w \leqslant 18$	>1.0			
粉　砂	$w \leqslant 14$	≤1.0			
	$14 < w \leqslant 19$	>1.0			
粉　土	$w \leqslant 19$	≤1.5			
	$19 < w \leqslant 22$	>1.5			
黏性土	$w \leqslant w_p + 2$	≤2.0			
	$w_p + 2 < w \leqslant w_p + 5$	>2.0			
粉黏粒质量大于15%的粗颗粒土，粉黏粒质量大于10%的细砂	$12 < w \leqslant 18$	≤1.0	$3.5 < \eta \leqslant 6$	Ⅲ	冻　胀
	$w > 18$	>0.5			
粉　砂	$14 < w \leqslant 19$	≤1.0			
	$19 < w \leqslant 23$	>1.0			
粉　土	$19 < w \leqslant 22$	≤1.5			
	$22 < w \leqslant 26$	>1.5			
黏性土	$w_p + 2 < w \leqslant w_p + 5$	≤2.0			
	$w_p + 5 < w \leqslant w_p + 9$	>2.0			
粉黏粒质量大于15%的粗颗粒土，粉黏粒质量大于10%的细砂	$w > 18$	≤0.5	$6 < \eta \leqslant 12$	Ⅳ	强冻胀
粉　砂	$19 < w \leqslant 23$	≤1.0			
粉　土	$22 < w \leqslant 26$	≤1.5			
	$26 < w \leqslant 30$	>1.5			
黏性土	$w_p + 5 < w \leqslant w_p + 9$	≤2.0			
	$w_p + 9 < w \leqslant w_p + 15$	>2.0			
粉　砂	$w > 23$	不考虑	$\eta > 12$	Ⅴ	特强冻胀
粉　土	$26 < w \leqslant 30$	≤1.5			
	$w > 30$	不考虑			

续上表

土的类别	冻前天然含水率 w(%)	冻结期间地下水位距冻结面的最小距离 h_w(m)	平均冻胀率 η(%)	冻胀等级	冻胀类别
黏性土	$w_p+9<w\leqslant w_p+15$	$\leqslant 2.0$	$\eta>12$	Ⅴ	特强冻胀
	$w>w_p+15$	不考虑			

注:1 η为地表冻胀量与冻层厚度减地表冻胀量之比。

2 w_p为塑限含水率。

3 盐渍化冻土不在表列。

4 塑性指数 w_p 大于22时,冻胀性降低一级。

5 碎石类土当充填物大于全部质量的40%时,其冻胀性按填充物土的类别判定。

6 粗颗粒土指中砂、粗砂、砾砂和碎石类土,粉黏粒指粒径小于0.075 mm的颗粒。

A.0.11 条规定:

多年冻土的天然含水率与融沉等级和冻土地层的总含水率及其表征地层持水能力的细粒土(包括黏粒和粉粒)含量密切相关,其含水率和融沉分级的对应关系应符合表A.0.11的规定。

表A.0.11 多年冻土的含水率与融沉等级对照表

多年冻土类别	土的名称	总含水率 w_A(%)	融化后的潮湿程度	平均融沉系数 δ_0	融沉等级及类别
少冰冻土	碎石类土、砾砂、粗砂、中砂(粉黏粒质量小于15%)	$w_A<10$	潮湿	$\delta_0\leqslant 1$	Ⅰ级 不融沉
	碎石类土、砾砂、粗砂、中砂(粉黏粒质量大于15%)	$w_A<12$	稍湿		
	细砂、粉砂	$w_A<14$			
	粉土	$w_A<17$			
	黏性土	$w_A<w_p$	坚硬		
多冰冻土	碎石类土、砾砂、粗砂、中砂(粉黏粒质量小于15%)	$10\leqslant w_A<15$	饱和	$1<\delta_0\leqslant 3$	Ⅱ级 弱融沉
	碎石类土、砾砂、粗砂、中砂(粉黏粒质量大于15%)	$12\leqslant w_A<15$	潮湿		
	细砂、粉砂	$14\leqslant w_A<18$			
	粉土	$17\leqslant w_A<21$			
	黏性土	$w_p\leqslant w_A<w_p+4$	坚硬		

续上表

<table>
<tr><th>多年冻土类别</th><th>土的名称</th><th>总含水率 w_A(%)</th><th>融化后的潮湿程度</th><th>平均融沉系数 δ_0</th><th>融沉等级及类别</th></tr>
<tr><td rowspan="5">富冰冻土</td><td>碎石类土、砾砂、粗砂、中砂(粉黏粒质量小于15%)</td><td rowspan="2">$15 \leqslant w_A < 25$</td><td>饱和出水(出水量小于10%)</td><td rowspan="5">$3 < \delta_0 \leqslant 10$</td><td rowspan="5">Ⅲ级融沉</td></tr>
<tr><td>碎石类土、砾砂、粗砂、中砂(粉黏粒质量大于15%)</td><td rowspan="3">饱 和</td></tr>
<tr><td>细砂、粉砂</td><td>$18 \leqslant w_A < 29$</td></tr>
<tr><td>粉 土</td><td>$21 \leqslant w_A < 32$</td></tr>
<tr><td>黏性土</td><td>$w_p + 4 \leqslant w_A < w_p + 15$</td><td>软 塑</td></tr>
<tr><td rowspan="3">饱冰冻土</td><td>碎石类土、砾砂、粗砂、中砂(粉黏粒质量小于15%)</td><td rowspan="2">$25 \leqslant w_A < 44$</td><td rowspan="2">饱和出水(出水量小于10%)</td><td rowspan="3">$10 < \delta_0 \leqslant 25$</td><td rowspan="3">Ⅳ级强融沉</td></tr>
<tr><td>碎石类土、砾砂、粗砂、中砂(粉黏粒质量大于15%)</td></tr>
<tr><td>黏性土</td><td>$w_p + 15 \leqslant w_A < w_p + 35$</td><td>软 塑</td></tr>
<tr><td rowspan="2">含土冰层</td><td>碎石类土、砂类土、粉土</td><td>$w_A \geqslant 44$</td><td>饱和出水(出水量小于0%~20%)</td><td rowspan="3">$\delta_0 > 25$</td><td rowspan="3">Ⅴ级融陷</td></tr>
<tr><td>黏性土</td><td>$w_A \geqslant w_p + 35$</td><td>流 塑</td></tr>
<tr><td>纯冰层</td><td colspan="3">厚度大于 25 cm 或间隔 2 cm～3 cm 冰层累计超过 25 cm</td></tr>
</table>

注:1 总含水率包含冰和未冻水。

2 盐渍化冻土、泥炭化冻土、腐殖土、高塑性黏土不在表列。

3 w_p为塑限含水率。

9.3.1.2 条文解读

1. 多年冻土分类和分级原则

《冻土地区建筑地基基础设计规范》(JGJ 118—2011)规定:多年冻土是指冻结状态持续二年或二年以上的土(岩石)。多年冻土分类表是在综合分析冻土内在规律的基础上,并考虑与建筑基础的相互联系,按其工程性质分成若干个等级。它对于工程地质勘察和设计工作都有一定的指导意义。一般分类原则有:

(1)较充分地反映多年冻土对工程建筑物破坏的主要因素。由于多年冻土地区大量的工程破坏主要表现在融沉方面,因此分类时以考虑冻土的融沉性为主,并考虑其冻胀性和强度问题。

(2)既适用于多年冻土,又适用于多年冻土之上的季节活动层。

(3)以定量数据为依据,同时考虑现场应用的可能性和现实性。表中各个界限均以现场和室内观测数据为依据。野外只需做一些简单的物理性质试验,如筛分、含水率测定等。

《冻土地区建筑地基基础设计规范》(JGJ 118—2011)对冻土名称和分类的规定为:根据持续时间可分为季节冻土与多年冻土;根据所含盐类与有机物的不同可分为盐渍化冻土与冻结泥炭化土;根据其变形特性可分为坚硬冻土、塑性冻土与松散冻土;根据冻土的融沉性与土的冻胀性又可分成若干亚类。

多年冻土场地应根据工程类型、地质情况、地温特征值、岩土含水率及地下水情况等评价其工程地质条件。多年冻土对工程的主要危害是其融沉性(或称融陷性)和冻胀性。故此,本规范附录 A 是按照冻土的冻胀性与土的融沉性进行分类和分级。

2. 融沉性分类和分级

多年冻土地基土融化下沉性分类表,是在总结我国历年来大量的室内外物理力学试验资料的基础上,结合现场冻土工程地质工作成果综合而成的。由于多年冻土对建筑物破坏的主要特点是融沉作用,而多年冻土地基融沉为指标工程分类,在一定程度上反映了冻土的构造和力学特性,所以根据冻土的颗粒成分、含水(冰)量,对多年冻土地基土进行了融沉性分级。其分类原则、分级界限的划分、指标界限的确定等分述如下。

(1)多年冻土融沉性分类原则

①要反映多年冻土对工程建筑物破坏的主要因素。这些因素是:在热影响下使冻土产生融化下沉作用、冬天融化层回冻时所产生的冻胀作用以及冻土作地基并保持冻结状态时的强度问题。根据我国多年冻土地区的工程实践表明,其破坏的主要原因为融沉方面。因此对多年冻土进行工程分类时,采用融化下沉系数作为直接控制指标,并考虑其冻胀和强度问题。这个分类,原则上可以与冻土强度分类、冻胀分类统一起来,其基本指标界限是一致的。

②注意科学性，以定量数据为依据，并考虑现场应用的可能性，分类表中各个界限，都是以现场和室内的观测试验数值为依据。现场应用时，只需做一些简单的物理试验工作，如颗粒筛分、含水量测定等即可。

(2)多年冻土地基融沉等级的划分

按上述原则，根据冻土的工程性质将其划分为

Ⅰ——不融沉土（少冰冻土）；

Ⅱ——弱融沉土（多冰冻土）；

Ⅲ——融沉土（富冰冻土）；

Ⅳ——强融沉土（饱冰冻土）；

Ⅴ——融陷土（含土冰层）。

各类土基本指标的确定，主要是按基底以下融化深度为 3 m 考虑的，因我国多年冻土地区一般建筑物（如桥涵）基底融化深度以 3 m 左右最为常见，对采暖房屋（当基础埋深在 2 m 以下）基底的融深一般也在此范围内，所以具有一定的代表性。各类土的控制指标见表 9-15。

表 9-15　多年冻土地基土按融化下沉划分

融沉分类等级	Ⅰ	Ⅱ	Ⅲ	Ⅳ	Ⅴ
融化下沉系数 δ_0(%)	＜1	1～5	5～10	10～25	＞25
按 3 m 计算的融化下沉总量(mm)	＜30	30～150	150～300	300～750	＞750

Ⅰ类土是除基岩之外的最好地基土。一般建筑物可不考虑冻融问题。

Ⅱ类土是多年冻土较好的地基土，融化下沉量不大。

Ⅲ类土是作为建筑物地基时，应采取专门措施，如深基、保温、防止基底融化等。

Ⅳ类土是往往会造成建筑物的破坏，宜采用保持冻土的原则设计或采用桩基等。

Ⅴ类土是因含有大量的冰，所以不但不允许基底融化，还应考虑它的长期流变作用，需进行专门处理，如砂垫层等。

(3)多年冻土地基各类融沉土指标界限的确定

①黏性土

黏性土（包括黏砂土、砂黏土、黏土）具有相似的物理力学特性，在冻

结过程中均有聚冰作用，即在有充分的水分补给条件下，在冻结过程中都有冰透镜体和冰层的生存。各类黏性土的融化下沉大小，与土的塑性含水量以及超过塑限含水量的绝对含水量有直接关系，其表达式为：$A=K(\omega_n-\omega_p)$，其中$(\omega_n-\omega_p)$称为"有效融化下沉含水量"，K为融化下沉常数，其值等于0.5～0.72，采用0.72。冻结黏性土在融化过程中，并不是大于ω_p的水分均能排除，仅仅是其中的一部分，且随含水量的增加而不能排除的水分愈多。因此最后在外荷裁作用下，其压缩系数随着A的增大而加大，这对各种黏性土都是一致的。

当$A=1$时，黏性土临界融化下沉含水量$\omega_c=\omega_p+1\sim\omega_p+3$，为了便于应用，以$\omega_p$代替$\omega_c$作为不融沉土与弱融沉土的分界含水量，是偏于安全的。将$A=5,10,25$分别代入公式$A=0.72(\omega_n-\omega_p)$中，求得其含水量分界值为：$\omega_p+7$，$\omega_p+15$，$\omega_p+35$。

②粗颗粒土

粗颗粒土（包括碎石土、砾砂、粗砂和中砂）的融化下沉值，主要取决于粉黏粒含量的多少。试验表明：纯净的粗颗粒土（指其中没有粉黏粒含量），在充分饱水条件下，其最大融化下沉系数不大于2%。根据现场观测，此类土中多不以冰作为包裹体，仅在空隙中有冰充填，属良好的地基土。但随着粉黏粒含量的增加，其性质则逐渐发生变化。在室内用同一种粗颗粒土进行试验时，在充分饱水条件下，当粉黏粒（粒径<0.05 mm）量占总土量的12%左右时，则有明显的变化点，在粉黏粒含水量与融化下沉关系曲线上为一拐点。从定量上看，在粉黏粒含量小于12%时，最大融化下沉系数小于4%；当粉黏粒（粒径<0.05 mm）含量大于12%时，最大融化下沉系数大于4%。在青海木里地区一、二级阶地广泛分布的卵、砾石层中的大量挖探资料可见，当卵砾石中粉黏粒含量大于15%时，发现其中有较多的黏性土和冰的透镜体，并具有较大的融化下沉性（可大于10%～23%）；粉黏粒含量较少的卵砾石层，几乎见不到上述现象，其最大融化下沉系数均小于5%。因此，将粗颗粒土划分为两组：一组为粉黏粒含量小于15%的，工程性质良好，一般在饱水条件下，融化下沉系数大于5%；另一组为黏粒含量大于15%的，其工程性质随含水量的增加而变差，在充分饱水条件下，其工程性质往往与黏性土一样。

从融沉系数(A)与含水量(ω_n)相关图求得粗颗粒土A、ω_n表达式为

$$A=(\omega_n-\omega_c)K \tag{9-22}$$

式中 ω_c——起始融化下沉含水量(%)：当粉黏粒含量>15%时，$\omega_c\approx 10$；当粉黏粒含量<15%时，$\omega_c\approx 8$；

K——常数：当粉黏粒含量>15%时，$K=0.65$；当粉黏粒含量≤15%时，$K=0.60$。

由式(9-22)求得 A 与相关值，见表 9-16 和表 9-17。

表 9-16 粉黏粒含量>15%的粗颗粒土融化下沉系数与含水量关系

融沉分类	不融沉	弱融沉	融　沉	强融沉	融　陷
融沉系数 A(%)	≤1	1～5	5～10	10～25	>25
计算含水量 ω_n(%)	11.5	11.5～17.8	17.8～25.4	25.4～48.4	>48.4
采用值(%)	≤12	12～18	18～25	25～44	>44

注：表中强融沉土含水量采用值"44%"是结合现场实践经验确定的。

表 9-17 粉黏粒含量<15%的粗颗粒土融化下沉系数与含水量关系

融沉分类	不融沉	弱融沉	融　沉	强融沉	融　陷
融沉系数 A(%)	≤1	1～5	5～10	10～25	>25
计算含水量 ω_n(%)	9.7	9.7～16.3	16.3～24.7	24.7～50	>50
采用值(%)	≤10	10～16	16～25	25～44	>44

注：表中含水量采用值"44%"是结合现场实践经验确定的。

③细砂、粉砂

细砂、粉砂的工程性质接近于黏土，但其塑限含水量很难确定，试验资料较少，故暂划归粗颗粒土组。

④含土冰层

含土冰层是多年冻土地区特有的一种地基，它对各种建筑物均有极大危害，当直接作为地基时，融化后将会产生严重融陷。当处于冻结状态时，冰一般认为属于黏塑性体，在长期荷载作用下，将会产生流变作用。因此凡基底遇到含土冰层时，均需作特殊处理，划分含土冰层应满足以下两个条件：一个是物理力学性质要接近于冰的性质；另一个冰与土的体积之比要大于 1，即冰的体积要大于土骨架的体积。

根据试验结果，黏性土当 $\omega_n\geqslant\omega_p+35\sim\omega_p+40$，粗颗粒土当 $\omega_n\geqslant$

$\omega_c+35\sim\omega_c+40$ 时，则接近于冰的性质。上述的含水状况，当处于冻结状态时(一般认为在较高负温时，未冻水含量相当于 ω_p)，其冰与土的体积比一般大于 1，故大于上述含水界限的土层，称为含土冰层。

综上所述，根据土融化下沉系数 δ_0 的大小，多年冻土可分为不融沉、弱融沉、融沉、强融沉和融陷土五类。多年冻土地基根据土的类别、总含水率及融沉系数进行融沉性分级划分及对应关系见表 9-18[即《铁路工程地质勘察规范》(TB 10012—2007)表 6.6.6]和本规范表 A.0.11。

表 9-18　多年冻土融沉性分级及冻土分类

土的名称	总含水率 ω_A(%)	平均融沉系数 δ_0(%)	融沉等级及类别	冻土类别
粉黏粒质量小于 15% 的粗颗粒土(包括碎石类土、砾砂、粗砂、中砂，以下同)	$\omega_A<10$	$\delta_0\leqslant1$	Ⅰ级不融沉	少冰冻土
粉黏粒质量大于 15% 的粗颗粒土	$\omega_A<12$			
细砂、粉砂	$\omega_A<14$			
粉　土	$\omega_A<17$			
黏性土	$\omega_A<\omega_p$			
粉黏粒质量小于 15% 的粗颗粒土	$10\leqslant\omega_A<15$	$1<\delta_0\leqslant3$	Ⅱ级弱融沉	多冰冻土
粉黏粒质量大于 15% 的粗颗粒土	$12\leqslant\omega_A<15$			
细砂、粉砂	$14\leqslant\omega_A<18$			
粉　土	$17\leqslant\omega_A<21$			
黏性土	$\omega_p\leqslant\omega_A<\omega_p+4$			
粉黏粒质量小于 15% 的粗颗粒土	$15\leqslant\omega_A<25$	$3<\delta_0\leqslant10$	Ⅲ级融沉	富冰冻土
粉黏粒质量大于 15% 的粗颗粒土				
细砂、粉砂	$18\leqslant\omega_A<28$			
粉　土	$21\leqslant\omega_A<32$			
黏性土	$\omega_p+4\leqslant\omega_A<\omega_p+15$			
粉黏粒质量小于 15% 的粗颗粒土	$25\leqslant\omega_A<44$	$10<\delta_0\leqslant25$	Ⅳ级强融沉	饱冰冻土
粉黏粒质量大于 15% 的粗颗粒土				
细砂、粉砂	$28\leqslant\omega_A<44$			
粉　土	$32\leqslant\omega_A<44$			
黏性土	$\omega_p+15\leqslant\omega_A<\omega_p+35$			

续上表

土的名称	总含水率 ω_A(%)	平均融沉系数 δ_0(%)	融沉等级及类别	冻土类别
碎石类土、砂类土、粉土	$\omega_A \geqslant 44$	$\delta_0 > 25$	Ⅴ级融陷	含土冰层
黏性土	$\omega_A \geqslant \omega_p + 44$			

注:(1)融沉系数为冻土试样融化下沉量与冻土试样高度的比;

(2)总含水率为含冰和未冻水的总质量与土骨架质量之比;

(3)ω_p为塑限含水率。

冻土层的平均融化下沉系数 δ_0 可按式(9-23)计算。

$$\delta_0 = \frac{h_1 - h_2}{h_1} = \frac{e_1 - e_2}{1 + e_1} \times 100\% \tag{9-23}$$

式中 h_1, e_1——冻土试样融化前的高度(mm)和孔隙比;

h_2, e_2——冻土试样融化后的高度(mm)和孔隙比。

冻土总含水率包括冻土的含冰和未冻水的总量,需要取冻土样做试验确定,是多年冻土分类和确定其工程性质的主要依据。当多年冻土年平均地温接近零摄氏度时,在一定的环境条件下,多年冻土的稳定性只取决于冻土中的含冰量。因此,在野外工程地质勘察时,可根据体积含冰量(单位体积内冰的质量与冻土中水的质量之比),参照表 9-19 初步判定多年冻土含冰的类型。

表 9-19 多年冻土含冰类型初判标准

多年冻土含冰的类型	体积含冰量 i_v(%)
少冰冻土	$i_v < 25$
多冰冻土	$25 \leqslant i_v < 40$
富冰冻土	$40 \leqslant i_v < 60$
饱冰冻土	$60 \leqslant i_v < 90$
含土冰层	$90 \leqslant i_v < 100$

《冻土地区建筑地基基础设计规范》(JGJ 118—2011)提供冻土的融沉性与冻土强度及构造的对应关系见表 9-20。

表 9-20　冻土的融沉性与冻土强度及构造的对应关系

级别		Ⅰ	Ⅱ	Ⅲ	Ⅳ	Ⅴ
融沉评价	名称	不融沉	弱融沉	融沉	强融沉	融陷
	融沉系数 δ_0	$\delta_0 \leqslant 1$	$1 < \delta_0 \leqslant 3$	$3 < \delta_0 \leqslant 10$	$10 < \delta_0 \leqslant 25$	>25
强度评价	名称	少冰冻土	多冰冻土	富冰冻土	饱冰冻土	含土冰层
	相对强度值	<1	1.0	1.0～0.8	0.8～0.4	<0.4
冷生构造		整体构造	微层微网状构造	层状构造	斑状构造	基底状构造
限界含水率（黏性土）ω（%）		$\omega < \omega_p$	$\omega_p \leqslant \omega < \omega_p + 4$	$\omega_p + 4 \leqslant \omega < \omega_p + 15$	$\omega_p + 15 \leqslant \omega < \omega_p + 35$	$\omega \geqslant \omega_p + 35$

融沉系数 δ_0 与塑限含水率 ω_p（细粒土）或起始融沉含水率（粗粒土）ω_0 的关系式为 $\delta_0 = \beta(\omega - \omega_p)$，$\delta_0 = \beta(\omega - \omega_0)$。$\omega - \omega_p$ 或 $\omega - \omega_0$ 称为有效融化下沉含水率，β 称为融化下沉常数，见表 9-21。

表 9-21　融化下沉常数 β

土的类别	黏性土	粗粒土	细粉砂
β	0.72	0.65①，0.60②	0.71

注：①粒径小于 0.075 mm 的含量超过 10%，$\omega_0 \approx 10\%$。

②粒径小于 0.075 mm 的含量不超过 10%，$\omega_0 \approx 8\%$。

冻土强度指标或冻土承载力与含水率有密切关系。Ⅰ类不融沉土由于其中的含水率较少，不足以胶结全部矿物颗粒为一坚硬整体，所以基本接近不冻土的性质，但强度仍大于相应不冻土；Ⅱ～Ⅲ类土是典型冻土，其强度最大；Ⅳ类土含有大量冰包裹体，长期强度明显减少；Ⅴ类土与冰的性质相似。如表 9-20 所列，当Ⅱ类土强度为 1.0 时，Ⅲ类土为 1.0～0.8，Ⅳ类土为 0.8～0.4，Ⅴ类土小于 0.4，而Ⅰ类土亦小于 1.0。

一般对Ⅰ、Ⅱ级融沉（$1 < \delta_0 \leqslant 3$），建筑物结构设计时，无须考虑多年冻土地基融沉的影响。因为一般建筑物的主要承重结构在设计和使用过程中都容许有一定变形量，以适应地基的融沉性。但是，当Ⅲ、Ⅳ、Ⅴ级融沉土的融沉量超过建筑物的容许变形值时，对建筑物而言必须采取相应的设计原则、适当的基础形式以及适应不均匀沉降的柔性结构等特殊措施。

3. 季节性冻土

根据国内外的大量试验研究资料表明，影响土的冻胀的主要因素为土的颗粒成分和含水量，而且含水量起主导作用。有时从土的颗粒成分来看，虽属冻胀性土，但由于含水量很小，地下水位很低，毛细管上升高度达不到冻结峰面，形成不了冻结条件，也不会产生冻胀。同时由于含水状况不同，其冻胀程度也不一样，工程措施也就不相同。所以必须具体情况具体分析，不能一概而论。但是在《75 年桥规》的"季节性冻土分类表"中，只划分了不冻胀、冻胀两类，不能满足工程实践的要求，尤其是在严寒地区，季节性冻结很深的情况，将会增加不必要的工程费用，故需重新划分，其原则如下：

(1)要反映地基土对工程建筑物破坏的根本因素，这就是：在冬天季节冻层冻结时所产生的冻胀作用。根据我国严寒及多年冻土地区的调查资料表明，不少建筑物的破坏，都是由于土的冻胀作用造成的，因此对地基土进行冻胀性分类时，应以冻胀系数作为直接控制指标。

(2)定量指标要有试验数据，同时还要考虑现场应用的可能性。影响土的冻胀的因素很多，如冻结前的含水量、地下水位的补给条件、地温、颗粒组成、冻结速度、孔隙比等。但为了现场应用方便起见，地基土冻胀分类表主要考虑了土的颗粒组成、天然含水量以及与地下水位的关系等，并根据这几项主要因素的室内外观测试验数值作为界限划分的依据，现场应用时，只需做一些简单的物理试验工作即可。

综上所述，多年冻土季节融化层土，根据土平均冻胀率 η 的大小可分为不冻胀土、弱冻胀土、冻胀土、强冻胀土和特强冻胀土五类，其冻胀性分级应符合本规范表 A. 0. 10 的规定。

冻土层的平均冻胀率 η 应按式(9-24)计算。

$$\eta=\frac{\Delta z}{h'-\Delta z}\times 100\% \tag{9-24}$$

式中 Δz——地表冻胀量(mm)；

h'——冻层厚度(mm)。

冻层厚度与冻结深度两个概念容易混淆，对不冻胀土二者相同，但对冻胀土，尤其强冻胀以上的土，二者相差颇大。冻层厚度的自然地面是随冻胀量的加大而逐渐上抬的，设计基础埋深时所需的冻深值是自冻前原自然地面算起的；它等于冻层厚度减去冻胀量，特此强调提出，引起注意。

土的含水率与冻胀率之间的关系可按式(9-25)计算。

$$\eta=\frac{1.09\rho_d}{2\rho_w}(\omega-\omega_p)\approx0.8(\omega-\omega_p) \tag{9-25}$$

式中 ρ_d——土的干密度，取 1.5 g/cm³；

ρ_w——水的密度，取 1.0 g/cm³；

ω——天然含水率(%)；

ω_p——塑限含水率(%)。

在有地下水补给时，冻胀性提高一级。如果地下水离冻结峰面较近，处在毛细水强烈补给范围之内时，冻胀性提高两级。式(9-25)是按黏性土在没有地下水补给(封闭系统)的条件下，理论上简化计算最大可能产生的平均冻胀率。

多年冻土季节融化土层的冻胀性分级划分本规范表 A.0.10 和《冻土地区建筑地基基础设计规范》(JGJ 118—2011)表 3.1.5 还有不同规定。

表 A.0.10“冻结期间地下水位距冻结面的最小距离”一栏，表 3.1.5 为“冻前地下水位距设计冻深的最小距离”。

因为“冻结期间地下水位距冻结面的最小距离”的要求给实际勘察带来很大困难，一方面，什么时期地下水位距离冻结面最近难以预测；另一方面，该指标的勘察确定与冻前含水率的勘察也必然存在季节上的不一致，造成勘察困难。因此，将该指标修改为“冻前地下水位距设计冻深的最小距离”，表中对应的取值保持不变。设计冻深应该视为冻结期间的最大冻深，如果冻前地下水位距离设计冻深的距离大于表中取值，且在冻结期间地下水位不上升，则满足修订后的“冻前地下水位距设计冻深的最小距离”就一定满足修订前的“冻结期间地下水位距冻结面的最小距离”。

表 A.0.10 中第一种土类为“粉黏粒质量≤15%的粗颗粒土(粗颗粒土指中、粗、砾砂和碎石类土，粉黏粒指粒径小于 0.075 mm 的颗粒)，粉黏粒质量≤10%的细砂”，对地下水位不作考虑。表 3.1.5 中第一种土类为“碎(卵)石，砾、粗、中砂(粒径小于 0.075 mm 的颗粒含量不大于 35%)，细砂(粒径小于 0.075 mm 的颗粒含量不大于 10%)”，两者表述不尽相同。《冻土地区建筑地基基础设计规范》(JGJ 118—2011)修订时专家提出当此类土下部存在隔水层，且地下水位很高使得该土层呈饱和含水状态时，会出现较强的冻胀；中科院寒旱所的一些路基填土(碎石土、卵石土)在饱和含水条件下的封闭冻胀实验也出现过一定程度冻胀的现象；此种冻胀主要源于水相变为冰的体积膨胀。因此，《冻土地区建筑地基基础设计规范》(JGJ 118—2011)表 3.1.5 在该类土中，又针对含水状况、隔水层等划分为两种情况处理，而本规范表 A.0.10 没有要求。

9.3.2 一般规定

9.3.2.1 基础桥规规定

本章关于多年冻土地基一般规定共有 6 条。

9.3.2 条规定：

桥涵工程应根据桥址多年冻土的分布特征，全面进行工程地质评价，选择合理的桥渡方案、桥涵结构类型。

9.3.3 条规定：

多年冻土地区基础设计除应进行地基承载力、变形及稳定性计算外，还应根据冻土的工程地质状况进行冻胀及冻胀力的检算。

9.3.4 条规定：

多年冻土地区的桥涵基础可按以下两种基本原则进行设计：

1 年平均地温低于-1.0 ℃的场地和最大融化深度范围内存在融沉、强融沉、融陷性土及其夹层的地基，宜按保持冻结原则设计，基础形式可采用桩基础。

2 年平均地温不低于-0.5 ℃的场地，宜按容许融化原则设计。设计时应加大基础埋深，宜用粗颗粒土换填，埋设保温隔热材料等措施减少地基变形，必要时采取结构措施适应变形要求，当冻土层有可能全部融化时，应按季节冻土地基进行设计。

9.3.5 条规定：

钻孔灌注桩可用于各类多年冻土地基；明挖基础可用于埋深较浅，除含土冰层以外的各类多年冻土地基。

9.3.12 条规定：

涵洞基础设计时应符合下列要求：

1 多年冻土涵洞的基础要与冻土地基类型相适应。

2 地基的强度不够或多年冻土人为上限较深需要加深基础时，特别是饱冰冻土、含土冰层等不良冻土地段，宜采用桩基础。

3　按容许融化原则设计存在强融沉、强冻胀等不良冻土地基，径流期长、径流量大，可能产生不均匀冻融变形时，可采用钢筋混凝土基础。

4　按保持冻结原则设计时，涵洞中心的预拱度按表9.3.12确定。

表9.3.12　涵洞中心的预拱度

地基冻土类型	弱融沉土	融 沉 土	强融沉土
预拱度	$H/100$	$H/80$	$H/50$

注：H为线路中心处轨底至涵底流水板面高度。

9.3.13条规定：

附属工程的基础可置于季节融化层或多年冻土中，埋深可根据非多年冻土地区的有关规定确定。季节融化层为冻胀土或强冻胀土时，基础宜每隔2 m～5 m设一道沉降缝。

9.3.2.2　条文解读

1. 选择合理的桥渡方案和桥涵结构类型

我国多年冻土分布在东北的大小兴安岭北部（以下简称东北多年冻土）、青藏高原以及西部高山——天山、阿尔泰山等地区（以下简称西部多年冻土）。总面积185～190万 km^2，占我国领土总面积的19%～20%。

东北多年冻土系高纬度冻土，面积约50万 km^2。这里全年冬季长达8个月之久，夏季极短，又有茂密的森林，为多年冻土的存在提供了条件。本区域多年冻土由北向南由连续分布变为岛状分布，大兴安岭的最北部，除了额尔古纳河、黑龙江及其支流的河床和部分河漫滩下以及温泉出露带为融区外，多年冻土基本是连续分布。往南为多年冻土与非多年冻土的过渡带，所以多年冻土呈岛状分布。这些多年冻土大部分见于沼泽区的塔头草或泥炭层下，少量散布在沟谷背阴的低洼地，面积一般不大，具有地温高、厚度小、不够稳定的特点，因此冻融作用极为强烈，这是造成该地区建筑物破坏的根本原因。再往南则仅在沼泽、泥炭发育地段上可能有未融化完的季节冻结层或退化残存下来的多年冻土，这种多年冻土一般埋藏较深，与季节冻土也不衔接。

在我国西部不仅有现代冰川和多年积雪共存的多年冻土（如天山、祁连山、阿尔泰山等地的多年冻土），而且在喜马拉雅山和昆仑山之间的青藏高原上有着大面积连续分布的多年冻土。青藏高原海拔高度一般在4 000 m以上,气候要比其他中纬度地区冷得多。因此,在高原上除了温泉出露带和大河河床下有融区外,多年冻土呈大面积连续分布。这些多年冻土具有地温低、厚度大、相对稳定的特点。西部多年冻土的存在,主要受当地海拔高度的控制。在垂直方向服从高度分带规律。

本条说明着重指出多年冻土地区桥涵地基评价及地基设计时,需考虑的主要因素。多年冻土的稳定状态,系指多年冻土是处于相对稳定或不够稳定的状态。相对稳定的多年冻土,在平面上呈大片连续分布,年平均地温低于−1.0 ℃。多年冻土层与季节融化层为衔接的,地表堆积土之后,冻土上限有上升现象,青藏高原、祁连山木里地区及东北大兴安岭满归地区多属此类地带。在边缘地带,多年冻土常处于不够稳定的状态,平面分布一般为岛状,季节冻土层与多年冻土层不衔接,地表堆积土之后,冻土上限不上升或上升不明显,东北大兴安岭加格达奇和牙克石地区多属此类地带。桥涵修建后改变了热交换的介质条件,破坏了地基土的热平衡状态,在施工中各种热源参加热交换,以及洪水的潜流作用,桥涵地基土温及冻土上限均发生变化。桥墩台地基一般上限下移,冻土温度上升。涵洞地基在青藏高原上限常有上升现象,大兴安岭地区则常下移。冻土的物理力学性质因土温升降而改变,地下水的活动、桥涵基础施工方法等均常导致土温的变化,因此其关系是错综复杂的。不良地质现象,如厚层地下冰,对桥涵工程也有较大的影响。所以上述各种因素是选择地基设计原则及结构形式的主要依据,在勘测设计中应深入调查,分析研究,全面进行工程地质评价,选择经济合理的设计原则。

(1)桥渡方案

多年冻土地区的桥涵应以原沟单独设置,不应采用长大截水导流工程合并设置桥涵。对径流明显的地区,不宜改变水流方向,应顺水流方向设置桥涵工程,减少长大改沟及沟底开挖。在漫流地区应加大桥梁的长度。

在山前区变迁性河流地段,采用一河多桥方案需慎重,不宜过多压缩河道,并做好导流建筑物。

当桥涵入口附近有危害桥涵正常使用的热融滑塌时,应考虑设桥,并应对滑体进行适当处理。

应采取有效的防排水措施使桥涵排水通畅,应避免桥涵出入口处及桥下、涵内积水。

桥涵孔径及桥下净空除满足正常水文要求外，对于存在冰锥、冰丘、冰漫及融冻泥流等现象时，应加大桥涵孔径及桥下净空。

在流冰严重、可能形成冰锥、冰丘及上限较深的饱冰冻土、含土冰层地基以及大河融区的河段上，桥孔布置宜采用较大跨度，以减少桥墩的设置，并且流冰面以下、基底以上墩身加设护面钢筋。

对于径流大、径流期长以及高温极不稳定冻土区和厚层地下冰等不良冻土地段，可能发生较严重病害的涵洞，应采取相应防融沉、防冻胀措施，如换填非冻胀土、埋设必要的工业保温材料，必要时应以桥代涵，确保工程的安全可靠。

(2)桥涵结构类型

①桥梁

多年冻土地区的桥梁上部结构、墩台及基础类型的选择，应结合桥址处冻土的特征，尽可能选择对多年冻土地基破坏最小，能够适应地基轻微冻胀和下沉的结构形式。

多年冻土地基的一般桥梁应优先选用先张法预应力混凝土梁，后张法混凝土梁原则上不使用。桥梁的架设是控制工期的主要问题，设计时应对控制工期的重点桥梁进行技术经济比较，优化桥梁跨度。

墩台类型，一般可选用现行的标准图、通用图，对于桥梁跨度不大于16 m的梁跨，应优先采用预制拼装结构；对于大于16 m的梁跨，原则上采用现浇混凝土墩台，以提高桥梁的整体动力性能。

小桥宜采用预制拼装结构。桥梁支座采用钢支座。

②涵洞

多年冻土地区的涵洞工程，一般可采用钢筋混凝土圆涵、钢筋混凝土矩形涵、钢筋混凝土框架箱涵、钢筋混凝土盖板涵、金属波纹管涵。

涵洞类型及孔径选择，除考虑非多年冻土地区的有关规定外，还应根据涵洞地基的多年冻土情况，经综合技术经济比较后确定。

金属波纹管涵为一种新型结构形式，对多年冻土地基的影响较小，在铁路上推广应用之前应进行必要的试验研究。

钢筋混凝土圆涵及钢筋混凝土盖板涵，能够适应地基的轻微变形，一般情况下均可采用，但涵洞的主体及附属工程材料应采用混凝土材料。

在可能产生较严重的变形时，如按容许融化原则设计，宜优先采用钢筋混凝土拼装化矩形涵，加快施工进度。

无论按什么原则设计的各类涵洞，应每隔 2 m 设一道沉降缝，沉降缝应加强防水防渗漏措施，基底可铺设具有防渗性能的土工布；对径流期长、径流量大的涵洞基底，宜再喷涂防水沥青渣油。

多年冻土地区不宜使用双孔涵洞、不同类型的有压涵洞，以及各类型的浆砌片石涵洞。

涵洞孔径的确定，除满足排洪及交通的要求外，还应考虑冰塞、冰锥及融冻泥流影响。如遇上述现象，涵洞孔径不宜小于 1.5 m。

涵洞沟底不宜下挖，也不宜提高，尽可能按原沟床设涵。

排洪涵洞均应以无压计算，涵底纵坡不宜小于 1.5%。对于有长年径流的涵洞宜加大纵坡，以通畅水流。

(3)青藏铁路桥梁结构选择

①桥式方案

青藏高原地形相对平坦，河流多属宽浅型，铁路沿线呈现出“山高坡缓，河宽水浅”的高原地形、地貌特征，冻土区内无重点桥梁结构工程，从适应冻土冻胀、融沉等方面考虑，桥梁形式应采用简支梁桥跨结构为宜。为确定合理的桥跨形式，结合造价、工期、耐久性基础等因素，研究了桥梁合理的孔跨式样以及桥式方案，根据冻土区典型地质条件，选择了 4 座不同桥长、不同桥高的桥梁工点进行了方案比选，见表 9-22。

表 9-22　桥梁孔跨式样指标比较

桥梁名称	桥高(m)	孔跨式样	桥长(m)	指标(×10^4 元/m)
沱沱河桥	11.6	56-24	1 386.50	4.77
		42-32	1 396.28	4.78
昆仑沟桥	20.0	15-32	503.00	4.91
		20-24	506.00	6.03
秀水河桥	7.8	10-32	341.00	3.05
		20-16	345.40	3.54
		40-8	359.36	4.03

续上表

桥梁名称	桥高(m)	孔跨式样	桥长(m)	指标(×10⁴ 元/m)
中　桥	9.3	3-32	109.30	4.41
		5-16	93.70	5.67
		10-8	97.60	7.16

经过对 4 座桥梁工点的几种孔跨布置分析，无论桥梁长短、高低，均为 32 m 跨度最为经济，这是因为基础埋置深度受冻土上限控制，桩必须达到一定的深度，因此桥墩越少，总的圬工越少，相应桩数也少，总的桩长也短。加之采用大跨度对冻土扰动小，施工快，有利于冻土保护及环境保护。因此，青藏铁路多年冻土区合理的桥式方案应以大跨度简支梁为主。

②墩台基础

不冻泉、楚玛尔河及可可西里以桥代路段虽然也处于高温极不稳定冻土区，但和巴拉大才曲及清水河相比其地温较低、地质情况又相对较好。在设计中通过详细勘测、精确选线，并吸取试验结果及既有工程的成功经验，下部结构最终采用结构刚度较大、工程造价省的圆端形实体墩及群桩基础(见图 9-12)。桥台采用 T 形桥台，支座采用适用于高寒地区抗震性能好的免维护 YZM 型圆柱面钢支座。为了最大限度地减少冻土的不利影响，在设计中采取墩台身均设护面钢筋、钻孔灌注桩采用扩底桩、承台侧面及桥台与土接触部分涂 1 cm 厚渣油涂层、基坑内换填粗颗粒土(粉黏粒含量小于12%)等工程措施。

巴拉大才曲及清水河范围内的高含冰量冻土及含土冰层分布范围广，地温相对较高，地基持力层为承载力较低的泥灰岩。如果采用实体墩，则基础必须为群桩，但从以往的试验及工程实例来看，该下部结构形式在这种地温较高的高温极不稳定冻土中极易出现冻土整体退化等问题，对工程极为不利。钻孔桩在施工过程中由于钻孔及混凝土的水化热必然会使桩周的温度升高、冻土融化，如果是单根桩由于影响范围较小，则桩周土会在较短的时间内回冻，而群桩的四根桩相距很近，桩周土升温、融化会相互叠加形成一个较大的融化区域，在这种高温极不稳定冻土区很有可能发展成热融湖塘，进而沿铁路线形成融化带。群桩的承台如果设置在地面以下，则季节融化层的冻胀作用有可能将桩基拔起或拔断；

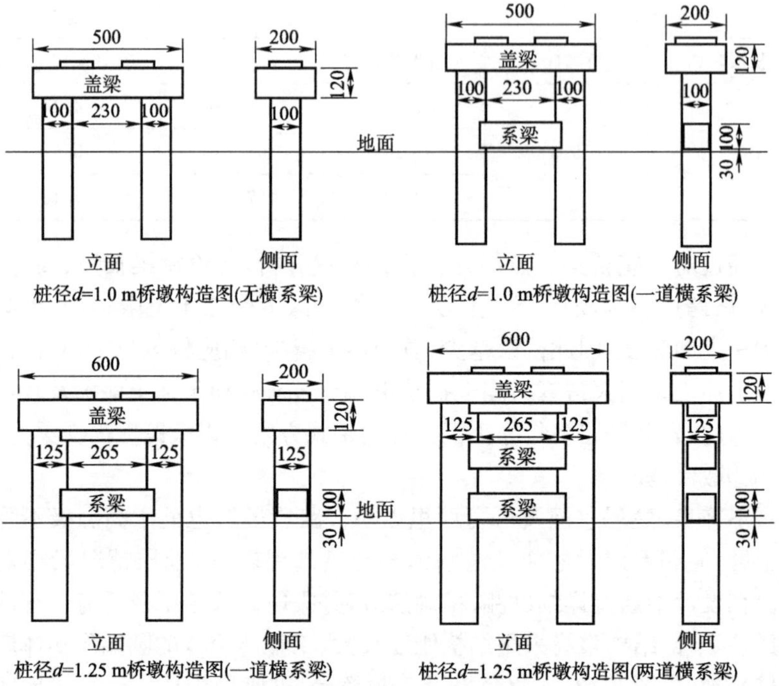

图 9-12　墩台基础结构形式(单位:cm)

如果设置在地面以上将其架空,施工难度及费用将会增加。鉴于以上原因,本设计桥墩采用对冻土扰动小、不会产生法向冻胀力的单排架双柱式桥墩,桩、柱直径相同。桩基设计中按冻结及融化两种状态计算,取其最不利者。

由于桥梁较长,而且双桩墩刚度小,为了防止列车制动(牵引)力、温度力、地震力等对结构产生不利影响,每隔 170 m 左右设一个刚度相对较大的圆端形实体墩。本桥桥台采用 T 形桥台,支座采用适用于高寒地区、抗震性能好的免维护 YZM 型圆柱面钢支座;桥上设宽 0.75 m 的双侧人行道;为方便养护人员上、下桥,在每个墩高大于 4 m 的实体墩上设上、下桥人行铁梯一部;现浇混凝土均采用低温、早强、防腐、耐久混凝土。

2. 多年冻土地区基础检算内容

多年冻土地区基础地基承载力、变形及稳定性计算,除应按规范第 3 章和第 4 章相关规定进行外,还应根据冻土的工程地质状况进行冻胀及冻胀力的检算。具体冻胀力的检算详见本章9.3.9条的条文及解读。

3. 桥涵基础设计基本原则

利用多年冻土作地基时，由于土在冻结与融化两种不同状态下，其力学性质、强度指标、变形特点与构造的热稳定性等相差悬殊，即从一种状态过渡到另一种状态时，在一般情况下将发生强度由大到小，变形则由小到大的巨大突变。因此，根据冻土的冻结与融化状态，确定多年冻土地基的设计状态是极为必要的。

多年冻土地基设计状态的采用，应根据建筑物的结构和技术特性、工程地质条件和地基土性质的变化等因素予以考虑。一般来说，多年冻土地基设计考虑保持地基冻结、自然融化和人工融化三个原则。

(1)保持地基冻结原则

在多年冻土地区，进行建筑物设计时，是否采用保持冻结状态，关键取决于建筑场地范围内冻土稳定性的条件。多年冻土相对稳定的地带，是指其厚度较大（一般大于压缩层厚度），年平均地温较低（一般低于−1.0 ℃）地区。东北高纬度多年冻土区大片多年冻土中的年平均地温为−1.0 ℃～−2.0 ℃，高原大片多年冻土中的年平均地温为−1.0 ℃～−3.5 ℃。一般地大片多年冻土区中的冻土层，在没有特殊情况发生时是稳定的。因此，将年平均地温小于−1.0 ℃作为选择保持冻结状态的一个条件是恰当的。多年冻土年平均地温稳定性分区见表9-23。

表9-23　多年冻土年平均地温稳定性分区

稳定性分区	年平均地温值(℃)
高温极不稳定多年冻土区	$T_{cp} \geqslant -0.5$
高温不稳定多年冻土区	$-1.0 \leqslant T_{cp} < -0.5$
低温基本稳定多年冻土区	$-2.0 \leqslant T_{cp} < -1.0$
低温稳定多年冻土区	$T_{cp} < -2.0$

在建筑场地范围内，如地面自然条件遭到一定程度的破坏，将直接加大地基土的融化深度，迫使多年冻土上限下降。因此，在地基土最大融化深度内如夹有厚地下冰层（厚度大于200 mm），或者有弱融沉以上的融沉性土层存在时，只有采用保持冻结状态进行设计，才能保证建筑物的稳定性。

当修建桥涵基础之后，人为上限变化不大，地温能较快地恢复，所以保持基础底部处于冻结状态，在技术上是可能的，经济上也是合理的。尤其是当地基土为融沉土或强融沉土时，一旦融化后，其融沉及压缩量都很大，为保持建筑物的稳定，在冻土地基符合上述条件时，应考虑采用本设计原则。基础设计时，可按冻土的力学指标进行检算。

(2)自然融化原则

在我国多年冻土地区，岛状多年冻土具有厚度较薄、年平均地温较高、处于不稳定冻结状态等特点。当年平均地温为－0.5 ℃～－1.0 ℃时，且其厚度不大，桥涵基础修建后地温不能恢复，冻土上限下移很多，甚至完全融化。在这种条件下，要求保持基底处于冻结状态，在技术上很难做到，而且在经济上也不合理。因此以采用自然融化设计原则为宜，适用于不融沉土或弱融沉土地基，因其融化下沉及压缩下沉量不大，不致造成桥涵的破坏，可以不要求基础底部保持冻结状态。

(3)人工融化原则

当多年冻土为不够稳定的，而且属于融沉土或强融沉土地基，虽然厚度不大，但融化下沉及压缩下沉量较大，采用自然融化原则设计时，将超过容许下沉值，此时可考虑采用本设计原则。另外桥涵基础场地内有零星岛状多年冻土分布，采用保持冻结状态或逐渐融化状态均不经济时宜采用预先融化状态进行地基设计。当年平均地温不低于－0.5 ℃时，多年冻土在水平方向上呈逐渐消失状况，一旦外界条件改变，多年冻土的热平衡状态就会遭到破坏。根据这一特征，使地基土预先融化至计算深度或全部融化，是现实的和必要的。采取挖除冻土层，用人工换填的办法进行处理，以减少下沉量，确保桥涵建筑物的安全，通过实践证明效果良好。

预先融化状态，利用多年冻土作地基在碎石土、砂土中比较适宜；对于黏性土，只有当它与透水的土层互层才适宜。预融的地基属人工地基，应进行施工勘察或现场检测，确定设计需要的物理力学特性指标。

无论采用何种状态，都必须通过技术经济比较后确定。

4. 冻土地区钻孔灌注桩或明挖基础

(1)桥涵基础类型的选择

前面已经叙述桥涵基础类型的选择，应根据多年冻土的工程地质条件、地质及水文地质情况和地基设计原则而定。

①采用保持冻结原则设计

桩基础因在施工中不暴露地基冻土，且横截面小，对热流入渗、上限下移、保持地基土的冻结状态都很有利，且克服冻胀的性能好，能增强基础的稳定性。

明挖基础施工时，基坑暴露于大气中，且圬工与地基接触面大，热流入渗较多，对保持地基土的冻结状态是不利的，具有施工方法简便的优点，当桥涵基础埋置深度不大时，仍可采用，但应在冬季施工，以减少地基的融化。

②采用容许融化原则设计

由于下沉量较大，桥涵结构形式应能适应地基的较大不均匀变形。各种超静定结构，当地基产生不均匀下沉时，可能引起构件内应力的改变而造成破坏，故一般不宜采用。为避免因不均匀变形而引起圬工开裂，小桥涵基础应采用整体性较好的形式，如小桥可采用联合基础；矩形涵及圆涵的基础可采用钢筋混凝土地基梁等。

(2)桩基础

基础设计的合理性是桥梁设计的重点，是桥梁工程成败的关键。冻土区天然上限冻胀隆起、融化下沉等不良地质十分普遍，因此从国内外的工程实践证明，应首先考虑桩基础。桩基础又可分为钻孔打入桩、钻孔插入桩、钻孔灌注桩三种类型。

①钻孔打入桩

钻孔打入桩是一种先钻孔后打桩的基础形式，一般钻孔孔径比桩径小 50～100 mm。在冻土地区打入桩适用于以黏性土、砂性土为主的地基，不适用于岩层、漂石、卵石土等坚硬地基。这种桩基的优点是：对冻土地基的扰动小，对冻土破坏小，承载力比插入桩高。缺点是：对冻土区不同地质条件的适应性差，钻孔的成孔工艺要求高，施工工艺复杂。打入桩设计承载力的计算方法目前尚不成熟，设计参数的合理选用缺少试验数据和工程实践。

②钻孔插入桩

钻孔插入桩是一种先钻孔后插桩的基础形式，一般钻孔孔径比桩径大 50～100 mm，这种桩型可以适用于各类冻土地基，钻孔孔径要求也不高，无需打桩设备，因而在施工工艺和对地基的适应性方面均比钻孔打入桩优越。但是钻孔插入桩也存在着许多缺点,插入桩周边灌入的砂浆如何保证密实在工艺上尚不成熟,砂浆的密度检测方法、检测手段缺乏研究,不能保证施工质量。另外,砂浆的冻结力如何确定等问题也缺乏系统的试验研究和工程实践,直接影响基础的承载力设计。对高温极不稳定区冻土,一旦冻土退化,插入桩承载力将急剧降低,严重影响结构的安全和稳定。

③钻孔灌注桩

钻孔灌注桩是国内外桥梁工程广泛采用的基础形式,可适用于各类地质条件,有一套完整的施工质量保证措施,设计理论和计算方法成熟,施工技术成熟,施工机械装备先进。钻孔灌注桩承载能力大,安全度高,在多年冻土地区使用的主要缺点为混凝土水化热的影响对冻土扰动大。

上述分析表明,钻孔打入桩及插入桩均存在自身难以克服的缺点,不宜在铁路桥梁结构上推广采用,而钻孔灌注桩设计理论、施工技术成熟,可适用于各类工程地质条件,因而成为冻土区桥梁基础的首选形式。

5. 涵洞基础

(1)涵洞中心的预拱度

根据嫩林线、牙林线的调查资料,涵洞的坍腰现象较多,且涵洞中心的下沉值均大大超过设计的建筑拱度,其产生原因是《59 年桥规》关于建筑拱度的规定值用于多年冻土地区是偏小的。因此本条规定,当采用容许融化原则设计时,应根据沉降量检算结果确定建筑拱度。采用保持冻结原则设计时,因基底处于冻结状态,仅在基础施工期间,由于混凝土的水化热影响,可能会引起少量的冻土融化,但其沉降量是很少的,所以涵洞的上拱度,可执行《铁路桥涵设计规范》(TB 10002)的相关规定。

(2)与保持冻结状态设计相适宜的工程措施

按保持冻结原则设计时,当地基为融沉土或强融沉土时,各类涵洞一般不宜采用砂石换填。但为了施工需要,可在基坑底面铺设厚度不小于 0.3 m 的碎石垫层。

按保持冻结原则设计时,当地基为高温冻土时,基底宜做保温处理。适当加大孔径,疏通排水系统,保持涵洞排水通畅(避免涵洞内部和周围积水),并且防止流水渗入地基,采取保温隔热措施,防止地基土融化;暖季涵洞基坑开挖应采用爆破配合挖掘机开挖快速施工;对基坑暴露面采取遮阳隔热措施，迅速排出基坑积水；采用预制拼装基础，减少混凝土水化放热对冻土的融化作用。

对于特殊情况，通过技术经济比较，可以采取对于多年冻土埋藏较深，并且地基为融沉土或强融沉土，而涵洞上部结构适应变形能力较差时，采用桩基础；对于冻土温度较高，洞口与洞身地基温度状况差异较大，并且地基为融沉土或强融沉土，而涵洞上部结构适应变形能力较差时，采用热桩基础或者采用人工制冷降低土温的措施。

(3)青藏铁路涵洞设计

①涵洞类型

根据青藏公路多年冻土区涵洞的病害特征，铁路应选用能够适应一定变形能力且强度较高的封闭型结构。另外，青藏铁路多年冻土地区，高寒缺氧，环境恶劣，涵洞的施工应降低劳动强度，提高机械化程度，应集中预制，采用拼装化。因此，青藏铁路首选的涵洞为拼装式钢筋混凝土矩形涵洞。预制件最大的重量 8 t 左右(涵节长度按 1 m 计)。在格尔木附近设预制场，集中预制，通过青藏公路运至涵址处，就地拼装施工。

波纹管涵洞具有以下特点：对地基土的要求不高，能够适应较大的地基变形，对场地破坏较小，结构简单，施工快速。但是缺点主要体现在：对基坑砂垫层的夯实要求较严，对管涵周边的回填土施工要求高；由于波纹管涵洞采用无基，地基下沉将导致涵洞变形过大；另外，波纹管涵洞为金属结构，势必会产生锈蚀和损坏。青藏铁路试验段上设计了 4 座孔径 1.2～1.5 m 的波纹管涵洞，进行试验观测，逐步积累经验。

②基础类型

对位于含土冰层且地温较高的地基，当含土冰层较厚，无法完全清除时，涵洞基础采用短桩基础。桩基采用插入桩，桩径 40 cm，桩长不超过 10 m，桩底置于含土冰层以下的多冰或少冰冻土内。短桩基础涵洞结构如图 9-13 所示。

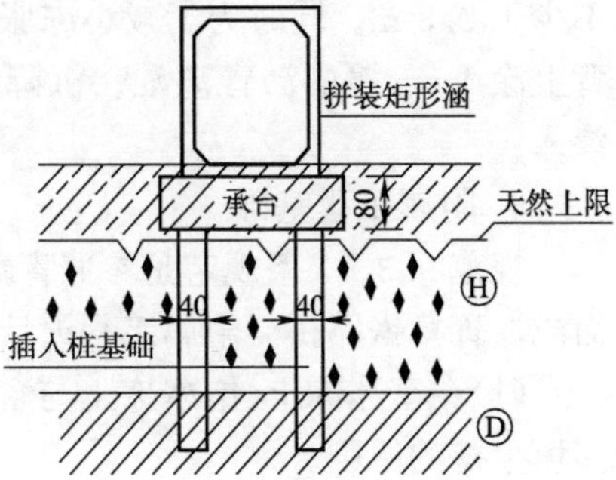

图 9-13　涵洞短桩基础(单位：cm)

采用短桩基础的涵洞出入口应加强防渗漏水处理。出入口铺砌垂裙加深至天然上限以下 50 cm,同时加设防水板等材料,严防水流渗漏形成潜流,破坏涵底冻土。涵洞出入口防水处理如图 9-14 所示。

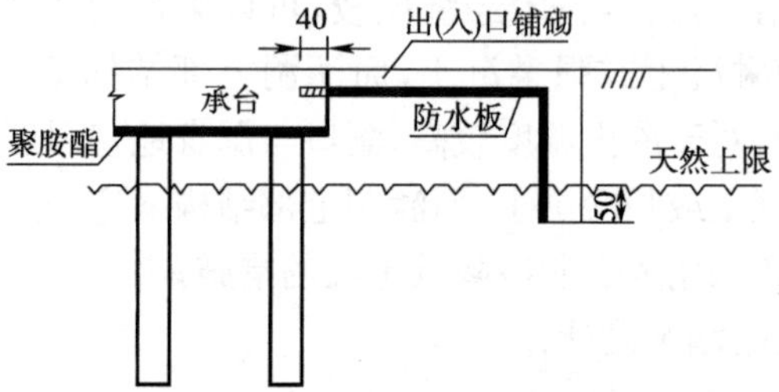

图 9-14　短桩基础涵洞出入口防水处理(单位:cm)

多年冻土在冻结过程中,由于水的热变化引起土中应力变化。土体产生冻胀的因素很多,但土质、水分和地温是产生冻胀的 3 大因素。如能消除或削弱 3 个因素中的 1 个,则能消除或削弱土体的冻胀,从而减少涵洞工程的冻害。改变涵洞地基土质是减弱土体冻胀的有效措施,改变地基土质是指明挖基础采用粗砂砾石等非冻胀或弱冻胀材料置换天然地基的冻胀土,如图 9-15 所示。

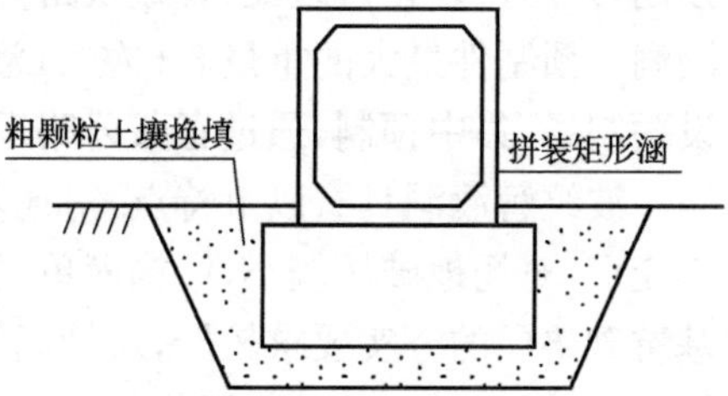

图 9-15　涵洞基底换填

换填深度应根据涵洞的孔径、土质和地基土含水量等条件确定,一般不少于 0.3 m。同时为了减小冻胀力,还要在基础四周与路堤接触的涵背上涂 1 cm 厚的沥青渣油。沉降缝采用改性沥青麻筋填塞,以防水分渗入。

6. 附属工程基础

规范 9.3.13 条规定是参照青藏铁路桥涵设计经验,归纳总结后编制而成。青藏铁路桥涵附属工程设计规定如下:

(1)在富冰冻土、饱冰冻土与含土冰层地段的桥涵附属工程,应采取多填少挖的原则。

(2)在厚层地下冰地段的附属工程,除满足上述要求外,还必须将所挖的沟床铺砌足够厚度的保温层。

(3)在桥梁上游侧的河床内有冰锥、冰漫出现时,应采用封闭式导流堤,以减少冰锥、冰漫对桥头路堤的危害。

(4)小桥桥下及涵洞出入口铺砌可结合小桥涵基础做保温处理,铺砌下宜加设保温层。当为冻胀土及强冻胀土时应采用砌筑块石或混凝土预制块件,厚度不小于 20 cm,并根据沟槽水流情况铺砌长度宜适当延长。

(5)导流堤纵断面,在遇有冰锥、冰漫及壅冰现象时,其高度应考虑上述因素的影响。

(6)防护工程的基础可置于季节融化层或多年冻土中,埋深可根据非多年冻土地区的有关规定确定。但当季节融化层为冻胀土或强冻胀土时,每隔 2～5 m 设一道沉降缝。

9.3.3　基础埋置深度

9.3.3.1　基础桥规规定

9.3.6 条规定:

多年冻土地区桥涵基础按保持冻结原则设计时,基础埋置深度可按式(9.3.6)计算。

$$h_m = H_r + \Delta H + \Delta h \qquad (9.3.6)$$

式中 h_m——基础埋置深度(m),有冲刷的河流自一般冲刷线算起;

H_r——人为上限深度(m),$H_r = K_j \cdot H_t$;

K_j——经验系数,埋式桥台 K_j 取 1.0;无冲刷桥墩台取 1.2～1.4,地表破坏程度较小时取 1.2,破坏程度大时取 1.4;有冲刷桥墩台按 1.5～2.1 取值,流速、水深较大时取 1.5,流速、水深较小时取 2.1;

H_t——天然上限深度(m);

ΔH——气温变化上限深度的增量(m),$\Delta H = 0.38(T_p - T_H)$,$T_p$ 为设计频率年平均气温(℃),T_H 为勘测年的平均气温(℃),0.38 是指单位气温变化引起的气温变化上限深度的增量,单位为 m/℃。

Δh——安全值(m),明挖基础取 1.5 m,桩基础取 4.0 m。

9.3.3.2 条文解读

1. 基础埋置深度的确定

多年冻土地区桥涵基础埋置深度，主要根据地基设计原则及人为上限深度而定。采用保持冻结原则设计时，要求桥梁的明挖基础底面埋于人为上限以下不小于 1 m，涵洞基础及桩基的承台底面埋入人为上限以下不小于 0.25 m，桩基埋入人为上限以下不小于 4 m。主要是考虑人为上限附近的冻土温度较高且不稳定，冻土承载能力较低，压缩性较大，不宜作为地基，并且还应保证基底不受法向冻胀力的作用。桩基础要同时承受垂直力和水平力，所以要有一定的安全量和嵌固深度。

采用容许融化原则设计时，基底埋置深度可根据地基土的冻胀类别按本规范 1.0.9 条与 1.0.10 条规定办理，同时还应考虑地基容许承载能力与容许沉降量不得超过规定值。若地基为不冻胀土时，基底埋置深度可不受季节冻深的限制。

各种地基设计原则均应确定多年冻土的人为上限，即建筑物在长期使用过程中冻土地基稳定的上部界限，其值本可根据建筑物及基础形式通过热力计算确定，但目前一般热传导计算方法均不适用于桥涵地基多维传热的情况，同时有关参数的影响因素很多，误差较大，很难用一个公式准确地表达出来。在勘测设计时，可根据本地区冻土的稳定状况，深入调查已成桥涵建筑物冻土人为上限变化规律与天然上限的关系，作为确定该地区桥涵地基人为上限的依据。如无条件时，可参考各地区的经验公式确定。

季节融化深度(上限)和季节冻结深度的确定，可直接采用勘探方法。多年冻土上限的最大融化深度季节是 9 月下旬至 10 月上旬。多年冻土地区的最大季节冻深期间为 4～5 月份，东北、内蒙古和西北等非多年冻土地区的最大季节冻深期间为 3 月份。关于多年冻土上限深度和季节冻土的最大冻深，各地区还有不少经验公式或实测数据，但均有一定的局限性，故规范中未列入，设计时可结合本地区的具体情况选用。

《2005 年基础桥规》8.3.8 条规定：按容许融化原则进行设计时，基础埋深应满足地基沉降方面的要求。当季节活动层为冻胀性土时，尚应符合本规范 1.0.9 条、1.0.10 条的规定。按保持冻结原则设计时，基础和桩基承台板底面位于稳定人为上限以下的最小埋置深度应符合表 9-24

中的要求。桩身位于稳定人为上限以下的最小深度(不论土质)不应小于4 m。

表 9-24 基础和桩基承台底面位于稳定人为上限以下的最小埋置深度

基础类型	地基土质	位于稳定人为上限以下的最小埋置深度(m)
桥梁明挖基础	多冰、富冰或饱冰冻土	1.0
涵洞出入口明挖基础	多冰、富冰或饱冰冻土	0.25
承台底面	多冰、富冰或饱冰冻土	不应小于 0.25

《2017 年基础桥规》9.3.6 条关于冻土地区桥涵基础埋置深度要求和《2005 年基础桥规》8.3.8 条基本相同。

2. 青藏铁路基础埋置深度

青藏铁路基础埋置深度及工程措施有如下规定:

(1)桥梁墩台基础的埋置深度应满足基底强度、稳定性检算与冻拔力的要求。

(2)当按保持冻结原则设计时,基础埋深按本规范式(9.3.6)计算。

(3)当地基为季节融化层较厚的非衔接多年冻土时,可将基础埋置于季节融化层中;当季节融化层为冻胀土或强冻胀土时,基础应埋置于冻结线以下不小于 0.25 m;对于弱冻胀土,基础应埋置于不小于冻结深度的 80%。

(4)当季节融化层为冻胀土或强冻胀土时,桩基承台底应高出地面,其值视冻胀土或强冻胀土的厚度确定,但不小于 0.3 m。

(5)在流冰严重的河流上承台顶面应适当降低。

(6)桥台锥体坡面铺砌垂裙的埋置深度,当无冲刷时为人为上限以下不小于 0.25 m;当地基的季节融化层为冻胀土或强冻胀土时,基础及埋入地面以下的坡面铺砌两侧宜换填粗颗粒非冻胀性土。

(7)应加强桥台后路桥衔接段的处理,桥台后缺口及锥体均应填筑粗颗粒非冻胀性土。坡面铺砌宜采用砌筑混凝土预制块件,厚度不小于 20 cm,并在坡面上留排水孔。

(8)当地基的季节融化层为冻胀土或强冻胀土时,明挖基础应在季节融化层范围内设计成方光体,混凝土表面用砂浆抹光并涂沥青渣油一层(厚 5~10 mm),铺油毛毡两层,基础周围换填碎石类土。

(9)当地基的季节融化层为冻胀土或强冻胀土时，对钻孔桩基础应在季节融化层内设钢护筒，护筒外侧涂 10 mm 厚的渣油使融化层内的桩表面平整光滑。

(10)当地基的季节融化层为冻胀土或强冻胀土时，混凝土桥墩底截面应配置短钢筋，承台与桩的连接钢筋应加强，以增加抗拉强度。

9.3.4 基础强度计算

9.3.4.1 基础桥规规定

本章关于计算的规定有 9.3.7 条、9.3.8 条和 9.3.9 条共 3 条。

9.3.7 条规定：

钻孔桩的单桩容许承载力应通过试桩确定。无条件试桩时，可按式(9.3.7)计算。

$$[P]=\frac{1}{2}\sum\tau_i F_i m''+m'_0 A[\sigma] \tag{9.3.7}$$

式中 $[P]$——桩的容许承载力(kN)；

τ_i——第 i 层冻土同桩侧表面的冻结强度(kPa)，可按附录 G 取值；

m''——冻结力修正系数，取 1.3～1.5；

F_i——第 i 层冻土中桩侧表面的冻结面积(m^2)；

m'_0——桩底支承力折减系数，可根据孔底条件取 0.5～0.9；

A——桩底支承面积(m^2)；

$[\sigma]$——桩底多年冻土容许承载力(kPa)，按本规范表 4.1.2—10 确定。

9.3.8 条规定：

水平荷载作用下多年冻土地区的墩台基础，可根据桩和地基共同作用的条件考虑土的弹性抗力按附录 D 计算，其地基系数的比例系数 m 和 m_0 宜通过现场实测确定。

9.3.9 条规定：

桥梁基础位于冻胀或强冻胀土中时，应按附录 G 进行切向冻胀计算。当计算不能满足受力要求时，应在主冻胀带范围内选用下列防冻胀措施：

1 减少地基与基础及墩台身之间的接触侧面积，并应使其表面光滑。

2 将基础和墩台身周围的冻胀性土用粉黏粒含量小于10%的中粗砂或卵砾石换填，也可采用其他的物理、化学方法进行防冻胀处理。

3 加大基础埋入多年冻土中的深度，以增大锚固力，并在承受拉力的断面上配置钢筋。

9.3.4.2 条文解读

1. 钻孔桩的单桩容许承载力

多年冻土中的桩，在垂直荷载作用下地基土将产生三项反力：季节融化层同桩周的摩阻力、多年冻土同桩的冻结力、桩尖地基土支承力。这三项反力的大小及发展过程是相互影响的，同时冻土的强度（冻结强度、抗压强度）受冻土类型、温度、荷载作用时间及桩的类型等因素的影响。因此在确定桩基承载力时，应考虑其受力特点及主要影响因素。

季节融化层作用于桩侧的摩阻力随季节的变化很大，当地基土冻胀时产生向上的冻胀力，黏性土在融化时产生向下的负摩擦力。为了减少切向冻胀力，一般应在季节活动层范围内采取换填或在桩表面涂刷隔离层等防冻胀措施。在工程设计中，由于季节融化层的摩阻力很小，可以忽略不计，因此提出的承载力公式只考虑了冻结力和桩尖支承力。

根据青藏高原多年冻土中单桩静载试验结果，并参考苏联《建筑法规》第Ⅱ部分第18章“多年冻土地区的地基和基础”（CHиПⅡ-18—76）所提出的承载力计算公式，当应用一般地基力学指标计算冻结力及桩尖支承力时，需考虑桩的类型及施工条件乘以不同的修正系数。但由于冻土中桩基受力状态很复杂，且试桩资料很少，同时存在一定误差，要提出系统可靠的修正系数较为困难，因此一般应通过试桩确定，当无条件时，可选用下列数值：

(1)修正系数m''

不同沉桩方式冻结力的修正系数m''，当采用本规范附录G表G.0.1—1的冻结强度指标时，根据原铁道部科学研究院西北研究所的试桩实测承载力资料和参考苏联冻土地基规范（CHиПⅡ-18—76）的工作条件系数提出以下修正值，以供设计时参考：

钻孔插入桩，$m''=0.7\sim0.9$；

钻孔打入桩，$m''=1.1\sim1.3$；

钻孔灌注桩，$m''=1.3\sim1.5$。

(2)修正系数 m'_0

试桩结果表明，桩尖支承力与钻孔方法、沉桩方式、清孔情况及地质条件有关；同时，钻孔打入桩一般孔深比桩入土深度要深 0.5 m，才能达到设计高程，因此需用一折减系数进行修正。根据试桩实测结果，并参考一般地区的钻孔灌注桩的孔底条件系数，修正系数 m'_0 可按下列条件确定：

①不发生坍孔，且清底情况良好的钻孔灌注桩、钻孔插入桩用 0.7～0.9；

②有坍孔现象，且清底较差的钻孔灌注桩、钻孔插入桩用 0.5～0.7；

③预留孔深的钻孔打入桩用 0.5～0.6。

2. 水平荷载作用桩基计算

多年冻土地区建筑物基础与融土地区不同，它的上部是季节融化层，且随地区与季节不同，厚度与性质变化很大，其性质与下面的多年冻土相比，有较大的差别。多年冻土的力学特性随冻土温度、岩性及荷载作用时间等因素而变化，所以多年冻土地区桩基侧向受荷计算是更复杂的问题。

对于承受巨大荷重的桩基础，苏联道库洽耶夫建议考虑剪力区的形成，以检算桩在多年冻土中的固定，认为多年冻土上限附近，桩的水平位移所引起的剪应力将等于冻土的长期强度。建议采用极限平衡的方法计算其嵌固深度 z_0，在超过 z_0 的土层中，地基为直线变形体，而采用弹性地基梁的理论，用热莫奇金的图表进行计算，但这种观点未纳入苏联国家规范。

苏联 1976 年《建筑法规》第Ⅱ部分第 18 章"多年冻土地区的地基和基础"(СНиПⅡ-18—76)中指出：桩基在水平荷载作用下的计算，应以桩和地基共同作用的条件为依据。同时不但对于融土，而且对于冰土都可以看作是线性变形体，可以认为土的变形系数(地基系数)随深度增加，并且允许桩嵌固在下卧的硬冻土层中。但嵌固点处应使横向位移为零，而转角并不为零。

在《多年冻土中的桩基》一书中，作者通过试验数据的分析，得到地基的综合变形特性 E，它是单桩长度上的土压力 q_z 与桩的实测位移值 y 之比。

$$E=\frac{q_z}{y} \tag{9-26}$$

根据 10 份试验资料的结果得出 E—z 图，如图 9-16 所示。从图 9-16 可以看出，参数 E 随深度 z 呈凹形曲线变化。为克服计算中的困难，通过计算比较，作者提出，将由多年冻土和季节融化层组成的地基按两层介质来计算，在每层介质范围内的变形特性是不随深度而变化的。

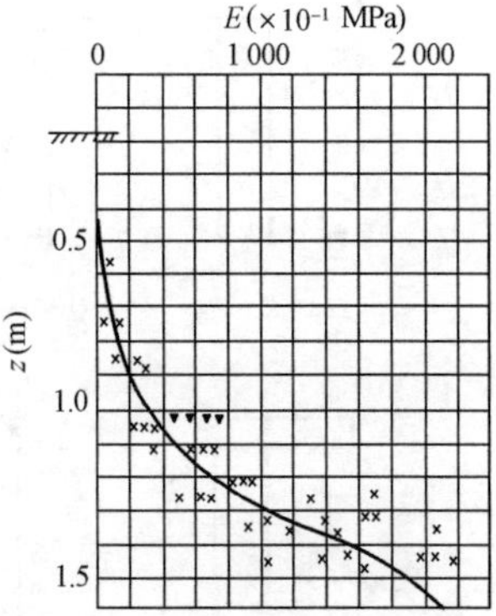

图 9-16　黏土地基的变形综合模量分布图(t=3.9 ℃)

根据原铁道部科学研究院西北研究所、第一勘测设计院、黑龙江省低温建筑研究所等单位在青藏高原五道梁及清水河两处的桩基试验资料，经过详细分析计算，认为只要地基系数的分布图式选择合理，参数取得恰当，采用文克勒假定来计算侧向受荷桩，其结果是完全能够满足工程设计的精度要求的。其分析情况如下：

(1)比较目前融土地区常用的几种方法，主要是根据桩的实测位移，优选相应的地基系数，用加权平均后的参数计算出理论弯矩与实测弯矩进行对比，详见表 9-25。从表 9-25 可以看出，K 值法(第 6 章称 K 法)最接近，m 法次之，C 法较差，K 法(第 6 章称常数法)最差。

表 9-25　典型桩实测最大弯矩与理论弯矩的比较

荷载(kN)	实测弯矩(kN·m)	理论弯矩(kN·m)		差值(%)	理论弯矩(kN·m)		差值(%)
60	105	m 法	100	−4.8	C 法	93	−11.5
90	147		138	−6.4		128	−13.2
100	186		179	−3.3		166	−10.6
60	105	K 法	84	−19.8	K 值法	103	−2.4
80	147		115	−21.6		141	−4.6
100	186		150	−19.1		184	−1.2

注：差值$=\dfrac{\text{理论弯矩}-\text{实际弯矩}}{\text{实测弯矩}}\times 100\%$。

(2)假定多种不同的地基系数分布图式，如图 9-17 所示。

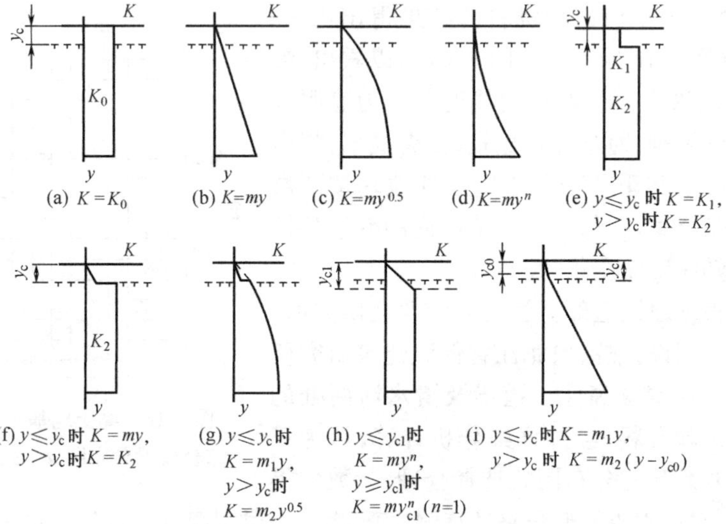

图 9-17　各种不同的地基系数分布图（y_c为融化层深）

可采用有限差分法或有限元法进行计算。采用有限差分优选法时，其优选标准可按式(9-27)计算。

$$B=10^8\sum(x_j-x_i)^2+\sum(M_j-M_i)^2 \tag{9-27}$$

式中　x_i,M_i——实测位移与弯矩；

x_j,M_j——计算位移与弯矩。

从表 9-26 的结果可以看出：除图 9-17(a)(*K* 法)、图 9-17(c)(*C* 法)的地基系数分布图式有较大的误差外，其余考虑融土层与冻土层为不同的地基系数分布图式的各方案以及指数分布方案均与实测值比较接近，而以图 9-17(i)(双 *m* 法)、图 9-17(d)指数法($n>1$)的分布方案为最好。但由于我国多年冻土地区侧向受荷桩的实测数据尚不足，考虑到工程设计的方便及与融土地区的一致性，故仍推荐使用图 9-17(b)*m* 法。

表 9-26　典型桩不同地基系数分布图式时的 B 值

荷重（kN）	方法									最好	较好	备注
	a	b	c	d	e	f	g	h	i			K 值法
60	14.619	3.743	6.260	2.056	2.066	2.416	2.170	3.750	1.641	i	d	2.893
90	30.488	4.984	12.472	2.641	3.177	3.502	2.919	7.245	2.464	i	d	3.891
100	60.052	19.797	31.283	15.485	18.716	19.933	16.855	24.433	15.430	i	d	15.211

关于地基系数的比例系数 m 和 m_0 值，由于实测数据很少，而且土的类别不全，因此建议尽量通过实测确定。当无条件时，可按表 9-27 选用。

表 9-27　多年冻土地区中，细砂、泥灰土地基系数的比例系数 m 和 m_0（kPa/m^2）

桩的类型	冻土月最高平均温度（℃）	
	−0.5	−1.0
钻孔插入桩	20 000	30 000
钻孔打入桩	23 000	35 000
钻孔灌注桩	25 000	

作为比较，也可以采用“K 值法”。“指数法”及“双 m 法”的使用尚需进一步研究。

3. 基础切向冻胀计算及防冻胀措施

(1)基础的冻胀力

墩台基础位于冻胀（融沉）和强冻胀（强融沉）土中时，由于切向冻胀力的作用，常引起建筑物的隆起或将较弱截面处拉断。因此，多年冻土地区基础设计除应进行地基承载力、变形及稳定性计算外，还应根据冻土的工程地质状况进行冻胀及冻胀力的检算。

地基土在冻结过程中，由于土中水相继冻结成冰，使土体不断膨胀（冻胀），并产生冻胀内应力。当基础埋置于由融到冻的土层中时，就要受到冻胀内应力的作用。当冻胀内应力的作用方向平行于基础侧面，称为对基础侧面的切向冻胀力 τ_a；作用方向直接作用于基础底面者，称为基底法向冻胀力 σ_z。

法向冻胀力一般随着基础向上移动而消失，如在冻结过程中限制基础的位移，则法向冻胀力是很大的。曾经现场测定，当限制基础垂直位移在 2%～4%（指基础冻起高度和深度之比）内的黏性土时 σ_z 为 981～

2 059 kPa，而在室内模拟试验中限制垂直位移在1%～2%时，测得最大σ_z为5 786 kPa。

日本曾在季节冻土（土层为黏土，含水率在塑限和液限之间）上进行了σ_z的现场观测，其结果见表9-28。

表9-28　法向冻胀力与冻深、冻胀量关系

时　间	平均法向冻胀力(MPa)	冻结深度(mm)	冻胀量(mm)
第一年度	2.9	540	
第二年度	2.3	520	60
第三年度	4.7	680	106
第四年度	3.2	420	41
第五年度	1.2	640	70

从表9-28可以看出：法向冻胀力是很大的，仅靠桥涵自重往往不能克服，因此位于冻胀性土中的桥涵基础底面必须置于人为上限以下，避免基底产生法向冻胀力。

冻结力亦称基础与冻土之间的抗剪强度，实质上就是基础与冻土间的胶结力。确定冻结力的主要因素为土的颗粒成分、含水率、冻土温度等。本规范中附录G的表G.0.1—1是根据600多个室内模拟试验数据和实测成果并参照国外资料制定的。表中数值仅取其含水率属弱融沉土者，对于不融沉土，则按该表的附注1确定。表中冻结力实为长期冻结力，因冻土具有流变的特性，在外部荷载长期作用下，冰将会缓慢地发生融解，冻结力的大小与试验时加载的速度关系十分密切，加载速度愈快测得的冻结力越大，加载速度减慢其强度降低。在1～2 s内测得的冻结力称为瞬时值；在3～8 s内测得的冻结力称为短时值；在长期荷载作用下测得的数值称为长期冻结力。对于工程实践来说，最有意义的是长期冻结力，所以必须以长期冻结力作为设计依据；但该值测定很困难，一般均利用瞬时值或短时值换算求得。冻结力在季节融化层回冻期间起抗冻胀的锚固作用，在季节融化层处于融化状态时起抗下沉的作用。

根据室内模拟试验和现场实测证明，切向冻胀力不但与颗粒成分有关，而且受含水率控制。各类土的切向冻胀力均有随含水率的增加而增大的规律性，当土层含水率达到某一临界值时，切向冻胀力达到极值。黏性土在饱和状态下，最大切向冻胀力可达 400 kPa。地温在 0 ℃～－10 ℃时，切向冻胀力有随地温降低而增加的规律性，一般在－8 ℃～－10 ℃时达到极大值。

在含水率相似的情况下，黏性土的切向冻胀力最大，砂类土次之，碎石类最小。

本规范中附录 G 的 G.0.1—2，是根据国内外实测资料和室内模拟试验的大量数据综合分析编制而成的。表中黏性土 $I_L \leqslant 3.0$ 是根据极值含水率 $\omega=50\%$时求得的。

当黏性土用碎石土、卵石土换填后，考虑地基土长期受反复冻融和地下水的作用，换填土体不可避免地会有粉土和黏土颗粒浸入，此时应按砂类土考虑其切向冻胀力，即取表列数值中之较大者。

(2)冻胀或强冻胀土切向冻胀计算

从桥涵设计来看，基础底面一般均埋置于人为上限或季节冻深以下，基底可不考虑法向冻胀力的作用。但季节融化层或季节冻结层作用于基础及墩身的切向冻胀力，常常会引起建筑物的隆起，使基础或墩台身被拉断，在我国东北、西北及华北严寒地区均发生这种现象。因此当桥梁基础位于冻胀、强冻胀和特强冻胀土中时，因受切向冻胀力的作用，可能导致基础冻胀变形或断裂，应按本规范中附录 G 进行冻胀稳定性检算。

(3)防冻胀措施

①进行冻胀稳定性检算如不能满足设计要求时，可在主冻胀带范围内采取防冻胀措施，以减少切向冻胀力。实践表明：采用增加自重的办法来克服切向冻胀力是很困难的，特别是小桥涵困难更大，而且也不经济，所以本条根据以往的实践经验提出了防冻胀措施，并作如下说明：

a. 切向冻胀力是与季节冻深范围内墩台和基础的侧面积成正比的，同时与表面光滑度有关。所以墩台设计时，在满足强度和稳定性要求的前提下，应尽量减少其侧面积，并使其表面光滑。对于浆砌片石圬工，必须灌注密实和侧面砌筑平整，并用水泥砂浆抹平，以减小切向冻胀力。

b. 实践表明，当粗砂或卵砾石中含泥量大时，仍有冻胀性，因此本条要求必须采用纯净的粗砂或卵砾石作为换填材料，将粉黏粒含量控制在10％以内。若有条件时，也可采用物理、化学方法进行防冻胀处理，如用阳离子表面活性剂改良土体或在圬工表面涂渣油等，都可以减少切向冻胀力。

c. 当采用保持冻结原则设计时，加深基础埋入多年冻土中的厚度，以增大锚固力，可以达到防止冻胀的目的。但必须对脆弱截面进行抗拉强度检算，并配设钢筋，以承受拉力。从以往的实践经验来看，基顶截面一般比较薄弱，因此应埋设短钢筋，以增加抗拉强度。

②青藏铁路涵洞采取了如下防冻胀、防融沉措施：

a. 选择适宜的基础类型与合理的基础埋深，对防止涵洞冻胀融沉变形有重要作用，涵洞基础应根据涵洞轴向的融深变化，分段采用不同的基础埋深。

b. 多年冻土地区的一般涵洞基底及两侧应换填厚度不小于 0.3 m 的非冻胀砂砾石土。

c. 对于富冰、饱冰及含土冰层等不良冻土地基，涵洞基地应设置聚苯乙烯(EPS)或聚氨酯(PU)材料的保温层，厚度 5～10 cm，保温层宽度与基础宽度一致。聚苯乙烯和聚氨酯材料物理性能见表 9-29 和表 9-30。

表 9-29　EPS、PU 两种保温材料的物性测试结果

材料类型	表观密度 ($kg \cdot cm^{-3}$)	导热系数 ($W \cdot m^{-1} \cdot ℃^{-1}$)	体积吸水率(%)	抗压强度(kPa)
聚苯乙烯(EPS)	42	0.030	3.6	345
聚氨酯(PU)	59	0.019 7	1.4	322

表 9-30　EPS、PU 两种保温材料冻融循环后的物性测试结果

材料类型	循环次数	导热系数 ($W \cdot m^{-1} \cdot ℃^{-1}$)	体积吸水率(%)	抗压强度(kPa)
聚苯乙烯(EPS)	5	0.025 3	2.6	401
	10	0.024 9	2.5	372
	20	0.025 3	2.8	383
	30	0.024 2	2.5	337
	平均	0.024 9	2.6	373

续上表

材料类型	循环次数	导热系数（$W \cdot m^{-1} \cdot ℃^{-1}$）	体积吸水率(%)	抗压强度(kPa)
聚氨酯(PU)	5	0.019 3	0.5	308
	10	0.018 4	1.1	306
	20	0.018 8	1.0	263
	30	0.018 1	1.1	282
	平均	0.018 7	0.9	290

d. 对于径流量大、径流期长的涵洞，基底应铺设土工布，并再涂防水沥青渣油。

e. 径流量大、径流期长的地段，地表沼泽化地段，以及饱冰冻土、含土冰层等不良冻土地段，应按寒季快速爆破施工。

9.3.5 基础沉降计算

9.3.5.1 基础桥规规定

本章关于沉降计算的规定有 9.3.10 条和 9.3.11 条共 2 条。

9.3.10 条规定：

采用预先融化时，人工融化或挖除冻土的深度可根据冻土人为上限深度和基础容许沉降量计算确定。采用自然融化原则进行设计时，应进行沉降检算。弱融沉、融沉、强融沉土地基的最终沉降量可按式(9.3.10)计算。

$$S=\sum A_i \cdot h_i+\sum \alpha_i \cdot h_i \cdot \sigma_i+\sum \alpha_i \cdot W_i \cdot h_i \quad (9.3.10)$$

式中 S——最终沉降量(m)；

h_i——第 i 层冻土厚度(m)；

A_i——第 i 层冻土融化系数，可由试验确定；

α_i——第 i 层冻土压缩系数(MPa^{-1})，可由试验确定；

W_i——第 i 层冻土中点处的土自重压应力设计值(MPa)；

σ_i——第 i 层冻土中点处的附加压应力设计值(MPa)，恒载作用下，基底中点的压应力 σ_c 和稳定融化深度界面与基础轴线交点处的压应力 σ_N 成比例，即 $\sigma_N=K \cdot \sigma_c$，$K$ 值见表 9.3.10。

表 9.3.10 稳定融化界面与基础轴线交点 N 处的竖向应力系数 K 值

h/b	圆形（半径$=b$）	矩形（边长 $2a$、边宽 $2b$）				长形	附图
		$\frac{a}{b}=1$	$\frac{a}{b}=2$	$\frac{a}{b}=3$	$\frac{a}{b}=10$	$\frac{a}{b}=\infty$	
0	1.000	1.000	1.000	1.000	1.000	1.000	
0.25	1.009	1.009	1.009	1.009	1.009	1.009	
0.50	1.064	1.053	1.033	1.033	1.033	1.033	
0.75	1.072	1.082	1.059	1.059	1.059	1.059	
1.00	0.965	1.027	1.039	1.026	1.025	1.025	
1.50	0.684	0.762	0.912	0.911	0.902	0.902	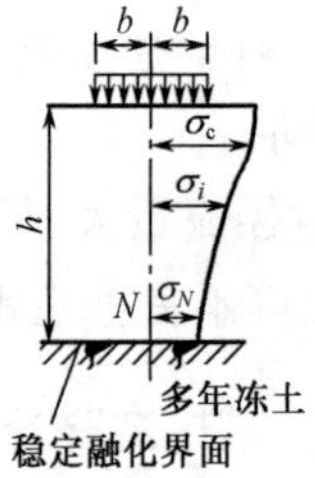
2.00	0.473	0.541	0.717	0.769	0.761	0.761	
2.50	0.335	0.395	0.593	0.651	0.636	0.636	
3.00	0.249	0.298	0.474	0.549	0.560	0.560	
4.00	0.148	0.186	0.314	0.392	0.439	0.439	
5.00	0.098	0.125	0.222	0.287	0.359	0.359	
7.00	0.051	0.065	0.113	0.170	0.262	0.262	
10.00	0.025	0.032	0.064	0.093	0.181	0.185	
20.00	0.006	0.008	0.016	0.024	0.068	0.086	
50.00	0.001	0.001	0.003	0.005	0.014	0.037	
∞	0	0	0	0	0	0	

9.3.11 条规定：

计算沉降量时，基底压缩层的厚度可按下列原则确定：

1 基底以下融化层厚度小于或等于基底压缩层厚度时，基底压缩层的厚度取融化层的厚度。

2 基底以下融化层厚度大于基底压缩层的厚度时，对于土自重压力的下沉和融化的下沉，算至融化层的下限；对于附加压力的下沉，取基底压缩层的厚度。

9.3.5.2 条文解读

1. 基础总沉降量计算

冻土地基融化时的总沉降量由三部分组成，即融化下沉量、压缩下沉量、融化层下冻土的压缩量。

融化下沉量:系指冻土解冻后土中冰变成水,体积缩小和在融化过程中由于土自重作用,土中部分水被挤出,而土颗粒重新排列所产生的下沉量,即条文中公式(9.3.10)中的第1项。

压缩下沉量:系指融化下沉完成后,由于受外部荷载和土自重作用而产生的压缩下沉量,即条文中公式(9.3.10)中的第2、3项。

融化层下冻土的压缩量:对温度较低的冻土(与融化下沉量相比),其值较小,且测定极不方便,在一般工程设计中可忽略不计,但对高温冻土和重要工程应在安全系数中予以考虑。

冻土的融化下沉主要受热过程控制,建筑物竣工初期沉降量不大(预先融化的除外),大部分沉降量是随基底冻土融化深度加大而逐渐完成的,当冻土融化深度达到极大值时,地基沉降量才趋稳定。一般在施工二三年后沉降量最大,五至七年后趋于稳定。在一年夏、秋季为沉降阶段,冬、春季为相对稳定阶段。当采用预先融化时,建筑物施工后的地基沉降量必须控制在容许范围内,以免引起桥涵的破坏,其解决的办法是:预融一定深度,加深基础或挖除换填等,使其下部残留厚度的沉降量不超过容许值,但这些深度可根据人为上限深度和容许沉降值由计算确定。

关于沉降计算中的融化系数 A_i、压缩系数 α_i,由于影响因素较多,各地区均存在一定的差异性,一般应由试验确定。当无试验资料或因条件限制不能进行时,可按下列公式计算或查表确定:

(1)融化系数

黏性土(宜用于东北地区):

$$A_i = 26.82\ln\omega_A - 77.63(\%) \quad 18\% \leqslant \omega_A \leqslant 150\% \tag{9-28}$$

砾石、碎石土、砂土、黏性土、重黏土:

Ⅰ、Ⅱ、Ⅲ、Ⅳ类冻土 $$A_i = K_1(\omega_A - \omega_0) \tag{9-29}$$

Ⅴ类冻土 $$A_i = 3\sqrt{\omega_c - \omega_0} + A_0 \tag{9-30}$$

式中 ω_A——冻土总含水率(%);

ω_0——起始融沉含水率,可按表9-31确定;

K_1——经验系数,可按表9-31确定;

ω_c——$\omega_c = \omega_p + 35$ 时的含水率,对粗颗粒土可用 ω_0 代替 ω_p;当无实测资料时,可按表9-32确定;

A_0——相当于$\omega_A=\omega_c$之A_i值，可按表9-32确定。

表9-31 K_1、ω_0值

参数	砾石、碎石土	砂土	黏性土	重黏土
K_1	0.5	0.60	0.70	0.60
ω_0(%)	11.0	14.0	18.0	23.0

注：碎石、砾石土当粉黏粒含量<12%者，K_1取0.4。

表9-32 ω_c、A_0值

参数	砾石、碎石土	砂土	黏性土	重黏土
ω_c(%)	46	49	52	58
A_0(%)	18	20	25	20

注：砾石、碎石土当粉黏粒含量<12%者，ω_c取44，A_0取14。

(2)压缩系数α_i

黏性土(宜用于东北地区)：

$$\alpha_i=0.01485\ln\omega_A-0.0178\quad 18\%\leqslant\omega_A\leqslant110\%\tag{9-31}$$

砾石、碎石土、砂土、黏性土按表9-33采用。

表9-33 各种冻土融化后之α_i值(MPa^{-1})

冻土干容重 γ_d(kN/m^3)	土质及基底应力σ_c(MPa)		
	砾石、碎石土 σ_c=0.01~0.108	砂土 σ_c=0.01~0.206	黏性土 σ_c=0.01~0.206
20.6	0		
19.6	0.102		
18.6	0.204	0	0
17.7	0.306	0.122	0.153
16.7	0.408	0.245	0.306
15.7	0.408	0.367	0.459
14.7	0.408	0.489	0.612
13.7	0.408	0.489	0.765
12.8	0.306	0.489	0.765
11.8	0.306	0.489	0.714

续上表

冻土干容重 γ_d(kN/m³)	土质及基底应力 σ_c(MPa)		
	砾石、碎石土 $\sigma_c=0.01\sim0.108$	砂　土 $\sigma_c=0.01\sim0.206$	黏性土 $\sigma_c=0.01\sim0.206$
10.8	0.255	0.408	0.714
9.8	0.255	0.357	0.612
8.8	0.204	0.306	0.510
7.8		0.255	0.408

注：(1)当外部压力超过表列压力时，采用表列数值偏于安全。

(2)表列数值可内插。

(3)表中 σ_c 为基底压应力(MPa)；γ_d 为冻土干容重(kN/m³)。

(4)重黏土之 α_i 值可将黏性土 α_i 值适当放大使用。

2. 沉降计算基底压缩层厚度

土在冻结过程中，由于水分迁移和相变的结果，其原状土结构遭受破坏，在外荷载及土自重作用下，融化下沉范围内的土体均要产生下沉。所以本规范规定，当融化层厚度大于压缩层厚度时，对土自重压力下沉和融化下沉应算至融化层的下限；而附加压力时，则等于压缩层的厚度。这个厚度可根据附加压力与土自重压力的比值按下式确定：

对于中等压缩性土($0.001\leqslant\alpha_i\leqslant0.0049$)：

$$P_{z'}=0.2P_{\sigma_{z'}} \tag{9-32}$$

对于高压缩性土($\alpha_i\geqslant0.0049$)：

$$P_{z'}=0.1P_{\sigma_{z'}} \tag{9-33}$$

式中　$P_{z'}$——基础底面以下深度 z'处的附加压力；

$P_{\sigma_{z'}}$——基础底面以下深度 z'处的土自重压力。

9.4　岩溶地区地基

9.4.1　基本原则

9.4.1.1　基础桥规规定

9.4.1 条规定：

桥涵结构宜避开岩溶强发育地段。在碳酸盐岩为主的可溶性岩石地区，当存在岩溶(溶洞、溶蚀裂隙等)、土洞等现象时，应考虑其对桥涵地基承载力、基础稳定的影响。

9.4.1.2 条文解读

对于地表或地下广泛分布可溶性岩层并存在各种岩溶形态，以及可溶岩地区的上覆土层曾发生地面塌陷或有土洞存在的地段，应按岩溶地段开展工作。

根据岩溶埋藏条件可分类为裸露型岩溶、覆盖型岩溶和埋藏型岩溶(表 9-34)。

表 9-34 按埋藏条件的岩溶分类及其特征

岩溶类型	岩溶特征	分布特征
裸露型岩溶	可溶性岩石直接出露于地表，地表岩溶显著，裸露型岩溶多出现于新构造运动上升地区	我国绝大部分岩溶均属此类
覆盖型岩溶	可溶性岩石被第四系松散堆积物所覆盖，覆盖层厚度一般小于 50 m，覆盖层下的岩溶常对地表地形有影响，如在地面形成洼地、漏斗、浅塘、塌陷坑等	多分布于广西、云贵高原等地
埋藏型岩溶	可溶性岩石被上覆基岩深埋达几百米至一二千米，在地下深处发育岩溶，属于古岩溶，地表上无岩溶现象	分布于四川盆地、华北平原

根据岩溶发育强度可分为强烈发育、中等发育、弱发育和微弱发育的岩溶(表 9-35)。

表 9-35 岩溶发育强度分级

级　别	岩溶强烈发育	岩溶中等发育	岩溶弱发育	岩溶微弱发育
岩溶形态	以大型暗河、廊道、较大规模溶洞、竖井和落水洞为主	沿断层、层面、不整合面等有显著溶蚀、中小型串珠状洞穴发育	沿裂隙、层面溶蚀扩大为岩溶化裂隙或小型洞穴	以裂隙状岩溶或溶孔为主
连通性	地下洞穴系统基本形成	地下洞穴系统未形成	裂隙连通性差	溶孔、裂隙不连通
地下水	有大型暗河	有小型暗河或集中径流	少见集中径流，常有裂隙水流	裂隙透水性差

岩溶地区的地质条件一般都很复杂，勘察难度大，采用综合勘探手段取得的地质资料相互补充、相互验证，是岩溶地区勘察的基本要求。岩溶

地段的工程地质选线应遵循原则如下：

(1)线路应绕避岩溶强烈发育地带、可溶岩与非可溶岩的接触带、构造发育带、岩溶水富集区及岩溶水排泄带。

(2)线路应绕避地面塌陷分布密集、有土洞分布的覆盖型岩溶地段。

(3)线路应选择在非岩溶化地区或岩溶发育微弱、范围最窄、层数最少、顶板稳固、受岩溶水影响小的地带通过。

在岩溶地区进行桥梁基础工程设计与施工时，需要特别考虑基础下方溶洞对桥涵地基承载力、基础稳定的影响。

当桥梁位于岩溶地区时，可将桥梁墩台建于跨越溶槽、溶沟或溶洞的钢筋混凝土和预应力混凝土的板或梁上，有时也可对桥梁墩台采用桩基础。置于岩溶地区溶槽或溶沟处的桩基础，当桩穿过溶槽、溶沟内的填充土支立于溶槽底面或溶沟底面的岩层上时，可按支立于一般岩层上的柱桩分析方法进行桩的内力分析。桩的轴向容许承载力应根据溶槽或溶沟底面岩层的好坏(包括强度和缝隙等情况)来确定。如果在溶洞处设置桩基础，其溶洞顶板很薄，而溶洞内的底面很深，且洞内填充土属于密实稳定，具有足够强度，则桩底可穿过溶洞的顶板置于溶洞内的填充土层内，而不支于溶洞的底板上，此时可按摩擦桩进行设计，不考虑桩与溶洞顶板之间的摩阻作用，而仅将这种摩阻作用视作安全储备，如图 9-18 所示。

当基桩穿过多层岩溶层而桩底支立于坚固的岩层上时(图 9-19)，应不考虑多层岩溶层对桩壁起摩阻作用，因为多层岩溶层与桩壁之间的摩阻

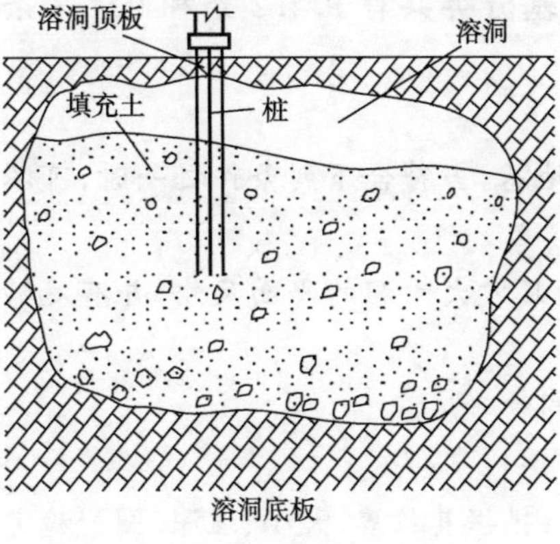

图 9-18　桩底置于溶洞内的填充土层

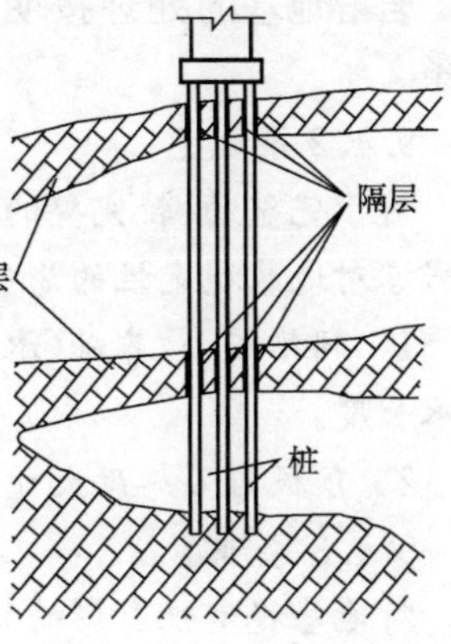

图 9-19　桩底支立于坚固的岩层上

作用，在本质上不同于一般土与桩壁之间的摩阻作用。如果多层岩溶层与桩壁之间黏结成一体，桩身轴向荷载如何分配给每一岩溶层，是一非常复杂的问题，影响岩溶层与桩壁之间黏结作用的不定性因素很多，如各岩溶层的强度不相同、岩质不均匀、施工中各岩溶层受损程度不一样、各岩溶层与桩壁黏结的面积很难确定等，很可能在某一岩溶层与桩壁黏结处，因受力集中首先出现摩阻破坏而导致整个桩基础破坏，因此通常应不考虑多层岩溶层对桩壁的摩阻作用，也仅考虑这种摩阻作用为安全储备，基桩承受的轴向荷载认为全部作用于桩底的坚固岩层上，按柱桩进行设计。如果根据受力条件，桩基底面可以支立于溶洞中的填充土内时，则可考虑溶洞中填充土对桩壁的摩阻作用，如同一般摩擦桩一样进行设计，此时亦应不考虑桩壁与各岩溶层黏结处之间的摩阻作用。桩与各岩溶层之间的黏结，对阻止细长桩纵向屈曲是有利的。

如果桩基的底面支立于其下溶洞的顶面岩溶层上，应慎重分析该岩溶层能否承受桩基所作用的荷载，不应仅认为该岩溶层已具有某一厚度（譬如 3 m，或 5 m，或 6 m），就不会有问题，而应对岩溶层的岩石类别、强度、完整性，以及该岩溶层的受力跨度等作全面分析，然后才可判断该岩溶层能否承受桩基（或桩基中的某些基桩）所作用的荷载。

9.4.2 岩溶地区地基稳定性评价

9.4.2.1 基础桥规规定

岩溶地基的处理按明挖和桩基分类共有 9.4.2 条和 9.4.3 条共两条。

9.4.2 条规定：

对于完整的、较完整的硬质岩地基，当符合下列条件之一时，可不考虑岩溶对地基稳定性的影响：

1 洞体较小，基础（承台）底面尺寸大于洞的平面尺寸，并有足够的支承长度。

2 顶板岩石厚度大于或等于洞的跨度。

9.4.3 条规定：

对地基稳定性有影响的溶洞，应根据其位置、大小、埋深、围岩稳定性和水文地质条件综合分析并采取处理措施。

9.4.2.2　条文解读

岩溶不良地质构成的岩溶地基常常引起地基承载力不足、不均匀沉降、地基滑动和塌陷等地基变形破坏。对于岩溶发育地区应尽量避开岩溶强发育场地，但完全避开也非常困难，大量的工程实践证明，岩溶地基经过恰当的处理后，可以作为建筑物地基。岩溶地基的突出问题不是地基强度而是地基稳定性，尤其是桩端岩体洞隙顶板稳定性问题。岩溶地区桩基承载特性与岩溶发育程度、岩石风化程度、基础尺寸、溶洞顶板跨度、厚度等因素密切相关。随着越来越多的铁路工程兴建在岩溶地区，岩溶地基问题就成为工程建设中的突出问题，特别是高速铁路、客运专线铁路中桥梁所占比例的提高，加强岩溶地基稳定性分析评价，合理确定桥涵基础形式及基础处理措施，有着重大的技术价值和经济意义。

1. 岩溶地基稳定性评价

(1)规范规定

根据以往的设计经验，本规范规定对于完整的、较完整的硬质岩地基，当洞体较小，基础(承台)底面尺寸大于洞的平面尺寸，并有足够的支承长度，或顶板岩石厚度大于或等于洞的跨度时，可不考虑岩溶对地基稳定性的影响。

例如基础底置于岩层表面某岩溶地基铁路桥设计原则：

①对于基底下有宽度小于 1 mm 的竖向溶蚀裂隙，或者基底下溶洞被密实的沉积物填满，其承载力达到基底应力要求，并不存在被水冲蚀的可能性。

②基底下洞身体积较小，基础平面尺寸大于溶洞的平面尺寸，并且有足够的支承长度。

③基底下岩层整体性好，节理不发育，溶洞顶板岩层厚度大于洞跨 1.5 倍以上等情况的地基认为是稳定的，可不考虑溶洞对基础的影响，桥梁基础可直接采用明挖基础。设计时在明挖基础底设置 1～2 层钢筋网，以防止基础底岩层沉陷变形导致基础弯折开裂。基底溶洞、溶槽应采用混凝土或浆砌片石回填密实，或采用压注水泥砂浆处理。

(2)评价方法

岩溶地基稳定性评价主要针对桥涵建筑物下面对稳定性有影响的个体岩溶形态进行评价，依据评价结论确定是否需要进行工程处理。目前对岩溶地基的评价方法，除规范规定外，可分为定性评价和定量评价两种。

①定性评价

定性评价主要分析岩溶形态及各种地质条件，并考虑建筑物的荷载影响判定其稳定。若为溶洞，则应了解洞体大小、顶板厚度和形状，岩体的结构强度、结构面的多少及其分布与空间组合，研究洞内充填情况以及水的活动等因素，并结合洞体的埋深、上覆土的厚度，建筑物的基础形式、荷载分布等进行综合分析。定性评价主要依据经验进行比拟，洞体稳定性评价可参考表 9-36。

表 9-36　洞体稳定性评价参考

序号	因　　素	对稳定有利条件	对稳定不利条件
1	地质构造	无断裂褶曲，裂缝不发育或胶结充填好	有断层褶曲，裂缝发育张开，有两组以上裂隙切割，岩体呈干砌状
2	岩层产状	走向与洞轴正交或斜交，倾角平缓	走向与洞轴平行，倾角陡
3	岩性及层厚	层厚、块状的石灰岩，强度高	薄层泥灰岩、白云质灰岩，有互层，岩体强度低
4	洞体形态及埋藏条件	埋藏深、覆土厚、洞体小（与基础尺寸比较），呈竖井状或裂缝状，单体分布	埋藏浅，在基底附近，洞径大呈扁平状，复体相连
5	顶板情况	顶板厚度与洞跨比值大，平板状，或呈拱状，有钙质胶结	顶板厚度与洞跨比值小，有切割的悬挂岩状，未胶结
6	充填情况	沉积物充填密实，且无水冲蚀的可能	未充填或水流冲蚀着充填物
7	地下水	无	有水流或间隙性水流

②定量评价

目前定量评价主要是针对溶洞，按经验公式对顶板的稳定性进行验算。在有可能取得溶洞计算参数时，可将洞体顶板视为结构自承重体系进行结构力学分析，根据顶板形态、成拱条件及裂隙切割分布，分别将其作为梁板或拱壳受力情况计算。顶板安全性的定量评价主要有以下几种方法：

a. 荷载传递线交汇法

对于完整的水平顶板，假定荷载按 30°～35°扩散角向下传递，此传递线交于顶板与洞壁的交点以外时，即认为溶洞壁直接支承顶板的外荷与自重，顶板是安全的。

b. 悬臂、单向和双向板(梁)分析法

根据水平顶板的完整性及周边的嵌固情况，可按悬臂、单向和双向板(梁)检算其稳定性。检算内容为板的控制处抗弯拉应力检算、板端剪力冲切破坏检算。通过检算，判定顶板的稳定性。

c. 厚跨比分析法

厚跨比分析法为经验判断法。对于浅层溶洞，其顶板完整、厚度与溶洞跨长之比大于 2.0 者，可作为天然地基，不予处理；对于基础底面以下一定深度的溶洞，虽顶板完整但厚跨比比较小，或厚跨比虽大于 2.0 但溶洞跨长大于 8.0 m 且岩层完整性较差者，应对顶板进行检算。

d. 成拱分析法

成拱分析法为类比分析法，对于略成拱形的完整顶板及成穹窿形(拱形)但并不十分完整的顶板，且拱脚以下围岩稳定，溶洞无横向扩大可能者，可近似地用石砌拱桥的拱圈厚度作类比来评价溶洞拱顶的安全厚度。

e. 有限元分析法

当有条件取得有代表性的参数时，亦可按有限单元法进行分析。可以分析溶洞的整体性和局部稳定性，计算出溶洞周围的应力场和位移场，计算的结果与围岩的强度指标和变位限制条件相比较，以确定溶洞围岩的稳定性。

以上梁、板、拱理论评价多属于半定量分析，但由于计算边界条件不易明确，计算结果难免具有不确定性，应结合当地工程经验综合确定。应充分利用溶洞顶板厚度，若溶洞顶板厚度满足桩基承载力要求，就不用再穿透溶洞。

广东和贵州岩溶地区桩基设计地方标准规定：当桩端以下 $3d$ 或 5 m 范围内有溶洞存在时，对桩下单个较大的溶洞，可视洞体顶板形态、成拱条件和裂隙分布状况，进行稳定性计算。当顶板岩层较完整，强度较高，层厚较大，并已知顶板厚度和裂隙、节理情况时，可按抗弯、抗剪验算顶板安全厚度。

当溶洞顶板岩层比较完整、层理较厚、强度较高、洞跨较大时(大于 $3d$),弯矩是主要控制条件,可按梁板受力情况计算,其受力弯矩按下列情况计算:

当顶板跨中有裂缝,顶板两端支承位置岩石坚固完整时,按悬臂梁计算。

$$M=\frac{1}{2}pl^2 \tag{9-34}$$

若裂隙位于溶洞两端支承处,而顶板较完整时,按简支梁计算。

$$M=\frac{1}{8}pl^2 \tag{9-35}$$

若溶洞两端支承位置和顶板岩层均较完整时,按两端固定梁计算。

$$M=\frac{1}{12}pl^2 \tag{9-36}$$

抗弯验算:

$$\frac{6M}{bH^2}\leqslant\sigma_t$$

$$H\geqslant\sqrt{\frac{6M}{b\sigma_t}} \tag{9-37}$$

式中 M——弯矩(kN·m);

p——顶板所受总荷重 $p=p_1+p_2$(kN);

p_1——顶板厚为 H 的岩体自重(kN/m);

p_2——顶板上附加荷载(kN/m);

l——溶洞计算跨度(m);

σ_t——岩体的计算抗弯强度(MPa);

H——溶洞顶板计算厚度(m)。

当溶洞顶板岩层完整、岩体强度高但洞跨较小时(小于 $3d$),抗剪切力是溶洞顶板破坏的主要控制条件。

抗弯验算:

$$H=\frac{q}{\tau L} \tag{9-38}$$

式中 q——溶洞顶板自重加上附加荷载(kN);

τ——对于灰岩取 1/12 容许抗压强度(MPa);

L——溶洞平面周长(m)。

2. 溶洞处理措施

岩溶地基与基础方案的选择应针对具体条件区别对待。大多数岩溶场地都需要加以适当处理方能进行地基基础设计。而地基基础方案经济合理与否,除考虑地基自然状况外,还应考虑地基处理措施的选择。

岩溶地区桥梁基础的设计,应根据岩溶形态的具体情况,结合桥梁跨度和桥墩荷载的大小,以及岩面以上覆盖的土质、厚度和稳定性等加以考虑,慎重研究、妥善处理,一般处理措施如下:

(1)对岩溶发育、深度较深、影响较大的桥涵基础,采用钻孔桩基础处理,桩身穿透溶洞或溶槽,桩底置于完好的持力层内,同时满足桩底以下底板厚度不小于6 m,并结合岩溶规模综合考虑。当桩尖下岩溶规模过大时,应作稳定性评价和必要的分析计算或加固处理,必要时调整孔跨布置。

(2)岩溶较发育,基底局部有溶槽,深度不深且呈收敛状态,则清除溶槽内填充物,并探明槽底以下2.0～3.0 m内有无溶洞,以与基础同等级混凝土回填,其上增设一层直径25 cm、间距为15 cm的钢筋网。如裂隙较宽时,可采用短钢筋,再灌注基础混凝土。

(3)岩溶较发育,基底局部有溶洞或多层溶洞时,可采用钻孔桩基础穿透溶洞。对溶洞进行适当的抛填片石加黄泥、压浆或充填混凝土处理等。根据溶腔高度、填充形式、填充物类别等情况,桩基成孔过程中采用以下方式来辅助成孔:

①溶腔高度5 m(含)以上的空溶洞,采用钢套筒跟进。

②溶腔高度5 m(含)以上的软塑填充的溶洞,采用钢套筒跟进。

③串珠桩溶洞,各串珠间硬质岩的厚度不大于2 m,溶洞顶板距离底板底的高度大于5 m(含)时,采用钢套筒跟进。

④串珠状溶洞,两个溶洞间的硬质岩厚度大于2 m时,且每个单独的溶洞均不大于5 m时,采用抛填处理。

⑤同一个墩采用多种处理方式组合使用。

(4)基底呈串珠状的多层溶洞较深时:

①按摩擦桩进行计算。

②按桩的嵌固长度累计不小于5 m计算(嵌固每段长度不小于1 m),

但两种计算的桩尖必须置于下层岩层上，支承顶板厚度不小于 3 m。

9.4.3 岩溶地区地基处理

9.4.3.1 基础桥规规定

岩溶地区地基处理按明挖和桩基分类共有 9.4.4 条和 9.4.5 条共两条。

9.4.4 条规定：

岩溶地区明挖基础的溶洞可采用混凝土换填和压浆处理。岩溶埋藏较浅，局部有溶沟、溶槽，其下部已探明无溶洞时，可对基底以下溶沟、溶槽采用混凝土换填方式处理；当基底以下存在溶洞时，可通过压浆对岩溶空洞进行填充封闭处理。

9.4.5 条规定：

溶洞、塌陷漏斗较大或岩溶多层发育地段宜采用桩基础。岩溶地区桩基穿越溶洞时，可采取以下处理措施：

1 桩身穿越小溶洞或填充性较差的溶洞，以及桩身处溶洞埋深大于 40 m 时，可采用填充压实(抛填片石、黄泥挤压)的方式处理。

2 桩身穿越较大空溶洞、半填充溶洞，以及桩身穿越串珠状溶洞时，可采用钢护筒跟进防护处理。

3 邻近既有建筑物或地表易发生塌陷的桩基础穿过岩溶时，溶洞内为半填充、无填充物或裂隙贯通时，可提前对溶洞进行注浆处理。

9.4.3.2 条文解读

近年来，在我国铁路建设中穿越溶洞区域的情况越来越多。首先在线路选线时，应尽量绕避岩溶发育及强烈发育地区；当确实无法绕避时，设计中应根据探明的地质溶洞分部规律、地质构造，结合桥下立交等控制因素，选择最佳的桥跨方案。对于该桥下溶洞发育差别较大，个别墩台下溶洞特别发育，其他墩台不很发育的情况，应尽量调整孔跨，躲避串珠状或较大的难以处理的溶洞。为确保在特殊地质条件下工程建设运营的安全性，溶洞区地基设计时应结合地区岩溶工程的特点，对该区域范围内的桥涵基础加强施工防护，优化地基基础处理方案。

1. 明挖基础

一般对岩溶地区明挖基础地基稳定有影响的岩溶洞隙，应根据其位置、大小、埋深、围岩稳定性和水文地质条件综合分析、因地制宜地采取下列处理措施：

(1)对于溶洞宜采用混凝土换填和压浆。为确保基底安全，在岩溶埋藏较浅、局部有溶沟溶槽，其下部已探明无溶洞时，对基底以下溶沟溶槽采用C30混凝土进行换填处理；当基底以下存在溶洞时，通过压浆对岩溶空洞进行填充封闭处理。

(2)桥涵基础宜穿过溶洞置入较完整基岩中。岩溶地区的明挖或挖井基础在施工开挖至基底高程后，需在基础范围内四角及中心深约5 m的范围内探明基础以下是否有溶洞存在，如有溶洞应修改设计。

(3)一般对地基稳定有影响的土洞，杜绝地表水渗入土层。使土洞停止发育和发展，当地质条件许可时，尽量对地下水采取截流、改道等，以阻止土洞继续发展。当土洞埋深较浅时，采用挖填和梁板跨越；对直径较小的深埋土洞，可不处理，仅在洞顶上部采用梁板跨越即可；对直径较大的深埋土洞，可采用顶部钻孔灌砂或灌碎石混凝土，以充填空间。当对地下水不能采取截流、改道等方式以阻止土洞发育时，一般可采用桩基等措施。

2. 桩基础

(1)施工方案

桩基础施工时应根据地质变化情况随时修订施工方案，防止斜孔、弯孔、埋钻、卡钻、掉钻、塌陷等事故的发生。

①施工前应该做好溶洞处理预案，并根据预案配足必要的材料。

②同一基础的桩基宜逐桩施工。

③合理规定施工顺序。先安排外围桩而后中间桩，先安排含有较深、较大、较多溶洞的钻孔施工，先安排长桩施工。

④对于存在地质情况不清的柱桩，桩孔达到设计高程后，应探明桩底以下不小于5 m深度范围内的岩层情况，确认没有溶洞后方可终孔。如发现桩底以下还有溶洞，应提请设计单位进行变更设计。

⑤位于岩溶区桥梁桩基础施工时，应根据覆盖层、岩溶发育情况和溶洞填充等情况，制定安全可靠的施工方案，施工过程中应根据地质变化情况随时修订施工方案，防止斜孔、弯孔、埋钻、卡钻、掉钻、塌陷等事故的发生。

(2)工程措施

岩溶地段的桥梁桩基础应采用经济、可靠的岩溶处理措施。溶洞处理措施一般采用钢护筒跟进，抛填片石、黏土、水泥，压浆或填压混凝土等工程措施。

①当桩身穿越小溶洞或填充性较差的溶洞，以及桩身处溶洞埋深大于 40 m 时，一般情况下应侧重于加强造壁护壁功能，采用加强型泥浆护壁的方法。泥浆造壁法就是根据溶洞内充填物的不同种类和流塑性，在使用优质泥浆护壁施工的同时，按一定比例分别加入烧碱、水泥、锯木屑、草袋、片(碎)石等混合材料，借助于钻头的冲击捣固作用，将填充材料同稠密的泥浆一起挤入溶洞和岩溶裂隙中，形成强度连续的钻孔路径，在接续的钻孔工序中形成孔壁封闭环，达到泥浆护壁的效果。泥浆造壁法主要适用于洞体尺度相对于桩径不大的小溶洞，具体情况按溶洞的相对位置、围岩种类和充填物的性质等因素确定。

较大封闭型溶洞，先在孔口附近准备好足够的块石、黏土、水泥，在洞顶打穿时，一旦发现漏浆，要迅速填堵，防止塌孔。一般溶洞洞顶击穿后，桩孔中泥浆会迅速下降，此时要用铲车及时将准备好的块石、黏土、水泥抛入孔中直到泥浆停止下降，并慢慢上升，此时可用冲锤进行适当挤压，反复抛块石、黏土、水泥，直至把桩基两侧的溶洞都填满或堵死为止，最后补充泥浆再重新成孔。

②当桩身穿越较大空溶洞、半填充溶洞以及桩身穿越串珠状溶洞时，可采用钢护筒跟进防护处理措施。

通常情况下，钢护筒跟进作业就是在准确的桩孔位置处将钢护筒就位后，首先用振动打桩锤逐步下沉到需要保护孔壁的地层和岩石上，再用回旋钻机钻孔，缓慢下沉钢护筒，接近溶洞时，向孔内抛填片石与絮状物，并用钻机将抛填物向四周挤压，将溶洞填满，为钢护筒跟进提供依托，保证钢护筒不出现倾斜现象，最终将钢护筒下沉到设计位置或稳定坚固的基岩上，达到护孔成桩的目的。

对于单级串通型溶洞，采用厚钢板加工成的双护筒跟进方法解决。大护筒跟进至溶洞顶岩石上，小护筒跟进至溶洞下 0.5 m，大护筒比设计孔径大 0.4 m，小护筒比设计孔径大 0.2 m；大小护筒需用等直径钻头冲孔。图 9-20 为护筒跟进施工示意。

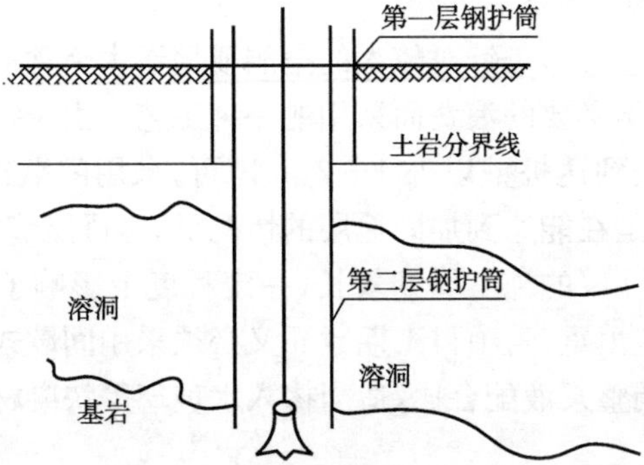

图 9-20　护筒跟进施工示意

对于多级串通型的溶洞，同单级串通型溶洞处理方案类似，只是采用多级护筒跟进方法解决，最内侧小护筒跟进到最下层溶洞底以下 0.5 m。

护筒跟进工艺虽然对处理溶洞效果明显，但由于其成本高，投入大，对中小型或有填充的大型溶洞，不主张采用护筒跟进；对于无填充或半填充的大型、特大型溶洞，为避免溶洞顶板被击穿后泥浆突然流失而导致塌孔或地面大面积塌陷，原则上要求采用护筒跟进工艺，以确保施工安全和顺利成桩。位于既有铁路或公路路基边的钻孔桩，若地下溶洞发育，亦应考虑采用护筒跟进工艺，保证既有线的路基稳定和行车安全。

③邻近既有建筑物或地表易发生塌陷的桩基础穿过岩溶时，当溶洞内为半填充、无填充物或裂隙贯通的溶洞时，需提前对溶洞采用注浆处理。

溶洞注浆宜采用钢花管注浆工艺。地质钻机钻引孔后插入直径 3 cm 注浆管，注浆管孔底应封闭，管壁应钻 6 mm 的出浆孔，出浆孔间距宜为 20 cm，呈梅花形布置。

注浆过程中出现下列情况之一，应采用间歇反复注浆：

a. 注浆孔揭露较大的空溶洞，自流注浆 2 m^3后，孔底没有明显抬升。

b. 浆液漏失严重，一次性连续注浆 2 m^3后，注浆速率不减或压力不升高。

c. 注浆压力突然降低（含突然为零）或速率突然升高。

d. 当流量较大时，液面可以上升至孔口，但停止注浆液面又迅速下降且下降速率较大，反复注浆几次浆面没有抬升。

e. 注浆环境发现异常情况。

采用间歇式注浆，是针对较大的空洞或地下水流动的地层，为防止浆液的流失，造成不必要的浪费而采用的一种工艺。由于钻孔桩桩径小，注浆加固范围只是到达桩壁以外 1～2 m 即可，采用间歇式注浆正是基于这一理念，目的是在能达到加固地层的情况下，尽可能节约成本。但应注意，由于间歇式注浆的施工周期较长，一定程度上影响了施工进度，在选择施工工艺时应慎重，若项目工期紧而又必须采用间歇式注浆时，可考虑进一步优化和调整浆液配合比，适当掺入水玻璃等快凝材料，以加快施工进度。

采用间歇循环注浆方式时，注浆材料宜采用水玻璃—水泥双浆液(水玻璃掺入量宜为水泥浆质量的 8%～10%)，间歇循环注浆时间应不小于 6 h，使先注入的浆液初步达到胶结后再注浆。

多层溶洞应从下层向上层进行注浆，注浆压力宜较注浆孔底水压大 0.1～0.2 MPa，在注浆过程中可根据具体情况适当调整。注浆速度宜为 8～10 L/min，渗透最小半径应大于桩半径 1 m。

当溶洞内的地下水流较小时，工程上常用的水玻璃类化学浆液的配比与性能见表 9-37。

表 9-37　水玻璃类浆液配比与性能

浆液名称	材料配比	灌注方式	抗压强度(MPa)
水玻璃水泥浆	水玻璃 100～50 L，水泥 100～75 kg，水 100 L	双泵混合间隙灌注	>2
氯化钙水玻璃水泥浆	水玻璃 100～50 L，水泥 100～75 kg，水 100 L，氯化钙 100～50 L	交替灌注	>2
红星型速凝水泥浆	水泥浆水灰比(8：1)～(1：1)，速凝剂 1%～3%	单泵灌注	>2

在成孔作业期间，对桩周土体均有扰动，因此已注浆地层必须待注浆体达到一定强度后才能钻孔，否则注浆加固失去效果。实践证明，浆体的强度一般在 7 d 后可以达到设计强度的 80%，这种情况下，能承受钻孔的振动冲击效应，孔壁不致坍塌。因而要求注浆完成后，应待注浆体达到设计强度 80%后方可进行钻孔。

④如在岩溶发育地区钻孔桩施工中，遇到岩层斜面现象较严重，通过回填片石难以纠偏时，可采用水下爆破技术解决此类问题，且该技术有施工周期短、成本费用小等优点。

3. 京广高速铁路新村1号大桥溶洞处理

京广高速铁路新村1号大桥桥址范围溶洞呈串珠状发育，最多的孔位达到13层溶洞，且桥址范围内的溶洞之间连通，设计全部为嵌岩端承桩。特别是2号、3号墩，溶洞与地下暗河连通、水流速度快、连续多层的葫芦串溶洞、砂层厚度大等几种最不利施工因素相叠加，难度非常大。

(1)溶洞处理方案

对于一些溶槽、溶沟、小裂隙等，冲孔时可采取投放片石、碎石夹黏土，甚至投入整袋水泥堵塞起到护壁作用，保证泥浆不流失，使钻孔顺利通过岩溶区。

对于封闭得比较小的溶洞，采取压力注浆措施，使之达到填实的目的以提供成孔条件穿过溶洞。采用冲击钻机钻进成孔，当钻孔施工接近溶洞顶时，用小冲程钻进，要求轻捶慢打，使孔壁圆滑坚固，冲程不大于0.5 m，严密监视卡钻及护筒内泥浆下沉等异常现象，出现偏斜歪钻现象，及时抛填片石，然后钻进，复填复冲。进入溶洞，一定要将入口冲扩好，不能贸然将钻头沉入溶洞内，防止掉钻、卡钻。开溶洞顶板时，适当将钻头直径加大5～10 cm，待开孔完毕，则将钻头直径恢复到标准值。在溶洞内钻进过程中，根据溶洞情况选用不同填充物，如溶洞无充填物或填充物不满时，则采取先填充碎石或干砂，然后压力注浆固结填充物；如溶洞充填物呈松散或软塑状态时，需事先灌砂或碎石进去，然后再注浆固结；如溶洞填充物已固结呈硬塑状态时，则可以直接冲孔，但需加强泥浆护壁。一般小溶洞可考虑将溶洞全部灌满，待固结体达到一定强度以后再钻孔施工。

串珠溶洞为有两层及以上的溶洞，存在互相之间串孔漏浆，极易造成卡钻、钢筋笼不易就位现象。同时由于成孔周期较长，上层溶洞已成型的孔壁易遭到损坏，故可采取先灌注低标号混凝土填充的办法将上层溶洞填满，待其凝固具备一定强度后，再继续钻进施工，这样就将串珠溶洞变成单层溶洞，然后按一般单层溶洞处理方案进行施工即可。

(2)调整泥浆参数，改进清孔措施

根据实际地层情况，选用黏性较好又相对干净的黏土造浆，必要时投放膨润土或黏土粉改善浆液。对泥浆比重、稠度、高度等参数经常检测，确保泥浆护壁效果达到有关要求，并适时进行调整，加大泥浆制备量，确保应急使用。要适时加快泥浆循环速度，以保证孔壁安全的同时加快沉渣的清除。

经过溶洞处理的桩基在终孔前应减慢泥浆比重的调节速度，将钻渣清理完毕后，再把比重降低，泥浆的配制尽量采用优质膨润土，并加入适量火碱或小苏打；砂率降低，必要时采用专用分离器，控制在 2 h 内。

(3)改善施工工艺

①钢护筒方案

采用 8 mm 厚的钢护筒，确保一定的刚度，减小变形，钢套筒底部制作成锯齿状，增加定位的稳定性，每节 3 m，从加工棚提前制作后拉到现场分节吊装焊接，接口对焊，下入桩孔内。

为确保下放钢护筒不变形倾斜，需要在接头处增加一圈钢筋作箍，同时保证均匀下压，防止偏心受力错位倾斜。对护筒周侧加焊 $\phi25$ mm 螺纹钢筋或钢管，侧面伸出孔位范围 4 m 以上，并与加垫方木捆绑或连接，防止钻进过程偏位。

②较大锤头钻进成孔

改用 $\phi1.25$ m 钻头钻进，使用 $\phi1.4$ m 钢护筒，增大锤头重量，选用较合适形式的锤头，使用高强度的锤齿，并及时检查和更换键齿，从而最大程度减少偏孔，即使偏孔也更易于纠偏，因钢筋笼仍采用原设计尺寸，成孔后也更方便下放钢筋笼到位。

③改变冲程及工艺

根据地质柱状图和实际地层情况，在钻进中，密切观测桩机底盘的水平、岩样的变化和孔内水位的变化，采取不同的冲程，要特别注意快到土洞、溶洞的洞顶时，冲锤采用低锤密击的方法施工，以防止顶板过早破坏，造成失浆。进入岩层或硬岩变软时，减小冲锤的落距，防止冲捶突然冲穿溶洞顶板时瞬间拉力过大而拉断钢丝绳和卡钻；同时防止卡锤、掉锤现象，提升高度一般不超过 50 cm。

(4)实施地表注浆

在每一根桩的中心位置或承台的四角钻注浆孔。钻注浆孔也是对地质情况的进一步勘探，通过取芯，探明溶洞的高度及填充物的详细情况，并对填充物进行土工试验，分析其物理力学特性，如容重、含水量、孔隙率等，为注浆施工参数计算提供依据。钻进到设计孔深位置，并放管到孔底实行后退式分段注浆的工艺，必要时适当添加水玻璃，力争形成止浆帷幕。用注浆泵注浆时压力不宜太大，控制在 0.5～1.0 MPa 范围内，具体压力值由现场试验确定。速度为 15～20 L/min，为防止浆液流失太大造成浪费，采用间歇注浆方式，使先注入的浆液与黏土、砂子(或碎卵石)初步达到胶结后再注浆，循环注浆多次，直至达到规定的最小注浆量和注浆压力控制值为止。

在以上对策的实施后，成孔速度明显加快，日平均成孔速度由原来 1.98 m/d 提高到 7.87 m/d，比预定目标提前 1 个多月完工。

9.4.4 岩溶地段桥涵地质勘探要求

9.4.4.1 基础桥规规定

9.4.6 条规定：

岩溶地段桥涵处地基的工程地质勘探应符合《铁路工程地质勘察规范》(TB 10012)的相关规定。

9.4.4.2 条文解读

岩溶地段桥涵处工程地质勘探应依据岩性、地质构造、岩溶发育形态和规律，综合分析桥梁基础持力层范围内岩溶发育特征，为桥涵基础处理、安全性评价提供客观、定性评价。因此，岩溶地段桥涵处地基的工程地质勘探应按《铁路工程地质勘察规范》(TB 10012)的相关规定开展，为设计提供准确的、定量的地质勘察资料。

《铁路工程地质勘察规范》(TB 10012—2007)5.6.4 条和 5.6.7 条对岩溶地段桥涵处地基的工程地质勘探要求如下：

1. 岩溶地段工程地质调绘

(1)应采用遥感图像地质解译和现场核对，判定岩溶分布范围和状态。

(2)查明地层岩性、地质构造特征，岩溶发育与岩性、地质构造及裂隙的关系。

(3)调查溶洞的分布层数，分析侵蚀基准面及其变化特征。

(4)调查岩溶地貌和岩溶形态，查明岩溶与建筑物的相对位置及关系。

(5)查明对线路有影响的溶洞、暗河等的顶板及洞内填充情况，评价场地的稳定性。

(6)覆盖型岩溶区还应查明覆盖层的岩性与厚度、可溶岩的古地貌形态，调查地面塌陷史，预测地面塌陷的可能、对周边环境和建筑物的影响，提出预防措施。

(7)对岩溶发育、形态复杂，且对线路方案影响较大的地段，应提出进行专题地质研究的建议。

岩溶地区，一般在初测阶段开展岩溶普查工作。在大面积的普查工作中，要充分利用航片进行预判，在预判的基础上再开展野外地质调绘工作。

在地质调绘的同时，要研究本地区地表水系与地下水系的排泄条件，调查了解地表干谷与地下暗河的可能分布位置，使铁路在平面上避开暗河发育的地段。

岩溶发育强度与岩溶地区的地层、岩性、地质构造、岩层层理、节理裂隙特征和地下水的侵蚀作用密切相关，因此在调查测绘中要查明本地区的地质构造、岩性特征和水文地质条件等，以便分析岩溶发育程度、分布范围，以圈定强岩溶化区与弱岩溶化区的界限。

在覆盖型岩溶区，由于地下水的活动常形成地面塌陷和土洞等。地面塌陷和土洞的形成对工程危害极大，轻者危及工程建筑物的安全，重者颠覆行进中的列车，给国民经济建设造成不可弥补的重大损失。例如津浦线泰安站、浙赣线分宜站等均位于覆盖型岩溶区，都有地面塌陷威胁列车安全、限速运行的记录，是投重资进行地基处理后，才恢复正常运行。

“岩溶发育、形态复杂”的岩溶地段是指在正常勘察阶段，采用一般常规物探和钻探方法不易查清，且对线路方案的确定和工程设置有较大影响的地段。遇此情况往往要进行较大范围的地质调查、水文地质试验，选用更先进的勘探方法，研究线路方案和工程设置的类型等，所以应提出进行专题地质研究的建议。

2. 岩溶地段工程勘探、地质测试

(1)应在全断面、整个长度范围内采用物探，并与钻探、挖探、测试等相结合的方法。

(2)勘探点的位置、深度及地质剖面布置应根据岩溶类型及建筑物需要确定。

①对桥基应根据基础类型及岩溶发育程度，每个墩台应布置1～5个勘探点，柱桩宜每桩1孔，摩擦桩每个墩台不宜少于2孔。

②覆盖型岩溶应根据建筑物的重要性及需要，采用网格状布置勘探孔。

(3)勘探深度应至建筑物基础以下10～15 m，揭露溶洞时应根据工程需要适当加深。

(4)岩溶发育且形态复杂时，施工阶段应结合工程处理措施采取探灌结合的方法进一步查明岩溶发育形态。

岩溶地段的勘探应采用综合手段，使取得的地质资料相互补充、相互验证。一般在初测阶段，应先使用物探方法，然后布置必要的钻孔加以验证；在定测阶段，应视工程的需要布置物探剖面和勘探测试孔。必要时，在施工至路基设计高程时，对建筑物基底以下的岩溶发育情况进行补充勘探。

勘探点、线的布置应根据勘测阶段、建筑物等需要综合考虑。钻探深度应结合工程类型考虑，作为地基时从溶洞的顶板安全厚度考虑，太薄则不安全。对于覆盖型岩溶，一般应穿透覆盖层至下伏完整基岩。

水文地质工作应视工程的需要，做简易水文地质观察或必要的系统观测、联通试验、抽水试验等工作，以满足岩溶水水文地质计算和评价岩溶发育程度的要求。

对岩溶形态复杂的地段，在勘察阶段要完全查明岩溶的发育情况是不可能的，针对这种情况，在实际工作中往往在施工阶段结合处理措施(如灌浆方法)采取“探灌结合”的方法，即在对勘察资料分析研究的基础上，区别不同的岩溶发育区段，采用不同的钻孔间距或处理深度，边探查边灌浆，以达到工程处理的目的。

对于重点工程地区，必要时应选择一定数量的钻孔与岩溶泉(井)，进行不少于一个水文年的水文地质动态观察。

3. 京沪高速铁路荆河特大桥岩溶地段工程地质勘探

京沪高速铁路荆河特大桥为典型的覆盖型岩溶桥梁，位于滕州市东，桥跨北沙河、荆河等，全长约11.5 km。

(1)布孔原则

岩溶勘察需分阶段进行，勘探布孔应按相关规范结合工程特点进行布置。初测阶段查明桥址区的岩溶发育段落和发育程度。定测阶段勘察时根据前期勘探揭示的岩溶发育情况，动态增加勘探孔数，弱发育的岩溶段落墩台一般考虑3孔；中等发育的岩溶段落墩台一般考虑5孔，当岩溶发育位置较深和情况复杂难以查明时，采用逐桩布置勘探孔；当勘探揭示单个溶洞高度大于3 m或钻孔遇洞率大于30%时考虑逐桩钻探。为减少钻探和详细查明岩溶空间分布时可辅以孔透试验。

钻探时根据岩溶的揭示情况，分析岩溶的走向、埋深、大小，随时调整钻孔的顺序和孔数。对于特殊地段，如岩溶塌陷段落，加密勘探点，查明塌陷范围、土洞分布特点，指导设计和施工。

施工时加强施工配合，及时反馈现场成桩施工情况，对有异常状况的孔位进行补孔验证。

(2)勘探孔深控制

钻孔孔深应达基础以下不小于10 m，对于采用端承桩的墩台，一般钻入完整基岩10～12 m，并间隔一定数量墩台布置控制性钻孔，控制性钻孔应达基础以下不小于20 m。采用摩擦桩的墩台，按设计要求调整钻孔勘探深度。

(3)岩溶发育程度评价

通过钻孔揭示的岩溶发育情况，结合物探测试成果综合分析，从岩溶的形态、大小、连通性以及遇洞率、地下水情况等参照表9-38分析，荆河特大桥岩溶发育以中等～强发育为主，局部弱～微弱发育。

表9-38 岩溶发育程度判定表

级别	强烈发育	中等发育	弱发育	微弱发育
岩溶形态	以较大溶洞为主，有的地段呈串珠状发育	以中小溶洞为主，局部呈串珠状发育	岩溶化裂隙、溶蚀孔洞、小溶洞	以裂隙状岩溶或溶孔为主
连通性	地下洞穴系统基本形成	地下洞穴系统部分形成	裂隙连通性差	裂隙不连通
地下水	有岩溶水水流	有岩溶水水流	有裂隙水流	裂隙透水性较差
遇洞率	>60%	30%～60%	10%～30%	<10%

(4)岩溶塌陷稳定性评价

覆盖型岩溶地区，岩溶塌陷是岩溶地区上覆土层砂层在地下水反复潜蚀、负压吸蚀等作用下，形成土洞，继续发展进而产生的地面塌陷。岩溶塌陷稳定性评价需以区域调查为前提，通过综合勘察查明岩溶的发育程度及土洞的成因和发展规律。

地下水活动是土洞形成的主要因素。桥址区位于荆泉水源地影响范围内，当水厂大量抽取地下水(包括农村提水灌溉)时，导致地下水位下降，水力坡度陡降，地下水活动频繁，促进了土洞(包括松散土层)的形成和发展，是造成地面塌陷的主要因素。

据调查，沿线及附近荆河河床和河岸局部曾发生土洞塌陷形成陷坑的情况以及当地村民打井漏浆严重无法填实，并有钻机施工造成地面下沉陷于土中的情况发生。

根据场区岩溶发育程度和土洞松散层的分布特点，基岩上部土层、砂层可能随着水位波动和施工因素影响，逐步形成土洞进而造成地面塌陷。经分析研究，桥址区约有 60％段落地面塌陷危险性中等，场地欠稳定。

第 10 章　改建既有线、增建第二线的桥涵基础

10.1　原则规定

10.1.1　基础桥规规定

10.0.1 条规定：

既有桥墩台基础埋深不足时，应采取板桩防护、注浆固结、河床铺砌、抛石防护、钻孔灌注桩加固等措施。

10.1.2　条文解读

桥梁墩台基础埋置深度是保证桥梁结构稳定、维护行车安全的主要因素之一。

桥梁墩台因洪水冲刷，将使墩台四周和基底的土流失，如果险情发生迅速，不及时抢救，可能出现墩台身倾倒。因此对既有桥墩台应进行冲刷检算，并结合历史洪水实际冲刷深度验证。在设计洪水冲刷线的条件下对基础承载力、稳定、沉降和位移等按本规范有关规定检算，如不能满足要求时，应视为基础埋深不足(浅基)，按本条采取防护措施。

浅基防护一般可按下述原则：

(1)在既有线改造或增建第二线工程中为了充分利用既有桥梁，对有条件防护的浅基桥梁均应设法防护。无论采用整孔防护或局部防护类型，采用永久防护或半永久防护方法，均以根治为原则，达到消灭隐患的目的。

(2)桥梁浅基防护设计应因地制宜、就地取材，尽量减少对河道的挤压，按等强度原则考虑全桥的抗冲强度，综合整治河道，以求采用的防护方案经济合理。

(3)整孔河床铺砌防护适用于山区及山前区、漂石、卵石及砂质河床。当流速小于 7 m/s 时，采用浆砌片石护底；当流速大于 7 m/s 时，采用混

凝土护底，护底上下游应设垂裙。护底顶面高程应不高于既有河底最低点高程。护底尺寸、厚度及垂裙深度可参照我国多年积累的经验数值结合有关公式试算确定。

(4)局部防护顶面高程应尽量做到接近一般冲刷线，其主要类型有浆砌片石护基、混凝土块排、钢筋混凝土包基等。浆砌片石护基适用于平原砂质河床、大跨度桥梁；混凝土块排适用于山前区卵石河床；钢筋混凝土包基适用于基岩较高、枯水期水深较浅的河段上，各种类型护底的平面尺寸，可参照有关公式计算，并结合实践经验确定。

(5)在常水位较深、河床及流向稳定、流速较小的砂质河床上，可采用铅丝石笼护基。当地材料来源充裕时，也可采用柳条柴排防护等半永久性的防护方法，但应注意各防护单元的连接。

(6)立体防护常用的有钻孔桩加固承台、桩围堰内填片石、钢筋混凝土板桩、钻孔桩围幕压浆、旋喷桩围幕及注浆加固地基等，适用于山区或平原区河流、天然河床下切或一般冲刷较大、枯水时水位较深的河段上。其防护尺寸应尽量小，但应保证围堰内填料能够自由下沉。

(7)桥梁浅基常用防护类型容许最大流速见表 10-1。

表 10-1　桥梁浅基常用防护类型容许最大流速

序　号	防护类型		容许最大流速(m/s)
1	混凝土护底(厚 0.3～0.4 m)		>7
2	浆砌片石护底	厚 0.3 m	4.0
		厚 0.5 m	7.0
3	钢筋混凝土块排护底		3.5～4.5
4	料石护底		2.5～3.5
5	铅丝石笼护底、护基		2.5～3.5
6	干砌片石		2.0～3.0

如兰新二线既有五道沟中桥建于 1956 年，采用明挖扩大基础，建成以来一直使用良好。1993 年上游二线建设施工时，二线新桥基础埋深较大，由于沉井施工没有重视不排水下沉的设计要求，采用抽水下沉的施工方法，结果造成既有桥下沉变形，中墩最大沉降量达 126 mm。经多个处理整治方案综合比选，决定采用注浆加固处理方案。注浆范围以中墩基

底轮廓线为准，外延 1.5 m 为界的矩形，南北方向长 11 m，东西方向长 9 m，深度自地面以下 4.11～12.5 m 以第一层砂黏土为界计 8.39 m，面积约 99 m^2，体积约 686 m^3。工程竣工三年多的运营实践充分表明，注浆加固达到了预期的效果。

有关浅基防护方法详细内容可见本书附录 H。

10.2 合理线间距

10.2.1 基础桥规规定

10.0.2 条规定：

增建第二线桥时，在满足既有桥行车安全的条件下，合理确定两线间距，新旧基础可按以下原则进行设计：

1 分离式基础仍有部分重叠时，应以竖直的和水平的沉降缝分隔开。分离式基础的计算均按两单线桥考虑，并应计算沉降的相互影响。对部分重叠的基础，检算第二线桥基底压应力时，应考虑横桥方向偏心的影响。

2 整体式基础应按双线桥计算，并应采取措施联结牢固，联结断面应检算一线有车时产生的弯矩和剪力。

10.2.2 条文解读

1. 合理线间距确定

本条规定在满足防护既有桥安全的条件下，应尽量缩小两线间距。在既有单线铁路一侧增建二线的设计中，若既有线平面设计合理、技术标准符合设计要求，则两线间采用规定的最小线间距最为理想。既有线增建二线尽量减少征地动迁，在满足运行时速的要求下拉近线间距，是增建二线工程确定线间距最重要的原则。现有增建二线工程中桥涵所占比例较大，拉近线间距必将对既有桥台台后路基的稳定产生影响。为了既满足台后路基的稳定，又节约投资，选择对既有桥台合理的防护措施，显得尤为重要。

20 世纪 80 年代铁三院“合理缩小复线桥涵线间距”课题研究，考虑新旧桥墩台的结构形式、基础类型、桥头路基填土高度及其稳定性、地基土壤物理力学性质和施工方法及防护措施等因素，拟订出二线桥线间距经验公式，可供普通铁路二线桥设计时参考。由于影响线间距的因素较多，若以简单的计算公式概括多种影响因素，并达到完全切合实际的结果将是困难的。但作为勘测设计阶段选择线间距的一种手段，仍具有一定的实用价值。

按二线桥基础分类的经验公式如下：

(1)明挖基础

①桥头路基稳定要求

无防护工程(图 10-1)时，

$$W=2.5+mH_2+\frac{D_1}{2}+0.5 \tag{10-1}$$

式中　2.5——既有线行车要求最小路基宽度(m)；

m——当 $H_2\leqslant6$ m 时 $m=1$；当 $H_2>6$ m 时 $m=1.25$；

H_2——既有线路肩至二线桥基底高度(m)；

D_1——二线桥基础宽度(m)；

0.5——安全距离(m)。

有板桩防护(图 10-2)时，

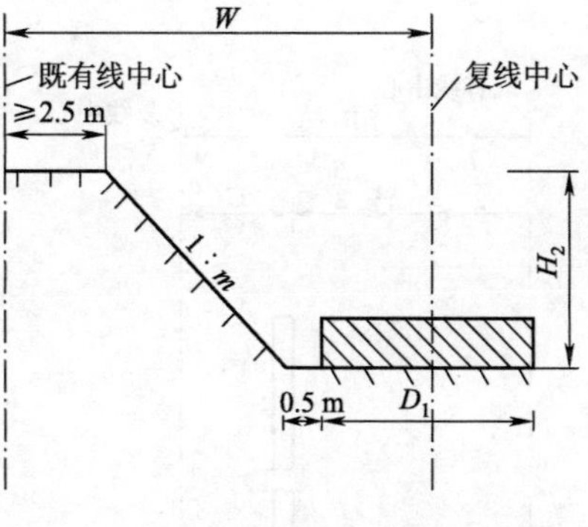

图 10-1　桥头路基稳定线间距(无防护)

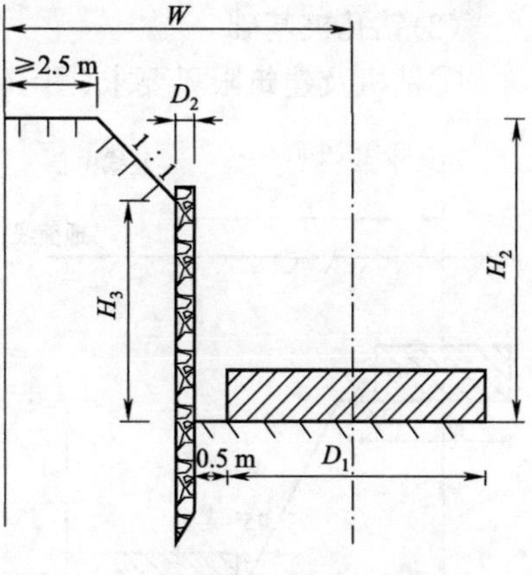

图 10-2　桥头路基稳定线间距(有板桩防护)

$$W=2.5+H_2-H_3+D_2+\frac{D_1}{2}+0.5 \tag{10-2}$$

式中　H_3——板桩防护高度(m)；

　　D_2——板桩厚度(m)。

②墩台基础稳定要求

断面如图 10-3 所示。当新基础低于旧桥基础时，

$$W=\frac{D}{2}+H\cdot\tan\left(45°-\frac{\varphi}{2}\right)+\frac{D_1}{2}+0.5 \tag{10-3}$$

式中　D——既有桥基础宽度(m)；

　　H——新旧基础高差(m)；

　　φ——地基土壤内摩擦角，当无试验资料时可采用下列平均值：

砂土　中砂　38°

　　　细砂　36°

　　　粉砂　22°

黏土　黏砂土　25°(C=0.05)

　　　砂黏土　20°(C=0.15～0.25)

③施工抽水要求

二线桥采用明挖基础，如地下水位高于既有桥基底较高时，二线基础挖基施工抽水会对既有桥产生不利影响，应尽量避免抽水作业，不得已时要采取稳定措施，并监测既有桥基础的稳定情况。

(2)钻孔桩基础

①钻机及建筑限界要求(图 10-4)

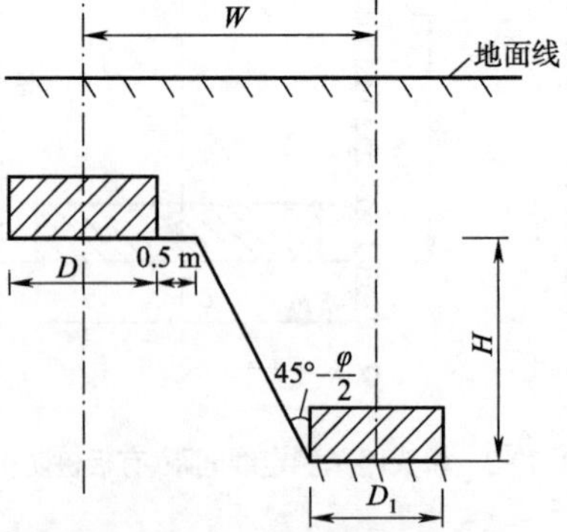

图 10-3　墩台基础稳定线间距

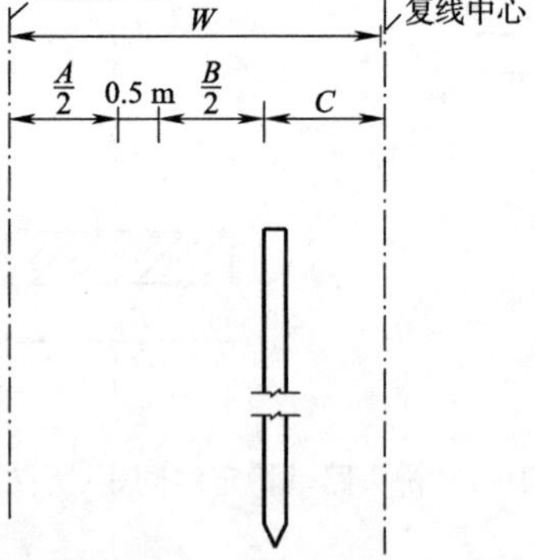

图 10-4　钻机及建筑限界线间距

$$W=\frac{1}{2}(A+B)+C+0.5 \tag{10-4}$$

式中　A——既有线建筑限界(取 5.0 m)；

B——钻机宽度(m)；

C——最外一排桩外侧距二线中心距离(m)。

二线桥基础采用桩基时，要考虑到桩基施工一旦发生断桩，补桩能满足平面布置及应力的要求；地质条件不好，尽量采用全护筒施工防坍孔，否则要考虑一旦出现塌孔对既有桥安全会造成的不利影响。因此线间距在计算后的结果上适当给予加大(一般施工机具要求桩中心至线路中心距 5 m 以上)。

②墩台基础及桥头路基稳定要求(图 10-5)

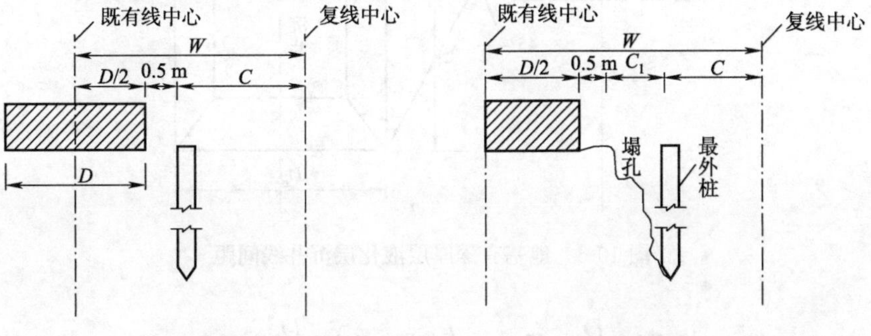

图 10-5　墩台基础及桥头路基稳定线间距

为保证既有桥墩台基础及桥头路基的稳定，二线桥墩台钻孔桩基础的承台宜尽量提高，采用高桩承台或用桩柱直通帽梁。此时线间距计算公式如下：

$$W=\frac{D}{2}+C+0.5 \quad (有全套管钻孔机时)$$

$$W=\frac{D}{2}+C+C_1+0.5 \quad (无全套管钻孔机时) \tag{10-5}$$

式中　C_1——坍孔距离(m)，一般取 2 倍桩径。

(3)沉井基础

①一般情况

为减少施工、运营的干扰，沉井顶尽量提高至河床面或以上(对桥台)，可参照前述明挖基础有关公式，井顶如同明挖基础基底。

②深层液化

当地基有深厚层液化层，沉井埋置较深，新旧基础高差较大时，必须考虑沉井下沉过程中井内涌砂、地层坍陷影响，有桥基安全问题。此时线间距计算公式如下(图 10-6)：

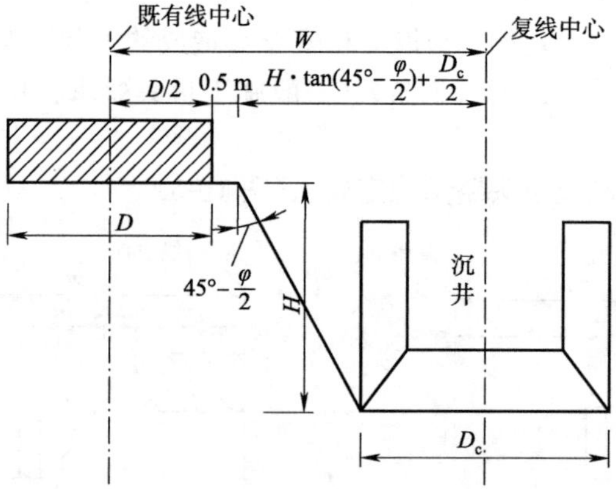

图 10-6　地基有深厚层液化层沉井线间距

$$W=\frac{D}{2}+H\cdot\tan\left(45°-\frac{\varphi}{2}\right)+\frac{D_c}{2}+0.5 \tag{10-6}$$

式中　H——新旧基础底的高差(m)；

D_c——沉井宽度或直径(m)。

在线间距受限制不能拉开、沉井无法下沉时，用井壁留钻孔组成沉井加钻孔桩的联合基础。此时线间距计算公式如下(图 10-7)：

$$W=\frac{D}{2}+\frac{D_c}{2}+0.5 \tag{10-7}$$

在确定线间距时，若采用最小线间距，施工防护复杂，对既有线行车干扰较大，并对既有桥稳定有不利影响，而且施工周期长。若线间距因桥涵施工的需要不得不加大，这样不但导致线路平面线形不理想，还直接影响铺轨长度、路基土方量、拆迁工作量及占地等，从而影响工程造价；再者，通车后反向曲线对列车运行和工务维修也会造成一定影响。但拉大

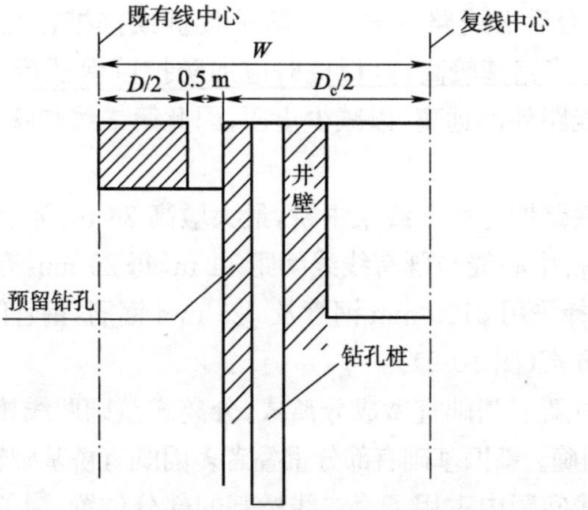

图 10-7　沉井加钻孔桩联合基础线间距

线间距方案行车干扰小，施工周期短，两者在经济比较后，当后者增加的投资不多时，宜采用拉大线间距方案。当受到征地、周围条件所限及线形控制时，往往线间距的采取与线路防护方法有直接关系。由此可见，怎样减小桥涵处的线间距，是增建二线的设计能否达到理想的关键。合理线间距应权衡各方面因素综合考虑。

2. 防护措施

增建第二线桥时，必须采取措施防护既有线桥的行车安全，一般采用的防护措施分为两类：

(1)在桥台后用吊轨、扣轨或工字梁等架便梁(图 10-8)办法，使台后便梁跨间一段路基不承受由线路传来的列车荷载，并使第二线桥挖基时，这一段路基土不致坍落，或即使坍落亦不影响行车。

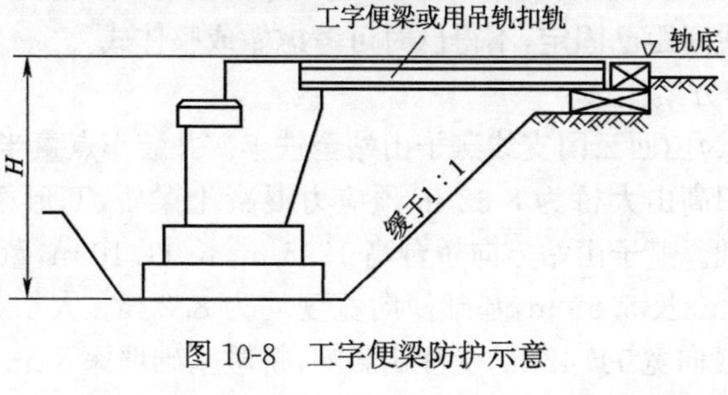

图 10-8　工字便梁防护示意

(2)在桥台后沿线路方向打入防护板桩或排桩,此法两线间距应在 4.5 m 以上。当路基较高,打板桩时应加防护以保证行车安全。板(排)桩应适当向线路外侧远离,以减少土压,因此第二线与既有线的距离需要增加。

如神朔铁路增建第二线某中桥,最大墩高 26 m,为挖井基础,基础埋深 11 m。该桥中心线与既有线线间距 11 m,每 20 min 有一趟列车通过。综合比较,选择采用 ϕ100 mm 钢管及 ϕ25 mm 钢筋,钢管间距 0.5 m 的钢管排桩防护方案(图 10-9)。

有条件时新旧基础宜做成分离式,分离式基础两线相互影响较少,且计算时概念明确。新旧基础有部分重叠者多因既有桥基础较宽(图 10-10),在要求的两线间距内占用了第二线桥基的部分位置,为了保持分离状态,须设垂直的和水平的沉降缝。因第二线桥基础与线路中心线有偏心,故在计算时应考虑偏心影响。

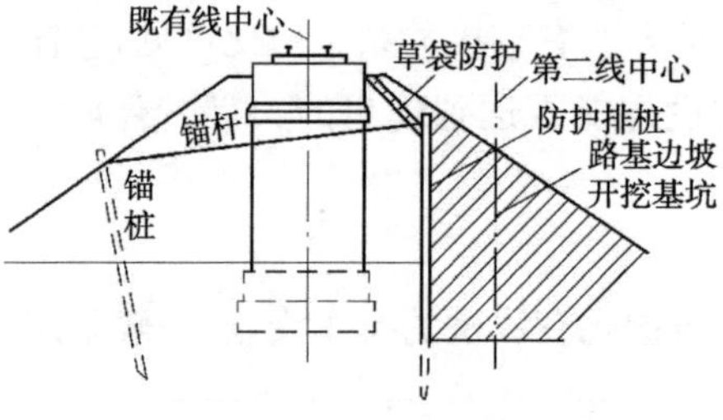

图 10-9　钢管排桩防护示意

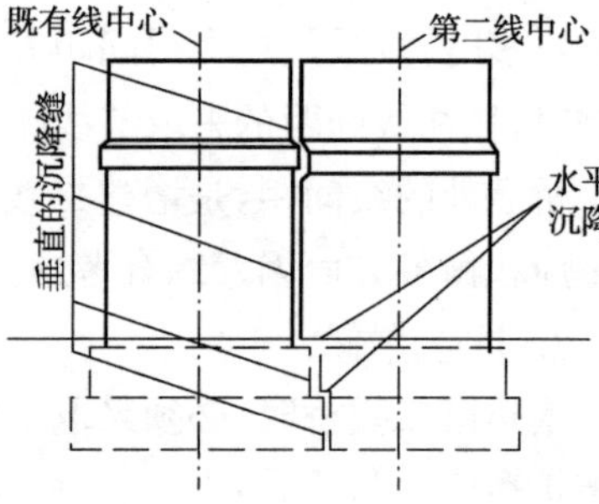

图 10-10　新旧桥基础分离式有部分重叠

整体式基础的新旧砌体联结处容易断裂,计算不易切合实际,联结的牵钉凿孔施工也比较烦琐,故一般不宜采用。但在个别情况下,如车站内增加股道,线间距已固定,不得已时可考虑做成整体式。

3. 防护方案比选

同煤线为山西云冈支线燕子山站至铁丰矿井装车点董半川站铁路专用线,既有旧高山大桥为 8-32 m 预应力混凝土梁桥,T 形桥台,圆形桥墩,明挖基础。燕子山站方向桥台高 12.5 m、长 11.16 m,董半川站方向桥台高 9.0 m、长 5.55 m,基础横向宽度均为 8.2 m。大桥桥墩高 10～12 m,基础横向宽 11.42 m,受冲刷影响,桥墩基础埋深 8 m。

(1)薄壁沉井防护方案

由于既有桥台埋置较深，新设计的桥台在保证承台满足冻结深度的条件下，提高承台深度，以减少防护的高度。在新线位处设计单箱单室的矩形沉井，沉井的外部尺寸为 12.0 m×5.8 m，壁厚为 0.5 m，2 m 一节，共分 3 节，沉井内壁尺寸与新桥台的承台尺寸相当。薄壁沉井防护方案详见图 10-11。

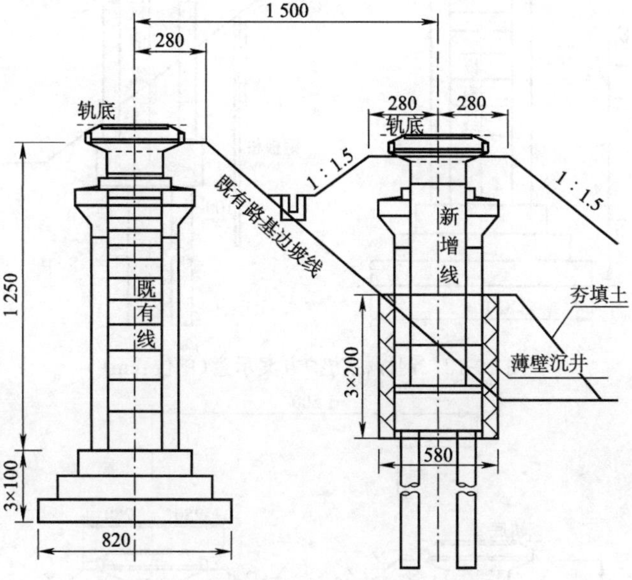

图 10-11　薄壁沉井防护方案示意(单位:cm)

(2)钢板桩防护方案

在距新桥台承台边 1.0 m 处采用槽型钢板桩防护。钢板桩桩宽 $b=400$ mm，$h=125$ mm，桩长 10 m，每米布置 2 根，采取打入方式。该防护方案需在桩端 3～4 m 范围内设置挡土板，在台尾路基处结合采用吊轨或扣轨梁防护。钢板桩防护方案详见图 10-12。

(3)浆砌片石护壁方案

在新桥基坑开挖时采用边开挖边回填 0.5 m 厚 M10 浆砌片石护壁方案。当基础挖至 1 m 深度时，四周必须护壁完成，待继续下挖时采用跳槽开挖，即挖一部分立刻回填浆砌片石，再挖邻近部分，以此方法循环往复开挖至承台底。浆砌片石护壁方案详见图 10-13。

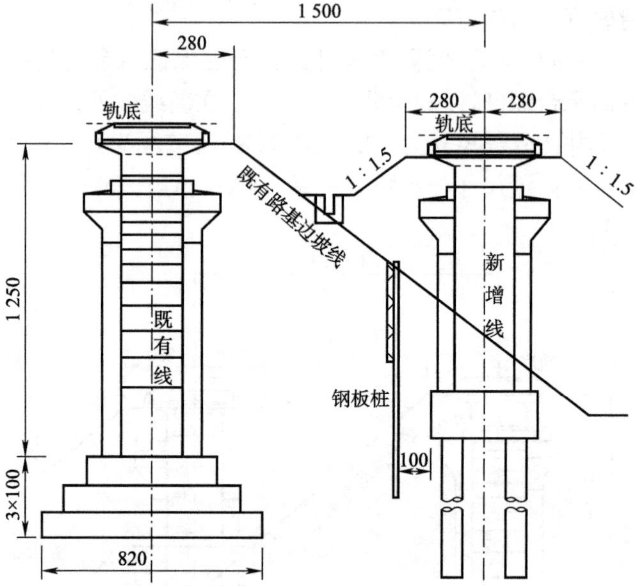

图 10-12　钢板桩防护方案示意(单位:cm)

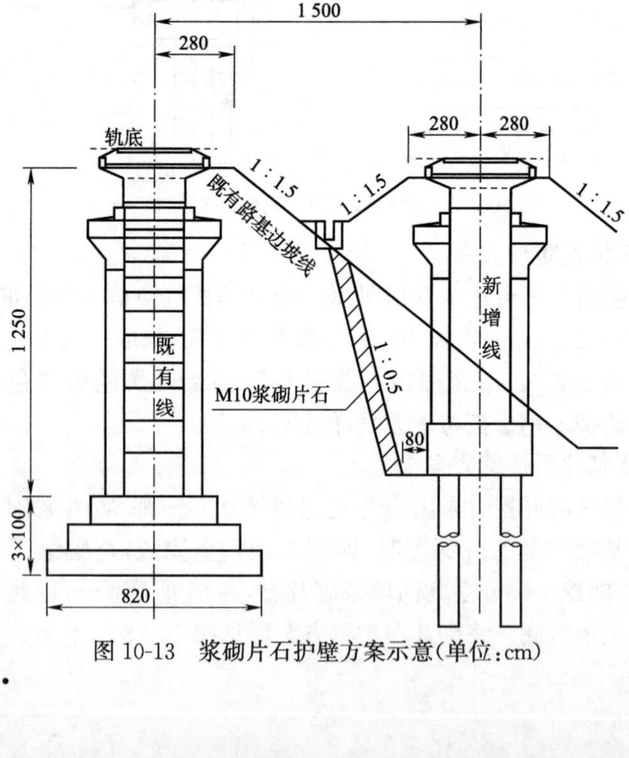

图 10-13　浆砌片石护壁方案示意(单位:cm)

(4)挖孔桩防护方案

在距新桥台 4.4 m 处设置挖孔桩防护，挖孔桩直径 1.2 m(不含护壁)，间距 2.0 m，桩长 9.5 m，桩间网喷混凝土。挖孔桩为 C20 钢筋混凝土，每米一节，挖孔桩在施工期间需对既有桥台护锥上方设置工作平台，以保证开挖时挖孔桩护壁水平。挖孔桩防护方案详见图 10-14。

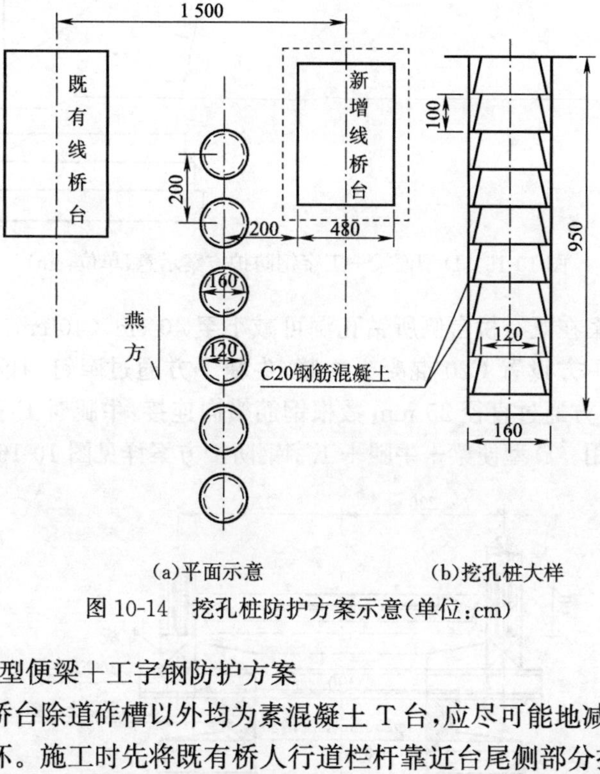

(a)平面示意　　(b)挖孔桩大样

图 10-14　挖孔桩防护方案示意(单位：cm)

(5)D 型便梁＋工字钢防护方案

既有桥台除道砟槽以外均为素混凝土 T 台，应尽可能地减少对既有桥台的破坏。施工时先将既有桥人行道栏杆靠近台尾侧部分拆除，然后在既有桥台道砟槽下 3.0 m 处设置 45 cm×45 cm 的孔洞，再将 3 根长 5.3 m 的 40C 工字钢穿越孔洞以做横梁。工字钢上方设置垫板至设计高度，为 16 m D 型便梁提供一侧的基础，16 m D 型便梁的另一侧基础为 3.1 m×1.6 m×1.5 m 的明挖基础。D 型便梁＋工字钢防护方案详见图 10-15。

(6)D 型便梁＋牛腿＋工字钢防护方案

D 梁架设方法同 D 型便梁＋工字钢防护方案基本相同，两者的区别

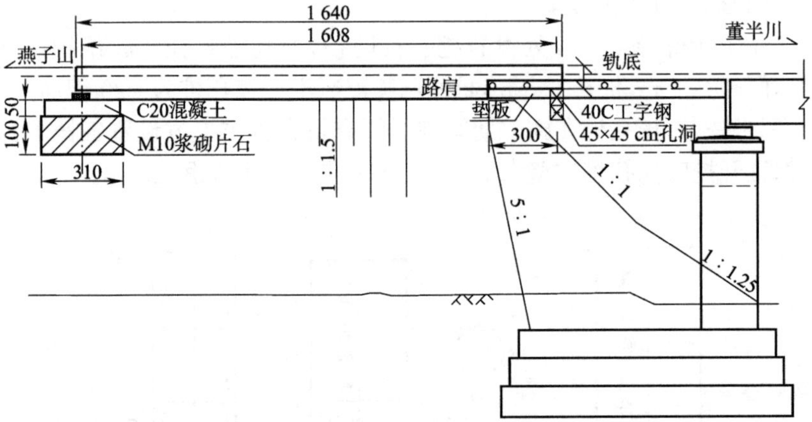

图 10-15　D 型便梁＋工字钢防护方案示意(单位:cm)

在于该方案在既有桥台侧所钻孔洞可减小至 40 cm×40 cm,甚至更小;在工字钢下方设置 C20 混凝土牛腿,牛腿下方通过牵钉与既有桥台连接,牛腿上方通过直径 25 mm 数根钢筋横向连接,牛腿对工字钢起到临时支撑作用。D 型便梁＋牛腿＋工字钢防护方案详见图 10-16。

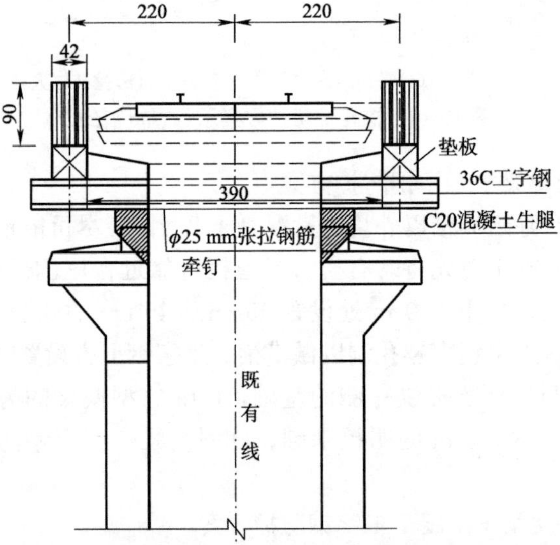

图 10-16　D 型便梁＋牛腿＋工字钢防护方案示意(单位:cm)

(7)D 型便梁＋轨束梁＋挖孔桩＋工字钢防护方案

该方案不破坏既有桥台，在既有桥台一侧采用一孔 D16 便梁防护。另一侧的 3 根横向 40C 工字钢一端架设在明挖基础，另一端架设在距桥尾 2.0 m 处设置的直径 1.2 m 的挖孔桩(不含护壁)基础上，并被挖孔桩上方的预埋螺栓锚固。在 D 梁与台尾间设置轨束梁连接，轨束梁与工字钢固定。

从安全、稳定及经济合理的角度分析，施工时不宜破坏其桥台。由于桥台孔洞回填时容易产生裂纹，造成以后维修费用增加，且施工时对既有线的运营干扰大，增加了慢行时间。鉴于此，挖孔桩防护方案为实施方案。

对既有路基采用挖孔桩防护，当线间距为 13 m 时，桩长设计为 11 m，考虑到既有桥台较高，施工对既有线干扰较大，且对施工人员的安全不利，不建议采用 13 m 线间距。当线间距为 17 m 时，桩长设计为 8.0 m，此时征地范围加大，直接影响到邻近桥涵的线间距，并且当铁路跨越桥下道路时，还带来孔跨与既有桥错孔较大的问题，因此也不宜选择 17 m 的线间距。当线间距为 15 m 时，桩长设计为 9.5 m，此时挖孔桩外缘距既有线有 8.0 m 的距离，可以保证既有线的安全，并且施工较简便，故最终选择线间距 15 m。

10.3 既有桥资料

10.3.1 基础桥规规定

10.0.3 条规定：

加固既有桥或增建第二线桥墩台基础时，应先查明既有桥基础构造、地质情况、地下水位等资料，以制定防护既有桥的措施和第二线桥基的施工方案。

10.3.2 条文解读

加固既有桥或增建第二线桥墩台基础时，应先查明既有桥基础构造、地质情况、地下水位等资料，应视线路平面、路基高度、有无冲刷及抛石等具体情况来确定线间距，并据此确定施工防护措施和第二线桥基的施工方案。

(1)对既有桥基础形式、历史洪水冲刷情况、抛石的范围及其厚度的调查要细致、全面。调查对象应面向知情的目击者、工务部门和当地老人。如平齐线 K67＋834 中桥及 K69＋285、K71＋786 小桥由于对抛石的范围和深度调查不够细致、准确，设计中只考虑清除承台深度范围片石，用打桩来防护路基。然而，桥台施工时挖验，发现片石深度达 4～5 m，在片石上无法打桩，后来只得改为采用 D 型梁加固既有线路基。

(2)钻探孔位应尽量选在桥墩位置，务求钻探资料准确，以便更合理地确定线间距。平齐线三座中小桥由于钻孔未选在设计墩位，未探明抛石厚度，设计中又未能提出适当的施工措施，以致给施工造成一定困难。

(3)沉井基础设计时，如既有线路基较高，沉井两侧土压力差较大，则在沉井设计及施工中，除考虑填土平衡外，还应采取控制挖土、带水下沉等辅助措施，以免造成偏压导致沉井偏移。

10.4 基底埋深

10.4.1 基础桥规规定

10.0.4 条规定：

既有桥墩台为明挖基础时，增建的第二线桥墩台基底不宜低于既有桥墩台基底，否则应结合地下水处理措施和行车影响，进行既有桥墩台的防护设计。

10.4.2 条文解读

增建第二线桥台基底不宜低于既有桥墩台明挖基础的底面，否则应采取必要的防护措施。如增建第二线桥墩台为明挖基础，其底面高于既有桥墩台基底时，应研究原有基坑回填土对地基软硬不匀的影响。

非岩石地基相邻墩台明挖基础的基底高差不宜过大，相邻基底之间的连线与水平线的夹角，不得大于土的内摩擦角，并不大于 30°。

10.5 营业线施工安全规定

10.5.1 基础桥规规定

10.0.5 条规定：

改建既有线和增建第二线铁路桥涵基础设计应符合营业线施工安全的相关规定。

10.5.2 条文解读

目前改建既有线和增建第二线铁路桥涵基础施工安全规定有《改建既有线和增建第二线铁路工程施工技术暂行规定》(铁建设〔2008〕14 号)、《铁路营业线施工管理办法》(铁调〔2021〕160 号)、《高速铁路工务安全规则(试行)》(铁总运〔2014〕170 号)、《普速铁路工务安全规则》(铁总运〔2014〕272 号)、《铁路桥涵工程施工安全技术规程》(TB 10303—2020)、《铁路工程基本作业施工安全技术规程》(TB 10301—2020)等规程、标准需遵照执行。

(1)营业线增建二线桥涵施工安全基本要求：

①对影响营业线桥涵基础和路基稳定的施工，应先进行护坡桩的施工，后施工主体工程。

②沉入桩基础的打桩顺序应从营业线一侧开始，逐排向外打，并随时观测营业线及桥涵的变化，且不应采用射水或振动法施工。

③沉井基础施工应控制超挖量，并随时观测井内挖出的土壤情况及既有路基或周边地面有无沉降、裂缝现象。当地质为细沙、粉砂时，严禁抽水下沉。

④钻(挖)孔桩基础施工应考虑列车振动影响，加强防塌孔措施。泥浆池应远离路基坡脚，避免泥浆池浸泡路基。

⑤脚手架、支架应符合安全规定，靠近铁路一侧不得侵限，且必须设置围护设施。

⑥吊装、拆除墩台模板时，不得侵限。严禁在营业线轨道和桥梁上拴系引绳索。

⑦排水涵接长施工，应有防洪涝应急措施。交通涵接长施工，应联系交通部门采取疏导交通措施。设置夜间交通防护设施。

⑧架梁时，所选方案不应影响营业线行车。

(2)邻近客运专线施工主要是指新建铁路工程、既有线改造工程及地方工程等与客运专线平行、交叉、接入，在客运专线两侧一定范围内(包括上跨、下穿客运专线)，涉及客运专线运营安全和正常使用的施工。特别要注意邻近客运专线建设项目影响客运专线设备稳定、使用和行车安全的施工要求：

①吊装作业时侵入电气化铁路接触网外侧 2 m、非电气化铁路信号机立柱外侧 1 m 范围的。

②架设或拆除各类铁塔、支柱及接触网杆等在作业过程中侵入客运专线设备安全界限的。

③开挖路基、线路注浆、CFG 桩等影响路基稳定的。

④使用高度或作业半径大于吊车至客运专线设备安全界限之间距离的吊车吊装作业的。

⑤影响铁路通信铁塔、基站、通信信号中继站及供电铁塔、支柱等基础稳定的各类施工。

⑥邻近客运专线进行现浇、钢板桩、钢管桩、搭设脚手架、鹰架等施工的设备和材料翻落后侵入客运专线设备安全限界的。

⑦客运专线路堑地段有可能发生物体坠落，翻落侵入客运专线设备安全界限的。

设计单位须及时提交包括风险控制措施和风险防范注意事项的勘察设计文件，在设计技术交底的基础上，做好风险控制措施和风险防范注意事项的交底工作。

第 11 章　土和岩石的工程分类及其性质的划分

11.1　土的工程分类及其性质的划分

11.1.1　基本概念

1. 概述

土是岩石的风化产物，除原地残积的以外，多数是风化后再经水流、风力、重力作用搬运或多次搬运沉积而成的。它几乎遍布地壳的表面，覆盖于岩石(或称基岩)之上，薄者数十厘米至数米，厚者数十米到数百米。显而易见，它与各种类型的建筑物的相互关系是十分密切的。

土的工程地质特性一般可分为物理性质、水理性质和力学性质三大类。也有把物理性质和水理性质统称为物理性质的，即把土的工程地质特性分成物理性质和力学性质两大类。不论怎么划分，土的工程地质特性的差异或变化，说到底还首先在于土本身的物质组成和结构的不同。

从工程的角度上说，土包括了所有分布在地壳表层上可以用铲和锹移走的全部松散材料。这些材料通常是由固体相、液体相和气体相所组成的天然体系，固体相是由无机的或有机的颗粒物质所组成；液体相通常是一种电解质水溶液。与大气相接触和交换的气体相，根据其在土内的位置和生物活性，其组成与大气有所不同。因为土中水和气体的含量都随着环境条件而变化，通常土在其土粒组分上有明显区别，而空气和水的含量则一并被看作孔隙。但是，在测定土的实际物理性质时，对其三个组成部分的体积百分比和它们在土中的分布情况都要予以应有的考虑。

根据土的工程地质性质，土可分为“一般土”和“特殊土”两大类。土也可按堆积时代、地质成因、土颗粒的形状、级配或塑性指数等进行分类。

土按堆积时代可划分为老堆积土(Q_3 及其以前堆积的土层)、一般堆积土(文化期以前的 Q_4^1 堆积的土层)、新近堆积土(文化期以来的 Q_4^2 堆积的土层）；土根据地质成因可划分为残积土、坡积土、洪积土、冲积土、海积土、湖积土、淤积土、冰积土和风积土等；根据土颗粒的形状、级配或塑性指数，一般土可划分为碎石类土、砂类土、粉土和黏性土。

对成韵律沉积的土层，当薄层与厚层厚度之比为 1/10～1/3 时，宜定名为“夹层”，厚层的土名写在前面，如黏土夹粉砂层；当厚度之比大于 1/3 时，宜定名为“互层”，如黏土与粉砂互层；当厚度之比小于 1/10，且有规律多次出现时，宜定名为“夹薄层”，如黏土夹薄层粉砂。

由坡积、洪积、冰水沉积形成的，颗粒级配不连续，粗细颗粒混杂的土，应判定为“混合土”。土的名称为在主要土名前冠以主要含有物的名称。当主要含有物（碎石类土、砂类土、粉土、黏性土等）的质量占总质量的 5%～25%时，应定名为“微含”，如微含黏土角砾土、微含碎石黏土等；当主要含有物的含量大于或等于 25%时，应定名为“含”，如含黏土角砾土、含碎石黏土等。

2. 土的基本物理性质

土的物理性质一方面是指土本身由于各个组成部分的比例和排列不同所表现的物理状态，如轻重、干湿、松密等，另一方面是指土粒与水相互作用时所表现的性质，如黏性土干燥时坚硬，潮湿时变软；碎石土和砂土的透水性很强，黏性土则弱等。

(1)土的重量及其衡量指标

①土的容重

土的容重是指单位体积土的重量，公式为

$$\gamma=\frac{W}{V} \tag{11-1}$$

式中 W——土的重量；

V——土样的体积。

土的容重主要取决于土中固体、水和气体三部分的比例关系（图 11-1）。如果单位体积土中固体颗粒含量多，土的容重就大，土也较密实，对同一种土，湿的又比干的重。因此土的容重主要与土的松密和含水量程度有关。

对同一种土，按其含水程度不同，可分容重为天然容重 γ、干容重 γ_d、饱和容重 γ_m 等。

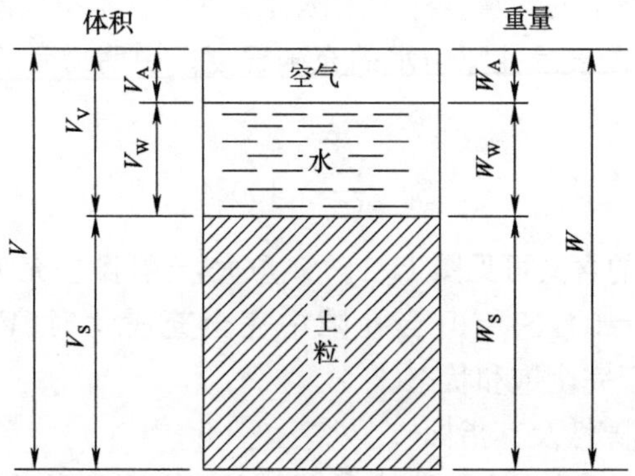

图 11-1　土的三部分组成

天然容重 γ:土在自然状态下单位体积的重量,不同的土,容重不同,它与土的密实程度、含水量等因素有关,容重大的土比较密实,强度也较高。一般 $\gamma=1.3\sim2.2\ t/m^3$。

干容重 γ_d:单位体积中固体颗粒的重量,它在一定程度上反映了土粒排列的紧密程度。$\gamma_d\geqslant1.6\ t/m^3$,土就比较密实。

饱和容重 γ_m:孔隙全部被水充满时土的重量。

②土的比重

土的比重 G,表示土的颗粒单位重量 γ_S 与同体积的 4 ℃时水的重量 γ_W 之比,即

$$G=\frac{\gamma_S}{\gamma_W} \tag{11-2}$$

土粒比重只取决于土的矿物成分的轻重。一般土的矿物成分的比重相差不大,故土粒比重值一般在 $2.60\sim2.80\ t/m^3$ 之间。随着土中有机物含量的增多,土粒比重相应减少;含铁镁矿物较多时,土粒比重增大。

(2)土的含水程度及其指标

土的含水程度是指土的孔隙中含水的情况。说明土的含水程度的数量指标称为土的含水率 ω,它以孔隙中水的重量 W_W 与干土重量 W_S 的比值的百分数表示。

$$\omega=\frac{W_W}{W_S}\times100\% \tag{11-3}$$

天然状态下土的含水量称为天然含水率。含水率只能说明孔隙中水的绝对含量,不能表示孔隙中水的充满程度。说明后者的是土的饱和度S_r,以百分数表示。

$$S_r=\frac{V_W}{V_V}\times100\% \tag{11-4}$$

V_W 和 V_V 的含义可见图 11-1。S_r 愈大,土孔隙中充水愈多。当孔隙中无水时($V_W=0$),$S_r=0$;当孔隙中完全充满水时($V_W=V_V$),$S_r=100\%$,即土处于完全饱和状态。

(3)土的孔隙性及其指标

土的孔隙性反映土中孔隙的多少和土的松密程度,用孔隙率 n 和孔隙比 e 两个指标来表示。

孔隙率 n 又称孔隙度,系指单位体积土中孔隙总体积,也以百分数表示。

$$n=\frac{V_V}{V}\times100\% \tag{11-5}$$

孔隙比 e 是单位体积土中孔隙体积与土粒所占体积之比,以小数表示。

$$e=\frac{V_V}{V_S} \tag{11-6}$$

n 与 e 之间有下列关系:$n=\frac{e}{1+e}$。

在测得土的天然容重 γ、土粒比重 G 和含水率 ω 后,即可由式(11-7)算出 e 值。

$$e=\frac{G\gamma_W(1+0.01\omega)}{\gamma}-1 \tag{11-7}$$

γ_W 为水的单位容重,在实际计算中可取 $\gamma_W=1\ g/cm^3$,计算得 e 值后,可进而算得土的饱和度 S_r:

$$S_r=\frac{\omega G}{e} \tag{11-8}$$

孔隙比 e 这一指标是一个十分重要的反映土的工程地质特性的指标,在工程地质评价和计算中常用到它。e 值愈大,说明土中孔隙所占体积愈大,土愈疏松,容易压缩,并且往往强度也愈低。这一特性,对黏性土来说特别明显。

但是不同砂土由于土粒大小、形状和粒度的不同，即使它们的 e 值相同，也很难说它们就有相同的密实度。因此规范用相对密度 D_r 来表示砂土的松密程度：

$$D_r=\frac{e_{max}-e}{e_{max}-e_{min}} \tag{11-9}$$

式中 e_{max}——土的最大孔隙比（即最松状态）；

e_{min}——土的最小孔隙比（即最密状态）；

e——土的天然孔隙比。

D_r 值愈大，说明土愈密。通常根据 D_r 值将砂土划分为疏松的（$D_r \leqslant 0.33$）、中密的（$0.33<D_r\leqslant 0.67$）和密实的（$0.67<D_r\leqslant 1$）三种松密情况。

（4）黏性土的可塑性及其指标

黏性土随着含水量的变化可处于不同的状态，如固体状态、可塑状态和流动状态。黏性土所表现的不同状态是由于土中结合水的变化而引起的。

可塑性是细粒土区别于粗粒土最明显的特征。细粒土的可塑性用它的 Atterberg 界限，即塑性界限含水量——液限、塑限和塑性指数表示，并据此分类。液限是土从流动状态变为可塑状态的界限含水量，塑限则是从可塑状态变为半固体状态的界限含水量；塑性指数是液限和塑限的差值，表示土可塑状态的含水量变化的范围，是衡量土的可塑性大小的最重要指标。

上述 Atterberg 界限值中对工程来说最有用处的是液性界限 ω_L、塑性界限 ω_p。塑性界限 ω_p 的试验室测定方法采用搓条法，该法是一种根据土体物理变形特征提出的直接测定方法，其最大的缺点是人为因素影响大；我国一些单位经过研究，用圆锥仪测定塑限已找出与塑限相对应的下沉深度，发现将 76 g 锥入土深度 2 mm 时对应的含水率定为塑限比较符合实际情况，该法定名为液、塑限联合测定法；其主要优点是易于掌握，采用电磁落锥可减少人为因素影响。液性界限 ω_L 的测定方法我国普遍采用的是圆锥仪法。

为了用具体的数值表示土的状态，我国地基基础规范规定用液性指

数 I_L：

$$I_L=\frac{\omega-\omega_p}{\omega_L-\omega_p} \tag{11-10}$$

显然，当土的含水量 ω 小于塑限 ω_p 时，$I_L<0$，土处于固体状态；当含水量 ω 大于液限时，$I_L>1$，土处于流动状态；当含水量处与塑限和液限之间时，$0\leqslant I_L\leqslant 1$，土处于可塑状态。

当土的含水量处于液限和塑限之间时，土表现为可塑的或说有可塑性。这一重要的状态特点在土力学中定义为土在搓揉变形时不出现裂缝，在外力解除后可保持原有的变形而不恢复原状，并且其体积没有变化。土的液限和塑限相差愈大，土的可塑的含水量变化范围愈宽，因而土的可塑性愈强烈明显，由此就提出了一个非常重要的土性指标——塑性指数 I_p，即

$$I_p=\omega_L-\omega_p \tag{11-11}$$

塑性指数 I_p 说明了土的可塑程度。I_p 值愈大，土的塑性愈高，反之就低，塑性指数的大小还间接反映了土中黏粒的多寡和黏粒的矿物成分。正因为如此，国内外一般都用塑性指数作为一种土的分类的主要指标。

也有勘察部门不做塑限试验，通过统计分析由液限查取塑限。这种做法实际上将液限和塑限两个独立指标合为一个独立指标，是不可取的。

11.1.2 土的分类及名称

11.1.2.1 基础桥规规定

A.0.1 条规定：

土的颗粒分组应符合表 A.0.1—1 的规定，碎石类土的划分应符合表 A.0.1—2 的规定，砂类土的划分应符合表 A.0.1—3 的规定，粉土及黏性土的划分应符合表 A.0.1—4 的规定。

表 A.0.1—1 土的颗粒分组

颗粒名称		粒径 d(mm)
漂石(浑圆、圆棱)或块石(尖棱)	大	$d>800$
	中	$400<d\leqslant 800$
	小	$200<d\leqslant 400$

续上表

颗 粒 名 称		粒径 d(mm)
卵石(浑圆、圆棱)或碎石(尖棱)	大	$100<d\leqslant 200$
	小	$60<d\leqslant 100$
粗圆砾(浑圆、圆棱)或粗角砾(尖棱)	大	$40<d\leqslant 60$
	小	$20<d\leqslant 40$
圆砾(浑圆、圆棱)或细角砾	大	$10<d\leqslant 20$
	中	$5<d\leqslant 10$
	小	$2<d\leqslant 5$
砂 粒	粗	$0.5<d\leqslant 2$
	中	$0.25<d\leqslant 0.5$
	细	$0.075<d\leqslant 0.25$
粉 粒		$0.005\leqslant d\leqslant 0.075$
黏 粒		$d<0.005$

表 A.0.1—2 碎石类土的划分

土的名称	颗粒形状	土的颗粒级配
漂石土	浑圆或圆棱状为主	粒径大于 200 mm 颗粒的质量超过总质量的 50%
块石土	尖棱状为主	
卵石土	浑圆或圆棱状为主	粒径大于 60 mm 颗粒的质量超过总质量的 50%
碎石土	尖棱状为主	
粗圆砾土	浑圆或圆棱状为主	粒径大于 20 mm 颗粒的质量超过总质量的 50%
粗角砾土	尖棱状为主	
细圆砾土	浑圆或圆棱状为主	粒径大于 2 mm 颗粒的质量超过总质量的 50%
细角砾土	尖棱状为主	

注:定名时应根据粒径分组,由大到小,以最先符合者确定。

表 A.0.1—3 砂类土的划分

土的名称	土的颗粒级配
砾 砂	粒径大于 2 mm 颗粒的质量占总质量的 25%～50%
粗 砂	粒径大于 0.5 mm 颗粒的质量超过总质量的 50%
中 砂	粒径大于 0.25 mm 颗粒的质量超过总质量的 50%
细 砂	粒径大于 0.075 mm 颗粒的质量超过总质量的 85%
粉 砂	粒径大于 0.075 mm 颗粒的质量超过总质量的 50%

注:定名时应根据颗粒级配,由大到小,以最先符合者确定。

表 A.0.1—4 粉土及黏性土的划分

土的名称	塑性指数 I_p
粉土	$I_p \leqslant 10$
粉质黏土	$10 < I_p \leqslant 17$
黏土	$I_p > 17$

注:1 塑性指数等于土的液限含水率与塑限含水率之差。

2 液限含水率试验采用圆锥仪法,圆锥仪总质量为 76 g,入土深度为 10 mm。

3 塑限含水率试验采用搓条法。

4 粉土为 $I_p \leqslant 10$,且粒径大于 0.075 mm 的颗粒少于全重 50%的土。

11.1.2.2 条文解读

1. 土的颗粒分组

土是由不同大小的矿物颗粒及其集合体组成的,称为土粒。土粒大者直径可达 1 m 以上,小的仅千分之几毫米,即几微米(μm),相差悬殊。土粒大小对土的性质的影响主要表现为两个方面:一是土粒大小不同,它们的表面积不同,因而土粒与周围水溶液发生作用的能力就不同;二是较大的土颗粒一般是岩石碎屑和结晶格架比较稳定的原生矿物颗粒,亲水性弱,但随着粒度的变细,次生矿物的含量比例增加,亲水性就增强。当土颗粒细至 0.005 mm(5 μm),以至 0.002 mm(2 μm)时,土就呈现一种胶体性质。此时土粒与水的作用能力特别强烈,产生了一种质变,从而对土的工程地质特性具有一系列重大影响。

土粒粒径的大小称为粒度,将大小接近的粒度合并为组,称为粒组。自然界的土很少是由同一种颗粒组成,而是由不同粒组的土粒大小混杂在一起的。各种粒组在土中的相对含量(占干土重的百分数计)称为粒度成分(或颗粒级配)。它表示土的颗粒大小及其相互比例,与土的性质有重要关系。测定土中各粒组的相对含量的试验方法称为粒度分析。由不同粒度成分(或颗粒级配)反映了土的不同性质,因此可按土的粒度成分对土进行分类。本规范对一般土的颗粒分组见规范表 A.0.1—1。

上述介绍可知地基土通常由不同土粒组混杂组成。对于主要由粒径大于 0.1 mm 的土粒组成的土,当其中某一土粒组占优势(指质量而言,但实际上按重量进行计算)时,整个土便主要反映该土粒组的土粒性质。于是,土按颗粒级配或塑性指数可分为碎石类土、砂类土、粉土和黏性土。

可将碎石类土和砂类土合称粗粒土，粉土和黏性土合称细粒土。

2. 碎石类土和砂类土的分类

碎石类土为粒径大于 2 mm 的颗粒含量超过全重 50％的土，其分类标准见规范表 A. 0. 1—2。砂类土为粒径大于 2 mm 的颗粒含量不超过全重 50％，粒径大于 0. 75 mm 的颗粒超过全重 50％的土，其分类标准见规范表 A. 0. 1—3。

由表可见，该分类法的特点是以粒径大于某一尺寸的颗粒超过全重的百分比为标准，注重颗粒的大小，不注重级配好坏。

在粗粒土中，粒度成分对土的性质的影响也十分明显，图 11-2 给出了大于 2 mm 颗粒含量对内摩擦角 φ 的影响。图 11-3 根据载荷试验资料，画出了比例界限与大于 20 mm 颗粒含量的散点图，当含量大于 10％时，承载力大幅度提高。

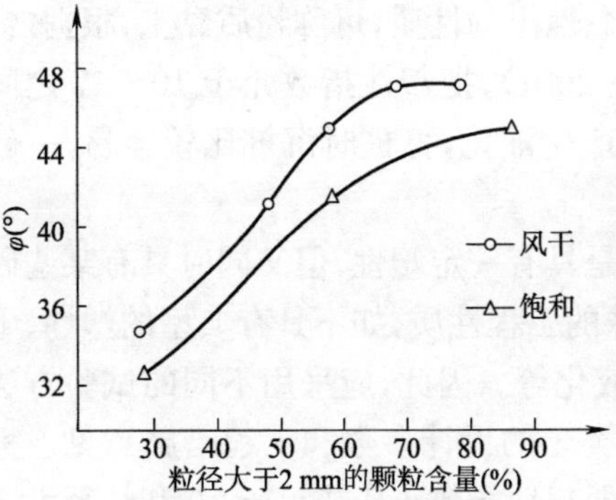

图 11-2　粒径大于 2 mm 颗粒含量对内摩擦角 φ 的影响

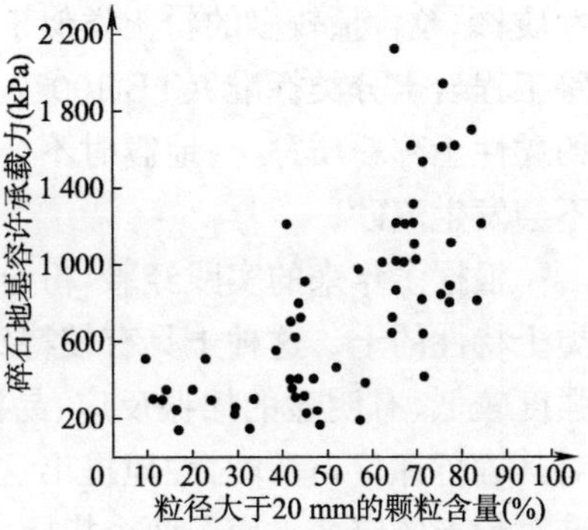

图 11-3　粒径大于 20 mm 颗粒含量对承载力的影响

粗粒土的分类法与地基承载力密切关系，已经积累了相当丰富的经验，越粗承载力越高，且简单明了，易于操作。

3. 粉土及黏性土的划分

塑性指数大于 10 的土为黏性土，并按表 A. 0. 1—4 分为粉土、粉质黏土和黏土。粉土为介于砂土与黏性土之间，塑性指数 $I_p \leqslant 10$ 且粒径大于 0. 075 mm 的颗粒含量不超过全重 50％的土。

《建筑地基基础设计规范》(GBJ 7—89)颁布之前，粉土属于黏性土，未单独划出。由于这类低塑性土性质特殊，故从 1989 年版规范开始独立成为一类。从许多资料可以看出，塑性指数大于10的土与小于10的土之间，在许多土性指标上表现出较大的差异，无论是室内试验指标或原位测试结果，都有重现性。

从取自北京的土的抗剪强度指标的散点图分析，虽然散点非常离散，但差异还是明显的。塑性指数小于10的土没有出现小于28°的内摩擦角，没有出现很大的黏聚力；压缩系数的散点图也同样显示出低塑性土没有出现太大的压缩系数。这种现象在上海及其他地区也有重现，但土性指标的具体界限值不完全相同，只是出现类似的规律性，即塑性指数大于10和小于10的土，土性指标有明显的差异。

因此《铁路工程岩土分类标准》（TB 10077—2001）也将粉土单独划出，作为一种独立的土类。粉土中砂粒含量较多的可称砂质粉土，地震时可能液化，打桩时沉桩比较困难，有时可能发生流砂现象，类似于砂土的性质；黏粒含量较多的粉土类似于黏性土的性质，可称粉质黏土，根据《铁路工程岩土分类标准》（TB 10077—2001），把塑性指数介于10～17之间的黏性土称粉质黏土，地震时不会产生液化，打桩时沉桩比较容易，一般不会发生流砂。

根据多年来的实践经验，粉土是具有一定塑性，但又同时具有某些砂类土特性的土。这种土具有较特殊的工程性质，如不具有典型的塑性、干强度较低、有明显的摇振反应、易液化等。因此，应采用不同的试验方法对其进行评价，有针对性地提出这类土的设计参数和工程措施意见。标准对粉土的定名采用了两个指标，即塑性指数小于或等于10和粒径大于0.075 mm颗粒的质量不超过全部质量的50%。在实际工作中可先进行塑性指数的判定，当塑性指数小于3时，为与粉砂相区别，应再做颗粒分析试验，以确定大于0.075 mm颗粒的含量。

细粒土的分类法的特点是用塑性指数单一指标进行粉土、粉质黏土和黏土的分类，简单明了，与地基承载力的关系也积累了较多的经验。

11.1.3 土的密实程度或压缩性

11.1.3.1 基础桥规规定

A.0.2条规定：

碎石类土密实程度的划分应符合表A.0.2—1的规定，砂类土密实程度的划分应符合表 A.0.2—2 的规定，粉土密实程度的划分应符合表 A.0.2—3 的规定，黏性土压缩性的划分应符合表 A.0.2—4 的规定。

表 A.0.2—1　碎石类土密实程度的划分

密实程度	结构特征	天然坡和开挖情况	钻探情况
密实	骨架颗粒交错紧贴连续接触，孔隙填满、密实	天然陡坡稳定，坎下堆积物较少。镐挖掘困难，用撬棍方能松动，坑壁稳定。从坑壁取出大颗粒处，能保持凹面形状	钻进困难。钻探时，钻具跳动剧烈，孔壁较稳定
中密	骨架颗粒排列疏密不匀，部分颗粒不接触，孔隙填满，但不密实	天然坡不易陡立或陡坎下堆积物较多。天然坡大于粗颗粒的安息角。镐可挖掘，坑壁有掉块现象。充填物为砂类土时，坑壁取出大颗粒处，不易保持凹面形状	钻进较难。钻探时，钻具跳动不剧烈，孔壁有坍塌现象
稍密	多数骨架颗粒不接触，孔隙基本填满，但较松散	不易形成陡坎，天然坡略大于粗颗粒的安息角。镐较易挖掘，坑壁易掉块，从坑壁取出大颗粒后易塌落	钻进较难。钻探时，钻具有跳动，孔壁较易坍塌
松散	骨架颗粒有较大孔隙，充填物少，且松散	锹可以挖掘。天然坡多为主要颗粒的安息角。坑壁易坍塌	钻进较容易。钻进中孔壁易坍塌

表 A.0.2—2　砂类土密实程度的划分

密度程度	标准贯入锤击数 N	相对密度 D_r
密　实	$N>30$	$D_r>0.67$
中　密	$15<N\leqslant 30$	$0.4<D_r\leqslant 0.67$
稍　密	$10<N\leqslant 15$	$0.33<D_r\leqslant 0.4$
松　散	$N\leqslant 10$	$D_r\leqslant 0.33$

注：$D_r=\dfrac{e_{max}-e}{e_{max}-e_{min}}$，其中 e 为天然孔隙比；e_{max} 为最大孔隙比；e_{min} 为最小孔隙比。

表 A.0.2—3　粉土密实程度的划分

密实程度	孔隙比 e
密　实	$e<0.75$
中　密	$0.75\leqslant e\leqslant 0.9$
稍　密	$e>0.9$

表 A.0.2—4　黏性土压缩性的划分

压缩性分级	压缩系数(MPa^{-1})
低压缩性	$a_{0.1\sim0.2}<0.1$
中压缩性	$0.1\leqslant a_{0.1\sim0.2}<0.5$
高压缩性	$a_{0.1\sim0.2}\geqslant0.5$

注：$a_{0.1\sim0.2}$为 0.1 MPa～0.2 MPa 压力范围内的压缩系数。

11.1.3.2　条文解读

砂类土和碎石类土均为无黏性的粗粒土，土的密实度对砂类土和碎石类土的工程性质（主要指地基承载力）具有很大的影响。确定土的密实程度的方法有多种，可根据具体情况采用，也可采用多种方法互相对照判定。土的天然孔隙比可以体现土的密实程度，但通常认为以采用相对密度 D_r 来判别砂类土的密实程度。当 $D_r=0$ 时，表示土处于最松状态；当 $D_r=1$ 时，表示土处于最密实状态。

规范表 A.0.2—2 用相对密度 D_r 划分砂类土的密实程度，$D_r=\frac{e_{max}-e}{e_{max}-e_{min}}$。由于实际工作中不易准确确定出砂类土的孔隙比 e_{max}、e_{min} 和 e，特别是地下水位以下的砂类土，要采取原状土样就很困难。

随着原位测试技术的不断发展，实际工作中已很少用“相对密度”，而多采用标准贯入试验的方法来划分砂类土的密实程度，这种方法准确、简便易行。因此，在确定砂类土的密实程度时应将标准贯入试验作为主要手段。

所谓标准贯入试验是先用钻具钻至试验土层高程以上约 150 mm 处，然后将标准贯入器换装于钻杆的下端，用 63.5 kg 的穿心锤以 760 mm 的落距把标准贯入器竖直打入土中 150 mm（此时不计锤击数），以后再打入土内 300 mm，并记录打入土内 300 mm 所需的锤击数 $N_{63.5}$。当 $N_{63.5}$ 愈大时表示土愈密实，反之，则表示土愈松散，见规范表 A.0.2—2。

我国自 1953 年南京水利实验处引进标准贯入试验后，首先在治淮工程中应用，以后在许多部门推广应用。制定《工业与民用建筑地基基础设计规范》（TJ 7—74）时将标准贯入试验正式作为勘察手段列入规范，后来在修订《建筑地基基础设计规范》（GBJ 7—89）时总结了我国应用标准贯入击数划分砂土密实度的经验，给出了如规范表 A.0.2—2 所示的划分标准。这一标准将小于10击的砂土全部定为“松散”，不划分出“很松”的一挡；将10～30击的砂土划分为两类，增加了击数为10～15的“稍密”一挡；将击数大于30击的统称为“密实”，不划分出“很密”的密实度类型；而在实践中当标准贯入击数达到50击时一般就终止了贯入试验。

在实际工作中遇到的第四系碎石类土及中、粗、砾砂呈密实或松散状态的并不很多，常见的一般是中密状态的。但同“中密”状态的碎石类土及砂类土，其工程性质却往往相差较大，《2005年基础桥规》修订时就将“中密”的碎石类土及砂类土进一步划分为“中密”和“稍密”两类 。

对于碎石类土(漂石土、块石土、卵石土、碎石土、圆砾土、角砾土)，密实度无疑也是确定其工程性质的重要指标，但这类土很难进行室内试验和贯入试验，所以对于这类土，本规范规定碎石类土的密实程度应根据结构特征、地貌、天然坡形态、开挖及钻探情况，按规范表A.0.2—1确定。规范表A.0.2—1碎石类土密实程度的划分按野外鉴别的方法，完全根据经验进行定性划分，可比性和可靠性都比较差。在实际工程中，有些地区已经积累了用动力触探鉴别碎石土密实度的经验，《岩土工程勘察规范》(GB 50021—2001)在保留按野外鉴别方法的基础上，补充了重型动力触探和超重型动力触探定量鉴别碎石土密实度的方法，见表11-1或表11-2。

表11-1　碎石土密实度按 $N_{63.5}$ 分类

重型动力触探锤击数 $N_{63.5}$	密实度	重型动力触探锤击数 $N_{63.5}$	密实度
$N_{63.5} \leqslant 5$	松散	$10 < N_{63.5} \leqslant 20$	中密
$5 < N_{63.5} \leqslant 10$	稍密	$N_{63.5} > 20$	密实

注：本表适用于平均粒径等于或小于50 mm，且最大粒径小于100 mm的碎石土。对于平均粒径大于50 mm，或最大粒径大于100 mm的碎石土，可用超重型动力触探或用野外观察鉴别。

表11-2　碎石土密实度情况按 N_{120} 分类

超重型动力触探锤击数 N_{120}	密实度	超重型动力触探锤击数 N_{120}	密实度
$N_{120} \leqslant 3$	松散	$11 < N_{120} \leqslant 14$	密实
$3 < N_{120} \leqslant 6$	稍密	$N_{120} > 14$	很密
$6 < N_{120} \leqslant 11$	中密		

由于碎石类土动力触探锤击数不仅与其密实程度有关，而且与碎石

的成分和级配有关，因此采用动探锤击数作为划分碎石土密实程度的定量指标离散性较大，还待进一步积累和分析总结，故本规范尚没采纳。

粉土密实程度的划分，应根据孔隙比按规范表 A.0.2—3 确定。有意见认为粉土取样比较困难，特别是地下水位以下的土样在取土过程中容易失水，使孔隙比减小，因此不易评价正确，故建议改用原位测试方法评价粉土的密实度。曾考虑过采用静力触探划分粉土密实度的方案，但经资料分析发现，静力触探比贯入阻力与孔隙比之间的关系非常分散，不同地区的粉土，其散点的分布范围不同。因此，在全国范围内，根据目前的资料，没有可能用静力触探比贯入阻力的统一划分界限来评价粉土的密实度。但是在同一地区的粉土，如结构性相差不大且具备比较充分的资料条件，采用静力触探或其他原位测试手段划分粉土的密实度具有一定的可能性，可以进行试划分以积累地区的经验。

至于水下取土求得的孔隙比一般都小于 0.75，往往不能反映实际情况，采用孔隙比鉴别粉土密实度会造成误判，是由于取土质量不规范造成了严重扰动。但制定标准时不能将取土质量不符合要求的情况作为依据。实践证明只要认真取土，采取合格的土样，孔隙比的指标还是能够反映实际情况的。

孔隙比与压缩模量 E_s 之间存在比较好的规律性，孔隙比分布在 0.55～1.0 之间，大约有 2/3 的孔隙比大于 0.75，说明无论是水上或水下，孔隙比都是反映粉土力学性能比较敏感的指标。如果用含水量来描述压缩模量的变化，研究表明当含水量小于 20%时，含水量增大，模量相应增大；但在含水量超过 20%以后则出现相反的现象。在低含水量阶段，模量随含水量增大而增大的变化规律可能与非饱和土的基质吸力有关。采用饱和度描述时，当土处于低饱和度，压缩模量也随饱和度增大而增大；但当饱和度大于 80%以后，压缩模量与饱和度之间则没有明显的规律性。说明地下水位以下处于饱和状态的粉土，影响其力学性质的主要因素是土的孔隙比而不是饱和度。

为了便于各地区各单位相互比较应用，《建筑地基基础设计规范》(GB 50007)规定：取压力 $p_1=0.1$ MPa 和 $p_2=0.2$ MPa 这段压缩曲线的斜率作为判别土的压缩性高低的标准，用 $a_{0.1\sim0.2}$ 表示。根据 $a_{0.1\sim0.2}$ 的大小，黏性土可分为高压缩性的、中压缩性的和低压缩性的。

11.1.4 土的潮湿程度或塑性状态

11.1.4.1 基础桥规规定

A.0.3 条规定：

碎石类土和砂类土潮湿程度的划分应符合表 A.0.3—1 的规定，粉土潮湿程度的划分应符合表 A.0.3—2 的规定，黏性土塑性状态的划分应符合表 A.0.3—3 的规定。

表 A.0.3—1 碎石类土和砂类土潮湿程度的划分

潮湿程度分级	饱和度 S_r(%)
稍 湿	$S_r \leqslant 50$
潮 湿	$50 < S_r \leqslant 80$
饱 和	$S_r > 80$

注：$S_r = \frac{V_W}{V_V} \times 100\%$，其中 V_W 为水所占的体积，V_V 为孔隙(包括水及气体)部分的体积。

表 A.0.3—2 粉土潮湿程度的划分

潮湿程度分级	天然含水率 w(%)
稍 湿	$w < 20$
潮 湿	$20 \leqslant w \leqslant 30$
饱 和	$w > 30$

表 A.0.3—3 黏性土塑性状态的划分

塑 性 状 态	液性指数 I_L
坚 硬	$I_L \leqslant 0$
硬 塑	$0 < I_L \leqslant 0.5$
软 塑	$0.5 < I_L \leqslant 1$
流 塑	$I_L > 1$

注：$I_L = \frac{w - w_p}{I_p}$，其中 w 为天然含水率；w_p 为塑限含水率；I_p 为塑性指数。

11.1.4.2 条文解读

规范规定碎石类土、砂类土、粉土的潮湿程度和黏性土的塑性状态，应分别根据饱和度、天然含水率、液性指数等指标确定。

碎石类土、砂类土的潮湿程度应根据饱和度，按规范表 A. 0. 3—1 划分。饱和度 S_r 按 $S_r=\frac{V_W}{V_V}\times 100\%$计算。

经验证明，由于粉土低塑性的特征，其潮湿程度如采用液性指数来表示，显然不适用于塑性指数小于 3 的粉土的情况；比照砂类土采用饱和度指标划分又很难反映粉土的情况，因此目前只能采用含水率指标来进行划分。

黏性土的状态应根据液性指数 I_p 划分为坚硬、硬塑、软塑和流塑四级。液性指数 I_L 按式(11-12)计算。

$$I_L=\frac{\omega-\omega_p}{I_p} \tag{11-12}$$

式中 ω——天然含水率；

ω_p——塑限含水率；

I_p——塑性指数。

《岩土工程勘察规范》(GB 50021—2001)3. 3. 11 条规定，黏性土的状态根据液性指数 I_L 划分为坚硬、硬塑、可塑、软塑和流塑五级，其黏性土状态分类见表 11-3。

表 11-3 黏性土状态分类

状 态	液性指数
坚 硬	$I_L\leqslant 0$
硬 塑	$0<I_L\leqslant 0.25$
可 塑	$0.25<I_L\leqslant 0.75$
软 塑	$0.75<I_L\leqslant 1$
流 塑	$I_L>1$

11. 1. 5 多年冻土冻胀性和融沉等级

11. 1. 5. 1 基础桥规规定

A. 0. 10 条规定：

多年冻土的季节融化土层具有夏季融化下沉、秋冬季再次次冻结时具有体积膨胀的特性，其冻胀性分级应符合表 A. 0. 10 的规定。

A. 0. 11 条规定：

多年冻土的天然含水率与融沉等级，和冻土地层的总含水率及其表征地层持水能力的细粒土(包括黏粒和粉粒)含量密切相关，其含水率和融沉分级的对应关系应符合表 A. 0. 11 的规定。

11. 1. 5. 2　条文解读

A. 0. 10 条和 A. 0. 11 条的内容及条文解读详见 9. 3 节多年冻土地基。

11.2　岩石(岩体)的工程分类及其性质的划分

11.2.1　基本概念

1. 岩石

岩石是由单体矿物或碎屑在一定的地质作用下，按一定的规律组合成具有某种联结作用的集合体，是岩体的组成部分。岩石按成因划为岩浆岩、沉积岩、变质岩三大类。

(1)岩浆岩

由岩浆直接凝固而成的岩石称为岩浆岩，根据岩浆生成时在地壳中的位置，又可进一步分为深成岩(地壳深处生成)、浅成岩(地壳浅处生成)和喷出岩(地面上生成，或称火山岩)。深成岩和浅成岩又合称侵入岩。

①花岗岩：属深成侵入岩，主要矿物成分为长石、石英、云母，全晶质等粒状结构。

②流纹岩：属喷出岩，有流纹状构造和细小的斑晶。

③闪长岩：属深成侵入岩，主要矿物成分为斜长石和角闪石，全晶质等粒状结构。

④安山岩：属喷出岩，有斑状结构，气孔状或杏仁状结构，斑晶为斜长石。

⑤辉长岩：属深成侵入岩，主要矿物成分为斜长石和辉石，全晶质等粒状结构。

⑥玄武岩：属喷出岩，隐晶质结构，有气孔状，杏仁状构造。

⑦火山凝灰岩、火山碎屑岩、黑曜岩、浮石、火山灰等，均为火山喷出物。

(2)沉积岩

地表已有的各种岩石(包括岩浆岩、变质岩和沉积岩)，经过风化和侵蚀，在风、流水、冰川、海洋等的作用下，搬运到另一地点堆积下来，经过压密和胶结成为岩石，这种岩石称为沉积岩。沉积物的颗粒有粗有细，较粗的为碎石、卵石、砾石，较细的为砂，经成岩作用形成角砾岩、砾岩、砂岩；颗粒极细的黏土矿物组成的沉积岩为泥岩和页岩，由碳酸钙、碳酸镁等化学物质沉淀结晶而成的是石灰岩、白云岩，由有机物质和生物遗骸堆积而成的，有泥炭、煤、贝壳层等。

胶结物对碎屑物沉积的岩石来说，十分重要，对岩石的工程特性常常起着决定性的作用。常见的有硅质胶结、铁质胶结、钙质胶结和泥质胶结。

沉积岩最重要的构造是层理，并可分为厚层状、薄层状、页状、透镜状等，层面常成为沉积岩力学性质最为薄弱的部位。沉积岩中有时保存化石，记录下沉积时的环境和地质年代。

(3)变质岩

已有的各种岩石(岩浆岩、沉积岩和变质岩)，在高温(地热、岩浆温度)高压(上覆岩石压力、地质应力)作用下，矿物成分和结构发生质的变化(加入新物质，重结晶等)，形成一种新的岩石，这种岩石称为变质岩。

①片麻岩：主要矿物成分为长石、石英、云母等，具片麻状构造，与花岗岩相似的称花岗片麻岩，含较多角闪石的称角闪石片麻岩。

②片岩：具片状结构，按矿物成分，有云母片岩、绿泥石片岩、角闪石片岩等。

③千枚岩：有典型的千枚状构造，成分以绢云母为主。

④板岩：以黏土矿物为主，有典型的板状构造。

⑤大理岩：矿物成分为方解石，系石灰岩重结晶而成。

⑥蛇纹岩：矿物成分以蛇纹石为主，常与大理岩共生。

三大类岩石主要鉴定标志见表11-4。

表 11-4　三大类岩石主要鉴定标志

鉴定的依据及其涵义		岩浆岩	沉积岩	变质岩
结构构造	结构是指一切涉及组成成分的形态和大小的相互关系；构造是指组成成分之空间位置和不同程度的空间充填，也即指岩石的建成方式	矿物颗粒没有经过水的磨蚀，常成不完整的晶粒；深成岩多呈块状构造，而喷出岩则具特有的气孔状、杏仁状、流纹状构造，并可在侵入岩体内发现捕虏体	矿物颗粒经过磨蚀而有不同的磨圆度，其排列也有一定规律可循，最大特点是具有层理构造，并在层面上具有波浪、雨痕、泥裂、结核等层面构造，以及缝合线构造等	矿物颗粒常具有定向排列，颗粒周围亦有压碎等现象，其外表形态常成片状、片麻状构造，极少数成为等粒形变晶结构和块状构造
矿物成分	矿物成分对于鉴定三大类岩石有很大意义。因岩石生成时的物理化学条件不同，与之相应生成的矿物亦有所不同	暗色不稳定的矿物，如橄榄石、普通辉石、普通角闪石、黑云母等，加上浅色矿物，如正长石、斜长石、霞石、石英等构成岩浆岩重要成分。此外还含有金属、非金属的次要矿物	沉积岩内多为色浅而稳定的矿物，如石英、白云母、锡石、电气石等。此外尚含有石膏、明矾石、海绿石、铝土矿、方解石、高岭土、白云石、菱铁矿等沉积岩内主要矿物。含深色矿物较少	具有变质岩内特有的矿物，如红柱石、硅线石、蓝晶石、十字石、堇青石、石榴石、绿帘石、滑石及石墨等
产状	产状是指岩石在地壳内存在的形态。岩石的成因不同，其产出形态也有的不同。这对于研究岩石成因有很大意义	酸性岩常成大的侵入体，如岩石基础等，而超基性、基性侵入岩常成小的侵入体，如岩床、岩盘等，唯有喷出岩成熔岩盖、熔岩台等层状产出	均为成层产出，但层有时变化较大，如成扁豆状、串珠状、或分叉、尖灭等	其由何种岩石变化而来，即保存原来岩石的产状
外表特征	外表特征是指岩石外表的一些物理性质及其在野外的表现。这对于鉴定岩石成因亦有所帮助	颜色较杂，风化后岩石表面常有杂色斑点，硬度和比重都比较大，常造成陡峭的地形	颜色一般都比较单一，硬度较小，风化后更为松软，除特殊情况外，一般均造成低矮平缓地形	颜色亦较杂，特别是结芯片岩风化后很松散，造成地形视其风化程度不同而不同

常用岩石图例如图 11-4 所示。

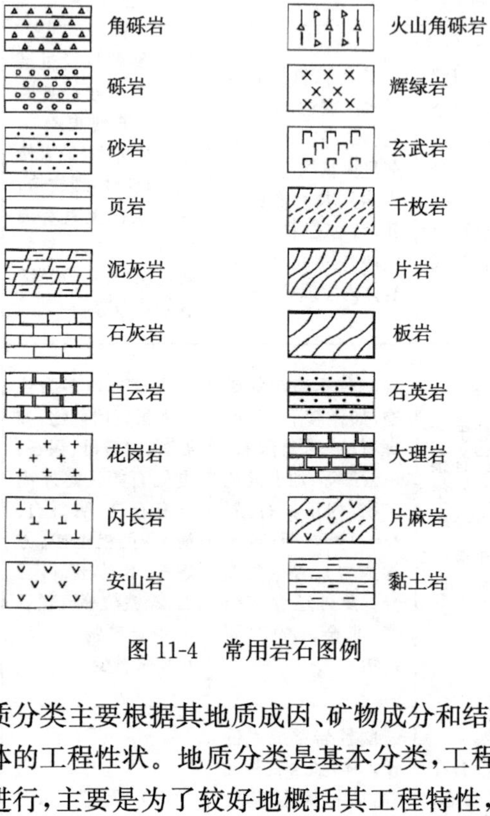

图 11-4　常用岩石图例

岩石的地质分类主要根据其地质成因、矿物成分和结构构造；工程分类主要根据岩体的工程性状。地质分类是基本分类，工程分类是在地质分类的基础上进行，主要是为了较好地概括其工程特性，便于进行工程评价。

地质分类对于岩土工程肯定是必要的。如果只知道“硬质”“软质”，连岩石的地质名称也没有，那显然是不行的，不可能对岩石地基形成比较具体的认识。所以，在进行岩土工程勘察时，必须对岩石的地质名称、风化程度等进行鉴定和描述，并在相应的勘察技术文件中表达清楚。同时，适当的工程分级也很有必要，可使从事勘察、设计、施工的工程师对岩石地基建立起明确的工程特性概念，便于初步的定性考虑，是否可以作为建筑物的地基，是否需要处理，如何处理等。

2. 岩体

岩体是指在一定工程范围内，由包含软弱结构面的各类岩石所组成的具有不连续性、非均质性和各向异性的地质体。岩体由各种各样的岩石组成，并在其形成过程中经受了构造变动、风化作用和卸荷作用等各种内外力地质作用的破坏和改造，因此岩体经常被各种结构面（如层面、节理、断层、片理等）所切割，使岩体成为一种多裂隙的不连续介质。

岩体的多裂隙性特点决定了岩体与岩石（单一岩块）的工程地质性质有明显不同。两者最根本的区别，就是岩体中的岩石被各种结构面所切割。这些结构面的强度与岩石相比要低得多，并且破坏了岩体的连续完整性。岩体的工程性质首先取决于这些结构面的性质，其次才是组成岩体的岩石性质。此外，在大自然中，多数岩石的强度都是很高的，对于一般工程建筑物的要求来说，是能够满足的，而岩体的强度，特别是沿软弱结构面方向的强度却往往很低，不能满足建筑物的要求。因此，从工程实践的客观需要来看，研究岩体的特征比研究岩石的特征更为重要。

岩体结构包括结构面和结构体两个要素。结构面是指存在于岩体中的各种不同成因、不同特征的地质界面，如断层、节理、层理、软弱夹层及不整合面等。结构体是指岩体被结构面切割后形成的岩石块体。岩体中结构面和结构体的组合关系叫岩体结构，其组合形式叫岩体结构类型。不同结构类型的岩体见表 11-5，其力学性质有明显差别。

表 11-5　岩体结构类型分类

岩体结构类型	岩体地质类型	主要结构体形式	结构面发育情况	岩土工程特征
块状结构	厚层沉积岩，侵入岩，火山岩，变质岩	块状，柱状	节理为主	岩体在整体上强度较高，变形特征上接近于均质弹性各向同性体。作为建筑物基础及地下工程，具有良好工程地质条件；开挖边坡时，要注意不利于岩体稳定的平缓节理
镶嵌结构	侵入岩，非沉积变质山石	菱形，锥形	节理比较发育，有小断层错动带	岩体在整体上强度仍高，但不连续较为显著。经过局部处理后，仍不失为良好的建筑物地基；在边坡过陡时，以崩坍形式出现，不易构成巨大滑坡体；在地下工程中，若跨度不大，坍塌事故很少

续上表

岩体结构类型	岩体地质类型	主要结构体形式	结构面发育情况	岩土工程特征
碎裂结构	构造破碎较强烈岩体	碎块状	节理、断层及断层破碎带交错，劈理发育	岩体完整性被破坏程度较大，强度受断层及软弱结构面控制，并易受地下水作用影响，岩体稳定性较差。大型建筑物地基要求对规模较大的断层进行处理，一般可做固结灌浆，边坡有时出现较大的坍塌，地下建筑物也容易产生倒塌，对永久地下工程要求衬砌
层状结构	薄层沉积岩，沉积变质岩	板状，楔形	层理、生理、节理比较发育	岩体呈层状，接近均一的各向异性介质。其稳定性与岩层产状关系密切，一般陡立的较为稳定，平缓的较差，倾向不同也有很大差异，要结合工程具体考虑。这类岩体出现的工程事故很多
层状碎裂结构	较强烈褶皱及破碎的层状岩体	碎块状，片状	层理、片理、节理、断层、层间错动面发育	岩体呈层状，完整性破坏较大，整体强度很低，易引起较大的岩体失稳
散体结构	断层破碎带，风化破碎带	鳞片状，碎屑状，颗粒状	断层破碎带，风化带及次生结构面	岩体强度遭到极大破坏，接近松散介质，稳定性最差

3. 岩石和岩体特征的对比

为了对岩体的特性有较全面的了解，岩石和岩体特征的对比参见表 11-6。

表 11-6　岩石和岩体特征的对比

特征	岩　石	岩　体
物质组成	由结晶矿物、非晶质基质、碎屑颗粒、胶结物质分别组合构成	由一种或几种岩石组合而成，是岩块的集合体，即由结构面和结构体共同组成
结构	根据成分及矿物颗粒性质不同，可分为结晶结构、碎屑结构及生物化学和交替化学沉积的致密结构	根据结构面、结构体性质不同，大体分为整体结构、块状结构、层状结构、碎裂结构及散体结构
完整性	除受构造影响而有一些隐微裂隙外，一般完整性好，不易分散解体	由于结构面发育程度不同，结构体形态、大小不一，其完整性相差悬殊

续上表

特征	岩　　石	岩　　体
均质性	绝大多数岩石致密均质，可看作均匀介质	由于岩石组合不同，结构面和结构体特征不同，呈现明显的非均质性
各向异性	岩石内包含层面时具有各向异性特点，同一层面内则显示各向同性。一般块状岩石为各向同性体	不论岩石组合状况如何，由于结构面方位、发育程度及充填情况不一，岩体有明显各向异性
连续性	矿物颗粒一般接触紧密，其间空隙充填胶结较好，可认为是连续体	多裂隙岩体由于各种结构面发育，一般属于非连续体
变形特征	与岩体相比，变形及泊松比小，但弹性模量大	与岩块相比，变形及泊松比大，但弹性模量小
强度特征	由微小结构起控制作用，其整体强度较为均一，峰值强度比岩体大	主要受软弱结构面及岩石组合控制。由于结构面、结构体的特性不同，其整体强度悬殊，具有明显的强度不均一性。峰值强度及残余强度比岩块小
破坏机理	岩石在单向受压时以剪切破坏为主，有时出现拉断破坏，在围压状态下基本上是剪切破坏	多裂隙岩体为无拉伸材料，受拉极易开裂，受压时常沿软弱结构面产生破坏

4. 岩石(体)分级思路

国内外现有的各种岩石(体)分级方法，或是定性，或是定量，或是定性与定量相结合。定性分级，是在现场对影响岩体质量的诸因素进行鉴别、判断，或对某些指标作出评判、打分，可从全局上去把握，充分利用工程实践经验，但这一方法经验的成分较大，有一定人为因素和不确定性。定量分级，是依据对岩石(体)性质进行测试的数据，经计算获得岩体质量指标，能够建立确定的量的概念，但由于岩体性质和赋存条件十分复杂，分级时仅用少数参数和某个数学公式难以全面、准确地概括所有情况，实际工作中测试数量又总是有限，抽样的代表性也受操作者的经验所局限。通常采用定性与定量相结合的分级方法，在分级过程中，定性与定量同时进行并对比检验，最后综合评定级别，这样可以提高分级的准确性和可靠性。

为了编制一个统一的，各行业都能适用的工程岩体分级的通用标准，总结分析现有众多的分级方法，以及大量的岩石工程实践和岩石力学试验研究成果，按照共性提升的原则，将其中决定各类型工程岩体质量和稳定性的基本共性抽出来，这就是只考虑岩石作为材料时的属性——岩石坚硬程度，和考虑岩石作为地质体而存在的属性——岩体完整程度，将它们作为衡量各种类型工程岩体质量和稳定性高低的基本尺度，作为岩体分级的基本因素。

《工程岩体分级标准》(GB/T 50218—2014)将分级的主要因素归结为岩块的坚硬程度和岩体的完整性，并分别提出了定性和定量的划分标准和方法，可操作性较强。岩石的坚硬程度和岩体完整性是工程分级最主要的因素，坚硬程度反映了岩石的强度特性，与地基的承载力和变形性质关系密切。完整性反映了岩体的裂隙性，而裂隙性是岩体十分重要的特性，破碎岩石地基的承载力和稳定性较完整岩石大大削弱，尤其对边坡和基坑工程更为突出。坚硬程度和完整性各分五级。

5. 岩石分类划分

在铁路工程中，岩石应按其坚硬程度、软化性和抗风化能力进行分类。当岩石中所含的特殊成分影响岩石的工程地质性质时，应定为特殊性岩石。

11.2.2 岩石坚硬程度的划分

11.2.2.1 基础桥规规定

A.0.4 条规定：

岩石坚硬程度的划分应符合表 A.0.4—1 的规定，R_c与定性划分岩石坚硬程度的对应关系见表 A.0.4—2。

表 A.0.4—1 岩石坚硬程度的定性划分

名称		定性鉴定	代表性岩石
硬质岩	极硬岩	锤击声清脆，锤击有回弹，震手，难击碎，浸水后大多无吸水反应	未风化或微风化的花岗岩、片麻岩、闪长岩、石英岩、硅质灰岩、硅质胶结的砂岩或砾岩等
	硬岩	锤击声较清脆，锤击有轻微的回弹，稍震手，较难击碎，浸水后有轻微的吸水反应	弱风化的极硬岩；未风化或微风化的熔结凝灰岩、大理岩、板岩、白云岩、灰岩、钙质胶结的砂岩、结晶颗粒较粗的岩浆岩等

续上表

名称		定性鉴定	代表性岩石
软质岩	较软岩	锤击声不清脆,锤击无回弹,较易击碎,吸水明显,浸水后指甲可划出印痕	强风化的极硬岩;弱风化的硬岩;未风化或微风化的千枚岩、云母片岩、砂质泥岩、钙泥质胶结的粉砂岩和砾岩、泥灰岩、页岩、凝灰岩等
	软岩	锤击声哑,锤击无回弹,有凹痕,易击碎,浸水后手可掰开	强风化的极硬岩;弱风化～强风化的硬岩;弱风化的较软岩和未风化或微风化的泥质岩类:泥岩、煤、泥质胶结的砂岩和砾岩等
	极软岩	锤击声哑,锤击无回弹,有较深的凹痕,手可掰开,浸水后可捏成团或捻碎	全风化的各类岩石和成岩作用差的岩石

表 A.0.4—2 R_c与定性划分岩石坚硬程度的对应关系

岩石饱和单轴抗压强度 R_c(MPa)	$R_c>60$	$60\geq R_c>30$	$30\geq R_c>15$	$15\geq R_c>5$	$R_c\leq 5$
坚硬程度	坚硬岩	较硬岩	较软岩	软岩	极软岩

11.2.2.2 条文解读

本规范对于岩石坚硬程度的划分,采取了岩石定性和定量两种方法,具体划分标准见规范表 A.0.4—1 及表 A.0.4—2。

1. 岩石坚硬程度的定性划分

岩石坚硬程度的确定,主要应考虑岩石的矿物成分、结构及其成因,还应考虑岩石受风化作用的程度,以及岩石受水作用后的软化、吸水反应等情况。为了便于现场勘察时直观地鉴别岩石坚硬程度,在"定性鉴定"中规定采用锤击难易程度、回弹程度、手触感觉和吸水反应等行之有效、简单易行的方法。

规范表 A.0.4—1 中,规定了用"定性鉴定"作为定性评价岩石坚硬程度的依据,并给出了相应代表性岩石。在定性划分时,应注意作综合评价,在相互检验中确定坚硬程度并定名。

在确定岩石坚硬程度的划分挡数时,考虑到划分过粗不能满足不同岩石工程对不同岩石的要求,在对岩体基本质量进行分级时,不便于对不同情况进行合理地组合;划分过细又显繁杂,不便使用。鉴于上述考虑,总结并参考国内已有的划分方法和工程实践中的经验,《工程岩体分级标准》(GB/T 50218—2014)先将岩石划分为硬质岩和软质岩两个大挡次,再进一步划分为坚硬岩、较坚硬岩、较软岩、软岩和极软岩五个挡次，见表 11-7。

表 11-7　岩石坚硬程度的定性划分

坚硬程度		定性鉴定	代表性岩石
硬质岩	坚硬岩	锤击声清脆，有回弹，震手，难击碎； 浸水后，大多无吸水反应	未风化～微风化的：花岗岩、正长岩、闪长岩、辉绿岩、玄武岩、安山岩、片麻岩、硅质板岩、石英岩、硅质胶结的砾岩、石英砂岩、硅质石灰岩等
	较坚硬岩	锤击声较清脆，有轻微回弹，稍震手，较难击碎； 浸水后，有轻微吸水反应	(1)中等(弱)风化的坚硬岩； (2)未风化～微风化的：熔结凝灰岩、大理岩、板岩、白云岩、石灰岩、钙质砂岩、粗晶大理岩等
软质岩	较软岩	锤击声不清脆，无回弹，较易击碎； 浸水后，指甲可刻出印痕	(1)强风化的坚硬岩； (2)中等(弱)风化的较坚硬岩； (3)未风化～微风化的：凝灰岩、千枚岩、砂质泥岩、泥灰岩、泥质砂岩、粉砂岩、砂质页岩等
	软岩	锤击声哑，无回弹，有凹痕，易击碎； 浸水后，手可掰开	(1)强风化的坚硬岩； (2)中等(弱)风化～强风化的较坚硬岩； (3)中等(弱)风化的较软岩； (4)未风化的泥岩、泥质页岩、绿泥石片岩、绢云母片岩等
	极软岩	锤击声哑，无回弹，有较深凹痕，手可捏碎； 浸水后，可捏成团	(1)全风化的各种岩石； (2)强风化的软岩； (3)各种半成岩

本规范岩石坚硬程度的划分标准与《工程岩体分级标准》(GB/T 50218—2014)基本一致。考虑铁路规范的连续性，此次名称仍沿用“极硬岩”“硬岩”，而非“坚硬岩”“较坚硬岩”。

2. 岩石坚硬程度的定量指标

岩石坚硬程度，是岩石(或岩块)在工程中的最基本性质之一。它的定量指标和岩石组成的矿物成分、结构、致密程度、风化程度以及受水软化程度有关。表现为岩石在外荷载作用下，抵抗变形直至破坏的能力。表示这一性质的定量指标，有岩石饱和单轴抗压强度 R_c、点载荷强度指数 $I_{s(50)}$、回弹值 r 等。在这些力学指标中，饱和单轴抗压强度容易测得，代表性强，使用最广，与其他强度指标密切相关，同时又能反映出岩石受水软化的性质，因此采用饱和单轴抗压强度 R_c 作为反映岩石坚硬程度的定量指标。

岩石坚硬程度分类主要用于地基承载力的确定。硬质岩石指新鲜岩块的单轴饱和极限抗压强度值大于 30 MPa 的岩石，代表性岩石主要有花岗岩、流纹岩、石灰岩、片麻岩、石英岩等。饱和抗压强度在 30 MPa 以上岩石的地基承载力已经不再取决于岩石的强度，规范将其细分为坚硬岩和硬岩(较硬岩)是为了与其他规范相一致。

软质岩石指新鲜岩块的单轴饱和极限抗压强度值 30 MPa 及以下的岩石，此类岩石在工程中较常遇到，而其范围值较大，工程性质差别亦较大。代表性岩石主要有黏土岩、页岩、泥灰岩、泥质胶结的砂岩等。对于 30 MPa 以下的岩石地基承载力确定应更为细致，划分出极软岩十分重要，因为这类岩石不仅极软，而且常有特殊的工程性质，例如某些泥岩具有很高的膨胀性；泥质砂岩、全风化花岗岩等有很强的软化性(单轴饱和抗压强度可能为零)；有的第三纪砂岩遇水崩解，有流砂性质。

本规范规定岩石的坚硬程度应根据岩块的饱和单轴抗压强度 R_c 按规范表 A.0.4—2 分为坚硬岩、较硬岩、较软岩、软岩和极软岩 5 个等级，岩石按强度分类与《工程岩体分级标准》(GB/T 50218—2014)是一致的。

规范表 A.0.4—2 给出 R_c 值与岩石坚硬程度的对应关系，使定性划分的岩石坚硬程度有一个大致的定量范围值。值得说明的是，规范表 A.0.4—2 并不是岩石质量定性和定量分级中必须用到的表，只是定量指标在定性划分上的初步对应关系。国内各部门，多采用 R_c 这一定量指标来划分岩石坚硬程度，其所划分的挡数和界限值虽不尽相同，但都以 30 MPa 作为硬质岩与软质岩的划分界限。关于坚硬岩石的划分，这里选取 60 MPa 作为界限值，是考虑到工程界的已有习惯，为工程界所接受。实际上，对坚硬岩石，岩石的饱和单轴抗压强度值一般都在较大程度上高于 60 MPa。

由于硬质岩承载力远大于工程的实际需要，而较软岩、软岩和极软岩则不然，故确定岩石地基的承载力需做岩石抗压试验或根据原位测试数据分析确定。

作为桥涵地基的岩石，在进行岩石单轴抗压强度试验时，一般采用圆柱体作为标准试件。其直径为 50 mm，允许偏差为±2 mm，高度与直径之比值为 2.0。

岩石饱和单轴抗压强度试验要点：

(1)试料可用钻孔的岩芯或坑、槽探中采取的岩块。

(2)岩样尺寸一般为ϕ50 mm×100 mm,数量不应少于6个,饱和处理。

(3)在压力机上以每秒500～800 kPa的加载速度加荷,试样破坏为止,记下最大加载,做好试验前后的试样描述。

(4)根据参加统计的一组试样的试验值计算其平均值、标准变异系数,取岩石饱和单轴抗压强度的标准值为

$$f_{rk}=\psi \cdot f_{rm} \tag{11-13}$$

$$\psi=1-\left(\frac{1.704}{\sqrt{n}}+\frac{4.678}{n^2}\right)\delta \tag{11-14}$$

式中 f_{rk}——岩石饱和单轴抗压强度平均值(kPa);

f_{rm}——岩石饱和单轴抗压强度标准值(kPa);

ψ——统计修正系数;

n——试样个数;

δ——变异系数。

岩石的承载力一方面决定于岩石强度,但又很大程度上取决于其风化及完整程度。从本规范6.2.2条第3、4款的计算公式中系数C(匀质无裂缝的岩石层取0.45;有严重裂缝的、风化的或易化的岩石层取0.30)或C_1、C_2可以看出,岩石的承载力除考虑坚硬程度类别外,还与岩石的风化程度及完整性有很大关系。岩石试件的室内饱和单轴抗压强度,仅代表小体积试件的强度,却不能代表整个地基的强度。因此,可根据岩体的完整程度乘以折减系数来确定岩石地基的承载力。

《工程岩体分级标准》(GB/T 50218—2014)规定:岩石坚硬程度的定量指标,应采用岩石饱和单轴抗压强度R_c,R_c应采用实测值;当无条件取得实测值时,也可采用实测的岩石点荷载强度指数$I_{s(50)}$的换算值,并按式(11-15)换算。

$$R_c=22.82I_{s(50)}^{0.75} \tag{11-15}$$

岩石点荷载强度试验主要用于岩石分级和估算岩石饱和单轴抗压强度。这项试验以其方法简便、成本低、便于现场试验、可对未加工成型的岩块进行测试等优点,得到广泛使用,在我国已取得新的进展,并积累了大量测试资料。

国内外研究结果表明,岩石点荷载强度与饱和单轴抗压强度之间有

一定的相关性，表 11-8 列举了二者之间的回归方程。

表 11-8　岩石饱和单轴抗压强度与点荷载强度关系

名　称	R_c 与 $I_{s(50)}$ 的关系	相关系数	岩石类别
Broch & Franklin(1972 年) Bieniawski(1975 年)	$R_c=(23.7\sim24)I_{s(50)}$	0.88	砂岩、板岩、大理岩、玄武岩、花岗岩、苏长岩等十多种岩石
国际岩石力学学会试验方法委员会建议方法(1985 年)	$R_c=(20\sim25)I_{s(50)}$	—	—
成都地质学院 (向桂馥，1986 年)	$R_c=18.9I_{s(50)}$	0.88	沉积岩
长沙矿山研究院 (姜荣超，金细贞，1984 年)	对坚硬岩石 $R_c=20.01I_{s(50)}$	—	砂岩、白云岩、页岩、灰岩、大理岩、花岗岩、石英岩等
铁道部第二勘测设计院 (李茂兰，1990 年)	$R_c=22.819I_{s(50)}^{0.746}$	0.90	包括高、中、低 3 类强度的岩石，共计 743 组对比试验
北京勘测设计研究院 (胡庆华，1997 年)	$R_c=19.59I_{s(50)}$	0.78	安山岩
中铁大桥设计院 (何风雨，2009 年)	$R_c=(17.65\sim25.2)I_{s(50)}$	—	砂岩、白云岩、花岗岩、玄武岩，不同风化程度
长江科学院(2011 年)	$R_c=21.86I_{s(50)}$	0.85	灰岩、砂岩、大理岩、花岗岩、粉砂岩等
铁路工程岩石试验规程 (TB 10115)	$R_c=24.382I_{s(50)}^{0.7333}$	—	—

根据国内现有的测试方法和试验研究成果，考虑测试岩石种类的代表性、测试数据的可靠程度，《工程岩体分级标准》(GB/T 50218—2014)采用公式 $R_c=22.82I_{s(50)}^{0.75}$，该式主要是在铁道部第二勘测设计院试验成果回归方程的基础上获得。考察国际岩石力学学会试验方法委员会建议方法和国内对不同岩性试验成果回归方程式，基于公式的饱和单轴抗压强度结果基本合适。

《铁路工程岩土分类标准》(TB 10077—2019)由点荷载强度指数换算成岩石单轴抗压强度，推荐按式(11-16)计算。

$$R_c = 24.382 I_{s(50)}^{0.7333} \tag{11-16}$$

由于点荷载试验的加荷特点和试件受荷载时的破坏特征，该项试验不适用于砾岩和 R_c 不大于 5 MPa 的极软岩。

对于破碎和极破碎的软岩和极软岩，如可取原状试样，也可用土工试验方法测定其性状和物理力学性质。当岩体完整程度为极破碎时，可不进行坚硬程度分类。

评价岩石坚硬程度宜首先考虑采用饱和单轴抗压强度作为指标，并参与岩体基本质量指标的计算。若用实测的 $I_{s(50)}$ 时，则必须按公式 $R_c = 22.82 I_{s(50)}^{0.75}$ 或 $R_c = 24.382 I_{s(50)}^{0.7333}$ 换算成 R_c 值后再使用。

11.2.3 岩石抗风化能力的分级与岩石软化性分类

11.2.3.1 基础桥规规定

A.0.5 条规定：

新鲜岩石抗风化能力的分级应符合表 A.0.5—1 的规定，岩石软化性分类应符合表 A.0.5—2 的规定。

表 A.0.5—1 新鲜岩石抗风化能力的分级

项目 \ 指标和特征 \ 分级	不易风化的		易风化的
软化性	不易软化的		易软化的
耐冻性	耐冻的		不耐冻的
岩浆岩的结构	细粒的		粗粒的
造岩矿物	以石英为主	长石、辉石、角闪石较多	黄铁矿、橄榄石、黑云母含量较多
胶结物	硅质的	钙质的	泥质的
耐风化时间	暴露一、二年尚不易风化		暴露后数日至数月即出现风化

表 A.0.5—2 岩石软化性分类

名称	不易软化的	易软化的
软化系数 k_r	>0.75	$\leqslant 0.75$

注：软化系数 k_r 为同一岩体中岩石单轴饱和抗压强度与风干状态下岩石单轴抗压强度的比值。

11.2.3.2 条文解读

1. 岩石风化分类、因素和风化特征

(1)分类

岩石的风化按作用因素与作用性质的不同，分为物理风化、化学风化和生物风化三大类。

物理风化是指地表岩石由于气温变化，使岩石的表面受热或受冷，造成岩石表面的膨胀或收缩与岩石内部的膨胀或收缩不一致，岩石表层与内部之间的结合力逐渐遭到破坏，使岩石表面产生裂缝，以至久而久之崩解成碎屑的机械破坏现象。另外，岩石表面的裂隙水因气温降低而冻涨使表面岩石崩解成碎屑也属于物理风化现象。物理风化现象在干旱地区或严寒地区较为明显。物理风化的特征除岩石崩解形成碎屑外，其崩解后所形成的碎屑的化学成分却没有发生变化。

化学风化是指岩石在水、水溶液和空气中的氧与二氧化碳等的作用下所发生的溶解、水化、水解、碳酸化和氧化等一系列复杂的化学变化的作用而形成破坏的现象。化学风化现象在湿热多雨地区较为明显。

生物风化是指生物活动过程中对地表岩石产生的破坏现象，它可分为物理的和化学的两种。如植物的根在岩石裂缝中生长，引起岩石劈裂，属于生物的物理风化(或称机械风化)作用；生物新陈代谢析出的有机酸使岩石分解破坏，则属于生物的化学风化作用。

物理风化、化学风化和生物风化往往同时存在，只不过在不同地区，它们的表现有主次之分而已。

(2)因素

岩石一经暴露地表，都会遭受不同程度的风化。影响风化作用的因素主要有气候、地形和植被等环境条件以及岩石本身的性质。

气候是通过气温、降雨量以及生物活动而表现的。气温的高低对于岩石的机械破坏程度、各种化学反应速度、生物界的面貌以及新陈代谢速度都有重大影响。降雨量多少关系到水在风化作用中的活跃程度，直接或间接影响到岩石风化速度。生物的繁殖状况直接关系到生物风化作用的进行及其对其他风化作用的影响。

地形条件包括三方面：一是地势高度，二是地势起伏程度，三是坡向。山区随海拔高度增加，气温逐渐降低，气候表现出明显的垂直分带性。地势起伏大的山区，或在巨大悬崖陡壁上，表面风化产物不断下坠，使新鲜岩石裸露，风化速率增大，尤其是物理风化更为活跃。坡向直接影响日照强度和水分蒸发，如山体向阳坡日照强，水分蒸发强度大，风化作用较强烈。

岩石的矿物组成及其化学性质是影响风化的重要方面，尤其是在较小的范围内，外界风化环境相似，岩性常常是造成风化程度差异的主要原因。

在风化带中，各种造岩矿物对风化作用的抵抗能力明显不同，在相同的外界环境中，各种矿物的稳定性与它们生成的环境条件关系密切，生成环境与地表环境的差异越大，越容易风化。如在最高温和含水量极低条件下形成的矿物，较之最后从较低温度和含有更多水分的岩浆中结晶出的矿物更易于风化。节理使岩石产生裂隙，促进岩石风化，因而岩石节理密集处，往往风化最剧烈。

(3)风化特征

花岗岩内含石英及长石等抗风化力强的矿物多，所以风化后性状变化不很显著，只是崩解为散碎的沙粒。在湿热的气候条件下，化学风化强烈，花岗岩中石英保留为粗的沙粒，而长石等则经化学风化而成为黏粒。

玄武岩组成的矿物多富含铁、镁，没有石英，颜色较深，易于吸热，又有气孔构造，所以极易风化，其风化产物质地多黏细。

页岩富含黏土矿物，固结程度差，页理薄，硬度低，吸水和脱水后胀缩差异较大，容易物理风化。但由于黏土矿物在地表较稳定，不容易进一步化学风化，所以风化产物中多页岩碎片。

砂岩构成的矿物主要是石英，抗风化力强，所以砂岩的风化物与原来的岩石性质比较接近，含砂量较高，松散，易于透水。砂岩的风化情况与胶结物的关系很大，泥质或碳酸钙胶结的砂岩，风化快，能生成较厚的风化层次，松散而无大块；由硅质或铁质胶结的岩石，较抗风化，风化层薄，常有大岩块夹杂。

石灰岩的矿物成分是碳酸钙，新上杂质含量很少，在湿润气候条件下，风化作用以溶解为主。风化残留物少，质地新细，富含钙质，酸性较弱。土层浅薄，并直接覆盖在基岩之上，经常是基岩裸露，容易发生水土流失。

石英岩坚硬致密，风化最为困难，常会突起成为较高的山峰，风化时以机械破碎为主，沿着节理形成陡峭的山坡。地面的大石块多，风化层薄，含有大小不一的带棱碎石。

片岩在风化过程中易成片脱落，可形成较厚的风化层。片岩地区经侵蚀作用后，常易形成梳状地形。它的特征是在山坡上或山岭的地表凸起一排排由片岩岩层形成的梳状型山脊。

2. 岩石的抗风化能力分级思路

岩石的抗风化能力定格取决于岩石物理力学性质（软化性、耐冻性）以及岩石中矿物成分、结构特征和耐风化时间等要素。

(1)岩石物理力学性质

①软化性

岩石可能因物理风化作用而发生风化。在判定岩石对这种风化的抵抗力时，岩石根据软化系数分类规定按规范表 A. 0. 5—2 考虑。表中岩石软化系数为饱相状态下与风干状态下的极限抗压强度之比，软化系数是衡量水对岩石强度影响程度的重要指标，也是判定耐风化能力的指标之一。软化岩石浸水后，其承载力会显著降低，应引起重视。

各种岩石的软化系数见表 11-9。

表 11-9　各种岩石的软化系数

岩石名称	抗压强度(MPa)		软化系数	岩石名称	抗压强度(MPa)		软化系数
	湿试样	干试样			湿试样	干试样	
粗粒花岗岩	208.0	239.0	0.87	黏土页岩	11.0	24.0	0.46
细粒花岗岩	241.0	265.0	0.91	泥灰岩	21.0	46.0	0.46
花岗斑岩	230.0	250.0	0.92	软质变质岩	—	—	0.4～0.68
闪长岩	80.0～100.0	90～130.0	0.7～0.8	变质片麻岩	—	—	0.7～0.84
安山岩	218.1	256.3	0.85	岩浆岩	—	—	0.16～0.5
玄武岩	186.5	266.1	0.70	侏罗系石英长石砂岩	—	—	0.68
砂　岩	102.8	109.3	0.93	轻风化白垩系砂岩	—	—	0.50
石灰岩	76.5	115.1	0.66	中等风化白垩系砂岩	—	—	0.40
石英砂岩	122.0	133.1	0.92	中奥陶系砂岩	—	—	0.54
黏土质砂岩	36.0	54.0	0.67	新第三系红砂岩	—	—	0.33

采用0.75作为易软化和不易软化岩石的界限值，是和2009年版《岩土工程勘察规范》(GB 50021—2001)一致，是借鉴国内外有关规范和数十年工程经验规定的。

②耐冻性

坚硬岩石的耐冻性是它对冰冻破坏作用的抵抗能力。破坏的程度取决于水可进入开型孔隙的体积、性质和分布情况。岩石的耐冻性目前还没有一种较简便，又比较成熟的指标可以纳入规范。

岩石饱水系数是指岩石自然吸水率(常压条件下，岩石吸入水分的质量与干燥岩石质量之比)与饱和吸水率(高压或真空条件下，岩石吸入水分的质量与干燥岩石质量之比)的比值。在工程地质中，研究岩石吸水能力大小很有意义。岩石吸水能力越强，表示岩石裂隙愈发育，其强度愈低、稳定性差，岩石的饱水系数可作为岩石抗冻性的间接指标。饱水系数愈大，岩石抗冻性愈差。几种常见岩石的吸水性指标见表11-10，用饱水系数指标判定岩石耐冻性见表11-11。

表11-10　几种常见岩石的吸水性指标

岩石名称	吸水率(%)	饱水率(%)	饱水系数	岩石名称	吸水率(%)	饱水率(%)	饱水系数
花岗岩	0.46	0.84	0.55	云母片岩	0.13	1.31	0.10
石英闪长岩	0.32	0.54	0.59	砂　岩	7.01	11.99	0.58
玄武岩	0.27	0.39	0.69	石灰岩	0.09	0.25	0.36
基性斑岩	0.35	0.42	0.83	白云质灰岩	0.74	0.92	0.80

表11-11　用饱水系数判定岩石耐冻性

岩石种类	耐冻岩石	不耐冻岩石
一般岩石的理论值	$K_w<0.9$	$K_w\geqslant0.9$
粒状结晶孔隙均匀的岩石	$K_w<0.8$	$K_w\geqslant0.8$
孔隙不均匀或呈层状分布有黏土物质充填的岩石	$K_w<0.7$	$K_w\geqslant0.7$

注：K_w为饱水系数。

实际操作可参阅《铁路工程岩石试验规程》(TB 10115—2014)规定。

(2)矿物成分、结构特征和耐风化时间

地壳内具有一定化学成分和物理性质的天然元素或化合物称为矿

物，其中构成岩石的矿物称为造岩矿物。岩石中占主要成分的矿物，为主要造岩矿物，如花岗岩的主要造岩矿物是长石、石英、云母等。矿物是影响岩石工程性质的主要因素。

在风化带中，各种造岩矿物对风化作用的抵抗能力明显不同，在相同的外界环境中，各种矿物的稳定性与它们生成的环境条件关系密切，生成环境与地表环境的差异越大，越容易风化。在外界风化环境条件大致相同的情况下，根据一些矿物抵抗风化的相对稳定性，可按下列顺序排列：橄榄石＜辉石＜角门石＜黑云母＜滑石＜蛇纹石＜绿帘石＜基性斜长石＜酸性斜长石＜正长石＜白云母＜石英。

组成岩石的矿物或碎屑物颗粒粗细、分选程度及胶结程度等结构特征，决定着岩石的致密程度和坚硬程度，从而影响到岩石的风化性能。矿物颗粒细小，且呈等粒状结构的岩石，比粗粒状和斑状的岩石抵抗物理风化的能力强。因为前者在温度变化时产生不均匀的膨胀较少，坚硬致密的岩石，抵抗风化的能力较强，而疏松多孔的岩石与水分、空气接触的面积大，容易进行化学风化。一般地，较坚硬的砂岩、板岩与石英岩等，它们的风化作用是以物理崩解为主。具有层理或片理构造的岩石，水分和空气容易侵入层理和片理裂隙中而加速其风化。

因此，规范 A. 0. 5—1 从岩石矿物成分、结构特征和耐风化时间进行抗风化分级。

3. 规范表 A. 0. 5—1 问题及建议

(1)问题

①表中认为岩浆岩的结构是粗粒的则易风化，例如粗粒的花岗岩，是持久不风化的。

②表中认为长石是易风化的，以长石为主的正长岩，是长久耐风化的，其他含长石的岩石也不会因长石而导致岩石风化。

③辉石、角闪石介于不易风化和易风化之间是有疑问的，它们同样具有抗风化能力。这些矿物大量出现在辉长岩、闪长岩中，这两种岩石常用作饰面石或料石，可持久不出现风化现象。

④钙质胶结物的抗风化性，可在石灰岩地区看到，由钙质胶结而成的断层角砾岩，往往具有良好的抗风化性。

⑤一些常见的矿物如方解石、白云石、绿泥石、石膏等以及常见的胶

结物如铁质、石膏质等其抗风化性能未见述及。

⑥该表的名称是新鲜岩石抗风化能力分级，但未见岩石名称，只列出一些矿物的抗风化能力，在实际工作中若通过这些矿物来确定岩石名称以决定其抗风化能力，是很难操作的。

(2)建议

各种岩石的抗风化能力分级，以岩石名称来归类较好，拟分为两级较为恰当，即：

抗风化的——有良好的耐风化能力，在建筑物使用期间(如10年)可不考虑风化作用。

易风化的——暴露数日至数十日后出现风化现象。

上述主要岩石按矿物成分和结构特征，其抗风化能力分为下列两类：

抗风化的——这类矿物如石英、长石、角闪石、辉石、方解石、白云石等。这些矿物本身具有较高的强度，能抵抗热胀冷缩的物理作用而难于破碎，由此等矿物组成的岩石是抗风化的。

易风化的——这类矿物依据其产生风化原因，又分为两种：

①片状矿物

矿物成片状，致使矿物松散，水和空气容易进入到矿物内部，产生物理和化学风化。

片理对岩石强度亦有影响，当压力作用方向和片理平行时，强度会较大地降低。这类矿物如云母、绿泥石、滑石等。

②可溶矿物

这些矿物可溶解于水，易于风化，这类矿物如石膏、硬石膏等。

胶结物的抗风化性，同样分为两种：

①硅质、钙质、铁质胶结物皆属抗风化类型。因为这些胶结物都具有较高的强度，且遇水不软化。硅质是众所周知的良好胶结物。

钙质胶结物的抗风化性前已述及。铁质胶结物亦属抗风化类型，例如湖南湘江两岸长沙附近高阶地砾石层一些地方被铁质胶结，形成坚硬的砾石，耐风化而不破坏。

②泥质、石膏质胶结物皆易于风化。泥质的强度很低，且易于软化。石膏质易溶于水，岩石发生崩解。

根据各种意见，综合成新鲜岩石抗风化能力分级建议表(表11-12)，供读者参考。

表 11-12　新鲜岩石抗风化能力分级专家建议表

项　目	抗风化的	易风化的
耐风化时间	有良好的抗风能力，在建筑物使用期间，可不考虑风化作用	暴露数日至数十日后出现风化现象
饱和单轴极限抗压强度(MPa)	30 以上	30 以下
软化性(软化系数)	>0.75	<0.75
耐冻性(饱和系数)	<0.8	>0.8
胶结物	硅质、钙质、铁质	泥质、石膏质
造岩矿物	石英、长石、辉石、角闪石、方解石、白云石、燧石	云母、绿泥石、滑石、黏土、石膏、硬石膏
岩石名称	(1)坚硬的岩浆岩：花岗岩、辉长岩、闪长岩、玄武岩等 (2)坚硬的沉积岩：石灰岩、白云岩、坚硬的泥灰岩；硅质、钙质、铁质胶结良好的沉积岩；燧石岩 (3)坚硬的变质岩：片麻岩、角闪石片岩、板岩；石英岩、大理岩	(1)软弱的岩浆岩：凝质岩 (2)软弱的沉积岩：泥岩、页岩、软弱的泥灰岩；泥质、石膏质胶结的沉积岩；石膏、硬石膏 (3)软弱的变质岩：云母片岩、绿泥石片岩、滑石片岩、千枚岩

11.2.4　岩体的节理分级

11.2.4.1　基础桥规规定

A.0.6 条规定：

岩体按节理宽度分级应符合表 A.0.6—1 的规定，岩体节理发育程度分级应符合表 A.0.6—2 的规定。

表 A.0.6—1　岩体按节理宽度分级

名　称	节理宽度 b(mm)
密闭节理	$b<1$
微张节理	$1\leqslant b<3$
张开节理	$3\leqslant b<5$
宽张节理	$b\geqslant 5$

表 A.0.6—2 岩体节理发育程度分级

节理发育程度分级	基本特征
节理不发育	节理1～2组，规则，为构造型，间距在1 m以上，多为密闭节理。岩体被切割成巨块状
节理较发育	节理2～3组，呈X形，较规则，以构造型为主，多数间距大于0.4 m，多为密闭节理，部分为微张节理，少有充填物。岩体被切割成大块状
节理发育	节理3组以上，不规则，呈X形或米字形，以构造型、风化型为主，多数间距小于0.4 m，大部分为张开节理，部分有充填物。岩体被切割成块状
节理很发育	节理3组以上，杂乱，以风化型和构造型为主，多数间距小于0.2 m，以张开节理为主，有个别宽张节理，一般均有充填物。岩体被切割成碎裂状

11.2.4.2 条文解读

关于岩石和岩体的概念前面已经讲了很多，至于岩石和岩体的定义，《铁路工程岩土分类标准》(TB 10077—2019)定义岩石 rock：岩石块体，指单一的不包含明显结构面的岩石块体。定义岩体 rock mass：工程影响范围内，有相当体积的岩石天然地质体。

岩体与岩石是两个既有联系又有区别的地质概念。岩石可以看作一种连续的、均质的，多数属于各向同性的材料，其物理力学特性可用一块岩样来描述和试验。而岩体则是地质体或地质体的一部分，它是一种岩石或多种岩石的结构体，其特点是不连续的、非均质的，多数是各向异性的，它的物理力学特性不能用一块岩样来进行描述和试验。就大多数工程问题而言，岩体的工程性质主要取决于岩体内部地质断裂系统的性质，但岩石本身的性质也起着重要作用。

岩石在地应力作用下，产生裂缝和断层，前者通常称为节理或裂隙。节理两侧的岩石没有或仅发生微小的移动，而断层两侧的岩石沿破裂面产生明显的相对错动。节理的存在会加速岩石的风化、破坏，使边坡发生滑动或崩塌，降低岩石地基的承载能力。

对节理进行工程评价时，要综合考虑以下诸因素：

(1)节理的密度；

(2)节理的宽度；

(3)节理的产状及其与建筑物的关系；

(4)节理的力学特征及表面性质；

(5)节理的含水情况；

(6)节理的充填情况等。

规范根据节理宽度将节理分为四级，见规范表 A.0.6—1。根据节理的等级可以判定节理发育的程度，从而可以考虑节理对基础工程的影响大小。规范将节理发育程度分为四级，见规范表 A.0.6—2。节理发育程度分级主要依据节理的密度和宽度，其他因素应另行考虑。

11.2.5 岩体受地质构造影响程度的划分

11.2.5.1 基础桥规规定

A.0.7 条规定：

岩体受地质构造影响程度的划分应符合表 A.0.7 的规定。

表 A.0.7 岩体按受地质构造影响程度划分

名 称	基 本 特 征
轻 微	地质构造变动小，节理不发育
较 重	地质构造变动较大，位于断层或褶曲轴的邻近地段，可有小断层，节理较发育
严 重	地质构造变动剧烈，位于褶曲轴部或断层影响带内，软质岩多见扭曲及拖拉现象，节理发育
很严重	位于断层破碎带内，岩体呈块石、碎石、角砾状，有的甚至呈粉末、泥土状，节理很发育

11.2.5.2 条文解读

地质构造是指在地球的内、外应力作用下，岩层或岩体发生变形或位移而遗留下来的形态。地质构造有褶皱、节理、断层三种基本类型。

1. 褶皱

褶皱分为背斜和向斜。背斜：岩层向上弯曲，中心部位岩层较老，两侧岩层依次变新；向斜：岩层向下弯曲，中心部位岩层较新，两侧岩层依次变老。

2. 节理

节理是岩石中的裂隙，断裂构造的一类，指岩石裂开而裂面两侧无明显相对位移者。在岩石露头上，到处都能见到节理。节理是地壳上部岩石中最广泛发育的一种断裂构造。节理的存在会加速岩石的风化、破坏，使边坡发生滑动或崩塌；降低岩石地基的承载能力。

3. 断层

岩层或岩体在构造运动影响下发生破裂，若破裂面两侧岩体沿破裂面发生了明显的相对位移，这种构造就称为断层。断层的种类繁多，形态各异，规模大小相差悬殊，规模大的断层延伸长度可达几百至一千多千米，而小的断层可在岩石标本上见到。岩石断层对桥梁是非常不利的，可能降低地基的承载能力，或影响桥梁基础的稳定性，或产生不匀均沉降，特别是地震区岩石断层上的桥梁，可能因地震发生时断层产生移动，造成桥梁坍塌。

规范将岩石受地质构造的影响程度分为四级，见规范表 A. 0. 7。

11. 2. 6　岩体完整程度划分

11. 2. 6. 1　基础桥规规定

A. 0. 8 条规定：

岩体完整程度划分应符合表 A. 0. 8 的规定。

表 A. 0. 8　岩体完整程度划分

名　称	结构面特征	结构类型	岩体完整性指数 K_v
完　整	结构面 1～2 组，以构造型节理或层为主，密闭型	巨块状整体结构	$K_v>0.75$
较完整	结构面 2～3 组，以构造型节理、层面为主，裂隙多呈密闭型，部分为微张型，少有充填物	块状结构	$0.55<K_v\leqslant 0.75$
较破碎	结构面一般为 3 组，以节理及风化裂隙为主，在断层附近受构造作用影响较大，裂隙以微张型和张开型为主，多有充填物	层状、块石、碎石状结构	$0.35<K_v\leqslant 0.55$
破　碎	结构面大于 3 组，并多以风化型裂隙为主，在断层附近受构造作用影响较大，裂隙以张开型为主，多有充填物	碎石角砾状结构	$0.15<K_v\leqslant 0.35$
极破碎	结构面杂乱无序，在断层附近受构造作用影响很大，宽张裂隙全为泥质或泥夹岩屑充填，充填物厚度大	散体状结构	$K_v\leqslant 0.15$

注：1　表中裂隙宽度的类型，可参见本规范表 A. 0. 6—1。

2　表中岩体完整性指数是岩体弹性纵波速度与同一岩体中岩石的弹性纵波速度比值的平方。

11.2.6.2　条文解读

1. 岩体完整程度的定性

岩体完整程度是决定岩体基本质量的另一个重要因素。影响岩体完整性的因素很多,从结构面的几何特征来看,有结构面组数、产状、密度和延伸程度,以及各组结构面相互切割关系;从结构面性状特征来看,有结构面的张开度、粗糙度、起伏度、充填情况、充填物、水的赋存状态等,如将这些因素逐项考虑,用来对岩体完整程度进行划分,显然是困难的。从工程岩体的稳定性着眼,应抓住影响岩体稳定的主要方面,使评判划分易于进行。经分析,规范表 A.0.8 将岩体结构面特征和结构类型作为综合影响因素。结构面特征系指地质发展史中,在岩体内形成的具有一定方位、一定形态、一定规模和特性的延展长、厚度薄的地质接口,包括层面、节理和断层等;结构类型系国内通用单位分类法,作为参照用。规范表 A.0.8 中所列的"结构面特征""结构类型",是国内对岩体完整程度比较流行的一种划分方法。规范表 A.0.8 和《工程岩体分级标准》(GB/T 50218—2014)岩体完整程度的定性划分基本一致。

《工程岩体分级标准》(GB/T 50218—2014)表 3.2.3(见表 11-13)结构面特征划分为更为明确,将结构面几何特征诸项综合为"结构面发育程度",将结构面性状特征诸项综合为"主要结构面的结合程度"。结构面发育程度包括结构面组数和平均间距,它们是影响岩体完整性的重要方面。主要结构面是指相对发育的结构面,即张开度较大、充填物较差、成组性好的结构面。规范表 A.0.8 结构面特征也隐含了上述判定要素。

表 11-13　岩体完整程度的定性划分

<table>
<tr><th rowspan="2">完整程度</th><th colspan="2">结构面发育程度</th><th rowspan="2">主要结构面的结合程度</th><th rowspan="2">主竖结构面类型</th><th rowspan="2">相应结构类型</th></tr>
<tr><th>组数</th><th>平均间距(m)</th></tr>
<tr><td>完　整</td><td>1～2</td><td>>1.0</td><td>结合好或结合一般</td><td>节理、裂隙、层面</td><td>整体状或巨厚层状结构</td></tr>
<tr><td rowspan="2">较完整</td><td>1～2</td><td>>1.0</td><td>结合差</td><td rowspan="2">节理、裂隙、层面</td><td>块状或厚层状结构</td></tr>
<tr><td>2～3</td><td>1.0～0.4</td><td>结合好或结合一般</td><td>块状结构</td></tr>
</table>

续上表

<table>
<tr><th rowspan="2">完整程度</th><th colspan="2">结构面发育程度</th><th rowspan="2">主要结构面的结合程度</th><th rowspan="2">主竖结构面类型</th><th rowspan="2">相应结构类型</th></tr>
<tr><th>组数</th><th>平均间距(m)</th></tr>
<tr><td rowspan="3">较破碎</td><td>2～3</td><td>1.0～0.4</td><td>结合差</td><td rowspan="3">节理、裂隙、劈理、层面、小断层</td><td>裂隙块状或中厚层状结构</td></tr>
<tr><td rowspan="2">≥3</td><td rowspan="2">0.4～0.2</td><td>结合好</td><td>镶嵌碎裂结构</td></tr>
<tr><td>结合一般</td><td>薄层状结构</td></tr>
<tr><td rowspan="2">破　碎</td><td rowspan="2">≥3</td><td>0.4～0.2</td><td>结合差</td><td rowspan="2">各种类泐结构面</td><td>裂隙块状结构</td></tr>
<tr><td>≤0.2</td><td>结合一般或结合差</td><td>碎裂结构</td></tr>
<tr><td>极破碎</td><td colspan="2">无序</td><td>结合很差</td><td></td><td>散体状结构</td></tr>
</table>

2. 岩体完整程度的定量

在对岩体进行完整程度划分时，应用聚类分析、相关分析等统计方法，并根据工程实践经验来研究、选取分级因素，最终采用了岩体完整性指数 K_v。岩体完整性指数 K_v 为岩体声波速度与岩石声波速度之平方比，岩层的断裂状态及程度，将直接影响地震波的传播。一般地，岩体的纵波速度比岩石试件的纵波速度低，所以可以用纵波速度来确定岩体的完整性。

有关研究收集了来自各部门、各工程的 460 组实测数据，从中选了包括岩石饱和单轴抗压强度 R_c、岩石点荷载强度指数 I_s、岩石弹性纵波速度 v_{pr}、岩体弹性纵波速度 v_{pm}、岩体重力密度 γ、岩石地下工程埋深 H、平均节理间距 d_p 或 RQD 等七项测试指标，以及岩体完整性指数 K_v、应力强度比 $\gamma H/R_c$ 两项复合变量作为子样。RQD 指用直径 75 mm 金刚钻头和双层岩芯管，在钻孔中连续钻取同一层岩芯，计算每回次钻进中，其长度大于 10 cm 芯段之和与该回次进尺之比，以百分数表示。

对同一工程且岩体性质相同的各区段，以其测试结果的平均值作为统计子样。这样，最终选定的抽样总体来自各部门的 103 组工程数据，其中来自国防 21 组、铁道 13 组、水电 24 组、冶金和有色金属 30 组、煤炭 8 组、人防 1 组和建筑部门 6 组。经过对抽样总体的相关分析、聚类分析和可靠性分析之后，确定岩体基本质量指标的因素的参数是 R_c、K_v、d_p 与 γ。在这四项参数中，经进一步分析，γ 值绝大多数在 23～28 kN/m^3

之间变动，对岩体质量的影响不敏感，可反映在公式的常数项中；而 K_v 与 d_p 在一定意义上同属反映岩体完整性的参数，考虑到 K_v 在公式中的方差贡献大于 d_p，并考虑到国内使用的广泛性与简化公式的需要，仅选用 K_v。这样，最终确定以 R_c 和 K_v 为定量评定岩体基本质量的分级因素。这与根据地质条件和岩石力学综合分析的结果是一致的。

在对岩体进行完整程度划分时，除采用岩体完整性指数 K_v 外，还可采用岩体体积节理数 J_v 作为参考指标。岩体体积节理数 J_v 是国际岩石力学学会试验方法委员会推荐用来定量评价岩体节理化程度和单元岩体块度的一个指标。经国内铁道、水电及国防等行业一些单位应用，认为它具有上述物理含义，而且在工程地质勘察各阶段及施工阶段均容易获得。考虑到它不能反映结构面的结合程度，特别是结构面的张开程度和充填物性状等，而这些恰是决定岩体完整程度的重要方面。因此，《工程岩体分级标准》(GB/T 50218—2014)规定岩体完整程度的定量指标，应采用岩体完整性指数 K_v，K_v 应采用实测值；当无条件取得实测值时，也可用岩体体积节理数 J_v，并按表 3.3.2(见表 11-14)确定对应的 K_v 值。

表 11-14　J_v 与 K_v 的对应关系

J_v(条/m³)	＜3	3～10	10～20	20～35	≥35
K_v	＞0.75	0.75～0.55	0.55～0.35	0.35～0.15	≤0.15

表 11-14 中数值范围分别表示 J_v＜3 条/m³、10 条/m³＞J_v≥3 条/m³、20 条/m³＞J_v≥10 条/m³、35 条/m³＞J_v≥20 条/m³ 及 J_v≥35 条/m³ 等 5 种条件。

国内一些单位对 J_v 与 K_v 的关系做了研究，认为这二者之间有较好的对应关系，见表 11-15 和表 11-16 所列。J_v 与 K_v 对应关系表 11-14 是综合这些科研成果的结果。

表 11-15　J_v 与 K_v 对照(原水电部昆明勘测设计院)

岩体完整程度	完　整	较完整	完整性差	破　碎
J_v(条/m³)	＜3	3～10	10～30	＞30
K_v	1.0～0.75	0.75～0.45	0.45～0.2(软岩)	＜0.2(软岩)
			0.45～0.1(硬岩)	＜0.1(硬岩)

表 11-16　J_v 与 K_v 对照(原铁道部科学研究院西南分院)

J_v(条/m³)	<5(巨块状)	5~15(块状)	15~25 (中等块状)	25~35 (小块状)	>35(碎块状)
K_v	1.0~0.85 (极完整)	0.85~0.65 (完整)	0.65~0.45 (中等完整)	0.45~0.25 (完整性差)	<0.25(破碎)

岩体体积节理数 J_v 测试方法如下：

针对不同的工程地质岩组或岩性段，选择有代表性的具有三维空间的岩体露头或工程开挖面进行节理(或结构面)的统计。每一测点的面积不小于 2 m×5 m，测线布置应垂直于被测的一组结构面走向，且测线长度不小于 5 m。测量垂直于测线结构面的条数或每组节理的平均间距，并按式(11-17)计算。

$$J_v = S_1 + S_2 + S_3 + \cdots + S_n + S_k \tag{11-17}$$

式中　J_v——岩体体积节理数(条/m³)；

S_n——第 n 组节理每米长测线上的条数；

S_k——每立方米岩体中非成组节理的条数。

已为硅质、铁质、钙质充填并再胶结的节理不予统计。

当岩体完整程度为极破碎时，可不进行坚硬程度划分。

11.2.7　岩体风化程度分带

11.2.7.1　基础桥规规定

A.0.9 条规定：

岩体风化程度分带应符合表 A.0.9 的规定。

11.2.7.2　条文解读

1. 岩石风化程度的划分

(1)岩石风化程度划分表

岩石长期受物理、化学、生物等自然力作用，即风化作用，致使岩石疏松以至松散，物理力学性质变坏。在确定代表性岩石时，仅仅说明属于哪一种岩石是不够的，还必须指明其风化程度，以便确定风化后的岩石坚硬程度挡次。

《工程岩体分级标准》(GB/T 50218—2014)的规定见表 11-17。

表A.0.9 岩体风化程度分带

风化程度分带	野外鉴定特征				风化程度参数指标		
	岩石矿物颜色	结构	破碎程度	坚硬程度	风化系数 k_f	波速比 k_p	纵波速度 v_p (m/s)
未风化	岩石、矿物及其胶结物颜色新鲜，保持原有颜色	保持岩体原有结构	除构造裂隙外肉眼见不到其他裂隙，整体性好	除泥质岩可用大锤击碎外，其余岩类不易击开，放炮才能掘进	$k_f>0.9$	$k_p>0.9$	硬质岩 $v_p>5\ 000$ 软质岩 $v_p>4\ 000$
微风化	岩石、矿物颜色较暗淡，节理面附近有部分矿物变色	岩体结构未破坏，仅沿节理面有风化现象或有水锈	有少量风化裂隙，裂隙间距多数大于0.4 m，整体性仍较好	要用大锤和楔子才能剖开，泥质岩用大锤可以击碎，放炮才能掘进	硬质岩 $0.8<k_f\leqslant0.9$ 软质岩 $0.8<k_f\leqslant0.9$	硬质岩 $0.8<k_p\leqslant0.9$ 软质岩 $0.8<k_p\leqslant0.9$	硬质岩 $4\ 000<v_p\leqslant5\ 000$ 软质岩 $3\ 000<v_p\leqslant4\ 000$
弱风化	岩石、矿物失去光泽，颜色暗淡，部分易风化矿物已经变色，黑云母失去弹性	岩体结构已部分破坏，裂隙可能出现风化夹层，一般呈块状或球状结构	风化裂隙发育，裂隙间距多数为0.2 m～0.4 m，整体性差	可用大锤击碎，用手锤不易击碎，大部分需放炮掘进，用岩心钻方可钻进	硬质岩 $0.4<k_f\leqslant0.8$ 软质岩 $0.3<k_f\leqslant0.8$	硬质岩 $0.6<k_p\leqslant0.8$ 软质岩 $0.5<k_p\leqslant0.8$	硬质岩 $2\ 000<v_p\leqslant4\ 000$ 软质岩 $1\ 500<v_p\leqslant3\ 000$
强风化	岩石及大部分矿物变色，形成次生矿物	岩体结构已大部分破坏，形成碎块状或球状结构	风化裂隙很发育，岩体破碎，风化物呈碎石状或碎石含砂状，裂隙间距小于0.2 m，完整性很差	用手锤可击碎，用镐可以掘进，用锹则很困难，干钻可钻进	硬质岩 $k_f\leqslant0.4$ 软质岩 $k_f\leqslant0.3$	硬质岩 $0.4<k_p\leqslant0.6$ 软质岩 $0.3<k_p\leqslant0.5$	硬质岩 $1\ 000<v_p\leqslant2\ 000$ 软质岩 $700<v_p\leqslant1\ 500$
全风化	岩石、矿物已完全变色，大部分发生变异，除石英外大部分风化成土状	岩体结构已完全破坏，仅外观保持原岩特征，矿物晶体失去连接，石英松散呈粒状	风化破碎呈碎屑状、土状或砂状	用手可捏碎，用锹就可掘进，干钻较易钻进	—	硬质岩 $k_p\leqslant0.4$ 软质岩 $k_p\leqslant0.3$	硬质岩 $500<v_p\leqslant1\ 000$ 软质岩 $300<v_p\leqslant700$

注：1 k_f是同一岩体中风化岩石的单轴饱和抗压强度与未风化岩石的单轴饱和抗压强度的比值。
2 k_p是同一岩体中风化岩体的纵波波速与未风化岩体的纵波波速的比值。

表 11-17 岩石风化程度的划分

风化程度	风化特征
未风化	岩石结构构造未变，岩质新鲜
微风化	岩石结构构造、矿物成分和色泽基本未变，部分裂隙面有铁锰质渲染或略有变色
中等(弱)风化	岩石结构构造部分破坏，矿物成分和色泽较明显变化，裂隙面风化较剧烈
强风化	岩石结构构造大部分破坏，矿物成分和色泽明显变化，长石、云母和铁镁矿物已风化蚀变
全风化	岩石结构构造完全破坏，已崩解和分解成松散土状或砂状，矿物全部变色，光泽消失，除石英颗粒外的矿物大部分风化蚀变为次生矿物

关于风化程度的划分或定义，国内外在工程地质工作上，大都从大范围的地层或风化壳的划分着眼，把裂隙密度、裂隙分布及发育情况、弹性纵波速度以及岩石结构被破坏、矿物变异等多种因素都包括进去。表 11-17 关于岩石风化特征的描述和风化程度的划分，仅针对岩块，是为岩石坚硬程度划分挡数服务的，它并不代替工程地质中对岩体风化程度的定义和划分。这项专门为描述岩石坚硬程度所作的规定，主要考虑了岩石结构构造被破坏、矿物蚀变和颜色变化程度，把地质特征描述中的有关裂隙及其发育情况等归入另一个基本质量分级因素，即归入岩体完整程度中去。

在自然界里，岩石风化程度总是从未风化逐渐演变为全风化的，是普遍存在的一个地质现象。表 11-17 总结了我国采用的划分方法，并考虑在岩石坚硬程度划分和在岩体基本质量分级时便于对不同情况加以组合，将岩石风化程度划分为未风化、微风化、中等(弱)风化、强风化和全风化五种情况。

《建筑地基基础设计规范》(GBJ 7—89)将岩石的风化程度分为微风化、中风化、强风化三挡，俗称“三分法”；《岩土工程勘察规范》(GB 50021—94)分为未风化、微风化、中风化、强风化、全风化五挡，俗称“五分法”。由此出现了“三分法”与“五分法”的差别，差别的实质是在强风化中是否再分出一挡“全风化”。划分出全风化一挡的理由如下：

在残积土和强风化带(岩)之间客观上存在着一个似土非土、似岩非岩的风化程度最强烈最严重的挡次，单独划出，有利于正确评价其工程地质特性。同时，为了与国内外有关规范取得一致，以便统一标准，利于科技交流。目前国内外有关规范对风化岩(带)的划分已趋于一致，绝大多数均列有全风化带(岩)，且均划分为全、强、中等(弱)、微及新鲜岩石(未风化)5 个等级。如 2009 年版《岩土工程勘察规范》(GB 50021—2001)、《水利水电工程地质勘察规范》(GB 50487—2008)、英国《场地勘察实施规范》(BS 59301981)等。

铁路《75 年桥规》附录四中将岩石风化程度划分为未经风化、风化轻微、风化颇重、风化严重和风化极严重五级要求；《2005 年基础桥规》附录 A 按《铁路工程岩土分类标准》(TB 10077—2001)规定更名为全风化、强风化、中等(弱)风化、微风化及未风化 5 个等级，至现行《2017 年基础桥规》没有变化。

(2)岩石风化程度的定量指标

随着岩石风化程度的增加，岩石强度降低、裂隙增加，工程性能变差，这是一种总趋势。

工程界总希望能将岩石的风化程度和岩石的力学性质指标挂钩，用明确的定量指标来界定不同等级的风化程度，以期避免划分的主观性和随意性，提高划分的客观性和科学性，且便于工程设计。但实践证明很难做到，原因有二：

第一，母岩的复杂性。地壳中岩石种类不计其数，其矿物成分、化学成分、物理性质、力学性质、结构构造差别极大，风化过程各有不同的特点，很难设想可用一两个指标界定。例如花岗岩、泥岩，很难用统一的物理力学指标界定“中风化”“强风化”等。

第二，环境的复杂性。风化作用可分为物理风化、化学风化和生物风化，随着气候条件的不同，有些地方以物理风化为主，有些地方以化学风化、生物风化为主，因此风化产物的性状也各不相同。我国幅员广大，气候各异，要用统一的定量指标界定全国各地的风化程度也是很难做到的。

但是，对于某一特定岩石和特定地区，用某种指标来划分风化程度有时是可行的。例如广东的花岗岩，可用标准贯入试验锤击数 N 划分，规定 $N<30$ 为残积土，$N=30\sim50$ 为全风化，$N>50$ 为强风化，实践证明是可行的。

岩石的风化是一种地质演化过程。风化带的划分本质上属于地质分类，故较难与定量的力学指标挂钩，用力学指标分类应归到工程岩体质量分级中去。

《工程岩体分级标准》(GB/T 50218—2014)认为岩石风化虽然也是影响工程岩体质量和稳定性的重要因素，但是风化程度对工程岩体特性的影响，一方面是使岩石疏软以至松散，物理力学性质变坏，另一方面是使岩体中裂隙增多，这些已分别在岩石坚硬程度和岩体完整程度中得到反映，所以标准中没有把风化程度作为一个独立的分级因素，因而没有岩石风化程度的定量指标的规定。

(3)全风化带与残积土的区别

在野外，区别全风化与残积土的最重要标志是看其是否保留有原岩的结构和构造特征，例如全风化花岗岩等结晶类中可见到已风化成土的长石、云母、角闪石等原来的晶形，且其互相间的排列位置未变，有时还可见到残留的节理、断层或岩脉。而残积土则不具有这种特征，但对某些结晶细小的岩石或基性岩浆岩，则看不到晶形特征，因而鉴别它们是有困难的。在这种情况下，可根据构造特征(层理、节理、岩脉穿插等)或采用标贯击数、声波波速等来区别。

2. 岩体风化程度分带的划分

对于岩土工程，岩石的风化极为重要，划分风化带是十分必要的。但过去主要是花岗岩划分风化带的经验，其他(多种)岩石划分风化带的经验不多。由于母岩极为多样，风化环境又各不相同，要将风化程度的划分和岩石的工程特性定量地挂起钩来，并不容易。

岩体风化程度分带的划分是以岩石风化程度为基础，同时考虑到整体情况和裂隙发育情况，即破碎性和完整性。在某一个风化带中，常可含少量较之风化更强烈或更轻微的岩块，如强风化带中可含少量全风化岩或中等风化岩，甚至出现少量微风化的块、球体核心等。鉴定时要分清主次，以起主要作用的，占大多数的风化岩及裂隙发育情况为准。在野外岩体的风化程度，还可以用挖掘难易程度和方式进行描述。

风化带是逐渐过渡的，没有明确的界线。有些情况不一定能划分出5个完整的等级。一般花岗岩的风化分带比较完全，而石灰岩、泥岩等常不存在完全的风化分带，这时可采用类似“弱风化-强风化”“强风化-全风化”等语句表述。同样，岩体的完整性也可用类似的方法表述。第三系的砂岩、泥岩等半成岩，非常疏松，处于岩石与土之间，划分风化带意义不大，不一定都要描述风化。

《2005 年基础桥规》把岩体风化程度分带为五个等级，这些风化等级的野外鉴定特征和风化程度参考指标见规范表 A.0.9。规范表 A.0.9 是全部引用《铁路工程岩土分类标准》(TB 10077—2001)表 3.2.8 岩体风化程度分带的规定，现行《2017 基础桥规》没有变化。

岩体风化程度分带，按规范表 A.0.9 中列出了岩石按风化程度分类，共分为未风化、微风化、弱风化、强风化、全风化，表中列出了风化程度参考指标为波速比 k_p、风化系数 k_f。波速比是指风化岩石与新鲜岩石压缩波速度之比，风化系数是指风化岩石与新鲜岩石饱和单轴抗压强度之比。规范规定这两种指标对岩石风化程度的划分如下所述。

(1)未风化：波速比在 0.9～1.0 之间，风化系数在 0.9～1.0 之间。

(2)微风化：波速比在 0.8～0.9 之间，风化系数在 0.8～0.9 之间。

(3)弱风化：波速比在 0.5～0.8 之间，风化系数在 0.3～0.8 之间。

(4)强风化：波速比在 0.3～0.6 之间，风化系数小于等于 0.4 或 0.3。

(5)全风化：波速比小于等于 0.4 或 0.3。

然而，工程实践中除一些特殊的非常重要的项目能取得新鲜岩石(理解为未风化岩石)的压缩波速度、饱和单轴抗压强度外，绝大多数项目是否能取得新鲜岩石的这两个指标仍存在疑虑。问题在于，新鲜的未风化的岩块在现场有时很难取得，难以执行。所以，许多项目用此两个定量指标的可操作性不大，因此本规范除此两个指标外，还列出了纵波速度 v_p 定量指标。

11.3 岩土施工工程分级

11.3.1 基础桥规规定

A.0.12 条规定：

岩土施工工程分级应符合表 A.0.12 的规定。

表 A.0.12　岩土施工工程分级

等级	分类	岩土名称及特征	钻 1 m 所需时间			岩石单轴饱和抗压强度(MPa)	开挖方法
			液压凿岩台车、潜孔钻机(净钻分钟)	手持风枪湿式凿岩合金钻头(净钻分钟)	双人打眼(工天)		
Ⅰ	松土	砂类土,种植土,未经压实的填土					用铁锹挖,脚蹬一下到底的松散土层,机械能全部直接铲挖,普通装载机可满载
Ⅱ	普通土	坚硬的、可塑的粉质黏土,可塑的黏土,膨胀土,粉土,Q_3、Q_4 黄土,稍密、中密角砾土、圆砾土,松散的碎石土、卵石土,压密的填土,风积砂					部分用镐刨松,再用铁锹挖,脚连蹬数次才能挖动。挖掘机、带齿尖口装载机可满载、普通装载机可直接铲挖,但不能满载
Ⅲ	硬土	坚硬的黏性土、膨胀土,Q_1、Q_2 黄土,稍密、中密碎石土、卵石土,密实的圆砾土、角砾土,各种风化成土状的岩石					必须用镐先全部刨过才能用铁锹挖。挖掘机、带齿尖口装载机不能满载,大部分采用松土器松动方能铲挖装载
Ⅳ	软石	块石土、漂石土,含块石、漂石 30%～50%的土及密实的碎石土、卵石土,岩盐;各类较软岩、软岩及成岩作用差的岩石:泥质岩类、煤、凝灰岩、云母片岩、千枚岩		<7	<0.2	<30	部分用撬棍及大锤开挖或挖掘机、单钩裂土器松动,部分需借助液压冲击镐解碎或部分采用爆破法开挖
Ⅴ	次坚石	各种硬质岩:硅质页岩、钙质岩、白云岩、石灰岩、泥灰岩、玄武岩、片岩、片麻岩、正长岩、花岗岩	≤10	7～20	0.2～1.0	30～60	能用液压冲击镐解碎,大部分需用爆破法开挖

续上表

等级	分类	岩土名称及特征	钻1 m所需时间			岩石单轴饱和抗压强度(MPa)	开挖方法
			液压凿岩台车、潜孔钻机(净钻分钟)	手持风枪湿式凿岩合金钻头(净钻分钟)	双人打眼(工天)		
Ⅵ	坚石	各种极硬岩:硅质砂岩、硅质砾岩、石灰岩、石英岩、大理岩、玄武岩、闪长岩、花岗岩、角岩	>10	>20	>1.0	>60	可用液压冲击镐解碎,需用爆破法开挖

注:1 软土(软黏性土、淤泥质土、淤泥、泥炭质土、泥炭)的施工工程分级,一般可定为Ⅱ级;多年冻土一般可定为Ⅳ级。

2 表中所列岩石均按完整结构岩体考虑,若岩体极破碎、节理很发育或强风化时,其等级应按本表对应岩石的等级降低一级。

11.3.2 条文解读

岩土施工工程分级是铁路工程建设投资概算编制的主要依据之一。《铁路工程地质技术规范》(TBJ 12—1996)中的“土石工程分级”名称不够确切,《铁路工程地质勘察规范》(TB 10012—2001)修订更名为“岩土施工工程分级”。另外,多年来铁路工程土石方施工无论在施工方法、施工技术,还是在施工机械方面均有了较大发展,为适应铁路建设投资概算编制的需要,专门立项进行了岩土施工工程分级的研究。

专题研究中,对各工程局、勘察设计院等21个单位进行了调研。铁一院组织在兰新复线、包兰复线、侯月、广梅汕、神朔、宝中等线建设中配合施工人员进行了座谈、讨论,从多方面了解到常用的施工方法、施工技术、施工机械情况及各类岩土施工难度和施工中岩土工程分级不合理部分。多数单位的意见认为:原岩土工程分级标准已使用多年,比较简便,野外便于操作,基本可满足设计、施工概算编制精度的需要,可不必作大的变动。因此本次修订遵循宜粗不宜细、使用方便、可操作性强的原则,岩土施工工程分级仍维持六级不变,仅对意见比较集中且又有修改依据的岩土,适当调整了施工工程分级,增加了按岩石强度进行分级的分界标准,对原表中的施工方法、施工机具作了修改或增补。岩土施工工程分级主要修订、变更情况如下:

(1)软塑粉质黏土、潮湿及饱和粉土，由于施工中粉质黏土黏附机具，粉土开挖坡坎易溜坍，给施工带来一定困难，由原Ⅰ级变更为Ⅱ级。

(2)稍、中密的碎石土、卵石土、粗角砾土、粗圆砾土，密实的细圆砾土、细角砾土直接采用挖掘机及普通装载机施工比较困难，必须部分松动后才能挖掘装载，故将原Ⅱ级修订为Ⅲ级。

(3)含块石、漂石30%～50%的土及密实的碎石土、卵石土、粗角砾土、粗圆砾土，仅采用部分松动仍不能挖掘、装载，必须部分采用撬棍、十字镐及大锤开挖或挖掘机、单钩裂土器松动，部分借助液压冲击镐解碎或采用爆破法开挖，故将原Ⅲ级变更为Ⅳ级。

《2005年基础桥规》岩土施工工程分级采用了《铁路工程地质勘察规范》(TB 10012—2001)附录A.0.1的规定。《铁路工程地质勘察规范》(TB 10012—2007)附录A.0.1也没有变化，于是《2017年基础桥规》沿用了上述岩土施工工程分级规定。

《铁路工程地质勘察规范》(TB 10012—2001)附录A岩土施工工程分级没有考虑第四系地层多年冻土的施工难度，《铁路工程特殊岩土勘察规程》(TB 10038—2012)表8.5.5—3(见表11-18)补充了第四系地层多年冻土的岩土施工工程分级可供设计时参照，该表采用自《青藏铁路多年冻土工程地质勘察暂行规定》，经青藏铁路的大规模施工验证，证明是切实可行的。

表11-18　第四系地层多年冻土的岩土施工工程分级

工程施工分级	施工土石类别	岩性特征及多年冻土类型
Ⅲ	硬　土	砂类土，细圆砾、角砾土，粗圆砾、角砾土，卵石、碎石土构成的少冰冻土
Ⅳ	软　石	粉土、黏性土冻结而成的各类冻土；砂类土，细圆砾、角砾土，粗圆砾、角砾土冻结的多冰、富冰、饱冰冻土；卵石、碎石土冻结的多冰冻土；漂石、块石土冻结的少冰冻土；各类土层冻结的含土冰层、纯冰层
Ⅴ	次坚石	卵石、碎石土冻结的富冰、饱冰冻土；漂石、块石土冻结的富冰、饱冰冻土

注：多年冻土地区的各类岩石，采用《铁路工程地质勘察规范》(TB 10012—2007)附录A的岩土施工工程分级标准。

第12章 思 考

12.1 关于“总则”的几个问题

12.1.1 高陡岸坡桥基位置

目前桥梁基础位置设计采用的方法是基于弹性半空间的承载力计算,即地基只需满足承载力的要求。这种算法在平缓的地表上是合理的,而在高陡岸坡上就存在重大缺陷。建在高陡岸坡上的墩台,不仅考虑承载力,且要考虑在桥梁荷载作用下桥基处岸坡岩体的稳定性。在山坡上设置墩台是桥梁设计的一大难题,切勿轻视,因为它不仅涉及山坡的土质状况、墩台荷载的大小,而且还与周围地质构造、基底以下坡体和基底以上墩台身侧面山坡的稳定性、当地降雨量的多少以及墩台施工方法是否会扰动山坡现状等因素密切相关,当桥梁跨度较大、墩台较高时,设计中宜考虑墩台位置远离山坡坡面。仅当特殊困难,迫不得已时,方可考虑在山坡上设置墩台。

《2017年基础桥规》规定:墩台应避开不良地质;墩台位于陡坡上时,应注意岩体的稳定性。这仅仅是一个原则规定。

1. 基础距坡面的最小距离

(1)《铁路桥涵设计手册　桥涵地基和基础》

至于基础底面前缘靠近山坡坡面的安全位置如何确定,该手册提供了下述参考意见。

①墩台基础置于砂土、碎石土山坡上时,基础底面前缘靠近山坡坡面的安全位置可按图12-1确定:自山坡低凹点O处作一根水平线和一根与该水平线构成夹角为φ(见表12-1)的斜线OO',基

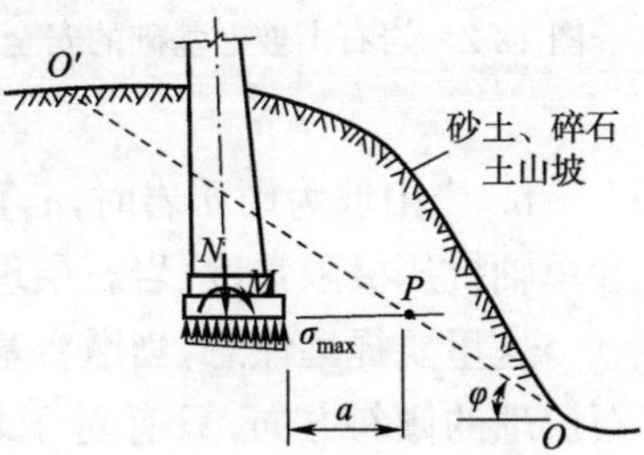

图12-1　土山坡上基础的安全位置

础底面的水平线与 OO' 线交于 P 点处，基础底面前缘至 P 点的距离应不小于 a，通常取 a 为 2～3 m，视基础底面压应力的大小而定(压应力较小时取 a 为 2 m，压应力较大时取 a 为 3 m)，且应满足 $\sigma_{max} \leqslant [\sigma]$ 条件，σ_{max} 为基础底面的最大压应力，$[\sigma]$ 为基础底面处土的容许承载力，注意 OO' 线以上土体部分是不稳定的。

表 12-1　φ 值

序　号	土　　名	φ	斜线的坡度
1	砂	33°40′	1∶1.50
2	卵石，碎石	38°40′	1∶1.25
3	黏砂土	43°35′	1∶1.05
4	砂黏土	53°05′	1∶0.75
5	黏土带有碎石	56°10′	1∶0.67

墩台基础置于黏性土山坡上时，除应满足上列 a 值要求外，还应检算土坡滑动稳定性。

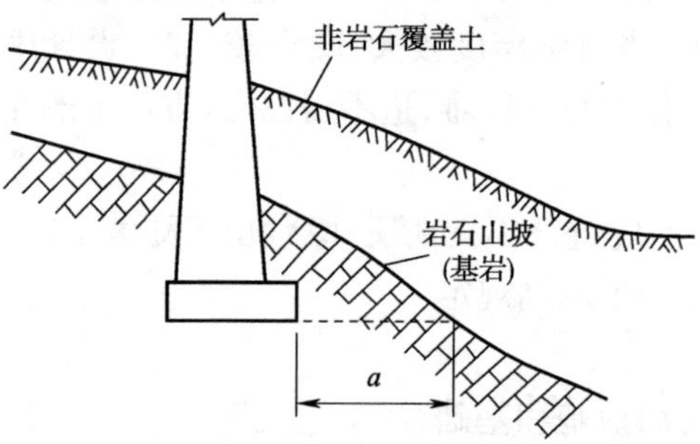

图 12-2　岩石山坡上基础的安全位置(一)

②墩台基础嵌于岩石山坡的新鲜基岩内时，基础底面前缘靠近山坡的安全位置可根据图 12-2 所示基础底面前缘至山坡岩面的水平距离 a 确定：

a. 当山坡为软质岩时，a 不得小于 2～3.5 m，随节理发育程度、岩石饱和单轴抗压极限强度、岩层走向而定。

b. 当山坡为硬质岩时，a 不得小于 1～2 m，随节理发育程度、岩石饱和单轴抗压极限强度、岩石层理而定。

这里要提醒注意，当墩台基础置于岩石山坡上时，应详尽了解山坡堆石层理的倾斜方向，只有对于岩石层理的倾斜方向如图 12-2 所示的山坡，墩台基础底面前缘至山坡岩面的水平距离 a 方可参考上面所述的值来确定，而对于岩石层理的倾斜方向如图 12-3 所示的山坡，墩台基础底面不宜置于此岩石山坡上，以防山坡的岩层由于承受较大的竖向压力，沿岩石层理的倾斜方向发生向前的剪切滑动，从而导致墩台基础不稳定，否则应根据具体情况（基础底面竖向压应力的大小，山坡岩石层理倾斜坡度的大小、岩石的类别、构造和强度等），加大墩台基础底面前缘至山坡岩面的距离 a，且加大基础底面的面积，以降低基础底面的竖向压应力，提高岩层和基础的稳定性。

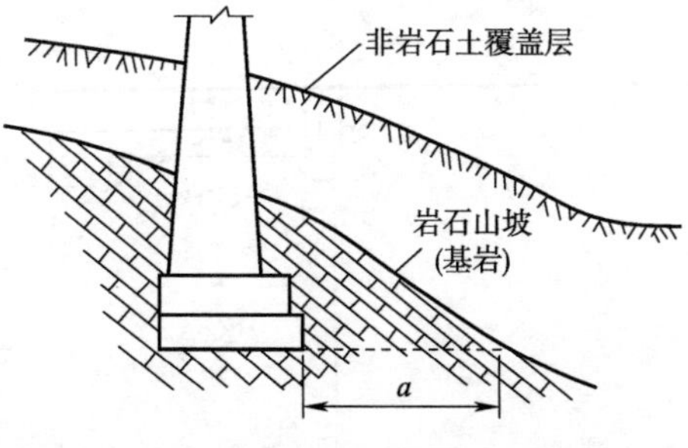

图 12-3　岩石山坡上基础的安全位置(二)

有研究认为手册介绍基础底面前缘靠近山坡坡面的安全位置确定方法，属于经验法范围。该法适合于较矮的边坡，对高陡边坡桥基位置的确定并不完全适用。

(2)《建筑地基基础设计规范》

在《建筑地基基础设计规范》(1974 年版)编制时，考虑到坡顶加载引起边坡破坏的作用力是侧向水平挤压力，因此按土体线性变形理论的压力计算公式，计算和绘制出侧向水平压力的等值线，如图 12-4 所示，这和土坡中的实际压力分布不同。但当取用侧向水平压力为 $0.01p\sim0.025p$ 时，其数值已经很小，接近于零。在这样的条件下，边坡外侧的压力集中现象将不致严重出现。为此可以认为：在这种情况下的土坡中压力分布状况是比较近似于半空间弹性体中的压力分布状况的；加以基础深度以上土体的自重压力又能起到较好的平衡作用，且边坡界面处土体本身尚具有一定强度，能够承受相当的侧向水平压力。按上述理论计算的结果估计可能稍偏小一些，但因其绝对值不大，边坡仍然是偏于安全的。

由此，可得出建(构)筑物距土坡顶沿的最小距离 a 为

对于条形基础：

$$a\geqslant3.5b-\frac{d}{\tan\beta} \tag{12-1}$$

对于矩形基础：

$$a\geqslant2.5b-\frac{d}{\tan\beta} \tag{12-2}$$

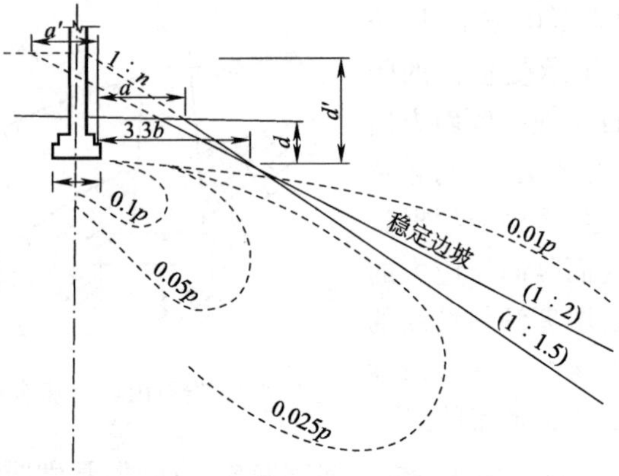

图 12-4　条形基础作用下水平压力分布

式中　a——基础底面外边缘线至坡顶的水平距离；

b——垂直于坡顶边缘线的基础底面边长；

d——基础埋置深度；

β——边坡坡角。

按式(12-1)和式(12-2)计算出基础距坡顶的最小距离 a 后，尚要求基础外边缘线至坡顶的最小距离不小于 2.5 m。

当基础底面外边缘线至坡顶的水平距离(图 12-5)不能满足上述式(12-1)和式(12-2)的要求时，可根据基底平均压力值用圆弧滑动面法确定基础至坡顶边缘的距离和基础埋深。

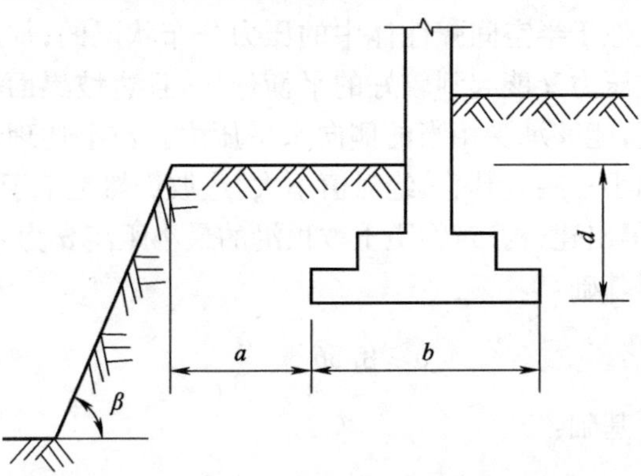

图 12-5　基础底面外边缘线至坡顶的水平距离示意

上述公式系相应于垂直于坡顶边缘线的基础底面边长 $b\leqslant 3$ m 时，当 $b>3$ m 时按上式确定的距离 a 可能偏大，设计时可结合具体情况合理确定。当边坡坡角大于 45°、坡高大于 8 m 时，按上述公式确定的 a 值可能偏小而有出现滑坡的危险。尚应采用圆弧滑动面法验算坡体稳定，以确保建筑物的安全。

上述规定适用于均质稳定土坡。对岩质边坡和具有不利于边坡稳定的软弱结构构造面，或软弱夹层的边坡，则应验算沿各不利界面的可能滑动状况，不能套用上述公式。

有研究认为，《建筑地基基础设计规范》介绍基础底面前缘靠近山坡坡面的安全位置确定方法，仍属于经验法范围。该法适合于均质稳定土坡较矮的边坡，对高陡边坡尤其是岩质边坡桥基位置的确定也不完全适用。

2. 高陡岸坡稳定性评价

高陡岸坡稳定性分析评价是以工程地质勘察资料为基础，为岩土工程设计定性分析、定量分析的必要资料，对稳定性不能满足要求的岸坡提出处理意见。对于特定的岩质高边坡，由于其岩性、岩体结构、不连续面、水文条件、施工条件等诸多不确定因素的影响，其变形破坏的机理十分复杂，稳定性评价难度较大。桥梁建在斜坡上，不仅斜坡要满足承载力的要求，而且要考虑埋深不够时基础从斜坡上剪切破坏的可能性。设计时应进行岩坡稳定专项论证，保证基础安全可靠。

以第 2 章介绍的宜万铁路落步溪大桥(图 2-7)为例。该桥址位于宜昌地区落步溪峡谷，设计以拱跨 180 m 拱桥方式跨落步溪峡谷，设计铁路路面高程与峡谷底高差 140 m，峡谷两岸岸坡的稳定性评价直接影响线路方案、桥跨布置以及结构形式的选择。

落步溪桥址区，宜昌台自然岸坡角总体为 70°，局部为 84°接近陡立，坡面为寒武系三游洞群白云质灰岩，微风化，厚～巨厚层状，局部表层弱风化，岩层产状 125°∠10°，视倾角 8°；万州台自然岸坡角为 42°，局部为 60°，坡面有坡残积及崩积覆盖层。针对高陡的岸坡采用岩体质量评价和岸坡稳定分析评价两部分(以下为宜昌台评价)。

(1)岩体质量评价

岸坡岩体质量分析及评价有很多方法，工程中应用较多的是 SMR 法。SMR 法是南非宾尼亚斯基 1973 年首次提出以岩体质量指标 RMR

(Rock Mass Rating)进行岩体分级，并于 1979 年进行了修正，得到了国际岩石力学学会（ISRM）的推荐。1986 年西班牙学者 Romana M 基于 RMR 岩体分级指标，引进不连续面与边坡产状关系、边坡破坏模式、边坡开挖方法等参数，提出了用于描述岸坡质量，评价岸坡稳定性的岩体质量评价方法——SMR(Slope Mass Rating)，其数学表达式为

$$SMR = RMR - (F_1 \times F_2 \times F_3) + F_4 \tag{12-3}$$

式中 RMR——岩体质量指标分值；

F_1——边坡中不连续面倾向与边坡倾向关系调整值；

F_2——不连续面倾角大小调整值；

F_3——不连续面与坡面倾角间关系调整值；

F_4——通过工程实践获得的边坡开挖方法调整参数。

根据野外勘察所取得的数据：岩石回弹强度 $R=48.7$ MPa，单轴抗压强度 $C=66$ MPa。统计各岩体各指标分值，经计算得出岩体质量指标分值(RMR)，见表 12-2。

表 12-2 岩体质量指标分值(RMR)计算

项 目	分 值	注 释
强度分值	7	单轴抗压强度 $C=50\sim100$ MPa
RQD(%)分值	20	RQD(%)$=90\sim100$
节理间距分值	10	节理间距$=0.2\sim0.6$ m
节理状态分值	25	节理略粗糙，张开度<1 mm，岩壁微风化
节理水压力分值	10	稍潮湿
节理走向与边坡倾向分值	−5	有利
RMR$=\sum$分值	67	为坚硬岩体

根据不连续面与边坡产状关系、边坡破坏模式、边坡开挖方法等参数对岸坡稳定进行定量评价，其 SMR 计算过程及 SMR 分类见表 12-3 和表 12-4。

表 12-3 岸坡岩体质量评分(SMR)计算

项 目	结构面 1	结构面 2	结构面 3	结构面 4	最小值
α_s—边坡倾向	275	275	275	275	

续上表

项　目	结构面 1	结构面 2	结构面 3	结构面 4	最小值
β_s—边坡倾角	84	84	84	84	
α_j—不连续面倾向	159	300	210	40	
β_j—不连续面倾角	9	81	70	90	
平面破坏 $P=\alpha_j-\alpha_s$	64	25	65	55	
倾向破坏 $T=\alpha_j-\alpha_s-180°$	64	25	65	55	
$F_1=P/T$	0.15	0.4	0.15	0.15	
平面破坏 $P=\beta_j$	9	81	70	90	
倾向破坏 $T=F_2$	1	I	1	1	
平面破坏 $P=\beta_j-\beta_s$	−75	−3	−14	6	
倾向破坏 $T=\beta_j+\beta_s$	93	165	154	174	
$F_3=P/T$	6	50	60	6	
开挖方法 F_4	15	15	15	15	
SMR=RMR−$(F_1\times F_2\times F_3)+F_4$	81.1	62	73	81.1	62

表 12-4　SMR 分类描述

级　别	Ⅴ	Ⅳ	Ⅲ	Ⅱ	Ⅰ
SMR	0～20	21～40	41～60	61～80	81～100
稳定性	很坏	坏	一般	好	很好
破坏形式	大型平面或类似土体	节理构成平面或大楔体	一些不连续面构成平面或楔体	一些块体破坏	无
加　固	重新开挖	大力加固或重新设计	系统加固	点状加固	不需

由 SMR 法计算的岸坡岩体质量评分值(SMR)在 62～81.1 之间，总体级别属于Ⅱ级，稳定性好，工程施工时坡面可能有一些块体破坏，施工时应对陡岩上的部分危岩进行点状加固。

(2)岸坡稳定分析评价

在《土木工程地质》一书中，谢强教授将约 200 个公路、铁路岩石边坡作为样本，结合设计及工程修建的实践，确定了一般岩石边坡的稳定坡度与岩石质量指标的定置关系表达式为

$$\alpha=14.7\ln(\gamma_w\times R\times\lg D)+13 \qquad (12\text{-}4)$$

式中 α——边坡的稳定坡角；

R——采用 HT75 型回弹仪测得岩体的回弹值，根据野外勘测统计值为 48.7 MPa；

D——边坡岩体块度(m)，根据野外勘测统计值为 1.396 m；

γ_w——地下水影响折减系数，根据岩壁潮湿取值 0.95。

经计算：$\alpha=80.58°$。但是该值未考虑桥梁高度的安全性，考虑高度折减系数 γ_h，γ_h 取值 0.8，则 $\alpha'=\alpha\cdot\gamma_h=64.47°$。

根据计算成果，该值接近总体自然岸坡角 70°，说明岸坡稳定性良好，坡面突出的岩石在岸坡稳定线之外，需进行点加固。桥台拱脚基础位于岸坡稳定线内是安全的。

3. 陡峻地段桥梁墩台基础防护措施

不论墩台基础是置于砂、碎石土山坡上，还是置于黏性土山坡上，均应慎重对待，最好先对边坡采取挡墙防护措施，然后施工墩台基础，以策安全。铁二院桥涵设计细则关于边坡防护措施的规定如下，可供参考。

(1)位于陡坡上土层内的墩台，当采用 C30 混凝土挡墙时，挡墙尺寸(图 12-6)参照表 12-5 办理。

表 12-5 挡墙尺寸

墙高(m)	基本承载力 σ_0(kPa)	挡墙尺寸	
		墙顶 B(cm)	墙的边坡 N
2	≥300	50	0.25
3		75	0.25
4		100	0.25
5		125	0.25
6		150	0.25
7		175	0.25
8		200	0.25
9		231	0.25
10		270	0.25

注：表中基底系数 $f=0.4$，内摩擦角＝35°，密度＝22 g/cm^3 时所列数据，如地质参数与本参数不同应另行研究。

(2)位于陡坡上的墩台，基坑开挖采用喷射 C30 混凝土支护时，基坑

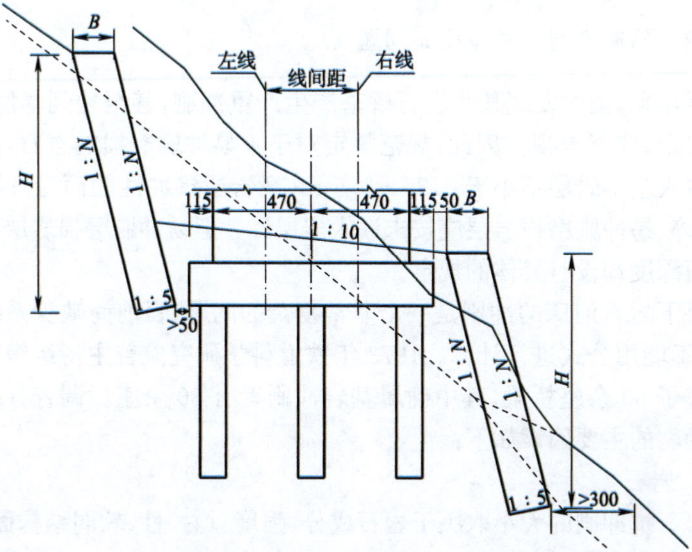

图 12-6　陡坡上的墩台挡墙防护(单位:cm)

直壁开挖,其底层基坑开挖尺寸不留富余。其永久回填线不应陡于 3∶1。

个别工点可根据实际情况采用图 12-7 所示的承台保护措施,承台保护采用 M10 浆砌片石,数量根据工点计算。

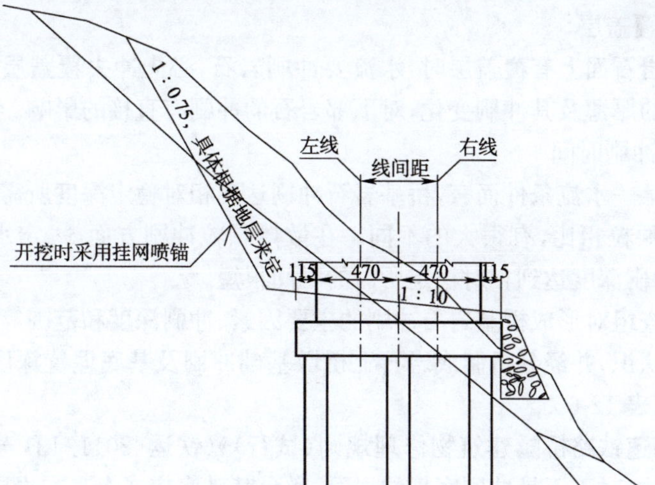

图 12-7　陡坡基础防护设计(单位:cm)

12.1.2 易冲刷岩石桥基埋深问题

近年来，国内发现某些岩石桥基产生严重冲刷，甚至冲到基底以下，影响安全，应予重视。因此，规范规定对于不易冲刷磨损的岩石，墩台基础应嵌入基本岩层不小于 0.25～0.5 m（视岩层抗冲性能而定）；嵌入风化、破碎、易冲刷磨损岩层应按未嵌入岩层计。但易冲刷磨损岩层桥基埋入岩面深度却没有具体的规定。

桥下岩石河床的冲刷是一个非常复杂的问题，目前尚缺少系统的资料，还不能用公式进行计算。1973 年铁道科学研究院曾主持组织有关单位调查了 60 余座桥梁，其中确属基岩冲刷者有 30 余座。调查分析认为影响冲刷的主要因素如下：

1. 岩石

岩石抗冲刷的大小取决于岩石成分、强度、均一性、软弱结构面、风化情况及其产状（走向、倾向、倾角）、与水流的交角等。

2. 水流

水流的冲刷能力，可以流速的大小来反映，流速越大，冲刷力越强。不过，水流冲刷能力的差别，对于坚硬岩石所起的作用并不明显，只是遇到某些强度较弱或抗冲能力较差的岩质时，才能明显地表现出来。

3. 覆盖层

当岩石面上有覆盖层时，水流要冲刷岩石，必先冲去覆盖层。因此，覆盖层的厚薄及其冲刷变化，对下部岩石的冲刷有直接的影响。

4. 冲刷时间

对某一水流条件而言，桥基岩石冲刷达到相对稳定深度所需的时间，与散体颗粒相比，有很大的不同。在散体颗粒冲刷方面，一定水流条件下，其冲刷深度达到相对稳定所需的时间很短。

调查组对形成桥基岩石冲刷的主要因素、冲刷深度和范围等，有了一些初步认识，并经分析制成岩石上桥墩基础冲刷及基底埋置深度参考数据表，见表 12-6。

《高速铁路桥隧建筑物修理规则（试行）》（铁运〔2011〕131 号）2.6.1 条第 5 款：对于不易冲刷磨损的岩石，墩台基础底应嵌入基本岩层深度不小于 0.5 m。如嵌入风化、破碎、易冲刷磨损岩层，按未嵌入岩层考虑。

在总体说明又进一步解释：对抗冲刷性能较差的岩石，则应根据具体情况确定其埋置深度，参见表 12-6 所列参考值。

表 12-6　岩石上桥墩基础基底埋置深度

岩石特征				建议埋入岩面深度(m)(按枯水季平均水位至岩面的距离 H 分级)		
岩石类别	岩石抗压强度 R_c (MPa)	有冲刷的桥渡岩石特征		H(m)		
		岩石名称	特征	<2	2～10	>10
极软岩	<5	胶结不良的长石砂岩、炭质页岩等	成分以长石为主，石英凝灰碎屑、云母次之。以黏土及铁质胶结，胶结不良，用手可捏成散砂，淋滤现象明显，但岩质均匀，节理、裂隙不发育。其他岩石如风化严重，节理、裂隙发育，用镐、锹挖动者	3～4	4～5	5～7
软岩	5～15	黏土岩、泥质页岩等	成分以黏土为主，方解石、绿泥石、云母次之。胶结成分以泥质为主，钙质铁质次之。干裂现象严重，易风化，处于水下岩石整体性好，不透水，暴露后易干裂成碎块，碎块较坚硬，但遇水后崩解成土状	2～3	3～4	4～5
较软岩	15～30	砂质页岩、砂页岩互层、砂岩、砾岩等	砂页岩成分同上，夹砂颗粒。砂岩以石英为主，长石、云母次之。圆砾以 2～4 cm 圆砾砂粒黏土等组成。胶结物以泥质、钙质为主，硅质次之。层理、节理较明显，砂页岩在水陆交替处易干裂、崩解	1～2	2～3	3～4
较、坚硬岩	>30	板岩、钙质砂岩、硅质砂岩、石灰岩、花岗岩、流纹岩、石英岩等	岩石坚硬，但节理、裂隙、层理非常发育，应考虑冲刷。如岩体完整，节理、裂隙、层理少，风化很微弱，可不考虑冲刷	0.25～1	0.25～2	0.25～3

注：(1)在条件较好的情况下可选用埋深数值的下限。岩石上有 2.5 m 以上的卵石、圆砾覆盖层时，表列数值可酌情减小，情况特殊的桥(例如在水坝下游或流速特大等)可不受表列数值限制。

(2)处于非主流部分及流速较小的桥墩可按具体情况适当减少埋深。

(3)表中岩石名称及特征供参考，使用时应以岩石抗压强度作为选用表中数值的依据。

(4)表列埋深数值系由岩面算起包括风化层部分，已风化成松散砂粒或土状的除外。

(5)要考虑岩性随深度变化因素，应以基底岩石为准，并适当考虑上层可冲岩石的性质。

(6)表中建议埋深系指扩大基础或沉井的埋深，如用桩基可作为最大冲刷线的位置。

虽然目前已经取得了岩石上桥墩基础冲刷及基底埋置深度的初步成果,并在工程中得到应用,但考虑桥下岩石河床冲刷的复杂性,今后尚应在岩石上桥墩基础冲刷这方面的研究有所突破。

12.2　关于“基础稳定性和基础沉降”的几个问题

12.2.1　基础沉降随时间的变化估算方法

沉降是一个缓慢的过程,特别是在架梁、铺轨、调试至运营时有一个较长的时间段,一般桥梁的沉降大部分已在这一段时间内完成。随着时间的推移,沉降的速度是逐渐变缓的。以往桥梁基础设计中,不考虑基础沉降的时间效应,故此规范没有基础沉降随时间变化的相关规定要求。而在实际工程中,特别是高速铁路桥梁为满足高速行车平顺性和安全性的要求,更关心的是工后沉降问题。因此,研究基础沉降的时间效应对工程设计和了解其变化规律有重要的意义。

砂土的压缩性很小,而且很快达到压缩稳定。实践表明:砂土地基由荷载所引起的沉降可认为在施工期间已全部完成,而饱和黏性土却需很长时间。因此,基础沉降一般不需考虑砂层的变形与时间关系,而只考虑饱和黏性土层的沉降与时间关系。

目前,基础沉降随时间的变化有经验估算、固结理论和数理统计三种方法。

1. 经验估算方法

设计中通常需要估算桥梁施工期间饱和黏土基础产生的沉降量,这种估算可采用饱和土的渗透固结理论进行。然而采用这种理论估算施工期间基础的沉降量,不仅手续烦琐,而且精度非常低,其估算结果与实际情况往往相差很远。《铁路工程设计技术手册　桥梁地基和基础》总结了桥梁施工期间基础沉降估算方法,即:对于高压缩性饱水黏性土,桥梁施工期间基础所产生的沉降量为总沉降量的 5%～20%;对于中压缩性饱水黏性土,桥梁施工期间基础所产生的沉降量为总沉降量的 20%～40%;对于低压缩性饱水黏性土,桥梁施工期间基础所产生的沉降量为总沉降量的 50%～80%。施工期间墩台基础产生的沉降可藉控制墩台顶帽的高程来调整,以消除不利于桥梁上部结构变形和受力的影响。

2. 固结理论估算方法

土体在压力作用下,其压缩变形随时间而增长直至稳定的过程,称为土的固结。饱和土体在外荷作用下的压缩过程,是土中孔隙水逐渐排出,孔隙体积逐渐减小,亦即孔隙水压力逐渐消散并转移到土粒骨架上,有效应力(粒间挤压应力)逐渐增大,压缩变形逐渐增大直至稳定的过程,这一过程又称为饱和土的渗透固结。

土体的固结和地基最终沉降量的完成需要一定的时间,这个时间的长短与土的渗透性大小、排水距离、压力大小等因素有关。地基的最终沉降量按其成因过程,通常由瞬时沉降 s_d、固结沉降(又称主固结沉降)s_c 和次固结沉降 s_s 三部分组成。瞬时沉降是指加荷后立即发生的沉降,此时饱和土中水尚未排出,沉降主要由土体侧向位移变形所引起,土体不发生体积变化。固结沉降是在荷载作用下,土中孔隙水逐渐挤出,孔隙体积相应减少而发生的,它随时间而增加。次固结沉降则是孔隙水压力基本消散后,主要由土粒表面结合水膜发生蠕变所引起。在地基沉降过程中,虽然不同阶段以某一部分沉降为主,但实际上是无法截然分开的。对于非黏性土,固结速度很快,瞬时沉降和固结沉降难以分开,主要表现为瞬时沉降。对于一般饱和黏性土,主要是固结沉降,瞬时沉降占少量。次固结沉降一般所占比例很小,但对于含大量有机质的饱和软黏土则次固结沉降相当大,不可忽视。

固结沉降太沙基的单向固结理论假定:

(1)土是均质而各向同性的;

(2)土颗粒和孔隙水都是不可压缩的;

(3)土的压缩和孔隙中自由水挤出时的流动方向都只能沿着竖向发生;

(4)土的固结速度取决于孔隙中自由水的挤出速度;

(5)土中水的运动规律可用线性渗透定律;

(6)在固结过程中,土的渗透系数 k 和压缩模量 $E_s=\dfrac{1+e_1}{\alpha}$ 都是不变的。

图 12-8 表示了一个饱和的黏性土层,厚度为 H,已在它的自重作用

下完成了固结。设在它上面受到连续均布荷载 p 的作用，由它所引起的附加应力 σ_z，沿深度均匀分布，并等于 p，如图 12-8 中 be 所示。饱和黏性土层下面是不可压缩的不透水层，在固结过程中，土中水只能向上面透水砂层中排走。bd 表示任意时间 t 时土中有效应力 σ' 或孔隙水压力 u 沿深度的变化曲线，它将随着时间而改变它的位置，如图 12-8 中的虚线所示。

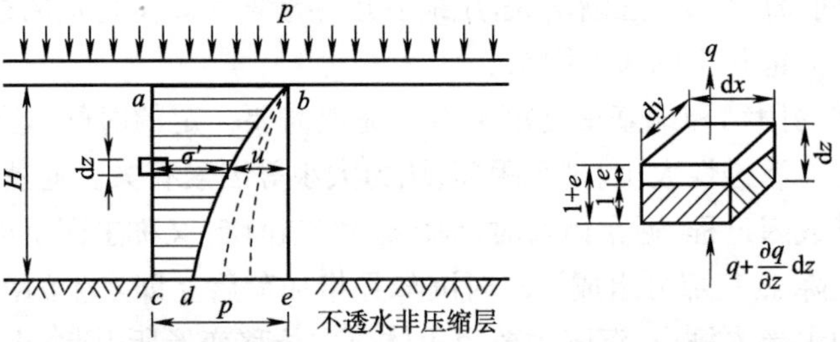

(a)土层的压力分布曲线　　(b)固结中土的微元体

图 12-8　饱和黏性土层的固结

有效应力 σ' 或孔隙水压力 u 是深度 z 和时间 t 的函数，分别以 $\sigma'=f(z,t)$ 和 $u=F(z,t)$ 表示。

显然，当 $t=0$ 时，bd 与 ac 重合，$\sigma'=f(z,t)=0$ 及 $u=F(z,t)=\sigma_z$，即全部附加应力都由孔隙水来承担；当 $t=\infty$ 时，bd 与 be 重合，$\sigma'=f(z,t)=\sigma_z$ 及 $u=F(z,t)=0$，即全部附加应力都由土骨架来承担。

根据土骨架和孔隙水共同分担压力的平衡条件：

$$\sigma'+u=\sigma_z \tag{12-5}$$

式中　σ'——土骨架有效应力；

u——孔隙水压力：$u=h\gamma_w$，h 系由孔隙水压力引起的水头高度，γ_w 系水的容量；

σ_z——附加应力，如在连续匀布荷载作用下 $\sigma_z=p_0$。

可以得到单向固结微分方程：

$$\frac{\partial u}{\partial z}=C_v\frac{\partial^2 u}{\partial z^2} \tag{12-6}$$

式中　C_v——土的固结系数，$C_v=\dfrac{k(1+e_1)}{a\gamma_w}$；

k——土的渗透系数；

e_1——渗流固结前的孔隙比；

a——土的压缩系数。

根据图 12-8 的初始条件和边界条件：

$0<t\leqslant\infty$和 $z=0$ 时，$u=0$；

$0<t\leqslant\infty$和 $z=H$ 时，因为这是不透水层，$\frac{\partial u}{\partial z}=0$；

$t=\infty$和 $0\leqslant z\leqslant H$ 时，$u=0$。

应用傅里叶级数，可求得它的解答如下：

$$u=\frac{4}{\pi}\sigma_z\sum_{n=1}^{\infty}\frac{1}{n}\sin\frac{n\pi z}{2H}\exp\left(-n^2\frac{\pi^2}{4}T_v\right) \tag{12-7}$$

式中 n——奇数正整数，即 1，3，5，…；

H——土层最大排水距离，双面排水 H 为土层厚度之半，单面排水 H 为土层总厚度；

T_v——时间因子，$T_v=\frac{C_v}{H^2}t=\frac{k(1+e_1)t}{a\gamma_w H^2}$。

式(12-7)是孔隙水压力 u 随时间 t 和深度 z 变化的函数解，据此可求得地基某一时刻的固结沉降量 s_t：

$$s_t=\frac{a}{1+e_1}\sigma_z HU \tag{12-8}$$

式中 U——固结度，

$$U=1-\frac{8}{\pi^2}\sum_{n=1}^{n=\infty}\frac{1}{n^2}\exp\left(-\frac{n^2\pi^2}{4}T_v\right) \tag{12-9}$$

当 $t=\infty$时，$U=1$，可求得地基的最终固结沉降量为

$$s=\frac{a}{1+e_1}\sigma_z H \tag{12-10}$$

则

$$U=\frac{s_t}{s} \tag{12-11}$$

由此可见，地基的固结度是指某一时刻 t 地基的沉降量与最终沉降量的比值。

固结度公式(12-9)的级数收敛很快，当可近似地取其中第一项，即：

$$U=1-\frac{8}{\pi^2}\exp\left(-\frac{\pi^2}{4}T_v\right) \tag{12-12}$$

式(12-12)的固结度 U 是时间因数 T_v 的函数,故可绘出 U 与 T_v 的关系曲线。

上述推导适用于饱和黏性土中附加应力为均匀分布的情况,它相当于地基在自重应力作用下固结已完成,基底面积很大,压缩土层较薄的情况。对不同的附加应力分布和排水条件,同样可导出相应的固结度公式,绘制不同情况的 U 与 T_v 关系曲线图,以便于应用。

本书附录 E 为《日本铁路结构物设计标准及解说　基础构造物、抗土压构造物》推荐的明挖基础固结理论沉降变形计算方法,可供设计参考。

3. 数理统计估算方法

上述固结理论,由于作了各种简化假设,很多情况计算与实际有出入。为此,国内外曾建议用数理统计经验公式来估算地基沉降与时间关系。根据建筑物的沉降观测资料,多数情况可用双曲线式或对数曲线式表示地基沉降与时间关系。

(1)双曲线式

$$s_t=\frac{t}{a+t}s \tag{12-13}$$

式中　s_t——在时间 t(从施工期一半起算)时的实测沉降量;

s——待定的地基最终沉降量;

a——经验参数,待定。

为确定双曲线公式中两个待定的 s 和 a 值,可从实测的 s—t 曲线后段,任取两组已知数据 s_{t_1}、t_1 和 s_{t_2}、t_2 值,代入双曲线公式得:

$$s_{t_1}=\frac{t_1}{a+t}s \tag{12-14}$$

$$s_{t_2}=\frac{t_2}{a+t}s \tag{12-15}$$

解此联立方程式,可得:

$$s=\frac{t_2-t_1}{\dfrac{t_2}{s_{t_2}}-\dfrac{t_1}{s_{t_1}}} \tag{12-16}$$

$$a=\frac{t_1}{s_{t_1}}s-t_1=\frac{t_2}{s_{t_2}}s-t_2 \tag{12-17}$$

将 s 与 a 值代回双曲线公式可推算任意时间 t 时的沉降量 s_t。

消除观测资料可能产生的偶然误差，通常将 $s—t$ 曲线后段的全部观测值 s_t 及 t 值都加以利用，分别计算出 t/s_t 值，绘制 t/s_t 与 t 的关系曲线。此曲线的后段往往近似直线，则此直线的斜率即为 $1/s$，由图即可得出 s 值，如图 12-9 所示。

(2)对数曲线式

$$s_t=(1-e^{-at})s \tag{12-18}$$

式中　e——自然对数的底；

a——经验参数，待定。

同理，利用实测的 $s—t$ 曲线后段资料，可求得地基最终沉降量 s 值，并可推算任意时间 t 时的沉降量 s_t。

对数曲线公式可改写为

$$s_t=\left[1-\left(\frac{1}{e^t}\right)^a\right]s \tag{12-19}$$

以 s_t 为纵坐标，$\frac{1}{e^t}$ 为横坐标，根据实测资料绘制 $s_t—\frac{1}{e^t}$ 关系曲线，则曲线的延长线与纵坐标 s_t 轴相交点即为所求的 s 值，如图 12-10 所示。

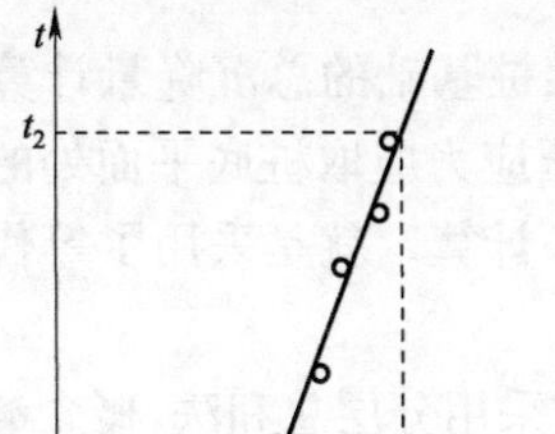

图 12-9　t/s_t 与 t 的关系曲线

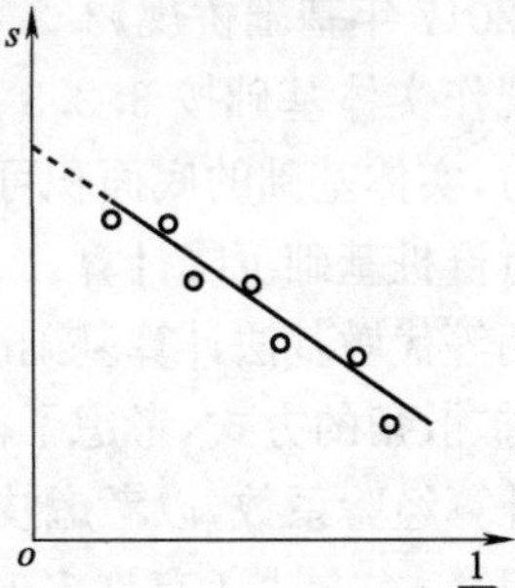

图 12-10　$s_t—\frac{1}{e^t}$ 关系曲线

目前，我国已经建成、即将建成以及准备建设的客运专线和普速铁路项目非常多，尤其客运专线项目的桥涵都设置了沉降观测标用来进行沉降观测。也就是说，将来会有大量的不同地质情况、不同墩高情况、不同基础情况下的桥涵基础沉降观测资料。利用这些资料对变形过程数理统计计算公式进一步验证,以得出适用范围更加广泛的计算公式。

12.2.2 超长桩基础沉降计算

1. 群桩基础沉降计算方法

群桩基础沉降计算方法有许多,除有限元方法外常规的计算方法主要有以下几种。

(1)等代墩基法

把桩与桩间土视为一个假想的实体基础来进行沉降计算,即等代墩基范围内桩间土不产生压缩变形,如同实体墩基,其沉降计算方法与浅基础的沉降计算方法相同。

(2)弹性理论法

弹性理论法是将群桩中每一根桩由自身荷载引起的沉降和受其他桩荷载影响所产生的沉降叠加起来,以此求得群桩沉降。

(3)群桩沉降比经验法

群桩沉降比经验法中具有代表性的为 Skempton 经验法、Meyerhof 经验法、Vesic 经验法。

2. 等代墩基法

《2017 年基础桥规》3.2.4 条规定:摩擦桩基础的总沉降量计算可将桩基视作实体基础按 3.2.3 条计算,附加压应力应取桩底平面处的附加压应力,实体基础的底面积可按规范附录 E 计算。就是采用了等代墩基法进行群桩基础沉降计算。

用等代墩基法计算基础沉降的优点:它采用分层总和法,概念清晰明了;用扩散角的方式,考虑了群桩外围侧面摩阻力的扩散作用;运用桩基沉降计算经验系数,以考虑技术资料的积累,进行经验修正。

但是,本方法还有许多值得研究的地方。第一,压缩模量 E_s 的确定问题,特别是对于超长桩更加重要;第二,不考虑桩间土的压缩变形对沉降的影响,即使有所考虑也只是简单地将桩间土压缩变形合并为整体压缩变形来考虑,这样会造成不同程度的误差;第三,忽略了影响群桩沉降的桩距、桩数及排列形式等因素。

(1)压缩模量 E_s 的合理确定

根据不同 E_s 与沉降 s 的关系,可知地基土持力层压缩模量 E_s 直接

关系到沉降计算值 s。沉降量 s 与 E_s 大体成反函数关系。在 15～25 MPa 下的 E_s 对应的沉降量的变化率很大，较小的 E_s 变化会引起较大的沉降量变化。以往规范以室内实验的 $E_{s0.1\sim0.2}$ 值作为沉降的计算参数，当持力层处的实际压力大于 200 MPa 时，会使计算结果产生很大误差，有研究指出，这样会导致沉降计算值与建筑物实际沉降量相差 2～8 倍。对于深层土 E_s 的定值问题，可以从以下几个方面来分析。

①为了认识和获得深层土的一个比较可靠的 E_s 值，国内外岩土工程界进行了不懈的试验研究。巴拉洛夫(俄)提出："土样由取土器从地层中取出后，已失去上覆有效应力的 35%～55%。"也就是意味着 E_s 损失 42%～49%，所以仅从有效应力损失一项来讲，根据室内试验所得的 $E_{s0.1\sim0.2}$ 就该乘上有效应力补偿系数 1.42～1.49。

②对于深埋土层来说，其承受上部土层自重压力已超过 100～200 MPa，那么按规范选用 $E_{s0.1\sim0.2}$ 为计算指标是不符合实际的，这个人为的误差应该修正，应按其实际情况选用相应压力范围内的压缩模量。如选用 400～600 MPa 范围内的压缩模量 $E_{s0.4\sim0.6}$ 室内试验值，$E_{s0.4\sim0.6}$ 是 $E_{s0.1\sim0.2}$ 的 1.5～2.0 倍。在此基础上再进行修正即

$$E_s=(1.42\sim1.49)\times(1.5\sim2)\times E_{s0.1\sim0.2} \tag{12-20}$$

某跨海大桥基础形式采用了大直径超长钻孔灌注桩基础。桩长为 92.0 m，桩径为 1.7 m。桥位钻探孔最大深度 130 m。勘探深度范围内土体共分为 27 层(包括夹层数)，具体层顶坐标 90.0 m 第 9 层及以下压缩模量 $E_s=9.16$ MPa。修正 $E_s=(1.42\sim1.49)\times(1.5\sim2)\times9.16$ MPa$=$19.5～27.3 MPa，考虑仪器、人为、土样储存时间、土样搬运等因素，取 E_s 值为 20～35 MPa，考虑到压缩模量以及桩间土压缩影响，将等代基底面设定位置提高 $L/3$(L 为桩长)进行计算和分析，对照成果见表 12-7。

表 12-7 实测沉降与沉降计算结果对照成果

实测沉降值(mm)		不同 E_s 取值下的沉降计算结果(mm)				
		$E_{s0.1\sim0.2}$				
		9.169 MPa	20 MPa	25 MPa	30 MPa	35 MPa
工况 1	4.4	37.342	5.080	3.823	3.186	2.731
工况 2	6.8	56.321	7.823	6.260	5.217	3.327
工况 3	8.5	65.902	9.348	7.221	6.017	5.158

修正后的计算结果与实测值对照偏差不大，通过实测值反算可知其 E_s 值在 20～25 MPa。

③E_s 还需考虑仪器、人为、土样储存时间、土样搬运等因素。

(2)应考虑桩间土压缩对沉降的影响

等代墩基法是考虑到土的成层性采用分层总和法，故称“等代墩基分层总和法”。其等代墩基底面定于桩端时，即认为桩基沉降变形完全由整体压缩引起，桩间土不产生压缩。如果用这种方法进行计算，压缩层深度远大于实测值。考虑到这一因素的影响，对于桩距在 $3d$～$6d$ 的群桩，应该以试验为基础，根据桩端持力层特点、桩距、桩长径比，将等代基底面设定位置提高至桩端以上某一个高度，将桩间土压缩变形合并为整体压缩变形进行计算。对于桩距大于 $6d$ 的群桩，由于其变形性状与墩基相差太远，不适于按等代墩基法计算沉降。

3. 超长大直径桩沉降计算方法

邓友生等通过《超长大直径群桩沉降计算方法探讨》一文，对《铁路桥涵地基和基础设计规范》《公路桥涵地基与基础设计规范》《建筑桩基技术规范》《建筑地基基础设计规范》等我国规范采用等代实体深基础的总沉降量进行计算比较。尽管诸规范的计算表达式符号不完全一致，但是其意义基本都是相同的，其差别体现在某些参数选取上的差异。国内 4 种规范的沉降计算方法的主要区别在于沉降计算修正系数、桩端面的附加应力、压缩层计算深度的选取和确定方法不尽一致。

(1)对于沉降计算修正系数：铁路规范和建筑地基规范的采取方法完全一样，是依据计算深度范围内压缩模量的当量值兼顾桩端底面处的地基承载力来考虑的；公路规范则仅考虑计算深度范围内压缩模量的当量值；建筑桩基规范的 $\psi=\psi_1 \cdot \psi_2$，其中 ψ_1 为沉降计算系数，根据桩端持力层性质和桩长来确定；ψ_2 为桩基等效沉降系数，依据距径比（桩距与桩径之比）、长径比、等效基础长宽比和布桩情况按所提供的公式确定。

(2)对于桩端面的附加应力：铁路规范、公路规范和建筑地基规范都是采用上部荷载加上实体深基础及其上覆土的重量在桩端面所产生的应力扣除该处的自重应力，而建筑桩基规范则直接取承台底面的平均附加应力近似作为桩端的等效附加应力。

(3)对于沉降计算深度：铁路规范、公路规范和建筑地基规范都是采用变形比法来确定，所不同的是计算深度向上所取薄层的厚度各规范的规定不相同，然后以该薄层所产生的变形量不大于修正前的总沉降量的0.025倍来确定计算深度；建筑桩基规范则按应力比法满足计算深度处的附加应力为该处自重应力的0.2倍来确定。因此，按这4种规范要求的计算深度也是各不相同的。

美国桥梁设计规范中的荷载与抗力系数设计法计算群桩的沉降是假定荷载作用在等效基础上，等效基础支承底面面积为外围桩群所围成的面积，等效基础底面位置调整到群桩入土深度的2/3处，若上覆土层为软土层，则等效基础底面位置调整到桩基进入下部硬土层深度的2/3处。附加应力从等效基础底面外围按水平向与竖向1∶2向下扩散。压缩层厚度通常计算到地基土附加应力等于基底附加应力的1/10处。对于超长钻孔灌注桩，该规范考虑了桩身弹性压缩量，提出超长钻孔桩的桩身弹性压缩变形量随深度而变化，并采用Reese和Neill所描述一种计算超长钻孔桩的桩身弹性压缩变形量的近似方法，即以桩顶荷载的60%来计算桩身压缩量。对于超长大直径桩，桩身压缩应予以考虑，同时应考虑承台下的附加应力按一定规律衰减到桩端。桩端以下土的附加应力的计算仍基于Boussinesq解。计算深度按变形比法确定，表达式为

$$S=\frac{Ql_1}{A_pE_p}+\frac{Ql_2}{2A_pE_p}+\sum_{i=1}^{n}\frac{\psi_t p_0}{E_{si}}(z_iC_i-z_{i-1}C_{i-1}) \tag{12-21}$$

式中　Q——群桩的承台及上部设计荷载之和；

l_1,l_2——最大冲刷线上部、下部桩长；

A_p——所有基桩横截面之和；

E_p——桩身弹性模量；

ψ_t——荷载传递系数；

p_0——承台底面、桩顶面的附加应力。

对于超长桩，国内外有关规范中的实体深基础假定计算方法与试验结果相比具有明显偏差，建筑桩基规范偏差小一些，其他3种规范偏差大一些。

理论上，超长桩的沉降由桩身压缩量和桩端以下土的沉降量构成，桩身压缩量虽然在工程上占总沉降量的比例小，但也不容忽视，故建议规范予以考虑。

12.3 关于“地基承载力”的几个问题

12.3.1 岩石地基的容许承载力确定方法

我国对岩体地基承载力的取值方面，主要是依据岩石风化程度、破碎程度、抗压强度、原位试验来确定的。

1. 按岩石强度和岩石风化程度确定

《建筑地基基础设计规范》(GBJ 7—89)推荐按岩石的软硬和风化程度来确定承载力的标准值(见表 12-8)。这种方法确定岩石基础承载能力的关键在于对风化程度判别的准确程度，而这是一项经验性很强的工作，因此该方法只能作为辅助的判别方法。对于强风化岩石，由于采样进行室内试验很困难，而原位荷载试验常会因岩石受到人为扰动和浸水软化等影响试验结果，此时可用该方法与原位测试手段(如圆盘荷载试验、重型动力触探等)相结合，来综合确定岩石基础承载力的标准值。

表 12-8　岩石地基承载力标准值(GBJ 7—89，kPa)

风化程度	强风化	中等风化	弱风化
硬质岩石	500～1 000	1 500～2 500	≥4 000
软质岩石	200～500	700～1 200	1 500～2 000

2. 按岩石强度和岩石破碎程度确定

《75 年桥规》第 2—427 条，按照岩石的类别和节理发育程度确定不同岩石的基本承载力 σ_0，见表 4-1。

桥规认为岩石的承载力取决于岩块本身的强度和岩石的破碎程度，其容许承载力一般按饱和单轴抗压极限强度(软质岩石在确保不浸水的条件下，可以用天然湿度的单轴抗压极限强度)R 除以安全系数 K 求出，即 $\sigma_0=R/K$。K 值根据岩石节理发育程度而定，见表 12-9。

但表 4-1 对页岩、片岩、千枚岩等层状岩体的层(片)理情况是否列入“节理发育程度”的考虑之中，以及其方向性又如何考虑均未说明，是不足之处。

《75 年桥规》岩石地基的基本承载力 σ_0 表沿用至《2005 年基础桥规》。

表 12-9　安全系数 K

岩石类别	节理发育程度		
	节理很发育	节理发育	节理不发育或较发育
硬质岩、软质岩	18～16	16～10	10～6
极软岩	12～10	10～7	7～5

《2017 年基础桥规》表 4.1.2—1 删去《2005 年基础桥规》节理较发育的分级，这样也和《2017 年基础桥规》附录 A 中表 A.0.6—2 的节理不发育、节理较发育、节理发育、节理很发育四级分级不统一，给节理较发育岩石的基本承载力 σ_0 取值带来困难。

3. 根据岩石单轴抗压试验确定承载力

该方法确定岩石地基承载力的过程是在室内压力机上对勘探取得的岩石试件做无侧限破坏试验，测出岩石的单轴抗压强度，进而通过对若干试验指标进行统计来确定地基岩石单轴极限抗压强度的标准值。将试验标准值适当折减，则可求得岩石地基承载力的设计值。

以国内涉及由岩石单轴抗压强度确定承载力的《建筑地基基础设计规范》(GBJ 7—89)和《岩土工程勘察规范》(GB 50021—94)为例，两部规范对确定岩石地基承载力的计算公式及其理论依据都有显著差异，都在不同程度上存在着不足和缺憾。

(1)《建筑地基基础设计规范》(GBJ 7—89)

建筑地基规范规定：对微风化及中等风化岩石地基承载力设计值，可根据室内饱和单轴抗压强度，按式(12-22)计算。

$$f=hf_{rk} \tag{12-22}$$

式中　f——岩石基础承载力设计值(kPa)；

f_{rk}——岩石饱和单轴抗压强度的标准值(kPa)；

h——折减系数，微风化岩石取 0.20～0.33，中等风化岩石取 0.17～0.25。

折减系数 h 的取值往往带有过多的人为因素，即使对同一类型、同一条件、同一环境的地基岩体，不同的设计人员也会取不同的 h 值，有时甚至会有较大的出入。正因为这样，在实际应用时，尚难十分准确而方便地作出一些改进。

(2)《岩土工程勘察规范》(GB 50021—94)

岩土勘察规范规定:岩石基础承载能力极限状态计算所需要的岩土参数标准值,应按式(12-23)计算。

$$f_k = V_s \cdot f_m \tag{12-23}$$

式中 f_m——岩土参数的平均值;

V_s——统计修正系数,

$$V_s = 1 \pm \left[\frac{1.704}{\bar{n}} + \frac{4.678}{n^2}\right] W$$

1994年岩土勘察规范的公式虽然正确地考虑了作为地质体的岩石基础有别于人工材料的特点,将样本容量 n 纳入了标准值计算的变量,在理论上较1989年建筑地基规范有大的改进,但工程界认为,该规范在实际应用中存在两个基本问题:①样本容量的含义不确切;②分项系数 W 取值无处查询。因而,未得到较广泛的推广和应用。

4. 根据原位荷载试验确定岩石基础承载力

该方法是通过刚性或柔性承压板将荷载加在岩石基础表面,以测得其承载能力的一种方法。

确定岩石基础承载力的各方法中,原位荷载试验最为准确可靠。它可在原位直接确定承载力、变形模量、弹性模量等参数,能取得充分发挥岩石地基承载能力、作出经济合理的地基基础设计的良好效果。但这种试验方法对设备的要求高,试验周期长、费用比较大。

《2017年基础桥规》岩石基础承载力是按岩石强度和岩石破碎程度确定,建议综合国家和其他行业标准优缺点,考虑岩石基础承载力的众多影响因素,在判断其可能破坏模式的基础上,辅以理论验证,将使规范更加完善和严谨,可操作性更强。

12.3.2 岩石地基容许承载力宽深修正

对于塑性材料,地基破坏的实质为剪切滑移,进行深宽修正没有问题。对于脆性材料,虽然破坏机制与塑性材料不同,但侧向应力可以抑制裂缝的产生和扩展,有利于强度的提高。随着埋深增加,边载提高,侧向应力增大,地基承载力也应提高。因此,对岩石地基进行深度修正符合岩石力学原理。

多数规范规定岩石地基不进行深宽修正，估计有两方面考虑：一是岩石地基承载力历来不进行深宽修正，在思想上已形成定式；二是岩石地基承载力较高，一般工程可以满足要求，不必挖掘这个潜力，因而较少下工夫进行这方面的研究和讨论。但对于极软岩和极破碎岩，如过分保守，对荷载大的工程有时很难处理，故还是应当考虑这个问题。

有研究认为岩石地基承载力的深度修正虽有理论依据，但缺乏工程经验和现场试验论证。而且岩石地基情况比土质地基更复杂，不确定性更多，理应留出足够大的安全度，至少目前还应从严掌握。故建议脆性破坏岩石深度修正系数取 1.0；塑性破坏岩石深度修正系数取 2.0～3.0；内摩擦角较小的泥岩和土状强风化岩取较低值 2.0；内摩擦角较大的弱胶结砂岩、砾岩，碎屑状、碎块状的风化岩取较高值 3.0，保证地基变形不超过线性阶段，宽度修正暂不考虑。随着研究深入和经验的积累，再逐步完善。

《59 年桥规》对岩石地基容许承载力宽深修正没有要求，仅在第 335 条规定：岩石类及半岩石类的基底其容许承压力为$\frac{1}{6}R_c$，此处 R_c 为在饱和状态下岩石受单轴压力时的极限强度。在条文说明中进而解释：对于岩石类及半岩石类的土壤，其承载能力按岩石在饱和状态下单轴压力时的极限强度 R_c 确定，与基础底面尺寸和埋入深度无关。规范中采用岩石单轴压力时的匀质系数 $k=1/6$，故定岩石类及半岩石类土壤的容许承压力为$\frac{1}{6}R_c$。

《75 年桥规》第 2—431 条首次对岩石地基容许承载力宽深修正作出规定：节理不发育或较发育的岩石不作宽深修正；节理发育或很发育的岩石，k_1、k_2 可采用碎类石土的系数；对已风化成砂、土状的岩石，则按砂类土、黏性土的系数。在条文说明中进而解释：岩石的深度修正是一个复杂的问题，目前按风化破碎程度与土类比的近似办法。即节理不发育、节理较发育的岩石不作深度修正，其他岩石的 k_1、k_2 根据其风化破碎程度，参照碎石类土的系数。至于岩体已风化成土、砂状者，参照黏性土、砂类土的系数。

《2017 年基础桥规》岩石地基容许承载力宽深修正仍沿用《75 年桥规》的规定。

当墩台基础位于岩石地层中，按照桥规所提供的岩石承载力和宽深修正使用条件，对节理不发育或较发育岩石中的基础，虽然岩石本身的基本承载力较高，基础埋置深度又大，但是设计的基础比埋置深度浅、地基基本承载力低、节理发育或很发育的岩层中基础尺寸要大许多的矛盾现象。

例如宝中线清水河 3 号桥 3 号墩基础，上部结构为等跨 24 m 梁，桥墩位于曲线上，地基土质为：表层 2 m 厚，Ⅲ级自重湿陷性黄土质砂黏土 $\sigma_0=120$ kPa；以下为砂页岩互层，风化线以上地基土 $\sigma_0=400$ kPa，风化线以下砂页岩的基本承载力 $\sigma_0=700$ kPa；桥墩由墩顶至基顶高度为 14.7 m，基础采用明挖基础，分别按基底埋置于风化线以上和以下计算，其结果列入表 12-10。

表 12-10　圬工数量计算结果

基底位置	墩高 H(m)	应力(kPa)			圬工数量(m³)			备　注	圬工数量之差(m³)
		σ_0	设计	容许	墩身	基础	小计		
风化线以上	14.7	400	850	1 200	157.7	27.7	185.4	偏心控制设计计入宽深修正	21.5
风化线以下	14.7	700	790	840	157.7	49.2	206.9	应力控制设计不计宽深修正	
风化线以下	15.7	700	1 260	1 610	172.7	21.2	193.9	偏心控制设计计入宽深修正	13.0

从表 12-10 可见：墩身高度相同，基底土壤的基本承载力 σ_0，风化线以下是风化线以上的 1.75 倍，基础埋置深度仅相差 1.0 m。然而，当基底置于风化线以下时，地基土壤容许承载力$[\sigma]=840$ kPa 为底基置于风化线以上$[\sigma]=1\ 200$ kPa 的 0.7，基础圬工数量增加了 21.5 m³，这显然是不合理的。分析原因之一是软质岩石的基本承载力偏低；其二是按桥规说明确定风化线以下岩石（节理不发育或较发育）的容许承载力时，不考虑宽深修正所致。

规范规定节理不发育或较发育不作宽深修正的岩石，应该指硬质岩（坚硬岩和较硬岩），对于 60 MPa$\geqslant\sigma_0>$30 MPa 的较硬岩和 $\sigma_0>$60 MPa 的坚硬岩，其承载力已不再受岩石强度控制，应视其为岩体并对岩石完整性进行划分以便更科学地确定其工程性质。

软质岩(包括极软岩)基本承载力取值往往很低,可能控制设计。

根据某局在汉阳和浦镇对红砂岩进行不同承压直径 d 和不同埋置深度 h 的荷载试验研究成果分析,其极限强度与直径 d 间无明显的关系,与深径比 h/d 有较明显的关系,归纳结果为:当 $h/d=0$ 时,容许承载力为 σ_0;当 $h/d=1$ 时,容许承载力为 $(1.2\sim1.5)\sigma_0$。

日本亦有如下规定:基础埋入岩石中深度超过 60 cm 时,每超过 30 cm 深,其容许承载力可以增加 20%,但不能超过表中容许承载力的 2 倍。

英国规范中说明:基础埋深每增加 1 m,其容许承载力提高 20%,一直到地表承载力的两倍为止。

根据岩石破坏机理分析及国内外岩石(包括软质岩石)试验研究成果,认为软质岩石(单轴抗压极限强度小于 5 MPa 者)地基的破坏,最终表现为剪切破坏,对其基本承载力要进行深宽修正。由于尚缺乏系统的试验资料,难以提出确切的深宽修正公式,建议仍按本规范 4.1.3 条规定,除节理不发育和较发育的硬质岩石外,对软质岩石及极软岩,虽然节理仍属不发育或较发育者,比照节理发育或很发育的岩石,k_1、k_2 采用碎类石土的系数,对其基本承载力进行宽深修正。

12.3.3 地基承载力表

在国内外的地基基础设计规范中,都有根据土的物理力学性质确定地基承载力的表。建表时,通常将土从地质成因角度作大致的分类,针对最一般的黏性土、砂类土等土性有明显区别的、有代表性的土类来建表,而对区域性的特殊土另作处理。

地基承载力表的建立是以收集大量各类带有地基土物理力学性质指标的野外载荷试验资料作为依据,按统一的标准确定承载力值,并以相关的土性指标作为地基承载力取值的因素,如塑性指数 I_p,液限 ω_L、塑限 ω_p,含水量 ω、孔隙比 e 等,以此与承载力进行线性回归的相关分析,建立土性指标与承载力的经验回归方程。从安全角度出发,通常采用预估总体平均值的单侧置信下限值排表。由于土性指标的取得受勘察时取样的样本数和勘察试验工作的质量有关,因此查表时所用的承载力值,受影响指标本身变异性和样本数量的影响。对查表得出的承载力值应乘以回归修正系数进行修正,以反映出土层均匀程度和试验可靠程度的影响。

自1974年版《工业与民用建筑地基基础设计规范》给出了各类土的地基承载力表，在全国范围内使用开始，至2002年版《建筑地基基础设计规范》中不再列入地基承载力表为止。地基承载力表的优点是简单实用，因此受到工程师的欢迎。但其局限性也是明显的，经验方法适用的范围只局限于数据来源的母体，且这个最重要的原则通常被人们所忽略。在全国范围内通用一张地基承载力表，其结果可能是潜伏着危险，也可能造成浪费。

经验方法可以帮助技术人员判断，但如果将用地基承载力表视为不可逾越的真理，那将导致确定地基承载力的方法简单化，似乎不需要对地质条件详细掌握，不需要土力学基本知识，查表就可以得到地基承载力了。其结果显然不利于技术的进步与技术人员水平的不断提高，对此，多年来许多业内人士提出了呼吁，建议取消。

地基承载力表已经融入我国的岩土工程技术体系，成为确定地基承载力不可缺少的一种方法。一旦真的废除了，确也若有所失，于是有了这个“全国规范中没有了地基承载力表怎么办”的问题。

同济大学高大钊教授曾经这样说过：要回答上面的问题必须先回答“在1974年以前是怎么办的?”问题，1974年以前，执行的是苏联房屋及建筑物地基设计标准，在这个规范中有一个表，称为地基土上的标准压力，给出了大块碎石类土、砂类土和黏土类土的标准压力。在使用上述苏联规范时，发现表中给出的数据比较粗糙，同时也由于苏联的经验不一定符合我国的土质条件，于是有的地区采用载荷试验的方法来确定，有的地区总结了地区的经验，编制地方标准，提供确定地基承载力的方法。这样就积累了比较多的载荷试验资料和地方经验，为1970年编制规范提供了丰富的原始资料和方法。这种做法实际上已经回答了“全国规范中没有了地基承载力表怎么办?”问题，经过了多年又回到了原来的做法，但这并不是简单的重复，而是在新的条件下进一步积累原位测试的资料，进行总结地区经验的工作。在全国规范中取消地基承载力表，并不说明地基承载力表本身有问题，它所提供的经验关系在技术上仍然是有用的，只要经过验证证明这些地基承载力表的数据是符合当地实际情况的，就可以供技术人员参考。

《建筑地基基础设计规范》(GB 50007—2002)作为国家标准，取消了有关承载力表的条文和附录，5.2.3 条规定地基承载力特征值可由载荷试验或其他原位测试、公式计算，并结合工程实践经验等方法综合确定。同时，规范对地基承载力总的设计原则、计算作出了通用规定，也给出了许多参数，各地区可根据土的特性、地质情况作具体补充。

同样，《75 年桥规》以前也是执行苏联规范的地基承载力表。如碎石类土，《59 年桥规》称之为大块碎石类土，大块碎石类土名称及基本承载力取值参考了苏联 1956 年版《标准轨距铁路桥涵设计规程》的规定。《75 年桥规》碎石类土基本承载力表列 σ_0 的范围是根据 196 份荷载试验资料，选用其中内容较全的 151 份，经归纳、分析、对比后定出的，基本承载力表基本是符合中国的地质情况。

现在的问题，取消铁路桥涵地基承载力表是否必要，有何最好替代方案需要大家来思考。

12.4 关于"桩基础"的几个问题

12.4.1 桩侧摩阻力取值

1. 黏性土摩阻力取值

黏性土取值应考虑土层地质时代特征。极限摩阻力是评价地基土工程性质的重要指标，地基土工程性质的好与差与土层的地质时代密切相关。《2017 年基础桥规》表 6.2.2—5 列出的桩周土极限摩阻力未区别土的固结历史和地质时代，这使勘察设计人员依据土样的液性指数按规范查表可能错误取值。有研究建议按以下取值意见：

(1)第四系全新统新近沉积黏性土，地质时代新，土的固结程度差，土层软弱，锥尖阻力多小于 700 kPa，压缩模量多在 2～3 MPa，多为高压缩性土，则极限摩阻力取值可不按土的液性指数查表。一般可取 20～30 kPa，最大值不宜大于 35 kPa。

(2)第四系全新统一般黏性土，虽稍有固结，但仍为地质时代较新土层，其工程性质多为一般并夹有软弱土层，取值应控制最高值不大于 55 kPa。

(3)第四系上更新统及其以前的老黏性土，地质时代老，固结程度高，多为超固结土，特别是中更新统和下更新统土层个别还具弱胶结，工程性质好，极限摩阻力大。但应考虑到钻探取样采用冲洗液回转钻进工艺时亚砂土和塑性指数偏低的亚黏土的吸水现象，致使土样呈软塑或流塑状态。对此认为对老黏性土的软塑或流塑状态可按硬塑状态对待，可依《2017 年基础桥规》表 6.2.2—5 取硬塑状态的低值或中值。

2. 碎石土摩阻力取值

《2017 年基础桥规》表 4.1.2—2 和表 6.2.2—5 列出碎石土容许承载力和桩周土极限摩阻力，其取值依据标准是密实度。基于规范列出碎石土的桩周极限摩阻力及其容许承载力值均高，若简单机械按规范查表，未考虑其层位变化大、粒径大小不均、所夹黏性土和砂土有沉积韵律现象，致使构造物基础设计因参数取值高的失误而危及工程安全。有研究建议按如下原则取值：

(1)碎石土厚度变化大，多呈透镜体，勘探精度难以控制。若按地质剖面的碎石土厚度计算相应墩台单桩竖向承载力，可能出现厚度与实际情况不符的情况，则应防止桩长计算偏短使工程潜伏安全隐患。对此，除应在施工中认真验证碎石土厚度及时变更桩长设计外，在工程勘察设计中，可酌情取规范值小值或低于小值，以保证有一定的安全度。

(2)厚层和巨厚层碎石土应考虑其沉积韵律特征，即是否有砂土、黏性土夹层，或卵砾石、漂石含量不均及含量少于 50%情况。在工程勘察中，碎石土动探试验中出现个别击数小的情况(即显示有夹层)，在施工中和实地碎石土地质断面上也有夹层沉积韵律特征。对此，依规范取桩周极限摩阻力及其容许承载力小值是适当的，以保证有一定的安全度。

3. 岩石摩阻力取值

《2017 年基础桥规》6.2.2 条并没有列出岩石的极限摩阻力，通常遇基岩时，其摩阻力如何取值就成了难题。

工程设计中遇到覆土较厚的基岩，且基岩为极软岩夹不稳定的薄层软质岩或硬质岩，则基础采用钻(挖)孔摩擦灌注桩。对此情况下岩石的极限摩阻力取值建议：

(1)极软岩系指单轴饱和抗压强度小于 5 MPa 的岩石。常见的极软岩有地质时代较老的千枚岩和页岩等，还有第三系和第四系下更新统黏土岩(泥岩)、砂质泥岩、含砾砂质泥岩等，其极限摩阻力取值原则上按

《2017 年基础桥规》表 6.2.2—5 硬塑黏性土范围值高值。

关于泥岩、砂岩、片岩等软质岩桩周极限摩阻力的取值，也可比照规范柱桩容许承载力公式(6.2.2—4)第二项进行反算。

设 $$[P]=\frac{1}{2}Uf_ih=RC_2Uh$$

得 $$f_i=2RC_2$$

对无法取出试件的破碎岩体，R 和 σ_0 两者换算关系可采用表 12-11 经验值。

表 12-11　R 值

岩石类别	节理发育程度		
	节理很发育	节理发育	节理不发育或较发育
硬质岩、软质岩	$18\sigma_0\sim16\sigma_0$	$16\sigma_0\sim10\sigma_0$	$10\sigma_0\sim6\sigma_0$
极软岩	$12\sigma_0\sim10\sigma_0$	$10\sigma_0\sim7\sigma_0$	$7\sigma_0\sim5\sigma_0$

为安全计，取 $R=6\sigma_0$，$C_2=0.03$，如泥岩夹砂岩 $\sigma_0=400$ kPa，则得 $f_i=2RC_2=144$ kPa。该值与规范 $\sigma_0=400$ kPa 角砾土(中密)查表的桩周极限摩阻力高值相当。

岩石(包括强风化层)其密实度较非岩石相比是相当高的，一般情况其桩周极限摩阻力取值不低于土，故按上面方法取值应是合理的。建议泥岩、砂岩、片岩等软质岩桩周极限摩阻力取表 12-12 中 f_i 值。

表 12-12　钻孔软质岩桩周极限摩阻力 f_i(kPa)

σ_0	300	400	500	550
f_i	110	150	180	200

(2)硬质岩系指单轴饱和抗压强度大于 30 MPa 的砂岩、石英岩、大理岩、石灰岩和岩浆岩等，软质岩系指单轴饱和抗压强度介于 5～30 MPa 的泥灰岩、板岩等，其极限摩阻力取值依据规范表 A.0.9 中风化程度按其碎块大小参照规范表 6.2.2—5 砾石、碎石或卵石的极限摩阻力取值，对已风化为土状者参照规范砂土或黏性土的极限摩阻力取值。

4. 残积土和全风化岩摩阻力取值

岩石在风化作用下，其结构、成分和性质已产生不同程度的变异，应定名为风化岩；已完全风化成土而未经搬运的应定名为残积土。在现场，区别全风化岩与残积土的重要标志是看其是否保留有原岩的结晶和构造特征，全风化岩是风化程度最强烈、最严重的岩石，表现似岩非岩，似土非土，结构基本破坏，但尚可辨认，有残余结构强度。

残积土和全风化岩形成的土体，比一般土的孔隙比要高，但有某些胶结或原岩结构残余强度，故剪切强度较高，而压缩性中等或偏低。有些土体的抗水性弱，浸水后强度降低。风化岩随着风化程度加强，其孔隙度、吸水率、泊松比逐渐增大，而容重、各种强度和弹性(变形)模量明显降低。

残积土和全风化岩在我国东部地区分布较为广泛，尤其是广东、福建和江西更为突出，有的残积土和全风化岩层厚较大，可达到几十米。由于残积土和全风化岩遇水易软化、崩解、强度急剧降低的工程特性，其桩侧摩阻力变化很大，对桥梁等工程设计、施工带来很大的影响。根据近年江西和福建客运专线铁路桩基工程调查，在残积土和全风化岩层较厚地段由于桩侧摩阻承载力不足，而造成异常沉降的现象屡屡发生。故此在该地质条件下桩侧摩阻力取值应格外重视。

由于规范对于残积土和全风化岩的单桩竖向承载力设计参数没有具体规定，设计往往根据地质提供的岩土描述及地基基本承载力值，近似按照规范 4.1.2 条比照土类，再查表 6.2.2—5 得到桩周极限摩阻力。

如某客运专线铁路四座桥桩基沉降异常，超出沉降控制值。专家分析是桩基承载能力不足引起的，可能与桩周土摩阻力设计参数取值偏大有一定的关系。四座桥地层有较深的云母石英片岩、泥质灰岩、花岗岩三种全风化岩层，桩基埋入该全风化地层最深达到 20 余米，目前研究水平下对该类全风化岩层力学特性认识不足。基础桥规对于全风化岩层桩周土摩阻力参数没有具体规定，设计一般比照碎石等类土取值，有可能与实际状态不符，基础桥规要求在重要桥梁和地质复杂桥梁应进行试桩验证也就是这个道理。该线设计事前没有提出试桩要求，而造成被动局面。

对于残积土和全风化岩地层单桩竖向承载力设计参数，应根据工程重要性、岩土性质和原位测试成果并结合当地经验确定，重要桥梁或缺乏经验地区的桥梁地基基础设计，应通过单桩竖向载荷试验确定，每个场地不少于 3 根。

5. 桩侧摩阻力起算点的确定

桩基考虑桩周土作用的起算点，应视桩所处的地形、地质条件而定。一般在平坦地区，桩基考虑桩周土作用的起算点从承台底或承台底以下的原稳定地面线开始起算；在地面坡度较陡、岩面起伏较大的情况下，研究认为桩基考虑桩周土作用起算点最外侧距地面稳定坡线的最小水平距离可按以下规定确定。

(1)弱风化的硬质岩取 2 m。

(2)强风化的硬质岩和弱风化的软质岩取 3 m。

(3)强风化的软质岩取 4 m。

(4)全风化岩石和土质取 5 m。

12.4.2　嵌岩桩容许承载力计算方法的探讨

1. 铁路桥规嵌岩柱桩容许承载力公式

基础桥规采用式(6-16)计算支撑于岩石土层上与嵌入岩石层内的钻(挖)孔灌注桩及管柱的容许承载力。

式(6-16)表明：嵌岩桩的承载力主要来自嵌岩部分，设计时主要考虑嵌岩部分的桩端阻力及侧摩阻力。但试验研究证明：采用规范计算得到的桩侧阻力和桩端阻力均比实测值小，规范设计偏于保守。究其原因，可以概括为以下几个方面。

(1)嵌岩桩竖向极限承载力是通过岩石单轴抗压强度 R_c 换算得到的，由于桩端平面的岩石不仅受桩身荷载的作用，而且还受围岩压力的影响，处于三向受压状态，因此采用上述规范所设计的竖向承载力将偏于保守，很难反映嵌岩桩桩基的实际承载力。

(2)规范对嵌岩条件的要求未考虑岩体的性质，而仅强调岩层状态。规范对嵌岩深度的要求是自新鲜岩石面(平均高程)算起，不包括风化层，这是不合理的。从岩石强度的分类情况可知，岩石的极限抗压强度相差可达 6 倍以上，有些强风化硬质岩的极限强度仍大于新鲜极软岩的极限强度，它们的实际承载力完全符合一般嵌岩桩的承载力要求。因此，不考虑岩性的实际情况，一律根据岩层状态对嵌岩深度和相关系数进行折减也将使得计算结果偏于保守，造成工程浪费。

(3)规范中嵌岩段桩侧阻力和桩端阻力修正系数的取值过多依靠于

经验，受人为因素的影响较大。规范在确定系数 C_1、C_2 时只给出取值表，而如何确定条件的好坏程度并没有具体解释。一般认为，在系数 C_1、C_2 取值上至少应考虑岩石强度这一因素，强度高的岩石与桩的嵌固作用好，系数取值可相应提高，而强度低的岩石系数取值则可相应降低。

(4)规范计算公式中未考虑桩侧土的摩阻力的影响。过去普遍认为凡嵌岩桩必为端承桩，凡端承桩均不考虑嵌岩段上覆盖层的摩阻作用，其理由是端承桩的桩尖与基岩面绝对刚性支承，桩与上覆盖层无相对位移，因而桩侧无摩阻力产生。事实上这一计算方法仅适用于短粗的嵌岩桩。由于混凝土桩在荷载作用下的弹性压缩变形和桩底的沉降作用，工程中多数嵌岩桩与上覆盖层的相对位移是客观存在的。

规范认为嵌岩桩的竖向承载力各组成部分相互独立，互不影响，只是用简单的线性叠加来确定单桩承载力，不考虑岩体状态和桩身参数的影响，这显然与桩基的荷载传递机理不符合。另外，现行规范关于嵌岩桩基础的设计，只给出了单桩承载力的求法，没有给出设计位移值，这与目前大力推广的建筑物按沉降控制进行设计的理念是相矛盾的。

目前超长桩应用越来越多，规范嵌岩桩公式需加以完善，考虑上部深厚土层摩擦力的作用。因此，建议结合现有嵌岩桩的设计和应用成果，对现行规范嵌岩桩修订进行研究，完善柱桩计算理论并使工程建设更注重经济性均有重要意义。

2. 铁路桥规和公路桥规嵌岩桩公式对比

《公路桥涵地基与基础设计规范》(JTG 3363—2019)6.3.7 条：对支承在基岩上或嵌入基岩中的钻(挖)孔桩、沉桩，其单桩轴向受压承载力特征值 R_a 可按式(12-24)计算。

$$R_a = C_1 A_p f_{rk} + u\sum_{i=1}^{m} C_{2i} h_i f_{rki} + \frac{1}{2}\zeta_s u \sum_{i=1}^{n} l_i q_{ik} \tag{12-24}$$

式中 C_1——根据岩石强度、岩石破碎程度等因素而确定的端阻发挥系数，见表 12-13；

A_p——桩端截面面积(m^2)，对扩底桩，取扩底截面面积；

f_{rk}——桩端岩石饱和单轴抗压强度标准值(kPa)，黏土质岩取天然湿度单轴抗压强度标准值，f_{rk}小于 2 MPa 时按支承在土层中的桩计算；

f_{rki}——第 i 层的 f_{rk} 值；

C_{2i}——根据岩石强度、岩石破碎程度等因素而定的第 i 层岩层的侧阻发挥系数，见表 12-13；

u——各土层或各岩层部分的桩身周长(m)；

h_i——桩嵌入各岩层部分的厚度(m)，不包括强风化层、全风化层及局部冲刷线以上基岩；

m——岩层的层数，不包括强风化层和全风化层；

ζ_s——覆盖层土的侧阻力发挥系数，其值应根据桩端 f_{rk} 确定，见表 12-14；

l_i——承台底面或局部冲刷线以下各土层的厚度(m)；

q_{ik}——桩侧第 i 层土的侧阻力标准值(kPa)，应采用单桩摩阻力试验值；

n——土层的层数，强风化和全风化岩层按土层考虑。

表 12-13　发挥系数 C_1、C_2

岩石层情况	C_1	C_2
完整、较完整	0.6	0.05
较破碎	0.5	0.04
破碎、极破碎	0.4	0.03

注：(1)当入岩深度小于或等于 0.5 m 时，C_1 乘以 0.75 的折减系数，$C_2=0$。

(2)对于钻孔桩，系数 C_1、C_2 值应降低 20%采用；对于桩端沉渣厚度 t，$d\leqslant1.5$ m 时，$t\leqslant$ 50 mm；$d>1.5$ m 时，$t\leqslant100$ mm。

(3)对于中风化层作为持力层的情况，C_1、C_2 应分别乘以 0.75 的折减系数。

表 12-14　覆盖层土的侧阻力发挥系数 ζ_s

f_{rk}(MPa)	2	15	30	60
ζ_s	1.0	0.8	0.6	0.2

注：ζ_s 值可内插计算；当 $f_{rk}>60$ MPa 时，可按 $f_{rk}=60$ MPa 取值。

铁路桥规和公路桥规嵌岩桩公式对比如下：

(1)嵌岩岩石要求

铁路桥规的规定，嵌岩桩为嵌入新鲜岩石的柱桩或管柱基础。何谓新鲜岩石？根据相关鉴定风化标准(表 12-15)，新鲜岩石可理解为铁路基础桥规附录 A 中的未风化岩体。

表 12-15　岩石风化程度划分(ISO/TC)

等级	风化程度	描　述
1	新　鲜	无可见的风化迹象,偶见大的不连续面上有轻微变色
2	微风化	岩石及其不连续面上有风化变色
3	中风化	岩石分解或碎裂成土不到一半,新鲜及变色的岩石成连续构架或孤石
4	强风化	岩石分解或碎裂成土超过一半,新鲜及变色的岩石成不连续状或孤石
5	全风化	岩石全部分解或碎裂成土,但大体保留岩体的原始结构
6	残积土	岩石全部成土,岩石的结构构造被破坏,但不具搬运粒度分选

故此,铁路桥规规定的嵌入新鲜岩石的柱桩或管柱基础是指嵌入未风化岩体的柱桩或管柱基础。而现实情况是风化层深厚的地层嵌岩桩很少能置于新鲜岩层中,且新鲜岩石名称在铁路桥规岩土分类也没有对应关系。

《公路桥涵地基与基础设计规范》(JTG 3363—2019)6.3.7 条在条文说明中特别提到:本规范给出的嵌岩桩(不包括强风化、全风化岩)单桩承载力一般由桩周土总侧阻力、嵌岩段总侧阻力和总端阻力三部分组成。本条所述嵌岩桩系指桩端嵌入中风化岩、微风化岩或新鲜岩,桩端岩体能取样进行单轴抗压强度试验的情况。

《建筑桩基技术规范》(JGJ 94—94)5.3.9 条条文说明就明确指出:嵌岩桩系指桩端嵌入中风化或微风化基岩中的桩。中(弱)风化和微风化岩层,桩端岩体能取样进行单轴抗压强度试验;而桩端置于强风化、全风化岩中的嵌岩桩,由于强风化、全风化岩不能取样成型,其强度不能通过单轴抗压强度试验确定。这类强风化、全风化嵌岩段承载力参数值只能根据岩体的风化程度按摩擦桩计算。公路桥规采用了《建筑桩基技术规范》做法,嵌岩桩也是指桩端嵌入中(弱)风化或微风化基岩中的桩。

(2)上覆土层侧阻力

铁路桥规设计时主要考虑嵌岩部分的桩端阻力及侧摩阻力两部分。公路桥规嵌岩桩承载力一般应由上覆土层桩周土总侧阻力、嵌岩段总侧阻力和总端阻力三部分组成。

关于上覆土层侧阻力问题,以往有这样一种概念:凡嵌岩桩必为端承桩，凡端承桩均不考虑土层侧阻力。公路部门研究结果表明：随着上覆土层的性质和厚度的不同、嵌入基岩性质和深度的不同，以及桩端沉渣厚度不同，桩侧阻力、端阻力的发挥性状也不同。大量现场试验结果表明，一般情况下，即使桩端置于新鲜或微风化基岩中，上覆土层的侧阻力也是可以发挥的。

2007 版《公路桥涵地基与基础设计规范》修订过程中，收集统计了较理想的 151 根试桩资料（均为桩顶变位较大的试桩），结果表明上覆土层的侧阻力都是发挥的，故此在承载力计算公式中考虑了部分上覆土层的摩擦侧阻力，即增加了 $\frac{1}{2}\zeta_s u\sum f_i l_i$ 上覆土层的容许承载力。ζ_s 为覆盖层土的侧阻力发挥系数，根据桩端岩石单桩抗压强度 R 确定：为安全起见，当 2 MPa$\leqslant R<$15 MPa 时，$\zeta_s=0.8$；当 15 MPa$\leqslant R<$30 MPa 时，$\zeta_s=0.5$；当 $R>$30 MPa 时，$\zeta_s=0.2$。强风化和全风化岩层按土层考虑。

铁路桥规认为无论是打入下沉、振动下沉的预制柱桩，还是就地钻、挖孔灌注的柱桩，桩侧土对桩身作用的向上摩阻力都是不容易确定的，它随桩的施工方法、施工质量、桩侧土的类别、桩底土的坚硬程度以及桩身的轴向刚度而异，为安全计，铁路规范不考虑柱桩侧面土承受桩身轴向荷载，而将柱桩承受的全部轴向荷载考虑由桩底坚硬地层承受，柱桩侧面土对桩身作用的摩阻力仅视为安全储备，一般来说，这种安全储备是不太大的。

(3)系数 C_1、C_2

系数 C_1、C_2 的选择主要由孔中泥浆的清除情况及钻孔有无破碎等因素决定，同时也受嵌岩深度和施工工艺的影响。同时摩阻力系数 C_2 要适当考虑孔壁粗糙度的影响。根据冲击钻钻岩石的经验，坚硬的岩石和很软的岩石，孔壁的粗糙度比中等强度的岩石要平滑些。铁路桥规按表 6.2.2—7 将 C_1、C_2 的数值划分为良好的、一般的、较差的三类，根据具体情况选用。而公路桥规桩侧、桩端发挥系数 C_1、C_2 的数值均大了铁路桥规 0.01（相当于大了 25%～50%）。当嵌岩段桩长过短，入岩深度小于或等于 0.5 m 时，因孔底岩石三向受压作用较差，故应降低其容许承载力。铁路桥规表中系数 C_1 乘以 0.7，$C_2=0$；公路桥规取 0.75，$C_2=0$。对于钻孔桩，公路桥规规定系数 C_1、C_2 值可降低 20%采用，铁路桥规没有折减。

3. 建议修订嵌岩桩容许承载力计算公式

2019 年 4 月常州“铁路桥梁桩基智能化后压浆技术研讨会”上，中国铁路总公司工程鉴定中心陈良江做了“铁路桩基应用现状及展望”的主题发言，提到目前超长桩应用越来越多，现行铁路规范嵌岩桩公式应加以完善，有必要考虑上部深厚土层摩擦力的作用，其发挥程度可由岩土位移协调原则确定；传统铁路桩基持力层一般选用微风化岩层，设计偏于保守，事实上采用中风化岩层作为持力层是可行的等建设性意见。

综合以上对比及分析，嵌岩桩容许承载力计算公式修订势在必行。

对于是否考虑覆土深度较深的柱桩全面上覆土层侧阻力的作用，可以这样认为：一般情况下，桩端置于基岩中，上覆土层的侧阻力可以发挥一定的作用。随着上覆土层性质和厚度的不同、嵌入基岩性质和深度的不同、桩端沉渣厚度不同，以及桩的长细比不同，桩侧阻力、端阻力的发挥性状也不同。限于目前铁路桥梁尚缺乏相关试验资料，今后可在收集大量试验资料的基础上，通过研究为规范修改提供依据。

现行铁路桥规表 6.2.2—7 中的 C_1 值和 C_2 值小于《96 年桥规》管柱和《公路桥涵地基与基础设计规范》(JTG 3363—2019)设计采用的值，是考虑钻孔灌注桩桩底的施工条件比管柱柱底的施工条件要差，钻孔灌注桩近似采用表 6.2.2—7 是偏于安全的。建议管柱的 C_1 值和 C_2 值可恢复《96 年桥规》钻孔嵌岩管柱的取值规定，而钻孔灌注桩 C_1 值和 C_2 值仍维持原规定。

实际上有大量工程采用了弱风化层作为桩基持力层，故铁路桥规修订应考虑弱风化层作为持力层的情况。建议参考《公路桥涵地基与基础设计规范》(JTG 3363—2019)，端阻系数 C_1 及侧阻系数 C_2 乘以折减系数，其值取 0.7。《公路桥涵地基与基础设计规范》(JTG D63—2007)为 0.75。

12.4.3 群桩效应

1. 群桩效率系数 η

群桩基础中一根桩的轴向承载力与独立单根桩的轴向承载力有无差异，其差异有多大，这是长期以来不少学者所感兴趣的研究课题。由于群桩中一根桩的受力情况要比独立单根桩的受力情况复杂得多，它不仅与土的性质和桩长有关，而且随桩与桩之间的距离以及群桩的布置形式等许多因素而异，然而要想通过现场试验又相当困难，因此到目前为止这些问题还没有得到很好的解决。现在桩基础设计中采用两种办法考虑群桩的承载能力，其中一种是采用群桩效率系数 η 来考虑群桩中一根桩的轴向承载力。所谓群桩效率系数 η，就是指群桩的极限承载力与群桩中各桩按独立单桩考虑的极限承载力之和的比值，即

$$\eta=\frac{\text{群桩的极限承载力}}{n\times\text{独立单桩的极限承载力}}$$

这里的 n 为群桩中的桩数。η 值的大小反映群桩中一根桩的承载力的发挥程度。根据国内外模型试验和小型群桩荷载试验，认为支立于岩石层上的柱桩基础，不论桩侧为黏性土还是砂类土，群桩中一根桩的轴向承载力与独立单桩的轴向承载力几乎相等，也就是说 $\eta=1$。而位于黏性土中的打入摩擦桩或钻、挖孔灌注摩擦桩群桩，以及位于砂土中的钻、挖孔灌注摩擦桩（不包括打入摩擦桩）群桩，其中一根桩的承载能力往往小于独立单桩的承载能力，也就是 η 通常小于 1；相反，位于砂类土中，桩距较小的打入摩擦桩群桩，由于桩侧和桩底处的土被挤密，群桩中一根桩的承载能力通常大于独立单桩的承载能力。当打入桩位于砂类土中的桩距为 2～3 倍桩径时，群桩中一根桩的承载能力往往与独立单桩的承载能力相当接近。如果通过试验能对不同地基和不同群桩型式以及不同桩距确定出 η 值，那么就可根据独立单桩的极限承载力求得群桩的极限承载力。

2. 群桩受力机理分析

(1)柱桩

对于独立单根柱桩，桩上的轴向外荷主要依靠桩底传到岩层上去，作用到桩底平面处岩石层上的压力仅仅分布在与桩底截面大小相等的面积上，如图 12-11(a)所示。对于柱桩的群桩［图 12-11(b)］，其中每一根桩的桩底处岩石层压力分布面积与独立单根柱桩相同，因此每一根桩的桩底压力分布面积彼此不重叠，所以柱桩的群桩承载力等于各根柱桩承载力的总和。

(2)摩擦桩

先就独立单根摩擦桩来看，桩上的轴向外力主要依靠桩侧土的摩阻力传到土层中，桩底水平面处土层的压力分布面积要比桩身截面积大得

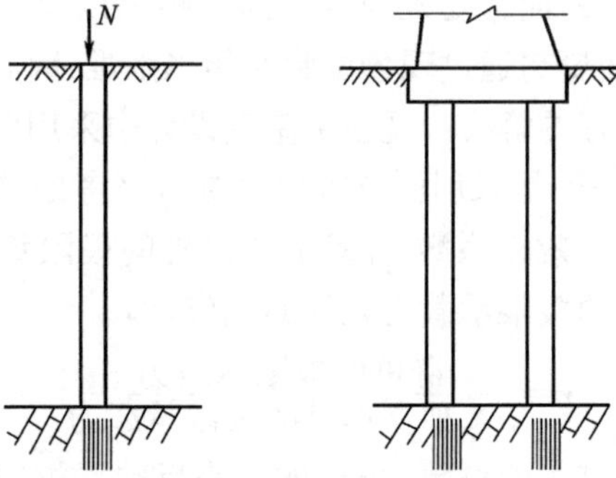

(a)　　　　(b)

图 12-11　柱桩的桩底压力分布

多,其压力并非均匀分布,面是成抛物线形状,如图 12-12(a)所示。再看摩擦桩的群桩,当桩与桩之间的距离比较大,以致各桩桩底水平面上的压力分布图彼此不接触[图 12-12(b)],此时显然群桩的承载力等于诸独立单桩承载力之总和;反之,如桩与桩之间的距离比较小,以致各桩桩底水平面处压力分布图互相重叠,则群桩的桩底水平面压力分布图的形状和大小由于叠加[图 12-12(c)]必定与单桩不相同,其单位压力大于独立单桩的单位压力,压力的传布范围要比独立单桩深一些,因而群桩的沉降量

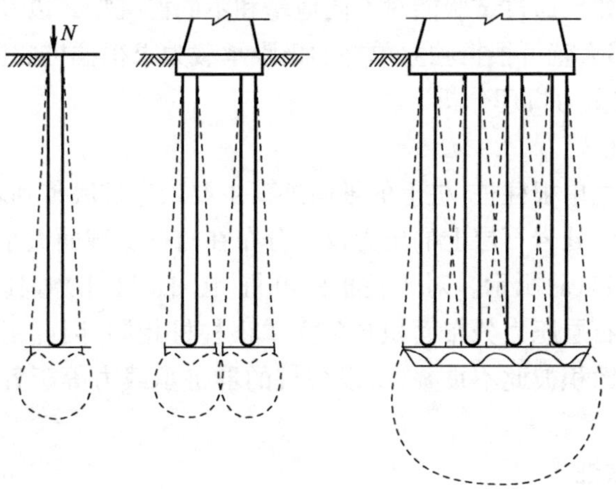

(a)　　　　(b)　　　　(c)

图 12-12　摩擦桩的桩底压力分布

比独立单桩的沉降量要大。如果要求群桩中一根桩的沉降量与独立单桩的沉降量相同，则要求群桩中一根桩所承受的外荷低于独立单桩所承受的外荷。这样，摩擦桩群桩的承载能力小于其诸单桩承载力之总和。

3. 摩擦桩群桩中单桩互不影响的最小桩间距

摩擦桩群桩中单桩互不影响的最小桩间距确定方法有两种，一种是试验分析，另一种是理论分析。根据试验结果，一般认为当桩距等于和大于 $6d$ 时(d 为桩径)，桩群中各桩桩底压力不致重叠，理论推导如下：

假定桩侧土的摩阻力是均匀分布于桩身上，并将桩底土的抵抗阻力略去不计。从桩身上距离桩底 x 处取一小段长 $\mathrm{d}x$，作用于此小段上的摩阻力为$\dfrac{N}{l}\mathrm{d}x$，假定这小段周围土因摩阻力作用所承受的外力按土的内摩擦角 φ 向下扩散，如图 12-13 所示。传到桩底水平面处之压应力图可假设按抛物体分布，在桩轴处的最大压应力为 $\mathrm{d}\sigma_{\max}$，因为此抛物体之体积应等于$\dfrac{N}{l}\mathrm{d}x$，而且抛物体体积近似地等于外包圆柱体体积之半，故得

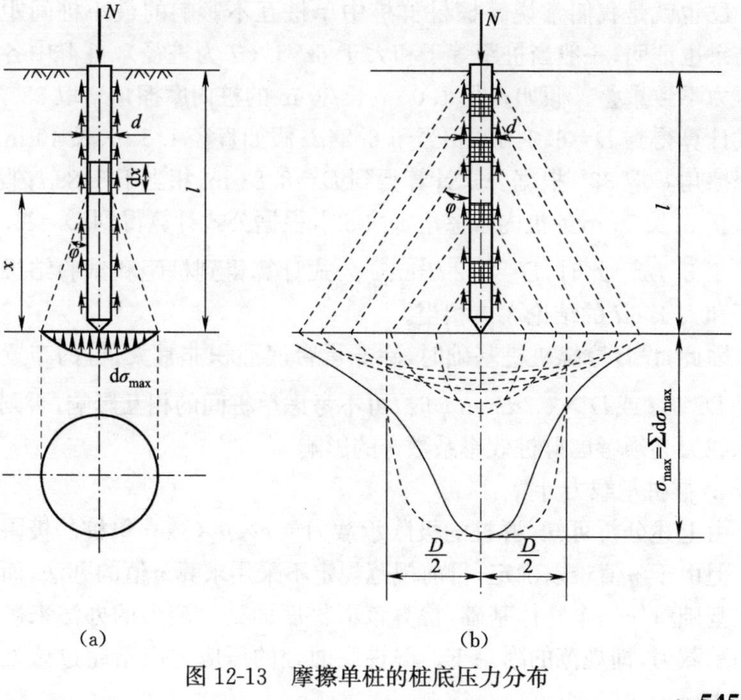

图 12-13　摩擦单桩的桩底压力分布

$$\frac{N}{l}\mathrm{d}x=\frac{1}{2}\pi\left(\frac{1}{2}d+x\tan\varphi\right)^2\cdot\mathrm{d}\sigma_{\max}$$

$$\mathrm{d}\sigma_{\max}=\frac{2N}{l\pi}\cdot\frac{\mathrm{d}x}{\left(\frac{d}{2}+x\tan\varphi\right)^2}$$

显然 x 愈小时，$\mathrm{d}\sigma_{\max}$愈大(图 12-13)，积分得

$$\sigma_{\max}=\frac{2N}{l\pi}\int_0^l\frac{\mathrm{d}x}{\left(\frac{d}{2}+x\tan\varphi\right)^2}=\frac{4N}{\pi d\left(\frac{d}{2}+l\tan\varphi\right)}\approx\frac{4N}{\pi dl\tan\varphi}\tag{12-25}$$

桩底水平面处压力的分布规律是相当复杂的，为简便起见，以高为 $\mathrm{d}\sigma_{\max}$的抛物体替代(图 12-13)，此时抛物体直径为 D。由于抛物体体积近似地等于外包圆柱体体积之半，故

$$N=\frac{1}{2}\cdot\frac{\pi D^2}{4}\sigma_{\max}=\frac{1}{2}\cdot\frac{\pi D^2}{4}\cdot\frac{4N}{\pi dl\tan\varphi}$$

所以

$$D=\sqrt{2dl\tan\varphi}\tag{12-26}$$

D 也就是我们常说摩擦桩群桩中单桩互不影响的最小桩间距。试验结果也证明，一般当桩距等于和大于 $6d$ 时(d 为桩径)，桩群中各桩桩底压力不致重叠。假如直径 1.0 m、长 30 m 的桩内摩擦角 φ 取 33°，根据公式计算得到 D=6.24 m，相当于 6.24d；假如直径 1.5 m、长 40 m 的桩内摩擦角 φ 取 33°，根据公式计算得到 D=8.83 m，相当于 5.89d；假如直径 2.0 m、长 50 m 的桩内摩擦角 φ 取 33°，根据公式计算得到 D=11.4 m，相当于 5.7d。此时，$D=\sqrt{2dl\tan\varphi}$公式计算得到桩距和试验结果桩距等于和大于 $6d$ 的结论大体相当。

因此，设计摩擦桩桩基础时，除非承台底面积非常大，桩的布置能够满足 $D>6d$ 或 $D>\sqrt{2dl\tan\varphi}$时，可不考虑单桩间的相互影响，否则群桩之承载力必须考虑群桩效率系数 η 的影响。

4. 群桩承载力计算

由上述分析可知，群桩的极限承载力=$\eta\times n\times$独立单桩的极限承载力。但由于 η 值难以确定，目前规范规定不采用求算 η 值的办法，而采取将桩基础看作一个整体基础，检算该群桩底面处土应力的办法来确定群桩的承载力，即规范的附录 E。群桩底面处的压应力应不超过该处上的

容许承载力。这种办法可以反映桩长、桩距、桩数和土的性质等因素对桩的承载力的影响,研究证明比较合理。目前我国铁路桥梁桩基础要求当桩距小于 6 倍桩径时,采用这种办法确定群桩的承载能力,具体地说,将群桩视为图 12-14 中 1234 范围内的实体基础,近似地按式(12-27)检算群桩底面处土的压应力:

$$\frac{N}{A}+\frac{M}{W}\leqslant[\sigma] \tag{12-27}$$

式中 N——作用于桩基底面的竖直力(kN),其中包括土体 1234 和桩的恒载;

M——外力对承台底面处桩基重心的力矩(kN·m);

A,W——桩基底面的面积(m^2)和截面抵抗矩(m^3);

$[\sigma]$——桩底处地基容许承载力(kPa)。

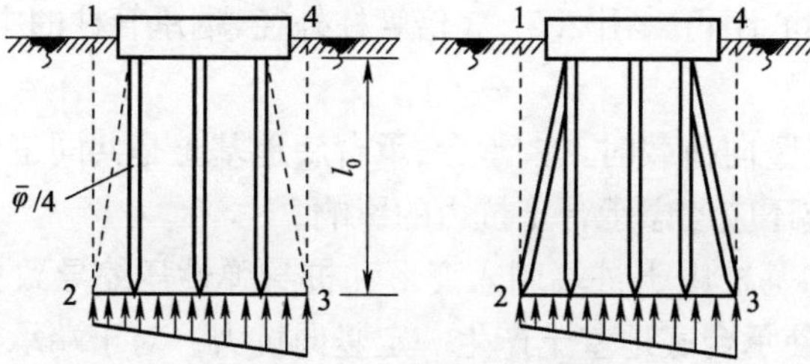

图 12-14　桩基础计算示意

图 12-14 中 $\bar{\varphi}$ 为桩基所穿过土层的加权平均内摩擦角:

$$\bar{\varphi}=\frac{\varphi_1 l_1+\varphi_2 l_2+\cdots+\varphi_n l_n}{l_0}$$

这里 $\varphi_1,\varphi_2,\cdots,\varphi_n$ 为厚度 $l_1,l_2,\cdots,l_n$ 各土层的内摩擦角;l_0 为桩位于土中的深度。

5. 群桩沉降计算

当桩基为柱桩或桩尖平面处桩的中心距大于 6 倍桩径或 $\sqrt{2dl\tan\varphi}$ 的摩擦桩时,桩基的总沉降量可认为等于在同样土层中所作单桩桩静载试验的沉降量。当不符合上述情况时,摩擦桩基的总沉降量应将桩基视作实体基础进行计算。

6. 承台土抗力的影响

铁路桥梁桩基设计如桩距采用 $6d$ 就需要很大面积的承台，故一般采用的群桩中心距均小于 $6d$。为了使桩端平面处相邻桩作用于土的压力重叠不致太多，以致因土体挤密而使桩打不下去，故根据经验规定锤击、静压沉桩在桩端平面处的中心距不小于 $3d$；振动下沉桩，因土的挤压更为显著，所以规定在桩端平面处中心距不小于 $4d$。桩在承台底面处的中心距均不应小于桩径(边长)的 1.5 倍。钻孔桩不存在沉桩过程中相互影响或打不下去的现象，为减小承台面积，其中心距可以适当减小，但中心距过小会使桩间土体与桩侧间的摩擦支承作用降低，故规定不小于 $2.5d$。挖孔桩的摩擦桩中心距，可参照钻孔桩采用。端承桩因桩尖处不发生压力重叠现象，只要施工许可，其中心距可比摩擦桩适当减小。支承或嵌固在基岩中的钻(挖)孔桩中，中心距不应小于桩径的 2.0 倍。摩擦支承管柱的中心距可采用 2.5～3 倍管柱外径，端承管柱的中心距可采用 2 倍钻孔直径。

桩基承受竖向荷载时，桩、承台、承台底地基土是共同工作、变形协调的。群桩效应还应考虑承台土抗力的影响。

承台下的基桩由于桩端刺入变形和桩身弹性压缩导致桩、土产生相对位移，因而使承台底地基土产生一定竖向抗力。对于端承桩，由于其桩端刺入量很小，由桩身弹性压缩量引起桩土相对位移也不大，因而承台效应虽然存在，但其土抗力较小，予以忽略。

大量试验和理论分析表明，承台土抗力的影响主要特性可归纳为以下几点：

(1)承台土抗力受桩距的影响最为敏感

由于桩侧摩阻力带动桩周土产生竖向剪切位移，离桩中心任一点 r 处的竖向位移为(图 12-15)：

$$W_r=\frac{1+\mu_s}{E_0}\cdot q_s\cdot d\cdot \ln\frac{nd}{r} \tag{12-28}$$

桩周土的位移愈大，承台土抗力愈小。由式(12-28)和图 12-15 可知，桩周土的位移随土的泊松比 μ_s、桩侧阻力 q_s、桩径 d、土的变形产生“沉降漏斗”半径 nd($n=6$～12，土愈软 nd 愈小)增大而增大。也就是说，承台土抗力随这些因数的增大而减小，随土的弹性模量 E_0 和位移点距

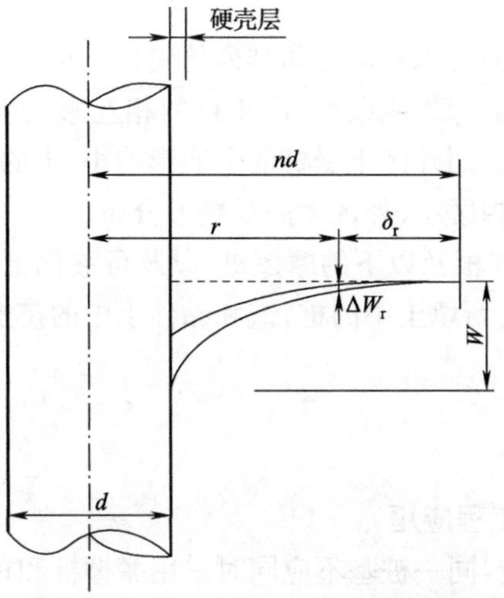

图 12-15　桩周土产生竖向剪切位移

离 r 增大而增大。

对于群桩，桩间土的竖向位移受相邻桩位移的叠加效应而加大，在同一地层条件下，桩距愈大桩间土的竖向位移愈小，即承台底土抗力愈大。由式(12-28)看出，桩周土位移大小与距离呈自然对数关系，这说明土抗力与桩距关系是非线性关系。有一种说法，桩距 $6d$ 可忽略相互影响。实际不然，从式(12-28)和试验实测表明，在 $6d$ 桩距条件下，其承台土抗力发挥仍不超过 50%。

(2)承台土抗力随承台宽度与桩长比增大而增大

现场大比例模型试验结果表明，承台土抗力随承台宽度与桩长比 B_C/L 增大而增大。这主要由于 B_C/L 较大时承台土抗力形成的应力泡包围整个桩群，导致桩侧阻力和端阻力发生应力松弛使其发挥值降低，而承台土抗力相应增大。

(3)承台土抗力随荷载水平的变化

式(12-28)是弹性状态下桩侧位移表达式，随荷载水平提高，桩土间相对位移由下而上发展，承台土抗力迅速增长；当荷载水平接近正常工作状态($p/p_C=50\%$)承台土抗力随荷载同步增长，即荷载分担比趋于稳定值。当荷载超过极限承载力，由于桩土塑性滑移发展，承台分担荷载比进一步增大。

(4)承台土抗力随承台区位和排列的变化

承台内区(桩群包络线以内)由于桩的相互影响明显,导致桩间土的竖向刚度显著降低,而外区土受桩的牵连影响小,土的竖向刚度削弱效应小,故土抗力形成内区小、外区大的马鞍形分布。

对于端承桩、4 根及以下的摩擦桩,以及可液化土、湿陷性土、高灵敏度软土、欠固结土、新填土中的桩,饱和黏性土中的挤土桩等,不宜考虑承台土抗力的影响。

12.4.4 不等长桩

1. 不等长桩工程应用

铁路规范规定:同一桩基不应同时采用摩擦桩和柱桩,不宜采用不同直径、不同材料、桩端高程相差过大的摩擦桩。公路规范规定:在同一群桩基础中,不宜同时采用摩擦桩和端承桩,也不宜采用直径不同、材料不同和桩端深度相差过大的桩。

不同直径桩在铁路桥梁中鲜为采用,然而在特定环境中,如在岩溶发育区,采用不等长的柱桩还是很普遍的。

池黄高速铁路某特大桥受区域地质构造及地下水影响,桥址区岩溶强烈发育。钻探揭露:岩溶发育深度不一,最浅为 11.8 m,最大超过 90.0 m,揭示溶洞最大高度 39.4 m。设计除池州台、黄山台和少数桥墩基础采用明挖基础外,其他桥墩基础均采用钻孔灌注桩,桩径根据墩高分别采用 1.0 m 或 1.25 m,一般 8 根桩,桩长多为不等长。

同一个墩台的桩长往往变化很大,这就导致了水平载荷的不良分布,短桩承担了大部分载荷,而长桩承担的则不多。因此,要充分考虑桩端持力层的相互影响和长短桩的内力分布。为了降低这种不均匀程度,应该研究采取一定的措施,使每根桩受力更加均匀。

桩基计算对于等长等径且对称的群桩,每根桩的刚度一样,群桩的刚度中心和群桩的形心位置重合;当存在不等长桩、不等径桩或不对称桩时,群桩中各桩的刚度会不相等,刚度中心和形心位置偏离。对于这种情况,仍然可以使用 m 值法计算单桩分配力,只是使用前,需要重新计算群桩的刚度中心,得出每根桩相对于刚度中心的 x、y 坐标,然后参与 m 值法计算。

2. 变刚度调平桩基概念设计

传统桩基设计的原则是同一建筑物下采用截面、长度相同的桩，桩基是等刚度的。《建筑桩基技术规范》(JGJ 94—2008)提出从刚度入手进行桩基设计的概念设计全新理念。概念设计考虑了上部结构形式、荷载和地层分布以及相互作用效应（包括基础与上部结构的相互作用以及桩与桩间土的相互作用），通过调整桩径、桩长、桩距等改变基桩支承刚度分布，以使建筑物沉降趋于均匀、承台内力降低的目的。变刚度调平概念设计目的在于减小差异变形，降低承台内力和上部结构次内力，以节省材料，节约资源，提高建筑物使用寿命，确保正常使用功能。

天然地基和均匀布桩的初始竖向支撑刚度是均匀分布的，设置于其上的刚度有限的基础（承台）受均匀分布荷载作用时，由于土与土、桩与桩、土与桩的相互作用导致地基或桩群的竖向支承刚度分布发生内弱外强变化，竖向变形出现内大外小的碟形分布，基底反力出现内小外大的马鞍形分布（图 12-16）。基础的碟形沉降将引起自身和上部结构的附加弯剪内力乃至开裂。基底反力的马鞍形分布将导致基础整体弯矩的增大，产生负面效应。

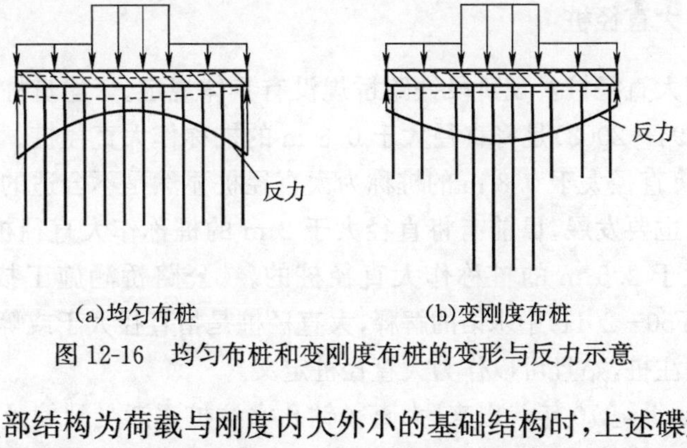

(a)均匀布桩　　(b)变刚度布桩

图 12-16　均匀布桩和变刚度布桩的变形与反力示意

当上部结构为荷载与刚度内大外小的基础结构时，上述碟形沉降会更加明显，为避免上述负面效应，可以通过调整地基或基桩的竖向支承刚度分布，促使差异沉降减到最小，使基础（承台）内力和上部结构次应力减到最小（图 12-17）。这就是变刚度调平概念设计的内涵。

在概念设计的基础上，进行共同作用分析计算，进一步优化布桩，并

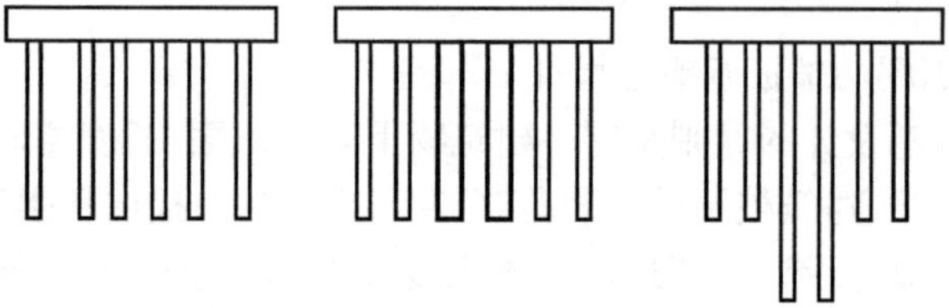

(a)变桩距　　(b)变桩径　　(c)变桩长

图 12-17　变刚度布桩模式

确定承台内力与配筋。通过共同作用分析,可以提高承台设计的经济性。变刚度调平概念设计是《建筑桩基技术规范》(JGJ 94—2008)的最主要特点,这也是该规范与铁路桥规规定同一桩基不应同时采用摩擦桩和柱桩,不宜采用不同直径、不同材料、桩端高程相差过大的摩擦桩的桩基设计基本思路最大的区别。

虽然《建筑桩基技术规范》(JGJ 94—2008)采用变刚度调平桩基概念设计,铁路桥梁一般基础平面尺寸较小,而承台按刚体受力假设,和建筑是不同的。铁路桥梁不等长桩能否采用变刚度调平桩基概念设计尚待进一步研究。

12.4.5　大直径桩

何谓大直径桩?现阶段铁路桥规没有具体规定。《建筑桩基技术规范》(JGJ 94—2008)是将直径大于 0.8 m 的桩称作大直径桩。随着桩基的发展,将直径大于 0.8 m 的桩称为大直径桩显然是不合适的。大直径桩的定义也要发展,目前有将直径大于 2 m 的桩称作大直径桩的,也有将直径大于 2.5 m 的桩称作大直径桩的。《公路桥涵施工技术规范》(JTG/T F50—2011)中术语的解释,大直径桩是指直径大于或等于 2.5 m 的钻孔灌注桩,姑且可以作为大直径桩定义。

自 20 世纪 70 年代以来,大直径钻孔灌注桩逐渐受到偏爱。其主要优点是设备简单、操作方便、变水下作业为陆上作业,因而可简化施工过程,降低造价,且可增加工点,缩短工期。由于大直径桩的荷载传递机理和变形特征与普通中、小直径桩存在明显的差异,因此用中、小直径桩计算理论来分析大直径桩是不合适的。

1. 大直径桩的尺寸效应

(1)大直径桩端阻力的尺寸效应

大直径桩静载试验 Q—s 曲线均呈缓变型,反映出其端阻力以压剪变形为主导的渐进破坏。Meyerhof(1998 年)指出,砂土中大直径桩的极限端阻随桩径增大而呈双曲线形减小。根据这一特性,提出将大直径桩的极限端阻 Q_{ph} 由中等直径桩的极限端阻力 q_{ph} 乘以端阻尺寸效应系数 Ψ_p 确定:

$$Q_{ph}=\Psi_p q_{ph} \tag{12-29}$$

$$\Psi_p=\left(\frac{0.8}{D}\right)^n \tag{12-30}$$

式中 D——桩端直径;

n——经验指数:对于黏性土、粉土,$n=1/4$;对于砂土、碎石土,$n=1/3$;

0.8——大直径桩临界直径(0.8 m)。

图 12-18 为大直径桩端阻尺寸效应系数 Ψ_p 与桩底直径 D 的关系及试验结果比较,大直径桩端阻尺寸效应系数 Ψ_p 计算值见表 12-16。

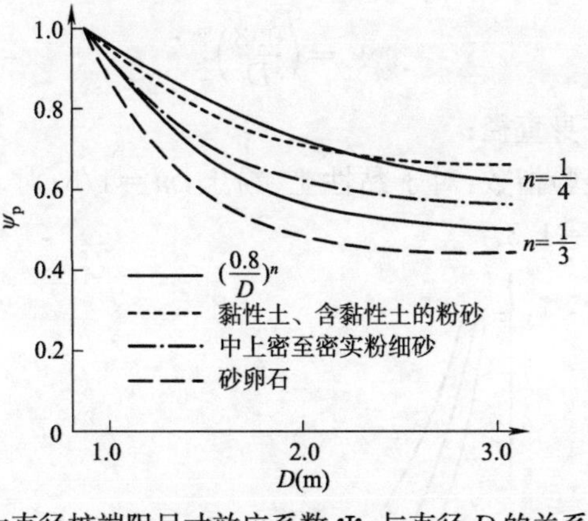

图 12-18 大直径桩端阻尺寸效应系数 Ψ_p 与直径 D 的关系与试验比较

表 12-16 大直径桩端阻尺寸效应系数 Ψ_p 计算值

桩端直径 D(m)	Ψ_p	
	黏性土、粉土	砂土、碎石土
1.0	0.946	0.928
2.0	0.795	0.737

续上表

桩端直径 D(m)	Ψ_p	
	黏性土、粉土	砂土、碎石土
3.0	0.719	0.644
4.0	0.669	0.585
5.0	0.632	0.543
6.0	0.604	0.510
7.0	0.581	0.485
8.0	0.562	0.464

(2)大直径桩侧阻尺寸效应系数

桩成孔后产生应力释放，孔壁出现松弛变形，导致侧阻力有所降低，侧阻力随桩径增大呈双曲线形减小(Brandl，1985 年)，如图 12-19 所示。据此建议大直径桩极限侧阻力 Q_{su} 由中等直径桩的极限侧阻力 q_{sk} 乘以侧阻尺寸效应系数 Ψ_s 确定：

$$Q_{su}=\Psi_s q_{sk} \tag{12-31}$$

$$\Psi_s=\left(\frac{0.8}{D}\right)^m \tag{12-32}$$

式中 D——桩身直径；

m——经验指数：对于黏性土、粉土，$m=1/5$；对于砂土、碎石土，$m=1/3$。

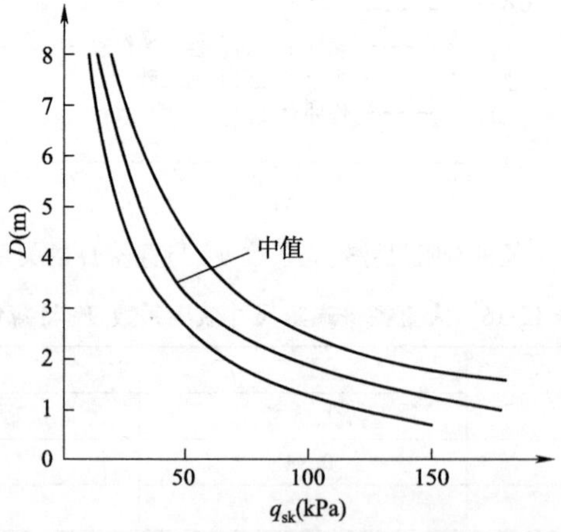

图 12-19 砂、砾土极限侧阻力随桩径的变化

大直径桩侧阻尺寸效应系数 Ψ_s 计算值见表 12-17。

表 12-17 大直径桩侧阻尺寸效应系数 Ψ_s 计算值

桩身直径 D(m)	Ψ_s	
	黏性土、粉土	砂土、碎石土
1.0	0.956	0.928
2.0	0.833	0.737
3.0	0.768	0.644
4.0	0.725	0.585
5.0	0.693	0.543
6.0	0.668	0.510
7.0	0.648	0.485
8.0	0.631	0.464

2. 大直径桩承载力参数取值

大直径钻孔桩，为了防止塌孔常采用相对密度大的泥浆或就孔投放泥块造浆，致使泥皮过厚。据报道，某桥由于泥皮厚度达 10 mm 多，承载力仅为设计荷载的 30%，几乎接近淤泥质土层的程度。由此可见，钻孔桩成孔所用之泥浆，尤其是高比重稠浆，不仅会产生泥皮过厚降低桩周摩阻力的缺点，同时也会造成孔底沉渣过厚的弊端，致使桩底反力也严重降低的问题。

现行的钻孔桩承载力的计算公式和参数，还是 20 世纪 70 年代根据 105 根直径 1.2 m、桩长 40 m 的钻孔桩试验资料而提出的，迄今已有 40 年了。所以这一公式只能是一个仅适用于小直径的使用性纯经验公式。现在外延用在大直径(2.5～6 m)深基础的钻孔灌注桩上来计算承载力，就会有很大的离散性和差别。

另外，规范对泥皮厚度的增厚问题没有足够的认识和规定，造成了桩的承载力相应降低，以致带来安全隐患。

12.4.6 桩基水平力作用计算 p—y 曲线法

现行铁路规范桩基水平力计算采取了地基反力系数法中的 m 法，该法假定地基反力系数随深度按直线增加，能较好地反映地基系数沿深度分布的情况。m 法仅能反映土的弹性性能，在桩身水平位移不大时，能很好地反映桩土相互作用。但当桩发展到较大的位移，土的非线性反应将变得突出，使土压力同位移呈线性关系的求解方法不相适应，用 m 法计算将会出现较大误差，并且随着水平荷载的增大，误差也随之较多地增大。

p—y 曲线法是对这一问题的较先进研究方法之一。其基本思想就是沿桩深度方向将桩周土应力应变关系用一组曲线来表示(图 12-20)，即 p—y 曲线，它综合反映桩周土的非线性特征、桩的刚度和外荷载的性质。在某深度处，桩的横向位移 y 与单位桩长土反力合力之间存在一定的对应关系。曲线法考虑了土的非线性反应，既可用于小位移，也可用于较大位移情况的求解。

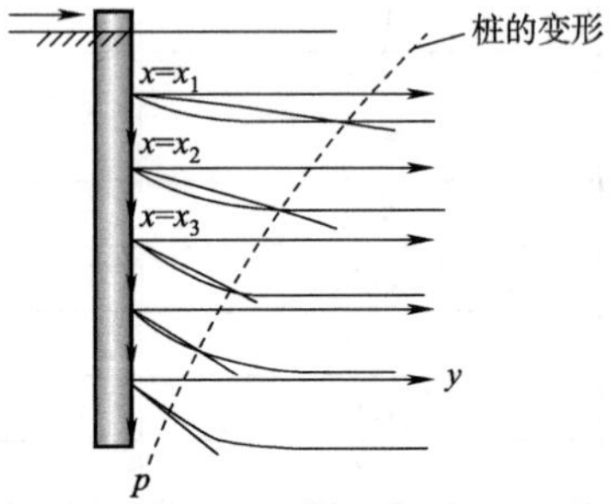

图 12-20　p—y 曲线

在实际工程应用中，p—y 曲线可采用实测 p—y 曲线，也可选用标准 p—y 曲线。但实测 p—y 曲线通常难以获得，因此对常规工程结构可采用美国 API 规范中给出的 p—y 曲线形式。其中，砂土采用 Reese 等建议的公式，黏土采用 Matlock 等建议的公式。

1. 砂土的 p—y 曲线

如图 12-21，砂土的 p—y 曲线分三段：Ok 和 mu 为直线，km 为抛物线；k，m，u 各点的值见表 12-18。表 12-18 中，$n=p_m(y_u-y_m)/y_m(p_u-p_m)$；$\phi_B$，$\phi_A$ 为实验修正系数；k_1 值见表 12-19，km 段方程为 $p=p_m(y/y_m)^{1/n}$。其中，砂土中单位面积的极限土抗力 p_u 取式(12-33)和式(12-34)的较小值。令两式相等，可得到临界深度 x_r。

$$p_{u1}=\left[\frac{C_1}{D}+C_2\right]\gamma' x \tag{12-33}$$

$$p_{u2}=C_3\gamma' x \tag{12-34}$$

式中　γ'——有效容重；

x——深度；

D——桩径；

C_1，C_2，C_3——随内摩擦角变化的系数(图 12-22)。

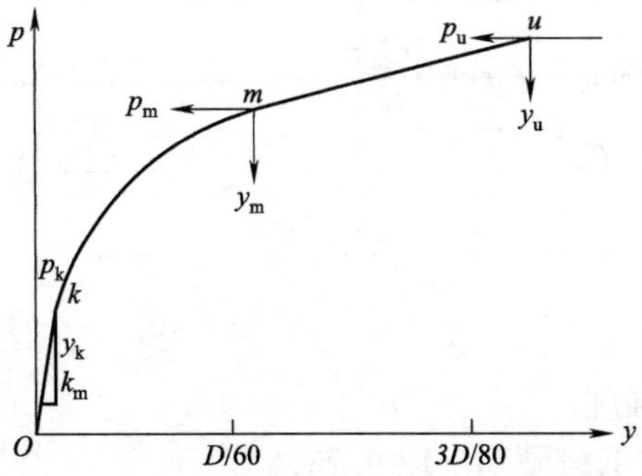

图 12-21　砂土的 p—y 曲线

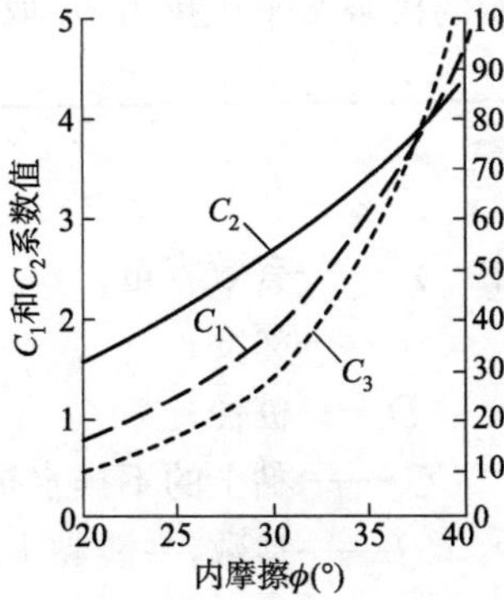

图 12-22　C_1, C_2, C_3 系数值

表 12-18　u, m, k 点的 p, y 值

	u 点	m 点	k 点
p	p_u 式(12-32)$x \leqslant x_r$ 式(12-33)$x > x_r$	$p_m = \frac{\phi_B}{\phi_A} p_u$	$p_k = k_1 x y_k$
y	$y_u = \frac{3}{80} D$	$y_m = \frac{1}{60} D$	$y_k = \left[\frac{p_m}{k_1 x (y_m)^{\frac{1}{n}}}\right]^{\frac{n}{n-1}}$

表 12-19　k_1 值(MN/m³)

砂土密度	k_1
松散	5.0
中密	15
密实	35

2. 软黏土的 p—y 曲线

短期静荷载作用下，分两种情况：当 $y > 8y_{50}$ 时，$p/p_u = 0.5(y/y_{50})^{1/3}$；当 $y \geqslant 8y_{50}$ 时，$p/p_u = 1$［图 12-23(a)］。其中，y_{50} 指土体抗力达到极限承载力一半时，桩身的变形。

循环荷载作用下，当 $y < 3y_{50}$ 时，$p/p_u = 0.5(y/y_{50})^{1/3}$。当 $y \geqslant 3y_{50}$ 时，分两种情况：$x \geqslant x_r$ 时，$p = 0.72p_u$；$x < x_r$ 时，当 $y \geqslant 15y_{50}$，$p = 0.72p_u(x/x_r)$；$3y_{50} < y < 15y_{50}$，为一直线［图 12-23(b)］。其中，软黏土中单位

面积的极限水平土抗力 p_u 取式(12-35)和式(12-36)的较小值。

$$x<x_r \quad p_u=3C_u+\gamma' x+\frac{JC_u x}{D} \tag{12-35}$$

$$x>x_r \quad p_u=9C_u \tag{12-36}$$

式中 γ'——有效容重；

x——深度；

D——桩径；

C_u——黏土的不排水抗剪强度；

J——常数，一般黏土取 0.5，较硬黏土取 0.25；

x_r——临界深度，令上述两式相等可得。

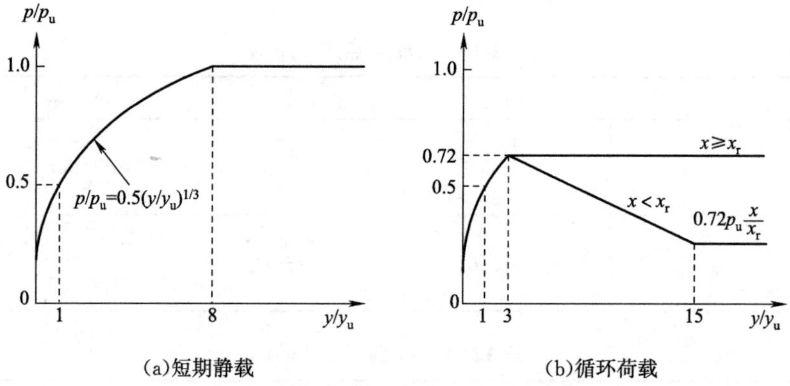

(a)短期静载 (b)循环荷载

图 12-23 软黏土的 p—y 曲线

p—y 曲线法可应用于静力的短期荷载和循环反复荷载，也适用于任意尺寸、刚度和嵌固状态的桩在发生了弹性变形以至产生塑性变形和达到或超过剪切破坏时的内力和变位计算，在海洋工程结构中，p—y 曲线法已有较广泛的应用。

1992 年由能源部颁发的《海上固定平台规划、设计和建造的推荐作法》(SY/T 4802—92)，等同采用美国石油学会制定的《海上固定平台规划、设计和建造的推荐作法》(1989 年版)，该标准在水平力计算时推荐采用 p—y 曲线法。

《港口工程桩基规范》(JTJ 254—98)保留了原《港口工程技术规范》第六篇第二册《桩基》(JTJ 222—87)规定桩在水平力作用 m 法，同时考虑到柔性靠船桩和全直桩码头水平位移大，需要采用更为符合实际的计算方法，修订规范时对 p—y 曲线法进行了研究，并首次列入港口工程规范。

该规范在修订时，对 6 项工程的 8 根水平力试桩和 1 根模型桩，采用 m 法和 p—y 曲线法计算桩在泥面位移、桩身最大弯矩及其所在位置，与试桩结果进行对比。8 根工程桩包括钢管桩、预应力混凝土大管桩和预应力混凝土方桩。p—y 曲线法只要土工指标（黏性土不排水抗剪强度、三轴不排水压缩试验最大主应力差一半时的应变值 ε_{50}，砂土的 φ 值）取得准确，计算值接近试验值。表 12-20 为理论计算与水平力试桩比较。

表 12-20　理论计算与水平力试桩比较

项　目		工程名称	
		北仑二期工程	苏州河挡潮闸
桩　型		钢筋混凝土桩 （截面 600 mm×600 mm）	钢管桩 （ϕ900 mm×16）
水平力（kN）		40	30
泥面位移（mm）	试桩	44.66	50.1
	m 法	20.14～27.63（m 值取上、下限）	37.40～49.45
	p—y 曲线法	48.12	50.75
最大弯矩（kN·m）	试桩	461.43	3 117
	m 法	521～518	5 397～5 698
	p—y 曲线法	486	3 560

该规范给出桩位于软黏土、砂土的 p—y 曲线计算公式，硬黏土宜配合试桩使用。

p—y 曲线法的土反力与变形之间为非线性关系，计算结果与实测结果附合较好，但由于计算参数难以获得，未能在我国其他行业标准推广使用。

2019 年 4 月常州"铁路桥梁桩基智能化后压浆技术研讨会"上，中国铁路总公司工程鉴定中心陈良江也提到用 m 法计算普通铁路桩基尚可，但无法满足高速铁路桩基水平承载计算的精度要求，提出采用 p—y 曲线法与地基反力系数法相比更加合理。

由于 m 法已有多年使用经验，计算简便，当桩在地面处位移较小时仍是一种实用方法，规范应予以保留。而在地震、波浪等动力荷载作用下，桩侧土体已进入非线性，桩顶位移较大，将 $p—y$ 曲线法用于桥梁桩基础计算的结果，与试验结果比较证明该方法是合理的。因而有必要研究在规范中补充大位移水平力作用 $p—y$ 曲线法，以适应铁路桥梁桩基高精度设计需求。

现行《港口工程桩基规范》(JTS 167-4—2012) $p—y$ 曲线法具体规定详见本书附录 F。

12.4.7 超长桩的探讨

超长桩基础对于提高上部结构的承重及控制地基的沉降量具有一定的效果，对于处于地质较差或承载较大的建筑，采用超长桩基础具有良好的工程和经济效益。近年来，随着超长桩在大型桥梁、软土地基中得到越来越广泛的应用，现行关于超长桩承载特性的理论研究却大大滞后于实际工程。设计者们一般都是按照普通桩的受力原理来分析，加以经验值或数值模拟的方法来进行设计，其受力特性和影响其承载力发挥的因素等问题仍然未能得到解决，这就会造成设计的桩越来越长，不仅消耗大量建设资金，而且给施工带来困难，给环境也都带来不利影响。因此有必要对超长桩存在的问题进行深入研究，特别是软土地基超长桩控制指标，从而对现行规范条文修改完善提出建议，制定适合中国铁路的超长桩适用标准。

对于超长桩的界定，国内有关桩基础的现行规范都没有明确的规定，超长桩的提法可以大概分为三类：①根据绝对桩长确定；②依据端阻占桩顶荷载比例确定；③以长径比 L/D 确定。研究表明 L/D 对桩基荷载传递的影响较大，因此在定义超长桩的概念时应主要考虑 L/D，以 $L/D \geqslant 50$ 作为判断超长桩的标准更合理。

浙江大学岩土工程研究所通过黄土地区超长钻孔灌注桩进行单桩静载荷试验，总结了桩侧阻力发挥的主要影响因素。

1. 成孔施工工艺的影响

成孔施工的时间、护壁泥浆特性、使用的钻机等对侧阻力的发挥有直接的关系。若施工时间长，钻头及护壁泥浆使用不当，会使桩周土应力松弛、塌孔或土结构扰动，形成松动土层，影响侧阻力的发挥。

2. 桩长的影响

当桩的长度超过某一极限值时，其承载力的增量几乎为零，即超过这一极限桩长后，再增加桩长，承载力几乎不再增大，对工程实用而言，已毫无意义。这个极限长度称为有效桩长。

对于工程设计，单桩的最大荷载为容许承载力，一般安全系数为 2，即极限荷载的一半为单桩的容许承载力[P]，假设在[P]荷载下，桩端处的位移接近于零时，此时的桩长即为工程设计所定义的有效桩长 L_u，对于 L_u，国内的所有工程规范均无规定，可以说是一片空白。因此，导致有的设计人员盲目增加桩长，不仅造成浪费，也增大了施工的难度，增长了工期。

L_u 决定于桩经过的各土层的抗力性质、桩的直径和桩的刚度。可以认为，桩径、桩材和土的性质一定的条件下，在弹性范围内，有效桩长为一常量。

当桩长较长时，桩端土对单桩承载力贡献明显减小，荷载主要由桩侧阻力承担。所以，桩很长时，实际上总是摩擦桩，不仅端阻很小，而且桩的下段侧阻也较小，并不经济，要想提高承载力，宜适当加大桩径。

总而言之，对于超长桩，侧阻力沿桩长的分布具有一定的深度效应，由于桩身压缩的影响，长桩下部的侧阻力不易发挥，当桩长达到一定的长度后，再试图通过增加桩长来提高承载力，效果不甚明显。

3. 桩周土层分布位置的影响

桩周不同深度中的土层有着不同的应力状态，对于上部土层，所受的围压较小，其侧阻力不易充分发挥。随着深度增大，土所受围压的加大，桩的侧阻力才有可能随着荷载的增加，自上而下逐渐发挥出来。

4. 土层性质的影响

桩周土有较好的工程特性，才有可能发挥较大的侧阻力。但侧阻力的发挥又不仅仅取决于桩周土性质的好坏，并非桩身不同部位性质较好的土层都能发挥较高的侧阻力。

至于桩端阻力发挥性状：在桩顶荷载施加的初期，荷载均由桩侧阻力承担，桩端土尚未作用荷载；当桩端出现阻力时，随着桩顶荷载的增加，端阻力增加的速率也很缓慢。桩端阻力占桩顶荷载的比例随着桩顶荷载的增加有所增大。

南京大学研究人员采用光纤传感器对超长灌注桩进行了现场静载试验，地基土以粉土和粉质黏土为主，中间夹粉、细砂层。试桩的静载试验参数如下：A 试桩桩径 1.0 m，桩长 67.0 m，最大加载 27 000 kN，最大沉降 34.27 mm，残余沉降 10.00 mm；B 试桩桩径 1.0 m，桩长 67.0 m，最大加载 27 000 kN，最大沉降 38.85 mm，残余沉降 11.62 mm。各土层物理性质指标见表 12-21。

表 12-21　某试桩现场地基土物理力学指标

层序名称	土　层	厚度(m)	容重 (kN/m^3)	变形模量 E(MPa)	含水量 w(%)	孔隙比 e(%)	饱和度 S_r(%)
1	粉　土	6.9	18.94	3.8	23.3	64	100
2	粉质黏土	14.5	18.64	4.6	25.3	71	97.7
3	粉　砂	17.4	19.90	11.4	22.7	65	93.0
4	细　砂	26.6	20.30	11.4	15.3	45	91.0
5	细　砂	39.0	19.17	35.0	19.8	59	91.3
6	粉　土	44.4	18.76	14.2	22.3	65	96.0
7	粉质黏土	47.7	18.47	18.0	24.9	73	93.0
8	粉　土	53.0	19.05	23.3	21.2	61	95.0
9	粉质黏土	61.0	18.82	18.0	22.0	64	93.0
10	粉质黏土	67.0	18.89	19.3	21.8	64	93.0

桩身轴力分布曲线如图 12-24 所示，根据测试结果，上部的桩身轴力随深度递减，到了 46 m 以下部分桩身轴力值就较小了，桩身轴力分布曲线较陡，到了桩端几乎不承担荷载，说明超长桩的侧摩阻力大大降低了桩端阻力发挥，使超长桩在试验荷载下基本上只发挥出纯摩擦桩的功能。

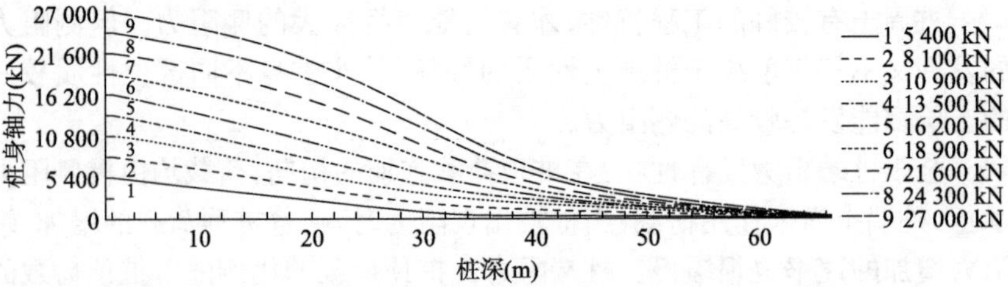

图　12-24

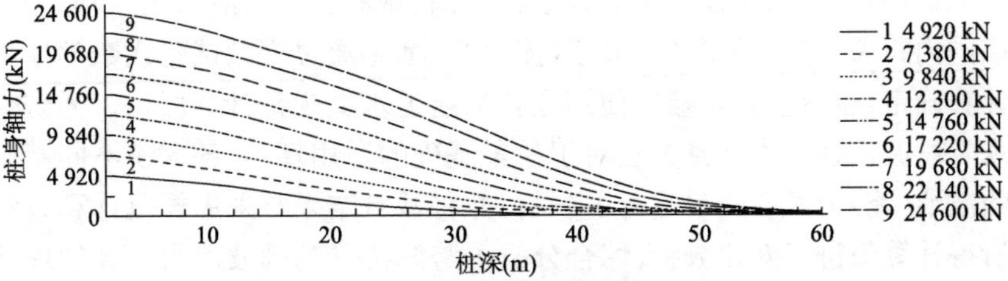

图 12-24　*A* 及 *B* 试桩桩身轴力分布曲线图

总之,超长桩作为一种较好的地基基础形式,已在越来越多的工程中运用,但依然存在着较多问题,如超长桩承载力计算公式问题、超长桩有效桩长确定问题等。对于这些问题可以通过模型试验、原位试验或数值模拟等技术来实现。超长桩的理论推导大大滞后于其在工程上的应用,故也需要更多理论知识来研究影响超长桩承载力的因素,根据这些影响因素在设计、施工时进行适当的调整,从而做到在保证安全性的同时减少浪费。

12.4.8　跨海桥梁群桩基础波浪流力计算

近年来,建于近海和跨越海湾、海峡的铁路桥梁工程日渐增多,其下部结构在波浪和海流共同作用下,将受到较大强度的水平波浪(流)力作用,波浪(流)荷载成为桥梁基础设计的控制荷载,在设计中准确计算波流力的大小,对于工程的可行性、安全性、经济性具有重要的意义。

对于跨海桥梁基础波浪(流)力计算,《2017 年桥规》仅仅在 4.4.9 条原则规定:波浪力应按现行《港口与航道水文规范》(JTS 145)的有关规定计算。但由于各海域的水文条件不同,波浪和海流的影响复杂,且桥梁墩台的结构形式多样,故难以规定统一的波浪力值,因此建议设计时可根据具体工点情况,通过专题研究来确定波浪力的大小。当缺乏针对性研究时,可参照相关行业标准规范的规定计算。《港口与航道水文规范》(JTS 145—2015)给出了建立在绕射理论基础之上的圆形墩柱基础一次近似解的结果,对于矩形墩柱波浪力计算,给出了经验计算方法或换算成圆形进行计算的公式。这些公式都有一定的适用范围,应用时要注意其适用条件。

目前，中铁大桥设计院设计了杭州湾、东海、舟山、港珠澳、平潭等多座国内跨海大桥，桥梁基础波浪（流）力大都是通过模型试验或数学模型计算确定，也有些直接参考使用港口与航道水文规范计算所得。为研究现阶段波浪（流）力计算方法对于桥梁基础的适用性，对各大桥不同基础的波浪（流）力试验资料进行了分析，并将试验结果与采用规范计算方法所得计算值进行对比分析，综合分析了跨海桥梁基础波浪力计算的现状及存在的问题，为跨海桥梁基础波浪力计算做了很多基础性工作。

国内在跨海桥梁设计中，设计大直径群桩基础较多，现将中铁大桥设计院胡勇等《跨海桥梁基础波浪（流）力计算问题探讨》一文要点介绍如下：

1. 桥梁基础波浪力特点

跨海桥梁基础结构与海港码头基础结构所受波流力特点有所不同。桥梁桩基基础由桥墩、承台和桩基组成，结构从上到下的尺度不一，桩基属小直径桩柱（$D/L<0.2$），桥墩、承台属于大尺度墩柱（$0.2<D/L<1$）。

目前桥梁桩基基础波流力的计算主要是将各部分分开计算，然后进行迭加。采用此种计算方法进行波浪力计算，有 3 个方面的问题需要考虑：

（1）一般情况下，桥墩、承台和桩基都将受到波流力作用，三者之间是相互影响的，通过工程实践及理论分析初步认为，在桩基和桥墩波浪力计算时，应考虑承台的反射对桥墩和桩基波浪力的影响，乘以一个承台反射增大系数，一般可取 1.2～1.3。

（2）桩基波浪力计算采用的 Morison 方程的基本假定是结构物的存在不影响波浪的传播，由于上部承台和桥墩的结构尺寸较大，将使得结构周围的波浪场发生变化，Morison 方程可能不适用桥梁桩基础计算。

（3）现有大尺度墩柱、小尺度桩柱的波浪力计算方法，是在对从海底延伸到水面的墩柱进行理论分析和数值计算的基础上得来的，将此应用到桩基、承台及墩身的波浪力计算，对波浪力计算结果有何影响还需进行研究。

2. 桩基波浪（流）力计算

对已建桥梁基础小直径桩基波浪力试验数据分析表明：单根小尺度桩柱纯波浪力的计算，采用 Morison 方程的计算值与模型试验值较为吻合，对于单根小尺度桩柱波流力的计算值与试验值有较大差别，有的计算值仅为试验值的 50%左右；对于群桩基础，由于相位差的因素及桩的相互影响，使得群桩中各组成桩的受力常与孤立桩有较大的区别，目前规范中只给出了两排、两列群桩间距小于4倍桩径桩的相互影响系数，但对于三排以上群桩无法进行准确计算。此外，值得注意的是，现有桩群影响系数是针对纯波浪条件的，在波流共同作用下，由于水流的存在，桩群的影响将加强，桩中心距应大于8～10倍桩径才可忽略群桩影响，目前研究较少。

3. 沉井、承台及桥墩波浪(流)力计算

沉井、承台及桥墩等大尺度墩柱波浪力的试验值和计算值对比表明，对于圆形结构，计算值和试验值的误差在20%左右；对于方形和矩形，计算值和试验值相差较大。

对于沉井、承台及桥墩等波流力计算，目前规范中没有计算方法，一般认为，对于大尺度波流力，波浪的惯性力占主要，水流拖拽力占较少，可忽略海流对波浪力的影响，根据已建桥梁基础模型试验值与计算值对比表明，桥墩、承台波流力试验值与采用规范计算方法所得波浪力相比，相差在±20%以内。当水深较大时，由于海流流速随水深的变化较缓慢，整个水深范围内都有拖拽力；而波浪质点速度随水深的增大而减小，一定水深范围以下，流速为零，即波浪力只作用于水表面，而水流拖拽力作用于整个水深范围，此种情况拖拽力较大，对比分析表明，随着水深的加大，水流力将达到波浪力的50%以上。值得一提的是，线性波理论更适用于深水波，因此目前建立在线性波理论上的波浪(流)力计算方法，对特大深水情况也更适用。分析后认为，此种结论应该只适用于强波、弱流条件，且水深不太大的情况。综合分析认为，沉井、承台及桥墩等波流力的计算应根据波浪和海流的相对强弱关系来采用不同的方法：对于海流较弱的海域，运用弱流假定，采用势流理论求解波流力；对于海流和波浪都较弱，波流耦合作用可忽略的情况，认为波浪和水流相互独立，分别采用势流理论计算波浪力，然后迭加；对于强波强流的海域，波、流耦合效应不可忽略，弱流假定也不成立，目前只能通过物理模型试验测量波流力。

4. 横向波浪(流)力

根据流体力学理论，置于水流中的结构物除受到顺水流方向的力外，由于水流的紊动作用使得结构物还将受到垂直于水流运动方向的力。研究表明，横向力的大小与$KC=u_{m}T/D$数有关，只有当KC数>15时，波浪中漩涡释放引起的横向力会发生。现有研究发现，纯水流作用下的横向力较大，最大达到顺向水流力的0.8左右。波浪作用下，小尺度桩柱上横向波浪力往往不容忽视，它可使作用在桩柱上的波浪合力比正向力增大达40%（规则波）和18%（不规则波），甚至更大，但在计算群桩波浪力时，由于同一时刻各桩的横向力方向可能不同，迭加起来，可以认为整个群桩的横向力可不考虑。而对于大尺度墩柱，尺度D较大，KC数较小，墩柱后不形成涡街，横向力较小，可忽略。波流共同作用下的大尺度墩柱的横向力，应根据水流的强弱来区分，对于水流较弱情况下，波浪作用使得墩柱周围的漩涡释放较少，加上波浪对水流漩涡的推动作用，使得墩柱周围的漩涡强度较低，导致横向力较小或基本不产生横向力。强流作用下，在墩柱周围将有较强的漩涡产生，对于强流条件下的横向力目前研究较少。

为了更好地了解波浪对桥梁基础的作用，本书根据《港口与航道水文规范》(JTS 145—2015)波浪对桥梁基础作用的相关规定编成的附录G，可供跨海桥梁深水基础设计时参考。

12.5 关于"沉井基础"的几个问题

12.5.1 超大平面沉井基础设计受力的研究

沉井基础具有承载能力强、整体性好、兼具施工围堰等特性，在大型桥梁等建筑物中广泛应用。随着我国铁路、公路交通的不断发展，跨越大江大河的大跨径桥梁不断增多，沉井基础的尺寸同样不断增加。大型沉井基础在南京、九江、枝江、江阴、马鞍山、泰州、杨泗港等跨长江大桥中得以应用。在国外，沉井基础应用于明石海峡大桥、北备赞濑户大桥、大贝尔特东桥等大型桥梁。随着国内大型公铁两用桥梁沪苏通长江公铁大桥、连镇铁路五峰山长江大桥的修建，沉井基础平面尺寸先后超过5 000 m^2、7 000 m^2。国内外部分大型沉井基础见表12-22。

表12-22 国内外部分大型沉井统计

序号	桥梁名称	建成年代	沉井类型	平面尺寸(m)	高(m)	平面面积(m^2)	特点
1	五峰山长江大桥	2019	钢筋混凝土	100.7×72.1	56	7 260	平面尺寸最大

续上表

序号	桥梁名称	建成年代	沉井类型	平面尺寸(m)	高(m)	平面面积(m^2)	特点
2	Rion-Antirion 桥	2004	混凝土	直径 90	—	6 359	抗震
3	明石海峡大桥	1998	钢沉井	直径 80/78	70/67	5 024	—
4	沪苏通长江公铁大桥	2019	钢筋混凝土	86.9×58.7	115	5 101	—
5	北备赞濑户大桥	1988	浮式钢	59×75	55	4 425	抗风抗震
6	南京栖霞山长江大桥	2012	钢筋混凝土	69×58	52.8	4 002	—
7	江阴长江公路大桥	1999	钢筋混凝土	69×51	58	3 519	—
8	鹦鹉洲长江大桥	2014	钢筋混凝土	直径 66	43	3 419	空气幕
9	马鞍山长江大桥	2013	钢筋混凝土	60.2×55.4	48	3 335	真空负压
10	铜陵长江大桥	2015	钢筋混凝土	62.4×38.4	68	2 396	—

随着沉井尺寸的不断增大，沉井下地基土体不均匀性进一步突出，对沉井施工工艺的要求急剧提高。

在下沉过程中，沉井结构安全、沉降控制、沉井状态调整均面临显著的困难。随着沉井基础不断向更大平面尺寸、更大体积方向发展，超大型沉井基础在空间受力特性、施工工艺选择、施工控制等诸多方面展现出与中小型沉井基础完全不同的新特点及高要求。目前，有关沉井结构下沉受力、结构控制理论与研究成果主要基于平面面积 1 000 m^2 以下的中小型沉井，而对于大型沉井基础，面临诸多新的问题，甚至带来安全隐患。

连镇铁路五峰山长江大桥针对超大型沉井基础的施工全过程进行受力仿真分析及理论分析，得到如下结论：

(1)超大型沉井因平面尺寸的增加，其下沉施工中的受力特点与中小型沉井存在显著不同，传统的“大锅底”施工工艺会造成沉井显著的受弯效应，特别是下沉初期，沉井底部混凝土拉应力过大甚至影响沉井结构受力安全，应保持沉井均匀开挖下沉。

(2)在沉井下沉过程中，随着下沉深度的增加，井壁摩阻力不断增大，井壁周围土压有利于沉井结构受力，施工可逐步调整为多分区开挖；终沉前需要根据摩阻力调整施工工艺。

(3)随着沉井平面面积的增大，加剧了地基的不均匀性及施工不同步的影响，并显著增大了沉井基础的基底阻力、井壁摩阻力，带来沉井复杂的受力状态，受弯、受扭等工况显著增加，易于出现滞沉、突沉、翻砂等异常工况，威胁沉井结构受力安全及正确的几何姿态。

(4)针对超大平面面积的沉井基础，可适当考虑增加部分预应力钢束以提高沉井结构抗裂性及抗异常工况能力；在施工中可引入自动化的实时在线施工监测与控制实现及时预警与调整以确保顺利施工；在下沉后期可通过空气幕、射水等措施解决滞沉问题；均匀吸泥、均匀下沉、实施监控、及时缓慢纠偏、保持良好几何姿态是保证沉井结构受力安全、顺利施工的核心要素。

12.5.2 智能气压沉箱应用

我国1901—1943年，共有津浦、浙赣、肖穿、成渝、陇海、京广、京山、沈丹、长图、绥佳、滨洲、滨北、平齐等线19座桥修建气压沉箱163个。新中国成立后从1954—1959年共有黎湛、丰沙、鹰厦线漳州支线、三茂、包兰线白宝支线等线5座桥梁修建沉箱11个。此后这种基础型式在我国铁路桥梁上已不再采用。究其原因是气压沉箱基础，工人必须在高压空气中施工，严重损伤了工人的身体健康，有很大的危险性，为我国劳动法不能容许的。

自进入20世纪60年代以来，对采用其他基础施工无法排除障碍的情况时，该工法进入了无人化、自动化施工的时代，从而使得气压沉箱这一古老的施工技术得到了新生。

在日本，随着科学技术的进步，气压沉箱基础技术由最初的人力施工，经历了机械化、无人化、自动化，以至导入特殊的呼吸保护系统，实现了大深度施工的自动化，表12-23所列为日本部分较大深度的压气沉箱基础施工情况。

表12-23 日本部分较大深度的压气沉箱基础施工情况

竣工年月	工程名称	深度(m)	工作气压(MPa)	平面尺寸(m)	高气压障碍预防措施
1969.5	安治川大水门中央基础	51.50	0.289	24.0×12.0	有人机械，深井降水
1975.9	扇岛高炉基础	56.30	0.294	31.15×31.15	有人机械，深井降水
1983.11	葛饰拱桥主塔基础	56.15	0.363	ϕ24.1	有人机械

续上表

竣工年月	工程名称	深度(m)	工作气压(MPa)	平面尺寸(m)	高气压障碍预防措施
1985.5	千叶导水路立坑	49.37	0.314	20.4×14.1	有人机械,深井降水
1989.1	荣桥立坑	52.49	0.392	12.1×8.6	无人化,深井降水
1990.4	台场锚干基础	46.50	0.290	70.1×45.1	无人化,深井降水
1993.3	名港中央大桥西塔基础	52.50	0.294	34.1×30.1	无人化,深井降水
1996.1	名港西大桥西塔基础(Ⅱ)	45.00	0.392	40.1×27.1	无人化,呼吸系统
2000.6	高砂立坑	51.50	0.431	ϕ12.5	无人化,呼吸系统
2000.8	柴岛立坑	63.52	0.539	ϕ17.6	无人化,呼吸系统

2007年,在上海市轨道交通7号线工程,我国首例远程控制无人化自动挖掘沉箱成功应用。沉箱平面尺寸为25.24 m×15.60 m,高29.0 m;沉箱工作室净高2.5 m。井壁厚度为外井壁厚上部1.2 m,下部1.6 m,井内设截面为1.0×0.6 m的井字梁作主要承力构件。沉箱分六节制作,四次下沉,制作高度见表12-24。

表12-24　制作高度及下沉深度

工　况	节　段	制作高度(m)	下沉深度(m)	备　　注
第一次下沉	1、2、3节	7.6	6	基坑预挖3 m,实际下沉3 m
第二次下沉	4节	4.2	10.2	
第三次下沉	5节	8.8	18.0	
第四次下沉	6节	8.4	29.012	

沉箱根据指示使悬挂在工作室顶板上的挖掘机进行挖土取土。沉箱液压挖掘机是根据气压沉箱施工需求所设计的一种特种自动化遥控液压挖掘机,通过先进的液压控制系统以及远程控制和监视系统,实现在深基础施工密闭气压沉箱内进行挖掘取土作业,它的研制成功使气压沉箱内的挖掘取土作业完全实现无人化。当沉箱内充入气压,操纵人员可以在地面控制室内通过远程电液比例对地下沉箱内的挖掘机进行远程控制操纵,彻底解决了过去有人进入密闭气压沉箱作业而带来的醉氮沉箱病、作业时间受限制、挖掘效率低、作业成本高、施工不安全等重大问题。

如图 12-25 所示，主机是一种倒置式挖掘机，整个机器倒置安装在沉箱顶上，所以整个机器所有部件的受力情况与普通挖掘机截然不同。为了克服挖掘时的反作用力，增加了停车同步制动系统，及地面控制室对地下挖掘机的远程控制和监视系统。

图 12-25　气压沉箱倒置式挖掘机

放入皮带运输机，并将土放入螺旋出土机的底部储土筒内，土渣从螺旋出土机的底部储土筒装满土后，由设置在外套筒上方的出土口连续涌出，落入出土箱内，再由行车或吊车将出土箱提出，并运至井外。连续的土塞隔断了沉箱内、外空气的连通，起到了防止工作室内的高压气体向外界渗透的作用，使出土不必经过物料塔出土两次开、闭闸门气压调节的过程。另外沉箱物料塔也可作为备用出土口。

并且为了防止气压超过限值，在底板上设置进排气阀，当沉箱下沉至某一深度时，通过气压传感器进行气压实时量测，超过所设限值时实时启动警示系统，完成对工作室内的自动充、排气，维持工作室内的气压稳定。

沉箱达到终沉稳定、关键设备回收完成后，即可进行无人化封底混凝土施工。沉箱具有下列优点：

(1)沉箱工作室内的气压可平衡地下水压力，避免沉箱下沉出土施工中坑底出现隆起和流砂、管涌现象，尤其是在施工区域有承压水层的情况，从而有效控制周围土层的沉降。

(2)沉箱利用气压平衡箱外水压力，作业空间处于无水状态，不需要对箱外高水头地下水及承压水进行降水和降压处理，从而避免因降水引起的周边土体沉降。

(3)工作室内的压缩空气起到了气垫作用，消除沉箱急剧下沉的情况，同时容易纠偏和控制下沉速度及防止超沉，保证了施工安全和施工质量。

(4)沉井对含巨砾石的砂砾层、黏土软岩层等地层而言，施工难度大，容易出现突沉，易出事故；施工深度不易过大，通常小于 30 m；对周围地层沉降的影响大，抗震性差。而气压沉箱工法适用于各种地质条件，诸如软土、黏土、砂性土和碎(卵)石类土，还有软硬岩等地质条件，适于大深度施工；抗震性极佳。

(5)智能气压沉箱可以在地面上通过远程控制系统，在无水的地下作业室内实现挖排土的无人机械自动化，排除的土体也可以作为普通土进行处理。

然而智能气压沉箱也存在施工设备较复杂、操作相对复杂、成本高以及工作室沉箱出土效率仍然较低等诸多不足，有待进一步完善。

随着我国铁路大型跨海(湖、河)桥梁的建设，如何安全、快捷地建成大型桥梁深基础，应该是一个很现实的问题。智能化气压沉箱基础有希望在铁路桥梁深水基础工程中发挥新的作用。

12.6 关于“改建既有线、增建第二线的桥涵基础”的几个问题

12.6.1 增建第二线线间距对高速铁路的影响

现行规范规定：增建第二线桥时，在满足既有桥行车安全的条件下，合理确定两线间距，新旧基础可按以下原则进行设计。

(1)分离式基础仍有部分重叠时，应以竖直的和水平的沉降缝分隔开。分离式基础的计算均按两单线桥考虑，并应计算沉降的相互影响。对部分重叠的基础，检算第二线桥基底压应力时，应考虑横桥方向偏心的影响。

(2)整体式基础应按双线桥计算，并应采取措施联结牢固，联结断面应检算一线有车时产生的弯矩和剪力。

增建第二线桥时，必须采取措施防护既有线桥的行车安全。对于普速铁路一般采用上述两类防护措施是适用的，但对于高速铁路严格的变形控制应重新研究措施。

1. 满足高速铁路沉降要求的线间距

邻近既有高速铁路修建新的建筑物，由于新建建筑物的基础基坑开挖、抽水、降水、荷载增加等因素，对周围土层产生附加应力，从而引起高速铁路发生沉降变形。为确保既有高速铁路的运营安全，减少对运营的

干扰，设计中考虑对邻近既有高速铁路的影响。

如石济客运专线与京沪高速铁路并行距离长达 99.4 km。京沪高速铁路为我国最高标准的高速铁路之一，设计双线，速度 350 km/h，无砟轨道，铁路运输异常繁忙。《高速铁路设计规范》中规定：无砟轨道相邻墩台均匀沉降不大于 20 mm，相邻墩台沉降差不大于 5 mm。在石济客运专线设计中，如何保证石济客运专线的建设对京沪高速铁路不产生影响或较小影响，保证京沪高速铁路长期的运营安全，同时考虑到沿线为平原地区，土地资源珍贵，因此还要尽量压缩两条铁路之间距离，节省耕地，成为一个需专题研究解决的课题。设计采用有限元理论分析和施工安全等方面对京沪高速铁路的影响进行了分析研究，选取合理的线间距。

并行地段京沪高速铁路和石济客运专线平均桥高为 10 m，墩高 7 m 左右。采用大型岩土分析软件，建立了有限元模型，土体采用莫尔-库仑模型来模拟土的本构关系，模型上部边界为自由面，左右边界采用水平约束，底边界采用固定约束。深入分析了 15～40 m 等线间距时石济客运专线桥梁施工过程对既有京沪高速铁路桥梁附加沉降变形影响。根据地质资料，地面以下划分为 14 个土层，具体参数按照地质报告选取，主要计算结果见表 12-25。

表 12-25　沉降计算值

线间距(m)	附加沉降值(mm)	线间距(m)	附加沉降值(mm)
15	5.1	30	1.16
20	2.7	35	0.83
25	1.47	50	0.41

2. 满足施工安全的线间距

石济客运专线长距离与京沪高速铁路并行，设计中考虑施工期间大型桥梁施工机械作业时可能对京沪高速铁路安全运营的影响。大型施工主要有钻机进行钻孔桩作业和吊车吊装钢筋笼作业。

钻机作业时，钻机大臂长 17 m，钻头高 1.5 m，钻头距离地面 1.5 m，钻机作业时总高度为 20 m，旋转半径为 4 m。吊车作业时，钢筋笼长 16.5 m，吊索长 5 m，钢筋笼距离地面 1 m，终起吊高度为 23 m。施工时可能有以下情况发生：

(1)钻机倾覆，钻杆倒向京沪高速铁路一侧。

(2)吊索断裂，钢筋笼从吊机掉落下来向京沪高速铁路倾覆。

(3)吊机失稳，吊杆向京沪高速铁路倾覆。

从图 12-26 和图 12-27 中可以看出，考虑施工机械倾覆，需要安全操作空间 25 m 左右。

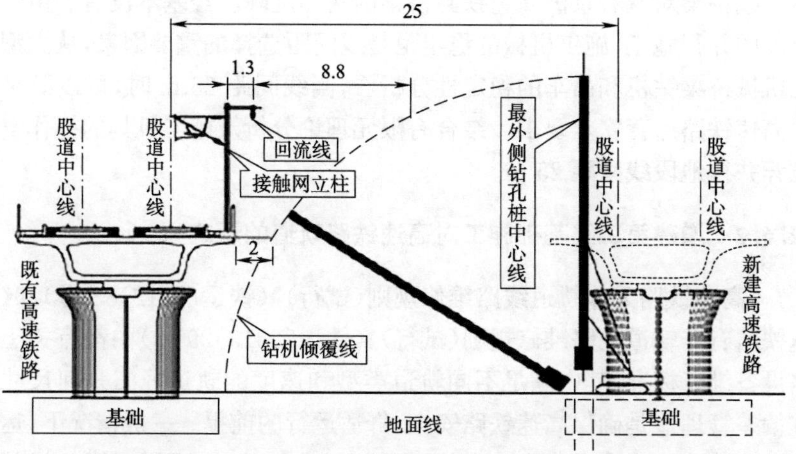

图 12-26　钻机作业(单位:m)

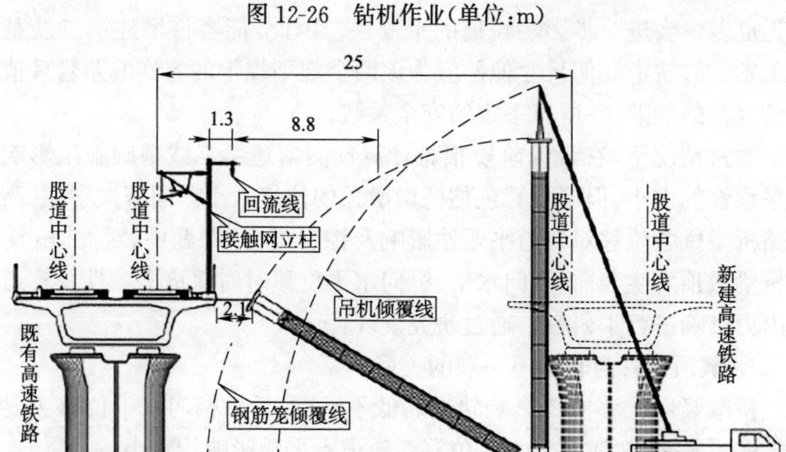

图 12-27　吊机作业(单位:m)

从理论计算看新建石济客运专线桥梁加载作用，将会对既有京沪高速铁路周围的土体产生附加影响，从而引起既有京沪高速铁路桥梁沉降变形，附加沉降影响随着线间距的增大依次递减。线间距 15 m 时，对京沪高速铁路的附加影响比较大，数值达到 5 mm。线间距变化到 20～25 m 时，附加影响急剧减小到 1.5 mm。当线间距为 35 m 及以上时，石济客运专线桥梁对既有京沪高速铁路桥梁的附加沉降已经基本没有。由于大范围的并行施工，施工机械的稳定也是线间距选择的重要因素，从大型施工机械桥梁钻机和吊车的稳定性分析看，当线间距 25 m 时，可以满足京沪高速铁路运营安全要求。结合有限元理论分析及施工机具的操作空间推荐并行地段线间距 25 m。

12.6.2 增建第二线基础施工对高速铁路轨道的影响

《高速铁路无砟轨道线路维修规则(试行)》(铁运〔2012〕83 号)和《高速铁路有砟轨道线路维修规则(试行)》(铁运〔2013〕29 号)中都有关于线路设备维修标准，其中满足不同轨道类型和速度的轨道静态几何尺寸容许偏差管理值是确保高速铁路安全、舒适运行的前提。一般情况下，运营中高速铁路线路或多或少已有轨道几何尺寸的偏差，而增建第二线基础施工也多少会进一步影响轨道的平顺性。因此，能容许增建第二线基础施工发生的轨道几何尺寸偏差应为该两个规则规定的容许偏差管理值减去已存在的偏差，并留有一定的安全系数。

通常情况下，在设计阶段很难计算预测增建第二线基础施工影响轨道平顺性的大小，但可计算预估桥墩墩顶的位移大小。同济大学在“高速铁路桥梁桥墩位移对轨道平顺性影响及控制指标”课题中，对 32 m 简支梁桥梁墩顶发生竖向、横向水平、纵向水平位移时对轨道平顺性及轨道结构内力影响进行了研究。通过研究发现：

1. 墩顶位移与轨道不平顺的关系

桥墩竖向位移主要影响轨道高低不平顺，桥墩横向水平位移主要影响轨向不平顺，桥墩纵向水平位移对轨道不平顺影响均较小。

从上述桥墩墩顶位移与轨道平顺性的关系可看出，即使按高低不平顺、轨向不平顺 1 mm 控制，墩顶各个方向的位移按 6 mm 控制也是可以接受的。

2. 墩顶位移对轨道结构内力的影响

由于 CRTSⅠ型与 CRTSⅡ型板式轨道结构形式不同，桥墩墩顶位移对轨道结构内力的影响差别较大。

(1)对 CRTSⅡ型板式无砟轨道，当墩顶、简支梁产生横向水平位移时，由于 L 形侧向挡块带动，底座板会发生横向挠曲变形；计算发现，当桥墩横向水平位移为 4 mm 时，最大拉应力接近底座板混凝土抗拉强度标准值。按内力控制，墩顶横向水平位移值建议不大于 4 mm。

(2)当桥墩纵向水平位移为 8 mm 时，受支座纵向约束影响，在发生位移桥墩固定支座处，箱梁底部发生最大纵向位移为 3.19 mm；由于受滑动层作用，底座板底部最大纵向位移为 2.23 mm，最大拉应力超过了混凝土允许抗拉强度，发生在离纵向位移桥墩最近的 L 形挡块处。当桥墩纵向水平位移为 4 mm 时，最大拉应力接近限值要求。按内力控制，桥墩纵向水平位移值建议不大于 4 mm。

(3)由于 CRTSⅡ型板式轨道连续，且底座板与箱梁顶面仅靠滑动层接触，桥墩竖向位移会使底座板与箱梁顶面产生一定分离区。当桥墩发生竖向位移 8 mm 时，桥跨梁端处分离区范围为 1.5 m，最大分离距离为 0.05 mm；底座板与箱梁顶面分离会对行车条件下轨道板的受力产生不利的影响，随着纵向脱空长度范围的增大，会增加轨道动态不平顺性且降低底座板使用寿命。另外，根据《高速铁路设计规范》(TB 10621—2014)，对静定结构无砟轨道桥梁相邻墩台差异沉降允许值为 5 mm。

而 CRTSⅠ型板由于底座板和轨道板纵向不连续，对轨道结构内力的影响较 CRTSⅡ型板式轨道小得多。

因此，同济大学主编的《公路与市政工程下穿高速铁路技术规程》(TB 10182—2017)3.0.2 条规定，受增建第二线基础施工影响的高速铁路桥梁墩台顶位移理论分析和现场实测的限值建议满足表 12-26 的要求，轨道平顺性应符合表 12-27～表 12-30 的要求。

表 12-26　墩台顶位移控制标准(mm)

轨道类型	墩顶位移		
	横向水平位移	纵向水平位移	竖向位移
有砟轨道	3	3	3
无砟轨道	2	2	2

表 12-27　200～250 km/h 线路无砟轨道静态几何尺寸容许偏差管理值

项　　目	作业验收	经常保养	临时补修	限速(160 km/h)
轨距(mm)	$^{+1}_{-1}$	$^{+4}_{-2}$	$^{+6}_{-4}$	$^{+8}_{-6}$
水平(mm)	2	5	8	10
高低(mm)	2	5	8	11
轨向(直线)(mm)	2	4	7	9
扭曲(mm/3 m)	2	4	6	8
轨距变化率	1/1 500	1/1 000	—	—

注:(1)高低和轨向偏差为 10 m 及以下弦测量的最大矢度值。

(2)扭曲偏差不含曲线超高顺坡造成的扭曲量。

表 12-28　250(不含)～350 km/h 线路无砟轨道静态几何尺寸容许偏差管理值

项　　目	作业验收	经常保养	临时补修	限速(160 km/h)
轨距(mm)	$^{+1}_{-1}$	$^{+4}_{-2}$	$^{+5}_{-3}$	$^{+6}_{-4}$
水平(mm)	2	4	6	7
高低(mm)	2	4	7	8
轨向(直线)(mm)	2	4	5	6
扭曲(mm/3 m)	2	3	5	6
轨距变化率	1/1 500	1/1 000	—	—

注:(1)高低和轨向偏差为 10 m 及以下弦测量的最大矢度值。

(2)扭曲偏差不含曲线超高顺坡造成的扭曲量。

表 12-29　200～250 km/h 线路有砟轨道静态几何尺寸容许偏差管理值

项　　目	作业验收	经常保养	临时补修	限速(160 km/h)
轨距(mm)	$^{+2}_{-2}$	$^{+4}_{-2}$	$^{+6}_{-4}$	$^{+8}_{-6}$
水平(mm)	3	5	8	10
高低(mm)	3	5	8	11
轨向(直线)(mm)	3	4	7	9
扭曲(mm/3 m)	3	4	6	8
轨距变化率	1/1 500	1/1 000	—	—

注:(1)高低和轨向偏差为 10 m 及以下弦测量的最大矢度值。

(2)扭曲偏差不含曲线超高顺坡造成的扭曲量。

表 12-30　250(不含)～300 km/h 线路有砟轨道静态几何尺寸容许偏差管理值

项　　目	作业验收	经常保养	临时补修	限速(160 km/h)
轨距(mm)	$^{+1}_{-1}$	$^{+4}_{-2}$	$^{+5}_{-3}$	$^{+6}_{-4}$
水平(mm)	2	4	6	7
高低(mm)	2	4	7	8
轨向(直线)(mm)	2	4	5	6
扭曲(mm/3 m)	2	3	5	6
轨距变化率	1/1 500	1/1 000	—	—

注:(1)高低和轨向偏差为 10 m 及以下弦测量的最大矢度值。

(2)扭曲偏差不含曲线超高顺坡造成的扭曲量。

由于增建第二线基础施工时原则上是不限速的,且白天线路也无养护的条件。因此,表 12-26 是不限速、轨道不调整条件下受下穿工程影响的桥梁墩顶位移限值。特殊情况下如需限速,在结构变形容许情况下,线路轨道静态几何尺寸容许偏差管理值按限速后运营速度对应的标准执行,其桥梁墩台顶位移限值也应作专门研究确定。

在《公路与市政工程下穿高速铁路技术规程》(TB 10182—2017)审查会上,有专家认为在当前的防护措施情况下,要达到 3.0.2 条规定满足表 12-26 的要求是很难的,否则要再增强防护措施而造成工程费用提高,建议适当降低限值标准。

附录A　铁路桥涵工程地质勘察工作内容及深度

本附录根据《铁路桥涵设计规范》(TB 10002—2017)、《高速铁路设计规范》(TB 10621—2014)、《铁路工程地质勘察规范》(TB 10012—2019)、《铁路工程不良地质勘察规程》(TB 10027—2012)以及《京沪高速铁路工程地质勘察暂行规定》(铁建设〔2003〕13号)的相关规定编写的。

A.1　新建铁路工程地质勘察的阶段划分和要求

新建铁路工程地质勘察应按踏勘、初测、定测、补充定测四阶段开展工作。地形地质条件特别复杂、线路方案比选范围较大时,宜在初测前增加"加深地质工作"。工程地质勘察工作深度应与设计阶段相适应,不应超越阶段要求,亦不得将本阶段应做的工作推到下一阶段或施工中去完成。工程地质勘察应根据地区特点、工程设置、勘测阶段等确定勘察方法和工作量。每一阶段结束时,应根据工作情况,提出下一阶段工程地质勘察重点及注意事项。

A.1.1　踏勘(可行性研究工程地质勘察)

对控制线路方案的大河桥渡地段应采用收集、分析区域地质资料与遥感地质解译、现场踏勘相结合的方法,了解地层、岩性、地质构造、岸坡及河床的稳定程度、地下水条件等概略情况,提出跨越地段岩土工程条件的比选意见,并附工程地质平、纵断面示意图。对控制线路方案且岩土工程条件特别复杂的特大桥应进行"加深地质工作"。采用地质调绘和综合物探相结合并辅以少量验证性钻探的综合勘探方法,初步查明控制和影响线路方案的地质条件,提出桥址方案的评价意见,并附桥址工程地质纵断面图(含物探地质纵断面图),比例尺根据需要确定。

A.1.2　初测(初步岩土工程勘察)

铁路初测应根据预可行性研究报告的审批意见,在工程可行性研究勘察资料的基础上，进行初勘。对特大、大、中、高桥特别是岩土工程（地质）复杂及控制线路方案的桥位方案进行初勘，并对建桥适宜性和稳定性有关的岩土工程（地质）条件作出结论和评价。应初步查明各桥址岩土工程条件，提出方案比选意见，为桥址的选择和工程设计提供依据。

A.1.3　定测、补充定测（详细岩土工程勘察）

铁路定测是根据可行性研究报告批复意见，在利用初测和可行性研究报告的基础上针对桥涵的具体位置进行详细勘察，为初步设计提供工程地质资料。补充定测应根据工程勘察任务书要求，在充分利用既有工程地质资料基础上，进行补充岩土工程勘察，提供桥涵施工图设计所需的工程地质资料。该阶段工程勘察要点如下：

(1)查明桥位区地层岩性、地质构造、不良地质现象的分布及工程地质特性。测试岩土的物理力学、化学特性，提供地基的基本承载力。桩壁摩阻力、钻孔桩极限摩阻力做出定量评价。

(2)对地质复杂的桥基或特大的塔墩、锚定基础，应采用综合勘探，并根据设计需要，可现场鉴定岩土地基特性，以补充原勘察工作的不足，提供翔实的勘察资料。

(3)评价地下水对地基的影响程度，分析判明基坑涌水、流砂、管涌的可能性。

(4)对岸坡、边坡及地基的稳定性做出评价。

(5)必要时结合设计要求，对天然建筑场地进行复查。

A.2　普速铁路桥梁工程地质勘察工作内容和深度

A.2.1　初测（初步岩土工程勘察）

1. 铁路特大、大、中、高桥

(1)工程地质调绘

①查明桥址地段地形地貌、地层岩性、地质构造及岸坡稳定性，对深峡谷及陡坡地区，必要时应进行岸坡稳定性评价；查明断层破碎带的分布、断层活动情况及破碎带的胶结程度和含水情况；查明墩台范围内有无

软弱夹层，提出地基稳定性评价及处理意见。

②查明土的成因类型、物质成分、性质、结构特征、厚度、密实度、潮湿程度及下伏基岩面的形态等；查明基岩的风化程度及分带情况。

③查明不良地质、特殊岩土的性质和分布范围及对墩台稳定性的影响，提出工程措施意见。

④查明墩台及调节水流建筑物等基底岩土的物理力学性质，确定地基承载力。

⑤查明桥渡区水文地质特征，分析判明基坑可能涌水、流砂等情况。

调绘宽度以满足方案比选和设计要求为原则，采用野外地质调绘与遥感图像地质解译相配合的方法，充分利用天然和人工露头，对岩层分界线、地质构造线、地貌单元分界线、不良地质现象及井、泉等应设观测点，凡有可能影响桥址方案的地质构造线、不良地质界线和地质点，均应用仪器测定。对短期难以查明且影响桥址方案的复杂地质地段，必要时建立观测站(点)进行观测。地质复杂、不良地质发育的桥址地段应扩大地质调绘的范围。

(2)岩土工程勘探

①地质条件复杂且控制线路方案的特大、大桥、高桥应按工点进行勘察。勘探测试点不宜少于 2～4 个。查明桥址岩土工程条件，编制单独工点资料。

②一般地段的大、中桥进行代表性的勘探、测试，可制表说明或在沿线岩土工程(地质)分段说明中阐述其岩土工程条件。

③当地形地质条件适宜时，宜采用挖探、简易勘探、静力触探、物探等勘探手段，综合评价桥址岩土工程条件。

④勘探深度

a. 基础置于土层时，勘探深度一般可根据基础类型按附表 A-1 确定。

勘探深度表内的一般性勘探孔是根据基础类型确定的钻探深度表，是经分析沙通、邯长、通霍等线 276 座桥基勘探资料与设计施工检验情况制定的，特殊情况可酌情增减。考虑局部冲刷，用一般冲刷深度不能符合要求，如通霍线西辽河桥局部冲刷达 13.5 m，而平原地区特别是滨海地区的河流，非但无冲刷尚有淤积，故遇此特殊情况，应专门研究确定勘探深度。

附表 A-1　特大、大、中桥勘探深度(m)

基础类型	土的名称			
	黏性土、粉土、粉砂、细砂		中砂、粗砂、砾砂、碎石类土	
	一般性钻孔	控制性钻孔	一般性钻孔	控制性钻孔
桩　基	20～40	30～60	15～30	25～40
明挖基础	15～20	20～30	10～15	15～25

注:表列深度,自原地面或新开挖地面算起,已包括常见冲刷深度,如遇特殊情况,可酌情增加。

b. 在岩溶发育及地下采空地段,应钻至基底以下完整基岩不小于10 m,在此深度内如遇溶洞,勘探深度应专门研究确定。

关于岩溶勘探深度问题:根据经验,一般基底以下溶洞完整顶板有10 m厚时,对其上的墩台基础即无影响,故勘探深度定为基底以下10 m。若在此深度遇到溶洞,再钻10 m,如再遇到溶洞,则应专门研究。

c. 基岩地段的勘探深度,当风化层不厚时,应穿透强风化带,钻至弱风化层(或微风化层)2～3 m,当风化层很厚时,根据其风化程度,按相应的土层确定钻探深度;遇到第三纪以后多次喷发的火山岩时,钻孔应适当加深;当河床有大漂(块)石,则钻入基岩的深度应超过当地漂(块)石的最大粒径。

基岩勘探深度应穿透强风化带进入弱风化带2～3 m,此时承载力可达到500 kPa及以上,一般可满足桥梁设计要求。特殊情况下应视基底应力需要适当加深,钻至微风化或未风化基岩。当风化层很厚,基础不可能置于未风化的岩层时,则应根据风化后的岩性,比照相应的松散地层确定钻探深度。

2. 铁路小桥涵

铁路小桥涵初测应地质调查为主,只进行代表性勘探、测试,不单独编制工点资料,可在沿线工程地质分段说明中,阐述岩土地基承载力和施工工程分级。

因为可行性研究主要解决线路方案、工程数量和投资预算问题,小桥涵不进行设计,因此该阶段进行地质勘察时小桥涵仅作代表性勘探。

A. 2. 2　定测、补充定测(详细岩土工程勘察)

1. 铁路特大、大、中、高桥

(1)工程地质调绘

实地复核、修改、补充初测阶段的调绘资料,详细查明地形、地貌与地质岩性,地质构造之间的关系及其对工程的影响,预测墩、台、调节水流建筑物及其附属工程施工中可能出现的工程地质问题。对已设置且影响工程稳定的地质观测站(点),应继续进行观测。

(2)岩土工程勘探

①岩土工程条件复杂的桥基宜开展综合勘探。勘探点一般沿桥址纵断面方向,并结合墩台位置,在墩台基础轮廓线以内布置。

②桥基地层为第四系地层或全风化岩层时,宜采用综合勘探方法。用动力触探确定碎石类土密实程度。用静力触探、标准贯入试验确定黏性土、粉土、砂类土密实程度及地基强度。地震动峰值加速度为 0.1g 及以上地区的饱和粉土、砂土层,还应判定其地震液化的可能性。

③应根据场地岩土工程条件和桥跨设置,布置控制性钻孔和一般性钻孔。控制性钻孔以能满足场地稳定性评价要求为度,一般性钻孔以能探明地基各岩土层分布和地基强度为原则。

④勘探点的数量每个墩、台应有 1 个勘探点。当地层简单,地层层序有规律或覆盖层较薄,基岩面平缓,且岩性单一时,结合桥跨、基础类型等,勘探点可减少。岩土工程条件复杂和岩溶发育地区,勘探点应增加。

一般较大的河流,河床及两侧阶地上地层分布是有一定规律的,可以减少部分钻孔。一般可隔墩或隔两墩布置一孔,若跨度小时也可隔三墩布一孔,但不能距离太远,最好不超过 60～70 m,否则控制不了地层的变化,特别是当可能有被掩埋的古河道存在或浅滩与主槽有变化时。

水流调节建筑物及附属工程的勘探点布置,应视地质情况而定。地面情况若与墩台一致时,可参考该墩台的工程地质条件,提供设计所需工程地质资料。若距离过远时,应布置适量勘探,据以提供设计所需工程地质资料。

桥墩台基础具有下列情况时,应增加勘探量:

a. 岩溶发育地段或有人为坑洞时,应多布置一些钻孔,以查明基底轮廓线内是否有岩溶或洞穴存在。岩溶发育时，还应适当布孔查明基础轮廓外一定距离是否有岩溶分布，为基底处理和桥跨布置作参考。

b. 墩台建于隐伏的基岩斜坡上时应视基岩斜坡纵、横向变化布置勘探孔。基岩斜坡比较规律，探明一个方向至少应有 2 孔，探明两个方向至少 3 个勘探点。

沉井基础，特别是位于地下水位以下水量较大、沉井较深的基础当基岩面不平整（包括基岩斜坡）或遇大的漂石、块石等，会造成沉井下沉困难，甚至使沉井歪斜，应特别注意，此类情况每个沉井不应少于 2～3 个钻孔。

c. 墩台基底或附近遇到断层破碎带影响墩台稳定时应增加钻孔。勘探孔应不限于基础轮廓内，主要应查明其宽度、延伸方向及破碎带和两侧完整岩层的工程地质条件。

d. 岩性强度差异较大的地层应增加勘探孔。查明界面的产状及两种岩层的工程地质条件。

⑤当桥结构复杂或跨度 64 m 以上，墩高 50 m 以上以及地基为流塑状态的黏性土、饱和粉土、粉砂、软土时，勘探深度应专门研究确定。

2. 铁路小桥涵

(1)工程地质调绘

①地形、地质简单的小桥涵，可按地貌单元进行地质调绘，搜集地层岩性及地下水位等资料；地质简单的小桥涵系指地形简单、地层岩性单一，沟谷及两岸无不良地质现象者。在该条件下同一地貌单元地质情况往往是相似的。

②地质复杂及地形陡峻的小桥涵，应查明地层岩性、地质构造、天然沟岸及基底的稳定状态，隐伏的基岩斜坡、泥石流及其他不良地质现象。

地质复杂系指地质构造、地层岩性、天然沟床的稳定状态、隐伏基岩的斜坡及泥石流等其他不良地质现象均较复杂和发育。

具有上述情况的小桥涵，应逐个查明影响工程设置的地质条件，为工程设计提供地质资料。

(2)岩土工程勘探及测试

①原则上每座桥、涵应有一个勘探点，地质简单、地层单一、孔径较小的小桥及涵洞也可作代表性勘探。

地貌单元一致，且地质简单、地层单一、无松软地层分布的涵洞，经调查在一定范围内工程地质条件不会有大的变化时，可进行代表性勘探、测试。勘探点间距可视具体地质情况而定。小桥及孔径大于等于 2 m 的涵洞宜按工点逐个进行勘探。

②桥跨较大、涵洞较长以及陡坡涵洞，地形地质条件复杂时，其勘探点不宜少于 2 个(陡坡涵洞按轴向布置)。

③基础置于土层中的小桥涵，勘探深度按附表 A-2 确定。

附表 A-2　小桥涵勘探深度(m)

工程类别	碎石类土	砂类土、一般黏性土和粉土	饱和粉土、粉细砂、软土等
涵　洞	3～8	4～10	10～15
小　桥	4～10	10～15	15～25

注：表列勘探深度均由原地面或新开挖地面算起。

基底为基岩时，宜钻进至全风化带 2～5 m；有软弱夹层时，勘探深度应适当加深，以查明其分布和工程性质为度；采用钻(挖)孔桩基础的小桥，勘探深度同大中桥。

小桥涵基岩地基内，当全风化带很厚，钻至全风化带 2～5 m，其基本承载力一般可达 200～300 kPa，也能满足小桥涵设计的要求。若风化层较薄，情况会更好。

基底为特殊岩土时，是指基底为软土、黄土、膨胀土等。地基为软土时，除应满足地基基本承载力外，尚应考虑满足压缩变形的要求；地基为黄土时除应满足承载力外，尚应考虑满足湿陷性黄土场地评价的要求等。特殊土地基场地可按同类地质条件取代表性土样试验分析评价。

④箱形涵勘探深度可按表附 A-2 中涵洞要求适当加深。

箱形涵要求地基承载能力一般高于涵洞而低于一般梁式小桥，故勘探深度采用涵洞与一般小桥的中间值。

⑤各类土层按同类岩土体条件分层取试样试验，其要求可按大中桥的要求办理。

⑥提供地下水位，做代表性水质分析试验，提供含水层的渗透系数，并作出地表水及地下水对建筑材料腐蚀性的评价。

⑦地基为填土时，应加强地质调绘、勘探、测试和试验工作，用综合评价方法确定其适宜性及承载力值。

A.3 高速铁路桥梁工程地质勘察工作内容和深度

高速铁路桥涵工程除满足上述普速铁路桥梁工程地质勘察的工作内容和深度外，参考《京沪高速铁路工程地质勘察暂行规定》(铁建设〔2003〕13 号)的有关规定，尚需满足下面的规定和要求。

A.3.1 桥梁工程

1. 勘察重点

(1)查明桥位区地貌、地层岩性、地质构造及岸坡稳定性。

(2)查明桥位区不良地质、特殊岩土的分布及其工程地质特征。

(3)查明桥梁墩、台及调节水流建筑物地基的覆盖层及基岩风化层的厚度、墩台基础岩体的风化与构造破碎程度、软弱夹层情况和基岩面形态以及地下水状态。

(4)测试岩土的物理力学指标，进行综合分析及定量评价，提出设计所需的地质参数。

(5)对边坡及地基的稳定性、不良地质和特殊岩土的危害程度和地下水活动对地基的影响程度作出评价。

2. 调绘范围和要求

(1)调绘范围：应沿河流上、下游各不小于 200 m 的范围内开展地质调绘，并填绘工程地质平面图。

(2)调绘精度一般按 1∶2 000 地形图控制，地质复杂的特大桥、高桥可按 1∶500～1∶1 000 地形图控制。

(3)观测点应布置在沟底、岸坡、基岩露头、不良地质界线上。

3. 勘探

(1)工程地质勘探应根据桥型、墩台位置和基础类型，结合工程地质调绘结果，以钻探、原位测试为主，并与其他勘探手段相结合。

(2)勘探孔一般沿桥址纵断面方向并结合墩台位置，在基础轮廓线的周边或中心布置；当有不良地质或特殊岩土与基础密切相关，而又延伸至基础外围，需探明后方可确定基础类型及尺寸时，可在基础轮廓线外围布孔。

需要对称或周边布置钻孔的示意如附图 A-1 所示。

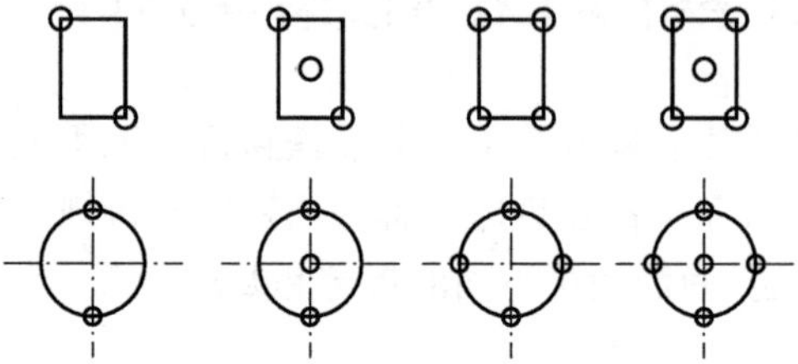

附图 A-1　布置钻孔示意

勘探测试孔定位、高程测量，应采用仪器测定。定位误差：陆地应小于 0.1 m，水中应小于 0.5 m；孔口高程误差：陆地应不超过 0.01 m，水中应不超过 0.1 m。

(3)勘探孔数量视工程地质条件及基础类型确定，原则上每个墩、台应布置 1 个勘探孔；当地层简单、地层层序有规律或覆盖层较薄、基岩面平缓且岩性单一时，结合桥跨、基础类型等，勘探孔可适当减少；对大跨、高墩或工程地质条件复杂的桥梁，应适当增加勘探孔(可对称或周边布置，或逐桩布置勘探孔)；并应按场地地质条件布置控制性钻孔，其数量以满足场地稳定性评价为度。

(4)勘探深度：

①勘探孔深度应根据不同地基和基础的类型确定，一般情况下可按附表 A-3 确定。

附表 A-3　桥梁勘探深度(m)

基础类型	土的名称			
	黏性土、粉土、粉砂、细砂		中砂、粗砂、砾砂、碎石类土	
	一般性钻孔	控制性钻孔	一般性钻孔	控制性钻孔
桩　　基	40～50	50～70	25～35	35～40
明挖基础	20～30	30～40	15～25	25～35

注：(1)表列深度自原地面或新开挖地面算起，遇特殊情况可酌情增加。

(2)桩基一般应钻至桩底以下 5～10 m。

②基岩地段勘探深度，当风化层不厚时，应钻穿强风化层至弱风化层(或微风化层)3 m；当风化层很厚或为极软岩时，按附表 A-3 中相应地层确定钻探深度；遇到第三纪以后的火山岩时，钻孔应适当加深 5～10 m。

③遇有大漂(块)石时,钻至基础底以下的深度应超过当地漂(块)石的最大粒径的 2 倍,且不少于 10 m。

④当桥结构复杂或跨度大于等于 64 m,墩高大于等于 50 m,地基为流塑状态的黏性土、饱和粉土、粉砂、软土时,勘探深度应与桥梁专业研究确定。

⑤遇不良地质或特殊岩土时,勘探深度应同时满足桥基场地评价和地基强度要求。

⑥地层岩性、地质构造复杂或不良地质现象发育及延伸勘探范围时,可在钻孔附近布置物探点、原位测试点,补充工程地质勘探资料。

A. 3. 2　涵洞工程

1. 勘察重点

查明地貌特征、天然沟岸的稳定状态,涵洞基础处地基的地层岩性、地质构造、隐伏的基岩斜坡、沟床泥石流及其他不良地质现象。

2. 调绘范围和要求

(1)调绘范围:应沿线路中心左右各 100～200 m 范围内开展地质调绘,有不良地质和弃填土分布时,应扩大调绘范围,并填绘工程地质平面图。

(2)调绘精度应按 1∶2 000 地形图控制,地质条件复杂的可按 1∶500～1∶1 000 地形图控制。

(3)观测点应布置在沟底、岸坡、基岩露头、不良地质界线上。

3. 勘探

(1)地质条件简单,地层单一的涵洞布置 1 个勘探测试点。地质条件复杂时,应在涵洞轴线上布置勘探测试点不少于 2 个。

(2)勘探深度:基础置于土层中,深度应满足沉降变形计算要求或按附表 A-4 确定。

附表 A-4　涵洞勘探深度(m)

工程类型	土　名	
	碎石类土	砂类土、一般黏性土和粉土
涵　洞	10	15～25

注:基础底部为基岩时,应钻至全风化带 5～10 m;有软弱夹层时,应钻穿持力层不小于 5 m;基底为特殊岩土时,勘探深度应满足特殊岩土的勘探要求;基底为弃填土时,宜钻穿至硬层不小于 5 m。

(3)采用物探查明地质构造和不良地质等。

4. 测试

(1)原位测试应结合钻孔进行,主要手段有静力触探及孔内标准贯入试验等。

(2)分层采取土样进行室内土工试验,试验项目和试件数量按工程类型并结合路基设计需要确定。

A.4　铁路桥梁工程不良地质勘察工作内容和深度

A.4.1　软　　土

软土地区桥涵工程地质的勘探与测试应包括下列内容:

(1)桥涵建筑物的勘察应以建筑物纵断面为主,下卧硬层顶面坡度较大的桥梁墩台,应进行横断面勘察,查明每座桥涵建筑物的工程地质条件,提供墩台基础设计和桥台纵向稳定分析所需的地基分层物理力学性质参数。

(2)每座涵洞应有一个勘探测试孔,地质条件复杂的涵洞不应少于2个。

(3)桥梁工程原则上每个墩台应有一个勘探测试孔;在勘探孔总量中,双桥静力触探孔应占一定的比例;当软土层的下卧硬层顶面坡度较大时,每个墩、台勘探测试孔不应少于2个;控制性钻孔不应少于总勘探孔数量的1/3。

(4)勘探测试深度。

①涵洞勘探测试深度一般应至硬底以下不小于5 m;当硬底埋藏较深时,一般孔深不宜小于35 m。

②桥梁采用桩基时,勘探测试深度应至桩尖以下不小于10 m。

(5)应结合钻孔进行原位测试,取得硬壳、软土、下卧硬底层的力学特性,提供可靠的设计参数和对比资料,一般选用双桥静力触探、孔压静力触探、标准贯入试验、十字板剪切试验和旁压试验等方法。

(6)取样方法和试样尺寸、扰动程度判别同路基工程。

A.4.2 地 震 区

地震区桥涵工程地质勘探与测试包括下列内容：

在地震动峰值加速度为 0.1g 及以上的地区，勘探测试点的数量与深度应按地质条件、工程要求确定，应查明液化层的厚度和分布范围，对其进行场地评价。

1. 桥梁

按桥梁工程布置勘探量，对需要液化判别的土层进行标准贯入试验或静力触探测试。地震动峰值加速度为 0.1g～0.15g 地区勘探测试深度应在地面以下 15 m，对桩基和基础埋深大于 5 m 的天然地基勘探测试深度应加深至 20 m；地震动峰值加速度为 0.2g 及以上地区勘探测试深度不应小于 20 m。特大桥或结构复杂的桥梁应做剪切波速测试。勘探点间距不宜超过 64 m。

2. 涵洞

勘探点间距不宜超过 50 m，勘探深度可以结合涵洞和软土地基、松软土地基同时进行。

现行《中国地震动参数区划图》(GB 18306)适用于一般铁路工程。对于高速铁路，通过高地震烈度区时，应进行专门的沿线地震小区划安全性及场地稳定性评价，结合沿线地质情况、工程设置划分地震动峰值加速度及地震动反映谱特征周期分区，对沿线重大、特殊桥梁也应专门进行桥址场地地震安全性评价，同时还应进行场地剪切波速测试。

除上述场地安全性、稳定性小区划分析评价外，高速铁路通过高地震烈度区工程地质勘察与常规铁路基本相同。高速铁路在调查测绘精度、勘探点密度及综合分析评价方面要求更高一些，重点应在收集区域地质、水文地质资料及沿线地震历史资料的基础上，重点查明主要活动断裂带及其与线路关系，调查沿线各类不良地质及特殊岩土的规模、特征及分布，判断地震使其发展或复活的可能性，分析评价容易造成地震危害的地貌和岩体的稳定状态，同时还要调查河流的变迁、古河道的分布、第四系地层特征、地下水位和可液化土的分布范围。在地质调绘的基础上布置一定数量的勘探和测试，以查明沿线液化层的分布范围、埋深厚度及液化程度(等级)。

A. 4. 3 人工及自然弃、填土

桥梁工程宜逐墩布置勘探孔，当填土厚度大且条件复杂时应进行横断面勘探；涵洞应布置地质轴向断面勘探，每个断面布置 2～3 个勘探孔，深度应至原地面以下不小于 3 m。

A. 4. 4 其他不良地质、特殊岩土

其他不良地质、特殊岩土工程地质勘察应按高速铁路特点参照现行《铁路工程不良地质勘察规程》(TB 10027)、《铁路工程特殊岩土勘察规程》(TB 10038)的有关要求执行。

A. 5 工程地质测试方法及适用范围

工程地质测试分为原位测试和室内试验。

A. 5. 1 原位测试

原位测试包括：静力触探、动力触探、标准贯入试验、十字板剪切试验、螺旋板载荷试验、旁压试验、静载试验、扁板侧胀试验、应力铲试验、现场直剪试验、岩体应力试验、岩土波速测试等。

(1)静力触探适用于软土、黏性土、粉土、砂类土的力学分层，查明土层分布情况，确定地基承载力和桩壁侧摩阻等其他力学性质。其中，孔压静力触探适用于第四系粉土、黏性土、粉砂等地基土的分层，绘制孔隙水压力的消散曲线，估算土的渗透系数和固结系数。

(2)动力触探适用于判定砾石、碎石类土层的厚度、密实程度、基本承载力。

(3)标准贯入试验适用于第四系覆盖层中的砂类土、粉土、一般黏性土及残积层。

(4)十字板剪切试验适用于测定饱和软黏土及淤泥的不排水抗剪强度和灵敏度。

(5)旁压试验适用于原位测定黏性土、粉土、砂类土、碎石类土、软质岩和风化层的承载力、旁压模量和应力应变关系。

(6)静载试验适用于原位测定黏性土、粉土、砂类土、碎石类土、软质岩和风化层的承载力、变形模量和相关的强度参数。

A.5.2　室内试验

室内试验应包括:岩土物理力学试验、岩土矿物理化分析试验、水质分析试验等。试验时应按岩土性质和工程设计需要确定试验项目及试验方法。原位测试方法应根据地质条件选用:

(1)对第四系地层及岩石全、强风化层可采用原位测试方法,分层提供承载力。

(2)软土、松软土宜采用室内试验和静力触探、十字板剪切试验方法。

(3)地震动峰值加速度为 0.1g 及以上地区地基土为饱和砂类土、粉土地层时应在地面下 20 m 深度内采用标准贯入、静力触探、孔内波速测试等原位测试方法取得土层液化判别资料。

(4)当有不利结构面危及工程稳定和施工安全时,应收集不利结构面岩土试样做顺结构面剪切试验,也可选择适当地点作大面积剪切试验。

(5)对承载力要求较高的特别重大工程或工程经验较少的地区可采用静载试验获取岩土层承载力、变形模量等相关强度参数。

附录 B　相关铁路规范对桥涵地基基础的主要规定

本附录摘录《铁路桥涵设计规范》(TB 10002—2017)、《铁路桥涵混凝土结构设计规范》(TB 10092—2017)、《铁路工程抗震设计规范》(GB 50111—2006)及《铁路混凝土结构耐久性设计规范》(TB 10005—2010)相关桥涵地基基础的主要规定编写的。

B.1　《铁路桥涵设计规范》(TB 10002—2017)

第 4.2.2 条规定：

作用于墩台上的土的侧压力可按库伦(楔体极限平衡)理论推导的主动土压力计算(见附录 A),并应符合下列规定：

1　填筑渗水土时,内摩擦角 φ 可按 33°取值;填筑一般填石(利用弃渣)时,内摩擦角 φ 可按 40°取值;填料与墩台表面的外摩擦角 δ 按 $\varphi/2$ 取值计算。

2　台后填料的内摩擦角取值应根据台后填筑的实际情况确定。台后填料与本条第 1 款规定不符时,应按现有或试验数据取值计算。

3　台后填料的土层特性有变化或受水位影响时,土的侧压力应分层计算。

4　在计算滑动稳定时,墩台前侧不受冲刷部分土的侧压力可按静止土压力计算(见附录 B)。

5　对承受土侧压力的构架式墩台,作用在桩、柱上的土压力计算宽度按下列规定计算(如图 4.2.2 所示)：

1) 当 $L_i \leqslant d$ 时,可不考虑桩、柱之间空隙的折减,作用在每一桩、柱上的土压力计算宽度按下式计算：

$$b=\frac{\left(nd+\sum_{i=1}^{n-1}L_i\right)}{n} \tag{4.2.2—1}$$

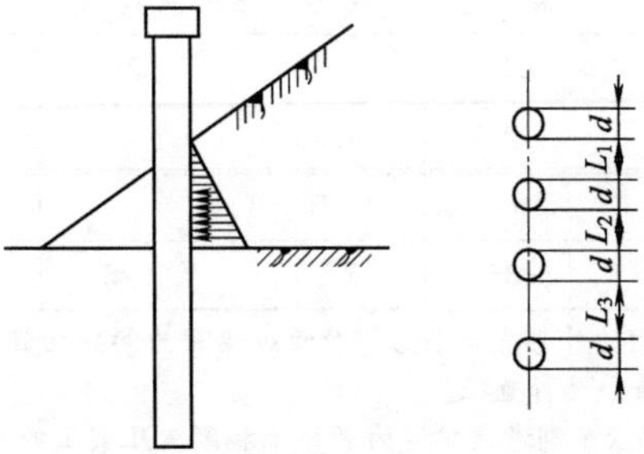

图 4.2.2　作用于桩、柱上的土压力

2）当 $L_i>d$ 时，应考虑桩、柱间空隙的折减并按下列情况计算：

当 $d\leqslant1.0$ m 时，作用在每一桩、柱上的土压力计算宽度：

$$b=\frac{d(2n-1)}{n} \tag{4.2.2—2}$$

当 $d>1.0$ m 时，作用在每一桩、柱上的土压力计算宽度：

$$b=\frac{n(d+1)-1}{n} \tag{4.2.2—3}$$

式中　d——桩、柱直径或宽度(m)；

L_i——桩、柱间的净距(m)；

n——桩、柱的根数。

6　土压力计算可不考虑动力作用。

第 4.2.3 条规定：

路堤填方作用于涵洞的竖向压力和水平压力，应按下列公式计算：

竖向压力　$p=K\gamma H$　　(4.2.3—1)

水平压力　$e=\xi\gamma H_1$　　(4.2.3—2)

式中　p,e——压力(kPa)；

H——轨底至涵洞顶的填土高度(m)；

H_1——轨底至涵洞计算截面处的填土高度(m)；

γ——填料容重(kN/m^3)；

ξ——水平土压力系数，填土采用 0.25 或 0.35，视设计的控制情况采用，经久压实的路堤采用 0.25；

K——竖向土压力系数(见表 4.2.3)，经久压实的路堤采用 1.0。

表 4.2.3　竖向土压力系数 K

H/D	0.1	0.5	1	2	3	4
K	1.04	1.20	1.40	1.45	1.50	1.45
H/D	5	6	7	8	9	≥10
K	1.40	1.35	1.30	1.25	1.20	1.15

注：1　表中 D 为涵洞的外形宽度(m)。对于边墙背为倾斜的涵洞，D 为墙底面的外形宽度。对于圆涵 D 为外直径。

2　新填土的涵洞应分别考虑路堤为新填土和经久压实土的两种情况计算。在已压实的旧路堤中，用顶进法施工的涵洞，仅考虑路堤为经久压实的情况。

第 4.2.4 条规定：

墩台基础设计应根据所处地基状况考虑水浮力的影响，可按以下原则计算：

1　位于碎石土、砂土、粉土等透水地基上的墩台，检算稳定性时应考虑设计洪水频率水位的水浮力；计算基底应力或基底偏心时仅考虑常水位(包括地表水或地下水)的水浮力。

2　检算墩台身截面或检算位于黏性土上的基础可不考虑水浮力。

3　检算岩石(破碎、裂隙严重者除外)上的基础且基础混凝土与岩石接触良好时，可不考虑水浮力。

4　位于粉质黏土和其他地基上的墩台，不能确定是否透水时，应分别按透水与不透水两种情况检算基底并取其不利者。

第 4.3.6 条规定：

桥涵结构计算应考虑列车竖向活载动力作用，可按竖向静活载乘以动力系数$(1+\mu)$确定。实体墩台、基础计算可不考虑动力作用。

第 4.4.2 条规定：

作用于桥墩上的流水压力计算应符合下列规定：

1　作用于桥墩上的流水压力可按式(4.4.2)计算。

$$P=KA\frac{\gamma v^2}{2g_n} \tag{4.4.2}$$

式中　P——流水压力(kN)；

A——桥墩阻水面积(m^2)，通常计算至一般冲刷线处；

γ——水的容重，一般采用 10 kN/m^3；

g_n——重力加速度(m/s^2)；

v——计算时采用的计算流速(m/s):检算稳定性时采用设计频率水位的流速;计算基底应力或基底偏心时采用常水位的流速;

K——桥墩形状系数:方形桥墩为 1.47;尖端形桥墩为 0.67;矩形桥墩长边与水流平行为 1.33;圆端形桥墩为 0.60;圆形桥墩为 0.73。

2 流水压力的分布假定为倒三角形,其合力作用点位于水位线以下 1/3 水深处。

第 4.4.8 条规定:

连续结构桥墩及基础应计算恒载作用下支座摩擦阻力作用。

第 4.4.9 条规定:

波浪力应按现行《港口与航道水文规范》JTS 145 的有关规定计算。

第 5.4.2 条规定:

墩台身应检算强度、整体纵向弯曲稳定、墩台顶弹性水平位移,基底应检算压应力、合力偏心、基底倾覆稳定和滑动稳定等。

第 5.4.12 条规定:

墩台及基础设计应符合下列规定:

1 混凝土实体桥墩应设置护面钢筋。

2 承台桩基布置在满足刚性角的情况下,承台底部应布置一层钢筋网。

第 5.5.5 条规定:

涵洞设计应符合下列规定:

1 涵洞顶不宜高于基床表层底面。涵洞顶控制路肩高程时,涵洞顶可与路肩齐平,但不应高于路肩且斜交涵洞的斜交角度不宜大于 45°。

2 涵洞沉降缝不应设在无砟轨道板下方。

3 软弱地基上的涵洞,涵洞地基处理方式应与两侧路基地基处理方式相协调。

第 5.5.16 条规定:

有基涵洞的基础应根据涵洞的构造、地质条件及地基处理情况设计为整体式或非整体式。

第 5.5.17 条规定:

圆涵及其他封闭式截面涵洞，当基底处理符合表 5.5.17 的规定，且土质均匀，下沉量不大时，可采用无基涵洞，涵洞出入口应设基础并考虑防渗作用。

表 5.5.17　无基涵洞管节底处理

基底土名称	形　式	垫层厚度或夯实层厚度(m)
岩　石	混凝土抹成垫座	—
	砂垫层	不小于 0.4
砾石、卵石	用砂填充空隙同时夯实	不小于 0.4
砾砂、粗砂、中砂及细砂	表层夯实	不小于 0.4

B.2　《铁路桥涵混凝土结构设计规范》(TB 10092—2017)

第 3.1.3 条规定：

混凝土的极限强度应按表 3.1.3 采用。

表 3.1.3　混凝土的极限强度(MPa)

强度种类	符号	混凝土强度等级							
		C25	C30	C35	C40	C45	C50	C55	C60
轴心抗压	f_c	17.0	20.0	23.5	27.0	30.0	33.5	37.0	40.0
轴心抗拉	f_{ct}	2.00	2.20	2.50	2.70	2.90	3.10	3.30	3.50

第 5.1.1 条规定：

桥涵结构中的素混凝土、砌体用材料的最低强度等级和适用范围应符合表 5.1.1 的规定。

表 5.1.1　素混凝土、砌体用材料的最低强度等级和适用范围

混凝土和砌体种类	材料最低强度等级			适用范围
	水泥砂浆	石料	混凝土	
片石砌体	M10	MU30	—	沉井填心、拱桥填腹及铺砌防护工程
	M10	MU50		涵洞的翼墙及其基础
块石砌体	M10	MU50	—	涵洞的拱圈

续上表

混凝土和砌体种类	材料最低强度等级			适用范围
	水泥砂浆	石料	混凝土	
粗料石砌体	M10	MU60	—	拱桥和拱涵的拱圈
混凝土块砌体	M20	—	C25	拱桥及涵洞的拱圈、帽石
				涵洞的边墙、端墙、翼墙及基础
素混凝土	—	—	C30	拱桥及涵洞的拱圈、帽石
				桥墩台身
				桥墩基础
				涵洞的边墙、端墙、翼墙及基础

注：整体浇筑的混凝土，除拱圈外，墩台身、基础及沉井填心等截面尺寸较大部位，均可掺片石。片石数量不应大于总体积的20%，石料强度等级不应低于MU50。

第5.1.2条规定：

石砌体应采用不易风化的石料。处于浸水和潮湿地区的石砌体，主体工程用石料的软化系数不应低于0.8。采用石砌体时应符合下列要求：

1　在年最冷月份平均温度为−5 ℃～−15 ℃或−15 ℃以下的地区，除气候干旱不受冰冻影响外，主体工程所用石料应满足抗冻要求。

2　在年最冷月份平均温度为−5 ℃～−15 ℃或−15 ℃以下的地区，采用混凝土块砌体，其混凝土强度等级不应低于C30。

3　在年最冷月份平均温度为−5 ℃～−15 ℃或−15 ℃以下的地区，对于涵洞的帽石、翼墙及基础，其水泥砂浆强度等级不应低于M20。

B.3　2009年版《铁路工程抗震设计规范》(GB 50111—2006)

第4.0.1条规定：

评定场地土和场地分类应符合下列规定：

1　场地土类型划分和剪切波速范围应符合表4.0.1-1的规定。

表4.0.1-1　场地土类型划分

场地土类型	岩土名称和性状	剪切波速 V_s 范围(m/s)
岩石或坚硬土	岩石、密实的碎石类土	$V_s>500$

续上表

场地土类型	岩土名称和性状	剪切波速 V_s 范围(m/s)
中硬土	中密、稍密碎石类土,密实、中密砾、粗、中砂,基本承载力 $\sigma_0>250$ kPa 的黏性土、粉土和老黄土(Q_1、Q_2)	$250<V_s\leqslant500$
中软土	稍密砾、粗、中砂,除松散外的粉细砂,基本承载力 $\sigma_0\leqslant250$ kPa 的黏性土、粉土和可塑状黄土(Q_3、Q_4),$\sigma_0\geqslant140$ kPa 的填土	$150<V_s\leqslant250$
软弱土	淤泥和淤泥质土,松散的砂,新近沉积的黏性土、粉土和流塑状黄土,基本承载力 $\sigma_0<140$ kPa 的填土	$V_s\leqslant150$

注:土的名称和性状应按现行行业标准《铁路工程岩土分类标准》TB 10077—2001 取用。

2 场地类别划分应符合下列规定:

1) 场地类别应根据场地计算深度内土层等效剪切波速 V_{se} 值按表 4.0.1-2 划分为四类。等效剪切波速 V_{se} 值应按下式计算:

$$V_{se}=H\Big/\sum_{i=1}^{n}\frac{h_i}{V_{si}} \tag{4.0.1}$$

式中 V_{se}——计算深度内的土层等效剪切波速(m/s);

H——计算深度(m),应取地面或一般冲刷线以下 25 m,并不得小于基础底面以下 10 m;

h_i——计算深度内第 i 土层的厚度(m);

V_{si}——第 i 土层的剪切波速(m/s);

n——计算深度内土层数。

表 4.0.1-2 场地类别

Ⅰ	Ⅱ	Ⅲ	Ⅳ
$V_{se}>500$	$250<V_{se}\leqslant500$	$150<V_{se}\leqslant250$	$V_{se}\leqslant150$

2) 跨度 32 m 及以下的简支梁桥,当无土层剪切波速实测资料时,可根据岩土名称和性状,按本规范附录 A 选用。

对于 A 类、B 类桥梁,应采用现场实测土层的剪切波速进行评定。

第 A.0.1 条规定:

不同岩土的剪切波速,可按表 A.0.1 取用。

表 A.0.1　不同岩土的剪切波速值

岩土名称	岩土性质或基本承载力 σ_0(kPa)	剪切波速值 V_s(m/s)
填土		100～200
淤泥、淤泥质土或软土	$\sigma_0<100$	90～140
黏土、粉质黏土	$100\leqslant\sigma_0\leqslant400$	120～400
粉质黏土、粉土	$100\leqslant\sigma_0\leqslant400$	100～380
黄土、黄土质土		130～300
粉砂、细砂	稍松	100～130
	中等密实	130～200
中砂、粗砂	稍松	110～160
	中等密实	160～250
粗砂、砾砂		200～350
粗、细圆砾土，粗、细角砾土，卵石土，碎石土	松散	200～300
	中等密实	300～400
	密实	>400
岩石	弱风化	500～1 000
	未风化、微风化	>1 000

注：1　本表系深度 10 m 以内的值，深度大于 10 m 时，应适当加大。

2　根据土层深度、标贯击数、平均粒径、孔隙比、液性指数等综合分析选择表中所列的剪切波速值。

3　黏土、粉质黏土、粉土可按 σ_0 内插取值。

第 4.0.2 条规定：

饱和砂土和饱和粉土属可液化土层。设计烈度为 7 度，地面以下 15 m 以内，设防烈度为 8 度或 9 度，地面以下 20 m 以内，当地基中存在可液化土层时，应按国家标准《中国地震动参数区划图》GB 18306—2001 附录 C 反应谱特征周期分区有关规定及本规范附录 B 进行试验，并结合场地的工程地质和水文地质条件进行综合分析，判定其地震时是否液化。

第 4.0.3 条规定：

可液化土层符合下列条件之一时，可不考虑液化的影响，并不再进行液化判定。

1　地质年代属于上更新统及其以前年代的饱和砂土、粉土。

2　土中采用六偏磷酸钠作分散剂的测定方法测得的黏粒含量百分比 P_c，当设防烈度为 7 度时大于 10%；为 8 度时大于 13%；为 9 度时大于 16%。

3　基础埋置深度不超过 2 m 的天然地基，应符合图 4.0.3 的要求。

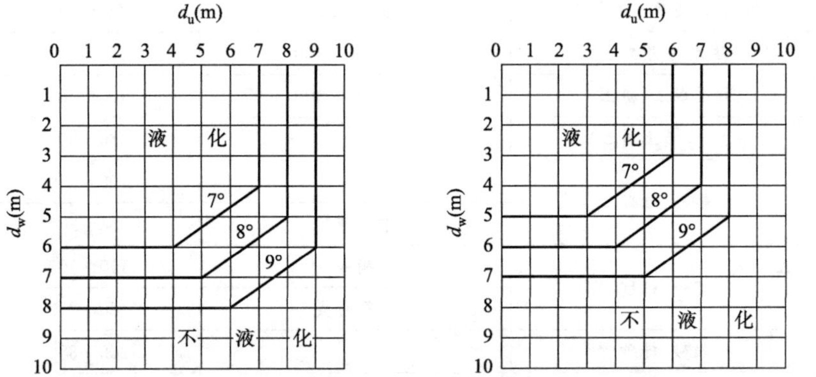

(a)砂　土　　(b)粉　土

图 4.0.3　利用 d_u 和 d_w 的液化初判图

d_u—第一层液化土顶面至地面或一般冲刷线之间所有上覆非液化土层厚度，不包括软土、砂土与碎石土的厚度；d_w—常年地下水位埋深

第 4.0.4 条规定：

验算基础的地基抗震强度时，地基土抗震容许承载力可按下式计算：

$$[\sigma_E]=\psi[\sigma] \tag{4.0.4}$$

式中　$[\sigma_E]$——地基土抗震容许承载力；

ψ——地基土容许承载力修正系数，按表 4.0.4 采用；

$[\sigma]$——地基土容许承载力。

表 4.0.4　地基土容许承载力修正系数 ψ 值

地　基　土	修正系数 ψ 值
未风化至强风化的硬质岩石	1.5
未风化至微风化的软质岩	1.5
基本承载力 σ_0＞500 kPa 的岩石和土	1.4
基本承载力 150 kPa＜σ_0≤500 kPa 的岩石和土	1.3
基本承载力 100 kPa＜σ_0≤150 kPa 的土	1.2

注：1　软质岩是指饱和单轴极限抗压强度为 15～30 MPa 的岩石。

2　100 kPa＜σ_0≤150 kPa 的土，不包括液化土、软土、人工弃填土等。

柱桩地基容许承载力修正系数可取1.5;摩擦桩地基容许承载力修正系数根据土的性质可取1.2～1.4。

第4.0.5条规定:

地基内有液化土层时,液化土层的力学指标,可按本规范附录C进行折减。液化土层以下的土层容许承载力修正系数,应符合本规范第4.0.4条的规定。液化土层以上的土层容许承载力不应修正。

第6.1.7条第3款:

建筑材料的容许应力修正系数,应按表6.1.7-2的规定采用。

表6.1.7-2　建筑材料的容许应力修正系数

材料名称	应力类别	修正系数
混凝土、片石混凝土和石砌体	剪应力、弯曲拉应力	1.0
	压应力	1.5
钢　　材	剪应力、拉、压应力	1.5

第7.1.2条规定:

设防烈度为7、8、9度的桥梁和位于6度区的B类桥梁,以及Ⅲ、Ⅳ类场地的C类桥梁均应按下列要求进行抗震验算:

按多遇地震进行桥墩、基础的强度、偏心及稳定性验算;按设计地震验算上、下部结构连接构造的强度;按罕遇地震对钢筋混凝土桥墩进行延性验算或最大位移分析。

不同结构桥梁的抗震设计内容应符合表7.1.2的规定。

表7.1.2　桥梁抗震设计验算内容

结构形式		多遇地震	设计地震	罕遇地震
简支梁桥	混凝土桥墩	墩身及基础:强度、偏心及稳定性验算	验算连接构造	一般不验算,但应增设护面钢筋
	钢筋混凝土桥墩	墩身及基础:强度及稳定性验算	验算连接构造	可按简化法进行延性验算
其他梁式桥及B类桥梁		墩身及基础:强度、偏心及稳定性验算	验算连接构造	钢筋混凝土桥墩:按非线性时程反应分析法进行下部结构延性验算或最大位移分析

注:对于简支或连续梁桥的上部结构可不进行抗震强度和稳定性验算,但应采取抗震措施。

第 7.1.5 条

桥梁下部结构抗震验算应符合下列规定：

1　基础底面的合力偏心距 e，应符合表 7.1.5-1 的规定。

表 7.1.5-1　基础底面合力偏心距 e

地　基　土	e
未风化至弱风化的硬质岩石	$\leqslant 2.0\rho$
上项以外的其他岩石	$\leqslant 1.5\rho$
基本承载力 $\sigma_0 > 200$ kPa 的土层	$\leqslant 1.2\rho$
基本承载力 $\sigma_0 \leqslant 200$ kPa 的土层	$\leqslant 1.0\rho$

注：表中 ρ 为基础底面计算方向的核心半径。

2　砌体及混凝土墩身截面合力偏心距 e，应符合表 7.1.5-2 的规定。

表 7.1.5-2　砌石及混凝土墩身截面合力偏心距 e

截 面 形 状	e
矩形及其他形状	$\leqslant 0.8S$
圆　　形	$\leqslant 0.7S$

注：表中 S 为截面形心至最大压应力边缘的距离。

3　建筑材料容许应力的修正系数，应按本规范表 6.1.7-2 的规定采用。

4　滑动稳定系数不应小于 1.1。

5　倾覆稳定系数不应小于 1.3。

第 7.2.6 条规定：

计算非岩石地基基础的柔度系数 δ_{11}、δ_{22}、δ_{12} 时，应计入土的弹性抗力，并按下列公式计算：

1　明挖、沉井基础底面的地基柔度系数。

1）置于非岩石地基上的深基础（包括基础置于岩石风化层内和置于风化层面上）：

$$\delta_{11}=\frac{6(b_0mh^4+6C_0aW)}{b_0mh^2(b_0mh^4+18C_0aW)} \qquad (7.2.6—1)$$

$$\delta_{22}=\frac{36}{b_0mh^4+18C_0aW} \qquad (7.2.6—2)$$

$$\delta_{12}=\frac{-12h}{b_0mh^4+18C_0aW} \quad (7.2.6\text{—}3)$$

2）置于非岩石地基上的浅基础或嵌入岩层内较浅的基础：

$$\delta_{11}=\delta_{12}=0 \quad (7.2.6\text{—}4)$$

$$\delta_{22}=\frac{12}{b_0mh^4+6C_0aW} \quad (7.2.6\text{—}5)$$

式中 b_0——基础侧面土抗力的计算宽度(m)，应按现行行业标准《铁路桥涵地基和基础设计规范》TB 10002.5 的规定计算。明挖基础侧面土抗力的计算宽度应由基础的平均尺寸确定；

m——非岩石地基系数的比例系数(kN/m^4)，可按表 7.2.6 采用；

h——基础底面位于地面以下或一般冲刷线以下的深度(m)；

C_0——基础底面竖向地基系数(kN/m^3)，按现行行业标准《铁路桥涵地基和基础设计规范》TB 10002.5 的规定计算；

a——基础底面顺外力作用方向的基础长度(m)；

W——计算方向基础底截面抵抗矩(m^3)；

δ_{12}——当基础底或承台底作用单位弯矩时，基础底面产生的水平位移(m/kN·m)。

表 7.2.6　非岩石地基系数的比例系数 m 值

序　号	土　的　名　称	m(kN/m^4)
1	流塑黏性土 $I_L>1$	3 000～5 000
2	软塑黏性土 $1\geqslant I_L>0.5$，粉砂	5 000～10 000
3	硬塑黏性土 $0.5\geqslant I_L>0$，细砂、中砂	10 000～20 000
4	坚硬黏性土、粗砂	20 000～30 000
5	砾砂、角砾土、圆砾土、碎石土、卵石土	30 000～80 000
6	块石土、漂石土	80 000～120 000

注：I_L 为液性指数。

2　桩基础承台底面的地基柔度系数，应按现行行业标准《铁路桥涵地基和基础设计规范》TB 10002.5 规定的方法计算。

第 7.4.2 条第 6 款：

计算桥台穿过液化土层的地震土压力时，内摩擦角折减系数应符合本规范附录C的规定。凡力学指标不同的土层,应分层计算。

第7.5.2条规定:

位于常年有水河流的可液化土层或软土地基上的桥梁墩台,应采用桩和沉井等深基础,且桩尖及沉井底埋入稳定土层内不应小于2 m。当水平力较大时桩基桥台宜设置斜桩或采取其他加固措施。

第7.5.3条规定:

特大桥、大中桥桥头路堤的地基为可液化土层或软土,并同时具备下列条件时,应对台后15 m范围内路堤基底以下的可液化土层或软土,采取振密、砂桩、砂井、碎石桩、换填等加固措施。

1 桥头路堤高度大于3 m;

2 设防烈度为8度或9度。

第7.5.5条规定:

当桥梁跨越断层带时,墩台基础不应设置在严重破碎带上。

第7.5.8条规定:

采用明挖基础的桥台,当基础底面摩擦系数小于或等于0.25时,宜采用砂卵石换填,其厚度不应小于1.0 m。桥台后沿线路方向的地面坡度大于1:5时,路堤基底应挖成台阶,其宽度不应小于2.5 m。

桥头路堤的填筑和墩台明挖基坑回填,应分层夯填密实,其压实系数不应小于0.90。

第7.5.11条规定:

位于液化土地基上桥长20 m及以下的桥梁,应采取换填砂卵石、打桩等措施,并宜在桥墩、桥台基础间设置支撑。

第7.5.15条规定:

7度及以上地区的钻孔桩基础,在桩顶$2.5d \sim 3.0d$(d为设计桩径)长度范围内,应适当加强箍筋配置。

第7.5.17条规定:

B类桥梁、高速铁路及客运专线(含城际铁路)的C类桥梁,对桥墩与承台、承台与桩的连接应采取以下加强措施:

1 墩身与承台的连接:墩身的竖向钢筋伸入承台应有足够的锚固长度,并与承台顶面钢筋连接,有条件时,可与承台底部钢筋连接。

2　承台应采用六面配筋，底面钢筋的设置应根据受力计算确定；顶面钢筋的直径不应小于 16 mm、间距不应大于 15 cm；其余四面按构造要求配筋。

3　承台与桩的连接：钻（挖）孔桩桩头 2.5～3.0 倍桩径长度范围内应加密箍筋，其间距不应大于 10 cm，直径不应小于 10 mm，桩身纵向钢筋的配筋率不宜小于 0.5%。

第 C.0.1 条规定：

液化土的弹性抗力、摩擦力和摩擦角、抗剪强度等力学指标的折减系数，应符合表 C.0.1 的规定。

表 C.0.1　液化土力学指标折减系数 ψ_1 值

F_i \ ψ_1 \ d_s(m)	$d_s \leqslant 10$	$10 < d_s \leqslant 20$
$F_i \leqslant 0.6$	0	0.33
$0.6 < F_i \leqslant 0.8$	0.33	0.66
$0.8 < F_i \leqslant 1.0$	0.66	1.0

注：表中 d_s 为标准贯入、静力触探试验点的深度；F_i 为抗液化指数。

第 C.0.2 条规定：

液化土的抗液化指数 F_i 值，应按下列公式计算：

1　采用标准贯入试验时：

$$F_i = N/N_{cr} \quad \text{(C.0.2—1)}$$

2　采用静力触探试验时：

$$F_i = P_{sca}/P'_s \quad \text{(C.0.2—2)}$$

B.4　《铁路混凝土结构耐久性设计规范》（TB 10005—2010）

第 5.3.1 条规定：

不同环境下，桥梁灌注桩和隧道衬砌混凝土的抗压强度应满足表 5.3.1 的要求。

表 5.3.1 灌注桩、隧道衬砌用混凝土的最低抗压强度等级

环境类别	环境作用等级	灌注桩		隧道衬砌	
		钢筋混凝土	素混凝土	钢筋混凝土	素混凝土
碳化环境	T1	C30	C30	C30	C30
	T2	C35	C30	C35	C30
	T3	C40	C30	C40	C30
氯盐环境	L1	C40	C35	C40	C35
	L2	C45	C35	C45	C35
	L3	C50	C35	C50	C35
化学侵蚀环境	H1	C35	C35	C35	C35
	H2	C40	C40	C40	C40
	H3	C45	C45	C45	C45
	H4	C45	C45	C45	C45
盐类结晶破坏环境	Y1	—	—	C35	C35
	Y2	—	—	C40	C40
	Y3	—	—	C45	C45
	Y4	—	—	C45	C45
冻融破坏环境	D1	—	—	C35	C35
	D2	—	—	C40	C40
	D3	—	—	C45	C45
	D4	—	—	C45	C45

注：1 本表中的抗压强度等级是按混凝土在标准条件下制作并养护 56 d 时的抗压强度值确定的。

2 本表所指灌注桩是指埋入土中或水中的桩体。

第 6.1.1 条规定：

铁路钢筋混凝土结构表面裂缝计算宽度限值除应遵守现行铁路工程有关专业设计规范的相关要求外，还应符合表 6.1.1 的规定。

表 6.1.1 钢筋混凝土结构表面裂缝计算宽度限值(mm)

环境类别	环境等级	表面裂缝计算宽度最大限值
碳化环境	T1	0.2
	T2	0.2
	T3	0.2

续上表

环境类别	环境等级	表面裂缝计算宽度最大限值
氯盐环境	L1	0.2
	L2	0.2
	L3	0.15
化学侵蚀环境	H1	0.2
	H2	0.2
	H3	0.15
	H4	0.15
盐类结晶破坏环境	Y1	0.2
	Y2	0.2
	Y3	0.15
	Y4	0.15
冻融破坏环境	D1	0.2
	D2	0.2
	D3	0.15
	D4	0.15
磨蚀环境	M1	0.2
	M2	0.2
	M3	0.15

注：当钢筋保护层实际厚度超过 30 mm 时，可将钢筋保护层厚度的计算值取为 30 mm。

第 7.2.1 条规定：

桥涵混凝土结构钢筋的混凝土保护层厚度应符合表 7.2.1 的规定。

表 7.2.1　桥涵混凝土结构钢筋的混凝土保护层最小厚度

环境类别	作用等级	保护层最小厚度(mm)
碳化环境	T1	35
	T2	35
	T3	45
氯盐环境	L1	45
	L2	50
	L3	60

续上表

环境类别	作用等级	保护层最小厚度(mm)
化学侵蚀环境	H1	40
	H2	45
	H3	50
	H4	60
盐类结晶破坏环境	Y1	40
	Y2	45
	Y3	50
	Y4	60
冻融破坏环境	D1	40
	D2	45
	D3	50
	D4	60
磨蚀环境	M1	35
	M2	40
	M3	45

注:1 设有防水层和防护层的顶面钢筋的混凝土保护层最小厚度可适当减小,但不得小于30 mm。

2 当条件许可时,盐类结晶破坏环境和严重腐蚀环境下,桥涵混凝土结构钢筋的混凝土保护层最小厚度应适当增加。

3 桩基础钢筋的混凝土保护层最小厚度应在表 7.2.1 的基础上增加 30 mm。

4 先张法预应力筋的混凝土保护层最小厚度应比普通钢筋至少大 10 mm。

5 具有连续密封套管的后张预应力钢筋的混凝土保护层最小厚度应与普通钢筋相同,且不应小于孔道直径的 1/2。无密封套管(或导管、孔道管)的后张预应力钢筋的混凝土保护层最小厚度应比普通钢筋大 10 mm。

6 后张预应力金属管外缘至混凝土表面的距离应不小于 1 倍管道直径(在结构的顶面和侧面)或 60 mm(在结构底面)。

附录C　自平衡法静载试验基桩检测方法

本附录根据《建筑基桩自平衡静载试验技术规程》(JGJ/T 403—2017)的相关规定编写的。

基桩自平衡静载试验是基桩静载试验的一种新方法,其主要装置是一种特制的荷载箱,它与钢筋笼连接并安置于桩身平衡点处。试验时,从桩顶通过输压管对荷载箱内腔施加压力,箱盖与箱底被推开,从而调动桩周土的摩阻力与端阻力,直至破坏,将桩侧土摩阻力与桩底土阻力迭加而得到单桩抗压承载力。

基桩自平衡静载试验可以作为传统静载试验方法的补充,对于难以实施的大直径、大吨位的基桩进行竖向承载力检测与评价。

C.1　基本规定

(1)自平衡静载试验基桩内力测试适用于桩身横截面尺寸基本恒定或已知的桩,可得到桩侧各土层的分层摩阻力及端阻力。

(2)自平衡静载试验的检测数量应满足设计要求,不应少于同一条件下桩基分项工程总桩数的1%,且不应少于3根;当总桩数小于50根时,检测数量不应少于2根。

C.2　仪器设备及安装

(1)基桩自平衡静载试验装置可由下列系统组成(图C-1):

①荷载箱、高压油管、加载油泵、油压测量仪表组成的加载系统。

②位移传递装置、位移传感器、位移基准装置组成的位移量测系统。

③采集压力和位移数据并据此对加载进行控制的数据采集与控制系统。

(2)荷载箱应按基桩类型、检测要求及基桩施工工艺正确选用。荷载箱的技术要求应符合下列规定。

①荷载箱宜进行整体检定，加载分级数不宜少于五级，当无法进行整体检定时，可对组成荷载箱的液压缸逐一进行检定，液压缸应为同型号，且相同油压时的液压缸出力相对误差应小于3%。

②荷载箱的极限输出推力不应小于额定输出推力的1.2倍。

③荷载箱检定或校准示值重复性不应大于3%。

④荷载箱空载启动压力应小于额定压力的4%。

⑤荷载箱在1.2倍额定压力下持荷时间不应小于30 min，在额定压力下持荷时间不应小于2 h，持荷过程中荷载箱不应出现泄漏、压力减小值大于5%等异常现象。

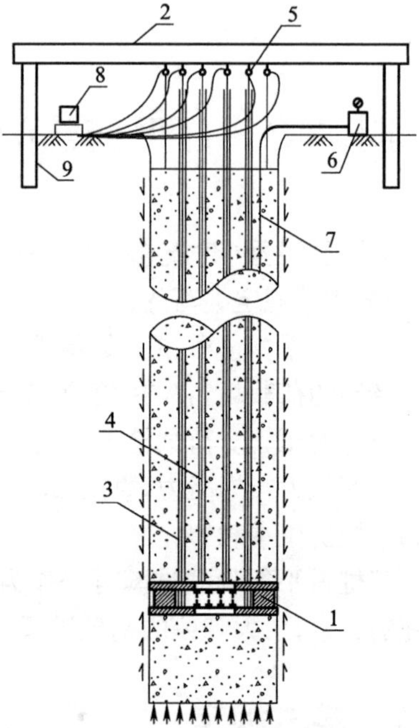

图C-1　基桩自平衡静载试验系统

1—荷载箱；2—基准梁；3—护套管；4—位移杆(丝)；
5—位移传感器；6—油泵；7—高压油管；
8—数据采集仪；9—基准桩

⑥荷载箱有效面积比应按式(C-1)计算。钻孔灌注桩荷载箱的有效面积比应为$45\%<\rho<60\%$(荷载箱放置桩底时$45\%<\rho\leqslant 100\%$)，挖孔灌注桩荷载箱的有效面积比应为$45\%<\rho\leqslant 100\%$。

$$\rho=\frac{A_{\mathrm{h}}}{A_{\mathrm{p}}}\times 100\% \tag{C-1}$$

式中　A_{h}——荷载箱的面积(m^2)；

A_{p}——桩身截面面积(m^2)。

(3)测试桩侧阻力、桩端阻力、桩身截面位移时，桩身内传感器位移杆(丝)的埋设应符合下列规定。

①相关传感器选用及埋设要求应符合现行行业标准《建筑基桩检测技术规范》(JGJ 106)的规定。

②传感器测量断面应设置在两种不同性质土层的界面处，且距桩顶和

桩底的距离不宜小于1倍桩径。在荷载箱附近应设置一个测量断面作为传感器标定断面。传感器标定断面处应对称设置4个传感器，其他测量断面处可对称埋设2～4个传感器，当桩径较大或试验要求较高时宜取高值。

③当桩身应变与桩身位移需要同时测量时，桩身位移测试应与桩身应变测试同步。

(4)荷载箱的埋设位置应符合下列规定：

①当受检桩为抗压桩，预估极限端阻力小于预估极限侧摩阻力时，应将荷载箱置于桩身平衡点处。

②当受检桩为抗压桩，预估极限端阻力大于预估极限侧摩阻力时，可将荷载箱置于桩端，并在桩顶采取一定量的配重措施。

③当受检桩为抗拔桩时，荷载箱应置于桩端；下部提供的反力不够维持加载时，可采取加深桩长或后注浆措施。

④当需要测试桩的分段承载力时，可布置双层荷载箱，埋设位置应根据检测要求确定。

(5)荷载箱的连接应符合下列规定：

①荷载箱应平放于桩身的中心，荷载箱位移方向与桩身轴线夹角不应大于1°。

②对于灌注桩，试验荷载箱安装宜按技术规程附录C进行。

③对于预制混凝土管桩和钢管桩，荷载箱与上、下段桩应采取可靠的连接方式。

(6)位移杆(丝)与护套管应符合下列规定：

①位移杆应具有一定的刚度，确保将荷载箱处的位移传递到地面。

②保护位移杆(丝)的护套管应与荷载箱焊接，多节护套管连接时可采用机械连接或焊接方式，焊缝应满足强度要求，并确保不渗漏水泥浆。

③当护套管兼作注浆管时，尚应满足注浆管的要求。

(7)基准桩和基准梁应符合下列规定：

①基准桩与受检桩之间的中心距离不应小于3倍的受检桩直径，且不应小于2.0 m；基准桩应打入地面以下足够的深度，不宜小于1.0 m。

②基准梁应具有足够的刚度，梁的一端应固定在基准桩上，另一端应简支于基准桩上。

③固定和支撑位移传感器的夹具及基准梁应减小受气温、振动及其

他外界因素的影响，当基准梁暴露在阳光下时，应采取有效措施。

(8)自平衡静载试验中受检灌注桩检测系统的安装与连接情况应符合下列规定(图 C-2)：

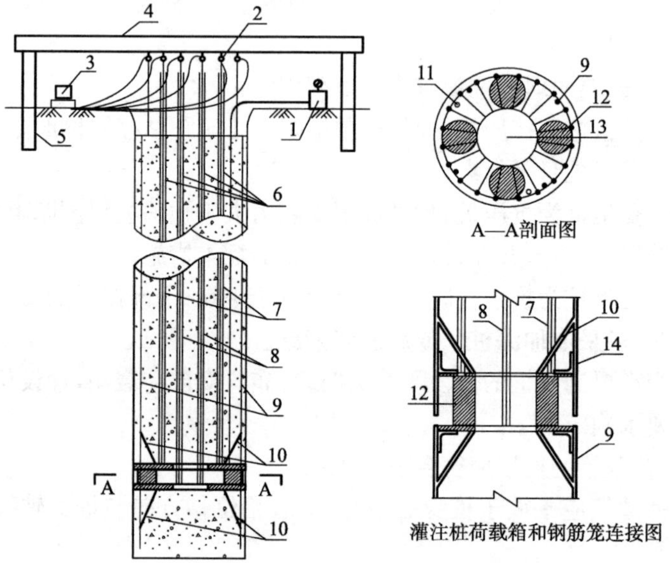

图 C-2　灌注桩检测系统的安装与连接

1—加压系统；2—位移传感器；3—静载试验仪(压力控制和数据采集)；4—基准梁；5—基准桩；6—位移杆(丝)护筒；7—上位移杆(丝)；8—下位移杆(丝)；9—主筋；10—导向筋(喇叭筋)；11—声测管；12—千斤顶；13—导管孔；14—L 形加强筋

①导向钢筋一端宜与环形荷载箱内圆边缘处焊接，另一端宜与钢筋笼主筋焊接。

②导向钢筋的数量和直径宜与钢筋笼主筋相同。

③导向钢筋与荷载箱平面的夹角宜大于 60°。荷载箱的顶部和底部应分别与上下钢筋笼的主筋焊接在一起，焊缝应满足强度要求。

C.3　现场测试

(1)自平衡静载试验应采用慢速维持荷载法。

(2)试验加载卸载应符合下列规定：

①加载应分级进行，采用逐级等量加载，每级荷载宜为最大加载值的1/10，其中，第一级加载量可取分级荷载的2倍。

②卸载应分级进行，每级卸载量宜取加载时分级荷载的2倍，且应逐级等量卸载。

③加、卸载时，应使荷载传递均匀、连续、无冲击，且每级荷载在维持过程中的变化幅度不得超过分级荷载的±10%。

④采用双层荷载箱时，宜先进行下荷载箱测试，后进行上荷载箱测试。

(3)慢速维持荷载法试验步骤应符合下列规定：

①每级荷载施加后，应分别按第5 min、15 min、30 min、45 min、60 min测读位移，以后每隔30 min测读一次位移。

②位移相对稳定标准：从分级荷载施加后的第30 min开始，按1.5 h连续三次每30 min的位移观测值计算，每小时内的位移增量不超过0.1 mm，并连续出现两次。

③当位移变化速率达到相对稳定标准时，再施加下一级荷载。

④卸载时，每级荷载维持1 h，分别按第15 min、30 min、60 min测读位移量后，即可卸下一级荷载；卸载至零后，应测读残余位移，维持时间不得小于3 h，测读时间分别为第15 min、30 min，以后每隔30 min测读一次残余位移量。

(4)荷载箱上段或下段位移出现下列情况之一时，即可终止加载：

①某级荷载作用下，荷载箱上段或下段位移增量大于前一级荷载作用下位移增量的5倍，且位移总量超过40 mm。

②某级荷载作用下，荷载箱上段或下段位移增量大于前一级荷载作用下位移增量的2倍，且经24 h尚未达到技术规程第4.3.3条第2款相对稳定标准。

③已达到设计要求的最大加载量且荷载箱上段或下段位移达到技术规程第4.3.3条第2款相对稳定标准。

④当荷载—位移曲线呈缓变型时，向上位移总量可加载至40～60 mm；向下位移总量可加载至60～80 mm；当桩端阻力尚未充分发挥时，可加载至总位移量超过80 mm。

⑤荷载已达荷载箱加载极限，或荷载箱上、下段位移已超过荷载箱行程，即可终止加载。

(5)自平衡静载试验数据记录表。

①自平衡静载试验的检测数据应按表C-1的格式记录。

表C-1　自平衡静载试验的检测数据记录表

<table>
<tr><td colspan="2">受检桩编号</td><td></td><td colspan="2">受检桩类型</td><td></td><td colspan="3">桩径(mm)</td><td colspan="2"></td><td colspan="2">桩长(m)</td><td colspan="2"></td></tr>
<tr><td colspan="2">桩端持力层</td><td></td><td colspan="2">成桩日期</td><td></td><td colspan="3">测试日期</td><td colspan="2"></td><td colspan="2">加载方法</td><td colspan="2"></td></tr>
<tr><td colspan="15"></td></tr>
<tr><td rowspan="2">荷载编号</td><td rowspan="2">压力表读数(MPa)</td><td rowspan="2">荷载值(kN)</td><td rowspan="2">记录时间</td><td rowspan="2">间隔(min)</td><td colspan="6">位移计(百分表)读数(mm)</td><td colspan="3">平均位移(mm)</td><td rowspan="2">温度(℃)</td></tr>
<tr><td>1</td><td>2</td><td>3</td><td>4</td><td>5</td><td>6</td><td>向上</td><td>向下</td><td>桩顶</td></tr>
<tr><td></td><td></td><td></td><td></td><td></td><td></td><td></td><td></td><td></td><td></td><td></td><td></td><td></td><td></td><td></td></tr>
<tr><td></td><td></td><td></td><td></td><td></td><td></td><td></td><td></td><td></td><td></td><td></td><td></td><td></td><td></td><td></td></tr>
<tr><td></td><td></td><td></td><td></td><td></td><td></td><td></td><td></td><td></td><td></td><td></td><td></td><td></td><td></td><td></td></tr>
</table>

记录：　　　　　　　　　　　　　　　　　　　　　　　　　校核：

②自平衡静载试验的结果宜按表C-2的格式记录。

表C-2　自平衡静载试验结果汇总表

<table>
<tr><td>工程名称</td><td></td><td>桩号</td><td></td><td colspan="2">工程地点</td><td colspan="4"></td></tr>
<tr><td>建设单位</td><td colspan="3"></td><td colspan="2">施工单位</td><td colspan="4"></td></tr>
<tr><td>桩型</td><td></td><td>桩径(mm)</td><td></td><td colspan="2">桩长(m)</td><td></td><td colspan="2">桩顶标高(m)</td><td>—</td></tr>
<tr><td>成桩日期</td><td></td><td>测试日期</td><td></td><td colspan="2">加载方法</td><td colspan="4"></td></tr>
<tr><td colspan="10"></td></tr>
<tr><td rowspan="2">荷载编号</td><td rowspan="2">加载值(kN)</td><td colspan="2">加载历时(min)</td><td colspan="2">向上位移(mm)</td><td colspan="2">向下位移(mm)</td><td colspan="2">桩顶位移(mm)</td></tr>
<tr><td>本级</td><td>累计</td><td>本级</td><td>累计</td><td>本级</td><td>累计</td><td>本级</td><td>累计</td></tr>
<tr><td></td><td></td><td></td><td></td><td></td><td></td><td></td><td></td><td></td><td></td></tr>
<tr><td></td><td></td><td></td><td></td><td></td><td></td><td></td><td></td><td></td><td></td></tr>
<tr><td></td><td></td><td></td><td></td><td></td><td></td><td></td><td></td><td></td><td></td></tr>
</table>

记录：　　　　　　　　　　　　　　　　　　　　　　　　　校核：

③自平衡静载试验荷载箱宜按表C-3的格式记录。

表 C-3　自平衡静载试验荷载箱参数表

序号	桩号	桩径（mm）	荷载箱型号	荷载箱参数				
				外径（mm）	内径（mm）	高度（mm）	额定加载能力（kN）	荷载箱距桩底距离（m）

记录：　　　　　　　　　　　　　　　　校核：

C.4　检测数据的分析与判定

(1)检测数据的处理应符合下列规定：

①应绘制荷载与位移量的关系曲线和位移量与加荷时间的单对数曲线，也可绘制其他辅助分析曲线。

②当进行桩身应变和桩身截面位移测定时，整理测试数据，绘制桩身轴力分布图，计算不同土层的桩侧阻力和桩端阻力。测试数据整理应符合下列规定：

a. 采用电阻应变式传感器测量时，应按下列公式对实测应变值进行导线电阻修正：

采用半桥测量时：

$$\varepsilon=\varepsilon'\left(1+\frac{r}{R}\right) \tag{C-2}$$

采用全桥测量时：

$$\varepsilon=\varepsilon'\left(1+\frac{2r}{R}\right) \tag{C-3}$$

式中　ε——修正后的应变值；

ε'——修正前的应变值；

r——导线电阻(Ω)；

R——应变计电阻(Ω)。

b. 采用振弦式传感器测量时，应根据率定系数将钢筋计实测频率换算成荷载，再将荷载值换算成与钢筋计断面处的混凝土应变相等的钢筋应变量。

c. 在数据整理过程中,应将零点漂移大、变化无规律的测点删除,求出同一断面有效测点的应变平均值,并应按式(C-4)计算该断面处桩身轴力:

$$Q_i=\bar{\varepsilon}_i\cdot E_i\cdot A_i \tag{C-4}$$

式中 Q_i——桩身第 i 断面处轴力(kN);

$\bar{\varepsilon}_i$——第 i 断面处应变平均值;

E_i——第 i 断面处桩身材料弹性模量(kPa),当混凝土桩身断面、配筋一致时,宜按标定断面处的应力与应变比值确定;

A_i——第 i 断面处桩身截面面积(m^2)。

d. 将桩身不同断面处在每级试验荷载下的轴力值制成表格,并绘制轴力分布图。桩侧土的分层极限摩阻力和极限端阻力应按下列公式计算:

$$q_{si}=\frac{|Q_{i+1}-Q_i|}{u\cdot l_i} \tag{C-5}$$

$$q_p=\frac{Q_b}{A_0} \tag{C-6}$$

式中 q_{si}——桩第 i 断面与第 $i+1$ 断面间侧摩阻力(kPa);

q_p——桩的端阻力(kPa);

Q_b——桩端轴力(kN);

i——桩检测断面顺序号,$i=1,2,\cdots,n$,并自桩顶以下从小到大排列;

u——桩身周长(m);

l_i——第 i 断面与第 $i+1$ 断面之间的桩长(m);

A_0——桩端面积(m^2)。

e. 桩身第 i 断面处的钢筋应力可按式(C-7)计算:

$$\sigma_{si}=E_s\cdot\varepsilon_{si} \tag{C-7}$$

式中 σ_{si}——桩身第 i 断面处的钢筋应力(kPa);

E_s——钢筋弹性模量(kPa);

ε_{si}——桩身第 i 断面处的钢筋应变。

(2)上段桩极限加载值 Q_{uu} 和下段桩极限加载值 Q_{ud} 应按下列方法综

合确定：

①根据位移随荷载的变化特征确定时，对于陡变型曲线，应取曲线发生明显陡变的起始点对应的荷载值。

②根据位移随时间的变化特征确定极限承载力，应取位移量与加载时间的单对数曲线尾部出现明显弯曲的前一级荷载值。

③当出现技术规程第 4.3.4 条第 1、2 款情况时，宜取前一级荷载值。

④对缓变型曲线可根据位移量确定，上段桩极限加载值取对应位移为 40 mm 时的荷载，当上段桩长大于 40 m 时，宜考虑桩身的弹性压缩量；下段桩极限加载值取位移为 40 mm 对应的荷载值，对直径大于或等于 800 mm 的桩，可取荷载箱向下位移量为 0.05D（D 为桩端直径）对应的荷载值。

⑤当按本条第①～④款不能确定时，宜分别取向上、向下两个方向的最大试验荷载作为上段桩极限加载值和下段桩极限加载值。

(3)自平衡静载试验测得的荷载—位移曲线宜等效转换为传统静载试验的荷载—位移曲线，转换方法宜符合下列规定。

①桩身无内力测试元件时，桩顶等效荷载、位移应按下列公式计算（图 C-3）：

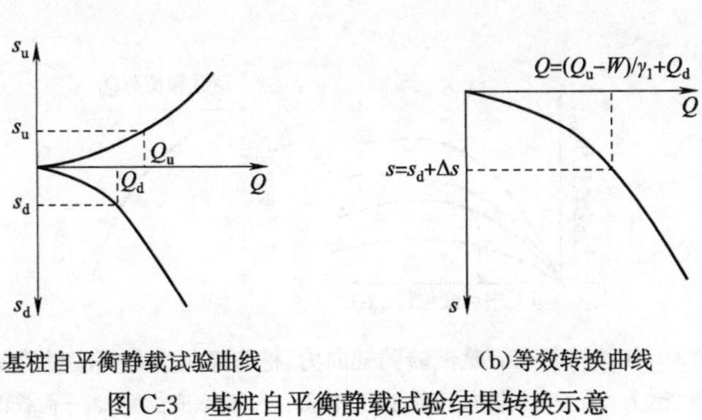

(a)基桩自平衡静载试验曲线　(b)等效转换曲线

图 C-3　基桩自平衡静载试验结果转换示意

$$Q=\frac{Q_u-W}{\gamma_1}+Q_d \tag{C-8}$$

$$s=s_d+\Delta s \tag{C-9}$$

$$\Delta s=\frac{[(Q_u-W)/\gamma_1+2Q_d]L_u}{2E_pA_p} \tag{C-10}$$

式中　Q——桩顶等效荷载(kN)；

s——桩顶等效位移(m)；

Δs——桩身压缩量(m)；

L_u——上段桩长度(m)；

E_p——桩身弹性模量(kPa)；

A_p——桩身截面面积(m^2)。

②桩身有内力测试元件时的计算应符合下列规定：

a. 将荷载箱以上部分分割成 n 个单元(图 C-4)，任意单元 i 的桩轴向力 $Q(i)$ 和变位量 $s(i)$ 可用下列公式表示：

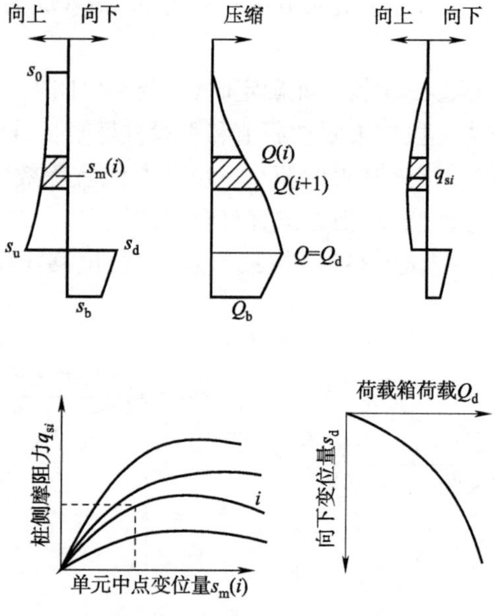

图 C-4　基桩自平衡静载试验的轴向力、桩侧摩阻力与变位量的关系

s_0—桩顶变位；s_u，s_d—荷载箱向上和向下变位量；s_b—桩端变位量；Q_d—荷载箱荷载；Q_b—桩端轴向力；$s_m(i)$—i 单元中点的变位量；q_{si}—i 单元的桩侧摩阻力

$$Q_i = Q_d + \frac{1}{2}\sum_{m=i}^{n} q_{sm}\{U(m)+U(m+1)\}h(m) \quad \text{(C-11)}$$

$$s_i = s_d + \sum_{m=i}^{n} \frac{Q(m)+Q(m+1)}{A_p(m)E_p(m)+A_p(m+1)E_p(m+1)}h(m) \quad \text{(C-12)}$$

式中　q_{sm}——m 点(i~n 之间的点)的桩侧摩阻力(假定向上为正值)(kPa)；

$U(m)$——m 点处桩周长(m)；

$A_p(m)$——m 点处桩截面面积(m^2)；

$E_p(m)$——m 点处桩弹性模量(kPa)，宜采用标定断面法确定；

$h(m)$——分割单元 m 的长度(m)。

b. 由基桩自平衡静载试验测出的桩侧摩阻力 q_{si} 与单元中点变位量 $s_m(i)$ 的曲线，转换为传统桩顶加载的桩侧摩阻力与位移的曲线，采用荷载传递法进行迭代计算可获得等效桩顶荷载及桩顶位移。对于荷载还没有传到荷载箱处时，直接采用荷载箱上段桩曲线 Q_u—s_u 曲线进行转换。

③对于双层荷载箱，宜按本条第①款或②款的方法将每层荷载箱从下往上依次进行转换。

(4)单桩竖向抗压极限承载力，应按下列公式计算：

单荷载箱：

$$Q_u=\frac{Q_{uu}-W}{\gamma_1}+Q_{ud} \tag{C-13}$$

双层荷载箱：

$$Q_u=\frac{Q_{uu}-W}{\gamma_1}+Q_{um}+Q_{ud} \tag{C-14}$$

式中　Q_u——单桩竖向承载力极限值(kN)；

Q_{uu}——上段桩的极限加载值(kN)；

Q_{um}——中段桩的极限加载值(kN)；

Q_{ud}——下段桩的极限加载值(kN)；

W——荷载箱上段桩的自重与附加重量之和(kN)，附加重量应包括设计桩顶以上超灌高度的重量、空桩段泥浆或回填砂、土自重，地下水位以下应取浮容重计算

γ_1——受检桩的抗压摩阻力转换系数，宜根据实际情况通过相近条件的比对试验和地区经验确定。当无可靠比对试验资料和地区经验时，γ_1 可取 0.8~1.0，长桩及黏性土取大值，短桩或砂土取小值。

(5)单桩竖向抗拔极限承载力，应按式(C-15)计算：

$$Q_u=\frac{Q_{uu}}{\gamma_2} \tag{C-15}$$

式中　γ_2——受检桩的抗拔摩阻力转换系数；承压型抗拔桩应取 1.0，对于承拉型抗拔桩，应根据实际情况通过相近条件的比对试验和地区经验确定，但不得小于 1.1。

(6)单桩竖向抗压(抗拔)承载力特征值应按单桩竖向抗压(抗拔)极限承载力的 50%取值。

附录 D　钢筋混凝土承台强度检算方法

(1)承台应按破坏状态法检算抗弯承载力、抗剪承载力、抗冲切承载力，破坏阶段安全系数不小于表 D-1 所示数值。

表 D-1　安全系数 K

安全系数类别	主　　力	主力＋附加力
撑杆抗压承载力强度安全系数	2.0	1.8
系杆抗拉承载力强度安全系数	1.8	1.6
斜截面抗剪承载力强度安全系数	2.1	1.9
抗冲切承载力强度安全系数	2.1	1.9

(2)承台底面单桩竖向力可按下列公式计算(图 D-1)：

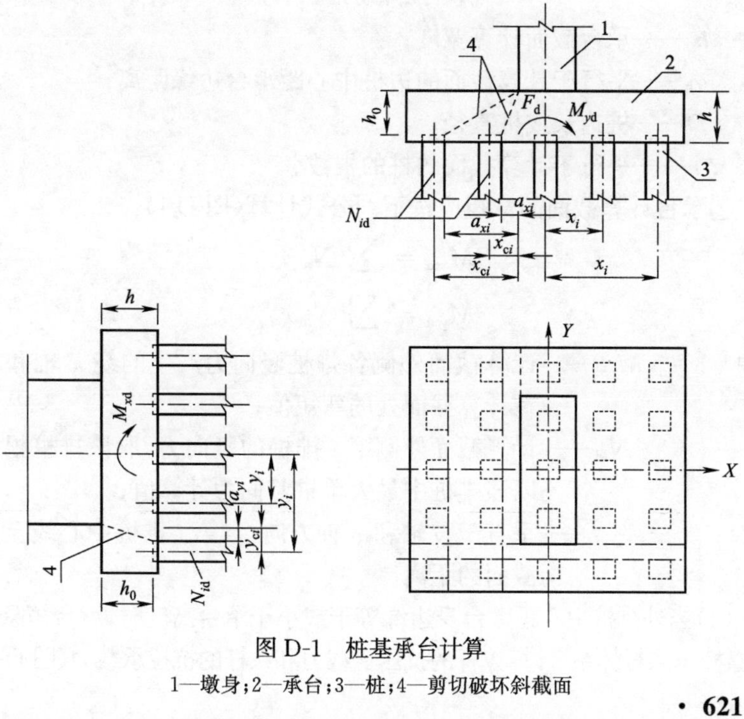

图 D-1　桩基承台计算

1—墩身；2—承台；3—桩；4—剪切破坏斜截面

$$N_{id}=\frac{F_{d}}{n}\pm\frac{M_{xd}y_{i}}{\sum y_{i}^{2}}\pm\frac{M_{yd}x_{i}}{\sum x_{i}^{2}} \tag{D-1}$$

式中　N_{id}——第 i 根桩的单桩竖向力计算值；

F_{d}——由承台底面以上的作用(或荷载)产生的竖向力计算值；

M_{xd},M_{yd}——由承台底面以上的作用(或荷载)绕通过桩群形心的 x 轴、y 轴的弯矩计算值；

n——承台下面桩的总根数；

x_{i},y_{i}——第 i 排桩中心至 y 轴、x 轴的距离。

(3)当承台下面外排桩中心距墩台身边缘大于承台高度时,其正截面(墩底边缘垂直于 x 轴和 y 轴的竖向截面)抗弯承载力可作为悬臂梁进行计算。

①承台截面计算宽度：

a. 当桩中距不大于三倍桩边长或桩直径时,取承台全宽；

b. 当桩中距大于三倍桩边长或桩直径时,

$$b_{s}=2a+3D(n-1) \tag{D-2}$$

式中　b_{s}——承台截面计算宽度；

a——平行于计算截面的边桩中心距承台边缘距离；

D——桩边长或桩直径；

n——平行于计算截面的桩的根数。

②承台计算截面的弯矩应按下列公式计算(图 D-1)：

$$M_{xcd}=\sum N_{id}y_{ci}$$

$$M_{ycd}=\sum N_{id}x_{ci}$$

式中　M_{xcd},M_{ycd}——计算截面外侧各排桩竖向力产生的绕 x 轴和 y 轴在计算截面处的弯矩值；

N_{id}——计算截面外侧第 i 排桩的竖向力,取该排桩根数乘以该排桩中最大单桩竖向力计算值；

x_{ci},y_{ci}——垂直于 y 轴和 x 轴方向,自第 i 排桩中心线至计算截面的距离。

(4)当外排桩中心距墩台身边缘等于或小于承台高度时,承台短悬臂可按“撑杆—系杆体系”计算撑杆的抗压承载力和系杆的抗拉承载力(图 D-2)。

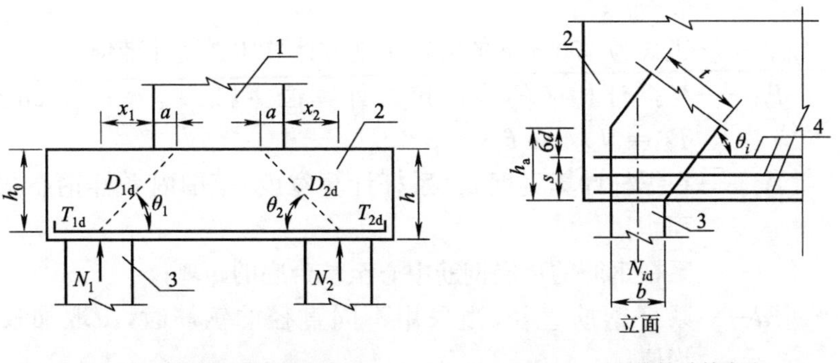

(a)“撑杆—系杆”力系　　(b)撑杆计算高度

图 D-2　承台按“撑杆—系杆体系”计算

1—墩台身；2—承台；3—桩；4—系杆钢筋

①撑杆抗压承载力可按下列规定计算：

$$KD_{id} \leqslant tb_s f_{cd} \tag{D-3}$$

$$f_{cd} = \frac{f_{cu,k}}{1+212.5\,\varepsilon_1} \leqslant f_c$$

$$\varepsilon_1 = \left(\frac{T_{id}}{A_s E_s} + 0.002\right)\cot^2\theta_i$$

$$t = b\sin\theta_i + h_a\cos\theta_i$$

$$h_a = s + 6d$$

式中　K——撑杆抗压承载力强度安全系数，按表 D-1 采用；

D_{id}——撑杆压力计算值，包括$D_1 = N_{1d}/\sin\theta_1$，$D_2 = N_{2d}/\sin\theta_2$，其中$N_{1d}$和$N_{2d}$分别为承台悬臂下面“1”排桩和“2”排桩内该排桩的根数乘以该排桩中最大单桩竖向力计算值，单桩竖向力按公式(D-1)计算；按公式(D-3)计算撑杆抗压承载力时，式中D_{id}取N_{1d}和N_{2d}两者较大者；

f_{cd}——撑杆混凝土的极限抗压强度计算值；

f_c——混凝土轴心抗压极限强度；

t——撑杆计算高度；

b_s——撑杆计算宽度，按(3)有关正截面抗弯承载力计算时对计算宽度的规定；

b——桩的支撑宽度，方形截面桩取面边长，圆形截面桩取直径的

0.8倍；

$f_{cu,k}$——边长为150 mm的混凝土立方体抗压强度标准值；

T_{id}——与撑杆相应的系杆拉力计算值，包括$T_{1d}=N_{1d}/\tan\theta_1$，$T_{2d}=N_{2d}/\tan\theta_2$；

A_s——在撑杆计算宽度b_s（系杆计算宽度）范围内系杆钢筋截面面积；

s——系杆钢筋的顶层钢筋中心至承台底的距离；

d——系杆钢筋直径，当采用不同直径的钢筋时，d取加权平均值；

θ_i——撑杆压力线与系杆拉力线的夹角，包括$\theta_1=\tan^{-1}\dfrac{h_0}{a+x_1}$，$\theta_2=\tan^{-1}\dfrac{h_0}{a+x_2}$，其中$h_0$为承台有效高度；$a$为撑杆压力线在承台顶面的作用点至墩台边缘的距离，取$a=0.15h_0$；x_1和x_2为桩中心至墩台边缘的距离。

②系杆抗拉承载力可按下列规定计算：

$$KT_{id}\leqslant f_sA_s \tag{D-4}$$

式中 K——系杆抗拉承载力强度安全系数，按表D-1采用；

f_s——系杆钢筋抗拉计算强度。

(5)承台的斜截面抗剪承载力计算应符合下列规定（见图D-1）：

$$KV_d\leqslant\frac{1.35\times10^{-4}(2+0.6P)\sqrt{f_{cu,k}}}{m}b_sh_0$$

式中 K——承台斜截面抗剪承载力强度安全系数，按表D-1采用；

V_d——由承台悬臂下面桩的竖向力产生的计算斜截面以外各排桩最大剪力计算值(kN)的总和；每排桩的竖向力，取其中一根桩的竖向力最大值乘以该排桩的根数；

P——斜截面内纵向受拉钢筋的配筋百分率，$P=100\rho$，$\rho=\dfrac{A_s}{bh_0}$，当$P>2.5$时，取$P=2.5$；

m——剪跨比，$m=\dfrac{a_{xi}}{h_0}$或$m=\dfrac{a_{yi}}{h_0}$，当$m<0.5$时，取$m=0.5$，其中a_{xi}和a_{yi}分别为沿x轴和y轴墩台边缘至计算斜截面外侧

第 i 排桩边缘的距离；当为圆形截面桩时，可换算为边长等于 0.8 倍圆桩直径的方形截面桩(图 D-1)；

b_s——承台计算宽度(mm)，见(3)有关正截面抗弯承载力计算时对于计算宽度的规定；

h_0——承台有效高度(mm)。

当承台的同方向可作出多个斜截面破坏面时，应分别对每个斜截面进行抗剪承载力计算。

(6)承台应按下列规定进行冲切承载力验算：

①柱或墩台向下冲切的破坏锥体应采用自柱或墩台边缘至相应桩顶边缘连线构成的锥体；桩顶位于承台顶面以下一倍有效高度h_0 处。锥体斜面与水平面的夹角，不应小于 45°，当小于 45°时，取用 45°。

柱或墩台向下冲切承台的冲切承载力按下列规定计算：

$$KF_{ld} \leqslant 0.6 f_{ct} h_0 [2\alpha_{px}(b_y + a_y) + 2\alpha_{py}(b_x + a_x)] \tag{D-5}$$

$$\alpha_{px} = \frac{1.2}{\lambda_x + 0.2}$$

$$\alpha_{py} = \frac{1.2}{\lambda_y + 0.2}$$

式中 K——承台抗冲切承载力强度安全系数，按表 D-1 采用；

F_{ld}——作用于冲切破坏锥体上的冲切力计算值，可取柱或墩台的竖向力减去锥体范围内各桩反力值之和；

b_x, b_y——柱或墩台作用面积的边长[图 D-3(a)]；

a_x, a_y——冲跨，冲切破坏锥体侧面顶边与底边间的水平距离，即柱或墩台边缘到桩边缘的水平距离，其值不应大于h_0[图 D-3(a)]；

λ_x, λ_y——冲垮比，$\lambda_x = a_x/h_0$，$\lambda_y = a_y/h_0$，当 $a_x < 0.2h_0$ 或 $a_y < 0.2h_0$ 时，取$a_x = 0.2h_0$ 或 $a_y = 0.2h_0$；

α_{px}, α_{py}——与冲垮比λ_x、λ_y 对应的冲切承载力系数；

f_{ct}——混凝土轴心抗拉强度。

②对于柱或墩台向下的冲切破坏锥体以外的角桩和边桩，其向上冲切承台的冲切承载力按下列规定计算：

a. 角桩

$$KF_{ld} \leqslant 0.6 f_{ct} h_0 \left[\alpha'_{px}\left(b_y + \frac{a_y}{2}\right) + \alpha'_{py}\left(b_x + \frac{a_x}{2}\right)\right] \tag{D-6}$$

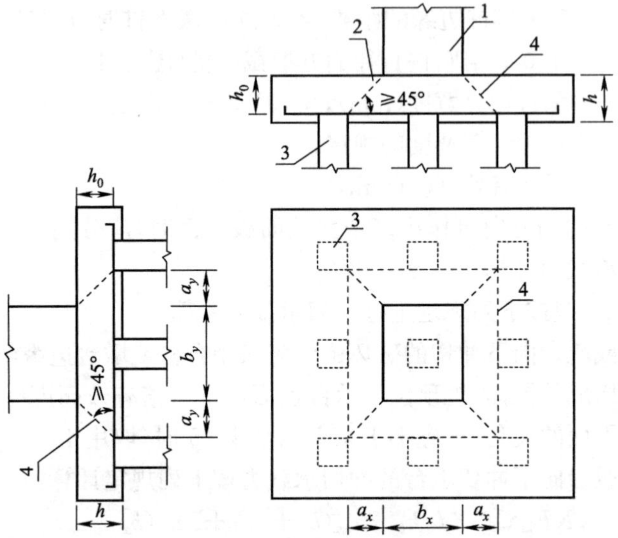

(a)柱、墩台下冲切破坏锥体

1—柱、墩台；2—承台；3—桩；4—破坏锥体

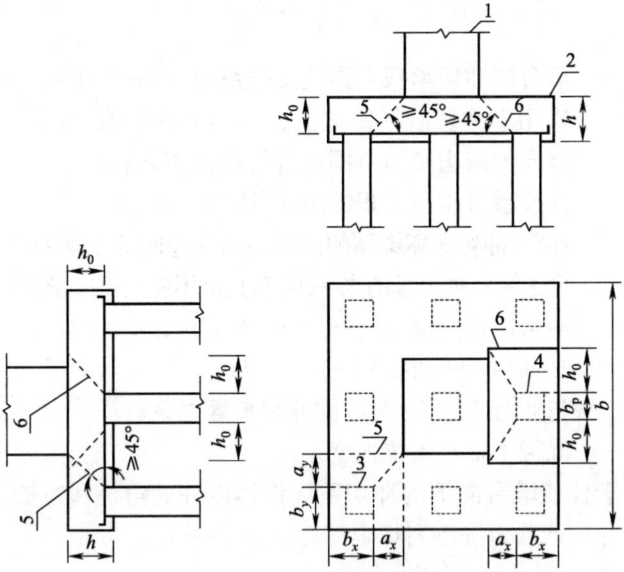

(b)角桩和边桩上冲切破坏锥体

1—柱、墩台；2—承台；3—角桩；4—边桩；5—角桩上破坏锥体；6—边桩上冲切破坏锥体

图 D-3　承台冲切破坏锥体

$$a'_{px}=\frac{0.8}{\lambda_x+0.2}$$

$$a'_{py}=\frac{0.8}{\lambda_y+0.2}$$

式中 K——承台抗冲切承载力强度安全系数，按表 D-1 采用；

F_{ld}——角桩竖向力计算值；

b_x, b_y——承台边缘至桩内边缘的水平距离[图 D-3(b)]；

a_x, a_y——冲跨，为桩边缘至相应柱或墩台边缘的水平距离，其值不应大于h_0[图 D-3(b)]；

λ_x, λ_y——冲垮比，$\lambda_x=a_x/h_0$，$\lambda_y=a_y/h_0$，当 $a_x<0.2h_0$ 或 $a_y<0.2h_0$ 时，取$a_x=0.2h_0$ 或 $a_y=0.2h_0$；

a'_{px}, a'_{py}——与冲垮比λ_x、λ_y 对应的冲切承载力系数。

b. 边桩

当 $b_p+2h_0\leqslant b$ 时[b 见图 D-3(b)]：

$$KF_{ld}\leqslant 0.6f_{td}h_0[a'_{px}(b_p+h_0)+0.667\times(2b_x+a_x)] \quad \text{(D-7)}$$

式中 K——承台抗冲切承载力强度安全系数，按表 D-1 采用；

F_{ld}——边桩竖向力计算值；

b_x——承台边缘至桩内边缘的水平距离；

b_p——方桩的边长；

a_x——冲跨，为桩边缘至相应柱或墩台边缘的水平距离，其值不应大于h_0。

按上述各款计算时，圆形截面桩可换算为边长等于 0.8 倍圆桩直径的方形截面桩。

当承台为变厚度时，式(D-5)中的h_0 取沿柱或墩台边缘垂直截面的承台有效高度；式(D-6)和式(D-7)中的h_0 取承台边缘截面的有效高度。

(7)承台在承受局部荷载的部位，应进行局部承压承载力的验算。

附录 E　明挖基础固结沉降量计算方法

本附录根据《铁路构造物等设计标准及解说：基础构造物、抗土压构造物》第 8.3.3 条的条文解释推荐的固结理论沉降变形计算方法编写的。

1. 明挖基础的固结沉降量计算公式

固结沉降量由式(E-1)计算求取。

$$S_t = \frac{S_u U_t}{100} \tag{E-1}$$

式中　S_t——自外加荷载加载时起至 t 日后的固结沉降量(m)；

S_u——固结层的最终固结沉降量(m)；

$$S_u = \frac{e_1 - e_2}{1 + e_1} H \tag{E-2}$$

e_1——固结层的初始孔隙比，初始孔隙比 e_1 指对应于检算点的初始荷载强度 p_0 的孔隙比；

e_2——固结层的最终孔隙比，最终孔隙比 e_2 指对应于检算点的最终荷载强度 p_e 的孔隙比；

H——固结层的厚度(m)；

U_t——时间 t 期间的固结度(%)，U_t 用图 E-1 求取。

时间系数 T_V 则由式(E-3)计算求取。

$$T_V = \frac{t C_V}{d^2} \tag{E-3}$$

式中　t——自外加荷载时起至计算日为止的天数(天)；

C_V——固结系数(通过固结试验求取)(m^2/天)；

d——最大排水距离(m)：两面排水的场合 $d = H/2$，单面排水的场合 $d = H$；

H——固结层的厚度(m)。

2. 检算点的荷载强度 p_m

检算点的初始荷载强度 p_0(kN/m^2)按式(E-4)计算。

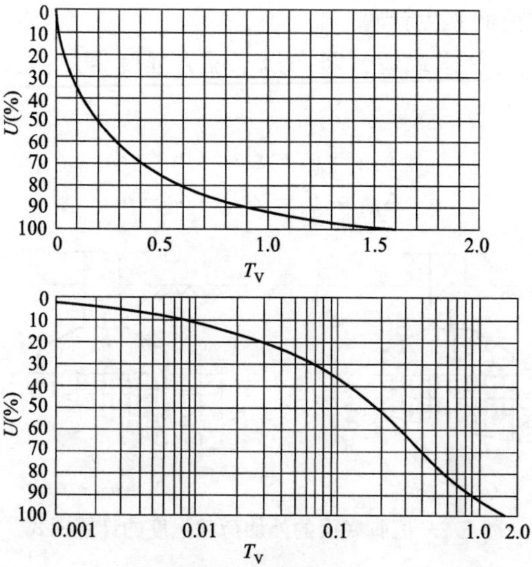

图 E-1　固结度—时间系数曲线(U—T_V曲线)

$$p_0=\gamma D_f \tag{E-4}$$

式中　γ——D_f区间之土的平均有效容重(kN/m³)；

D_f——地面至检算点的深度(m)。

检算点的最终荷载强度 p_e(kN/m²)按式(E-5)计算。

$$p_e=p_0+\Delta p \tag{E-5}$$

式中　Δp——检算点所受的有效外加荷载强度(kN/m²)。

对应于 p_0或 p_e的孔隙比e_1、e_2，利用由固结试验结果获得的 $e-\lg p$ 曲线求得，用于设计的固结系数，取荷载—固结系数曲线中对应于 p_m 点之值。

$$p_m=\frac{p_0+p_e}{2} \tag{E-6}$$

通常，通过试验求得的固结系数的单位是平方厘米每秒(cm²/s)。但是，实际的固结沉降量是以天或者年为单位求取的。所以，必须注意单位的换算。即：1 天$=8.64\times10^4$ s，而 1 年$=8.15\times10^7$ s。

此外，固结层较厚的场合，与荷载分布有关，沉降量因固结层的划分方法而计算结果各异，所以需要采用符合精度的划分方法。进而，黏性土层的固结特性沿深度方向而不同的场合，也需要采用与之相应的计算方法。

3. 基底的荷载强度计算

(1)依据图 E-2 求取设计竖向地基反力强度，再由式(E-7)计算基底的荷载强度增量。

$$\begin{cases}\Delta p_1 = p_1 - \gamma D_f = p_1 - p_0 \\ \Delta p_2 = p_2 - \gamma D_f = p_2 - p_0\end{cases} \tag{E-7}$$

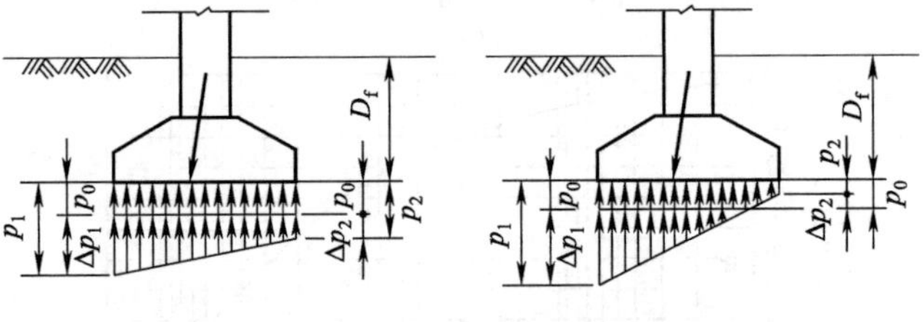

(a) $0 \leqslant \Delta p_{\min}$　　(b) $\Delta p_{\min} < 0$

图 E-2　底脚底面的外加荷载强度的计算图式

(2)依据图 E-3，由式(E-8)计算求取各层的荷载强度增量。

$$\begin{cases}\Delta p_2' = A_2'/B' \\ \Delta p_3' = 2A_3'/B' \\ \Delta p_2'' = A_2''/B'' \\ \Delta p_3'' = 2A_3''/B'' \\ A_2' = A_2'' = A_2 = \Delta p_2 B \\ A_3' = A_3'' = A_3 = \Delta p_3 B/2\end{cases} \tag{E-8}$$

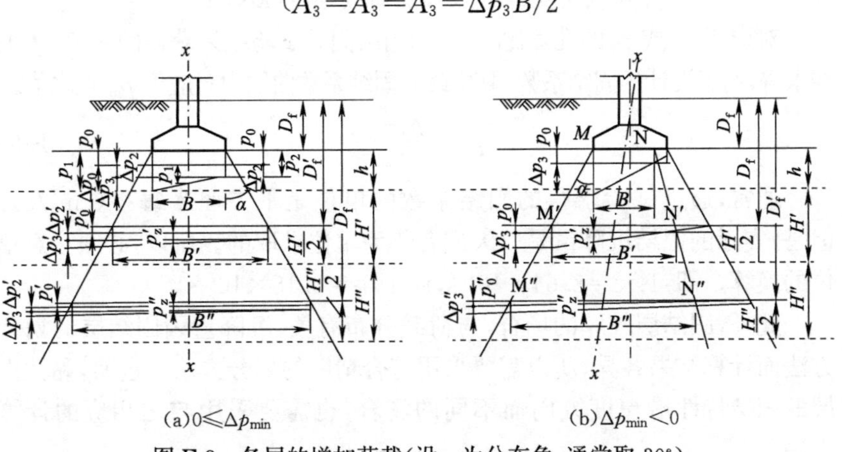

(a) $0 \leqslant \Delta p_{\min}$　　(b) $\Delta p_{\min} < 0$

图 E-3　各层的增加荷载(设 α 为分布角，通常取 30^{e})

(3)由式(E-9)计算求取 $x-x$ 轴上的增加荷载强度。

$$\begin{cases} p'_x=\Delta p'_2+\dfrac{\Delta p'_3}{2} \\ p''_x=\Delta p''_2+\dfrac{\Delta p''_3}{2} \end{cases} \tag{E-9}$$

(4)求取e_1、e_2的荷载强度,分别采用下述方法。

e_1:

$$p'_1=\gamma' D'_\mathrm{f} \tag{E-10}$$

p'_1不是图 E-3(a)和(b)所示的 p'_0、p''_0。

$$p''_1=\gamma'' D''_\mathrm{f} \tag{E-11}$$

$$p'_2=p'_1+\Delta p'_x \tag{E-12}$$

$\Delta p'_x$、$\Delta p''_x$即图 E-3 (a)和(b)所示的 p'_x、p''_x。

$$p''_2=p''_1+\Delta p''_x \tag{E-13}$$

最后由$S_\mathrm{t}=\dfrac{S_\mathrm{u}U_\mathrm{t}}{100}$式求取 $x-x$ 轴的固结沉降量。

计算式$S_\mathrm{t}=\dfrac{S_\mathrm{u}U_\mathrm{t}}{100}$的最终固沉降量,除了上述计算方法以外,还有利用压实指数、体积压缩系数的方法。

附录F　桩基水平力作用计算 $p—y$ 曲线法

本附录根据《港口工程桩基规范》(JTS 167-4—2012)附录D的规定编写的。

(1)不排水抗剪强度标准值 C_u 小于等于96 kPa的软黏土，在非往复荷载作用下 $p—y$ 曲线可按下列规定确定。

①桩侧单位面积的极限水平土抗力标准值，可按下列公式计算：

当 $z<z_r$：

$$p_u=3C_u+\gamma z+\frac{\zeta C_u z}{d} \tag{F-1}$$

当 $z\geqslant z_r$：

$$p_u=9C_u \tag{F-2}$$

$$z_r=\frac{6C_u d}{\gamma d+\zeta C_u} \tag{F-3}$$

式中　p_u——地面以下 z 深度处桩侧单位面积极限水平土抗力标准值(kPa)；

C_u——原状黏土不排水抗剪强度的标准值(kPa)；

γ——土的容重(kN/m^3)；

z——地面以下桩的任一深度(m)；

ζ——系数，取0.25～0.50；

d——桩径或桩宽(m)；

z_r——极限水平土的抗力转折点的深度(m)。

②软黏土中桩的 $p—y$ 曲线可按下列公式确定：

当 $y/y_{50}<8$ 时：

$$\frac{p}{p_u}=0.5\left(\frac{y}{y_{50}}\right)^{\frac{1}{3}} \tag{F-4}$$

$$y_{50}=\rho\varepsilon_{50}d \tag{F-5}$$

当 $y/y_{50}\geqslant 8$ 时：

$$\frac{p}{p_u}=1.0 \tag{F-6}$$

式中 p——地面以下 z 深度处作用于桩上的水平土抗力标准值(kPa)；

p_u——地面以下 z 深度处桩侧单位面积极限水平土抗力标准值(kPa)；

y——地面以下 z 深度处桩的侧向水平变形(mm)；

y_{50}——桩周土达极限水平土抗力之半时，相应桩的侧向水平变形(mm)；

ρ——相关系数，取 2.5；

ε_{50}——三轴仪试验中最大主应力差一半时的应变值。对饱和度较大的软黏土，也可取无侧限抗压强度 q_u 一半时的应变值。

③当无试验资料时，ε_{50} 可按表 F-1 采用。

表 F-1 ε_{50} 值

C_u(kPa)	ε_{50}	C_u(kPa)	ε_{50}	C_u(kPa)	ε_{50}
12～24	0.020	24～48	0.010	48～96	0.007

(2)对 C_u 大于 96 kPa 的硬黏土，宜按试桩资料绘制 p—y 曲线。

(3)砂土单位桩长的极限水平土抗力标准值，可按下列公式计算：

当 $z<z_r$：

$$p'_u=(C_1z+C_2d)\gamma z \tag{F-7}$$

当 $z\geqslant z_r$：

$$p'_u=C_3d\gamma z \tag{F-8}$$

式中 p'_u——地面以下 z 深度处单位桩长的极限水平土抗力标准值(kN/m)；

C_1,C_2,C_3——系数，可按图 F-1 确定；

z——地面以下桩的任一深度(m)；

d——桩径或桩宽(m)；

γ——土的容重(kN/m³)。

联立求解式(F-7)与式(F-8)，可得浅层土与深层土分界线深度 z_r。

(4)砂土中桩的 p—y 曲线，在缺乏现场试验资料时，可按下列公式确定：

$$p=\Psi\cdot p'_{\mathrm{u}}\operatorname{th}\left(\frac{Kz}{\Psi p'_{\mathrm{u}}}y\right) \tag{F-9}$$

$$\Psi=\left(3.0-0.8\frac{z}{d}\right)\geqslant 0.9 \tag{F-10}$$

式中 p——地面以下 z 深度处作用于桩上的水平土抗力标准值(kN/m)；

Ψ——计算系数；

p'_{u}——泥面以下 z 深度处单位桩长的极限水平土抗力标准值(kN/m)；

K——土抗力的初始模量(kN/m³)，可按图 F-2 确定；

z——泥面以下桩的任一深度(m)；

y——泥面以下 z 深度处桩的侧向水平变形(mm)；

d——桩径或桩宽(m)。

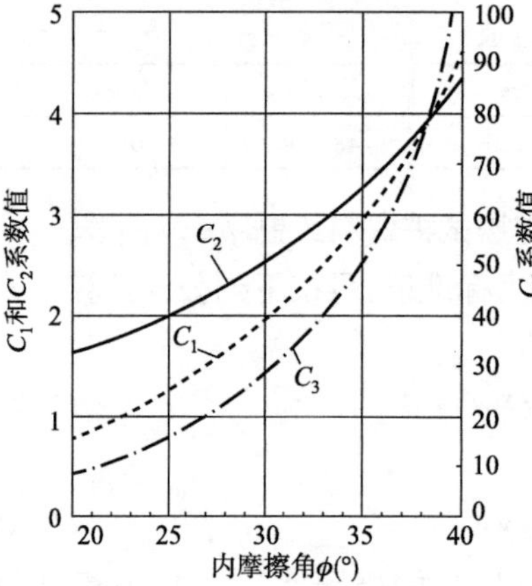

图 F-1 随 ϕ 而变化的系数

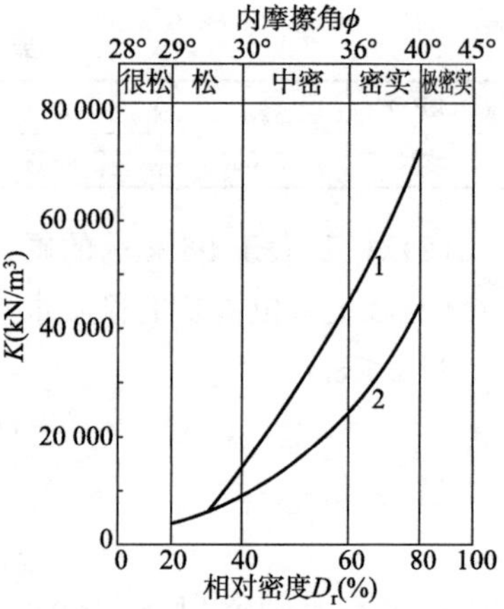

图 F-2 K 值曲线

1—水上；2—水下

(5)在水平力作用下，群桩中桩的中心距小于 8 倍桩径，桩的入土深度在小于 10 倍桩径以内的桩段，应考虑群桩效应。在非往复水平荷载作用下，距荷载作用点最远的桩按单桩计算。其余各桩应考虑群桩效应。其 p—y 曲线中的土的抗力 p 在无试验资料时，对于黏性土可按下式计算土抗力的折减系数。

$$\lambda_h=\left(\frac{\frac{S_0}{d}-1}{7}\right)^{0.043\left(10-\frac{z}{d}\right)} \quad \text{(F-11)}$$

式中 λ_h——土抗力的折减系数；

S_0——桩距(m)；

d——桩径或桩宽(m)；

z——泥面以下桩的任一深度(m)。

(6)桩在地面下的内力和变形，可采用 p—y 曲线的无量纲迭代法或有限差分法进行计算。

附录 G　波浪对桥梁基础的作用

波浪对柱状结构物的作用较为复杂，经过国内外学者数十年研究，已获得了许多重要的结论。对于波浪力问题，依据结构物尺度是否对波浪运动有显著影响，将问题分为与波长相比尺度较小和较大两类来考虑。目前工程界普遍认为当海洋结构物特征长度尺寸 D/L 或 $b/L \leqslant 0.2$ 时为小尺度结构；当海洋结构物特征长度尺寸 D/L 或 $b/L > 0.2$ 时为大尺度结构。

桥梁桩基基础由桥墩、承台和桩基组成，结构从上到下的尺度不一，桩基属小直径桩柱（$D/L \leqslant 0.2$），桥墩、承台属于大尺度墩柱（D/L 或 $b/L > 0.2$）。

本附录摘录《海港水文规范》(JTS 145-2—2013) 第 6 章、第 8 章和附录 L 波浪对桥梁基础作用的主要规定编写的。

G.1　波浪对桩基和墩柱的作用

G.1.1　小尺度墩柱结构波浪力计算

第 8.3.1 条规定：

D/L 或 $b/L \leqslant 0.2$ 的小尺度桩（柱），$H/d \leqslant 0.2$ 且 $d/L \geqslant 0.2$ 或 $H/d > 0.2$ 且 $d/L \geqslant 0.35$ 时，作用于水底面以上高度 z 处（图 8.3.1）柱体全断面上与波向平行的正向力由速度分力和惯性分力组成，可按下列公式计算：

$$p_D = \frac{1}{2}\frac{\gamma}{g}C_D D u|u| \tag{8.3.1-1}$$

$$p_I = \frac{\gamma}{g}C_M A \frac{\partial u}{\partial t} \tag{8.3.1-2}$$

$$u = \frac{\pi H}{T}\frac{\operatorname{ch}\frac{2\pi z}{L}}{\operatorname{sh}\frac{2\pi d}{L}}\cos \omega t \tag{8.3.1-3}$$

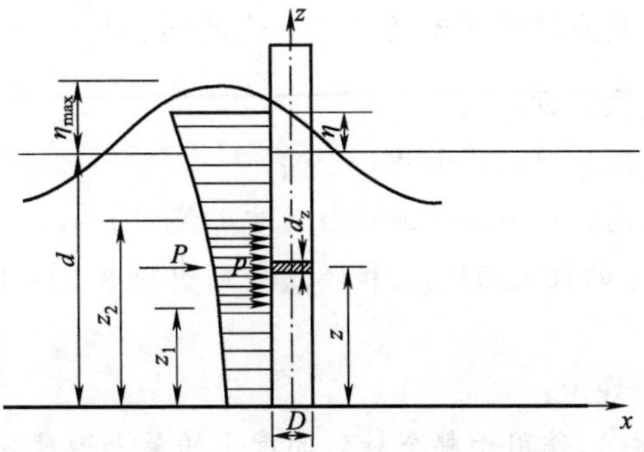

图 8.3.1 桩(柱)上波压力分布图

$$\frac{\partial u}{\partial t}=-\frac{2\pi^2 H}{T^2}\frac{\text{ch}\frac{2\pi z}{L}}{\text{sh}\frac{2\pi d}{L}}\sin\omega t \tag{8.3.1-4}$$

$$\omega=\frac{2\pi}{T} \tag{8.3.1-5}$$

式中 D——柱体的直径(m),当为矩形断面时,D 改用 b(m);

L——波长(m);

a,b——矩形柱体断面平行和垂直于波向的宽度(m);

H——结构所在处进行波波高(m);

d——结构物前水深(m);

z,z_1,z_2——计算点在水底面以上的高度(m);

p_D——波浪力的速度分力(kN/m);

γ——水的重度(kN/m^3);

g——重力加速度(m/s^2);

C_D——速度力系数,对圆形断面取 1.2,对方形或 $a/b\leqslant1.5$ 的矩形断面取 2.0;

u——水质点轨道运动的水平速度(m/s);

p_I——波浪力的惯性分力(kN/m);

C_M——惯性力系数,对圆形断面取 2.0,对方形或 $a/b\leqslant1.5$ 的矩形断面取 2.2;

A——柱体的断面积(m^2);

$\frac{\partial u}{\partial t}$——水质点轨道运动的水平加速度($m/s^2$);

T——波浪周期(s);

ω——波浪运动的圆频率(s^{-1});

t——时间(s),当波峰通过柱体中心线时 $t=0$;

注:p_D 和 p_I 的最大值P_{Dmax}和P_{Imax}分别出现在 $\omega t=0°$和 $\omega t=270°$的相位上。

第 8.3.2 条规定:

小尺度桩(柱),作用于整个柱体高度上的最大速度分力 P_{Dmax}和最大惯性分力 P_{Imax},应按下列规定确定。

8.3.2.1　$H/d\leqslant0.2$ 且 $d/L\geqslant0.2$ 或 $H/d>0.2$ 且 $d/L\geqslant0.35$ 时,可按下列方法确定:

(1)沿柱体高度选取不同 z 值,按式(8.3.1-1)和式(8.3.1-2)分别计算 $\omega t=0°$和 $\omega t=270°$时的 p_{Dmax}和 p_{Imax},计算点不宜少于 5 个点,其中包括 $z=0$、d 和 $d+\eta$ 三点;$\omega t=0°$时,$\eta=\eta_{max}$,η_{max}按图 8.3.2-1 确定;$\omega t=270°$时,$\eta=\eta_{max}-H/2$;沿柱体高度断面有变化时,则在交接面上下分别进行计算,由 p_{Dmax}和 p_{Imax}分布图即可算出总的 P_{Dmax}和 P_{Imax};

图 8.3.2-1　$\omega t=0°$时的 η_{max}值

(2)当 z_1 和 z_2 间柱体断面相同时,作用于该段上的 P_{Dmax}和 P_{Imax}分别按下列公式计算:

$$P_{Dmax}=C_D\frac{\gamma DH^2}{2}K_1 \tag{8.3.2-1}$$

$$P_{Imax}=C_M\frac{\gamma AH}{2}K_2 \tag{8.3.2-2}$$

$$K_1=\frac{\frac{4\pi z_2}{L}-\frac{4\pi z_1}{L}+\mathrm{sh}\frac{4\pi z_2}{L}-\mathrm{sh}\frac{4\pi z_1}{L}}{8\mathrm{sh}\frac{4\pi d}{L}} \tag{8.3.2-3}$$

$$K_2=\frac{\mathrm{sh}\frac{2\pi z_2}{L}-\mathrm{sh}\frac{2\pi z_1}{L}}{\mathrm{ch}\frac{2\pi d}{L}} \tag{8.3.2-4}$$

(3)$P_{D\max}$和$P_{I\max}$对z_1断面的力矩$M_{D\max}$和$M_{I\max}$分别按下列公式计算：

$$M_{D\max}=C_D\frac{\gamma DH^2L}{2\pi}K_3 \tag{8.3.2-5}$$

$$M_{I\max}=C_M\frac{\gamma AHL}{4\pi}K_4 \tag{8.3.2-6}$$

$$K_3=\frac{1}{\mathrm{sh}\frac{4\pi d}{L}}\left[\frac{\pi^2(z_2-z_1)^2}{4L^2}+\frac{\pi(z_2-z_1)}{8L}\mathrm{sh}\frac{4\pi z_2}{L}-\frac{1}{32}\left(\mathrm{ch}\frac{4\pi z_2}{L}-\mathrm{ch}\frac{4\pi z_1}{L}\right)\right] \tag{8.3.2-7}$$

$$K_4=\frac{1}{\mathrm{ch}\frac{2\pi d}{L}}\left[\frac{2\pi(z_2-z_1)}{L}\mathrm{sh}\frac{2\pi z_2}{L}-\left(\mathrm{ch}\frac{2\pi z_2}{L}-\mathrm{ch}\frac{2\pi z_1}{L}\right)\right] \tag{8.3.2-8}$$

式中 H——建筑物所在处进行波波高(m)；

d——建筑物前水深(m)；

L——波长(m)；

z,z_1,z_2——计算点在水底面以上的高度(m)；

ω——波浪运动的圆频率(s^{-1})；

t——时间(s)，当波峰通过柱体中心线时$t=0$；

$P_{D\max}$——作用于柱体计算高度上的最大速度力(kN)；

$P_{I\max}$——作用于柱体计算高度上的最大惯性力(kN)；

η——波面在静水面以上的高度(m)；

$\eta_{\max}$——波峰在静水面以上的高度(m)；

C_D——速度力系数，对圆形断面取1.2，对方形或$a/b\leqslant1.5$的矩形断面取2.0；

γ——水的重度(kN/m^3)；

D——柱体的直径(m)，当为矩形断面时，D 改用 b，b 为矩形柱体断面垂直于波向的宽度(m)；

K_1, K_2, K_3, K_4——系数，按上述公式计算，或 K_1 和 K_2 根据 z_1/L、z_2/L 和 d/L 分别按图 8.3.2-2 和图 8.3.2-3 确定，K_3 和 K_4 根据 z_1/L、z_2/L 和 d/L 分别按图 8.3.2-4、图 8.3.2-5 和图 8.3.2-6、图 8.3.2-7 确定；

C_M——惯性力系数，对圆形断面取 2.0，对方形或 $a/b \leqslant 1.5$ 的矩形断面取 2.2；

A——柱体的断面积(m^2)；

$M_{D\max}$——作用于柱体计算高度上的最大速度力矩(kN·m)；

$M_{I\max}$——作用于柱体计算高度上的最大惯性力矩(kN·m)。

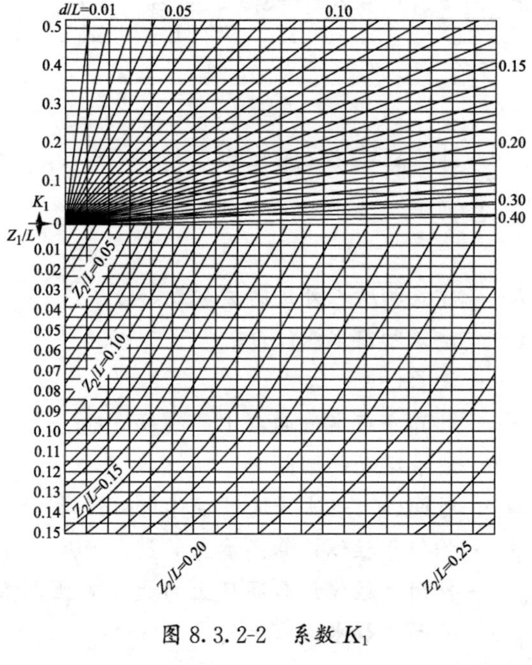

图 8.3.2-2　系数 K_1

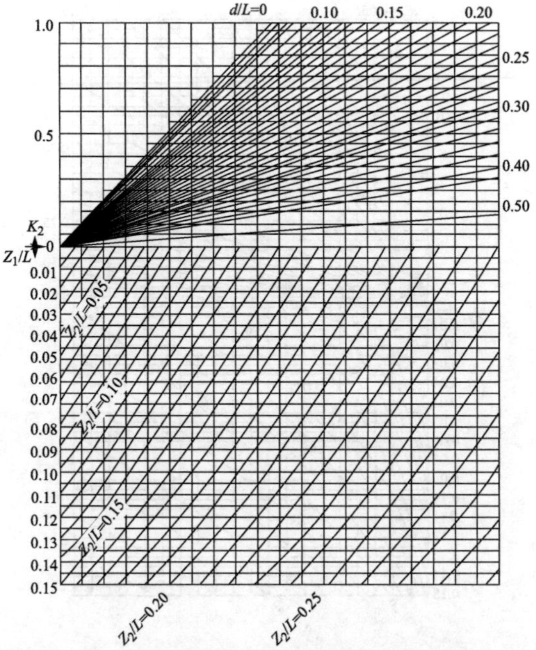

图 8.3.2-3　系数 K_2

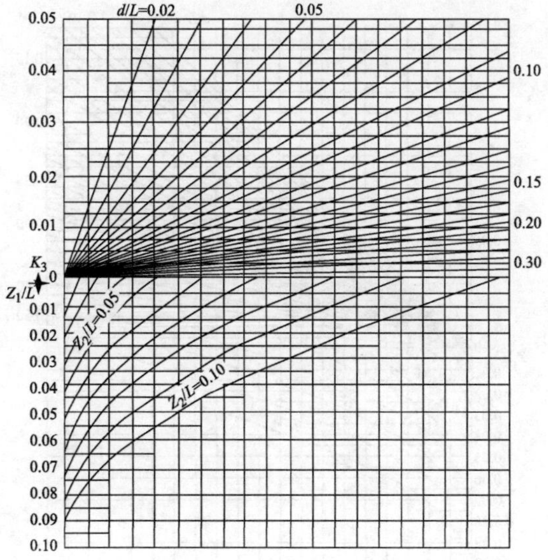

图 8.3.2-4　系数 K_3(一)

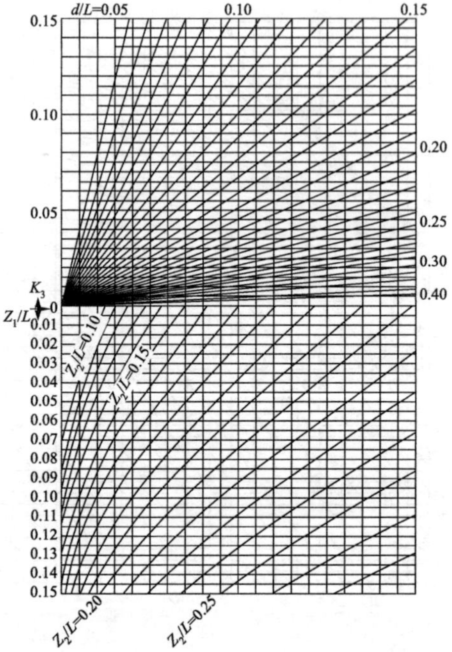

图 8.3.2-5　系数 K_3(二)

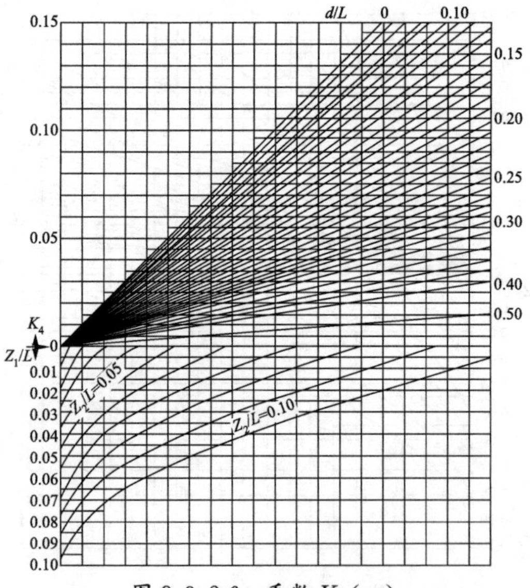

图 8.3.2-6　系数 K_4(一)

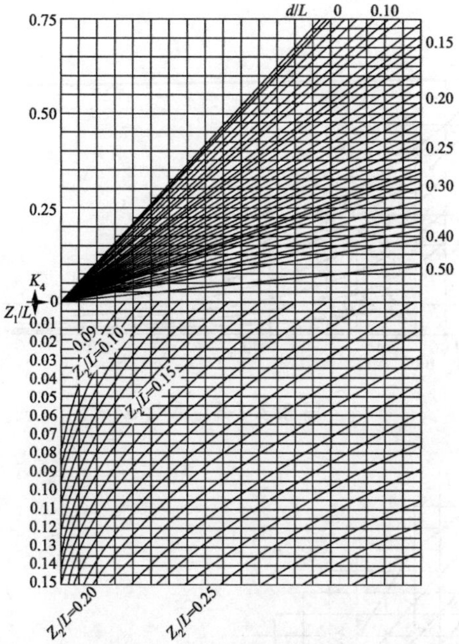

图 8.3.2-7　系数 K_4(二)

(4)若沿整个柱体高度断面相同,计算整个柱体上的 $P_{D\max}$ 及其对水底面的力矩 $M_{D\max}$ 时,取 $z_1=0$ 和 $z_2=d+\eta_{\max}$;而在计算整个柱体的 $P_{I\max}$ 及其对水底面的力矩 $M_{I\max}$ 时,取 $z_1=0$ 和 $z_2=d+\eta_{\max}-H/2$。

8.3.2.2　$H/d\leqslant 0.2$ 且 $d/L<0.2$ 或 $H/d>0.2$ 且 $d/L<0.35$ 时,可按第 8.3.2.1 款的规定计算作用于整个柱体上的正向波浪力,并应对 $P_{D\max}$ 乘以系数 α;对 $M_{D\max}$ 乘以系数 β。α 和 β 可分别按图 8.3.2-8 和图 8.3.2-9 确定。

8.3.2.3　$0.04\leqslant d/L\leqslant 0.2$ 时,除应按第 8.3.2.2 款的规定外,尚应对 $P_{I\max}$ 乘以系数 γ_P,对 $M_{I\max}$ 乘以系数 γ_M。系数 γ_P 和 γ_M 可按图 8.3.2-10 确定。

第 8.3.3 条规定:

对于小尺度桩(柱),作用于整个柱体高度上任何相位时的正向水平总波浪力 P,可按下式计算:

$$P=P_{D\max}\cos\omega t\,|\cos\omega t|-P_{I\max}\sin\omega t \tag{8.3.3}$$

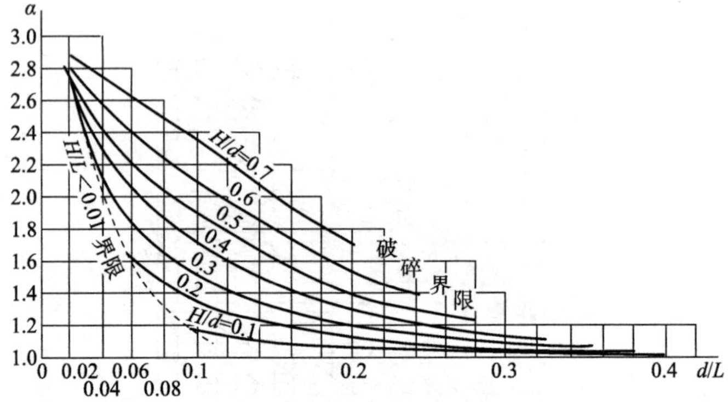

图 8.3.2-8　系数 α

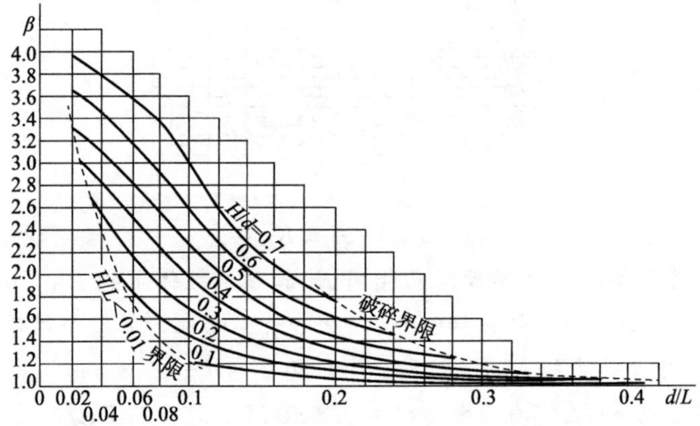

图 8.3.2-9　系数 β

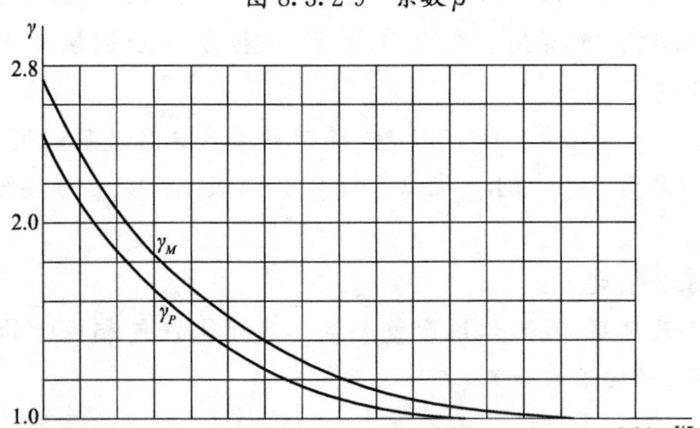

图 8.3.2-10　系数 γ_P 和 γ_M

式中　P——作用于整个柱体高度上的正向水平总波浪力(kN)；

P_{Dmax}——作用于整个柱体高度上的最大速度力(kN)；

P_{Imax}——作用于整个柱体高度上的最大惯性力(kN)；

ω——圆频率(s^{-1})；

t——时间(s)，当波峰通过柱体中心线时 $t=0$。

第8.3.4条规定：

对于小尺度桩(柱)，作用于整个柱体高度上的最大总波浪力和最大总波浪力矩可按下述方法确定。

(1)$P_{Dmax} \leqslant 0.5P_{Imax}$时，正向水平最大总波浪力按式(8.3.4-1)计算，对水底面的最大总波浪力矩按式(8.3.4-2)计算；

$$P_{max}=P_{Imax} \tag{8.3.4-1}$$

$$M_{max}=M_{Imax} \tag{8.3.4-2}$$

注：此时相位为 $\omega t=270°$。

(2)$P_{Dmax}>0.5P_{Imax}$时，正向水平最大总波浪力按式(8.3.4-3)计算，对水底面的最大总波浪力矩按式(8.3.4-4)计算，此时相位按式(8.3.4-5)计算。

$$P_{max}=P_{Dmax}\left(1+0.25\frac{P_{Imax}^2}{P_{Dmax}^2}\right) \tag{8.3.4-3}$$

$$M_{max}=M_{Dmax}\left(1+0.25\frac{M_{Imax}^2}{M_{Dmax}^2}\right) \tag{8.3.4-4}$$

$$\sin\omega t=-0.5\frac{P_{Imax}}{P_{Dmax}} \tag{8.3.4-5}$$

式中　P_{Dmax}——作用于整个柱体高度上的最大速度力(kN)；

P_{Imax}——作用于整个柱体高度上的最大惯性力(kN)；

P_{max}——作用于整个柱体高度上的正向水平最大总波浪力(kN)；

M_{max}——作用于整个柱体高度上的最大总波浪力矩(kN·m)；

M_{Imax}——作用于整个柱体高度上的最大惯性力矩(kN·m)；

M_{Dmax}——作用于整个柱体高度上的最大速度力矩(kN·m)；

ω——圆频率(s^{-1})；

t——时间(s)，当波峰通过柱体中心线时 $t=0$。

G.1.2 大尺度墩柱结构波浪力计算

第 8.3.6 条规定：

较大水深处波浪作用于 D/L 或 $b/L>0.2$ 大尺度柱体上的波浪力，应按下述方法计算确定：

8.3.6.1 作用于圆形柱体的波浪力可按下列规定计算。

(1)最大水平总波浪力 P_{max} 按式(8.3.6-1)计算，最大惯性力 P_{Imax} 及其对水底面的最大惯性力矩 M_{Imax} 分别按式(8.3.2-2)和式(8.3.2-6)计算，但惯性力系数 C_M 按图 8.3.6-1 确定；

$$P_{max}=P_{Imax} \tag{8.3.6-1}$$

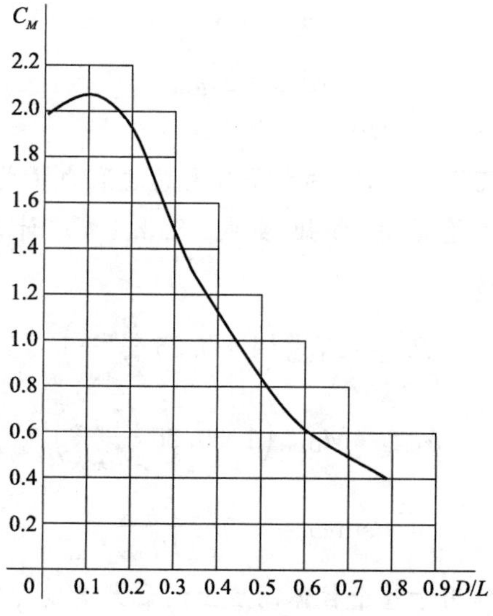

图 8.3.6-1 惯性力系数 C_M

(2)如图 8.3.6-2 所示有基床的墩柱建筑物，计算整个墩柱上的 P_{Imax} 及 M_{Imax} 时，高度 z_1 和 z_2 按下列公式计算：

$$z_1=d-d_1 \tag{8.3.6-2}$$

$$z_2=d+\eta_{max}-H/2 \tag{8.3.6-3}$$

(3)任何相位时圆形柱体表面上环向波浪压力强度 p 按下式计算：

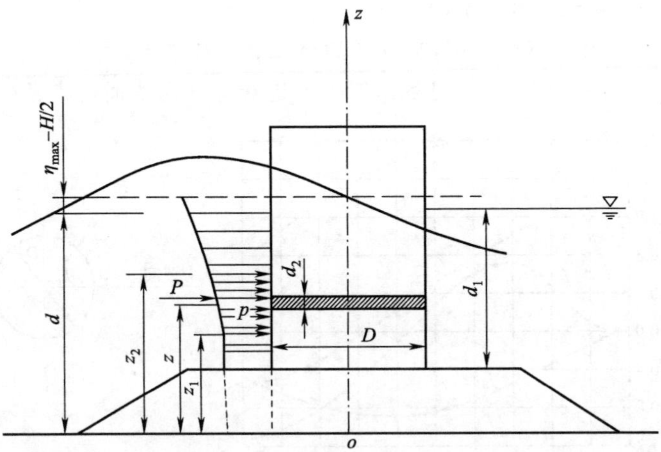

图 8.3.6-2 墩柱上波浪力分布图

$$p=\frac{\gamma H\mathrm{ch}\dfrac{2\pi z}{L}}{\pi\mathrm{ch}\dfrac{2\pi d}{L}}(f_3\sin\omega t\cos\theta+f_1\cos\omega t\cos\theta+f_2\sin\omega t-f_0\cos\omega t)$$

(8.3.6-4)

式中 D——柱体的直径(m)；

L——波长(m)；

P_{max}——作用于整个圆形柱体上的最大水平总波浪力(kN)；

P_{Imax}——作用于整个圆形柱体上的最大惯性力(kN)；

M_{Imax}——作用于整个柱体高度上的最大惯性力矩(kN·m)；

C_M——惯性力系数；

z,z_1,z_2——计算点距水底的高度(m)；

d——建筑物前水深(m)；

d_1——基床上水深(m)；

η_{max}——波峰在静水面以上的高度(m)；

H——建筑物所在处进行波的波高(m)；

p——环向波浪压力强度(kPa)；

γ——水的重度(kN/m³)；

f_0,f_1,f_2,f_3——与 D/L 有关的系数，按图 8.3.6-3 确定；

ω——圆频率(s^{-1})；

t——时间(s)，当波峰通过柱体中心线时 $t=0$；

θ——计算点同柱体圆心的连线与波向线间的夹角(°)。

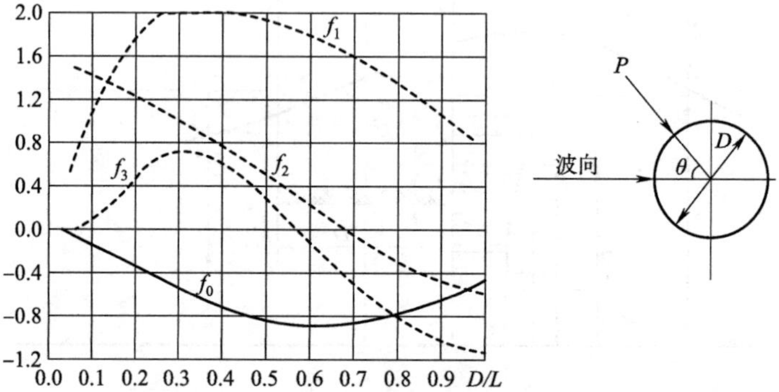

图 8.3.6-3　系数 f_0，f_1，f_2 和 f_3

(4)柱体底面上周边的浮托压力强度近似地采用相应点的环向波浪压力强度；柱体底面上总波浪浮托力按附录 K 确定。

8.3.6.2　方形或 $a/b\leqslant1.5$ 的大尺度矩形柱体上的波浪力，可按附录 L 确定。

注：a，b 分别为矩形柱体断面平行和垂直于波向的宽度(m)。

第 L.0.1 条规定：

$b/L>0.2$ 时，作用于方形或 $a/b\leqslant1.5$ 的矩形断面柱体上的波流力可按本附录的方法计算。

第 L.0.2 条规定：

$b/L=0.2\sim0.9$、$1/3\leqslant d_1/d\leqslant2/3$ 且 $d_1>1.7H$ 时，波浪力可按下述方法计算。

L.0.2.1　波浪正向作用时可按下述方法计算。

(1)最大水平总波浪力 P_{max} 按下式计算：

$$P_{max}=0.355\gamma bHL\left(\frac{\pi}{8}\text{th}\,\frac{2\pi d}{L}\right) \tag{L.0.2-1}$$

(2)静水面以上高度 H 处的波浪力为零，静水面处的波浪力 p_s 按下式计算：

$$p_s = 0.375\gamma HL\left(\frac{b}{L}\right)^{2/3} \qquad (L.0.2\text{-}2)$$

(3)基床面水深为 d_1 处的波浪力 p_{d_1} 按下式计算：

$$p_{d_1} = \gamma HL\left[0.68\frac{b}{d_1}\left(\frac{\pi}{8}\text{th}\frac{2\pi d}{L}\right) - 0.388\left(\frac{b}{L}\right)^{2/3}\left(1+\frac{H}{d_1}\right)\right] \qquad (L.0.2\text{-}3)$$

(4)柱底面上的波浪总浮托力 P_u 按下式计算：

$$P_u = \mu\frac{ap_{d_1}}{2} \qquad (L.0.2\text{-}4)$$

式中 P_{max}——最大水平总波浪力(kN)；

γ——水的重度(kN/m³)；

b——矩形柱体断面垂直于波向的宽度(m)；

H——建筑物所在处进行波的波高(m)；

L——波长(m)；

d——建筑物前水深(m)；

p_s——静水面处的波浪力(kN/m)；

p_{d_1}——基床面水深为 d_1 处的波浪力(kN/m)；

d_1——基床上水深(m)；

P_u——波浪总浮托力(kN)；

μ——波浪浮托力分布图的折减系数，μ 按表 L.0.2 确定；

a——矩形柱体断面平行于波向的宽度(m)。

表 L.0.2 折减系数 μ

b/L	0.90	0.60	0.45	0.30	0.24	0.20
μ	0.645	0.530	0.310	0.200	0.109	−0.030

L.0.2.2 波向线与柱体断面轴线成 45°夹角时，最大水平总波浪力可按下式计算：

$$P_{max} = 0.205\gamma HL^2\left(\frac{\pi}{8}\text{th}\frac{2\pi d}{L}\right)\left(\frac{l}{L}\right)^{0.867} \qquad (L.0.2\text{-}5)$$

式中 P_{max}——最大水平总波浪力(kN)；

γ——水的重度(kN/m³)；

H——建筑物所在处进行波的波高(m)；

L——波长(m)；

d——建筑物前水深(m)；

l——柱体断面对角线的长度(m)。

第 L.0.3 条规定：

$b/L=0.2\sim0.9$、$d_1/d>2/3$ 且 $d_1>1.7H$ 时，波浪力可用折算直径 D 按第 8.3.6 条进行计算。折算直径可按下式计算：

$$D=\sqrt{\frac{4ab}{\pi}} \tag{L.0.3}$$

式中 D——折算直径(m)；

a,b——矩形柱体断面平行和垂直于波向的宽度(m)。

第 8.3.7 条规定：

对于大尺度柱体，$H/d\geqslant0.1$ 且 $D/d\geqslant0.4$ 时，圆形柱体上的波浪作用力应按下列方法确定。

8.3.7.1 相对周期 $T\sqrt{g/d}\geqslant8$ 时，波面在柱面上的最大壅高 η_{max} 位于柱体迎浪面的顶点处，η_{max}/H 按下式计算：

$$\frac{\eta_{max}}{H}=(C_1-C_2e^{-\alpha R/d})\left[1+C_3\left(\frac{H}{d}-0.1\right)^{\beta}\right] \tag{8.3.7-1}$$

式中 H——建筑物所在处进行波的波高(m)；

d——建筑物前水深(m)；

D——圆形柱体直径(m)；

T——波浪周期(s)；

g——重力加速度(m/s^2)；

η_{max}——波面在圆形柱体面上的最大壅高(m)；

C_1,C_2,C_3,α,β——系数，按表 8.3.7-1 确定；

R——圆形柱体半径(m)。

表 8.3.7-1 系数 C_1、C_2、C_3、α 和 β

$T\sqrt{g/d}$	8	10	12	14	16	18	20
C_1	0.89	0.96	1.03	1.10	1.16	1.23	1.31
C_2	0.60	0.61	0.62	0.63	0.66	0.70	0.75
C_3	0.96	1.20	1.38	1.44	1.40	1.37	1.29

续上表

$T\sqrt{g/d}$	8	10	12	14	16	18	20
α	1.60	1.20	0.90	0.70	0.60	0.53	0.48
β	1.24	1.09	0.98	0.89	0.81	0.78	0.76

8.3.7.2　圆形柱体上的最大水平总波浪力和最大水平总波浪力矩出现在同一时刻，可按下列公式计算：

$$P_{max}=\alpha_P P_{Imax} \tag{8.3.7-2}$$

$$M_{max}=\alpha_M M_{Imax} \tag{8.3.7-3}$$

式中　P_{max}——作用于整个圆形柱体上的最大水平总波浪力(kN)；

α_P，α_M——系数，分别由表 8.3.7-2 和表 8.3.7-3 确定；

P_{Imax}——作用于整个圆形柱体上的最大惯性力(kN)，按第 8.3.6.1 款计算；

M_{max}——作用于整个圆形柱体上的最大总波浪力矩(kN·m)；

M_{Imax}——作用于整个圆形柱体上的最大惯性力矩(kN·m)，按第 8.3.6.1 款计算。

8.3.7.3　相对周期 $T\sqrt{g/d}<8$ 时，可按式(8.3.7-2)和式(8.3.7-3)计算作用于圆形柱体上的最大水平总波浪力和最大总波浪力矩，式中系数 α_P 和 α_M 可按下列方法确定：

(1)$L/d\leqslant 6.67$ 时，α_P 和 α_M 均等于 1.0；

(2)$L/d>6.67$ 时，α_P 和 α_M 按下列公式确定：

$$\alpha_P=1+\frac{(L/d)_t-6.67}{(L/d)_8-6.67}[(\alpha_P)_8-1] \tag{8.3.7-4}$$

$$\alpha_M=1+\frac{(L/d)_t-6.67}{(L/d)_8-6.67}[(\alpha_M)_8-1] \tag{8.3.7-5}$$

式中　T——波浪周期(s)；

g——重力加速度(m/s^2)；

d——结构物前水深(m)；

α_P，α_M，$(\alpha_P)_8$，$(\alpha_M)_8$——系数，$(\alpha_P)_8$、$(\alpha_M)_8$ 由 $T\sqrt{g/d}=8$ 和实际的 H/d 值分别按表 8.3.7-2 和表 8.3.7-3 确定；

$(L/d)_t$——计算得到的实际的 L/d 值；

$(L/d)_8$——由 $T\sqrt{g/d}=8$ 计算得到的 L/d 值。

H——建筑物所在处进行波的波高(m)；

表 8.3.7-2　系数 α_P

$\frac{H}{d}$	$\frac{R}{d}$	$T\sqrt{g/d}$						
		8	10	12	14	16	18	20
0.1	0.2	1.128	1.099	1.125	1.189	1.259	1.364	1.478
	1.0	1.114	1.109	1.095	1.115	1.174	1.252	1.352
0.2	0.2	1.155	1.203	1.326	1.498	1.702	1.918	2.130
	1.0	1.174	1.176	1.210	1.310	1.458	1.628	1.820
0.3	0.2	1.207	1.355	1.601	1.886	2.189	2.502	2.822
	1.0	1.246	1.267	1.363	1.540	1.763	1.992	2.231
0.4	0.2	1.288	1.561	1.927	2.319	2.723	3.122	3.520
	1.0	1.332	1.381	1.546	1.791	2.059	2.354	2.643
0.5	0.2	1.447	1.817	2.293	2.792	3.282	3.783	4.242
	0.6	1.370	1.669	2.019	2.418	2.822	3.245	3.634
	1.0	1.470	1.520	1.745	2.044	2.362	2.707	3.025
0.6	0.2	1.607	2.113	2.706	3.318	3.898	4.466	5.065
	0.6	1.484	1.900	2.334	2.816	3.291	3.764	4.263
	1.0	1.596	1.687	1.961	2.314	2.683	3.061	3.460
0.7	0.2	1.823	2.488	3.175	3.889	4.572	5.308	6.021
	0.6	1.635	2.219	2.689	3.245	3.800	4.408	4.987
	1.0	1.753	1.916	2.203	2.600	3.027	3.497	3.897

表 8.3.7-3 系数 α_M

$\frac{H}{d}$	$\frac{R}{d}$	$T\sqrt{g/d}$						
		8	10	12	14	16	18	20
0.1	0.2	1.075	1.075	1.120	1.196	1.277	1.392	1.515
	1.0	1.075	1.095	1.096	1.127	1.194	1.283	1.392
0.2	0.2	1.124	1.216	1.372	1.575	1.811	2.059	2.312
	1.0	1.161	1.198	1.258	1.381	1.556	1.750	1.976

续上表

$\frac{H}{d}$	$\frac{R}{d}$	$T\sqrt{g/d}$						
		8	10	12	14	16	18	20
0.3	0.2	1.212	1.426	1.736	2.085	2.459	2.834	3.212
	1.0	1.266	1.340	1.481	1.705	1.982	2.263	2.555
0.4	0.2	1.341	1.721	2.197	2.703	3.208	3.739	4.244
	1.0	1.394	1.518	1.757	2.083	2.431	2.812	3.181
0.5	0.2	1.568	2.096	2.747	3.402	4.084	4.754	5.336
	0.6	1.484	1.920	2.410	2.946	3.500	4.070	4.574
	1.0	1.589	1.743	2.073	2.490	2.915	3.385	3.812
0.6	0.2	1.820	2.562	3.385	4.263	5.072	5.794	6.627
	0.6	1.671	2.288	2.908	3.597	4.265	4.940	5.586
	1.0	1.786	2.014	2.430	2.931	3.457	3.972	4.544
0.7	0.2	2.157	3.148	4.180	5.205	6.135	7.186	8.363
	0.6	1.923	2.654	3.480	4.316	5.138	5.977	6.856
	1.0	2.037	2.370	2.864	3.432	4.048	4.744	5.293

G.1.3 群桩结构

第8.3.5条规定：

由小直径桩(柱)组成的群桩结构，应根据设计波浪的计算剖面确定同一时刻各桩上的正向水平总波浪力 P。当桩的中心距 l 小于4倍桩的直径 D 时，应乘以群桩系数 K，K 值可按表8.3.5采用。

表8.3.5 群桩系数 K

l/D 桩列方向	2	3	4
垂直于波向	1.5	1.2	1.1

注：桩列方向平行于波向时，K 取1.0。

第8.3.8条规定：

较大水深处由 $D/L>0.2$ 的大直径圆柱组成的群墩结构，墩的中心距 $l\leqslant 4D$ 时，作用于墩群中某个墩上的水平总波浪力 P_G 可按下式计算：

$$P_G = K_x P \quad (8.3.8)$$

式中 D——圆形柱体的直径(m)；

L——波长 (m)；

P_G——作用于墩群中某个墩上的水平总波浪力(kN)；

K_x——群墩系数，分别由图 8.3.8-1～图 8.3.8-10 确定。图中的参数为 kD，k 为由 L_P 定义的波数($k=2\pi/L_P$)，L_P 为与谱峰周期 T_P 对应的波长，T_P 为平均周期$\overline{T}$的 1.21 倍；

P——作用于单个墩上的水平总波浪力(kN)，按第 8.3.6 条规定计算。

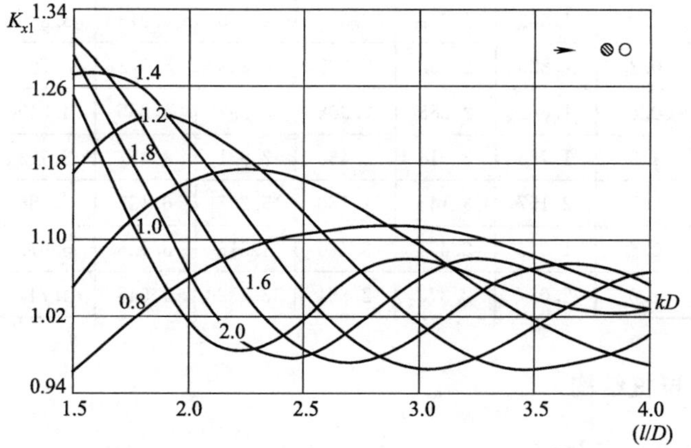

图 8.3.8-1　双墩串列时前墩的群墩系数图

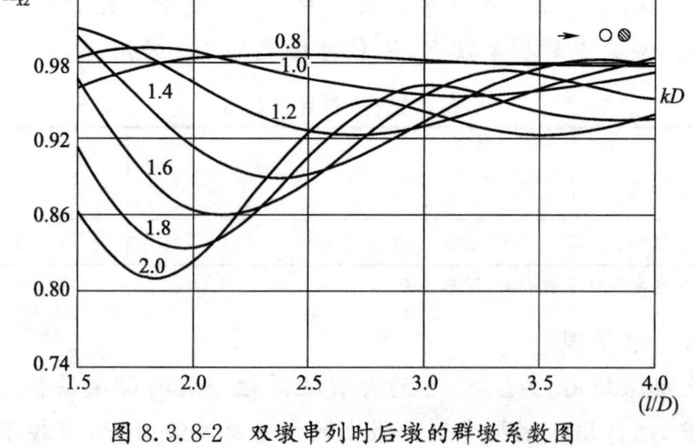

图 8.3.8-2　双墩串列时后墩的群墩系数图

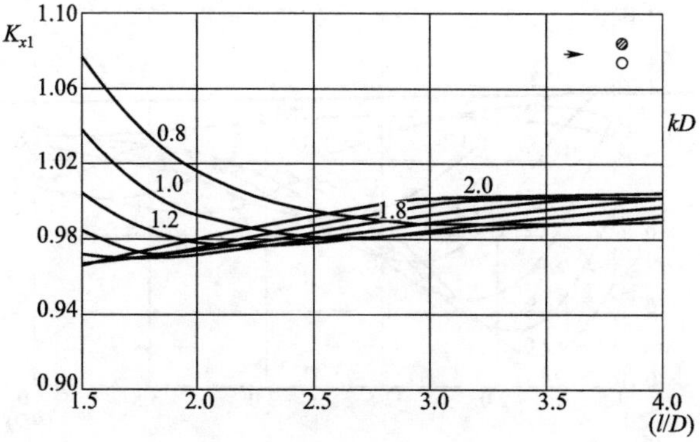

图 8.3.8-3　双墩并列时的群墩系数图

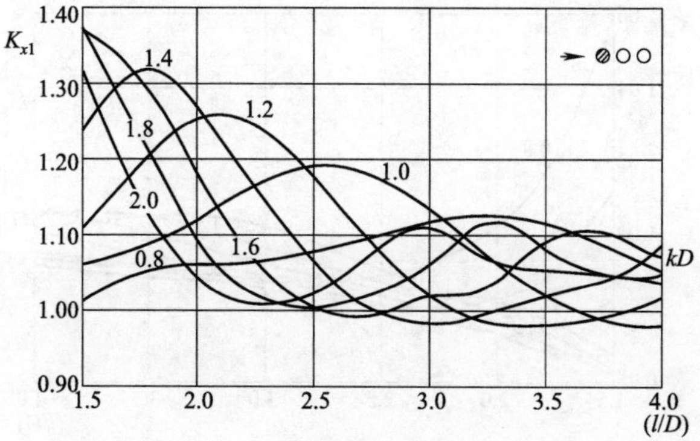

图 8.3.8-4　三墩串列时前墩的群墩系数图

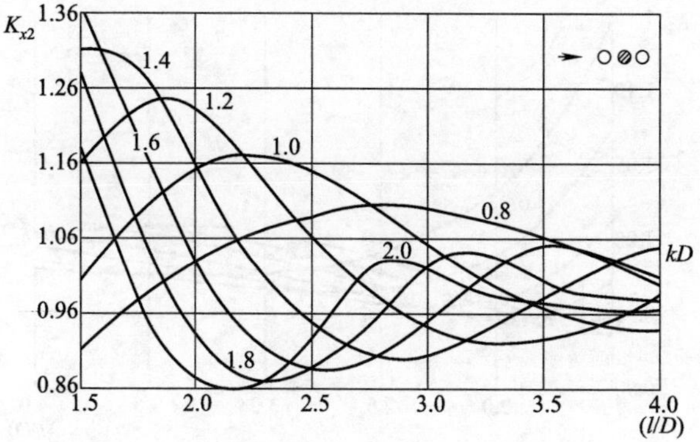

图 8.3.8-5　三墩串列时中墩的群墩系数图

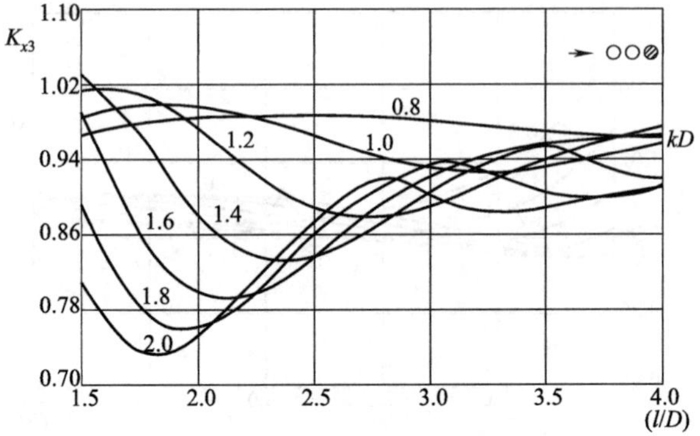

图 8.3.8-6　三墩串列时后墩的群墩系数图

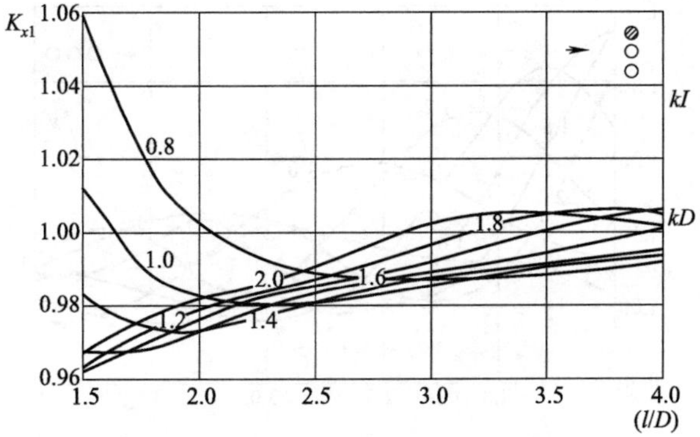

图 8.3.8-7　三墩并列时边墩的群墩系数图

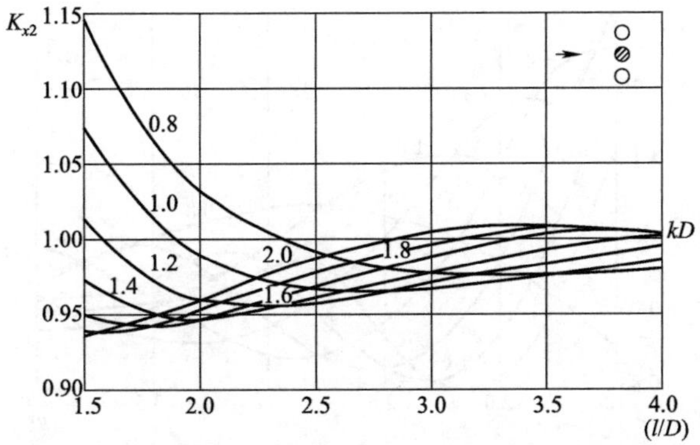

图 8.3.8-8　三墩并列时中墩的群墩系数图

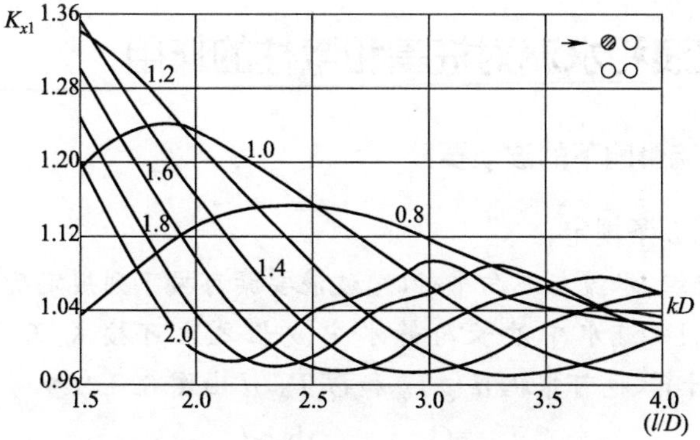

图 8.3.8-9　四墩时前墩的群墩系数图

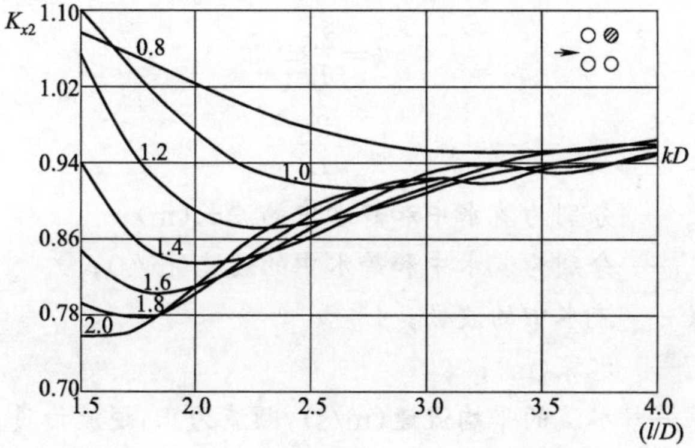

图 8.3.8-10　四墩时后墩的群墩系数图

第 8.3.10 条规定：

桩(柱)式建筑物所在地区有附着生物时，相应区段上的波浪力应乘以增大系数 n，n 可按表 8.3.10 采用。

表 8.3.10　增大系数 n

附着生物程度	相对糙率 ε/D	n
一般	<0.02	1.15
中等	0.02～0.04	1.25
严重	>0.04	1.40

注：表中 ε 为附着生物的平均厚度(m)；D 为桩(柱)直径(m)。

G.2　波浪和水流对桩基和墩柱的作用

G.2.1　水流影响下的波浪要素

第6.3.2条规定：

地形平坦、水流与波向平行时，波浪要素可按下列规定确定。

6.3.2.1　流水中波长与静水中波长之比可按式(6.3.2-1)～式(6.3.2-3)计算，也可根据 d/gT_0^2 和 U_cT_0/d 由图6.3.2查得。

$$\frac{L}{L_s}=\frac{C}{C_s}=\frac{\text{th}\,kd}{\left(1-\frac{U_c}{C}\right)^2\text{th}\,k_sd} \tag{6.3.2-1}$$

$$k=\frac{2\pi}{L} \tag{6.3.2-2}$$

$$k_s=\frac{2\pi}{L_s} \tag{6.3.2-3}$$

式中　L,L_s——分别为流水中和静水中的波长(m)；

C,C_s——分别为流水中和静水中的波速(m/s)；

k——流水中的波数；

d——水深(m)；

U_c——水流的平均流速(m/s)，顺流为正，逆流为负；

k_s——静水中的波数。

6.3.2.2　流水中波高与静水中波高之比可按式(6.3.2-4)～式(6.3.2-6)计算，也可根据 d/gT_0^2 和 U_cT_0/d 由图6.3.2查得。

$$\frac{H}{H_s}=\left(1-\frac{U_c}{C}\right)^{1/2}\left(\frac{L_s}{L}\right)^{1/2}\left(\frac{A_s}{A}\right)^{1/2}\left(1+\frac{U_c}{C}\ \frac{2-A}{A}\right)^{-1/2} \tag{6.3.2-4}$$

$$A=1+\frac{2kd}{\text{sh}\,2kd} \tag{6.3.2-5}$$

$$A_s=1+\frac{2k_sd}{\text{sh}\,2k_sd} \tag{6.3.2-6}$$

式中　H,H_s——分别为流水中和静水中的波高(m)；

U_c——水流的平均流速(m/s)，顺流为正，逆流为负；

C——流水中的波速(m/s)；

L, L_s——分别为流水中和静水中的波长(m)；

A, A_s——分别为流水中和静水中的波能传递率；

k, k_s——分别为流水中和静水中的波数；

d——水深(m)。

6.3.2.3 以水流平均流速 U_c 移动的坐标系中的波浪周期可按下式计算：

$$T_r = \sqrt{\frac{2\pi L}{g\,\mathrm{th}\,kd}} \tag{6.3.2-7}$$

式中 T_r——以水流平均流速 U_c 移动的坐标系中的波浪周期(s)；

L——流水中的波长(m)；

g——重力加速度(m/s²)；

k——流水中的波数；

d——水深(m)。

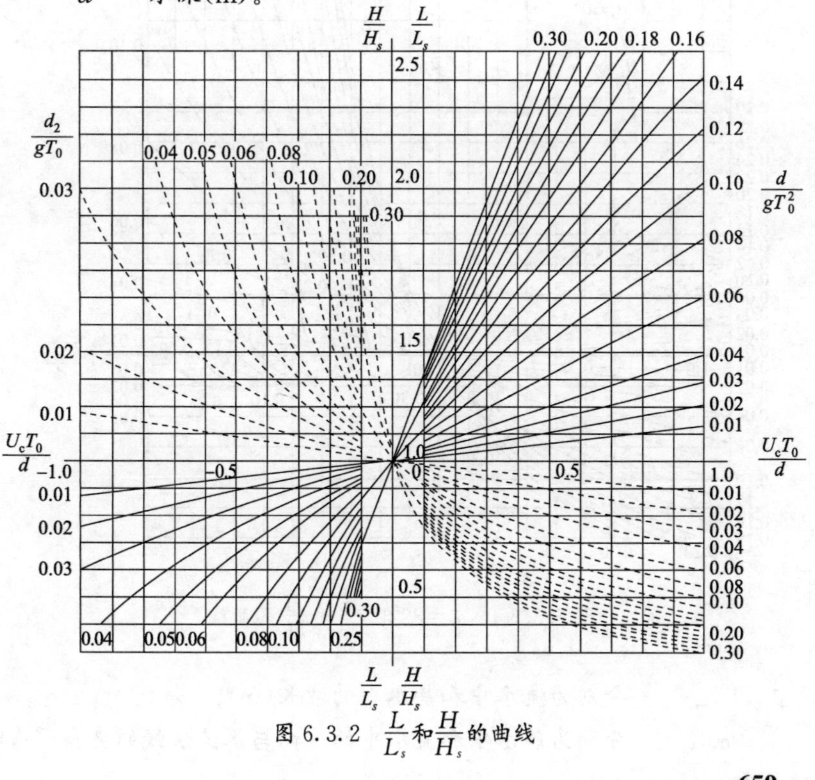

图 6.3.2 $\frac{L}{L_s}$和$\frac{H}{H_s}$的曲线

6.3.2.4 逆流情况下，变形后波陡超过极限波陡时，变形后的波高应按变形后的波长及极限波陡确定。

第6.3.3条规定：

$d/gT_0^2>0.08$ 或可不考虑地形影响的情况下，且水流与波向斜交时，波浪要素可按下列规定确定。

6.3.3.1 流水中与静水中波长之比可按式(6.3.3-1)计算，也可根据 α_s、d/gT_0^2 和 U_cT_0/d 由图 6.3.3-1、图 6.3.3-2 查得。

$$\frac{L}{L_s}=\frac{\sin\alpha}{\sin\alpha_s}=\left(1-\frac{u_c}{C_s}\sin\alpha_s\right)^{-2}\frac{\tanh kd}{\tanh k_s d} \tag{6.3.3-1}$$

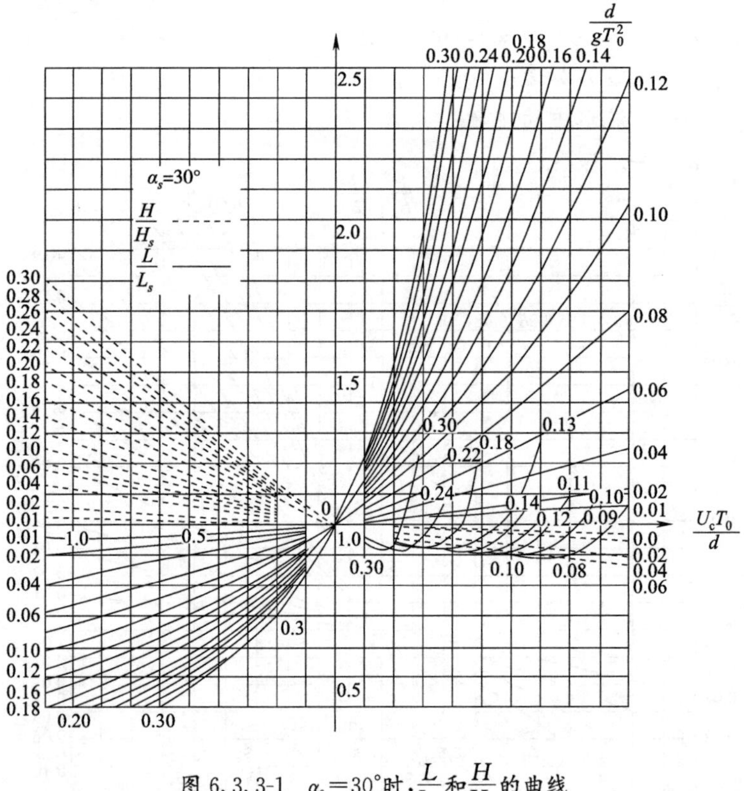

图 6.3.3-1 $\alpha_s=30°$时，$\frac{L}{L_s}$和$\frac{H}{H_s}$的曲线

式中 L,L_s——分别为流水中和静水中的波长(m)；

α_s,α——分别为静水中和流水中的波向与水流法线的夹角(°)，即入射角和折射角；

U_c——水流的平均流速(m/s)，顺流为正，逆流为负；

C_s——静水中的波速(m/s)；

k, k_s——分别为流水中和静水中的波数；

d——水深(m)。

6.3.3.2 流水中和静水中波高之比可按式(6.3.3-2)计算，也可根据α_s、d/gT_0^2和U_cT_0/d由图6.3.3-1、图6.3.3-2查得。

$$\frac{H}{H_s}=\left(\frac{A}{A_s}\right)^{1/2}\left(\frac{L_s}{L}\right)^{1/2}\left(\frac{\cos\alpha_s}{\cos\alpha}\right)^{1/2} \tag{6.3.3-2}$$

式中 H, H_s——分别为流水中和静水中的波高(m)；

A——分别为流水中和静水中的波能传递率；

L, L_s——分别为流水中和静水中的波长(m)；

α_s, α——分别为流水中和静水中的流向与水流法线的夹角(°)。

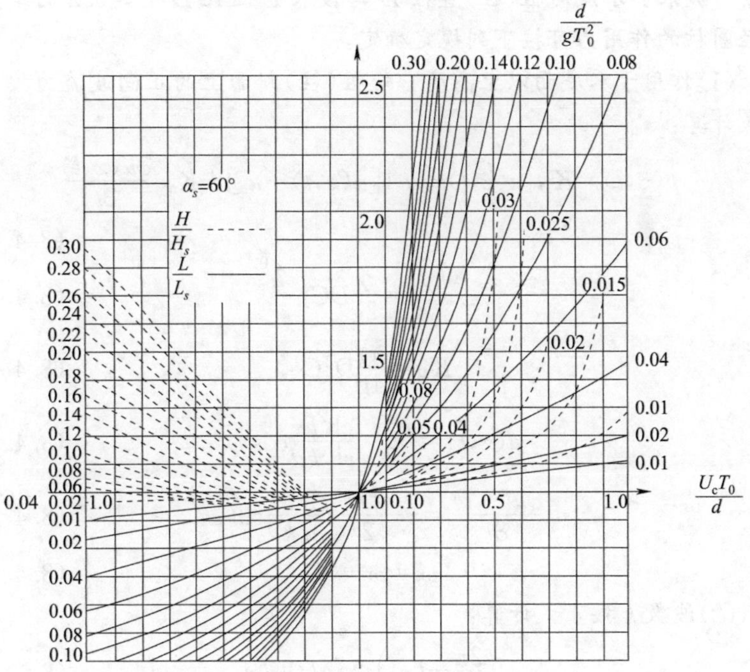

图 6.3.3-2 $\alpha_s=60°$时，$\frac{L}{L_s}$和$\frac{H}{H_s}$的曲线

6.3.3.3 波浪折射角可按下式计算：

$$\alpha=\arcsin\left(\frac{L}{L_s}\sin\alpha_s\right) \tag{6.3.3-3}$$

式中 α——折射角(°)；

L,L_s——分别为流水中和静水中的波长(m)；

α_s——入射角(°)。

6.3.3.4 周期 T_r 可按式(6.3.2-7)计算。

6.3.3.5 $60°<\alpha_s<90°$的情况下，逆流时可按 $\alpha_s=60°$计算；顺流时可按 $\alpha_s=90°$按第 6.3.2 条进行计算。

G.2.2 小尺度墩柱波流力计算

第8.4.1条规定：

计算波浪和水流作用力时，可按第 6.3 节采用在水流影响下的波浪要素。波浪和水流对桩(柱)直径 D 与波长 L 之比 $D/L\leqslant0.2$ 的垂直小直径圆柱的作用力可按下列规定确定：

(1)作用于水底面以上高度 z 处桩(柱)断面上的正向波流力按下列公式计算：

$$p(z,t)=K_D|u(z,t)+u_c|[u(z,t)+u_c]+K_M\frac{\partial u(z,t)}{\partial t} \tag{8.4.1-1}$$

$$K_D=\frac{\gamma}{2g}DC_D \tag{8.4.1-2}$$

$$K_M=\frac{\pi\gamma}{4g}D^2C_M \tag{8.4.1-3}$$

$$u(z,t)=\frac{\omega_r H}{2}\frac{\mathrm{ch}\,kz}{\mathrm{sh}\,kd}\cos\omega t \tag{8.4.1-4}$$

$$\frac{\partial u(z,t)}{\partial t}=-\frac{\omega_r^2 H}{2}\frac{\mathrm{ch}\,kz}{\mathrm{sh}\,kd}\sin\omega t \tag{8.4.1-5}$$

$$\omega_r=\omega-ku_c \tag{8.4.1-6}$$

(2)波数 k 按下式计算：

$$\left(\frac{2\pi}{T}-ku_c\right)^2=gk\,\mathrm{th}\,kd \tag{8.4.1-7}$$

(3)图 8.4.1 中的 KC 数按下列公式计算：

$|u_c|<u_m$ 时 $\quad KC=\dfrac{u_m T}{D}[\sin\varphi+(\pi-\varphi)\cos\varphi]$ (8.4.1-8)

$|u_c|\geqslant u_m$ 时 $\quad KC=\dfrac{\pi|u_c|T}{D}$ (8.4.1-9)

$$\varphi=\arccos\frac{|u_c|}{u_m} \tag{8.4.1-10}$$

$$u_m=\frac{\pi H}{T}\mathrm{cth}\,kd \tag{8.4.1-11}$$

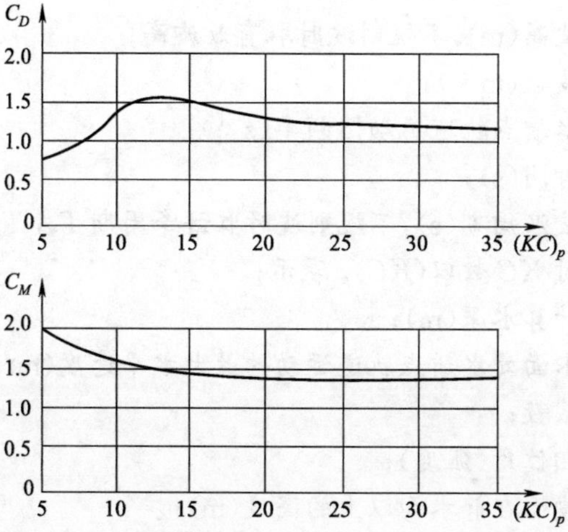

图 8.4.1 波流共同作用下 C_D、C_M 与 $(KC)_p$ 的关系图

(4) 求作用于整个桩(柱)上的总波流力时,沿柱体自水底 $z=0$ 到波面 $z=d+\eta$,计算点不少于五个,包括 $z=0$、d 和 $d+\eta$ 三点,然后用分段求和法求得总力;

(5)波面在静水面以上的高度 η 值按下式计算:

$$\eta=\eta_{\max}\cos\omega t \tag{8.4.1-12}$$

式中 D——圆柱直径(m);

L——波长(m);

z——计算点高度(m);

$p(z,t)$——作用于桩(柱)断面上的正向波流力(kN/m);

K_D, K_M——参数;

$u(z,t)$——水质点轨道运动的水平速度(m/s)；

u_c——水流流速(m/s)；

$\frac{\partial u(z,t)}{\partial t}$——水质点轨道运动的水平加速度($m/s^2$)；

C_D,C_M——分别为速度力和惯性力系数，由图8.4.1确定；

γ——水的重度(kN/m^3)；

g——重力加速度(m/s^2)；

ω_r——相对于水流的圆频率(s^{-1})；

H——波高(m)，不规则波时取有效波高；

k——波数(m^{-1})；

ω——水质点轨道运动圆频率(s^{-1})；

t——时间(s)；

T——波浪周期(s)，不规则波时取谱峰周期T_p，T_p取$1.05T_s$，此时KC数以$(KC)_p$表示；

d——计算水深(m)；

u_m——水面处水质点轨道运动的最大水平速度(m/s)；

KC——系数；

φ——相位角(弧度)；

η——波面在静水面以上的高度(m)；

η_{max}——波峰在静水面以上的高度(m)，按图8.3.2-1确定。

G.2.3 大尺度墩柱波流力计算

第8.4.3条规定：

相对水深$d/L>0.15$且$D/L>0.2$的大直径圆柱，其波流力和波流力矩可按下列公式计算：

$$P=C_M\gamma R\frac{H}{2}\frac{\text{th}\,kd}{k} \quad (8.4.3\text{-}1)$$

$$M=C_M\gamma R\frac{H}{2}\left[\frac{kd\,\text{sh}\,kd-\text{ch}\,kd+1}{k^2\,\text{ch}\,kd}\right] \quad (8.4.3\text{-}2)$$

$$k=2\pi/L \quad (8.4.3\text{-}3)$$

式中 d——计算水深(m)；

L——波长(m)；

D——圆柱直径(m);

P——作用在圆柱上的波流力(kN);

C_M——为系数,按图 8.4.3 确定;

γ——水的重度(kN/m^3);

R——圆柱半径(m);

H——波高(m);

k——波数(m^{-1});

M——作用在圆柱上的波流力矩(kN·m)。

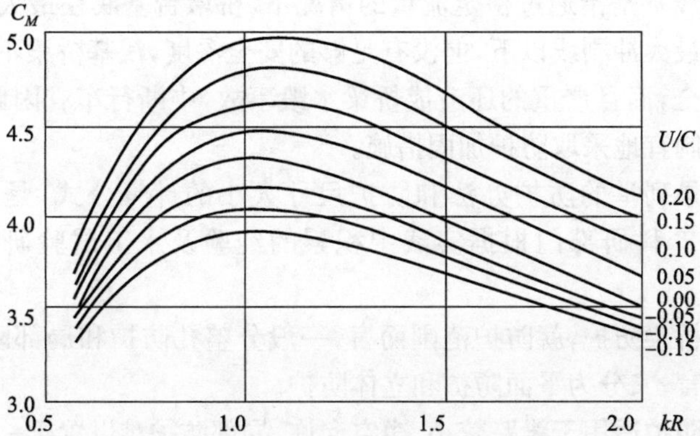

图 8.4.3 波流共同作用力的系数 C_M 图

注:图中横坐标为 kR,纵坐标即为系数 C_M;图中曲线参数为 U/C,U 为水流的平均流速(m/s),波流同向为正,逆向为负,C 为水流中的波速。

附录 H　浅基防护方法

本附录根据《铁路桥梁检定规范》(铁运函〔2004〕120 号)、《铁路桥梁检定规范》(〔1977〕铁工电字 1279 号) 和 1997 年版《铁路桥梁检定检算手册》的相关内容编写的。

桥梁浅基是指通过检定流量的情况下,桥墩台基底在最大冲刷线以上或虽在最大冲刷线以下,但没有足够的安全深度,浅基桥梁不但威胁汛期行车安全,而且严重的还造成桥梁水毁事故,中断行车。因此,此类桥梁应因地制宜地采取防护加固措施。

本附录列举的防护办法和防护尺寸大小的计算公式,是新中国成立以来生产科研部门根据实践中积累的经验及水工试验研究成果编制的。

浅基桥梁防护,就防护范围而言,一般分整孔防护和局部防护;就防护类型而言,又分为平面防护和立体防护。

整孔防护适用于梁跨较小、净空允许、局部防护难以置于一般冲刷线以下的浅基病害桥梁。局部防护适用于跨度较大、天然河床下切、河段上一般冲刷较小(或建桥后已经历较大洪水,一般冲刷已充分发展)、护基顶面有可能设置在一般冲刷线以下的桥梁。

立体防护适用于平原或山区河流,天然河床下切或一般冲刷较大,枯水时水流较深,其他型式防护难以施工的情况。对于粗砂河床可采用化学加固方法。

(1)桥梁浅基防护的高程应符合下列规定:

①局部防护要求防护面不高于一般冲刷线,整体防护面一般不高于河床最低点;

②浅基防护的高程不得影响桥孔规定的泄洪能力和通航净空,也不允许造成淹没堤防及上游农田;

③浅基防护的型式和高程,力求做到全桥等强度。

(2)桥梁浅基防护尺寸按下列各公式计算:

①整孔防护计算

a. 下游尺寸计算

整孔防护下游垂裙深度与防护长度可按下式确定：

$$h_s = 4K\left(\frac{v_b - v_0'}{\sqrt{2g_n}}\right)^{1.1}\left(\frac{b}{L_s}\right)^{1/3}(h')^{1/10} \tag{H-1}$$

式中 h_s——整孔防护下游垂裙深度(m)；

K——安全系数，一般可取 $K=1.3$；

g_n——标准自由落体加速度($9.81\ m/s^2$)；

b——桥墩下部宽度(m)；

L_s——整孔防护下游长度，顺水流方向自桥墩中心算起(m)；

h'——有效水深(m)，$h' \approx \frac{1}{2}h$，h 为桥前最大水深；

v_b——设置整孔防护后桥下流速(m/s)，

$$v_b = \left(\frac{\omega_0}{\omega}\right)^{-1.05} v \tag{H-2}$$

$\frac{\omega_0}{\omega}$——压缩比，即设置整孔防护后桥下流水断面与桥前流水断面之比；

v——桥前行近流速，采用主槽最大垂线平均流速(m/s)；

v_0'——始冲流速(m/s)，

$$v_0' = K' v_0 \tag{H-3}$$

K'——压缩系数，

当$\frac{\omega_0}{\omega}=1.0 \sim 0.91$时，$K'=1.0$

当$\frac{\omega_0}{\omega}=0.91 \sim 0.80$时，$K'=0.22\left(\frac{\omega_0}{\omega}\right)+0.80$

当$\frac{\omega_0}{\omega}=0.80 \sim 0.65$时，$K'=2.18\left(\frac{\omega_0}{\omega}\right)-0.77$

当$\frac{\omega_0}{\omega}=0.65 \sim 0.40$时，$K'=0.22\left(\frac{\omega_0}{\omega}\right)+0.51$

v_0——泥沙起动流速(m/s)，

$$v_0 = 0.0246\left(\frac{h_p}{\bar{d}}\right)^{0.14}\sqrt{332\,\bar{d} + \frac{10 + h_p}{\bar{d}^{0.72}}}$$

h_p——桥下一般冲刷后的最大水深(m)；

$\overline{d}$——河床土平均粒径(m)。

v_0值也可以从表 H-1 中直接查出。

表 H-1　v_0值

$\overline{d}$(mm)	h_p(m)									
	0.5	1	2	3	4	5	7	10	15	20
0.1	0.29	0.33	0.37	0.40	0.43	0.45	0.50	0.55	0.64	0.72
0.2	0.28	0.31	0.35	0.37	0.40	0.41	0.44	0.49	0.54	0.59
0.3	0.30	0.33	0.36	0.39	0.41	0.43	0.45	0.49	0.54	0.58
0.5	0.33	0.37	0.41	0.43	0.45	0.47	0.50	0.53	0.57	0.60
0.7	0.37	0.41	0.45	0.48	0.50	0.52	0.54	0.57	0.62	0.65
1	0.41	0.46	0.51	0.53	0.56	0.58	0.60	0.64	0.68	0.71
1.5	0.47	0.53	0.58	0.61	0.64	0.66	0.70	0.73	0.77	0.81
2	0.52	0.58	0.63	0.67	0.70	0.73	0.76	0.80	0.85	0.88
3	0.61	0.67	0.74	0.78	0.81	0.84	0.88	0.92	0.98	1.02
4	0.67	0.74	0.82	0.86	0.90	0.93	0.97	1.02	1.08	1.12
5	0.72	0.79	0.87	0.92	0.96	0.99	1.03	1.09	1.15	1.20
6	0.77	0.85	0.93	0.99	1.03	1.06	1.11	1.17	1.24	1.29
8	0.85	0.94	1.04	1.10	1.14	1.18	1.23	1.30	1.37	1.43
10	0.93	1.02	1.12	1.19	1.24	1.28	1.31	1.41	1.49	1.55
15	1.07	1.18	1.30	1.38	1.43	1.48	1.55	1.63	1.72	1.79
20	1.19	1.31	1.44	1.53	1.59	1.64	1.72	1.81	1.91	1.99
30	1.38	1.52	1.68	1.77	1.85	1.90	1.99	2.10	2.22	2.31
40	1.53	1.69	1.86	1.97	2.05	2.12	2.21	2.33	2.47	2.57
60	1.77	1.95	2.15	2.28	2.37	2.44	2.55	2.69	2.85	2.96
100	2.12	2.34	2.58	2.73	2.84	2.93	3.07	3.23	3.42	3.06
150	2.47	2.72	3.00	3.17	3.30	3.41	3.56	3.75	3.97	4.13
200	2.75	3.03	3.34	3.54	3.68	3.79	3.97	4.18	4.42	4.61

b. 上游尺寸计算

墩前防护长度——墩前防护长度可参照局部防护墩前尺寸计算公式计算，但因整孔防护的高程可高于局部防护的高程，故公式中的水深与流速值应采用下列与整孔防护相应的数值。

$$L_r = 2.3K\sqrt{bh'_m}\left(\frac{v}{\sqrt{g_n h_m}} - 0.135\right)^{0.5} \tag{H-4}$$

式中 L_r——整孔防护墩前防护长度(m)；

K——安全系数，一般可取 $K=1.3$；

h_m——桥前最大水深(m)；

h'_m——有效水深(m)，$h'_m \approx \frac{1}{2}h_m$；

其余符号意义同前。

整体防护的垂裙是防止防护体被冲毁的一项重要设施，其埋深应满足检定洪水或实际观测到的最大冲刷坑的深度。还应设置在冻结线以下 0.25 m，对非冻胀土不受冻结线的限制。

上游垂裙深度——上游垂裙深度 h_r 应由上游床面最大沙浪的沙谷的高程及因压缩或锥坡边界条件所引起的冲刷深度来决定。前者可根据天然观测资料确定，后者可按下式计算：

当 $\frac{\omega_0}{\omega}=0.45$ 时，$h_r=0.5\,h_s$

当 $\frac{\omega_0}{\omega}=0.55$ 时，$h_r=0.4\,h_s$

当 $\frac{\omega_0}{\omega}=0.60$ 时，$h_r=0.3\,h_s$

式中符号意义同前，上游垂裙深度 h_r 应不小于 1.0 m 和在冻结线下 0.25 m。垂裙厚度见表 H-2。

表 H-2 垂裙厚度

垂裙深度 h_r(m)	≤1.2	1.2～1.8	1.8～2.4	2.4～3.0	3.0～3.6	3.6～4.0	≥4.0
垂裙厚度 t(m)	0.4	0.6	0.8	1.0	1.2	1.4	1.6

②整孔防护的宽度：下游按护锥外 1.0 m 与线路成 45°角进行防护，如有堤防且较近时可防护至堤防处。上游防护长度超过护锥时，按护锥

外 0.5 m 进行防护。如防护长度在护锥内时，防护到护锥处并加深护锥基础。

③整孔防护的顶面高程，一般可设置在现有河床最低点高程处。

④整孔防护的技术要求：在严寒地区，对刚性的浆砌片石或混凝土的防护基础下面为可冻胀土壤时，应考虑更换透水性土壤并留有伸缩缝，可做成 2 m 见方的格，砌石用 M10 砂浆，混凝土为 C20 级。浆砌片石或混凝土厚度一般为 0.3～0.5 m，下面铺设 0.1 m 的碎石垫层。

(3)局部防护计算(即浆砌片石或混凝土局部防护)

①墩前防护长度

$$L=2.3K\sqrt{bh_p'}\left(\frac{v_s}{\sqrt{g_n h_p}}-0.135\right)^{0.5} \tag{H-5}$$

式中 L——墩前防护长度(m)；

v_s——一般冲刷后墩前垂线平均流速(m/s)；

h_p——一般冲刷后水深(m)；

h_p'——有效水深(m)，$h_p'\approx\frac{1}{2}h_p$；

其余符号意义同前。

②墩侧防护长度

墩侧防护长度 L_1 可按流速及冲刷大小采用下值：

$$L_1=(1.0\sim1.2)L \tag{H-6}$$

③墩后防护长度

墩后防护长度 L_2 可按流速及冲刷大小采用下值：

$$L_2=(1.0\sim1.5)L \tag{H-7}$$

④防护厚度

一般为 0.30～0.5 m。

(4)其他防护

①局部钢筋混凝土包基，适用于岩石基础较高且枯水期水较浅的河段上。

②立体防护有钻孔桩加承台、桩围堰内填片石、钻孔围幕压浆及化学加固土壤护基等办法。

立体防护(化学加固除外)的平面尺寸应尽可能小，但要保证围堰内填料能自由下沉,防护顶面尽可能降低,防护桩应有足够的深度和刚度,并应考虑防护体本身对冲刷的影响,钻孔桩加承台要注意新旧混凝土的粘结强度。

③拦砂坝:拦砂坝是针对河床下切或淤积严重河段的整治措施之一,适用于含砂量大的河流,可根据下切或淤积的情况,分别做成单级或梯级拦砂坝。下切的河段应在桥址下游适当距离设置,淤积的河段应在桥址上游适当距离设置。拦砂坝应做成耐久式的,如浆砌片石、混凝土或钢轨桩(混凝土桩)内填片石等。坝的下游应设置消能池或足够长度的护坝工程。特别要注意坝两端冲刷或坝底潜流对坝身安全的危害。拦砂坝的坝顶高程可根据各桥梁具体情况确定,但不能减少桥孔泄洪能力。

(5)桥梁浅基常用防护类型容许最大流速

桥梁浅基常用防护类型容许最大流速见表 H-3。

表 H-3　桥梁浅基常用防护类型容许最大流速

序号	防护类型	容许最大流速(m/s)	序号	防护类型	容许最大流速(m/s)
1	混凝土护底厚 0.3～0.4 m	>7.0	4	料石护底	2.5～3.5
2	浆砌片石护底厚 0.3 m	4.0	5	铅丝石笼护底护基	2.5～3.5
	浆砌片石护底厚 0.5 m	7.0	6	干砌片石	2.0～3.0
3	混凝土块排护基	3.5～4.5			

(6)小桥涵出入口铺砌

①铺砌长度

a. 出口铺砌长度

小桥为路基坡脚线外加 0.4 m;拱(箱)涵为路基坡脚线外加 2 m;管涵为路基坡脚线外加 1 m。

b. 入口铺砌长度

小桥涵都是在路基坡脚线外加 0.4 m。

②铺砌宽度

平原无沟型,沟宽>b(图 H-1),$b_1=b+2\times0.5$ m。

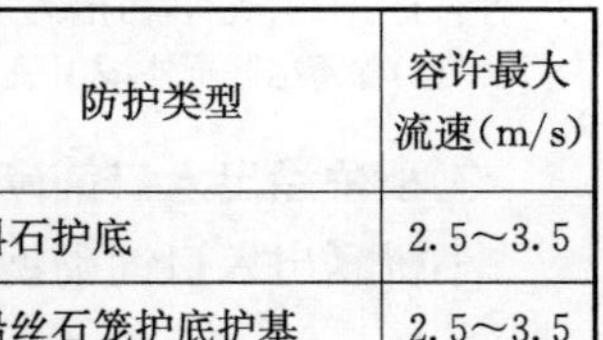

图 H-1　铺砌宽度(单位:m)

平原无沟型，沟宽<b(洪水出槽)，铺砌要挖宽至翼墙口处。

较深沟型，沟宽<b(洪水不出槽)，铺砌应与沟宽相等并做护岸。

③小桥涵出入口铺砌

小桥涵出入口铺砌应做垂裙，其埋置深度及厚度见表 H-4 和表 H-5。

表 H-4　垂裙埋置深度

桥涵出口流速(m/s)	$v_{出口}$	1.0	2.0	3.0	4.0	5.0	6.0
垂裙深度(m)	$t_{出口}$	0.5	0.9	1.32	1.70	2.0	2.2

注：$t_{入口}$为$t_{出口}$的二分之一，但不少于 0.6 m。

表 H-5　垂裙埋置厚度

垂裙深度(m)	t	≤1.2	1.2～1.5	1.5～1.8	1.8～2.1	≥2.2
垂裙厚度(m)	l_0	0.4	0.5	0.6	0.7	0.8

注：(1)出口嵌入岩石的深度不受表值限制。

(2)除不冻胀土外，表中垂裙埋置深度应在冻结线下不少于 0.25 m。

④小桥涵出入口铺砌型式

小桥涵出入口铺砌型式见表 H-6。

表 H-6　小桥涵出入口铺砌型式

桥涵出口流速 $v_{出}$(m/s)	≤1.0	1～2	2～6	>6
铺砌种类	无	干砌	浆砌	混凝土
铺砌厚度	0.35 m 加 0.1 m 碎石垫层			

注：(1)浆砌、混凝土铺砌应按隔 2 m 见方留有伸缩缝。

(2)基础下面如为冻土应更换为非冻土。

参 考 文 献

[1]中华人民共和国铁道部.铁路桥涵设计规范:铁基总技武〔59〕字第402号[S].北京:人民铁道出版社,1959.

[2]铁道部铁路专业设计院.铁路桥涵设计规范学习记录汇编[G].北京,1963.

[3]中华人民共和国铁道部.铁路工程技术规范 第二篇:桥涵:交铁基字〔1974〕2960号[S].北京:人民铁道出版社,1975.

[4]铁道部基本建设局.铁路工程技术规范 第二篇:桥涵(条文说明)[M].北京:人民铁道出版社,1979.

[5]中华人民共和国铁道部.铁路桥涵设计规范:TBJ 2—85[S].北京:中国铁道出版社,1986.

[6]中华人民共和国铁道部.铁路桥涵设计规范(1996年局部修订版):TBJ 2—96[S].北京:铁道部建设司科情所,1996.

[7]中华人民共和国铁道部.铁路桥梁检定规范:〔1997〕铁工电字1279号[S].北京:人民铁道出版社.1978.

[8]中华人民共和国铁道部.铁路桥梁检定规范:铁运函〔2004〕120号[S].北京:中国铁道出版社,2004.

[9]中华人民共和国铁道部.铁路桥涵地基和基础设计规范:TB 10002.5—1999[S].北京:中国铁道出版社,2000.

[10]中华人民共和国铁道部.铁路工程岩土分类标准:TB 10077—2001[S].北京:中国铁道出版社,2001.

[11]中华人民共和国铁道部.铁路桥涵地基和基础设计规范:TB 10002.1—2005[S].北京:中国铁道出版社,2005.

[12]中华人民共和国铁道部.改建既有线和增建第二线铁路工程施工技术暂行规定:铁建设〔2008〕14号[S].北京:中国铁道出版社,2008.

[13]中华人民共和国建设部,中华人民共和国国家质量监督检验检疫总局.铁路工程抗震设计规范(2009年版):GB 50111—2006[S].北京:中国计划出版社,2009.

[14]中华人民共和国铁道部.铁路桥隧建筑物修理规则:铁运〔2010〕38号[S].北京:中国铁道出版社,2010.

[15]中华人民共和国铁道部.铁路工程地基处理技术规程:TB 10106—2010[S].北

京:中国铁道出版社,2010.
[16]中华人民共和国铁道部.高速铁路桥隧建筑物修理规则(试行):铁运〔2011〕131号[S].北京:中国铁道出版社,2011.
[17]中华人民共和国铁道部.铁路混凝土结构耐久性设计规范:TB 10005—2010[S].北京:中国铁道出版社,2011.
[18]中华人民共和国铁道部.铁路营业线施工安全管理办法:铁运〔2012〕280号[S].北京,2012.
[19]中华人民共和国铁道部.铁路工程特殊岩土勘察规程:TB 10038—2012[S].北京:中国铁道出版社,2012.
[20]中国铁路总公司.铁路营业线施工安全管理办法补充规定:铁总运〔2014〕180号[S].北京,2014.
[21]国家铁路局.铁路桥涵设计规范:TB 10002—2017[S].北京:中国铁道出版社,2017.
[22]国家铁路局.铁路桥涵混凝土结构设计规范:TB 10092—2017[S].北京:中国铁道出版社,2017.
[23]国家铁路局.铁路路基设计规范:TB 10001—2016[S].北京:中国铁道出版社,2017.
[24]国家铁路局.公路与市政工程下穿高速铁路技术规程:TB 10182—2017[S].北京:中国铁道出版社,2018.
[25](日)铁路综合技术研究所.铁道构造物设计标准及解说:基础构造物、抗土压构造物[S].
[26]中华人民共和国国家基本建设委员会.工业与民用建筑地基基础设计规范(试行):TJ 7—74[S].北京:中国建筑工业出版社,1974.
[27]中华人民共和国建设部.建筑地基基础设计规范:GBJ 7—89[S]北京:中国建筑工业出版社,1989.
[28]中华人民共和国建设部.建筑地基基础设计规范:GB 50007—2002[S]北京:中国建筑工业出版社,2002.
[29]中华人民共和国建设部.岩土工程勘察规范:GB 50021—2001[S].北京:中国建筑工业出版社,2002.
[30]中华人民共和国建设部.湿陷性黄土地区建筑规范:GB 50025—2004[S].北京:中国建筑工业出版社,2004.
[31]中华人民共和国建设部.建筑桩基技术规范:JGJ 94—94[S].北京:标准定额研究所,1994.
[32]中华人民共和国住房和城乡建设部.建筑桩基技术规范:JGJ 94—2008[S].北

京:中国建筑工业出版社,2008.
[33]中华人民共和国住房和城乡建设部.冻土地区建筑地基基础设计规范:JGJ 118—2011[S].北京:中国建筑工业出版社,2011.
[34]中华人民共和国住房和城乡建设部.建筑地基处理技术规范:JGJ 79—2012[S].北京:中国建筑工业出版社,2012.
[35]中华人民共和国住房和城乡建设部,中华人民共和国国家质量监督检验检疫总局.工程岩体分级标准:GB/T 50218—2014[S].北京:中国计划出版社,2014.
[36]中国工程建设标准化协会.给水排水工程钢筋混凝土沉井结构设计规程:CECS 137—2015[S].北京:中国计划出版社,2015.
[37]中华人民共和国交通部.公路桥涵地基与基础设计规范:JTG D63—2007[S].北京:人民交通出版社,2007.
[38]中华人民共和国交通运输部.基桩静载试验　自平衡法:JT/T 738—2009[S].北京:人民交通出版社,2009.
[39]中华人民共和国交通运输部.港口工程地基规范:JTS 147-1—2010[S].北京:人民交通出版社,2010.
[40]中华人民共和国交通运输部.海港水文规范:JTS 145-2—2013[S].北京:人民交通出版社,2013.
[41]贵州省交通运输厅.贵州山区复杂地质条件公路桥梁桩基设计指导书(试行):JTT 52/01—2015[S].贵阳,2015.
[42]陕西省综合勘察院.工业与民用建筑工程地质勘察[M].北京:中国建筑工业出版社,1981.
[43](美)温特科恩,方晓阳.基础工程手册[M].钱鸿缙,叶书麟,译.北京:中国建筑工业出版社,1983.
[44]《工程地质手册》编写委员会.工程地质手册[M].3版.北京:中国建筑工业出版社,1992.
[45]林宗元.简明岩土工程勘察设计手册[M].北京:中国建筑工业出版社,2003.
[46]《桩基工程手册》编写委员会.桩基工程手册[M].北京:中国建筑工业出版社,1995.
[47]《铁路桥梁检定检算手册》编写组.铁路桥梁检定检算手册[M].北京:人民铁道出版社,1997.
[48]铁道部第一勘测设计院.铁路工程地质手册(修订版)[M].北京:中国铁道出版社,1999.
[49]铁道部第三勘测设计院.铁路工程设计技术手册:桥涵地基和基础[M].北京:人民铁道出版社,1978.

[50]铁道部第三勘测设计院.铁路工程设计技术手册:桥涵地基和基础(修订版)[M].北京:中国铁道出版社,1991.
[51]铁道第三勘测设计院.铁路工程设计技术手册:桥涵地基和基础[M].北京:中国铁道出版社,2002.
[52]唐山铁道学院土力学地基和基础教研组.土力学地基和基础[M].北京:高等教育出版社,1958.
[53]胡人礼.桥梁桩基设计[M].北京:人民铁道出版社,1976.
[54](苏)叶夫拉格佛夫,略林.桥梁按极限状态计算[M].张琳,蔺锡九,郭可咨,等译.北京:人民交通出版社,1965.
[55]胡人礼.桥梁桩基础分析和设计[M].北京:中国铁道出版社,1987.
[56](美)波勒斯.基础工程分析与设计[M].唐念慈,等译.北京:中国建筑工业出版社,1987.
[57](苏)奥西波夫.桥梁养护维修及改建[M].刘桂元,译.北京:中国铁道出版社,1990.
[58]周汉荣.土力学地基与基础[M]. 2版.武汉:武汉工业大学出版社,1993.
[59]陈仲颐,周景星,王洪瑾.土力学[M].北京:清华大学出版社,1994.
[60]钱家欢,殷宗泽.土工原理与计算[M]. 2版.北京:中国水力水电出版社,1996.
[61]《中国铁路桥梁史》编委会.中国铁路桥梁史[M].北京:中国铁道出版社,2003.
[62]顾晓鲁,钱鸿缙,刘惠珊,等.地基与基础[M].3版.北京:中国建筑工业出版社,2003.
[63]刘自明.桥梁深水基础[M].北京:人民交通出版社,2003.
[64]陈希哲.土力学地基基础[M]. 4版.北京:清华大学出版社,2004.
[65]本书编委会.建筑地基基础设计规范理解与应用[M].2版.北京:中国建筑工业出版社,2004.
[66]铁道部工程管理中心.客运专线铁路工程中外联合咨询成果　第四册:郑西铁路客运专线[R].北京:2008.
[67]郑西铁路客运专线有限责任公司.郑西高速铁路工程总结[M].北京:中国铁道出版社,2011.
[68]周四思.《铁路桥涵设计规范》解读与思考[M].北京:中国铁道出版社,2019.
[69]胡槿初.《铁路桥涵设计规范》的今昔(上)[J].铁道标准设计,1990(1):7-12.
[70]胡槿初.《铁路桥涵设计规范》的今昔(下)[J].铁道标准设计,1990(2):23-28.
[71]王效良.我国铁路工程建设标准的发展[J].铁道标准设计,2004(7):140-148.
[72]张在明,周宏磊,高文生.建筑地基基础设计中若干理论与实践问题的综述[C]//中国土木工程学会.中国土木工程学会第十届土力学及岩土工程学术会

议论文集,2007:12-31.
[73]邱成友.宝中线宝安段施工中的地质问题[C]//中国铁道学会.铁道工程学会地质与路基专业委员会第十八届年会论文集,1999:29-34.
[74]郭胜谦,郭波,唐英.陇海铁路灞河大桥垮塌分析[J].山西建筑,2002,28(9):143-144.
[75]中华人民共和国铁道部.关于汲取内昆线二道桥大桥病害教训的通知:建建〔2002〕102号[S].北京,2002.
[76]吴少海.某铁路桥桥墩下沉倾斜原因分析[J].铁道建筑技术,2003(1):10-12.
[77]李程.天兰复线施工设计变更之体会[J].岩土工程界,2004,7(1):30-33.
[78]晏军.宜万铁路落步溪高桥岸坡稳定分析及评价[C]//中国铁道学会.2006年中国交通土建工程学术论文集,2006:827-829.
[79]夏润禾,徐向叶.铁路客运专线涵洞与路基过渡段级配碎石填筑施工技术[J].铁道建筑,2008(4):56-58,82.
[80]张永忠,关凤琚.不均匀地基桥梁明挖基础变形分析[J].地下水,2012,34(2):177-180.
[81]陈长征,杨业新.昆玉线陡坡地段工程设计的研究[J].铁道运输与研究,2014,36(7):88-92.
[82]叶剑红,杨洋,孙进忠,等.对《建筑地基基础设计规范》中地基沉降量计算公式适用性的探讨[J].岩土工程界,2006,9(3):34-36.
[83]於汝山,许冬丽.有限元确定沟谷岸坡桥基位置的应用[J].路基工程,2010(4):85-87.
[84]李箐,冷伍明,岳健.超长桩基础沉降计算与分析[J].路基工程,2018(7):107-109.
[85]陈嘉生.岩石地基的承载力问题[C]//中国地质学会工程地质专业委员会.全国第三次工程地质大会论文选集(上卷),1988:506-512.
[86]王吉盈,崔文鉴.岩石地基承载力的合理确定[J].中国铁路,1993(4):23-25.
[87]高大钊.软土地基承载力的确定方法[J].同济大学学报,1995,23(3):259-264.
[88]刘连喜,唐传政,陈浩.风化岩石地基承载力确定探讨[J].城市勘测,1998(2):33-37.
[89]宋建波,彭盛恩.现有规范确定岩基承载力的三种方法之评述[J].四川建筑科学研究,2001,27(2):27-29.
[90]高大钊,姜安龙,张少钦.确定地基承载力方法若干问题的讨论[J].工程勘察,2004(3):3-8.
[91]顾宝和.岩石地基承载力的几个认识问题[J].工程勘察,2012,40(8):1-6.

[92]赖庆文,孙红林.山区岩石地基基础设计问题探讨[J].建筑结构，2016,46(23):95-100.
[93]王炳煌.《港口工程桩基规范》(JTJ 254—98)介绍[J].水运工程,2001(10):75-82.
[94]徐风云.桩承载力自平衡法的可靠性之质疑[J].公路,2004(7):12-19.
[95]苏东明,卢天宝,王建生.钻孔摩擦灌注桩岩土设计参数取值商榷[J].岩土工程技术,2005,19(4):184-185,207.
[96]叶建忠,周健.关于桩端阻力问题的分析与研究现状[J].建筑科学,2006,22(2):64-68.
[97]方根男.桩基设计中桩侧土的负摩阻力问题[J].铁道标准设计,2006(3):63-65.
[98]殷万寿,朱海涛.对用现行规范指导设计大直径钻孔桩出现承载力不足问题的思考[J].铁道标准设计,2006(7):35-40.
[99]燕斌,王志强,王君杰.桥梁桩基础计算中 p—y 曲线法与 m 法的对比研究[J].结构工程师,2007,23(4):62-68.
[100]李敬增.客运专线铁路承台板设计若干问题的探讨[J].铁道标准设计,2007(2):60-62.
[101]白琦成.郑西线三门峡至灵宝段桥梁基桩试验研究[J].铁道标准设计,2009(4):38-43.
[102]戴国亮,戴永兴,刘云忠,等.超长钻孔灌注桩群桩效应系数研究[J].土木工程学报,2011,44(10):107-112.
[103]胡勇,雷丽萍,杨进先.跨海桥梁基础波浪(流)力计算问题探讨[J].水道港口,2012,33(2):101-105.
[104]高欣梅.对规范中铁路桥梁桩基计算方法的补充[J].高速铁路技术,2013,4(3):58-61.
[105]严国敏.世界最大级的遥控操作气压沉箱基础[J].公路,1993(5):15-21.
[106]周铭谦,张永洲.现代气压沉箱自动遥控液压挖掘机设计研究[J].建筑施工,2008,30(1):12-13,16.
[107]童小东,殷永高,徐敏,等.沉井基础竖向承载力试验研究[J].地下空间与工程学报,2009,5(5):897-902,909.
[108]杨继范.地上远程操控气压沉箱挖掘机的设计[J].城市道桥与防洪,2011(8):365-368.
[109]彭芳乐,王海林,徐正良,等.远程遥控气压沉箱施工技术及环境效应研究[J].地下空间与工程学报,2010,6(zl):1476-1483.
[110]廖凯.铁路桥梁挖井基础设计[J].建筑工程技术与设计,2016(9):924,943.

[111]王笃实.黄土挖井基础浅析[J].西部煤矿工程,1992,5(4):52-55.
[112]王胜.湿陷性黄土地区客运专线桥梁设计的探讨[J].铁道工程学报,2004(z1):113-114.
[113]王树强,王先龙,刘争宏.自重湿陷性黄土场地桩基设计的一些探讨[C]//铁道部工程设计鉴定中心,铁道第三勘察设计院集团有限公司.2008中国高速铁路桥梁技术国际交流会论文集(上册),北京:中国铁道出版社,2008.
[114]张士臣,臧小秋,庄军生.调高支座在客运专线桥梁上应用的研究[J].铁道工程学报,2004(z1):160-162.
[115]杜立群,左德元,刘洋.高速铁路软土路基工后沉降对桥路分界高度的影响研究[J].铁道建筑技术,2005(5):1-3,19.
[116]聂如松,冷伍明,律文田.软基台后路基填土对桥台桩基侧向影响的试验研究[J].岩土工程学报,2005,27(12):1487-1490.
[117]黄北平.小跨度连续刚构在深层软土地基中的应用[J].铁道勘察,2010,36(2):40-42.
[118]吴少海.青藏铁路多年冻土区涵洞类型选择及基础埋置深度[J].中国铁路,2002(12):38-41.
[119]吴珍汉,吴中海,胡道功,等.青藏铁路沿线活动断裂与地质灾害图集[M].北京:地震出版社,2005.
[120]赵冠刚,龚爱军,袁永红.两伊线多年冻土地基的涵洞基础设计[J].铁道标准设计,2009(11):72-74.
[121]丘斌.岩溶地区桥梁桩基设计[J].铁道建筑,2004(5):13-14.
[122]吴健强.串珠岩溶和富水不良地质桩基成孔技术探讨[J].山西建筑,2009(4):126-127.
[123]刘之葵,梁金城.岩溶地基稳定性评价中应注意的几个问题[J].地球与环境,2005,33(z1):440-444.
[124]周云来.客运专线岩溶地区桥梁桩基冲击钻进技术[J].铁道建筑技术,2010(z1):74-78.
[125]赵志文.单线铁路增设复线时桥涵线间距选择与施工防护措施[J].铁道建筑,2000(7):14-15.
[126]沈阳云.某单线铁路桥墩在线路运营状况下的加固施工[J].桥梁建设,2002(4):62-64,71.
[127]符能松.铁路增建第二线峡谷地段桥台开挖防护技术[J].山西建筑,2003,29(5):229-230.
[128]孙国钧,王卫东.浅基桥墩加固技术[J].桥梁建设,2004(3):73-76.

[129]刘鑫源，施立平. 铁路增二线台后路基防护技术比较[J]. 铁路工程造价管理，2009，24(3)：32-35.
[130]崔丽红. 临近客运专线铁路施工建设项目风险管理的研究[J]. 铁道工程学报，2011(9)：110-112.
[131]孙宗磊. 石济客专临近既有高速铁路桥梁设计[J]. 铁道工程学报，2016，33(2)：37-42.
[132]李家钰. 新鲜岩石抗风化能力分级若干意见[J]. 铁道标准设计，1993(5)：31-33.
[133]严爱国，文望青，刘振标，等. 甬舟铁路西堠门公铁两用大桥金塘侧桥塔深水基础方案研究[J]. 世界桥梁，2020，48(z1)：34-39.